BLAUE REIHE

Von Joseph Wambaugh sind
als Heyne-Taschenbücher erschienen:

Die Chorknaben · Band 01/6321
Nachtstreife · Band 01/6470
Der Hollywood-Mord · Band 01/6566
Der Delta-Stern · Band 01/6968
Die San-Diego-Mission · Band 01/7656
Der Rolls-Royce-Tote · Band 01/7850
Der müde Bulle · Band 02/2298
Die Chorknaben/Ein guter Polizist · Band 23/37

JOSEPH WAMBAUGH

TOD IM ZWIEBELFELD

Polizei-Thriller

Aus dem Amerikanischen übersetzt
von Sepp Leeb

WILHELM HEYNE VERLAG
MÜNCHEN

HEYNE BLAUE REIHE
Nr. 02/2317

Herausgegeben von
Bernhard Matt

Titel der Originalausgabe
THE ONION FIELD

6. Auflage

1. Auflage dieser Ausgabe
Dieser Titel erschien bereits in der Allgemeinen Reihe
als Taschenbuch Band Nr. 01/6416

Printed in Germany 1990
Umschlagfoto: Photodesign MALL, Stuttgart
Umschlaggestaltung: Atelier Ingrid Schütz, München
Gesamtherstellung: Presse-Druck Augsburg

ISBN 3-453-04634-X

VORBEMERKUNG AN DEN LESER

Es besteht keine Möglichkeit, den sechzig Personen entsprechend zu danken, deren intime Enthüllungen es mir erst ermöglicht haben, diese wahre Geschichte zu erzählen. Ebensowenig hätte dieses Buch ohne die Hilfe Dutzender weiterer Personen entstehen können, denen ich für das umfangreiche Tatsachenmaterial und die Unsumme an Hinweisen verpflichtet bin, ohne die dieser vielleicht außergewöhnlichste Fall im Leben eines jeden Detektivs kaum in seiner vollen Tragweite zu verstehen gewesen wäre.

Bei der Neuschöpfung der Ereignisse wurde durchgängig mit der größtmöglichen Genauigkeit und Wirklichkeitstreue vorgegangen. Die seltsame Beziehung zwischen Gregory Powell und Jimmy Smith konnte in dieser Präzision und Ausführlichkeit zum großen Teil vor allem anhand der sehr ehrlichen, unveröffentlichten Autobiographie von Jimmy Smith rekonstruiert werden, die dieser während der Zeit des Prozesses verfaßte.

Die Dialoge im Gerichtssaal sind nicht erfunden. Sie sind wörtlich dem offiziellen Gerichtsprotokoll entnommen.

Auf ihre Bitte hin wurden die Namen zweier unbedeutender Personen, des Priesters, Father Charles, und der Geschworenen, Mrs. Bobbick, geändert.

Nachdem er sich so lange mit dieser Geschichte befaßt hat, muß der Rechercheur den Leser bitten, die Wahrung der Privatsphäre jener Männer und Frauen zu respektieren, die zur Enthüllung der Wahrheit beitrugen und sich der Veröffentlichung ihrer Geschichte nicht widersetzten.

Joseph Wambaugh
Los Angeles, Kalifornien

Die wild drängenden Pfeifen und die marschierenden Füße erwidern trotzig, daß es keinen Tod mehr gibt.
Spruch eines Dudelsackpfeifers

Der Gärtner war ein Dieb. Das war es, was ihn am meisten belastete. Die Gerichtsverhandlungen berührten ihn nicht mehr in dem Maße. Es war seltsam, wie sehr er sich vor dem Prozeß gefürchtet hatte; aber das war nun anders. Er erschien einfach vor Gericht und sagte aus, wenn er dazu aufgefordert wurde, und dann ging er wieder an seine Arbeit.

Für eine Weile befürchteten sie, der Prozeß würde sich noch ein gutes Stück in das neue Jahrzehnt hineinziehen. Aber inzwischen versicherten sie ihm, daß das Ganze fast vorüber war, und bis zum Beginn des Jahres 1970 waren es immer noch acht Wochen.

Hin und wieder trug der Gärtner einen Hut – den abgenutzten, breitkrempigen Strohhut, den er heute aufhatte. Meistens setzte er ihn nur auf, um sich den Schweiß aus den Augen zu halten. Aber nicht, um sich vor der Sonne zu schützen. Der Gärtner liebte die Sonne. Dagegen haßte er dunkle Orte; vor allem die Nacht konnte er nicht leiden, und er blieb manchmal bis zum Morgengrauen wach. Ganz egal, wie müde er war und wieviel Arbeit er für den nächsten Tag hatte, er freute sich immer, wenn er das Herannahen eines neuen Tages beobachten konnte.

»Möchten Sie vielleicht etwas Eistee?« Die alte Frau war auf die Veranda getreten, ohne daß der Gärtner sie bemerkte.

»Nein danke, Ma'am, ich muß noch diesen Wacholder stutzen«, antwortete er, während er, die Gartenschere in der Hand, im Gras kauerte.

»Das ist ein blauer Pfitzer.«

»Ja, ich weiß. Das ist eine der höchsten Wacholdersorten und auch eine der schönsten.« Er versuchte sich zu erinnern, was er über diese blaugrüne Wacholdersorte gelernt hatte, als er mit seinem Freund noch als Gartenarchitekt gearbeitet hatte. Sein Freund hatte alle botanischen Namen gekannt. Während des letzten Jahres hatte er jedoch allein gearbeitet. In letzter Zeit war er lieber allein.

»Sie kennen sich mit Wacholder aus? Das finde ich aber schön«, meinte die alte Frau.

»Früher kannte ich auch die Namen«, erwiderte der Gärtner und nahm seinen Strohhut ab, um sein staubiges, verschwitztes Gesicht der Novembersonne entgegenzurekken. Ja, ich habe darüber mal ganz gut Bescheid gewußt, dachte er. Aber mit der Zeit entgleiten einem immer mehr Dinge. Es fällt immer schwerer, sich an etwas zu erinnern.

Dann blickte der Gärtner auf das Parkverbotsschild am Straßenrand. Er starrte auf den roten Pfeil auf dem Schild, und in seinem Kopf zuckte kurz etwas auf – ein undefinierbares Aufblinken. Grundlose Angst überkam ihn, und in seinem Hinterkopf setzte ein pochender Schmerz ein. Er ging über den Vorgarten zum Rasenmäher, da er heute nicht mit der alten Frau sprechen wollte. Die Angst schwächte ihn, und die Schmerzen waren fürchterlich. Er wollte sie wegarbeiten.

Der Gärtner riß am Anlasser, der Motor sprang an, und dann schob er den Rasenmäher durch den Vorgarten, die Ohren von seinem wilden Dröhnen erfüllt. Die Schmerzen breiteten sich aus wie Finger aus Blut, die sich von der winzigen Stelle in seinem Hinterkopf ausstreckten, um den ganzen Schädel zu erfassen. Er wußte, daß sie seinen Kopf langsam überfluten würden, bis er sich anfühlte, als würde er von einer gnadenlosen, blutigen Hand zerquetscht. Und irgendwann danach würden sie wieder verebben.

Aber selbst der Schmerz würde den Gärtner nicht davon abhalten, an seine Verbrechen zu denken. Während er hinter dem Rasenmäher einherschritt und der Schmerz durch seine Augen pulste, dachte der Gärtner daran, wie es das erstemal gewesen war.

Damals war er aus beruflichen Gründen durch einen Laden gegangen, als er plötzlich etwas gesehen hatte, was er brauchen konnte – Steinbohrer, für die Arbeit an seiner Doppelhaushälfte. Damals hatte er die Bohrer genommen und in seine Tasche gesteckt. Und das war es gewesen. Er hatte es nicht fassen können, bis es geschehen war. Und sein Herz hatte mehr vor Aufregung als aus Angst schneller geschlagen. Oder war es nichts weiter als pure Erregung gewesen? Inzwischen fiel es ihm schwer, sich deutlich an diese Emotionen zurückzuerinnern. Dagegen waren ihm die Verbrechen so gegenwärtig, als geschähen sie erst jetzt. Was sich ihm entzog, waren die Gefühle.

Alle Diebe haben einmal klein angefangen, dachte der Gärtner ernst, während der Sprühregen aus feinzerschnittenem Gras in seinem Gesicht dazu beitrug, daß er den erbarmungslosen, heftigen Schmerz vergaß. Er hatte ständig an diese Nacht im Zwiebelfeld denken müssen – bevor er zum Dieb geworden war. Aber nun überschatteten die Verbrechen, die er begangen hatte, alles andere – sogar die vier Männer und den Tod im Zwiebelfeld.

1

Die Nacht im Zwiebelfeld war eine Samstagnacht. Wie an Samstagen üblich, herrschte in Hollywood schrecklicher Verkehr, so daß die Beamten der für Verbrechensmeldungen zuständigen Streifenwagen hauptsächlich in den Seitenstraßen arbeiteten, die von den Hollywood und Sunset Boulevards abgingen. In diesen Straßen wurden unzählige Autos ausgeräumt oder gestohlen, die von Vergnügungssuchenden dort abgestellt wurden. Die Streifenwagen fuhren auch durch die abgelegeneren Geschäftsviertel, abseits der verkehrsreichen Kreuzungen, wo die Straßen förmlich überquollen von Leuten, die sich in der Stadt amüsieren wollten, von Jugendlichen, Zuhältern, verzweifelten Homosexuellen, allen möglichen kleinen Gaunern, Matrosen und Marinesoldaten.

Nichts, was die Handelskammer von Hollywood sagte, konnte die höchst offensichtlichen Gefahren verschleiern, die den vergnügungssuchenden Fremden auf diesen Straßen auflauerten. Die meisten der berühmten Klubs hatten geschlossen, der Rest war gerade dabei zuzumachen. Hollywood ging mehr und mehr in die Hände der Halbwelt über. Die ›Stutzer‹ der vierziger und frühen fünfziger Jahre hatten das Zentrum Hollywoods bereits aufgegeben und waren nun auch, zumindest nachts, auf dem gesamten Sunset Strip auf dem Rückzug begriffen.

Trotzdem war Hollywood nicht der schlechteste Arbeitsplatz für einen Polizisten. Der Dienst dort war auf eine einzigartige Weise spannend und aufregend – überall lauerte das Unvorhersehbare. Ian Campbell war der Überzeugung, daß den meisten Polizisten eine Abneigung gegen das Vorhersehbare gemeinsam war, ein Abscheu vor den eingefahrenen Routineerlebnissen des Polizeialltags. Es war nicht, daß sie, wie die Fehlinformierten oft schrieben, die Gefahr geliebt hätten. Das traf eher auf Rennfahrer zu. Dies war auch der Grund, weshalb Ian und sein alter Freund Wayne

Ferber mit dem Autorennsport aufgehört hatten, nachdem sie vor einigen Jahren in ihrem Sportwagen einen schweren Unfall erlitten hatten. Ihren Job bei der Polizei an den Nagel zu hängen, hätten sie sich jedoch nicht vorstellen können.

Er war der Ansicht, daß dieser Beruf nicht so sehr körperlich gefährlich war als vielmehr psychisch und nicht umsonst häufig zu gescheiterten Ehen, Alkoholismus und Selbstmord führte. Nein, Polizisten liebten nicht die Gefahr – sie suchten nur nach dem erhabenen, dem unglaublichen, selbst dem unaussprechlichen Element innerhalb der menschlichen Erfahrungsmöglichkeiten. Dabei zählte nicht, ob dies mit erheblichen Gefahren für die Psyche verbunden war und ob sie diese Erfahrungen befriedigend verarbeiten konnten. Was zählte, war einfach *die Sache an sich*.

Karl Hettinger war erst vor kurzem dem Streifendienst zugeteilt worden, und Ian arbeitete ihn ein. Ihre Partnerschaft hatte schon nach kurzer Zeit feste Formen angenommen. »Sie waren auch beim Marinekorps?« fragte Ian während ihrer ersten monotonen gemeinsamen Nacht in einer Zivilstreife.

Karl nickte.

»Bei den Funkern.«

»Tatsächlich? Ich auch«, erwiderte Ian.

»Die Stimme mit einem Lächeln«, schwelgte Karl in Erinnerungen, worauf beide grinsen mußten. Der erste Schritt zu einer annehmbaren Partnerschaft war getan.

Jeder der beiden Männer stellte nach zwei Nächten fest, daß sein Partner unaufdringlich und ruhig war, wobei Ian eher stiller, Karl der gesprächigere war. Karl hatte außerdem einen trockenen Humor. Zwei Männer wie diese beiden würden selbstverständlich länger brauchen, um die Gewohnheiten und Vorlieben des jeweils anderen kennenzulernen, aber sobald sie einmal aufeinander eingespielt waren, würden sie sich bei der Arbeit ideal ergänzen. Für einen Streifenbeamten gibt es nichts Wichtigeres als den Partner, mit dem er mehr wache Stunden verbringt als mit seiner Ehefrau, von dem er stärker abhängig ist, als ein Mann dies eigentlich sein sollte, und mit dem er all die Häßlichkeit und die Langeweile, all das Erfreuliche und Wunderbare teilt.

»Du bist im letzten Semester vom College gegangen?« fragte Ian in ihrer dritten Nacht. Die beiden hatten sich inzwischen das Du angeboten. »Bei mir war das ähnlich. Was waren denn deine Hauptfächer?«

»Landwirtschaft, Bier und Poker, wenn auch nicht unbedingt in dieser Reihenfolge«, erwiderte Karl, der in dieser Nacht am Steuer saß. Er war ein langsamer und vorsichtiger Fahrer, der nachts eine Brille trug, da er festgestellt hatte, daß es ihm schwerfiel, die Nummernschilder zu lesen.

»Ich habe Zoologie und Medizin gemacht. Scheint ganz so, als ob wir inzwischen einen etwas anderen Weg eingeschlagen hätten.«

»Ich belege inzwischen Kurse in Polizeikunde«, warf Karl ein.

»Ich auch. Du mußt dich doch auch mit Bäumen auskennen, oder nicht?«

»Wahrscheinlich nicht in dem Maß, wie ich das eigentlich sollte. An sich sollte ich ja über Bäume und Pflanzen im allgemeinen eine ganze Menge wissen.«

»Ich habe seit einiger Zeit nämlich meine Vorliebe für Bäume entdeckt.« Ian wurde mit einem Mal ungewöhnlich gesprächig, was immer nur dann der Fall war, wenn ihn etwas stark interessierte. »Ich bin gerade dabei, meinen Garten zu gestalten, oder zumindest versuche ich das. Kennst du dich ein bißchen mit Maulbeerbäumen aus, die keine Früchte tragen?«

»Nicht sonderlich gut.«

»Na ja, sie wachsen sehr schnell und geben ziemlich bald eine Menge Schatten. Das gefällt mir. Ich habe nämlich keine Geduld. Ich mag es lieber, wenn etwas schnell geht.«

»Wenn etwas wachsen soll, sollte man sich aber besser in Geduld üben.«

»Manchmal denke ich, das ist genau der Grund, weshalb ich zur Polizei gegangen bin«, sinnierte Ian. »Ich habe einfach keine Geduld. Meine Frau meint auch, ich wäre ganz schön hektisch.

Wahrscheinlich brauche ich einfach meine Freiheit. Ich muß immer tun und lassen können, was ich gerade will.«

»Ich könnte nicht sagen, weshalb *ich* bei der Polizei bin«, entgegnete Karl. »Das kam einfach so. Aber mir macht die Arbeit Spaß. In einem Job, in dem man mich zwischen vier Wänden und einem Dach einsperren würde, hielte ich es keine fünf Tage aus. Das ist der verkappte Farmer in mir, nehme ich an.«

»Das Beste an dem Ganzen ist, daß es noch so langweilig werden kann, wie zum Beispiel heute nacht – und trotzdem kann gleich um die nächste Ecke was Irres passieren. Es kann jeden Augenblick was los sein.«

Karl strich über sein am Hals offenes Hemd und die abgewetzte Jacke. »Ich bin nur froh, daß ich keine Uniform mehr tragen muß.«

»Du darfst nur eines nicht vergessen. All die Stunden, die du bei der uniformierten Streife damit verbracht hast, irgendwelche Familienkrachs zu schlichten und Strafzettel auszuschreiben und Protokolle aufzunehmen – diese ganze Zeit nutzen wir von der Zivilstreife natürlich, um ernsthafte Delikte aufzuspüren, die auf der Straße passieren. Das bringt es notgedrungen mit sich, daß man hin und wieder auf den einen oder anderen wirklich üblen Burschen trifft. In diesem Bereich muß man wirklich noch ein bißchen besser aufpassen.«

»Das werde ich schon«, versprach Karl. »Mach dir deswegen keine Sorgen. Fährst du eigentlich manchmal hinter dieser Bar hier in der McCadden vorbei? Auf diesen Parkplatz?«

»Auf was für einen Parkplatz? Ich weiß nicht, was du meinst.«

»Du fährst einfach vom Sunset auf der McCadden ein Stück nach Norden, bis du's riechst. Dann biegst du nach Osten ab, bis du voll reintrittst. Das ist so'n richtiger Zombie-Kongreß. Als ich noch bei der Sitte war, habe ich immer wieder beobachtet, wie sich dort einiges getan hat. Wahrscheinlich treiben sich dort mehr Fixer rum als sonstwas.«

»Dann sehen wir uns das Ganze doch heute nacht gleich mal an«, schlug Ian vor. Er war erfreut, seinen Partner so unternehmungslustig zu sehen. Wenn man gute Polizeiarbeit leistete, verging die Zeit wie im Flug.

»He, sieh dir das mal an«, sagte Ian in ihrer fünften Nacht. Er verlangsamte seine Fahrt, als sie an einem mit Bäumen bestandenen Grundstück vor einer weißen Villa im spanischen Kolonialstil in Laurel Canyon vorbeikamen. Es war ein angenehm lauer Abend, da der warme Santa-Ana-Wind blies, und der Canyon bot nach dem Verkehrsgewühl von Hollywood eine willkommene Erholung.

»Was ist denn?« wollte Karl wissen und fuhr angespannt von seinem Sitz hoch, als er durch das rauchige Dunkel in das dicht mit Bäumen bestandene Grundstück starrte.

»Flüssiger Bernstein«, schwärmte Ian angesichts des herrlichen Laubwerks, das durch die hohen, zerzausten Eukalyptusbäume fast verdeckt wurde. »Du solltest das mal im Herbst sehen. Eine Farbenpracht ist das. Herrlich. Einfach herrlich.«

Karl schüttelte den Kopf und grinste.

Ian Campbell sollte das Grinsen nicht bemerken. Sein Augenmerk galt in diesem Moment einzig und allein den Bäumen. Die Eukalyptusbäume erinnerten ihn an einen Park im Herzen der Stadt, wo die Luft von Teergestank erfüllt war – an einen Park, der die Phantasie eines kleinen Jungen angeregt hatte.

Ian war ein verträumter kleiner Bücherwurm gewesen. Seine Mutter hatte ihn immer einen Träumer genannt. Auch später, als er bereits die High School besuchte, trieb er sich oft stundenlang bei den Teergruben herum, wo er in die zähe schwarze Flüssigkeit starrte und sich darin aufs lebhafteste alle möglichen Lebewesen aus dem Pleistozän vorstellte.

Der Junge malte sich aus, wie die gewaltigen Mammuts sich zum Sterben in die Teergruben zurückzogen – oder eher zum Trinken dorthin gingen. Nachts mußte das schwarze Gebrodel auf ein Mammut durchaus einladend wirken, und die unheilvollen Blasen weckten in ihm keinen Argwohn. Dasselbe galt für den schwarzen, klebrigen Schlamm, der sich schmatzend um seine Füße und Knöchel legte. Panik befiel das Tier erst, wenn es, bis zu den Lenden im Wasser stehend, den Durst gelöscht hatte, zum ersten Schritt zurück ansetzte und feststellen mußte, daß es im Teer festsaß.

Das Mammut war verwundert nach dem ersten Anflug von Schrecken. Fünf Meter hoch ragte es auf, und seine geschwungenen Stoßzähne waren sogar noch länger. Aber selbst mit aller Kraft vermochte es seinen gewaltigen, haarigen Körper nicht mehr als ein paar Zentimeter durch den Teer zu bewegen. Seine angsterfüllten Rufe ließen die anderen Tiere im Wald erstarren.

Die gewaltige, heisere Luftröhre stieß plötzlich ein klagendes Trompeten aus, und einige der Lebewesen, die dieses Geräusch hörten, wurden mit Kummer und Trauer erfüllt, da sie instinktiv wußten, daß dem Mammut der Tod bevorstand. Trotz ihrer Furcht wurden darauf zahlreiche Raubtiere angelockt, um auch ihrerseits noch in derselben Nacht den Tod zu finden in das Fleisch des Mammuts verbissen, im Fressen vom Teer aufgesogen.

Ganz deutlich konnte Ian Campbell das Heulen des Mammuts hören, wenn er im Gras lag und in den dunklen Teich starrte, der wie schwarz lackiertes Eis wirkte, sah man von den Luftbläschen ab, die im Mondlicht an die Oberfläche blubberten. Trotz des Mondlichts war es sehr dunkel und still, und überall roch es nach Teer. Ian konnte auch hören, wie das Gebrüll des Mammuts ganz am Schluß klang – klagend, ja, aber auch trotzig.

Irgendwie *wußte* Ian, daß das Mammut am Ende trotzig sein würde. Und Ian überkam plötzlich der starke Drang, aufzuspringen und einen Schrei auszustoßen, von dem er mit Sicherheit wußte, daß er das Mammut über die Jahrtausende hinweg irgendwie erreichen würde. Und dieses Mammut spürte, was jeder Dudelsackbläser wußte – daß es keinen Tod gibt.

Um dies zu beweisen, stand er auf, rückte seine Zahnklammer zurecht, um das Mundstück besser zu spüren, und sog in tiefen Zügen die zähe, teerige Nachtluft in seine Lungen, die auch den karierten Luftsack seines Instruments füllte.

Seine Silhouette auf dem grasbewachsenen Hügel schreckte ein kleines Mädchen auf, das zusammen mit seinem Vater auf dem Weg nördlich des Wilshire Boulevard durch den

Hancock Park wanderte. Das Kind blieb stehen und schnappte nach Luft, als der Schatten im Dunkel Gestalt annahm. Er hatte drei Hörner, die seitlich abstanden. Er war groß, schlank, aufrecht und hatte den Kopf zurückgeworfen, und in seinem Mund stak ein Stück Horn. Und dann gab diese Silhouette auch ein Geräusch von sich – unheimlich und beängstigend – so daß das Mädchen vor Angst zu weinen begann. Sein Vater nahm es in den Arm und lachte, um es zu trösten.

»Das ist doch nur ein Dudelsack, Schatz. Das ist nur ein Junge, der Dudelsack spielt.«

Ian Campbell hörte das Mädchen nie weinen. Er war vollauf damit beschäftigt, das Mundstück richtig zum Schwingen zu bringen. Manchmal wollte es einfach keinen Ton von sich geben. Auf seine Weise war der Dudelsack wesentlich schwieriger zu spielen als das Klavier. Ohne die Möglichkeit, Akkorde zu erzeugen, kam alles auf das richtige Zeit- und Taktgefühl und die ausschmückenden Noten an, die der Melodie ihren besonderen Charakter verliehen. Er holte tief Luft, befeuchtete das Ventil und achtete sorgsam darauf, mit seinem Ellbogen unmerklichen Druck auf den Balg auszuüben, in der Hoffnung, einen beständigen Luftstrom durch die Schwingblättchen zu erzeugen. Er pustete und hoffte, und das Instrument begann aus aller Kraft zu quietschen!

Ian stieß die drei Bordunpfeifen von seiner Schulter und schritt angewidert los. Um dieses Instruments willen hatte er also seine Mutter gebeten, sein Klavier zu verkaufen. Wegen dieses verrückten Instruments! Vor dreihundert Jahren hatte Pepys eines davon gehört und daraufhin bemerkt: »Bestenfalls ist das eine fürchterlich barbarische Musik.« Und damit hatte er völlig recht, dachte Ian.

Der Junge blickte auf den Luftsack, der selbstverständlich, seinem Clan entsprechend, mit Campbell-Tartan überzogen war. Wie schon so oft zuvor, weckte dieses Stoffmuster Erinnerungen an seine Abstammung, an Männer, die in den Kampf gezogen waren, an die Campbells, die sich gegen Bonnie Prince Charlie auf die Seite des englischen Königs gestellt und die MacDonalds niedergemetzelt hatten.

Dann stellte Ian fest, daß er unbewußt das Vier-Meter-Rechteck abschritt, seine Finger über die Pfeife aus Elfenbein und Ebenholz wandern ließ und mit seinem Ellbogen ganz leicht gegen den Luftsack drückte. Also warf er die Bordunpfeifen zuversichtlich wieder über seine Schulter und begann, ohne zu zögern, ›Mallorca‹ zu spielen.

Es klang gut. Besser hatte er es nie gespielt. Und er versuchte auch ›Major Norman Orr Ewing‹, das Lied, das ihm bei den kommenden Winterwettbewerben in der Anfängerklasse eine Medaille eintragen würde. Er spielte und spielte und schritt das Viereck ab, völlig in der Musik versunken.

Seine Mutter erlaubte ihm nicht, in ihrer Wohnung zu üben. Aber das war nicht weiter schlimm. Was konnte sich ein Dudelsackbläser Besseres wünschen, als direkt am Hancock Park bei den Teergruben zu wohnen? Welchen geeigneteren Platz zum Üben hätte man sich vorstellen können als diese freie Rasenfläche, erhellt von den Sternen und den Lichtern des Wilshire Boulevard, ohne irgendwelche Geräusche bis auf das ferne Summen des Verkehrs, inmitten des Geruchs von Gras und Farnen und der teerigen Luft, so zäh, daß man sie fast kauen konnte? Der siebzehnjährige, einsame Dudelsackbläser sog die teererfüllte Luft in seine Lungen, blies sie durch das Blasrohr und ließ seine Finger behend über die Tonlöcher wandern. Dabei stellte er sich vor, die Qualität des Dudelsacks würde irgendwie verbessert, indem er auf magische Weise durch die teerige, fossile Luft aus einer anderen Zeit von innen heraus geheilt wurde.

Chrissie Campbell saß auf der Veranda vor ihrer Wohnung und genoß den Abend, während sie auf Ian wartete. In der Ferne hatte jemand sein Radio sehr laut gestellt, so daß sie von Zeit zu Zeit vereinzelte Musikfetzen auffing, und später auch das Gelächter, wenn aus dem überladenen Schrank von Fibber McGee und Molly unweigerlich das ganze Gerümpel polterte. Dann suchte der Besitzer des Radios nach einem neuen Sender und verhielt kurz bei einem Programm mit klassischer Musik. Sie versuchte, das von einem Geiger gespielte Stück zu identifizieren. Sie mußte an ihren Mann,

Bill Campbell, denken, den großen Arzt mit den gelockten Haaren, der auch Violine gespielt hatte und nun schon seit fünf Jahren tot war. Mit einem Seufzer sehnte sie sich nach ihm zurück. In Nächten wie dieser, hell und lau, wenn Südkalifornien noch einmal in einer Art Altweibersommer erblühte, war es einfach, sich an ihn zu erinnern und sich nach ihm zu sehnen.

Sie hatten sich im Manitoba Hospital kennengelernt, wo sie in der Buchhaltung gearbeitet hatte. Chrissie stammte aus Saskatchewan. Sie war die Tochter eines Eisenbahners und ihre Familie sogar noch schottischer als sein Highlander-Clan, da sie ursprünglich von den Hebriden kamen und Gälisch sprachen. Es war völlig natürlich, daß sich diese zwei schottischen Kanadier in der Klinik kennenlernten und ineinander verliebten, daß sie in den schlechten Zeiten in die Vereinigten Staaten auswandern sollten, wo es angeblich nicht so schlimm stand.

Sie verlebten glückliche Jahre in Valley City, North Dakota, der kleinen Collegestadt, wo sie fast am Ufer des Cheyenne River wohnten, nicht weit von Weizenfeldern und Bäumen.

Für einen Arzt war die Zeit der Wirtschaftskrise fast genauso schlimm wie für die Farmer und Arbeiter. Aber sie hatten trotzdem ein schönes Leben, bis der Krieg ausbrach und der Arzt an Krebs dahinzusiechen begann.

Er hatte nicht mehr länger als ein Jahr zu leben. Viele ihrer Gespräche, ihrer geheimen Gespräche, drehten sich um den Tod, denn er hatte seine eigene Krankheit diagnostiziert, und sie bereiteten sich gewissenhaft auf diese schreckliche Tatsache vor. Sowohl die Wirtschaftskrise wie die Krankheit stellten eine schwere finanzielle Belastung für sie dar, und es kam zu langen, ernsten Gesprächen, in die sie so manche mitleidige Lüge einflocht.

»Du hast doch keine Angst, Chrissie, oder?«

»Nein, Bill.«

»Du bist doch eine tüchtige, selbständige Frau. Du kannst dich auch allein durchschlagen.«

»Glaub mir, Bill, ich habe keine Angst, wirklich nicht.«

»Je öfter wir über Kalifornien sprechen, um so besser finde ich diese Idee.«

»Ja, mir geht es genauso, Bill.«

»Durch den Krieg tut sich dort einiges. Sie brauchen Arbeitskräfte. Und du bist sicher noch nicht zu alt, um einen anständigen Job zu finden.«

»Dein Sohn wird ein tüchtiger Mann werden, Bill, das schwöre ich dir.«

»Und du hast keine Angst, Chrissie?«

»Nein, Bill, bestimmt nicht. Ich hab' keine Angst.«

Aber wenn sie während jenes Jahres und der ersten Zeit danach allein mit sich und ihren Gedanken war, hatte sie dann doch Angst. Nie erzählte sie ihm jedoch von der schwelenden Angst, die immer nachts kam und der sie sich widersetzen mußte.

Chrissie glaubte, daß ihr dabei das ererbte Blut tapferer und unbeugsamer Männer eine große Hilfe sein würde. Ihre Familie stammte von der Isle of Lewis, der nördlichsten Insel der Hebriden, deren Klima durch die eisige Gischt des Atlantik geprägt wurde, die den Einwohnern über die Jahrhunderte hinweg in die Gesichter gepeitscht war. Sie besaß ihre Stärke und Widerstandsfähigkeit, und sie wußte das auch. Und vor allem verfügte sie auch über ihre Kraft, selbst die schlimmsten Schicksalsschläge zu ertragen.

Chrissie Campbell war der festen Überzeugung, daß sie Ian Kultur und Disziplin würde vermitteln können. Diese zwei Dinge gehörten für sie zum Wichtigsten überhaupt und waren vielleicht auch das einzige, was sie ihrem Sohn geben konnte. Vor allem Disziplin würde nach Bills Tod für sie beide von entscheidender Bedeutung sein.

»Du bist zu streng mit mir, Mutter. Du bist einfach zu streng. Und glaube nur nicht, daß ich dir eines Tages dafür dankbar sein werde.«

»Das habe ich nie behauptet, Ian.«

»Du bist einfach *zu* streng, Mutter.«

Chrissie fand eine Stelle, erst als Bürokraft, dann als Buchhalterin. Und nun, drei Jahre nach Kriegsende, wohnten sie in den Park-La-Brea-Apartments, einer Wohnsiedlung der gehobenen Mittelschicht. Zwar hatte sie Schwierigkeiten, für die Miete aufzukommen, aber dafür wuchs Ian in einer schönen Umgebung auf. Er konnte jeden Tag im

Hancock Park verbringen, der gleich auf der anderen Straßenseite lag. Sie mußten in der Nähe eines Parks wohnen, da er sonst wegen des höllischen Lärms, den er seinem Dudelsack entlockte, früher oder später verhaftet worden wäre.

Es hatte ihr leid getan, das Klavier wegen des Dudelsacks zu verkaufen, zumal Ian schon mit vier Jahren mit den Klavierstunden begonnen hatte und auch Chrissie nicht von den typischen Träumen verschont geblieben war, die so manche Mutter eines musikalisch begabten Kindes heimsuchen. Das Klavier war das ideale Instrument, Kultur und Disziplin in einem Kind zu fördern. Mit dem Dudelsack war das eine andere Sache, mit diesem wilden, fast willkürlichen Instrument, das einem unweigerlich ins Blut fuhr, aber dafür über einen Ausdruck verfügte, der dem Klavier nicht zu Gebote stand. Und so fragte sie sich tatsächlich, was ihm all die Jahre am Klavier gebracht hatten, sah man einmal davon ab, daß er mit seiner Interpretation eines Stücks von Rachmaninow den ersten Preis in einem Wettbewerb errungen hatte, der ihm jedoch nichts bedeutete.

Aber wenn er schon kein klavierspielender Arzt wurde, so würde er doch zumindest Arzt werden – daran bestand kein Zweifel. Und was für einen Arzt Ian abgeben würde! Chrissie stellte ihn sich vor, wie er in zehn Jahren aussehen würde – ein großgewachsener Assistenzarzt mit gelocktem Haar wie der Mann, den sie geheiratet hatte, nur größer, *noch* intelligenter und einfühlsamer, mit entschlossenem Mund und klassischem Kinn, einer der schönsten Kinnpartien, die sie je gesehen hatte, doch davon ahnte er nichts. Und das war eine weitere Quelle ihres großen, aber geheimen Stolzes – er war sich seines äußerst attraktiven Aussehens in keiner Weise bewußt. Und als interessierten sich alle heranwachsenden Jungen brennend für Philosophie und Geschichte, hatte er eine ganze Bücherwand voller ernsthafter, wissenschaftlicher Bände, die er mit großem Eifer las. Außerdem hatte er ein Abonnement für die Konzertreihe der Philharmoniker.

Und dann war da noch etwas, was sie sogar für noch wichtiger erachtete. Sein natürliches Talent, mit Menschen umzugehen. Still und zurückhaltend, ein nicht sonderlich praktisch veranlagter Junge, besaß er doch eine gewisse energische Ausstrahlung, die seine Kameraden durchaus zu spüren schienen.

Fünf Jahre lang hatte sie sich davor gehütet, aus ihrem einzigen, vaterlosen Kind ein Muttersöhnchen zu machen. Daher hatte sie sich immer die größte Mühe gegeben, sich ihren Stolz auf ihn nicht anmerken zu lassen.

Und dann glaubte sie, in der Ferne das hohe Sirren des Dudelsacks zu vernehmen, und sie lauschte und stellte sich den Teergeruch der Gruben vor. Chrissie legte ihre Hände an ihre Wangen, glitt mit den Fingern unter die Gläser ihrer Brille und rieb sich kurz die Augen. Dann strich sie ihr dunkles Haar zurück, das langsam grau zu werden begann, und wartete, bis der einsame Dudelsackbläser durch die Dunkelheit geschritten kam.

Ian Campbell war innerlich aufgerüttelt, als die Kommunisten südlich des 38. Breitengrads vorstießen, obgleich ihn diese Tatsache nicht in dem Maße beunruhigte wie Chrissie. Er war damals noch nicht ganz neunzehn – ein gefährliches Alter, falls es darum ging, Entscheidungen zu treffen. Wie sie das gewohnt waren, sprach er mit Chrissie über die Dinge, die ihn beschäftigten. Zu dieser Zeit gehörte Ian der Marinereserve an und schmiedete die ersten ungewissen Pläne hinsichtlich seiner Collegelaufbahn. Je mehr er über die Geschehnisse an so exotischen Orten wie Pyongyang, Taejon oder Taegu sprach, desto mehr wuchs im stillen die Angst seiner Mutter. Es kam zu den Massakern von Hill 303 und dann Inchon, und Chrissie spürte, daß weitere Widerreden keinen Zweck mehr haben würden. Jeder, der Ian gut kannte, wußte ganz genau, daß alle Diskussionen zwecklos gewesen wären, als er sich schließlich freiwillig zum Kriegsdienst meldete.

Einige Zeit später, während einer kalten Winternacht in der Punchbowl, nördlich des 38. Breitengrads, platzte ein Marineunteroffizier mit trüben Augen in ein warmes Zelt, wo ein großgewachsener, junger Funker saß, eine alte Zeitung las, Bier trank und auf einer langen, gekrümmten Pfeife herumkaute, der er offensichtlich nicht den rechten Geschmack abgewinnen konnte.

»Scotty, hast du von den anderen Schotten gehört?« fragte der Unteroffizier, während er sich den Schnee von den Schultern klopfte.

»Wieso?«

»Du weißt doch, diese Argyll-Jungs.«

»Die Argyll- und Sutherland-Highlander?«

»Ja, die. Ich habe gehört, daß die Laster mit ihrer Ausrüstung einen Volltreffer abgekriegt haben. Anscheinend ein Mörserangriff. Und weißt du was? Vermutlich bist du jetzt der einzige Mensch in ganz Korea, der noch einen Dudelsack hat. Was sagst du dazu, Scotty?«

Ian führte die Flasche Bier an seine Lippen und kippte ihren Inhalt mit drei Schlucken hinunter. Er hatte bereits mehrere Flaschen getrunken.

»Also, was meinst du, Scotty? Sollen wir das diesen miesen Schlitzaugen durchgehen lassen?«

»Ist das wirklich wahr?«

»Du lieber Himmel, woher soll ich das wissen? Aber ich finde, wir sollten diesen Dreckskerlen zeigen, daß sie mit so etwas nicht so einfach davonkommen, oder etwa nicht? Hol schon mal deinen Dudelsack raus. Ich will das Ding jetzt mal ordentlich hören.«

»Also gut«, erwiderte Ian und stand in euphorischer Stimmung auf. Zwanzig Minuten später schritten der stämmige Unteroffizier, mit einer Flasche bitterem Reiswein und einem M-1-Karabiner bewaffnet, und Ian Campbell, mit nichts als seinem Dudelsack bei sich, weniger als zweihundert Meter vom Niemandsland entfernt, auf einer mondbeschienenen, schneebedeckten Bodenerhebung, das Vier-Meter-Rechteck ab.

»Es ist einfach eine Schande für ein schottisches Regiment, ohne ihre Dudelsackbläser vorneweg in die Schlacht zu ziehen«, erklärte Ian, selbst überrascht über die Schwerfälligkeit, mit der ihm die Worte aus dem Mund kamen.

»Das will ich meinen, Scotty«, bestärkte ihn der Unteroffizier und hielt Ian die Flasche mit dem Wein entgegen, der zwar schrecklich schmeckte, aber doch wärmte.

Ian sog die fünf Grad unter Null kalte Luft in tiefen Zügen in seine Lungen und hob die Flasche an seine Lippen, so daß sie mit einem leisen Klicken gegen seine Zähne stieß. Dann fiel er in die ersten Takte eines raschen Marsches ein – ›Scotland Is My Ain Hame‹. Für einen Moment betäubte das Geräusch den Unteroffizier. Dann schritten sie gemeinsam das Viereck ab, während Ian ›Campbells Are Coming‹ spielte. Aber bald saß Ian vor Kälte zitternd im Schnee und konnte nicht mehr weiterspielen. Dann hörten sie die Signalhörner der Roten, gefolgt von vereinzelten Schüssen.

»Los, hauen wir bloß ab hier!« brüllte der Unteroffizier.

»Ja, schnell weg hier!« Ian rappelte sich hoch, und dann rannten sie gemeinsam zum Camp zurück, wobei der Unteroffizier in seinem Suff alle paar Meter hinfiel. Am nächsten Tag machte die Geschichte vom Dudelsack und den Signalhörnern im ganzen Bataillon die Runde, und Ians Kommandant erteilte Ian einen Rüffel und befahl ihm, die Kommunisten in Zukunft nicht mehr mit seinem Dudelsack aufzuschrecken.

Am liebsten mochte Chrissie die Fotos, die Ian ihr aus Hawaii schickte, wo er in einem offenen, nur mit einem Schilfdach bedeckten PX stand. Junge Marinesoldaten – mit nacktem Oberkörper, in kurzen Drillichhosen – saßen herum, spielten Karten und gestikulierten dabei in jugendlich überschäumender Ausgelassenheit. Im Mittelpunkt dieses Bilds stand Ian – groß, breitschultrig und knochig in seinen kurzen Hosen – mit geschlossenen Augen, vergaß alles um sich herum und spielte seinen Dudelsack, ohne daß jemand zuhörte.

Als sich Ian ein zweites Mal freiwillig nach Übersee meldete, entschloß er sich, seinen Dudelsack nicht mitzunehmen, aber schon nach wenigen Wochen endete einer seiner Briefe in die Heimat mit folgenden Worten: ›Mutter, könntest du mir bitte den Dudelsack schicken?‹

Eine Ketsch mit zwei Masten, die *Jolly Roger*, lag schimmernd in der Sonne. Der Pazifik ruhig und blau. Der Horizont feurig. Unter vollen Segeln durch die schimmernde Meerenge stechend, war die Besatzung des hundert Meter langen Boots guter Stimmung und fröhlich.

Der Kapitän, Earl Schultz, ein neuer Freund, war ein ehemaliger Seemann der Handelsmarine, der durch einen Sturz von einer Ladeluke behindert war und aussah wie Popeye. Die restlichen zwei Mann Besatzung waren jüngere Männer, Jugendfreunde. Wayne Ferber, der Kleinere von beiden, hatte tiefliegende, engstehende Augen, ein scharfgeschnittenes Kinn und einen ebenso scharfen Verstand. Der andere war ein großer, fünfundzwanzig Jahre alter Student der Zoologie und Medizin, ein Koreaveteran, dessen kurzes, gelocktes Haar im hellen Sonnenlicht kastanienbraun glänzte. Er saß auf dem Bugspriet und ließ jedesmal, wenn die Ketsch ihren Kurs änderte, seinen Dudelsack ertönen, wobei jedes erfolgreiche Manöver mit einem kräftigen Schluck Wein aus einem Ziegenledersack begossen wurde, den sie hinter dem Boot durch das kalte Wasser zogen.

Und als sie sich an jenem Wochenende vom 4. Juli dem Hafen näherten, in dem Wissen, daß Avalon von Touristen wimmeln würde, schrie der Dudelsackbläser: »Jetzt sollen die aber mal sehen, wie wir angesegelt kommen!«

Und keine Schonerbesatzung hatte die Meerenge je mit größerem Stolz durchfahren als diese abgetakelte Ketsch mit dem jungen Mann auf dem Bugspriet, der ›Campbells Are Coming‹ spielte.

»Ian amüsiert sich ja wirklich prächtig«, meinte Wayne zum Kapitän, der ihm das Steuer des kleinen Boots überlassen hatte. »Als er gerade aus Korea zurück war, wollte er nur immer zu Hause herumsitzen und auf dem Chanter seines Dudelsacks spielen. Seine Mutter hat ihn dann hin und wieder etwas angepiekst. ›Na, ergehst du dich wieder mal in Selbstmitleid, Ian?‹ hat sie bei solchen Gelegenheiten immer gesagt. Und irgendwann hat er dann auch tatsächlich die Kurve gekratzt. Für uns war das jedenfalls ein toller Ausflug«, fuhr Wayne fort. »Wie damals, als wir noch kleine Jungs waren und mit dem Rad zum Lake Elsinore gefahren sind, oder mit einem Bus zum Santa Monica Pier. Ab und zu sind wir auch in den Griffith Park geradelt und dann zum Observatorium gewandert. Vielleicht hielten uns einige Leute wirklich für Spinner, weil wir selbst ein Boot bauen und damit nach Australien segeln wollten.«

Ian ließ sie unter großartiger musikalischer Untermalung nach Catalina einfahren, wo sie vor Anker gingen. Die Ketsch verfügte weder über ein Funkgerät noch über einen Motor. Schultz nannte sie ein ›seetüchtiges Boot‹. Die drei fuhren an diesem Tag mit dem Beiboot zum Schwimmen, wanderten über die Insel und schlossen sich dann einer Party des Jachtklubs im Hafen an, die so erfolgreich verlief, daß sie auf dem Rückweg fast ihr Beiboot versenkt hätten. Am nächsten Morgen schmetterte Ian seine Dudelsackklänge in die allgemeine Katerstimmung an Bord. Sie fühlten sich wie auf Segelurlaub in der Südsee.

Es war während der Jachtklubparty, daß Ian von der Geschichte mit dem Hai hörte. Über einem Martini erzählte ein stattlicher, sonnengegerbter Jachtsmann in einem marineblauen Jackett mit Goldknöpfen und makellos weißen Hosen von dem Vorfall. »Diese Viecher sind ja schrecklich blöd, müssen Sie wissen«, tönte er großspurig, während er eine gefüllte Olive von einem grünen Plastikzahnstocher lutschte und sie in seinem Mund hin und her wandern ließ. »Sie sind wirklich unglaublich blöd. Weiden Sie eines von diesen Viechern aus und werfen das Zeug steuerbord ins Wasser, und dann wird so ein Hai ums Boot herum der Spur folgen und seine eigenen Eingeweide fressen. Einfach irr – und *abstoßend*!«

»Sie haben eben ein primitives Nervensystem«, entgegnete Ian ruhig. Er hatte in einer Gruppe von Seglern gestanden und der Unterhaltung gelauscht. Für ihn war es höchst ungewöhnlich, in einer Gruppe von Fremden seine Meinung zu äußern, so daß er merklich errötete, als man sich nach ihm umdrehte.

»Ein primitives Nervensystem?« wiederholte der Bootsbesitzer.

»Ganz richtig, Sir«, bestätigte Ian. »Alte Haijäger glauben, daß diesen Fischen etwas abgeht, was *wir* haben. Sie können nicht an einem Schock sterben. Das heißt aber nicht, daß sie notwendigerweise dumm oder abstoßend sind. Ihnen fehlt einfach nur etwas, das wir haben.«

»Na ja, wenn Sie meinen, können Sie ja ruhig mit den Haien sympathisieren«, erwiderte der Mann in den makellosen Hosen. »Ich behaupte jedenfalls, daß sie widerliche Viecher sind, die sich aus purer Gier selbst auffressen.«

Das Quietschen von Reifen. Ein schleudernder, schwarzweißer Streifenwagen. Zwei Polizisten in blauer Uniform hielten einen Mann fest, der trotz der Handschellen um seine Handgelenke wild um sich schlug. Dabei stöhnte er auf eine groteske Art, die nicht auf eine körperliche Verletzung schließen ließ. Ian beobachtete die Szene, während er mit seinem Freund Ray Sinatra vor Abteilung Drei des Los Angeles County General Hospital stand und auf Art Petoyan wartete, der in der Aufnahme der Psychiatrie arbeitete. Als die Polizei ging, traten sie ein.

»Sie sind vermutlich Dr. Petoyan«, sprach Ian den dunkelhäutigen Arzt mit der armenischen Nase und dem sinnlichen, jovialen Mund an.

»Willkommen in der Schlangengrube, meine Herren«, begrüßte sie Art mit einem Grinsen. »Freut mich, daß ihr heute abend vorbeikommen konntet.« Darauf zogen sie sich die weißen Kittel an, die Art für sie besorgt hatte, und gingen zu der offenen Abteilung, um auf die eingelieferten Patienten zu warten und die ersten Voruntersuchungen durchzuführen. Dazwischen würde ausreichend Zeit für die eine oder andere Tasse Kaffee und Unmengen von Zigaretten und kurze Unterhaltungen bleiben, die sich vor allem um Medizin und Musik, Ians Hauptinteressengebiete, drehen würden.

»Was soll eigentlich ein armenischer Dudelsackbläser, Art?« erkundigte sich Ray, den Ian über die alten Zeiten informiert hatte, als Art und er selbst noch Anfänger gewesen waren.

»Ich habe meine Liebe zum Dudelsack schon vor Jahren entdeckt, als ich gerade zu studieren anfing und Ian noch auf der High School war. Ich hatte tatsächlich vor, mich auf der medizinischen Fakultät der Universität von Edinburgh einzuschreiben, aber letzten Endes bin ich dann doch an der USC gelandet.«

»Demnach war also das ganze Gedudel umsonst.«

»Umsonst? Das ist doch hoffentlich nicht dein Ernst, Ray?

Paß bloß auf! Du brauchst nur eine Weile mit Ian und mir zusammenhängen, und wir werden dich in kürzester Zeit zu einem gläubigen Anhänger machen. Wenn schon ein Armenier ein Dudelsackfan werden kann, was sollte dann einen Italiener daran hindern? Hast du wenigstens behaarte Knie? *Ich* habe behaarte Knie. Daran erkennt man einen guten Dudelsackbläser. Du solltest mich mal mit Kilt und Schottenmütze sehen. Und du hättest mich und Ian während des Wettkampfs bei den Highland Games sehen sollen. Da war dieser lange, strahlende Typ, der Inbegriff all dessen, was Jack Armstrong dargestellt hat, und daneben ich, ein mieser, schmieriger, kleiner Kameltreiber. Na, und auf wen wäre dabei deine Wahl gefallen?«

»Reden wir lieber über Medizin«, schlug Ian vor. »Das ist ja schließlich auch der Grund, weshalb ich aufs College gegangen bin.«

Art ließ sich nicht beirren. »Hat dir Ian von *meinem* Dudelsack erzählt, Ray? Er ist aus Indien. Bestes Elfenbein und Ebenholz, aber Piepe Major Aitken, unser alter Lehrer, hielt nicht viel davon. Es mußte einfach ein Peter-Henderson-Dudelsack sein, wie der von Ian. Weißt du, in Schottland richten sie die Pfeifen nach den Orkney Inseln aus, sobald sie die Löcher reingebohrt haben, und lassen drei Jahre lang den kalten Wind durchpfeifen.«

»Und man kann wohl nicht die heißen Winde Pakistans durch seine Pfeifen blasen lassen, was, Jungs?« witzelte Ian, worauf er ebenso wie Art, in alten Erinnerungen schwelgend, grinsen mußte.

»Warum hast du dir keinen schottischen Dudelsack angeschafft?« wollte Ray wissen.

»Dafür gibt es mehr als genug gute Gründe«, entgegnete Art. »Die Schotten sind nicht das einzige sparsame Volk auf der Welt«, erklärte Ian. »Auch die Armenier schauen ganz gern ein bißchen auf ihr Geld. Erzähl Ray doch mal von dem Haufen Geld, den du jetzt als Doktor machst.«

»Ach ja«, erwiderte Art leichthin und wechselte das Thema. »Soll ich dir mal sagen, was die uns zahlen? Siebzig Dollar die Woche. Und weißt du, was die Miete kostet? Fünfundsiebzig die Woche. Kannst du mir vielleicht sagen, wie ich eine Frau ernähren soll? Wahrscheinlich, indem ich Blut und Magensaft spende.«

»Was?« fragte Ray, was Ian ein Kichern entlockte.

»Zuerst mal spende ich wie jeder stinknormale Skid-Row-Penner Blut. Aber was ist das schon? Dazu gebe ich noch jeden Samstagmorgen zusammen mit all den anderen hungrigen Ärzten meine Magensäfte. Ich komme einfach hier an, stecke mir einen Schlauch durch die Nase bis runter in meinen Magen und pumpe mir dann den ganzen Magensaft hoch. Beim ersten Mal bin ich noch fast in Ohnmacht gefallen, aber inzwischen stecke ich mir den Schlauch wie nichts die Speiseröhre runter. Übrigens, ich habe mehr Magensaft als die meisten anderen Jungs hier.«

»Darauf ist er ganz besonders stolz«, warf Ian ein.

»Und das Ganze geben sie dann so einem alten Knacker, der kurz vor dem Abkratzen ist«, fuhr Art fort. »Für ein paar Tage fühlt der Mann sich dann auch bestens. Die Medikamente, die er oral einnimmt, werden von seinem Körper angenommen, und er kann auch mehr Nahrung zu sich nehmen. Wenn er dann entlassen wird, ist er schon fast wieder das blühende Leben in Person. Und ich kriege für etwa drei Stunden Arbeit fünfzehn Dollar.«

»O nein – das darf doch nicht wahr sein.« Ray ließ seinen Kopf auf seine verschränkten Arme niedersinken.

»Ich habe sogar schon daran gedacht, meine Samenflüssigkeit zu verkaufen«, fuhr Art fort. »Aber am Ende war mir das Ganze doch nicht so ganz geheuer. Ich habe mir plötzlich vorgestellt, wie das wäre, wenn ich mal eine eigene Praxis aufmache und irgend so eine Alte mit so einem kleinen Armenierfratzen in die Sprechstunde kommt und ich mich dann plötzlich verantwortlich fühle, ohne mir überhaupt sicher zu sein.«

An diesem Punkt wurde Arts angeregte Konversation durch ein weiteres Paar Polizisten unterbrochen, die mit einem in Handschellen gelegten Mann eintraten. Der Mann war jung, mit hellem Haar und auffallend blassem Gesicht. Auf Oberlippe und Schläfen standen ihm Schweißperlen, und seine zerzausten Koteletten waren durch die Nässe an seinen Schädel geklebt. Er wirkte völlig unbeteiligt.

Der junge Mann wurde von einer Schwester aufgenommen und von dem diensthabenden Deputy Sheriff kurz begutachtet. Es war Arts Aufgabe, solche Patienten auf mögliche organische Leiden hin zu untersuchen, bevor sie in die Psychiatrische eingeliefert wurden.

»Das ist eine brutale Art von Medizin«, entschuldigte sich Art bei Ian, während er den Patienten für die Untersuchung vorbereitete. »Eine Art Grabenkrieg. Kannst du dir eigentlich vorstellen, wie viele Patienten sie hier jeden Abend anbringen? Die meisten oder alle aus den untersten Bevölkerungsschichten. Wir hier in der Klinik können uns natürlich auf Dauer nur um jemanden kümmern, wenn er echt einen Schlag hat, und auch das nur, wenn er eine Gefahr für sich selbst oder die Allgemeinheit darstellt. Falls sie eine Fahne haben oder auf der Liste für Drogenmißbrauch stehen – ab! Wir setzen sie sofort wieder vor die Tür. Macht euch also keine großen Illusionen. Ich habe nicht vor, Medizin weiterhin so zu praktizieren, wenn ich mal hier raus bin.«

»Ich glaube nicht, daß ich mir große Illusionen mache«, entgegnete Ian, als sie das Untersuchungszimmer betraten.

Der Patient sah von seinem Stuhl auf und wollte sich erheben.

»Schon gut, bleiben Sie ruhig sitzen«, stoppte ihn Art. »Wir werden Sie nur mal kurz anschauen und feststellen, ob alles in Ordnung ist.«

»Mir fehlt nichts«, erwiderte der junge Mann und sah von Art zu Ian. Dann zu Ray und wieder zurück zu Art.

»Dessen bin ich mir ganz sicher«, meinte Art und setzte sich neben den Patienten, um den Blutdruckmesser an einem sehr starren und muskulösen Arm anzubringen. »Wir testen jetzt nur Ihren Blutdruck«, versuchte er den jungen Mann zu beruhigen, als er merkte, daß dieser einen regelrechten Schweißausbruch bekam.

Sobald er das erstemal an dem Balg des Blutdruckmessers pumpte, bewegte sich der Mann. Ohne Vorwarnung schrie er entsetzt los. Art lag auf dem Boden, der Blutdruckmesser krachte gegen die Wand, und ein uniformierter Deputy hechtete in den Raum und über das Chaos aus brüllenden und wild um sich schlagenden Leibern auf dem Boden.

Der junge Mann war sehr kräftig und kaum zu bändigen. Er schleuderte sie von sich und bat kreischend um Erlösung von seinen privaten Dämonen. Schließlich kam ausreichende Unterstützung an, bis der Mann wieder unter Kontrolle gebracht werden konnte. Er schluchzte verzweifelt, als man ihn aus dem Raum führte.

Während Ian und Ray über einer Tasse Kaffee wieder ihre Fassung zu erlangen versuchten, begleitete Art den Patienten.

»Ich habe mit dem zuständigen Psychiater gesprochen«, erzählte er, als er kurz darauf zurückkam. »Er kennt diesen Burschen schon. Er meint, was eben mit ihm passiert ist, wäre so etwas wie homosexuelle Panik. Das ist immer der Fall, wenn einem Homosexuellen, der nicht zu seiner Veranlagung steht, plötzlich sein Zustand in aller Deutlichkeit bewußt wird.«

»Wirklich unglaublich«, bemerkte Ray. »So etwas habe ich noch nie gesehen.«

»Wenn du mal ein paar Nächte hier verbracht hast, kannst du auf der Stelle einen Roman schreiben«, entgegnete Art erschöpft.

»Der arme Teufel«, meinte Ian. »Er hat mir wirklich leid getan, als sie ihn weinend rausgeführt haben.«

»Studiert erst mal noch schön weiter«, bemerkte Art mit einem Lächeln, aber ohne Ironie. »Wir brauchen in diesem Metier wirklich noch eine gehörige Portion Idealismus.«

Einer von Ians Freunden, ein Psychologiedoktorand an der UCLA, warnte Ian, er würde das College nie fertig machen. »Ian, das ist doch der reinste Anthropologiekurs!« schimpfte Grog Tollefsen. »Du sollst eine kurze Definition des homo erectus liefern. Im Text steht, daß er vor einer halben Million Jahren in Höhlengemeinschaften gelebt hat und kannibalistisch veranlagt war. Wieso studierst du nicht was anderes und befaßt dich lieber mit Kant oder Santayana? Vielleicht kannst du sie ja in deinen Anthropologiekurs einbringen. Ich kann dir jedenfalls schon jetzt sagen, daß du auf die Tour nicht weit kommen wirst.«

»Vielen Dank für deinen gutgemeinten Rat.« Ian zuckte

mit den Schultern. »Aber diese ganzen Pflichtfächer und Abschlüsse langweilen mich. Und Philosophie mag ich einfach. Dagegen kann ich nichts machen.«

»Verdammt, immerhin habe ich meine akademische Labilität bereits zur Genüge bewiesen, indem ich von zwei Colleges gegangen und hier im Moment nur auf Bewährung bin. Aber von Psychologiestudenten erwartet man ja gar nichts anderes, als daß sie ein bißchen flippig und unbeständig sind. Was dich betrifft, dachte ich immer, du wärst ein bißchen zu beständig – genau so, wie ich ein wenig zu unbeständig bin. Aber jetzt möchte ich wetten, daß du als erster den ganzen Kram hinwirfst.«

»Du bist schon wieder mal am Analysieren, Grog.«

»Na und? Schließlich gehört sich das für einen Studenten mit Hauptfach Psychologie, oder etwa nicht? Ich will dir doch nur ein wenig helfen. Worum ist es eigentlich bei deiner Soziologieprüfung gegangen?«

»Ich weiß nicht, ob ich mir dessen überhaupt so sicher bin.« Ian grinste. »Wir hatten zum Beispiel einen Aufsatz über Bigotterie.«

»Na gut, und hast du wenigstens irgend etwas zum Thema gesagt?«

»Ich hab's zumindest versucht, aber dann kam ich ins Grübeln, wie ein so großartiger Komponist wie Wagner solch ein engstirniger Antisemit sein konnte, und am Ende habe ich dann einen Aufsatz über Wagners Musik geschrieben.«

»Sag mir doch noch mal einer, du wärst kein hoffnungsloser Fall, Ian«, bemerkte Grog verwundert. »Ich glaube, dein Hauptproblem besteht darin, daß dich deine Drüsen auffordern, Adah zu heiraten. Ich gebe dir jedenfalls kein weiteres Semester mehr.«

Und Grog sollte recht behalten. Ian verließ ganz plötzlich das College, ging, einer spontanen Eingebung folgend, zum Los Angeles Police Department und heiratete Adah.

Art Petoyan pflegte zu einem Dudelsackbläserkameraden zu sagen: »Ich war ehrlich entsetzt, als ich gehört habe, daß Ian vom College gegangen ist. Und das, um Polizist zu werden! Ich konnte es einfach nicht fassen. Und das verändert ihn ganz schön schnell. Er ist nicht mehr der alte.

Vielleicht nicht gerade verbittert, aber doch ganz schön zynisch. Diese idealistischen Träume, er könnte als Arzt die Gesellschaft ändern und verbessern, sind leider für immer ausgeträumt. Die Arbeit bei der Polizei verändert ihn ganz schön. Inzwischen weiß er, daß er die Gesellschaft nicht verbessert. Er trägt nur noch dazu bei, den Status quo zu wahren. Ich bin mir sicher, daß er sich zum erstenmal des Bösen bewußt geworden ist. Er ist inzwischen zu der Überzeugung gelangt, daß es auch ihn erreichen kann.«

Chrissie hörte schweigend zu, als Ian ihr zum erstenmal erzählte, daß er zur Polizei gehen wollte. Gelegentlich nickte sie, und man merkte ihr an, daß sie sich Mühe gab, hin und wieder zu lächeln. Sie hatten bereits mehrmals über seine bevorstehende Heirat gesprochen, und wie er wußte, fand sie, daß er damit warten sollte, bis er zumindest einen Teil seines Medizinstudiums hinter sich hatte. Aber nun versuchte er ihr beizubringen, daß er nie mit dem Medizinstudium beginnen wollte. Nie. Sie wußte, daß sein Entschluß unumstößlich war. Und so bestärkte sie ihn in seinem Vorhaben und erklärte, sie würde sich für ihn freuen, wenn er sich sicher wäre, die richtige Entscheidung getroffen zu haben. Und in dieser Nacht weinte Chrissie zum erstenmal seit vielen Jahren.

»Adah ist keineswegs das typische Showgirl«, war der gebräuchlichste Satz, mit dem die unterschiedlichsten Leute Ians Freundin zu beschreiben versuchten. Und darauf folgten oft Wendungen wie: »Ich möchte damit nicht sagen, sie ist eine Intellektuelle oder etwas in der Art. Keineswegs. Eher ein Mädchen, daß die High School hingeschmissen hat. Sie hat einen Korrespondenzkurs gemacht, um ein Diplom zu haben. Sehr schüchtern. Macht selten den Mund auf. Richtig unschuldig. Und das meine ich wirklich – ein *unschuldiges* Las Vegas Showgirl.«

Aber vom Aussehen her unterschied sie sich in nichts von den anderen – auffallende Oberweite, *zu* schlank, und knochige Hüften, die unter ihrem Kostüm hervorstanden. Größer als die meisten, mit hohen Absätzen einsdreiundachtzig. Keine Schönheit, aber durchaus attraktiv, mit blaugrauen

Augen wie die Ians, die andere jedoch ausnahmslos als grau bezeichneten. Auch ihr Haar, das sie sich für die Shows rot gefärbt hatte, war dunkel wie seines.

Zuerst hatte Adah Angst vor ihm. Sie hatte noch nie einen Mann wie ihn kennengelernt. Auch die Manieren, die ihm seine Mutter beigebracht hatte, schüchterten sie ein, obwohl sie ihn gleichzeitig äußerst attraktiv erscheinen ließen. Noch mehr Angst hatte Adah jedoch vor Chrissie Campbell. Sie fand sie so vornehm – ein Wesenszug, der ihrer Familie völlig fremd war. Und sie hatte vor allem Angst, Chrissie würde ihr zum Vorwurf machen, daß Ian vom College abgegangen war.

»Ian hat das Medizinstudium von Anfang an gehaßt«, gestand Adah einer Freundin. »Chrissie hat das jedoch nie gewußt. Ich glaube nicht einmal, daß Ian sich dessen bewußt war. Er ist ein eher hektischer Typ. Er braucht eine Arbeit, die ihm ein gewisses Maß an Freiheit läßt. Das ist auch der Grund, weshalb er lieber während der Nachtschicht Dienst hat. Da ist mehr los. Manchmal kann er allerdings einfach nicht ins Bett gehen, wenn er von der Arbeit nach Hause kommt. Dann besucht er zum Beispiel meine alten Chefs, Jack und Marge. Im Showbusineß ist es ja nichts Ungewöhnliches, die ganze Nacht aufzubleiben, um an einer neuen Choreographie zu arbeiten. Oder er unternimmt etwas mit Grog Tollefsen oder Wayne Ferber. Oder er besucht Chrissie.«

Eine Woche nach ihrer Hochzeit fragte Chrissie die frisch vermählte Ehefrau: »Na, wie findest du nun das Leben zu zweit, Adah?«

»Bis jetzt absolut großartig. Nur finde ich, daß Ian einfach zuviel liest.«

Zuerst wohnte das junge Paar in einer Wohnung in Hollywood, in die Chrissie häufig eingeladen wurde. Adah legte in ihrer Umgebung allmählich ihre Hemmungen ab und zeigte sich sogar richtig begierig, mit Ians Mutter zu sprechen, obwohl sie sich unter Fremden oder in einer größeren Gruppe nach wie vor unsicher fühlte und sich in der Regel in einen Sessel kuschelte, ohne an der Unterhaltung teilzunehmen. Aber sie änderte sich. Sie war nicht mehr so zurückgezogen und wurde um so attraktiver, je mehr sie von ihrem Showgirl-Look Abstand nahm. Ein Showgirl war sie nur nach außen hin gewesen, nicht ihrem Wesen nach. Nun wurde sie das, wozu sie geboren worden war – eine Ehefrau und bald auch eine Mutter.

Ian Campbell kam jedoch nach wie vor in die Park-La-Brea Apartments, um Chrissie zu besuchen. Nicht selten tat er das nach Mitternacht, wenn sein Dienst aus war. Falls ihn zuvor etwas aufgewühlt hatte, spürte das seine Mutter instinktiv, und sie lenkte ihre Unterhaltung unaufdringlich, aber geschickt in entsprechende Bahnen, so daß er schließlich darauf zu sprechen kam. So war es sein ganzes Leben lang gewesen. Nachdem er sein Problem losgeworden war, erhellte sich Ians Gesicht, und das düstere Brüten wich aus seinen Zügen. Sogar die Augen wechselten stärker von Grau nach Blau. Danach konnte Ian problemlos schlafen, während seine Mutter die halbe Nacht wach lag.

»Ian war schon immer groß im Luftschlösserbauen«, erzählte Chrissie ihrer Schwiegertochter. »Wenn's darum ging, anderen Menschen zu helfen, war er schon immer arg unrealistisch, und er erwartet immer mehr vom Leben, als er letzten Endes bekommt. Ich fürchte, die Arbeit bei der Polizei wird einen Menschen wie ihn etwas zu schroff wachrütteln.«

Für Ian wurde es inzwischen immer schwieriger, Zeit für seinen Dudelsack zu finden. Seine Arbeit und die Gerichtstermine raubten ihm viel Zeit. Zu Beginn ihrer Ehe, als sie noch in der Wohnung in Hollywood wohnten, schloß er sich in seiner Verzweiflung manchmal in einen Wandschrank ein, um dort eine Stunde zu spielen, oder wie lange er es in dieser Enge eben aushielt. Wenn er dann wieder aus dem Schrank kam, fand Adah eine Dampfwolke und eine Schweißpfütze auf dem Boden vor. Dabei konnte er nicht viel mehr tun, als auf dem Chanter zu üben, der vom G bis zum hohen A reichte und wie eine Oboe klang. Der Chanter allein war nicht so laut und erschreckte keine kleinen Kinder, ebensowenig störte er die Nachbarn oder seine Frau. Aber das war einfach nicht dasselbe. Nicht für einen Dudelsackpfeifer.

Es war während dieser Zeit, als er seinen Dudelsack nur ganz selten spielen konnte, daß Ian von der Idee besessen wurde, einen Pibroch, die klassische Dudelsackmusik, zu spielen. Die Sonate des Dudelsacks, diese unglaublich schwierige musikalische Disziplin. Dynamische, zupackende Rhythmen, gespickt mit ausschmückenden Trillern, und das Ganze wurde für das Oberhaupt des Clans gespielt, wenn er nach der Schlacht auf seinem Schild zurückgebracht wurde. Aber es bedeutete noch mehr – die letztliche Vollendung der Musik, eine Möglichkeit, das Können und die Ausdruckskraft des Dudelsackbläsers zu demonstrieren – eines Solisten, eines Virtuosen.

Er hatte an ›Cha Till McCruimein‹ gearbeitet, einem berühmten Pibroch, anglisiert zu ›MacCrimmon Will Never Return‹. Melancholie in pastoraler Atmosphäre. Es war eine verblüffende und frustrierende Erfahrung, doch zugleich auch aufregender als alles, was er bis dahin getan hatte.

Aber schon bald sah er sich als der Vater zweier kleiner Mädchen, und wie die meisten kleinen Kinder fürchteten sich Valerie und Lori vor dem Geräusch des Dudelsacks. Ihr Vater brauchte nur den Luftsack aufzublasen, und sie fingen bereits zu schreien an, wobei es wenig nützte, daß Ian sie zu trösten versuchte. Und dann waren da auch die Nachbarn, in der neuen Wohnung wesentlich näher, und auch Adah. Also füllte der Pfeifer Zucker in den Luftsack und rieb ihn mit etwas Klauenöl ein, um künftig nur noch davon zu träumen, den Pibroch zu spielen.

Denn wenn er ihn auch nicht in Wirklichkeit spielen konnte, so spielte er ihn in seiner Vorstellung um so exquisiter und majestätischer. Während monotoner Abende, in seinem Schwarz-Weißen durch die Gegend kreuzend, während dunkler und stiller Morgenstunden, konnte er den Pibroch spielen. Wenn er im College an seinem Schreibtisch saß, inzwischen ein Teilzeitstudent in Jura und Polizeikunde, und angespannt auf eine Prüfung wartete, beruhigte er sich, indem er in Gedanken einen Pibroch spielte. Und während er in diesen zahlreichen schlaflosen Nächten, die auf ein aufrüttelndes und unangenehmes Erlebnis während des Diensts folgten, ruhig in seinem Bett lag, spielte er ebenfalls den Pibroch. Und es war immer derselbe melancholische, pastorale, klagende Pibroch – ›MacCrimmon Will Never Return‹.

Der Gärtner war mit seiner Arbeit am Rasen der alten Frau nicht zufrieden. Das Gras lag an verschiedenen Stellen, wo es am Fangsack vorbeigeblasen worden war, in kleinen Haufen herum. Er ging zu seinem Laster, um den Rechen zu holen. Als Entschädigung dafür, daß er sich nicht für ihr Gerede interessiert hatte, verdiente die alte Frau an diesem Tag zumindest einen makellos gepflegten Rasen.

Während er das Gras zusammenrechte, dachte er daran, wie er das Werkzeug gestohlen hatte. Wie immer konnte er zwar den Akt noch einmal durchleben, aber nicht die Gefühle, die er beim Stehlen gehabt hatte. Er wischte sich an seinem blauen Arbeitshemd die Hände ab, um den Rechen fester im Griff zu haben. Für einen Augenblick dachte er über seine Aussage nach, die er morgen vor Gericht machen würde. Er mußte nie zu arbeiten aufhören, wenn er an die Verhandlung dachte, und nicht einmal, wenn er an seine Verbrechen dachte.

Die Novembersonne von Kalifornien war an diesem Tag herrlich warm. Unter seinem Arbeitshemd war seine Haut von einer angenehmen Schweißschicht überzogen. Bald würde es Winter sein, und die Sonne würde nicht mehr so warm auf die Gärten herabscheinen, die er pflegte. So viel war gewiß, dachte der Gärtner. So gewiß wie der Tod in einem Zwiebelfeld.

2

In ihrer achten gemeinsamen Nacht auf Streife aßen die beiden Partner in McGoos am Hollywood Boulevard Irish Stew. Ian war noch stiller als gewöhnlich und fragte schließlich: »Du hast doch keine Kinder, Karl?«

»Ich bin erst kurz verheiratet«, entgegnete Karl, »aber es ist bereits eines unterwegs.«

»Das ist schön«, meinte Ian ernst. »So eine Ehe darf man nicht so einfach vernachlässigen. Sie bedarf der Pflege – wie Pflanzen und Bäume. Und ich finde, so eine Ehe ist eine gute Sache für einen Mann.«

Karl blickte von seinem Stew auf und betrachtete Ian, der abwesend auf seinen Teller starrte. Karl hatte gehört, daß Ians Frau vor ein paar Monaten einen Job in Bimbos Nightclub in San Francisco angenommen hatte, und zwar zu dem Zweck, das nötige Geld für die Einrichtung ihres neuen Hauses kaufen zu können. Die Kinder wohnten solange bei ihrer Mutter. Als einige Kollegen von Ian wissen wollten, ob er sich von seiner Frau getrennt hätte, leugnete er dies ab. Aber Karl glaubte ihm nicht, und vor allem nicht in diesem Augenblick, wo er so nachdenklich über seine Ehe sprach.

»Du hast doch zwei Töchter, Ian, oder nicht?«

»Ja, zwei Töchter«, antwortete Ian. »Valerie ist dreieinhalb. Lori ist gerade zwei geworden. Langsam kommen sie in das Alter, daß man wirklich schon eine Menge mit ihnen anfangen kann. Für eine Weile waren sie bei ihrer Großmutter, aber inzwischen sind meine Mädchen wieder zu Hause, und zwar alle drei.«

Karl fragte hinsichtlich der letzten Bemerkung seines Partners nicht weiter nach.

»Valerie lernt jetzt schon lesen. Ich bringe es ihr bei.«

Karl nickte und stellte sich dabei vor, daß sein Partner vermutlich ein Bücherwurm war. »Ich lese sehr gerne«, versuchte er, das Gespräch auf Ians Hauptinteressengebiet zu lenken. »Nur fehlt mir manchmal einfach die Zeit dazu. Romane mag ich allerdings nicht so besonders.«

»Ich lese auch keine Romane«, stimmte ihm Ian zu, ohne zu ahnen, daß Karls literarischer Geschmack sich wesentlich von seinem unterschied. Karl bevorzugte hauptsächlich praktische Ratgeber und Bücher übers Angeln und das Leben in der Natur. »Meine Frau hat sogar mal behauptet, ich würde mich für *nichts* anderes als Bücher interessieren.«

»Du magst doch auch Dinge, die wachsen«, warf Karl ein.

»Und Dudelsäcke.«

»Davon habe ich schon gehört«, sagte Karl, um dann hinzuzufügen: »Nimmst du einen Nachtisch?«

»Nein, ich habe es endlich geschafft, unter neunzig Kilo zu kommen«, entgegnete Ian und tätschelte seinen Bauch.

»Na, bei deiner Größe kannst du dir das aber ohne weiteres erlauben«, meinte Karl, während er den Speckring um seine Hüften abtastete. »Ich sage dir, das Eheleben macht mich mit der Zeit noch zu einer Avocado mit Beinen.«

»Deswegen würde ich mir mal vorerst noch keine Sorgen machen«, redete ihm Ian gut zu.

»Meinst du wirklich? Seit kurzem muß ich schon meine Arme von mir strecken, um überhaupt zu sehen, ob ich gehe oder rolle.«

Die Fotos von Karl Hettinger bestätigten, daß er jetzt wesentlich mehr wog als je zuvor in seinem Leben. Die Fotos zeigten auch, wie voll sein leicht sommersprossiges Gesicht war – ein Eindruck, der durch den kurzen Haarschnitt noch verstärkt wurde. Die Fotos würden auf den Titelseiten erscheinen.

Wenn es darum ging, für eine Mahlzeit zu zahlen oder ein Trinkgeld zu geben, ließ keiner von beiden erkennen, was ihnen sonst mit Sicherheit gemeinsam war – Sparsamkeit. Keiner von beiden Männern hatte auch nur die geringsten Schwierigkeiten, sich zu erinnern, wo es die günstigsten Angebote oder speziellen Polizeirabatte gab.

So gewöhnten sich die zwei jungen Männer in Zivilstreife Sechs-Z-Vier mehr und mehr aneinander, so daß ihre Beziehung sich zusehends zu einer echten Freundschaft entwikkelte. Man konnte wirklich von einem Glücksfall sprechen, wenn zwei Partner zu Freunden wurden. Unbewußt trat Karl die Anführerrolle innerhalb ihres Teams an Ian ab. Dies lag zum Teil daran, daß Ian länger bei der Streife war. Außerdem war er mit einunddreißig Jahren drei Jahre älter als Karl. Vor allem verfügte Ian jedoch über eine gewisse Würde und unaufdringliche Selbstsicherheit, die ihm automatisch die Anführerrolle zuteilten, falls dies die Umstände erforderten.

Aber auch Karl Hettinger waren solche Wesenszüge nicht völlig fremd. Schon im College waren ihm gewisse Führungsqualitäten bestätigt worden. Er dachte oft an diese Eintragung in seinem Zeugnis. Wer hätte sich damals träumen lassen, daß er Polizist werden würde, dachte er, als sie wieder losfuhren.

Solange er zurückdenken konnte, hatte Karl Hettinger davon geträumt, Farmer zu werden – ein etwas ungewöhnlicher Wunsch für einen in der Großstadt Los Angeles aufgewachsenen Jungen. Seine Mutter hatte ihm in seiner Kindheit unzählige Geschichten über das Landleben erzählt. Sie war nicht nur eine gute Geschichtenerzählerin, sondern brachte auch ihre glückliche Hand mit Pflanzen auf ihrem kleinen Grundstück voll zur Geltung. Und so setzten sich ihre Erinnerungen an einen kleinen, ordentlichen deutschen Bauernhof zusehends in der Phantasie des kleinen Jungen fest, bis sie einen unverrückbaren, umfangreichen Bestandteil darin ausmachten.

Karl war ein Nachkömmling gewesen, viel jünger als seine Schwestern Miriam und Eunice. Sein Vater, Francis Hettinger, war bereits Mitte Vierzig, als der Junge in das Alter kam, wo er lernbereit und aufnahmefähig wurde. Der Vater war den Anforderungen eines Kindes nicht gewachsen, da er sich mit den Mädchen nie viel abgeben hatte müssen. Außerdem hatte er kaum Zeit. Er war ein richtiges Arbeitstier und arbeitete nicht nur wegen des Geldes, sondern vor allem zur persönlichen Befriedigung und Bestätigung. Er war eigentlich Zimmermann, verstand aber auch etwas von Elektro- und Installationsarbeiten und von Autos – ein Mann also, der mit seinen Händen umzugehen wußte. Und seine Hände waren groß und derb, mit stark hervortretenden Knöcheln und dicken Handgelenken. Aufgrund seines Hangs zur Perfektion wurden seine Dienste viel gesucht. Er war stolz auf die Produkte seiner Arbeit, und dies war ein Wesenszug, der in jenen Kriegsjahren nicht gerade häufig anzutreffen war, als große Nachfrage nach guten Handwerkern herrschte. Francis Hettinger wußte zwar durchaus, wie man einer handwerklichen Aufgabe optimal gerecht wurde, aber er verstand nichts von der Erziehung eines kleinen Jungen.

»Dad, glaubst du nicht, ich könnte dir mal bei der Arbeit helfen? Nächste Woche fangen doch die Ferien an.«

»Das geht nicht, Karl. Der Boß wäre sicher nicht einverstanden, wenn ich immer einen Jungen wie dich mitschleppen würde. Vielleicht, wenn du ein bißchen älter bist.«

»Aber glaubst du nicht, du könntest mir mal zeigen, wie man mit einer Gehrungslade umgeht? Ich meine, zu Hause? Am Samstag vielleicht? Wenn du nicht arbeiten mußt?«

»Ich – also, weißt du, diese Arbeit muß ich ordentlich machen. Im Augenblick bist du einfach noch zu jung für so was. Ich will es richtig perfekt hinkriegen. Es ist wichtig, eine Arbeit richtig zu machen – sonst sollte man lieber erst gar nicht damit anfangen. Wenn du älter bist, Karl, dann werde ich dir das zeigen. Aber im Augenblick fände ich es besser, du würdest deine Finger von meinem Werkzeug lassen.«

Und der strohblonde Junge betrachtete mit seinen himmelblauen Augen die mächtigen Pranken von Francis Hettinger und fragte sich, wie diese Hände so großartig arbeiten konnten. Er sehnte sich danach, daß auch seine Hände so groß und kräftig und geschickt würden, auch vernarbt und verschrammt wie die eines Zimmermanns. Aber irgendwie brachte er es nie zu solchen Händen.

Und als Karl dann älter wurde, versuchte sein Vater sogar, ihm etwas beizubringen – allerdings ohne großen Erfolg. Er war kein guter Lehrer. Er erklärte alles zu ausführlich und wiederholte sich ständig. Und am Ende konnte er sein Mißfallen über die Resultate von Karls Bemühungen nicht verbergen. Sie sprachen nur selten miteinander, der Zimmermann und sein Sohn. Und auch der Zimmermann und seine Frau redeten kaum miteinander. Er brachte seine Verbundenheit seiner Familie gegenüber auf die einzige ihm mögliche Weise zum Ausdruck – durch seine Arbeit.

Der Junge wünschte sich oft, sie könnten einfach zusammensitzen und zwischen ihnen würde sich ein Gespräch entspinnen. Aber wenn sie dann zusammensaßen, wandten sich nur ihre Augen scheu beiseite. In der Regel verfielen bei diesen Gelegenheiten Vater und Sohn in lastendes Schweigen, die von alters her ererbte Scham von Vätern und Söhnen.

Aber die Landwirtschaft war etwas, das er lernen konnte. Und er bettelte seine Mutter an, ihm die Geschichten von den kleinen, ordentlichen Bauernhöfen immer und immer wieder zu erzählen. Schon als sehr kleiner Junge wurde er sich deshalb seiner Berufung bewußt und begann sich brennend für all die Dinge zu interessieren, die seine Mutter in ihrem Garten anbaute.

Im übrigen hingen alle von Karls Hobbies mit dem Leben im Freien zusammen. Er spielte gern Baseball und lernte auch schon sehr früh angeln.

»Hättest du Lust, Samstag angeln zu gehen, Dad?«

»Und ob ich dazu Lust hätte! Aber du weißt ja, ich habe eine Sechs-Tage-Woche.«

»Und wie wär's mit Sonntag?«

Und darauf pflegte sein Vater zu antworten: »Irgendwann muß man sich doch auch ausruhen, mein Sohn. Ich werde einfach langsam alt. Da kann ich nicht jeden Tag auf den Beinen sein.«

»Aber ich könnte doch wetten, daß du am Sonntag dann doch arbeitest. Du reparierst dann sicher das Auto oder machst was anderes.«

»Ach, zu Hause ein bißchen rumzukramen, das ist doch keine Arbeit. Für mich ist das eine richtige Erholung. Aber zum Angeln gehen? Das ist für mich Arbeit, Karl.« Und dann lachte er und klopfte dem kleinen Jungen mit seiner mächtigen Pranke, deren Fingernägel von der Arbeit schwarz waren, scheu auf die Schulter. Und das war das höchste, was er an Gefühlen zu zeigen vermochte. Karl ging dann in der Regel allein zum Angeln.

Der Junge verbrachte jedoch keineswegs eine einsame Kindheit. Mit zwei wesentlich älteren Schwestern war es fast so, als hätte er drei Mütter, von denen immer mindestens eine für ihn Zeit hatte. Und es gab auch mehrere Jungen aus der Nachbarschaft, mit denen er spielte. Seine Mutter behauptete immer voller Stolz, Karl wäre so brav, daß sie ihn nie schlagen müßte. Und als dies Miriam eines Tages doch versuchte, sah Karl mit seinen hellblauen Augen traurig zu ihr auf, um dann jedoch eine Grimasse zu schneiden, die sie beide zum Lachen brachte.

Nur einmal wurde er ernsthaft gestraft – als er sechs Jahre alt war. Auf dem Nachhauseweg von der Schule gingen Karl und ein anderer Junge namens Grant regelmäßig in einen kleinen Lebensmittelladen, um sich für fünf Cent Süßigkeiten zu kaufen. Meistens reichte das Geld nur für eine Kleinigkeit, die sie sich dann teilten. Bei einer solchen Gelegenheit stachen ihnen ein paar Radiergummis ins Auge, die einen unwiderstehlichen Reiz auf sie ausübten. Da ihr Geld nicht für die Süßigkeiten und die Radiergummis ausreichte, stahlen sie ein paar von letzteren. Als Elsie Hettinger dann zu Hause die Radiergummis entdeckte und ihren Sohn darauf ansprach, erzählte ihr Karl von ihrer bösen Tat. Darauf hängte Karls Mutter die Radiergummis, an einer Schnur aneinandergereiht, mehrere Wochen lang an der Wand über Karls Bett auf. Die Radiergummis, die wie rächende Dolche über dem Bett des Jungen hingen, erfüllten ihren Zweck durchaus. Über Jahre hinweg vermochte Karl nicht einmal einen unehrlichen Gedanken zu denken.

Obwohl seine Eltern wenig Kontakte pflegten, war Karl keineswegs ein Einzelgänger und bei seinen Kameraden sehr beliebt. Trotzdem gewöhnte er sich daran, seine Probleme mit sich selbst auszutragen.

»Es bestand keine Notwendigkeit, andere mit seinen persönlichen Problemen zu belasten«, sollte seine Schwester Jahre später erklären. »Das war in unserer Familie nicht üblich.«

Seine Schwester Eunice lachte, als sie als jungverheiratete Frau nach Hause zurückkehrte und erklärte, wie schockiert sie gewesen wäre, von der Familie ihres Mannes umarmt und geküßt zu werden. Und dies nicht nur bei der Hochzeit selbst, sondern bei fast jeder Gelegenheit, wenn man sich traf. Außerdem wurde in der Familie ihres Mannes bedenkenlos über die persönlichsten Dinge gesprochen. Für sie war das ungewöhnlich. Karl wurde in diesem Zusammenhang bewußt, daß er seit der Zeit, da er laufen gelernt hatte, von seiner Mutter nicht mehr geküßt worden war. Und auch nicht von seinen Schwestern. Und dann wurde ihm plötzlich bewußt, daß sein Vater ihn *nie* geküßt hatte. So etwas war eben in ihrer Familie nicht üblich.

Deshalb war Karl Hettinger nicht im entferntesten gewillt, seiner Mutter zu gestehen, daß er mit zwölf Jahren zusammen mit einem anderen Jungen aus einem Geschäft in Glendale ein paar Angelhaken gestohlen hatte. Die zwei Jungen wurden dabei von einem Angestellten ertappt, der sie jedoch laufenließ, als er ihre panische Angst bemerkte.

»Eigentlich sollte ich die Polizei holen«, drohte der Mann, worauf beide Jungen ihre Tränen kaum noch zurückhalten konnten. »Wollt ihr wirklich für ein paar Angelhaken im Wert von wenigen Cents eure Freiheit aufs Spiel setzen? Und eure Freiheit ist doch etwas sehr Kostbares.«

Darauf ließ der Mann sie laufen, und Karl Hettinger wußte von diesem Moment an, daß ihm vom Schicksal mehr beschieden war, als nur ein ehrlicher Mensch zu werden. In dem Glauben, auf wunderbare Weise dem schrecklichen Arm des Gesetzes entronnen zu sein, wollte er sich von diesem Tag an keinen bösen Gedanken, geschweige denn eine böse Tat, zuschulden kommen lassen. Nichts konnte schlimmer sein, als seine Freiheit zu verlieren. Eingesperrt zu werden. Nie die Sonne durch die Wolken dringen zu sehen oder das helle Sonnenlicht auf den bunten Blumen. Nie über die selbstgepflügte Scholle gehen zu können. Dieser Gedanke schwebte wie das Schwert des Damokles über ihm.

Seine absolute Ehrlichkeit sollte zu einem seiner wichtigsten Charakterzüge werden. Seit jenem Tag konnte er nicht einmal mehr lügen. So etwas ließ sein Gewissen nicht zu.

In der Gegend, in der Karl wohnte, kam nach der High School nur eine weiterführende Schule in Frage – das Pierce Junior College im San Fernando Valley. Es lag auf einer Hügelkette, unter der sich das weite Tal ausbreitete. Im Norden ragte eine hohe Gebirgskette auf. Die weißen Gebäude hatten verschiedenfarbige Ziegeldächer im spanischen Stil, und im Lauf der Jahre hatten Studenten den Campus mit Palmen, Nadelbäumen und Weiden bepflanzt. Dies war genau der richtige Ort für einen Jungen aus Glendale, der Landwirtschaft studieren wollte. Hier fand Karl Hettinger, sechzehn Jahre alt, alles, was er sich je erträumt hatte.

Im College machte er gute Fortschritte. Die letzten Spuren seiner Schüchternheit verflogen in einem Überschwang an studentischen Aktivitäten. Und da war vor allem die Arbeit in den Feldern des College, das Glück, den Mais selbst zu ernten und zu dreschen, der natürlich dann um so besser schmeckte, da Karl seinen ganzen Werdegang mitverfolgt hatte. Und sie bauten auch andere Feldfrüchte an – Rettiche, Zwiebeln, Karotten, Tomaten. Am besten waren vermutlich die Tomaten – groß, rund, schwer und rot und in den frühen Morgenstunden feucht vom Tau. Karl kniete zwischen den Pflanzen in der feuchten, schweren Erde, die aufgrund der sorgsamen Pflege fruchtbarer war als jedes andere Land in dieser Gegend. Und ohne große Anstrengungen konnte er sich ausmalen, wie er stolz über seine eigenen Ländereien mit endlosen Reihen herrlicher Tomaten schritt, sein eigener Herr, abhängig nur vom Regen und dem gewissen Quentchen Glück, und natürlich von harter Arbeit und viel Schweiß – Dinge, die er jedoch keineswegs scheute.

Es mag seine Affinität zu allem, was wuchs und gedieh, gewesen sein, oder auch die Tatsache, daß er im Studentenheim zum erstenmal ganz allein auf sich gestellt war – oder vielleicht war es auch ganz einfach nur sein Heranwachsen vom Jungen zum Mann. Jedenfalls gedieh Karl nicht minder prächtig als die Früchte, über deren Wachstum er wachte. Er war ein guter Baseballspieler, Mitglied des Studentenausschusses und schließlich sogar Präsident der Studentenvertretung. Obwohl Karl nicht auffallend groß war, verfügte er doch über Kraft, Beweglichkeit und vor allen Dingen auch die absolute Entschlossenheit, eine einmal begonnene Sache zu Ende zu führen. Häufig fand man ihn nach dem Unterricht noch lange Stunden in seinen Gummistiefeln auf den Feldern, die er bewässerte, um sich etwas zusätzliches Geld zu verdienen. Das Zimmer im Studentenheim kostete dreißig Dollar im Monat, und da sein Vater für seinen Lebensunterhalt Tag und Nacht arbeitete, war Karl der Überzeugung, daß das auch seine Kinder tun sollten.

Mit seiner Gewissenhaftigkeit und Liebe zur einfachen Feldarbeit bot Karl sich regelrecht für die Wahl zum Vertreter der Studentenschaft an einem landwirtschaftlichen College an, das sich nach wie vor der protestantischen Ethik von harter und ehrlicher Arbeit verpflichtet fühlte.

Der Aufenthalt im Studentenheim war ein erfreuliches Zwischenspiel in Karls Leben, auf das er in späteren Jahren gern zurückblicken sollte. Dabei fielen ihm wieder die verrückten Pokerpartien ein. Karl saß am Spieltisch, die Cent-Einsätze neben sich, das Licht in seinem kurz geschnittenen Haar spielend, das sich im Lauf der Jahre zu einem Rotblond verdunkelt hatte. Dabei paffte er an einer Fünf-Cent-Zigarre, obwohl er sonst nicht rauchte. Auch das Blau seiner Augen hatte sich inzwischen verdunkelt, sein Gesicht war völlig ausdruckslos, solange das Spiel im Gange war. Und die iranischen Studenten, Söhne reicher Scheichs, spielten nicht weniger wild entschlossen als Karl, als stünde jeder Dollar, den sie besaßen, auf dem Spiel, was in Karls Fall jedoch tatsächlich häufig zutraf.

Allerdings brachte ein College wie Pierce in jenen Jahren auch Nachteile mit sich. Dazu gehörte zum Beispiel ein entschiedener Mangel an Studentinnen. Die wenigen Mädchen, die das College besuchten, fühlten sich stark zu Karl hingezogen, und dies nicht nur wegen seiner führenden Rolle innerhalb der Studentenvertretung, sondern auch aufgrund seiner Schüchternheit in ihrer Gegenwart.

Die eineinhalb Jahre, die Karl im Fresno State College verbrachte, verliefen weniger erfreulich. Obwohl die meisten alten Pierce-Jungs zusammenblieben, widmeten sie sich zu wenig ihrem Studium, und ihre Leistungen sanken ab. Wie Ian Campbell ging auch Karl Hettinger im letzten Jahr vom College.

Karl ging zur Marine und wurde in Twenty-nine Palms, Kalifornien, stationiert.

Terry McManus, ein Jugendfreund Karls, erzählte: »Kurz nachdem er mit der Grundausbildung fertig war, gingen wir eines Abends in eine Bierbar. Die Frau hinterm Tresen war ein richtig rauher alter Besen, und irgend so ein Typ ist ihr ganz schön auf die Pelle gerückt. Solange er ordentlich die Geldscheine zückte, ließ sie sich das auch gefallen. Aber dann wurde er immer aggressiver. Sie war die Frau des Besitzers und vermutlich schon mit Tausenden von solchen Kerlen fertiggeworden. Aber plötzlich steht Karl auf und geht zu diesem Burschen rüber und sagt ihm, er soll die Dame in Ruhe lassen. Stellen Sie sich das mal vor, in diesem Alter und in so einer Kneipe für die Ehre einer Dame einzutreten! Na ja, Karl war ja immer schon ein drahtiger Kerl, mit harten Muskeln, aber dieser andere Kerl verstand mit seinen Fäusten umzugehen. Und nachdem Karl seine Dresche bezogen und ich ihm da rausgeholfen hatte, grinste er nur und meinte: ›Ich muß mir wohl eingebildet haben, ich wäre der Crack der ganzen Kompanie.‹

Aber das war nicht nur, weil er bei der Marine war. Er hätte auch sonst so etwas Blödes getan. Er war wie viele dieser Bauernjungen, die ich in Pierce kennengelernt habe – stur, ruhig, und was Recht und Unrecht betrifft, absolut prinzipientreu, also etwa dreißig Jahre hinter der momentanen Entwicklung des heutigen Los Angeles her. In Los Angeles kann nur ein Farmer mit einem Achselzucken über die Widrigkeiten des Lebens hinweggehen und auf besseres Wetter hoffen. Und mit Sicherheit würde nur ein absoluter Hinterwäldler für die Ehre einer Bardame eintreten.

Nach dem Marinekorps war Karl Hettinger denselben Anpassungsschwierigkeiten unterworfen, mit denen sich alle Veteranen konfrontiert sahen – Rastlosigkeit, Ungewißheit hinsichtlich der Zukunft –, als ihn eines Tages ein Freund dazu überredete, mit ihm in die City Hall zu kommen, wo er sich einem Test für die Aufnahme bei der Polizei unterziehen wollte. Einem spontanen Entschluß folgend, nahm auch Karl an dem Test teil. Und schließlich war es Karl und nicht der Freund, der auf die Polizeischule kam. Dieser Schritt überraschte nicht nur seine Familie und alle, die ihn kannten, sondern in erster Linie auch ihn selbst. Er war sich keineswegs sicher, daß dies die Bahn war, die sein Leben einschlagen sollte, und er hätte noch weniger sagen können, wie er überhaupt dazu gekommen war, zur Polizei zu gehen. Aber, wie nicht anders zu erwarten, stürzte er sich mit Feuereifer in die Sache, erbrachte auch gute Leistungen und wurde zum Klassensprecher gewählt.

Die ersten zwei Jahre bei der Polizei waren für Karl nicht anders als für die meisten anderen jungen Polizisten – unglaublich langweilig, enorm aufregend und hauptsächlich sehr aufwühlend. Mit seinem stillen, aber treffenden Humor versuchte Karl, die witzigsten Erlebnisse für alte Freunde zu bewahren, die immer wieder gern ein paar aufregende Geschichten hörten. Karl wohnte mit Bob Burke zusammen, der drei Jahre sein Vorgesetzter war und ihn in der Central Division eingearbeitet hatte. Da beide im Haushalt ordentlich waren, kamen sie gut miteinander zurecht, zumal sie zu verschiedenen Schichten eingeteilt waren und sich schon allein deshalb wenig sahen. Bob war mehr hinter den Frauen her, während Karl seine Freizeit immer noch mit Vorliebe in der freien Natur verbrachte. Er nutzte jede Gelegenheit, um in die Berge oder in die Wüste zu fahren. Aber vor allem liebte er die Seen.

Dann wurde er zur Hollywood Division versetzt, und zwar trotz seiner erst zweijährigen Dienstzeit zur Sitte. Karl blieb in diesen Tagen nur wenig Zeit, seinen alten Träumen von Tomaten nachzuhängen, die in der Sonne schimmerten.

Die Arbeit bei der Sitte war ebenso fesselnd wie abstoßend. Am liebsten kümmerte er sich um die illegalen Wettbüros, und er ließ überraschend viele Buchhalter hochgehen. Mit Prostituierten dagegen hatte er erhebliche Schwierigkeiten. Er konnte nie überzeugend die Rolle eines geilen Freiers spielen. Er war ein schlechter Schauspieler, konnte unmöglich in eine andere Rolle schlüpfen.

Am schockierendsten waren vielleicht die allgegenwärtigen Homosexuellen von Hollywood, und insgesamt ließ sich der bedrückenden Widerwärtigkeit dieser Aufgabe nur mit schwarzem Humor beikommen.

»Schau dir mal dem seinen Steifen an«, flüsterte ihm sein Partner John Calderwood eines Mittags ins Ohr, als sie auf einem Hügel im Griffith Park saßen und einen gut gekleideten Geschäftsmann in mittleren Jahren beobachteten, der fünfzig Meter unterhalb der Toilette aus seinem Firmenwagen stieg und in den Büschen direkt unter ihrem Versteck verschwand. Dort vollführte er mit einem Schuh, einem Krug und einem Nylonstrumpf ein bizarres Ritual, das in fünf Minuten heftigen Masturbierens endete.

»Der Kerl erinnert mich an einen Dreifuß, den ich mal hatte«, bemerkte Karl trocken.

»Was für ein Irrer«, brummte John Calderwood und kratzte sich unter seiner blonden Mähne am Kopf. »Was willst du mit solchen Leuten schon machen?«

»Beschneiden«, warf Karl ein.

»Und was soll das bezwecken?«

»Na ja, ich dachte dabei nicht unbedingt an die normale Methode, sondern eher an eine Kreissäge.«

Und so ging diese Komödie, die letztlich eine reine Abwehrfunktion darstellte, weiter und weiter, bis die jeweiligen Partner ihre Rollen so perfekt beherrschten, daß solche komödiantischen Schlagabtäusche mit atemberaubender Perfektion auch vor Kollegen abgespult wurden.

Die Verhaftung eines Homosexuellen sollte eine gewisse Auswirkung auf Karls späteres Leben haben.

»Eines Nachmittags waren wir oben in Ferndale Number Nine, ein Stück abseits vom Weg«, erzählte John Calderwood. »Ich habe immer gern mit Karl gearbeitet, weil er mehr Witze auf Lager hatte als irgend jemand sonst, den ich kenne. Anständige Witze und dreckige Witze, er wußte Millionen davon, obwohl er selbst ziemlich still war. Jedenfalls, Ferndale Nine ist die berühmte Toilette oben im Ferndale Park. Dort versammeln sich alle Tunten und machen in der Toilette so ziemlich alles, was man sich nur vorstellen kann.«

An jenem Tag lagen Karl und Calderwood östlich von Ferndale Nine am Berghang auf der Lauer. Es gab dort einen Unterstand, wo die Beamten von der Sitte nach homosexuellen Akten Ausschau hielten und Leute verhafteten, die sich anstößigen Verhaltens in der Öffentlichkeit schuldig machten. Obwohl die meisten Homosexuellen, die Ferndale Nine frequentierten, wußten, daß dort die Männer von der Sitte auf der Lauer lagen, ließen sie sich doch nicht abschrecken, da sie die Möglichkeit, verhaftet zu werden, offensichtlich nicht minder erregte als die sexuellen Kontakte selbst. Und so war ein femininer junger Mann mit einem faltigen, nervösen Gesicht dabei beobachtet worden, wie er genau unter das Guckfenster des Verstecks ›Hier spechten‹ an die Toilettenwand gekritzelt hatte. Demnach waren die Homosexuellen und die Beamten von der Sitte hier in dieser Toilette, direkt unter dem Griffith-Park-Observatorium, in einen endlosen, ermüdenden Krieg verwickelt.

Der Homosexuelle, der später noch in Karls Leben eine Rolle spielen sollte, befand sich an jenem Tag auf Brautschau und entdeckte Karl auf dem Hügel hinter Ferndale Nine. Mit fieberhaftem, einer Panik nahem Blick starrte er Karl an. Sein Gesichtsausdruck signalisierte Karl instinktiv Gefahr. Was rein körperliche Verletzungen betrifft, ist die Arbeit bei der Sitte mit Abstand am gefährlichsten, sieht man von der motorisierten Streife ab. Daran war die häufige Panik der Betroffenen schuld, und so kam es bei der Sitte auch zu mehr tätlichen Auseinandersetzungen als bei allen anderen Sparten der Polizei zusammen.

Karl war auf alles gefaßt und blickte den jungen Mann mit ausdruckslosem Pokergesicht an, als dieser sein braunes Haar aus dem Gesicht schüttelte, lächelte und ohne Zögern nach Karls Unterleib griff.

»Halt, ich bin von der Polizei! Sie sind verhaftet!« verkündete Karl und packte den Mann am Handgelenk. Ungläubig zog der stämmige Schwule seinen Arm zurück. Seine hellen, runden Augen begannen zu blinzeln und füllten sich mit Tränen. Karl hörte das Knacken der Zweige, als Calderwood durch die Büsche auf sie zugerannt kam. Und im nächsten Moment explodierte der junge Bursche in ein Feuerwerk aus Fäusten und Füßen. Außer sich vor Wut und Enttäuschung und Verzweiflung schlug und trat er wild brüllend um sich, so daß die drei Männer sich in Kürze auf dem Boden wälzten. Das war keine Kinoschlägerei, bei der man erst einen Schritt zurücktritt, um seinem Gegner einen plazierten Kinnhaken unters Kinn zu setzen, sondern ein *echter* Kampf, bei dem auch gewürgt und gebissen und gekratzt und getreten wurde.

Haßerfüllte, blutverschmierte Gesichter. Verzweifelte Beamte. Ein stämmiger Neurotiker voller Panik. Gedämpfte Flüche. Von den Polizisten ausgeteilte Schläge, die nicht selten den Partner trafen. Jeder nur von dem einen Gedanken besessen – einen Arm um den Hals des anderen zu legen und ihm die Luft abzudrehen. Ein Griff, der schon mehr Polizisten aus der Patsche geholfen hat als so mancher komplizierte Selbstverteidigungsgriff, da schließlich jeder mit zumindest durchschnittlicher Körperkraft seinen Arm um den Hals seines Gegners so weit zudrücken kann, bis diesem die Knie weich werden. Aber sie bekamen den Kerl nicht in den Würgegriff. Er war kräftig gebaut und stark und hysterisch. Er gab regelrechte Tierlaute von sich, und Calderwood hing an seinem Hals und zog ihn rücklings von Karl weg, auf dessen Rücken er wie ein Wahnsinniger eindrosch.

Schließlich konnte er seinen Arm doch um den Hals des Schwulen legen und zudrücken. Als er zu Boden sank, das Gesicht wie eine fleckige Pflaume, der Mund idiotisch offenstehend, keuchend und nach Luft schnappend, legten sie ihm Handschellen an. Und dann war er unglaublicherweise, die Hände auf dem Rücken aneinandergekettet, wieder auf den Beinen und rannte blindlings den Hügel hinab. Die zwei Polizisten hatten nicht mehr genügend Kraft, ihn einzufangen, obwohl sie es versuchten, bis der Mann schließlich eine fünf Meter hohe, gemauerte Böschung hinunterstürzte. Sie hörten ihn entsetzt aufschreien. Als sie zum Rand der Böschung rannten, sahen sie ihn unten auf dem Bauch liegen, den Kopf verdreht, die Augen geschlossen. Sie dachten, er wäre tot, aber er hatte sich nur das Schlüsselbein gebrochen.

Zwanzig Minuten, nachdem sie den Mann eingeliefert hatten und über einer Tasse Kaffee in einem Hollywood Drive-in saßen, zitterten ihre Hände immer noch.

»Es ist mir völlig egal, wenn ich keinen einzigen Schwulen mehr schnappen sollte«, ächzte Calderwood, während er die Kaffeetasse mit beiden Händen umklammert hielt und vorsichtig auf seinem Stuhl herumrutschte. »Ich hätte gute Lust, gleich bei meiner Magnum Zuflucht zu suchen, wenn ich das nächstemal so einem Arschloch begegne.«

»Nur würdest du bei so einem Kerl mit einer normalen Magnum nicht weit kommen«, meinte Karl und massierte sich die Rippen.

»Wieso nicht?«

»Für so einen Kerl würdest du schon silberne Kugeln brauchen.«

»Ich hoffe nur, er bekennt sich schuldig«, stöhnte Calderwood. »Ich will dieses Untier von einem Mensch nicht mal mehr sehen.«

Aber er bekannte sich nicht schuldig. Sie sollten ihn wiedersehen. Vor Gericht. Und sie hörten auch wieder von ihm. Der Mann schrieb eine Reihe von Briefen, in denen er sich beim Polizeipräsidium und bei Gericht über das brutale Vorgehen der Polizei beschwerte. Nach seiner Verurteilung verfaßte er schließlich sogar mehrere Drohbriefe, denen zufolge er Karl, Calderwood, den Staatsanwalt und den Richter töten wollte. Danach verschwand er jedoch in der Versenkung.

Als seine Zeit bei der Sitte zu Ende ging, war Karl für einen etwas weniger unangenehmen Tätigkeitsbereich reif. Er hatte die ständigen Kontakte mit verqueren Leuten satt, ebenso wie den widerlich süßlichen Gestank von Wein und Schweiß und Erbrochenem, der sich in den Streifenwagen der Sittenpolizei derart festgefressen hatte, daß die Beamten nach einer Weile glaubten, ihn überall zu riechen. Er hoffte auf eine Zuteilung zur Jugendabteilung, wofür er mit Sicherheit gut geeignet gewesen wäre. Er war geduldig, mochte Kinder gern und machte sich ernstlich Sorgen über die Heranwachsenden, die er nachts durch Hollywood streifen sah. Als er seinem Partner gegenüber einmal äußerte, daß diese jungen Streuner ihn bedrückten, erwiderte dieser nur mit einem Grunzen: »Du willst wohl die Welt erlösen, hm?« Und Karl lächelte verlegen.

Bis dahin hatte er auf einer der Partys, die Bob Burke in ihrer Wohnung gab, Helen Davis kennengelernt. Und obwohl sie erst zwanzig Jahre alt war, wußte sie, was sie wollte. Im Scherz erklärte sie einmal, es wäre langsam an der Zeit, daß ein achtundzwanzigjähriger Mann heiratete. Karl lachte und nahm die Bemerkung leichthin auf, obwohl er gleichzeitig in ihren braunen Augen eine gewisse Entschlossenheit bemerkte – oder zumindest zu bemerken glaubte –, die der seinen in nichts nachstand.

Im Dezember dieses Jahres erinnerte ihn sein Kollege Jim Cannell an die Angeltour zum Lake Isabella, die sie geplant hatten, und erkundigte sich bei dieser Gelegenheit auch gleich, ob er Helen mitnehmen wollte.

»Diese Woche kann ich nicht, Jim«, sagte Karl ab. »Wieso nicht?«

»Wir fahren nach Las Vegas, um zu heiraten«, erklärte er beiläufig. Und das taten sie dann auch. Typischerweise hatte er keinem seiner Freunde davon erzählt.

Bei der Weihnachtsfeier der Hollywood Division im Jahr 1962 waren sie glücklicher, als sie es je erträumt hätten. Sie schwebten über die Tanzfläche, Helens hellbraunes Haar bei jeder Drehung über sein Gesicht streichend, und beide hatten genug getrunken, um sich absolut sicher zu sein, daß sie die besten Tänzer auf der Tanzfläche waren. Sie schworen sich, oft tanzen zu gehen – mindestens einmal im Monat – und so viele Tanzveranstaltungen der Polizei wie möglich zu besuchen. Aber der 9. März lag nur noch knapp drei Monate vor ihnen. Und an diesem Tag sollte ihre letzte Tanzparty stattfinden.

Nun sah der Gärtner zur Sonne auf, und er wußte, ohne auf seine Uhr schauen zu müssen, daß es noch eineinhalb Stunden bis zur Mittagspause waren. Das war gewiß. Die gewissen Dinge des Lebens verschafften ihm Befriedigung. Zum Beispiel war er sich auch gewiß, daß die Aleppokiefer der alten Frau, wenn er sie entsprechend pflegte, zu einem schönen Baum mit angenehm blaßgrünen Nadeln heranwachsen würde.

Nach dem Mittagessen, wenn er hier wegfahren konnte, würden seine Kopfschmerzen vielleicht aufhören. An diesem Nachmittag würde ein schöner Garten an die Reihe kommen – der beste auf seiner Tour. In diesem Garten gab es ein paar herrliche Monterey-Fichten entlang der Auffahrt. Sie waren so stattlich und dunkelgrün und symmetrisch, daß sie kaum gestutzt werden mußten.

Der Gärtner betrachtete die Petunien der alten Frau. Sie hatten schöne Farben – Rot, Weiß und verschiedene Blautöne. Aber die alte Frau verstand nichts von Petunien. Sie blühten zwar sehr üppig, waren aber dennoch sehr zarte Blumen. Man darf nie außer acht lassen, wie zart und empfindlich sie sind, dachte er. Du mußt gut zu ihnen sein. Für den Gärtner war das Leben eine pflegebedürftige, anfällige Sache.

Und dann, dort zwischen den Petunien, erhaschte er plötzlich ein Bild von sich selbst in einem Laden, dessen Kasse nicht besetzt war. Er sah sich selbst nach links schielen, wo ihm ein Verkäufer den Rücken zugewandt hatte. Bis dahin hatte er noch nichts Größeres gestohlen – nur Dinge, die in seine Taschen paßten. Aber nun blinkte ihn dieses aufwendig verpackte elektrische Messer verführerisch an. Wo konnte er es verstecken? Unter seiner Jacke? In seinem Gürtel? Vielleicht in seiner Hand? Ja, ganz frech, einfach in seiner Hand. Die Warenhausdetektive hielten nach auffälligen Ausbuchtungen in Mänteln und Jacken Ausschau, sie achteten auf fahriges Benehmen. Aber was würde passieren, wenn er das sperrige Ding einfach in die Hand nahm und damit den Laden verließ? Auf das Augenfällige achten die Menschen nie. Ja, so war es nun einmal.

Plötzlich waren die Verbrechen fast zu schmerzhaft, um sich daran zu erinnern. Er würde später weiter an sie denken. Er hatte ja noch den ganzen Nachmittag Zeit. Wenn er anfing, an seine Verbrechen zu denken, dann mußte er ganz von vorn anfangen und sie alle der Reihe nach durchgehen – genau so, wie er sonst immer an die Nacht im Zwiebelfeld dachte.

An diese Nacht dachte er ausnahmslos von Anfang bis Ende. Wäre der Prozeß nicht gewesen, hätte er überhaupt nicht an diese Nacht gedacht. Weshalb sollte er auch? Das alles lag nun sieben Jahre zurück. Außerdem hatte er alle seine Verbrechen, an die er denken konnte. Das war der wirkliche Schrecken.

3

Am neunten Tag ihrer Partnerschaft saß Ian Campbell am Steuer des Wagens. Es war Samstag, der 9. März 1963. Wie auch sonst trugen Ian und Karl ihre alten, bequemen Jacken und Hosen. An der Stelle, wo sie gegen den Kolben seines Revolvers rieb, war Ians Jacke schon ganz durchgewetzt. Zu Beginn des Abends unterhielten sie sich über Kleider. Da beide sparsam waren, äußerten sie den Wunsch, die Zivilbeamten sollten einen Kleidungszuschuß erhalten.

In jener Nacht fuhren auch zwei andere Männer in einem braunen Ford Coupé in Richtung Hollywood. Ihre Partnerschaft hatte am gleichen Tag ihren Anfang genommen wie die von Ian Campbell und Karl Hettinger.

Und auch die zwei Männer in dem Coupé sprachen über Kleider. Der blonde Fahrer, Gregory Powell, war ganz vernarrt in die schwarze Lederjacke und -mütze, die er trug. Der andere Mann, Jimmy Smith, haßte diesen Aufzug, hatte aber bezüglich seiner Kleidung schließlich doch Gregs Drängen nachgegeben.

»Dieser Scheißsamstagabendverkehr«, brummte Jimmy Smith. »Hör endlich auf zu quengeln, Jim!« fuhr ihn Gregory Powell an, wobei sich sein hageres Gesicht auf dem Hebel eines unglaublich langen Halses seinem Partner zuwandte. »Wart erst mal, bis wir diesen Supermarkt ausgenommen haben und bis wir endlich mal ein bißchen Knete zwischen die Pfoten bekommen.«

Mit einem Brummen rückte Jimmy Smith die spanische Automatik in seinem Gürtel zurecht.

»Ich hätte das Ganze einfach nur schon gern hinter mir – das ist alles«, lenkte Jimmy Smith nachgiebig ein.

Gregory Powell lächelte, so daß seine Schneidezähne leicht über seine Unterlippe vorstanden, und träumte von noch größeren Raubüberfällen, die auf diesen folgen würden. Und er träumte davon, genügend Geld zu haben, um in legale Geschäfte einsteigen zu können.

Stell dir mal vor, was sie dann sagen werden, dachte Greg. Alle Bitterkeit würde vergessen sein. Sie würden zu ihm kommen, um sich Geld von ihm zu leihen oder ihn sonst um einen Gefallen zu bitten. Gregory Powell kicherte still in sich hinein, als er an sie dachte – an seine Familie.

»So richtig reif bin ich eigentlich erst mit dreiunddreißig geworden«, gab Rusty Powell oft zu. Aber zu diesem Zeitpunkt war sein ältester Sohn, Gregory, bereits zwölf Jahre alt und hatte schon die verschiedensten Schulen besucht, bis sie schließlich nach Cadillac, Michigan, zogen. Rusty Powell tingelte während der Zeit der Wirtschaftskrise mit Vorliebe mit kleinen Tanzkapellen durchs Land, während seine Frau alle drei Jahre ein Baby bekam, bis 1942 dann Douglas geboren wurde.

Mit dreiunddreißig erhielt Rusty Powell eine Stelle im Cincinnati Conservatory of Music. Angesichts seines neuen, zeitraubenden Eifers und der das schlechte Gewissen beruhigenden Arbeit hatte er jetzt noch weniger Zeit für seine Kinder als in den Zeiten, in denen er mit seinen Tanzkapellen durchs Land gezogen war.

Für seinen Sohn Gregory hatte es jedoch immer den Governor gegeben, den Großvater mütterlicherseits, dessen Bild der Junge auch als Erwachsener noch vor sich haben sollte – einen robusten, alten Mann mit tiefen Furchen im Gesicht, mit weißem Haar und Schnurrbart, oft mit einer Pfeife zwischen den Lippen und mit einer Vorliebe für weite, bequeme Hosen und Hosenträger über dem am Kragen offenen Hemd. Der Governor war ein Großvater, der aussah, wie man sich einen Großvater vorstellte – streng, weise, patriarchalisch. Greg verbrachte viele Stunden in Gesprächen mit dem alten Mann, und oft drehte sich ihre Unterhaltung um Rusty Powell. Der Governor gab sich Mühe, dem Jungen das Verhalten seines Vaters begreiflich zu machen.

»Er hat es wirklich nicht leicht, dein Vater. Weißt du, deine Mutter hat schon so ziemlich jede Krankheit und Operation gehabt, von der die Medizin weiß, und dazu noch vier Kinder und so. Nein, dein Vater hat es wirklich nicht leicht. Und klar, er nimmt das Leben gern mit der leichten Schulter, und du denkst vielleicht, er läßt sich von deiner Mutter ein bißchen zuviel gefallen. Aber ein Berg ist auch ruhig, und wenn du mich fragst, dann steckt in deinem Vater eine große Kraft. Vielleicht ist das einfach seine Art, Frieden zu finden, indem er ihr ihren Willen läßt und sie nicht herumzugängeln versucht.«

Und der Junge nickte und sagte: »Erzähl mir von meinem Dad, als er noch nicht mit Mama verheiratet war – als er sich mit dem Jungen geprügelt hat, der sie beleidigt hat.«

Und der alte Mann erzählte ihm wieder einmal, wie Rusty Powell den anderen Jungen in seinen Armen zerquetscht und ihm ein paar Rippen gebrochen hatte. Und dann fragte Greg den Governor: »Glaubst du, ich werde auch mal so groß und stark wie mein Dad?«

Wenn Gregs Mutter, Ethel Powell, aus völlig unersichtlichen Gründen eine Zusage widerrief, daß er zum Schlittschuhlaufen oder ins Kino gehen dürfte, zerrte er tränenüberströmt seinen Vater in ihr Schlafzimmer und konfrontierte die invalide Frau mit ihrem gebrochenen Versprechen. Sie leugnete dann einfach ab, es je gegeben zu haben, um ihnen dann beiden Vorhaltungen zu machen und sie an ihre Schilddrüse und ihre Brightsche Krankheit und ihre schwachen Nerven überhaupt zu erinnern. Darauf zuckte Rusty Powell unweigerlich mit seinen mächtigen, herabhängenden Schultern, wobei sich mit dieser Geste automatisch sein langer, muskulöser Hals verkürzte, und gab nach – ihr. Und für einen Augenblick haßte ihn der Junge nun mehr, als er sie während all der Jahre ihrer Krankheit und ihrer schlechten Nerven gehaßt hatte. Und er versuchte, sich seinen Vater als einen Jungen vorzustellen, der Gregs Onkel grün und blau prügelte, um zu beweisen, daß er ein Mann war. Greg fügte sich in sein Schicksal und wandte sich der Erfüllung seiner Pflichten zu – er kaufte ein, paßte auf seine drei jüngeren Geschwister auf und verrichtete die im Haushalt anfallenden Arbeiten.

Er haßte seine Mutter nicht immer. Wenn es ihr auch nur einigermaßen gut ging, schaffte sie es, unglaublich jugendlich und frisch zu wirken. Sie gingen spazieren oder sogar Schlittschuhlaufen, und sie konnte unglaublich jung sein, so jung wie er, und völlig in seine Kinderwelt eintreten. Während dieser Phasen war er ganz besonders stolz auf sie und wollte von allen mit ihr gesehen werden. In diesen Momenten vergaß er ihr völlig unberechtigtes Genörgle und die gemeinen Lügen, über die sie keinerlei Kontrolle zu haben schien. Aber dann wurde sie wieder krank und unleidlich.

»Hör zu, Greg«, versuchte ihn dann der Governor zu trösten. »Ich weiß, es ist schlimm mit deinem Vater und deiner Mutter. Aber so etwas muß ein Mann schon aushalten. Es ist völlig egal, was einem die anderen tun. Das ist einfach egal, weil du immer zu mir kommen kannst. Der Governor ist immer für dich da.«

Und Greg nickte und fühlte sich getröstet, weil es wahr war. Der Großvater hatte all diese Jahre geduldig ertragen, und seine Frau, Gregs Großmutter, war eine Szientistin, die Greg für fanatisch hielt. Er fand, der alte Mann hatte recht. Man konnte in Frieden mit jemandem leben, den man nicht ernst nahm, solange man nur nicht zeigte, wie man wirklich darüber dachte. Er brauchte nur so zu tun, als fügte er sich, während er in Wirklichkeit einfach das tat, was ihm paßte, sobald sich eine Gelegenheit bot. Der Governor war immer da, um ihm zur Seite zu stehen. Aber 1947 starb er.

Damals lebten sie in dem großen, zweistöckigen Holzhaus in Cadillac. Es hatte einen großen Garten mit genügend Raum für Hunde, Katzen, Vögel und Fische – denn hinter dem Haus gab es sogar einen kleinen Teich. So war das Leben auch ohne den Governor einigermaßen erträglich. Nur begann sich nun langsam der Zustand seiner Mutter zu bessern.

Zuerst ging diese Veränderung kaum merklich vor sich. Douglas, der jüngste, war inzwischen über das Kleinkinderalter hinaus, und Rusty hatte eine Stelle im Konservatorium, so daß sich ihre Lebensumstände allgemein verbesserten. Ethel Powell fing an sich täglich zu schminken und achtete überhaupt mehr auf ihre äußere Erscheinung. Sie machte sich das Haar und zog sich besser an. Im Haus tauchten mit einemmal bunte Farbflecken auf. Sie hatte eine Vorliebe für grelle Rottöne und alle möglichen Plastiknippes. Und dann fing sie, nicht Greg, an, die Kleinen zu erziehen – Sharon, Lei

Lani und Douglas. Ethel Powell ging nun selbst einkaufen, kümmerte sich darum, daß die Rechnungen bezahlt wurden, und nun wurde Greg, der inzwischen vierzehn war, mit einemmal alles zuviel. Die Auseinandersetzungen begannen. Waren sie erst nur erbittert, arteten sie mit der Zeit zu einem regelrechten Krieg aus.

»Wieso solltet ihr denn auf sie hören?« hetzte Greg die jüngeren Geschwister auf. »Ich habe euch doch immer das Richtige gesagt, oder nicht? Ich habe für euch Dresche gekriegt, wenn ihr böse wart, und ich habe euch nie verpetzt – oder? Ich war es doch, der sich die ganze Zeit um euch gekümmert hat, oder vielleicht nicht? Wie könnt ihr jetzt plötzlich einfach machen, was *sie* sagt? Ihr habt doch sonst immer getan, was *ich* gesagt habe. Hier wird alles beim alten bleiben, habt ihr mich verstanden?«

»Aber Mama hat das doch gesagt, Greg. Mama hat das doch gesagt.«

Und während der nun folgenden Monate wurden über den Mittagstisch hinweg erbitterte Schlachten gefochten.

»Du wirst wohl langsam lernen müssen, wer hier der Boß ist, junger Mann«, warnte Ethel Powell ihren ältesten Sohn. »Inzwischen hast du einfach in diesem Haus nicht mehr das Sagen.«

»So?« antwortete der Junge trotzig, seine blauen Augen funkelnd, der Kopf auf dem langen Hals, noch länger als der des Vaters, war leicht eingezogen.

Alle Kinder waren blond und recht hübsch, wobei die drei jüngeren besser ausahen als Greg. Unsicher, wessen Partei sie ergreifen sollten, verharrten sie während dieser Scharmützel meist in Schweigen.

»Jetzt fängst du plötzlich an, hier herumzukommandieren, hm?« begehrte Greg auf, Tränen der Wut in den Augen. »Und wie kommt es, daß du das nicht getan hast, als Doug die Windeln gewechselt bekommen sollte, oder wenn die Mädchen mit ihren Rechenaufgaben Probleme hatten, oder wenn jemand morgens eine Stunde früher aufstehen mußte, damit sie alle rechtzeitig in die Schule kamen? Ich wäre gern Verkehrslotse geworden, aber das ging nicht, weil ich die Kleinen für die Schule fertig machen mußte. Du hast dich ganz bestimmt nicht um sie gekümmert. Das mußte schon ich tun. *Ich.*«

»Das klingt ja ganz so, als wäre es dir völlig egal, daß es mir inzwischen wieder bessergeht. Als ob du es lieber hättest, wenn ich noch krank wäre.«

»Das ist mir so und so völlig egal.«

»Jetzt reicht's aber!« fuhr dann der Vater dazwischen. »Niemand hat es während dieser Zeit leicht gehabt.«

»Du kannst dich doch nicht schon wieder auf ihre Seite stellen, Dad. Das ist nicht fair. Zu wem bist du denn immer mit dem Geld für die Einkäufe gekommen? Soll ich dir's sagen? Zu mir! Und zu wem sind Sharon und Lei Lani und Doug immer gerannt, wenn sie sich weh getan haben? Hm? Sind sie vielleicht zu ihr? Oder zu dir? Nein, mit Sicherheit nicht. *Ich* war es nämlich, zu dem sie gelaufen gekommen sind. Zu mir!«

Wenn Greg in diesem Jahr in der Junior High School im Unterricht saß, war er mit seinen Gedanken in dem großen, zweistöckigen Holzhaus: Sie lügt – genau das ist es, was sie tut. Sie hat schon immer gelogen, und er ist ein Feigling, der sich alles von ihr gefallen läßt, und jetzt versuchen sie auch noch, die Kleinen gegen mich aufzuhetzen. Gegen *mich.*

Zu dieser Zeit begannen seine schulischen wie außerschulischen Leistungen nachzulassen. Er strengte sich im Sport nicht mehr an, obwohl er dort früher immer gute Leistungen erbracht hatte. Dies galt vor allem für den Wintersport. Aber das schien ihm inzwischen alles gleichgültig zu sein. Sogar an seinem Saxophon und der Musik im allgemeinen verlor er jedes Interesse. Er nahm ab und schied aus der Footballmannschaft aus.

Mit fünfzehn lief er von zu Hause weg. Unterwegs sollte er diesen Entschluß oft bereuen – vor allem, als er an einer Straße in den Bergen Kentuckys im strömenden Regen stand und der Regen langsam zu Schnee wurde. Auf der Straße sammelten sich Haufen von schmutzig grauem Matsch, und der Himmel verdunkelte sich vor seinen Augen, so daß der Junge ein Gefühl hatte, als würde die Sonne nie wieder scheinen. Alle Autos fuhren, ohne auch nur ihre Fahrt zu verlangsamen, an ihm vorbei, und er zählte zum zehnten

Mal sein Geld, wodurch es jedoch nicht mehr wurde – drei Dollar und ein paar Cent. Er war erkältet, und seine Nase war verstopft, so daß er Schwierigkeiten mit dem Atmen hatte. Und dann hielt eine große Limousine an. Sie schlitterte beim Bremsen leicht auf dem nassen Asphalt.

»Na, steig schon ein«, forderte ihn der Fahrer auf und hielt ihm die Tür auf. Greg trat noch in eine Pfütze und sprang halb in den Wagen.

»Danke«, sagte er schließlich, als seine Zähne zu klappern aufgehört hatten.

»Wo soll's denn hingehen?« erkundigte sich der Fahrer, den der Junge nun zum erstenmal ansah. Er trug einen schwarzen Mantel und eine schwarze Hose. Er hatte dunkles Haar und dunkle Augen, trug eine Brille und war groß und kräftig gebaut.

»Ich will nach Florida.«

»Sieh mal einer an.« Der Mann lachte leise. »Da hast du ja noch einiges vor. Hast du denn überhaupt genügend Geld?«

»Sicher«, erwiderte der Junge argwöhnisch.

»Woher kommst du denn?«

»Aus Cadillac. Das liegt in Michigan.«

»Und alles per Anhalter?«

»Nein, das größte Stück bin ich mit dem Zug gefahren.«

»Wo leben denn deine Eltern? In Michigan?«

»Ich weiß nicht, wo meine Eltern sind, und es ist mir auch egal. Aber wenn Sie das alles so brennend interessiert, dann lassen Sie mich jetzt lieber mal wieder raus.«

»Immer mit der Ruhe!« erwiderte der Mann lachend. »Sei doch nicht gleich so eingeschnappt. Ich wollte nicht neugierig sein. Wie heißt du denn?«

»Greg.«

»Ich bin Father Charles«, stellte sich der Mann vor, und das verwirrte den Jungen. In diesem Augenblick bemerkte er auch zum erstenmal den weißen Stehkragen, der unter dem Mantel hervorsah.

»Ich habe noch nie einen Priester getroffen«, sagte der Junge. »Muß man zu Ihnen ›Father‹ sagen, oder was sonst?«

»Zumindest tun das die meisten Leute.« Der Priester lachte. »Einige weniger ehrerbietige protestantische Nachbarn nennen mich jedoch auch anders. Meine Gemeinde ist in Georgia. Wenn du willst, kannst du ein Stück mit mir kommen.«

Und dann begann der Priester, erst ganz behutsam, vorzuschlagen, Greg sollte doch zumindest seine Eltern anrufen, und er sagte auch sonst noch einiges – etwas über die Art, so zu reisen – und die Unterhaltung schien religiöse Untertöne anzunehmen, aber Greg hätte dies nicht mit Sicherheit sagen können. Seine Lider schlossen sich, und sein Kopf sank auf die Brust. Er wachte erst im Bundesstaat Georgia wieder auf.

»Hier wohne ich, mein Junge«, erkärte Father Charles, als er vor dem Pfarrhaus hielt. Nach dem versprochenen warmen Essen wollte Greg eigentlich weiterziehen. Es war eine kleine Gemeinde in einem Gebiet, wo vorwiegend Baptisten und Methodisten lebten, aber das Pfarrhaus war sauber und warm, und der Priester hatte eine Haushälterin, die ihm den Haushalt führte. Obwohl er während der Fahrt ausgiebig geschlafen hatte, nahm der Junge die Einladung, eine weitere Nacht zu bleiben, gern an. Er schlief dreizehn Stunden in seinem warmen, sauberen Bett.

Am nächsten Morgen sagte Father Charles: »Ich kann dich also nicht dazu überreden, deine Leute anzurufen?«

»Nein, Sir.«

»Und du bist fest entschlossen, weiterzuziehen?«

»Jawohl, Sir.«

»Na gut, und was hältst du davon, eine Weile hierzubleiben? Ich kenne einen Mann, der verzinkte Mauerverkleidungen macht. Ich habe mit ihm über dich gesprochen. Er hätte einen Job für dich.«

»Tatsächlich? Na ja, ich – wissen Sie – ja. Ich denke schon. Ja, ich denke, daß ich bleiben werde. Für eine Weile.«

Und noch am selben Tag ging der Junge zur Arbeit, und abends nach dem Essen, als der Priester von einem Krankenbesuch zurückkehrte, überraschte Greg seinen Gastgeber, als er in ein damals allgemein beliebtes Lied einfiel, das der Priester beim Geschirrspülen sang.

»Du hast aber eine gute Stimme, Greg.«

»Mein Vater ist Musiklehrer am Cincinnati Conservatory of Music. Ich musiziere und singe schon, seit ich ein kleines

Kind bin. Ich brauche nur ein Instrument in die Hand zu nehmen, und Sie erklären mir die Tonleiter und dann kann ich es auch schon spielen. Ich habe das absolute Gehör.«

»Wirklich?« rief der Priester staunend und nahm mit einem Grinsen seine Brille ab, um sich den Jungen genauer anzusehen.

Sie verbrachten den Rest des Abends damit, gemeinsam zu singen, und Greg fand, daß seine Stimme gut zu dem klaren, dröhnenden Bariton des Priesters paßte.

Am nächsten Morgen sagte der Priester beim Frühstück: »Nächste Woche haben wir im Pfarrsaal einen Tanzabend. Hättest du Lust, mitzukommen?«

»Klar.«

»Ich kann auch dafür sorgen, daß du eine junge Dame als Begleiterin bekommst. Hier in dieser Gegend gibt es eine Menge hübscher Mädchen, weißt du.«

»Vielen Dank, aber ich würde auch allein hingehen.«

»Kannst du denn tanzen?«

»Klar.«

»Und hast du dich schon mal mit einem Mädchen verabredet, Greg?«

»Nein, ich glaube nicht.«

»Tatsächlich? Und warum nicht?«

»Ich hatte immer zuviel zu tun. Ich mußte mich um meine Schwestern und meinen Bruder kümmern. Und in die Schule mußte ich ja auch noch und arbeiten.«

Dem Priester schien ein gewisser Unterton in der Stimme des Jungen aufzufallen, er ging aber nicht darauf ein.

»Es ist langsam an der Zeit, daß du dich auch für Mädchen interessierst«, sagte er statt dessen, nahm das Geschirr auf und wandte Greg den Rücken zu, als er an die Spüle trat.

»Die interessieren mich aber nicht«, erwiderte Greg.

»Das verstehe ich nicht. Du siehst doch gar nicht so übel aus. Ein bißchen mager bist du zwar schon, aber das werden wir schon hinkriegen.« Er lachte. Dann trat er an den Tisch und legte Greg die Hand auf den Kopf. »Du hast sehr schönes Haar. Die meisten Mädchen fliegen richtig auf blondes, gelocktes Haar, das weißt du doch.«

Wenige Nächte später nahm der Priester Greg mit ins Bett.

»War das das erste Mal, daß du es mit einem Mann gemacht hast?« fragte ihn der Priester danach, als er neben ihm im Bett lag.

»Ja, überhaupt das erste Mal, Father.«

»Greg, Gott gesteht den Menschen zu – den Leuten – allen Leuten, ihre Liebe auf vielfältige Weise zum Ausdruck zu bringen. Was ich – was wir getan haben, ist – ist ein Ausdruck der Liebe. Scham und Lust... Nun ja, weißt du – das sind menschliche Reaktionen, aber nicht die Gottes. Das mit uns war nur unsere Art zu lieben – ein Moment der Liebe. Das einzige Gefühl, von dem der Mensch sicher sein kann, daß er es mit unserem Allmächtigen Vater teilt. Verstehst du, was ich meine, mein Sohn?«

»Ja, Father, das verstehe ich. Es tut mir nicht leid. Ich spüre die Liebe. Ich spüre sie wirklich.«

Und der Priester blickte den Jungen traurig an, um ihm dann den Rücken zuzuwenden. Greg war innerlich aufgewühlt, verunsichert, nachdenklich. Er konnte lange nicht einschlafen.

Eines Abends, nach einem Tischgespräch über die intime sinnliche Schönheit Christi und seines Reichs, sehnte sich Greg plötzlich nach der Dunkelheit und dem Bett des Priesters, und in dem kleinen Wohnraum des Pfarrhauses schlang er spontan seine Arme um den großen Mann und streichelte das feine, kastanienbraune Haar des Priesters.

»Father, Father, ach Father«, flüsterte er und war höchst verwundert, als der Priester ihn von sich stieß.

»Greg, ich muß mit dir reden.«

»Was ist, Father?«

»Du mußt von hier weg. Du mußt nach Hause zu deiner Familie.«

»Warum? Was habe ich denn falsch gemacht?«

»Nichts. Du mußt nur einfach weg. Deine Eltern haben sicher die Polizei verständigt, und es ist einfach nicht recht, daß du hierbleibst.«

»Ich habe doch etwas falsch gemacht, nicht wahr?« Gregs Augen füllten sich bereits mit Tränen.

»Nein. Ja. Greg, langsam läßt es sich doch nicht mehr verbergen... Ich meine, das mit uns – die Art, wie wir unsere

Liebe zum Ausdruck bringen. Es ist einfach – weil du so anhänglich bist. Du benimmst dich allmählich wie ein Mädchen. Die Leute werden etwas merken. Ich fürchte fast, daß sie schon stutzig geworden sind. Du mußt auf jeden Fall weg von hier, mein Sohn.«

Am nächsten Tag, als der Priester gerade die Messe las, verschwand Greg. Er hatte die ganze Nacht wach gelegen und an den erbosten Brief gedacht, den er dem Priester zurücklassen wollte. Nun haßte er den Priester und konnte sich nicht mehr vorstellen, wie er diesen Judas je hatte lieben können. Er gab sich genüßlich der Vorstellung hin, während der Messe in die Kirche zu treten, auf die Kanzel zu steigen und der versammelten Gemeinde zu verkünden, daß ihr Seelenhirte fünfzehnjährige Jungen verführte. Davon hielten ihn jedoch zwei Dinge ab. Erstens seine Eitelkeit. Er konnte den Gedanken nicht ertragen, es könnte vor ihm andere gegeben haben. Er mußte der einzige sein. Und wenn dem so war, konnte er den Father dafür nicht strafen. Zweitens wußte er, daß er nicht verführt worden war. Dessen hatte es nicht bedurft. Er war bereitwillig darauf eingegangen.

Verbittert, enttäuscht und innerlich aufgewühlt, machte sich Gregory Powell am frühen Morgen jenes Tages wieder auf die Reise. Steinchen vor sich hertretend, bis sein Zeh schmerzte, schlenderte er den Highway entlang, voller Haß auf das triste Georgia und den kalten Regen, der langsam zu fallen begann, und Trost suchend in dem düsteren Gewitterhimmel, der seine eigene Stimmung nachzuäffen schien. Dann bemerkte er einen winzigen Punkt am Himmel, der wie das Auge Gottes vor dem Hintergrund eines hell aufleuchtenden Wolkenfetzens schimmerte. Er beobachtete ihn, wie er größer wurde, aber weiterhin am Himmel zu hängen schien. Und dann ließ er sich ohne Vorwarnung fallen, um im Niederstürzen Gestalt anzunehmen – tiefer, tiefer –, und dann breiteten sich die Flügel majestätisch aus. Keine zwanzig Meter von dem Jungen entfernt schlug das Wesen in einem Feld etwas Verletzliches. Wenige Augenblicke später sah Greg es wieder auffliegen, mit kupfern triumphierenden Schwingen und einem gekrümmten, blutigen Schnabel, ein weiches, pelziges Etwas tot in seinen Klauen.

Als er schließlich per Anhalter in Lake Wales, Florida, eintraf, hatte Greg einiges dazugelernt. Und es war ein wesentlich zynischerer, durchsetzungsfähigerer Junge, der, wie er hoffte, einen einigermaßen passablen Südstaatenakzent angenommen hatte. Für neugierige Erwachsene dachte er sich eine Geschichte aus, derzufolge er in der nächsten Stadt wohnte und nur per Anhalter zu seinem Großvater auf Besuch fuhr.

Was seine äußere Erscheinung betraf, wirkte Greg nicht im geringsten feminin. Aber da war doch etwas, eine ganz leise Andeutung in dem vielversprechenden Blick des Jungen, die dem mausgesichtigen Portier nicht entging, so daß er ihn auf den ersten Blick als Liftboy in seinem Hotel einstellte und ihm bei der ersten Gelegenheit, als sie allein waren, einen Antrag machte. Greg fügte sich mit schmollender, trotziger Aufmüpfigkeit, um jedoch erfahren zu müssen, daß solche homosexuellen Beziehungen keineswegs gefahrlos waren. Nur mit knapper Not entkam er dem Portier mit seinem Wolfsatem und dem Nietengürtel.

Sein sexueller Heißhunger war deshalb lange nicht mehr so stark, als er schließlich in Orlando, Florida, eintraf, wo er seinen Südstaatenakzent ablegte, als er von der Polizei angehalten wurde.

Gregory Powell wollte nicht nach Hause zurück, aber die einzige Alternative wäre ein Heim für jugendliche Ausreißer gewesen, so daß er sich schließlich widerstrebend bereit erklärte, sich mit seiner Mutter in Verbindung zu setzen. Allmählich von ihrer Krankheit genesen, erwies sich Ethel Powell als eine treusorgende Mutter und kam sogar persönlich nach Orlando, um ihren ältesten Sohn nach Hause zu holen, wo sich die allgemeine Lage jedoch keineswegs gebessert hatte. Im Gegenteil, sie hatte sich sogar noch erheblich verschlechtert.

Während Gregs Abwesenheit hatte die Mutter den Haushalt total beherrscht, und der Junge mußte feststellen, daß die früheren schwachen Versuche seines Vaters, sich zu behaupten, nun gänzlich aufgehört hatten. Als Greg sich seines Einflusses auf die jüngeren Geschwister vergewissern wollte, war das Ergebnis das gleiche. Sie wandten sich immer erst an sie, um sich von ihr die Rechtmäßigkeit seiner Anordnungen bestätigen zu lassen. Er hielt sie nach wie vor für eine ausgesprochene Lügnerin, obwohl er sich – und dies geschah ausschließlich nachts – eingestehen mußte, daß er durchaus auch zu gewissen Zugeständnissen ihr gegenüber tendierte. Hinsichtlich seiner Gefühle bezüglich seiner Mutter und seines Vaters mit sich selbst im unklaren, war er zu Konzessionen bereit. Seine Mutter war jahrelang krank gewesen, und waren ihre Lügen nicht vielleicht nur harmlose Phantasien? Und begann sie nicht eben erst langsam ein normales Leben? Und sein Vater, mußte er sich nicht einfach mit alldem abfinden? Hatte er denn überhaupt eine andere Chance?

Und dann sollte er sich selbst hassen, weil er ihnen ihre Fehler und Schwächen verzieh, um sie für einen langen, schmerzlichen Augenblick aus tiefster Seele zu verachten. Das brachte ihn dann dazu, über sich selbst nachzudenken – die Art, wie er war, seine unleugbare Abneigung gegen die Schule und seine Zuneigung zu einem lockigen Jungen namens Archie. Schließlich stahlen Greg und Archie in Big Rapids einen Wagen und fuhren damit in einem Anfall überschwenglicher Euphorie nach Indiana, wo Greg auf dem Rücksitz sexuell mit Archie verkehrte, um danach einzuschlafen und später von der Polizei geweckt zu werden. Er wurde wieder zu seinen Eltern zurückgebracht. Archie, der etwas älter war, wurde wegen Autodiebstahls zu einem Jahr auf Bewährung verurteilt.

Diesmal hielt es Greg nur eine Woche zu Hause aus. Die Powells hatten einen Waisenjungen namens Harold aufgenommen, der etwas älter als Greg war und sich mit seinem attraktiven, männlichen Äußeren – groß, blond, ruhig – selbst vor so manchem Filmstar nicht hätte zu verstecken brauchen. Vielleicht stellte er für die Powells eine Art Ersatz für ihren Sohn dar, den sie praktisch verloren hatten. Vielleicht wollten sie es mit einem anderen schwierigen Jungen noch einmal versuchen. Aber sowohl für den Ersatzsohn wie für den richtigen war es bereits zu spät.

Inzwischen war Gregory Powells Körpergewicht von fünfundsechzig Kilo auf dreiundfünfzig gesunken. Er erlitt eine

Virusinfektion nach der anderen, und als Harold ihm erzählte, er wollte zur Marine gehen, was das mehr, als Greg ertragen konnte. Er idolisierte den älteren Jungen, wollte ständig in seiner Nähe sein und sorgte sich gleichzeitig wegen seiner geheimen Gelüste, wobei er sich immer und immer wieder einzureden versuchte, er wäre nicht homosexuell.

Wenige Tage später stahl Harold einer seiner Schwestern Geld. Greg stahl einen Wagen, und die beiden wurden schließlich im Yellowstone National Park verhaftet. Diesmal wurde Gregory Powell nicht an seine Mutter ausgeliefert. Kaum sechzehn Jahre alt, wurde er in eine Jugendstrafanstalt in Englewood, Colorado, eingewiesen. Harold galt vor dem Gesetz bereits als Erwachsener und verbüßte eine reguläre Haftstrafe.

Fünf Monate später wurde Gregory Powell, nachdem er sich als intelligent, aber emotional labil erwiesen hatte, in die National Training School in Washington, D. C., überwiesen. Zehn Monate danach brach er dort aus, um zwei Wochen später wieder geschnappt und in eine Besserungsanstalt in Chillicothe, Ohio, eingeliefert zu werden. Im nächsten Jahr wurde er entlassen, nachdem er insgesamt zweiundzwanzig Monate in verschiedenen Anstalten verbracht hatte. Und als er noch vor seinem achtzehnten Geburtstag ins Heim seiner Eltern zurückkehrte, war er ein selbstbewußter, ausgemergelter, selbsternannter Schwuler.

Seine ersten Wochen zu Hause waren ein Alptraum. Er ging mit einem Eisenstab im Rücken herum, um seinen übertriebenen Tuntengang abzulegen, den er sich in der Besserungsanstalt absichtlich angewöhnt hatte. Und er dachte an die Anstalt zurück und fragte sich, warum er sie so schlimm gefunden hatte. Es gab eindeutig Schlimmeres. Das hier zum Beispiel. Er war mit den Nerven am Ende. Voller Angst, sich als das bloßzustellen, was er war, konzentrierte er sich voll darauf, ein Mann zu sein. Er fing an, mit Marihuana zu experimentieren, und nahm es gelegentlich. Er sollte es, zusammen mit Alkohol, sein ganzes späteres Leben als Droge benutzen, wenn er nicht gerade im Gefängnis saß. Seine Aktionen während dieser Zeit waren, wie er später im Zuge einer gruppentherapeutischen Sitzung zugab, eindeutig von dem Wunsch geprägt, wieder ins Gefängnis zu kommen. Ganz plötzlich und unwiderruflich mußte er der schrecklichen Tatsache ins Auge sehen, daß er zu denen gehörte, die es letztlich nur immer wieder zurück ins Gefängnis zog.

Also stahl Gregory Powell wieder einmal ein Auto, wurde geschnappt und kam in das Staatsgefängnis in Jackson, Michigan. Diesmal waren für ihn sämtliche Zweifel ausgeräumt. Er wollte bleiben, aber er wurde wieder entlassen, als er zwanzig war. Er mußte feststellen, daß es einfacher war, ins Gefängnis zu kommen, als im Gefängnis zu bleiben. Um zu einer Haftstrafe verurteilt zu werden, brauchte man nur einen Wagen zu stehlen und damit die Grenze eines Bundesstaats zu überqueren.

Als er diesmal draußen war, hatte er sein erstes sexuelles Erlebnis mit einer Frau. Sie war sechs Jahre älter und wies ihn in die heterosexuelle Liebe ein. Und obwohl er in späteren Jahren darauf beharren sollte, er wäre von Anfang an homosexuell veranlagt gewesen, war dem eindeutig nicht so. Während dieser Jahre des ständigen Wechsels zwischen Freiheit und Inhaftierung trieb es ihn abwechselnd zu Männern und zu Frauen, ohne daß er gewußt hätte, in welche Richtung es ihn nun wirklich zog. Wenn er im Gefängnis war, vertrat er vor sich immer die Überzeugung, daß seine unterdrückte Homosexualität die Wurzel allen Übels wäre, und lebte seine Veranlagung so offen aus, wie dies die Gefängnisbehörden zuließen. Inzwischen waren seine beiden Arme mit Tätowierungen verziert worden. Auf dem einen stand ›Greg‹, auf dem anderen ›Mutter‹ – die beiden Personen, denen er besonders ambivalente Gefühle entgegenbrachte.

In Leavenworth lernte Greg einen drahtigen Indianer namens Little Sheba kennen. Sie gingen ein Bündnis ein. Das Gefängnis war ihr Zuhause, und sie wollten zusammenbleiben. Inzwischen hatte sich Greg zu einem maskulinen Typ gewandelt. Die beiden wurden jedoch während einer sexuellen Handlung ertappt und getrennt. Kurz darauf wurde Little Sheba frühzeitig entlassen.

Unter dieser Trennung litt Greg sehr stark. Er fing an, seine Handgelenke aufzubeißen. Das Blut ließ er, auf dem Boden seiner Zelle sitzend, in die Toilette fließen, um es dann hinunterzuspülen. Schließlich war er davon körperlich so geschwächt, daß er damit aufhören mußte, sich selbst diese Verletzungen beizubringen, die zu häßlichen Narben verheilten. Er wurde in die Krankenstation eingeliefert, erhielt Transfusionen und wurde ans Bett gefesselt, damit er sich die Schläuche nicht abreißen konnte.

Wie immer sollte Ethel Powell bald an seiner Seite sein. Nichts konnte sie zurückhalten – keine Gefängnismauern, keine Wärter, keine Behörden. Ihre Taktik bestand darin, sich der Unterstützung des jeweiligen Gefängnispfarrers zu versichern, um dann zu dem Gefängnis, in dem ihr Sohn gerade saß, anzureisen und so lange praktisch vor dem Gefängnistor ihre Zelte aufzuschlagen, bis sie bekam, was ihrer Meinung nach ihr Sohn brauchte. Diesmal glaubte sie, es wäre eine Versetzung, die dann auch tatsächlich genehmigt wurde. Ihr Sohn wurde in das Gefängnis von Milan, Michigan, eingeliefert, wo ihm das zuteil werden konnte, was ihrer Ansicht nach unweigerlich seinen Gesundheitszustand verbessern würde – Besuche von seiner Mutter. Aber schon fünf Minuten, nachdem man ihm nach seiner Ankunft dort die Handschellen abgenommen hatte, riß er sich mit den Zähnen die Fäden aus seinen genähten Wunden. Er wurde mit Beruhigungsmitteln vollgepumpt und in eine Gummizelle gesteckt.

Die nächsten Jahre stellten eine Wiederholung des alten Schemas dar: Gefängnisaufenthalt, Entlassung, Gefängnisaufenthalt, Tripper, Psychotherapie, Beziehungen zu Frauen, darunter einer promiskuitiven, minderjährigen Schwarzen, die ihn als Vater ihres Kindes angab. Zwischen seinen heterosexuellen Affären ständig auf der Suche nach homosexuellen Erfahrungen, legte er nun ein ausgesprochen maskulines Verhalten an den Tag. Die Tage, in denen er noch die untergeordnete, weibliche Rolle gespielt hatte, waren längst vergessen. Darauf folgten leidenschaftliche zwei Jahre mit einem schwarzen Transvestiten namens Pinky, der später zur Rationalisierung von Gregs Problemen herangezogen werden konnte: »Wenn sie mich nur auf Bewährung nach Los Angeles geschickt hätten, wo ich mit Pinky hätte zusammen sein können...«

Und doch waren die heterosexuellen Beziehungen während der kurzen Monate in Freiheit seine dauerhaftesten. Sie sollten seine Rationalisierungen eindeutig Lügen strafen. Wie immer legte die Mutter in ihren Besuchen und Briefen an die verschiedenen Strafanstalten großen Eifer an den Tag, obwohl ihre übrigen Kinder sich kaum besser entwickelten als ihr ältester Sohn. Douglas war längere Zeit heroinsüchtig. Lei Lani, die lebhafteste von allen, riß von zu Hause aus, um sich ins Unglück zu stürzen. Sharon sollte ein bewegtes Eheleben führen.

Schließlich zog die Familie Powell nach Oceanside, Kalifornien, was gelegentliche Besuche bei Greg erlaubte, der im Gefängniskrankenhaus von Vacaville lag, wo er einer Kraniotomie unterzogen worden war. Man wollte feststellen, ob eine Verkalkung des Gehirns, die durch eine Röntgenaufnahme zum Vorschein gekommen war, auf einen Tumor zurückgeführt werden konnte – einen Tumor, der teilweise auch seine Veranlagung erklärt hätte. Die Operation förderte keinen Tumor zutage, aber der Neurochirurg stellte Anzeichen einer ›leichten Atrophie‹ fest. Dieser Umstand wurde während einer späteren Gerichtsverhandlung herangezogen, um Gregs aufbrausendes Verhalten zu entschuldigen, während andere Experten geltend machten, ein solcher Sachverhalt sei empirisch unmöglich festzustellen und außerdem in ›leichter‹ Form auch bei vielen völlig zurechnungsfähigen, vernünftigen und normal reagierenden Menschen anzutreffen.

Ungeachtet dessen stellte das Ergebnis dieser Kraniotomie einen guten Entschuldigungsgrund für Rusty und Ethel Powell dar, der ihr schlechtes Gewissen zu entlasten half. Gregs Probleme waren organischer Natur – daran bestand für sie kein Zweifel mehr. Nun wurden ihre lange gehegten Schuldgefühle zumindest erträglich. Für die Eltern ein Segen.

Greg war fast neunundzwanzig Jahre alt, als er im Mai 1962 auf Bewährung aus Vacaville entlassen und zu seinen Eltern in Oceanside, Kalifornien, geschickt wurde. Zehn der letzten dreizehn Jahre hatte er im Gefängnis verbracht. Wodurch er natürlich nur nominell – in Form überspannter Briefe – imstande gewesen war, an Entscheidungen, die das Schicksal der gesamten Familie betrafen, mitzuwirken. Seine Zukunftsaussichten waren nicht gerade rosig, als eine seiner Schwestern ihn kurz nach seiner Freilassung mit Maxine bekannt machte.

Aber das galt auch für Maxine. Sie war sechsundzwanzig, eine einfache Frau mit ausgelaugten Augen und drei Kindern. Immerhin hatte sie ein nettes Lächeln, und Greg traf sich immer häufiger mit ihr. Nach kurzer Zeit zog er auch zu ihr.

Wie Greg hatte auch Maxine lange Jahre familiärer Zwistigkeiten hinter sich, und im Augenblick lief gerade ihre Scheidung von ihrem Mann, einem Soldaten, von dem sie Unterhaltszahlungen erhielt. Außerdem prozessierte sie mit ihren Eltern, die das Sorgerecht für ihre Kinder zugesprochen haben wollten. Im September wurden die Kinder auf Gerichtsbeschluß Maxines Mutter und teilweise blindem Vater zugesprochen, die das Unvermögen ihrer Tochter hatten nachweisen können, für die Kinder zu sorgen. Einige Monate später drehte die Army den Hahn von Maxines monatlichen Unterhaltszahlungen ab, von denen sie gelebt und auch Greg ernährt hatte, und leitete sie statt dessen für die Kinder an Maxines Eltern weiter. Maxine schrieb den zuständigen Stellen einen erbosten Brief, jedoch ohne Erfolg.

»Wir zwei, wir werden bald heiraten«, versprach ihr Greg.

»Ja«, schluchzte sie. »Und wir werden die Kinder von meinen Eltern zurückholen.«

»Klar werden wir das«, tröstete sie Greg und drückte sie fest an sich.

»Und dann kriegen wieder wir die Unterhaltszahlungen.«

»Nein, wenn wir verheiratet sind, nicht.«

»Ach ja, stimmt. Aber irgendwas werde ich doch kriegen?«

»Wir müssen eben mal sehen. Aber mach dir keine Sorgen, es wird sich schon was finden.«

Und Greg versuchte es mit einer Tankstelle und einer Waschanlage. Dann plante er sogar eine eigene Reparaturwerkstatt. Aber aus dem einen oder anderen Grund sollten alle diese Vorhaben scheitern. Schließlich trieb ihn die letzte Schlacht im erbitterten Familienkrieg der Powells endgültig aus dem elterlichen Heim. Das Ganze entspann sich aufgrund eines anonymen Briefs an eine seiner Schwestern, in dem sie mehrfacher ehelicher Untreue und einer inzestuösen Beziehung zu Greg beschuldigt wurde. Das Mädchen brachte den Brief vor den Familienrat. Darauf fand Gregs Vater in Gregs Tasche einen Zettel mit Maxines Handschrift, und nach einer Familienkonferenz, einschließlich einer hausgemachten Handschriftenanalyse, gelangte man zu dem Schluß, daß tatsächlich Maxine die Urheberin dieser Anschuldigungen war. Außerdem sollte Greg über diesen gemeinen und hinterhältigen Brief in Kenntnis gesetzt werden. Das geschah, worauf Greg mit Maxine auf der Stelle nach San Diego zu einem Detektivbüro fuhr, wo er für einen Lügendetektortest sechzig Dollar auf den Tisch blätterte, dessen Ergebnis besagte, daß Maxine die Wahrheit sagte. Greg kehrte mit den Resultaten dieses Tests zu seiner Familie zurück und verlangte, daß sie den Brief einem Graphologen übergaben, damit dieser weitere Aufschlüsse über den Schreiber des Briefs zu gewinnen versuchte. Aber an ihren vorgefertigten Meinungen war nicht mehr zu rütteln. »Ihr respektiert meine Privatsphäre nicht«, warf ihnen Greg mit zitternden Kiefermuskeln vor. »Ihr habt in meinen Taschen gekramt und Zettel von meinem Mädchen an mich gelesen. Dazu hattet ihr kein Recht. Nicht das geringste.«

»Schau doch, was sie über deine Schwester geschrieben hat. Und über dich.«

»Es stimmt einfach nicht, daß sie das geschrieben hat. Und sie hat auch gesagt, daß das nicht wahr ist. Und dazu kommt jetzt auch noch, daß ihr so mit mir umspringt – in meinen Taschen zu kramen!«

»Das haben wir doch nur zum Wohl der Familie getan.«

»Dann sollte ich euch vielleicht mal sagen, was ich von dieser Familie halte. Eigentlich sollte ich das. Aber ich tu's nicht. Ich verlasse dieses Haus für immer. Nicht daß ihr meint, ich würde euch nicht mehr besuchen kommen. Macht euch deswegen mal keine Sorgen. Ich lasse euch nicht im Stich. Jemand muß euch ja den richtigen Weg weisen, sonst würdet ihr ja allesamt über eine Klippe stürzen oder sonst was. Aber ich werde nie wieder in diesem Haus wohnen.«

Damit sollte er recht behalten. Er wohnte nie mehr dort.

Gegen Ende des Jahres 1962 entschieden sich Greg und Maxine, nach Boulder City, Nevada, zu ziehen, um sich um Gregs Schwester Lei Lani zu kümmern, die sich bei einem Verkehrsunfall einen Halswirbel gebrochen und ein Bein mit Batteriesäure verbrannt hatte. Gregory Powell stellte fest, daß er seiner Familie nach wie vor nicht den Rücken kehren konnte. Und es war nicht nur seine Schwester, die pflegebedürftig war, sondern nun erkrankte auch seine Mutter wieder und kündigte baldigst ihren bevorstehenden Tod an. Während der nun folgenden Zeit sollte Greg ständig zwischen Boulder City und Oceanside hin und her pendeln.

Im Januar stellte sich heraus, daß Maxine schwanger war, und Douglas, inzwischen heroinsüchtig, war nach Boulder City gekommen. Greg äußerte Maxine gegenüber, daß er seiner Familie nie entrinnen würde. Nie. Und auch damit sollte er recht behalten. Andrerseits stellte er sich immer wieder die Frage, ob er seiner Familie überhaupt entkommen wollte.

Im Heim seiner Schwester, umgeben von seiner Familie, überfiel ihn wieder seine alte Rastlosigkeit. Eines Tages heckten Greg und sein Bruder einen verrückten Plan aus, demzufolge sie gemeinsam nach Oceanside fahren und Maxines Kinder von den Großeltern entführen wollten, um die Kleinen dann nach Boulder City in die liebende Obhut ihrer Mutter zu bringen. Nachdem sie stundenlang Pläne geschmiedet hatten, fuhren die Brüder nach Oceanside, um jedoch noch am gleichen Tag wieder zurückzukommen. Greg hatte es sich in letzter Sekunde anders überlegt.

Dann kaufte Douglas Powell am 29. Januar mit einem Ausweis eines Vetters, Thomas Powell, wohnhaft in Michigan, in einer Pfandleihe in Las Vegas eine Beretta 7.65 Automatik.

Am 31. Januar wurde in Las Vegas von einem einzelnen, bewaffneten Mann eine Tankstelle ausgeraubt. Am 6. Februar widerfuhr einem Drugstore in Las Vegas das gleiche Schicksal. Und am 9. Februar wurde besagte Tankstelle neuerlich überfallen. Den restlichen Familienmitgliedern gegenüber erklärten die Brüder, sie hätten einen Job, bei dem sie nachts einen Laster fuhren und Eisenbahnwaggons entluden. Sie arbeiteten jede Nacht nur vier Stunden, aber sie verdienten dabei trotzdem außergewöhnlich gut.

Dann fuhren Douglas und Greg getrennt nach Los Angeles. Als Grund gab Greg an, er wollte dort alte Schulden eintreiben. Am 15. Februar kam es dann in zwei Läden mit Alkoholausschank in West Covina und Santa Monica zu solchen ›Eintreibungen‹, während Douglas bereits wieder nach Oceanside zurückgekehrt war. Ende Februar fanden Gregs ›Eintreibungen‹ ein Ende, als seine Schwester in seine Wohnung einbrach und seine Automatik stahl. Und sie sollte es nicht nur bei der Schußwaffe belassen, sondern nahm auch gleich noch das gesamte Diebesgut mit – mehr als sechshundert Dollar. Dies war die endgültige Schmach.

»Ich weiß, warum sie das getan hat«! schrie er im Zuge eines Telefongesprächs mit Maxine in Boulder City. »Sie versucht, mich von den Raubüberfällen abzuhalten, Max! Sie versucht mich auf den rechten Weg zurückzuführen, indem sie mir meine Knarre klaut. Aber warum zum Teufel mußte sie auch noch das ganze Geld mitgehen lassen? Zumindest etwas Geld hätte sie mir doch lassen können. Die gesamte Belegschaft von Vacaville würde nicht ausreichen, um aus einer einzigen Aktion eines einzigen Mitglieds meiner bescheuerten Familie schlau zu werden! Die bringen mich noch tatsächlich in die Gummizelle – ich sag's dir.«

Greg fuhr nach Las Vegas, wo er einen 38er Colt kaufte, und kehrte mit Maxine nach Los Angeles zurück, wo sie in die Wohnung eines schwarzen Transvestiten zogen, mit dem Greg früher einmal gegangen war. Eines Tages schreckte Greg ein Klopfen an die Tür auf. Er rannte in die Küche, zog seinen Revolver aus dem Gürtel und feuerte versehentlich einen Schuß in den Fußboden ab. Der Transvestit legte ihnen darauf nahe, sich eine andere Bleibe zu suchen.

Im weiteren Verlauf lernte Greg einen kleinen Schwarzen namens Billy Small kennen, der ihm in einer vorwiegend von Schwarzen bewohnten Gegend an der 65th Street eine Wohnung beschaffte. Und in den darauffolgenden Nächten waren Billy und Greg sehr beschäftigt.

Nachdem der Gärtner im Garten der alten Frau seine Pflicht getan hatte, fuhr er zu seinem nächsten Kunden, der in einem Haus im alten kalifornischen Stil mit einer Reihe Yuccas davor wohnte. Es waren gesunde Yuccas mit langen, festen, spitzen Blättern, die aus kräftigen, dicken Stämmen sproßten. An der Straße wuchs außerdem eine schiefe japanische Schwarzkiefer. Genau an der richtigen Stelle, so daß sie von den majestätischen Bäumen nicht erdrückt wurde, stand eine Zwergnektarine mit herabhängenden, glänzenden Blättern. Der Gärtner wünschte, er würde über die nötige Qualifikation und Ausbildung verfügen, um Gärten wie diesen auch gestalten und nicht nur pflegen zu dürfen. Er hätte viel darum gegeben, sich Gartenarchitekt nennen zu können, wenn man ihn nach seinem Beruf fragte.

Als der Gärtner noch mit seinem Freund zusammengearbeitet hatte, war immer er, der Gärtner, derjenige gewesen, der eine glückliche Hand mit Ablegern gehabt hatte. Sein Freund hatte ihn oft bewundert, wenn er aus winzigen Ablegern die herrlichsten Pflanzen zog.

»Er versteht einfach etwas davon, Dinge zum Leben zu erwekken«, pflegte der Freund zu sagen. »Er mag lebendige Dinge, und das ist etwas, das einem keine Bescheinigung geben kann. Die Planung meines Gartens würde ich viel eher ihm überlassen als jemandem mit – was weiß ich – wie vielen Diplomen. Er kann gut mit lebenden Dingen umgehen.«

Und nun kniete der Gärtner neben einer Potacarpus nieder und fragte sich, ob dies vielleicht doch nicht der einzige Fehler war, den der Besitzer des Grundstücks bei der Gestaltung seines Gartens gemacht hatte. In diesem Teil des Gartens wäre etwas Zarteres angebrachter gewesen, nicht diese immergrüne Pflanze mit ihrem Anschein der Fülle. Die italienischen Steinkiefern, die darum herum wuchsen, genügten vollauf. Es macht nicht das geringste aus, eine Stelle blanker Erde zu lassen, auf der nichts wächst. Man muß ein Gespür haben, wann es genug ist, und dann aufhören. Nach diesem Grundsatz ging er auch bei der Ausübung seiner Verbrechen vor. Er hatte eine reguläre Route. Und er stahl in jedem Laden auf dieser Route, wobei er erst zufrieden war und wieder nach Hause fuhr, wenn er von jedem einen Gegenstand entwendet hatte, der für ihn von Wert war.

Dann holte er den Rasenmäher von der Ladefläche seines Lasters, krempelte sich unter der hoch am Himmel stehenden, heißen Sonne die Ärmel seines Arbeitshemds hoch und nahm seinen Hut ab, um sich den Schweiß von Hals und Stirn zu wischen. Die Kopfschmerzen waren nun nicht mehr so schlimm. Während er so auf dem Rasen stand, sah er einen Postboten mit seiner Ledertasche die Straße herunterkommen. Der Postbote kam ihm bekannt vor, aber der Gärtner konnte sich nicht näher an ihn erinnern. Er bekam Magenkrämpfe und hoffte, es wäre nicht schon wieder Durchfall. Er konnte sich nur noch mit Mühe an Gesichter erinnern. Vielleicht gehörte der Postbote zu seinem anderen Leben, zu damals. *Aber wie konnte das sein? Und dann fiel es ihm plötzlich ein. Der Postbote sah aus wie der Mann in dem gelben Hemd, der bestimmt ein Sicherheitsbeamter war und der ihn beobachtet hatte, als er seine Taschen mit Diebesgut vollgestopft und einen Satz Schraubenschlüssel unter seiner Jacke in den Gürtel gesteckt hatte. Und selbst in seinen Händen hatte er damals noch eine Unmenge von Päckchen mit Schrauben und Nieten und allen möglichen anderen Dingen gehalten.*

Ohne seine Augen auch nur eine Sekunde von ihm abzuwenden, war ihm der Mann in dem gelben Hemd gefolgt. Langsam war er auf den Ausgang zugegangen, hatte angespannt auf das Geräusch laufender Füße gewartet und den Ruf: »Halt, stehenbleiben! Sie sind verhaftet.«

Aber er war mit seiner Beute durch die Tür nach draußen und über den Parkplatz zu seinem Wagen gegangen. Die Schritte und der Ruf waren ausgeblieben. Er hatte es geschafft.

Der Gärtner beobachtete, wie der Postbote an ihm vorüberging und auf die andere Straßenseite wechselte. Der Gärnter dachte: Nein, das ist nicht der Mann in dem gelben Hemd. Komisch, aus der Nähe sieht er ihm nicht einmal ähnlich – nicht im geringsten.

4

Im Augenblick hatten sowohl die beiden Partner in dem viertürigen Plymouth wie die beiden Partner in dem kleinen Ford Coupé mit dem Verkehr zu kämpfen.

Ian Campbell, der Fahrer des Plymouth, bog am Hollywood Boulevard in Richtung Osten ab, gelangte aber unmittelbar darauf zu dem Schluß, daß dies ein Fehler gewesen war, und zog sich wieder aus dem Verkehrsgewühl. Karl Hettinger putzte seine Brille, spürte, wie sein Gürtel ihn einengte, und dachte darüber nach, ob wohl ein Hamburger seinen Bauch vergrößern würde.

»Einen Vorteil hat dieser Samstagnachtverkehr ja schon«, meinte Gregory Powell, als sie sich in dem kleinen braunen Ford vom Wilshire auf den Hollywood Boulevard vorzuarbeiten begannen. »Man kann leichter verduften, wenn man ein Ding gedreht hat.«

Ohne etwas darauf zu erwidern, fummelte sein Partner weiter an seiner Knarre in seinem Gürtel herum und rutschte nervös auf seinem Sitz von einer Seite auf die andere.

»Verdammt noch mal, Jim, jetzt zapple doch nicht ständig so herum«! fuhr ihn Greg an. »Die ganze Drecksarbeit werde sowieso ich machen, sobald wir drinnen sind.«

Mit einem Grunzen wandte sich Jimmy Smith der Beobachtung der an ihnen vorbeigleitenden Autos zu. Es war März, und die Nachtluft war kalt. Aber er schwitzte trotzdem, und sein Mund und seine Kehle fühlten sich trocken und heiß an. Er steckte sich mit dem Stummel der letzten eine neue Zigarette an.

»Heute nacht werden wir ganz schön absahnen«, redete Greg weiter, während sich Jimmy Smith wünschte, sein Partner würde endlich einmal den Mund halten. Er wollte nachdenken.

»Ich hab das so im Gefühl, daß wir beide heute nacht den ganz großen Treffer landen werden«, fuhr Greg unbeirrt fort. »Heute nacht wird unsere Familie wohlhabend werden.«

Familie, dachte Jimmy Smith. Wenn ich noch ein Wort über *Familie* höre, dann... Jimmy Smith blickte nach dem Gürtel seines Partners. In der Dunkelheit im Innern des Wagens konnte er den 38er Colt nicht erkennen, aber er wußte, daß er da war.

Er konnte es auf den Tod nicht ausstehen, wenn sein Partner über seine Familie sprach und erklärte, daß Jimmy nun auch dazugehörte. Jimmy Smith hatte noch nie in seinem Leben zu einer Familie gehört und war auch gar nicht scharf darauf. Und wenn, dann hatte er immer noch seine Nana. In den nächsten Tagen werde ich mal bei Nana vorbeischauen, dachte Jimmy. Sobald ich mir diesen Verrückten vom Hals geschafft habe, werde ich bei ihr vorbeischauen. Ich werde meine Nana schon finden.

»Jimmy ist nicht mein richtiger Sohn«, sollte seine Nana eines Tages vor einem Geschworenengericht aussagen, »aber er ist der einzige Sohn, den ich je haben werde. Eigentlich bin ich seine Tante, seine Großtante. Ich habe seine Mutter großgezogen, als sie noch ein kleines Mädchen war, und dann ging sie fort, um in Crowell, Texas, ihr Baby auf die Welt zu bringen. Sie war damals erst dreizehn und konnte nicht für Jimmy sorgen, und deshalb hat sie ihn zu mir nach Fort Worth gebracht. Sein Vater war, glaube ich, ein fünfzehnjähriger weißer Junge, aber mit Sicherheit könnte ich das nicht sagen.

Als er noch ganz klein war, so vielleicht drei Jahre, hatte ich diesen Unfall mit einem 45er Colt, und er war dabei, als es passiert ist. Es war nämlich so, daß der Revolver meines Mannes unter der Matratze lag. Ich habe damals auf dem Boden geschlafen. Ich habe den Revolver einfach unter die Matratze geschoben, und als ich aufstand, um die Matratze aufs Bett zu legen, habe ich sie zusammengerollt. Es war ja nur eine ganz dünne, schlechte Matratze. Ich habe mich umgesehen, und Jimmy war da, und ich hatte Angst, er würde den Revolver nehmen, und so habe ich den Revolver und die Matratze, alles zusammen, mit einer Hand gepackt. Vermutlich habe ich den Revolver am Abzug erwischt, als ich zum Bett gehen wollte. Die Matratze ist mir aus den Händen gerutscht, und ich wollte danach greifen. Und dabei habe ich vermutlich auf den Abzug gedrückt.

Ich habe mich ins linke Bein geschossen und mußte ein Jahr lang einen Gips tragen. Und zwar hat dieser Gips bis rauf zu meiner Hüfte gereicht und runter über das ganze Bein und den Fuß. Und mit diesem Gips habe ich ein Jahr lang im Bett gelegen.

Na ja, man könnte sagen, daß Jimmy sich während dieser Zeit um mich gekümmert hat. Wir hatten ja sonst niemanden. Bevor das passiert ist, habe ich sechs Dollar die Woche verdient, aber danach war ich bis ans Ende meines Lebens ein Krüppel. Und Jimmy gab mir zu trinken und machte alles mögliche für mich. Jimmy konnte schon mit drei Jahren das Gas anstellen. Wir hatten einen von diesen offenen Öfen, und wenn es zu kalt wurde, habe ich zu ihm gesagt: ›Du mußt es eben einfach probieren, mein Kleiner.‹ Und ich habe ihm beigebracht, wie man ein Streichholz anzündet und es auf den Ofen legt und dann am Knopf dreht, denn ich konnte ja überhaupt nicht aufstehen.

Und genauso war es mit dem Licht. Wir hatten Lampen, die von der Decke runterhingen, und wir mußten sie von dort abdrehen. Jimmy hat dann den Frühstückstisch aus der Küche daruntergezogen und ist daraufgestiegen und hat die Lampen abgedreht. Sonst war ja niemand da, nur Jimmy und ich. Mein erster Mann hat mich nämlich verlassen, nachdem ich mich in den Fuß geschossen habe.

Nach meinem Unfall konnte ich Jimmy nicht mehr dazu bringen, ein Mittagsschläfchen zu machen, wenn er sich nicht die Decke über den Kopf ziehen konnte und sich dabei halb erstickt hat. Und so mußte ich ihn praktisch immer aufwecken, weil er danach einfach untertags Angst hatte zu schlafen. Nachts war das weiter kein Problem, aber untertags konnte Jimmy nicht schlafen, wenn er sich nicht die Decke über den Kopf ziehen konnte.

Als Jimmy so etwa sieben war, wurde ein Spielkamerad von einem Auto überfahren. Jimmy dachte, der Junge wäre tot. Er war jedoch nicht tot, aber Jimmy ist doch fortgelaufen. Er hat gesagt, er würde in den Wald laufen und nie zurückkommen.

Na ja, dann hat so ziemlich die ganze Stadt nach ihm gesucht. Schließlich haben sie ihn gefunden, den Kopf und die Schultern unter einem Busch. Nur die Füße haben herausgeschaut, und er ist weinend aufgesprungen und kam angelaufen und hat gesagt, es täte ihm so leid, daß dieser Junge tot war. Er konnte es einfach nicht mitansehen, wenn jemandem etwas Schlimmes passierte.

Vor Pistolen hatte er Angst, solange ich zurückdenken kann, weil ihm nämlich eine Frau, für die ich gearbeitet habe, zu Weihnachten ein Dreirad und eine kleine Kapselpistole geschenkt hat. Er hatte schreckliche Angst davor, und weil ich der Frau nicht sagen wollte, daß er nicht damit spielte, habe ich sie unter der Matratze versteckt. Aber eines Tages hat er sie dann gefunden, und ich mußte sie schließlich weggeben. Die Frau hat sie ihm geschenkt, aber Jimmy war extrem nervös, seit ich mich ins Bein geschossen hatte. Und er hat sich nicht mit anderen Kindern geprügelt. Die Kinder haben ihn geärgert und geschlagen, aber er hat sich nicht gewehrt.

Es war nicht einfach mit einem kleinen Baby. Ich war ja schon über Vierzig und hatte nie ein eigenes Kind gehabt. Und mein neuer Mann, Sylvester, hat Jimmy nicht ein einziges Mal auch nur einen Cent gegeben. Er hat nur immer an ihm herumgenörgelt und ihn gescholten.«

Der einzige Mann in Jimmy Smith' ersten Jahren war der zweite und letzte Mann seiner Nana. Sylvester war ein Spieler, der oft wochenlang weg war und dann nur zurückkehrte, um seine Nana und ihn zu beschimpfen und ihnen das wenige Geld wegzunehmen, das sie hatten. Einmal schlug er sie, als sie sagte, das Geld wäre für Jimmys Schulschuhe. Und während Sylvester seine Nana prügelte, rief Jimmy Mr. Ed, einen Nachbarn. Der hünenhafte Schwarze stoppte Sylvester. Wenn seine Nana dann zur Arbeit hinkte, fesselte Sylvester den Jungen mit einem Paar Nylonstrümpfe ans Bett und prügelte ihn mit einem Brett, das er von einer Kiste gerissen hatte. Sein Schreien und Flehen wurde von allen Nachbarn gehört, und als seine Nana in die Wohnung gehinkt kam, hatte sie bereits von dem Vorfall gehört. Wortlos packte sie Sylvesters Revolver, hielt ihn ihm mitten ins Gesicht und fauchte ihn an: »Du wirst mir meinen Jungen nie wieder anrühren, das sage ich dir. Nie wieder!«

Sie wußte nicht, wie man den alten Revolver spannte und abfeuerte, so daß Sylvester ihr die Waffe entreißen konnte. Aber er ließ sich diese Drohung doch eine Lehre sein und schlug den Jungen nie wieder. Nachdem sie jedoch nach Los Angeles gezogen waren, verließ er die beiden, um nie wieder zu ihnen zurückzukommen.

Wenn Jimmy sich in seinem späteren Leben an etwaige Triumphe zurückzuerinnern versuchte, waren es immer die Niederlagen, die ihm in den Sinn kamen. Wie zum Beispiel damals, als er von den Goodwill Industries in Fort Worth zu Weihnachten einen bunt gestreiften Overall bekam, auf den er sehr stolz war und den er noch am selben Samstag ins Kino anzog. Bei dieser Gelegenheit knöpfte ihm Flatnosed Riley heimlich den Latz auf. Schon den ganzen Nachhauseweg hatte sich Jimmy gewundert, weshalb ihn die anderen Jungen so eigenartig anstarrten und mit dem Finger auf ihn deuteten. Als er schließlich den Grund dafür entdeckte, brach er in Tränen aus und schrie: »Ihr habt mich zum Narren gehalten! Ihr habt mich alle zum Narren gehalten!«

Jimmy war nie sonderlich beliebt bei seinen Kameraden. Es brachte eindeutige Nachteile mit sich, eine hellbraune Hautfarbe und leicht negroide Züge zu haben. »Na, du alter braungesichtiger Scheißer. Du alter Halbnigger. Du glaubst wohl, du wärst weiß, was? Den Arsch solltest du versohlt kriegen.« Und das bekam er dann auch.

Später brachte sein Aussehen jedoch auch Vorteile mit sich. Bei den Mädchen, speziell bei den schwarzen Mädchen. »Du bist aber ein gut aussehender, hellhäutiger Junge, Jimmy. Mmmmmmmm, du siehst aber wirklich gut aus.«

Allerdings konnte er sich nicht allzuviel herausnehmen, was die hübscheren Mädchen betraf, obwohl er wußte, daß er sie hätte haben können. Nicht, wenn er sowieso schon wegen seiner Hautfarbe abgelehnt wurde. Daher ging Jimmy dazu über, sich in Gegenwart seiner schwarzen Freunde immer nur mit den häßlichsten Mädchen zu zeigen, und sich an die hübschen nur heranzumachen, wenn er allein war. Und das funktionierte bestens. Aufgrund der Tatsache, daß er mit den häßlichen Mädchen ging, akzeptierten ihn die anderen Jungen.

Während der Wirtschaftskrise verlegte sich Jimmy in Fort Worth darauf, aus allen möglichen Abfällen Profit zu schlagen. Mit alten Lumpen ließen sich durchaus Geschäfte machen, aber das war nichts im Vergleich zu dem, was die Schrotthändler für altes Kupfer und Einmachdeckel zahlten. Sogar reiche Weiße horteten solche Gegenstände. Es bedurfte schon einigen Muts, in ihre Garagen zu klettern oder auf ihre Veranden zu schleichen, wo sie die Deckel für die Obsteinmachgläser aufbewahrten. Wenn er dabei erwischt wurde, warf er sich auf den Boden und schluchzte aus Leibeskräften los, wie hungrig er wäre, was durchaus der Wahrheit entsprach. Unweigerlich würden diese Leute dann auf den schmutzigen, dunkelhäutigen Jungen niederblicken, dem die Tränen sein grindiges Gesicht herunterströmten, und Gnade walten lassen. Hin und wieder holte eine Dame sogar ihre Börse, um ihn mit ein paar Cents und einem mütterlichen Klaps auf den Hintern nach Hause zu schicken.

Er sollte feststellen, daß dieselbe Methode, mit geringfügigen Abweichungen, auch in dem A & P-Markt funktionierte, wenn er geschnappt wurde. Allzuoft konnte er sich jedoch nicht erwischen lassen, so daß es das beste war, nur so viel zu stehlen, was er an Ort und Stelle essen konnte, um dann an der Kasse irgend etwas Billiges zu zahlen und den Laden damit zu verlassen. Eine gute Sache war, sich mit den alten Leuten aus der Nachbarschaft gut zu stellen, die einen Botenjungen brauchten, der ihre Lebensmitteleinkäufe erledigte. Der Cent, den er dafür erhielt, war nichts im Vergleich zu den Lebensmitteln, die er bei diesen Gelegenheiten heimlich im Geschäft verzehren konnte.

Aber wie immer, sollte er auch dabei erwischt werden.

Nie konnte er das rote Gesicht des Verkäufers vergessen, der ihn hinter einem Regal entdeckte, als er sich gerade den Mund mit Keksen vollstopfte. Er wurde am Kragen gepackt, unsanft hochgerissen und durch den Laden geschleppt, ohne daß seine Füße den Boden berührten, während ihm die mächtige Hand um seinen Hals die Luft abschnürte. Und er hatte einen entsetzlichen Schmerz zwischen seinen Pobakken verspürt, als ihn ein Tritt mit dem Gesicht nach vorn zu Boden sandte. Mr. Ed Dixon, der Besitzer des Geschäfts auf der anderen Straßenseite, hatte diesen Vorfall beobachtet und kam angelaufen, um für den von Jimmy angerichteten Schaden aus eigener Tasche aufzukommen.

»Es tut mir leid, Sir«, entschuldigte sich Mr. Dixon bei dem Weißen. »Ich kenne diesen Jungen schon sein ganzes Leben lang, und es tut mir schrecklich leid. Seine Tante ist sicher nicht die Frau, die ihm diesen Diebstahl durchgehen lassen wird. Er wird zu Hause bestimmt eine ordentliche Tracht Prügel bekommen.« Und später sagte er zu Jimmy. »Du sollst doch nicht stehlen, mein Junge. Wenn du wieder mal so schrecklich Hunger hast, dann komm einfach zu mir.« Und er gab Jimmy zehn Cent und schickte ihn nach Hause.

Und so lernte Jimmy, daß sich immer jemand um ihn kümmern würde, wenn er weinte oder zumindest so aussah, als würde er gleich damit anfangen, oder wenn er überhaupt nicht gleich den starken Mann zu spielen versuchte. Und dasselbe galt für sein späteres Leben. Am besten ließ man den starken Mann ruhig denken, er wäre der starke Mann. Er hatte dann die ganzen Scherereien, und am Ende machte er doch genau das, was Jimmy wollte.

Zu Fuß war es nur ein kurzes Stück von Fifth und Stanford zur Second und San Pedro. Für einen Touristen, der Los Angeles durchstreifte, sahen diese beiden Straßen sehr ähnlich aus – heruntergekommen, bereits ein Teil oder zumindest an den Rändern des Elendsviertels – und abweisend.

Dagegen gab es für eine dreiundfünfzigjährige, verkrüppelte Frau einiges, was in der Second und San Pedro anders war. Nach der Rückkehr der Japaner aus den Konzentrationslagern blühte das Geschäftsleben in dieser Gegend wieder auf. Sie konnte sich nicht vorstellen, daß das Leben auf diesen Straßen für einen Teenager mit Gefahren verbunden sein könnte. Jimmy hatte inzwischen, zwei Zimmer den Gang hinunter, sein eigenes Hotelzimmer und mußte nicht mehr auf dem Boden schlafen. Aber zur Fifth und Stanford war es auch zu Fuß nicht weit.

Die Fifth Street, östlich der Main Street, ist das Zentrum

von Skid Row – die einzige Straße in Los Angeles, die einen Vergleich mit den schlimmsten Elendsvierteln an der Ostküste nicht zu scheuen braucht. Beide Straßenseiten sind von Bars gesäumt. In den zu Alkoholausschank lizensierten Läden wandern mehr Flaschen mit Hochprozentigem über die Theke als im restlichen Los Angeles zusammen, und zwar meistens in kleinen Flachmännern abgefüllt, da sich das dortige Publikum größere Mengen nicht leisten kann.

Das Volk auf der Straße setzte sich aus allen Altersstufen und Rassen zusammen, und auch Frauen befanden sich keineswegs in der Minderheit. Dicke, aufgedunsene Squaws, ausgemergelte, zahnlose Weiße mit geschwollenen, haarigen Beinen und Gesichtern wie roten Luftballons. Ausgelaugte, knochige, schwarze Frauen, zu alt, um auf den Strich zu gehen. Und alle ständig auf der Pirsch, durch dunkle Hotelflure schnüffelnd, und einfach auf dem dreckverkrusteten, schmierigen Fußboden gewisse Handlungen vollführend, einen Fetzen Stoff übers Gesicht gezogen, denn wer wollte schon sehen, was sie zu fühlen und riechen hatten?

Die meisten Frauen waren dankbar, daß sich die Männer mit oralem Verkehr zufriedengaben, da dies wesentlich einfacher ging. Einige dieser Huren konnten am hellichten Tag drei Männer in irgendeinem Hinterhof aufreihen, um in weniger als zehn Minuten mit ihnen fertig zu sein, wofür sie dann immerhin einen Dollar kassierten. Nicht selten machte ein impotenter Alkoholiker ungenügende Befriedigung geltend, so daß sich zwischen den zweien ein betrunkener Geschäftsdisput entspann. Aber in der Regel waren diese Frauen durchaus in der Lage, die im voraus gezahlte Entlohnung zu verteidigen.

Dies war eine gefährliche Gegend für einen Heranwachsenden, und falls ein junger Bursche seit seiner Ankunft aus Fort Worth praktisch nichts anderes gesehen hatte, mußte er sich entweder eine gewisse Brutalität oder ein gehöriges Maß an Schläue angeeignet haben. Auf Jimmy Smith traf letzteres zu.

Die echten Penner, die wirklich aus der Gesellschaft Ausgestoßenen, überließen Fifth und Stanford den Schwarzen und wagten sich nur selten so weit östlich vor. Was hätten sie dort auch suchen sollen? In einer schwarzen Nachbarschaft gab es nichts zu betteln. Die Säufer drangen auf ihren Streifzügen nach Westen, in Richtung Downtown, vor – zu den Lebenden –, und Fifth und Stanford gehörten den Schwarzen, den Zuhältern und Prostituierten, den kleinen Ganoven und Drogendealern, den Dieben und Betrügern.

Als Jimmy und seine Nana in die Gegend um Second und San Pedro zogen, gab es für den Jungen verschiedene Gründe, die paar Häuserblocks zur Fifth und Stanford zu gehen – zu einem Leben, das unendlich aufregender und spannender war als ein einsames Hotelzimmer, und dies vor allem, wenn seine Nana in einer Wäscherei arbeitete. Unter anderem befand sich in der Fifth, Ecke Stanford, auch der Schuhputzstand, der für ihn mit großen Hoffnungen verbunden war.

Bevor sie in die Second Street gezogen waren, hatte Jimmy seine Nana überreden können, ihn in dem Schuhputzstand gegenüber vom Hotel arbeiten zu lassen, indem er ihr klarmachte, daß sie ihn durch ihr Fenster bei der Arbeit beobachten könnte. Schließlich hatte sie ihre Einwilligung gegeben. Aber natürlich ließ sich wesentlich mehr Geld machen, als mit Schuheputzen zu verdienen war, wenn man zum Beispiel für die Alkoholschieber Wein über die Dächer schaffte. Jimmy kletterte zum Beispiel am einen Ende eines Blocks eine Feuerleiter hoch und kam am anderen Ende mit einer Ladung Wein durch ein Oberlicht wieder herunter. Ohne daß er auch nur einen Fuß auf die Straße gesetzt hätte, wo sich die Polizei herumtrieb. Die Weinschieber waren im Grunde kleine Fische, die ihren Wein in Fässern von Delano anschafften und dann für den Verkauf auf der Straße wässerten. Ein unternehmungslustiger Junge wie Jimmy Smith fand schnell heraus, daß es in jedem Hotel in der näheren Umgebung versteckte Weinvorräte gab, die man sich nur anzueignen brauchte, wenn man flink und clever genug war. So erwarb sich der gerissene Junge bald eine gewisse Reputation, die ihm unter anderem auch die Beinamen ›Blood‹ und ›Youngblood‹ eintrug.

In jenen Tagen dröhnten die Musikboxen der meisten

Etablissements der östlichen Fifth Street ungehemmt auf die Straße hinaus, und die heisere Musik vermischte sich mit dem Hupen und Reifenquietschen der Autos, dem Lachen und dem gelegentlichen Gebrüll – der üblichen Geräuschkulisse der Skid Row.

Und dann trat Carole Lombard in Erscheinung.

Sie war groß und kräftig und braun und hatte eine glatte Haut und volle Brüste unter ihrem blauen Satinkleid, das unter der Fülle aus blühendem Leben, das es hätte bedecken sollen, an allen möglichen Ecken und Enden aus den Nähten platzte. Jimmy machte es nichts aus, daß sie ihre besten Jahre längst hinter sich hatte. In seinen Augen war sie schön.

Er war dreizehn, als der große Wagen anhielt und ihn ein weißer Mann an den Randstein winkte. Er sah sofort, daß es sich nicht um eine Zivilstreife der Polizei handelte. Es war ein Buick mit makellosen Weißwandreifen, und der dickleibige, weiße Mann trug eine modisch breite, handbemalte Krawatte.

»He, Kleiner, weißt du, wo ich hier eine Farbige aufgabeln kann?«

Jimmy zuckte nur mit den Schultern und trat nicht zu nahe an den Wagen heran.

»Du kriegst einen Vierteldollar, Kleiner. Einen Vierteldollar, und dafür brauchst du mir nur den richtigen Weg zu sagen.«

»Dort drüben«, stieß Jimmy darauf hastig hervor. »Hinter dem Schuhputzstand. Da gibt es ein Zimmer. Gehen Sie einfach da rein.«

»Danke.« Der weiße Mann warf ihm einen Vierteldollar zu.

Es war so einfach, daß er es kaum glauben konnte! So einfach! Fingen so Zuhälter an? Und er hatte immer gedacht, dem ganzen Geschäft haftete etwas geradezu Magisches und Unerklärliches an, das man erst lernen mußte, bevor man sich vor einem Hotel aufpflanzen konnte, Hände in den Taschen, Oberkörper leicht vorgeneigt, mit onduliertem Haar und in orange-gelbem Gabardine – gebauschte Hosen mit scharfer Bügelfalte, an den Knöcheln eng zusammenlaufend – in spitzen schwarz-weißen Gamaschenschuhen und einem langen Jackett mit breiten Schultern, im Hutband des breitkrempigen Huts einen Feder! Nicht zu viel Feder, nur gerade ausreichend, um richtig flott auszusehen. Und cool mußte man wirken, als wüßte man nicht, daß alle einen bewunderten. Nur ab und zu lauthals lachend herausplatzen, um zu zeigen, daß man an dieser Ecke der Boß war. Schließlich war man der Typ, der sechs Mädchen im Stall hatte und dazu den dicken Cadillac und die *Macht*, Mann.

Aber er traute sich nie richtig zu, einer von ihnen zu werden – ein richtiger Lude. Er hatte sich bereits mit einer sekundären Rolle im Leben abgefunden. Er hatte nicht das Zeug zum Boß – er war eher die ideale rechte Hand. Das hatte durchaus auch seine Vorteile. Die großen Bosse waren immer bereit, einem kleineren Fisch, der keine Bedrohung darstellte, einen Gefallen zu tun. Und falls etwas Größeres über die Bühne ging, wenn zum Beispiel die Polizei einschritt oder ein Rivale zuschlug, dann erwischte es immer den dicken Fisch, während für den kleinen das Leben weiterhin seinen gewohnten Gang nahm. Hier in der Fifth Street war es wesentlich sicherer, wenn man nicht in die höheren Positionen aufzusteigen versuchte.

Aber als er von dem weißen Mann den Vierteldollar bekam, begriff er, wie es gemacht wurde. Er rannte über die Straße auf den Schuhputzstand zu und wartete. Nach kurzer Zeit kam der Weiße aus Carole Lombards Zimmer, und Jimmy faßte all seinen Mut, um nach hinten zu rennen und an ihre Tür zu klopfen.

»Wer da?«

»Ich bin's«, antwortete Jimmy leise. Und das war auch etwas, was er sich angewöhnt hatte – leise zu sprechen. Das wirkte cooler und war sicherer. Und es gefiel allen. Sprich *leise*.

»Was heißt hier, ich?«

»Ich – der Typ, der gerade den Freier vorbeigeschickt hat.«

Die Tür ging auf, und da stand sie, nicht ganz in das blaue Samtkleid gestopft, barfüßig, ihre Brüste halb in seinem Gesicht, als sie sich gerade das Kleid zuknöpfte.

»Sieh mal einer an.« Sie lächelte aufmunternd, und eine andere Schwarze, schlanker und dunkler, ebenfalls halb bekleidet, kam mit einer Rolle Toilettenpapier aus dem Klo.

»Komm doch rein, Kleiner«, forderte ihn Carole Lombard auf und tätschelte ihm mit einer weichen, länglichen Hand den Kopf. »Er hat uns eben den Freier geschickt.«

»Gut gemacht, Kleiner.« Die andere Frau lächelte und ging an den Wasserhahn, um ihn aufzudrehen.

Der Geruch war überall in dem schäbigen, kleinen Zimmer. Überwältigend, Übelkeit erweckend, und gleichzeitig aufregender als alles andere, was er bisher kennengelernt hatte. Und er stellte sie sich in dem kleinen Raum vor, diese zwei kochenden schwarzen Frauen und den schwitzenden, weißen Mann. Er betrachtete die Wände, als erwartete er zu sehen, wie sich die Tapete feucht vom Untergrund löste. Schwül und dampfig wie im Dschungel, so stellte er sich die Liebe mit einer erwachsenen Frau vor.

»Ich würde sagen, für deinen kleinen Dienst hast du fünfzig Cents verdient«, erklärte Carole Lombard und schlenderte auf einen Schrank zu. Er starrte auf ihre gewaltigen beim Gehen zitternden Hinterbacken. Als sie ihm die zwei Vierteldollars in die Hand drückte, fuhr sie ihm neuerlich übers Haar.

»Du hast aber schönes, weiches Haar«, säuselte sie. »Es ist ja gar nicht so wollig. Komm mal, Martha, und fühl mal sein Haar an.«

»Ich habe keine Zeit, außer er hat drei Dollar«, ertönte aus dem anderen Zimmer ihre Stimme.

»Hast du drei Dollar, Kleiner?« fragte Carole Lombard und sah auf Jimmy herab.

»Nein«, flüsterte er mit einem verstohlenen Blick auf ihre Brüste.

»Du bist richtig schnuckelig, weißt du das? Ein richtig schönes Gesicht hast du. Und so eine helle Haut hast du auch. Weißt du, du brauchst dir nur ein bißchen Pomade ins Haar machen, das genügt. Entkräuseln brauchst du sie dir gar nicht zu lassen. Wirklich, du könntest fast als ein Weißer durchgehen. So hübsch siehst du aus.«

Jimmy überlegte, was er hätte sagen können. Er wollte mit ihnen aushandeln, ob er ihnen in Zukunft nicht jeden Tag ein paar Freier schicken könnte. Nur wollte er fünfundsiebzig Cent pro Freier, nicht fünfzig. Er wollte sich eben aufraffen, mit seinem Vorschlag herauszurücken, als sie sein Gesicht zwischen ihre Brüste zog.

»Du kleiner Schnuckel, du arbeitest ab jetzt für mich, hast du gehört? Du schickst mir öfter mal einen Freier, und wenn du mal groß bist, dann kommst du selbst zu Carole. Und Carole wird dann den ersten Ritt mit dir machen, du kleiner Jockey. Aber im Moment bist du noch nicht größer als ein Maikäfer, und ich muß dich wohl noch laufenlassen.«

»Ich – ich – ich bin schon ganz groß.« Jimmys Kehle und sein Mund waren so trocken, daß seine Lippen aneinanderklebten. Carole Lombard hielt ihn ein Stück von sich und lachte laut los.

»Du kleiner Teufel! Du schnuckeliger, kleiner Teufel! Jetzt aber sofort raus hier!«

Und sie öffnete die Tür und gab ihm einen Klaps auf den Po, als er hinausging. Diesen Klaps empfand er als Erniedrigung. Er spürte die Wut in sich hochsteigen und drehte sich nach ihr um.

»Paß gut auf dich auf, so lange du noch groß wirst«, ermahnte sie ihn, immer noch kichernd. »Spar dich schön für Carole Lombard auf, und dann komm wieder hierher. Sobald du groß genug bist, drei Dollar zu zahlen. Hast du gehört, mein Kleiner?«

»Ich hab' jetzt schon drei Dollar«, log Jimmy. »Ich hab sie sogar bei mir.«

»Dann komm wieder rein, kleiner Jockey.« Sie lachte.

»Nein, dir würde ich das Geld nicht geben. Für dich würde ich die drei Dollar nicht ausgeben. Da ist die andere hier drin schon was anderes.«

»Ach was, du weißt ganz genau, daß das nicht stimmt, du kleiner Fratz.« Sie lachte weiter, und Jimmy rannte, Tränen der Wut zurückhaltend, auf die Straße hinaus.

»Du sollst mich noch kennenlernen, du Miststück«, flüsterte er. »Eines Tages werde ich mit zwanzig Dollar bei dir auftauchen. Und du wirst alles machen, was ich verlange. Alles, du Niggerfotze. Alles! Wie ein Hund!«

Da waren noch andere Dinge, die er am Schuhputzstand lernte. Zum Beispiel das Augenspiel. »Starr sie einfach in Grund und Boden, Jimmy«, erklärte ihm der Junge, den sie

Hip-enuff nannten. »Schau einem Weißen einfach so lange in die Augen, bis er wegsieht. Weißt du, die haben nämlich richtig *Angst* vor dir.«

»Angst? Vor mir?«

»Na klar«, sagte Hip-enuff. »Wir sind hier nicht in Texas. Du bist hier in Los Angeles, Mann. Die haben doch Angst vor dir. Die denken, du bist so ein ganz wüster Nigger. Starr sie einfach an und sieh zu, was passiert. Vor allem die Weiber. Starr so 'ne weiße Alte einfach an, und dann warte, wie schnell die zittrige Lippen kriegt und wegschaut. Probier das doch mal aus. Dann wirst du schon sehen.«

»Aber warum soll ich das machen? Was habe ich denn davon?«

»Was du davon hast? Du meine Güte, Mann, du bekommst eben das Gefühl, daß du jemand bist, daß du's denen zeigst – das hast du davon. Also wirklich, was du davon hast? Mann, du hast ja keinen Funken Verstand im Hirn, das kann ich dir sagen.«

Aber Jimmy sollte das Augenspiel nie spielen. Er starrte niemanden nieder, weder weiß noch schwarz, da er immer noch bezweifelte, damit beweisen zu können, daß er jemand war. Das bewies er sich schon eher selbst, als er eines schönen Nachmittags an einem Schuhgeschäft in der Main Street vorbeikam. Ein junges, weißes Mädchen mit einem netten Pagenschnitt probierte dort gerade Schuhe an. Als der Verkäufer in den hinteren Teil des Ladens ging, betrat Jimmy den Laden, um ein Paar Herrenschuhe von einem der Regale zu reißen und sich damit aus dem Staub zu machen. Aber statt sich ums Geschäft zu kümmern, stellte er fest, daß er das Mädchen anstarrte, das höchstens neunzehn war. Sie bemerkte ihn nicht und hatte ihren hellblauen Strickrock halb den Schenkel hochgezogen, um ihr fleischfarbenes Make-up über dem Knie zu überprüfen. Das war während des Zweiten Weltkriegs, als es praktisch keine Nylonstrümpfe gab.

Ihre Beine waren wohlgeformt und elegant, und Jimmy vergaß völlig, weshalb er den Laden betreten hatte. Und als sie ihn dann bemerkte, trafen sich ihre Blicke, und Jimmy fiel plötzlich Hip-enuffs Rat ein, ein weißes Mädchen wie ein wilder Nigger niederzustarren. Aber er sollte diesen Rat nicht befolgen. Statt dessen schlug er die Augen nieder. Und er versuchte mit voller Absicht seine eigenen Vorstellungen zu verwirklichen, indem er das Mädchen ansprach: »Entschuldigung, Miß, daß ich Sie so anstarre. Aber Sie sind einfach so furchtbar hübsch, daß ich nicht anders konnte.«

»Oh, das haben Sie aber nett gesagt!« erwiderte sie. Und als er dann wieder aufzublicken wagte, strahlte sie ihn regelrecht an. »Dafür brauchen Sie sich doch nicht zu entschuldigen.«

Darauf drehte er sich um und ging wieder nach draußen, wo er jedoch wartete, bis sie wenige Minuten später in weißen zehenfreien Pumps aus dem Laden gestöckelt kam.

»Kann ich Ihnen behilflich sein, Ihre Sachen zu tragen, Miß?«

»Aber natürlich, gern.« Sie reichte ihm die Einkaufstüten mit ihren Sachen, und dann gingen sie gemeinsam die zwei Blocks zur Busstation. Seltsamerweise war Jimmy ganz ruhig und nicht im geringsten verlegen und erzählte dem Mädchen acht bis zehn Lügen, als sie sich unterwegs angeregt unterhielten. Er blieb noch neben ihr stehen, als sie auf den Bus wartete, und als dieser dann schließlich kam, schlug er vor: »Wenn Sie wieder mal in die Gegend kommen, dann könnten wir doch ins Kino gehen.«

Sie lachte und sah ihm für einen Moment in die Augen, um dann jedoch, immer noch lächelnd, zu antworten: »Vielen Dank, daß Sie mir die Sachen getragen haben.« Dann gab sie ihm fünfzig Cent, die er in seine Tasche steckte.

Und in dieser Nacht lag Jimmy in seinem Zimmer im Bett und dachte an ein schlankes, weißes Mädchen mit schimmerndem Haar und geschminkten Beinen und an die Art, wie sie ihn angesehen und ihm Geld gegeben hatte. Und dann lachte er lauthals los, als er an Hip-enuff dachte, der behauptete, er bekäme seine Mädchen, indem er sie niederstarrte.

Wir haben alle so unsere Mittel und Wege, Hip-enuff, dachte Jimmy. Du kriegst die deinen, indem du sie niederstarrst. Einige Typen kriegen ihre, indem sie in einen schwarzen Lederhandschuh wichsen. Ich kriege die meinen mit meinem Lächeln und meiner sanften Stimme und meinem lockigen Haar. Wir werden ja sehen, wer hier am Ende dumm in die Röhre guckt. Er lag kichernd im Bett, bis er einschlief.

»Und eines Tages kam die Polizei mit Jimmy an meine Tür«, erzählte seine Nana den Geschworenen. »Sie klopften an meine Tür und sagten, daß Jimmy und drei andere Jungs in ein Warenhaus eingebrochen wären und dort ein paar Pfadfindersachen gestohlen hätten. Als er noch jünger war, war Jimmy bei den Pfadfindern, aber er hatte nie irgendwelche Pfadfindersachen. Dann haben sie Jimmy bei mir gelassen und mir gesagt, ich sollte mit ihm vor Gericht erscheinen.

Jimmy ist mit der Kirche groß geworden – ja, mit der Kirche und der Sonntagsschule. Ich schicke jedes Kind, das bei mir aufwächst, in die Kirche und in die Sonntagsschule. Ich glaube nämlich an Gott. Und das habe ich ihnen auch gesagt.

Ja, ich habe Jimmy immer mitgenommen. Da waren sechs andere Jungen, und sie haben ihn nach dem Grund gefragt. Und er hat gesagt, er hätte noch nie irgendwelche Pfadfindersachen gehabt und er hätte welche gewollt. Ich weiß ja nichts über die Pfadfinder, aber er ist dann einfach aufgestanden und hat ein paar Verse aus den Pfadfinderregeln aufgesagt, die er noch wußte, und der Mann hat gefragt, ob Jimmy irgendwelche Leute hätte, zu denen ich ihn schicken könnte, um ihn von den anderen wegzukriegen. Und dann habe ich Jimmy zu seiner Mutter nach Wyoming geschickt.

Na ja, und seine Mutter hat das aber nicht so recht gepackt. Sie versteht nichts von Kindern. Eines Nachts haben sie mich dann angerufen, und Jimmy hat geweint und erzählt, sie hätte ihn halb erwürgt und er wollte wieder nach Hause. Daraufhin habe ich ihm noch in derselben Nacht telegrafisch das Geld überwiesen.«

Jimmys Nana erwähnte jedoch nicht, daß er unterwegs nach Wyoming ein Kind gezeugt hatte. Er sollte zwar die Vaterschaft abstreiten, aber zwei Jahre später legte man Jimmy ein Foto von einem hübschen, hellhäutigen Jungen namens Ronnie vor, das jegliche Zweifel ausräumte. Er sah seinen Sohn jedoch nie und machte sich auch im Lauf der Jahre nur selten seinetwegen irgendwelche Gedanken.

Und nun war Jimmy also wieder zurück bei seinem Schuhputzstand, der sich auch als geeignete Ausgangsbasis erwies, in den Handel mit Gras einzusteigen. Der gestohlene Wein ließ sich mit Wasser verdünnen, und solange er zumindest noch etwas Farbe aufwies, sollte sich immer ein Abnehmer dafür finden. Der Schuhputzstand bot die unterschiedlichsten Möglichkeiten für einen günstigen Stich, und seine Nana nahm kein Geld von ihm an, ermahnte ihn jedoch beharrlich, etwas von seinen Einkünften auf die hohe Kante zu legen. Als er einen Job als Zeitungsverkäufer bekam, war seine Nana sehr stolz auf ihn. Das sollte allerdings nicht allzu lange gutgehen, da er zu gierig wurde und dem Zeitungshändler zu viele Zeitungen stahl. Solange er den Job jedoch hatte, fuhr er nicht schlecht damit, da er bei dieser Gelegenheit auch noch gleich in verschiedene Telefonzellen auf seiner Austragsroute Watte stopfte, um später die Münzen einzusammeln, die nicht durchgefallen waren. Außerdem machte es Spaß, mit dem Fahrrad durch die Gegend zu fahren. Und natürlich hatte Jimmy eines von der besten Sorte. Denn wieso ein schlechtes stehlen, wenn so viele gute herumstanden?

Im Lauf der Zeit nahm Marihuana einen immer wichtigeren Platz in Jimmys Leben ein. Hauptsache, er hatte ein paar Gramm Gras in seiner Tasche stecken. Er rauchte regelmäßig, schwänzte die Schule und trug dabei immer eine Mütze der Western Union, damit er immer auf seine Mütze verweisen konnte, wenn ihn die Polizei anhielt und wissen wollte, weshalb er nicht in der Schule wäre. Er konnte dann behaupten, er hätte einen Halbtagsjob und würde deshalb auch gar nicht schwänzen.

»Die Raucherei machte mich so träge und lustlos, daß ich praktisch nichts mehr tat, als auf der Straße rumzuhängen und die Luden und Nutten anzuhauen«, sollte er später dazu erläutern.

»Achtundvierzig bin ich nach Bakersfield gezogen, wo ich bis einundfünfzig blieb – aber Jimmy war dort nicht die ganze Zeit bei mir«, erzählte seine Nana. »Er ging dort bereits seine eigenen Wege. Er hat auf einer Farm gearbeitet. Aber er hat mich doch ab und zu besucht. Und dann geriet Jimmy immer häufiger in Schwierigkeiten – im Gefängnis und in Freiheit. Sein Verhältnis zu mir hat sich dadurch jedoch nicht verändert. Er war nie aufmüpfig und hat mich nie angebrüllt. Ich glaube auch nicht, daß er das jetzt tun würde. So etwas macht er einfach nicht. Eher würde er weinen, als gegen mich ein böses Wort fallenzulassen. Wirklich, eher würde er weinen.«

»Jimmy konnte keiner Fliege etwas zuleide tun«, äußerte seine Nana im Alter von achtundsiebzig Jahren in einem überfüllten Gerichtssaal. »Einmal saß er die ganze Nacht bei seinem Hund, als sich dieser verletzt hatte. Und er hat immer geweint, weil er sich so leicht weh getan hat.«

Mit zwanzig Jahren zeugte Jimmy Smith sein zweites uneheliches Kind, ein Mädchen. Als er von der Geburt in Bakersfield hörte, saß er gerade im Gefängnis. Der hellhäutige Junge und das Mädchen mit dem Namen Helen Marie waren die einzigen Kinder, hinsichtlich deren Vaterschaft für ihn keine Zweifel bestanden. Einmal äußerte er sich folgendermaßen über seine Tochter: »Ich hab' mal so beiläufig reden gehört, daß sie in L. A. lebt, aber ich hab' nie daran gedacht, sie mal zu besuchen.«

Für eine Weile arbeitete er auf dem Land, in der Sonne und im Dreck des San Joaquin Valley. Er haßte es. Alles. Den Dreck zwischen seinen Zähnen, den Schweiß, der wie Terpentin in den Augen brannte. Und die Sonne dörrte ihm den Schädel von innen heraus aus. Das Land war für ihn ein verhaßter Aufenthaltsort, einschüchternd, bedrückend, entmenschlichend.

»Ich mache keine Niggerarbeit mehr. Ich pflücke in Bakersfeld keine Baumwolle mehr. Nein, nicht mit mir, Sir. Und ich ernte auch in Blythe keine Wassermelonen. Kommt gar nicht in Frage. Ich bin doch nicht blöd und werde wie der letzte Trottel Kartoffel bewässern oder Trauben ernten. Das müßt ihr schon ohne Jimmy Smith machen. Dafür müßt ihr euch schon jemand anderen suchen.« Und so kehrte er in die Stadt zurück, zu einem Leben, das ihm besser lag.

Er sollte später erklären, daß er mit Heroin die schönsten Stunden seines Lebens überhaupt erlebt hatte. Inzwischen war er süchtig und brachte sich mit Diebstählen über die Runden.

Einmal wurde er gefaßt, als er einen Anzug aus einem Auto stahl und für zwei Dollar versetzte. Und dann kam die Zeit in den Staatsgefängnissen. Harte Zeiten. Soledad. San Quentin. Dann wurde er geschnappt, als er einen Toaster für neun Dollar stahl und dafür Heroin kaufte – ein Vergehen, das aufgrund seiner Vorstrafe härter geahndet wurde. Er landete schließlich im Vallecito Honor Camp, wo er bei der Bekämpfung von Waldbränden eingesetzt werden sollte. Er riß jedoch aus. Darauf folgten fünf Monate in Freiheit – der längste Zeitraum seines erwachsenen Lebens, den er außerhalb eines Gefängnisses verbringen sollte, und dann wurde er wieder wegen Drogenmißbrauchs verhaftet und zusätzlich wegen seiner Flucht aus Vallecito verurteilt. Und nun kam der erste wirklich schwere Schlag – er wurde in das gefürchtete Folsom Prison eingeliefert. Letzten Endes sollte ihn der Diebstahl des Toasters mehr als fünf Jahre seines Lebens kosten.

5

Ian und Karl waren noch nicht dazu gekommen, die Frage zu klären, wo sie an diesem Abend essen wollten. Samstagabends aßen die wenigsten Polizisten etwas von zu Hause Mitgebrachtes. An diesem Abend der Woche speisten die meisten so gut und üppig, wie sie sich das gerade leisten konnten.

Während der kleine Ford durch Hollywood fuhr, hätten die zwei Männer von Zivilstreife Sechs-Z-Vier ohne weiteres in einem gemütlichen Restaurant sitzen können.

Gregory Powell, der Fahrer des Ford Coupé, wandte sich in Richtung Norden, zum Hollywood Freeway. Sein Partner, Jimmy Smith, überlegte, ob er seine Automatik ins Handschuhfach legen sollte, bis sie den Supermarkt erreichten.

»Weißt du was, Jim?«

»Nein, was?«

»Weißt du, was ich gerade gedacht habe? Ich habe gedacht, es ist irgendwie ganz so, als wären wir beide schon ganz lange Partner.«

»Mhm«, erwiderte Jimmy, während er bei sich dachte: Amen, du Arschloch, aber lange wird das nicht so bleiben.

»Wenn man mal einen Partner gefunden hat, auf den man sich verlassen kann, dann muß man ihm gegenüber auch hundertprozentig zuverlässig sein. Das ist etwas, das ich wirklich toll finde.«

Das ist das erstemal, daß der Kerl keinen Scheiß daherredet, dachte Jimmy. Es sah tatsächlich so aus, als wären sie schon lange Partner. Neun Tage? Mein Gott! Würde er sich je von ihm losreißen können? Das war ja schlimmer, als im Knast zu hocken. Und vor weniger als zwei Wochen hatte er noch gesessen und noch nichts von Gregory Powell gewußt, hatte noch nie auf jemanden geschossen oder auch nur eine Waffe getragen. Vor weniger als zwei Wochen. Damals war er *freier* gewesen. Mein Gott!

Der junge Mann, der in jener Nacht im Ohio Prison auf seiner Pritsche lag, hatte vage über die vergangenen zweiundsechzig Monate nachgedacht und sich überlegt, was ihm wohl seine Zukunft bescheren würde. Diesmal hatte er im Gefängnis gelernt, wie man Häuser anstrich, und er konnte sich seine Zukunft durchaus als Handwerker vorstellen. Draußen würde es sicher genügend Häuser geben, die einen Anstrich vertragen konnten. Und er hatte auch von Firmen gehört, die ehemalige Sträflinge anstellten.

Für Jimmy Smith sollte es keine Schwulen mehr geben, keine Besuche mehr bei einem ›kleinen Freund‹. Diese Schwulen waren immer ›dein kleiner Freund‹, auch wenn sie nicht selten einsachtzig groß waren. Und auch auf seine Kifferfreunde konnte er verzichten, auf ihr dummes Gehabe, wenn sie, Eiscreme lutschend, in ihren maßgeschneiderten, engen Hosen auf und ab stolzierten. Die können mir wirklich gestohlen bleiben, dachte Jimmy. Was jetzt zählt, sind *Frauen*. Der Broadway. Draußen.

Keine Wärter mehr, die plötzlich aus reiner Schikane um Mitternacht mit ihren Zählungen daherkamen und einem zum Spaß mit ihren Lampen mitten ins Gesicht leuchteten. Und nicht mehr diese endlosen, immer gleichen Gespräche unter den Häftlingen. Es gab auf dem Gefängnishof immer nur drei Gesprächsthemen. Zuerst, die ganzen rechtlichen Fragen – Fälle, die beigelegt werden sollten –, Anträge auf Revision, Gnadengesuche, Vorladungen. Zweitens, die gefährlichen Mitinsassen – vor wem man sich in acht nehmen mußte, wem man schmeichelte, wem man folgte. Und wer war *so* gefährlich, daß man ihm am besten ganz aus dem Weg ging. Wer würde einen schon beim geringsten Anlaß mit einer Waffe – einem Messer, keiner Knarre – anfallen. Drittens, der Sex – wer trieb es mit wem?

Er dachte nicht mehr länger an die kleinen Erfolge, die er auf der Bahn des Verbrechens gehabt hatte, die Annehmlichkeiten. Er dachte auch nicht mehr sonderlich viel an das weiße Gift, an das nicht eine Stunde lang zu denken, ihm früher absolut unmöglich gewesen wäre.

Jetzt stand der Broadway an. Ja, der Broadway! Das Große Draußen! Diesmal würde er nicht kneifen. Diesmal würde er es nicht nötig haben, sich eine Nadel in den Arm zu stechen. Er war inzwischen ein reifer Mann, zweiunddreißig Jahre alt und auch emotional erwachsen. Er hatte an genügend gruppentherapeutischen Sitzungen teilgenommen, um zu wissen, daß Heroin nichts als eine Flucht war. Die meisten von seinen Fifth-Street-Kumpeln hielten sich an dieser fragwürdigen Krücke aufrecht. Aber er würde das nicht mehr nötig haben. Er würde auf eigenen Beinen stehen.

Er dachte nicht an seine alten Kumpel Smooth-move Wilbur und Hell-fire Jack. Ihm wurde bewußt, daß er nicht einmal ihre richtigen Namen kannte. Und sie nannten ihn ihrerseits Young-blood, ohne seinen richtigen Namen zu kennen.

All diese Dinge waren für Jimmy in jenen Jahren wichtig gewesen – aber jetzt nicht mehr. Nicht im Februar 1963, wenige Stunden vor seiner Entlassung. Während er weiter lächelnd auf seiner Pritsche lag, begann er nun vor allem an eines zu denken – an Frauen.

Am nächsten Morgen schleppte er einen langen Schwanz hinter sich her – fünf Jahre.

Seine Nervosität und Aufregung vermischte sich mit Angst, als er den großen Bus vorfahren sah, der die Jungs anbrachte, die aufgrund einer ›Verletzung der Bewährungsauflagen‹ wieder eingeliefert wurden. Werde ich je wieder in diesem Bus sitzen, fragte er sich.

Er dachte an die Formulare mit etwa fünfzig Bewährungsauflagen, die er eben unterzeichnet hatte – Auflagen, die schwerer zu befolgen sein würden als die Zehn Gebote. Die Vorstellung, wegen irgendeiner neuen Geschichte verurteilt zu werden, hatte im Lauf der Jahre mehr und mehr an Bedrohlichkeit verloren, und selbst jetzt beunruhigte ihn der Gedanke nicht mehr, wieder in eine Institution wie Chino eingeliefert zu werden. Aber Chino war nur eine Zwischenstation gewesen. Neunzig Tage vor seiner Entlassung hatten sie ihn hierher überwiesen, damit er sich einer Spezialtherapie für Drogenabhängige unterzöge. Nein, ihm machte die Vorstellung keine Angst, wieder in Chino, Soledad oder San Quentin eingeliefert zu werden, was er nie so recht zu schätzen gewußt hatte, solange er dort eingesessen hatte.

Was ihm wirklich Angst machte, was seinen Magen zusammenkrampfen und seine Handflächen feucht werden ließ, war das Wissen, daß er aus *Folsom* auf Bewährung entlassen war. In Folsom hatte er die letzten fünf Jahre seines Lebens zugebracht. Und Folsom war die Anstalt, in die er unweigerlich wieder eingeliefert würde, falls er sich einer Übertretung der Bewährungsauflagen schuldig machte. Folsom, wo er sich oft im Traum sah – gealtert, verrückt, wie der Mann, den sie Flea nannten –, ein alter Schwuler, unrasiert, ungewaschen, auf dem Gefängnishof herumlungernd, einen abstoßenden Geruch verströmend, von dem man Gänsehaut bekam, der Verstand gnädig zerfressen, von den Wärtern toleriert, von den Mitinsassen verabscheut.

Jimmy schüttelte diese Erinnerungen von sich, schritt auf die vier Meter hohe Umzäunung zu und händigte dem Wärter in dem winzigen Kontrollhäuschen seine zwei kleinen Ausweisfotos aus. Der Wärter drückte auf einen Knopf, so daß sich die Tore elektrisch öffneten, und Jimmy Lee Smith atmete die Luft der Freiheit.

Zusammen mit zwei anderen Strafentlassenen nahm Jimmy statt des Busses ein Taxi nach Los Angeles, und fünfundvierzig Minuten später – er hatte seinen Anteil an dem Fahrpreis von zwölf Dollar entrichtet – saß er mit sechzehn Dollar, einem neuen Hemd, Jacke, Hose, Schuhen und Unterwäsche – Wert fünfunddreißig Dollar – im Büro der Bewährungsbehörde.

Nach einer kurzen Unterredung, in deren Verlauf er zurechtgewiesen wurde, weil er nicht mit dem Bus, sondern mit einem Taxi gefahren war, wurde Jimmy in einen anderen Raum geführt, wo er seine erste Bekanntschaft mit Nalin machen sollte.

Natürlich hatte er davon bereits gehört und immer gedacht, es handelte sich dabei um einen faulen Trick, um die Junkies einzuschüchtern. Er glaubte nicht, daß sich mit Nalin schlüssig beweisen ließe, ob man fixte oder nicht. Und ganz sicher war er sich, daß das Mittel keine Euphorie in ihm hervorrufen würde. Aber er sollte sich täuschen.

Allein die Nadel versetzte ihn in freudige Erregung. Als der Arzt sich ihm mit der blitzenden, silbernen Spritze näherte, begann sein Herz wie wild zu schlagen, und ein unvermittelter, angenehm erregender Erinnerungsfetzen schoß durch seinen Kopf. Ja, das lag lange zurück. Und als die Nadel unter seine Haut fuhr und in sein Fleisch eindrang und als sich das Nalin in seiner Blutbahn ausbreitete, war es mit einem Mal da. Das selige Wonnegefühl. Dann kam ein Schwindel, nicht gerade ein High, für das er Geld ausgegeben hätte, aber dennoch ein High – ein Schwebegefühl, das fast zwei Stunden anhalten sollte.

Der Doktor leuchtete ihm in die Augen, machte sich Aufzeichnungen über seine Pupillenkontraktion und entließ Jimmy schließlich. Er sollte feststellen, daß sich viele Süchtige auf ihren Besuch im Nalinzentrum freuten. Sie mochten das Zeug regelrecht und hätten sich am liebsten täglich einem solchen Test unterzogen.

Darauf folgte weiteres Gelabere mit einem Bewährungshelfer, der die Rolle eines Arbeitgebers übernahm, als handelte es sich bei dem Ganzen um ein Einstellungsgespräch für einen neuen Job. Jimmy grinste leicht benebelt vor sich hin und spielte das Spiel mit. Spiel jedes Scheißspiel mit, dachte er. Und dann ließen sie ihn laufen.

Er war frei. Wieder auf der Straße. Frei. Voller Energie, auf seiner natürlichen Erregung und dem Nalin-High dahinschwebend, am hellichten Tag phantasierend, wie er das im Knast so oft getan hatte. Er dachte an Frauen – Frauen mit großen Brüsten, die irgendwie alle aussahen wie Marilyn Monroe auf dem Foto, das er in Folsom gesehen hatte, wo sie auf einer Fußgängerüberführung steht und ihr der Wind das Kleid hochbläst. Für diese Nacht gab er sich jedoch mit einer dicken, häßlichen Fünf-Dollar-Nutte zufrieden, um am nächsten Morgen, nachdem er sich ein Steak genehmigt und sein Hotelzimmer für eine Woche im voraus bezahlt hatte, mit zweiundvierzig Cent in der Tasche aufzuwachen.

An besagtem Morgen, einem Dienstag, suchte Jimmy, wie man ihn aufgefordert hatte, seinen Bewährungshelfer auf, wo er zwanzig Dollar bekam, die zweite Hälfte der ihm zustehenden Zuteilung. Außerdem erhielt er die Adressen verschiedener Autowäschereien, wo er mit Sicherheit einen Job bekommen würde.

Das wird vielleicht ein Scheißjob werden, dachte Jimmy bei der ersten Wagenwäscherei, in der er sich vorstellte. Man ließ ihn über eine Stunde warten, während der Inhaber seine Leute beaufsichtigte. Sie fertigten eine lange Schlange von wartenden Autos ab, die sich während des Ansturms in der Mittagspause angestaut hatte.

Jimmy Lee Smith litt an Astigmatismus, trug aber keine Brille. Er hatte eine ruhige, sanfte Junkiestimme und ein nettes, ja sogar schönes Gesicht. Wenn er die Brauen hob, legte sich seine Stirn in Falten, was seinem Gesicht einen höchst melancholischen Ausdruck verlieh. In der Regel trauten die Leute einem Gesicht wie seinem, oder zumindest weckte es Mitleid in ihnen. Es war ein Gesicht, vor dem sich niemand in acht genommen hätte. Außerdem war nur eine Gefängnistätowierung zu sehen – auf seiner rechten Hand stand L-O-V-E.

Aber der Chef der Wagenwäscherei war ein kahlköpfiger, schwitzender Weißer, der sich offensichtlich mit ehemaligen Sträflingen auskannte, viele von ihnen angestellt hatte und mit ihnen umgehen konnte. Er war nicht der Mann, der einem Gesicht wie dem Jimmys oder irgendeinem anderen getraut oder es bemitleidet hätte.

»Sie suchen Arbeit, habe ich gehört«, bemerkte der Mann und warf Jimmy eine Schürze und ein Paar Gummistiefel vor die Füße. »Also gut, hier haben Sie welche. Stellen Sie sich gleich mal zu den anderen.«

Genau wie in so einem Scheiß-Pat-O'Brien-Film, dachte Jimmy. Der rauhe, aber gutmütige Coach. Oder Priester. Oder Bulle. Aber ich bin keiner von diesen Bowery-Jungs, du Arschloch, dachte er.

»Damit wir das gleich von Anfang an klären, Sir«, erkundigte sich Jimmy. »Wie viel zahlen Sie denn?«

Der Mann sah Jimmy hart an, schüttelte lächelnd den Kopf und murmelte leise etwas vor sich hin. Schließlich erwiderte er: »Einen Dollar die Stunde, *wenn* Sie heute abend bis neun Uhr arbeiten.«

»Na ja, äh, ich will den Job schon, aber ich kann heute noch nicht anfangen. Ich werde morgen um zehn hier auftauchen, okay?«

»Klar«, erwiderte der Mann und sah einfach an Jimmy vorbei, und Jimmy wußte, daß der Mann wußte, daß er weder morgen noch sonst irgendwann zurückkommen würde.

Einen miesen Dollar die Stunde, dachte Jimmy, als er in Richtung Downtown weiterging. Der hat wohl eine Meise! Dafür, daß ich den Fliegen beim Ficken zuschauen kann, muß er schon ein bißchen mehr springen lassen.

Die nächsten zwei Tage verstrichen. Wenn ich mir's recht überlege, dachte Jimmy, dann mache ich hier draußen auch nichts anderes, als meine Zeit abzusitzen.

Als erstes sollte er feststellen, daß ihm seine Anstreicherlehre im Knast nicht viel nützen sollte, da man Gewerkschaftsmitglied sein mußte, und so versuchte er es in einer Reparaturwerkstätte, die einem ehemaligen Häftling gehörte, den er vom Gefängnis her kannte. Jimmy bekam zwar einen Mund voll Sympathie und einen Schön-dich-wieder-zu-sehen-Klaps auf die Schulter, aber keinen Job.

Er spazierte weiter durch den Sonnenschein und den Smog von Downtown Los Angeles. Er trottete kilometerweit über den Asphalt – nachdenkend, träumend, sich Sorgen machend und über die billigen Gefängnisschuhe fluchend, die sich schon bedenklich abzunutzen begannen.

Drei Tage waren genug. Er konnte etwas Geld gebrauchen, und es gab nur eine Sache, von der er wirklich etwas verstand. Und so war er mehr als überreif für das, was ihn an dem Schuhputzstand in der Hill Street, zwischen Sixth und Seventh, erwartete. Solange er lebte, würde er nicht aufhören können, daran zu denken – an diesen Schuhputzstand.

Das war nicht das erstemal, daß er bei dem Schuhputzstand vorbeischaute, seit er entlassen worden war. Als er das erstemal daran vorbeigeschlendert war, hatte er einen Schwarzen erkannt, der dort, verdreckt und den Alkohol ins Gesicht geschrieben, eine billige Zigarre zwischen den Zähnen, herumlungerte. Sein Name war Small, und das traf auch auf ihn zu. Er war einsachtundsechzig klein. Aus den alten Tagen kannte Jimmy ihn als einen der besten Taschendiebe der Stadt, aber inzwischen hatte er sich zu einem ständig besoffenen Schuhputzstandbesitzer gemausert.

Allerdings maß Small an jenem Tag, dem 1. März, möglicherweise sogar einssiebzig. Sein Haar war entkräuselt und stand in schimmernden Wellen hoch, und er nuckelte an einer Flasche Soda, von der Jimmy jedoch annahm, daß sie Whisky enthielt. Außerdem trug er Anzug und Krawatte. Er sah richtig fesch aus – fesch, gelassen, ruhig und einfach *gut*. Er sah nach *frisch verdientem Geld* aus, dachte Jimmy.

Small saß auf dem erhöhten Sitz und ließ sich gerade selbst die Schuhe putzen, als Jimmy auf ihn zutrat. Und nach der üblichen Begrüßung und dem Händeschütteln bot Small ihm einen Schluck aus seiner Flasche an. Jimmy nahm einen Schluck von dem Gemisch aus Whisky und Soda und verzog das Gesicht. Small erkundigte sich: »Na, sag mal, Blood, was treibst du denn so in letzter Zeit?«

»Nicht viel los«, erwiderte Jimmy, nicht ohne sich angesichts Smalls schicker, imitierter Krokoschuhe etwas minderwertig zu fühlen. Er war sich in verstärktem Maß seiner abgetretenen eigenen Schuhe bewußt, seines Körpergeruchs und seiner zerknitterten und schmutzigen Sachen. Neben ihnen kniete ein Schuhputzer – größer, dunkler, stiller.

»Soll er dir mal deine Latschen polieren, Jimmy?« fragte Small und deutete dabei auf den Schuhputzer in der blauen Schürze.

»Ach, das mache ich schon selbst, danke«, entgegnete Jimmy, da er nicht wollte, daß der andere Mann die Löcher in seinen Schuhen sah.

»Einmal ein Schuhputzer, immer ein Schuhputzer«, kicherte Small, während sich Jimmy über seine Schuhe hermachte. Und Jimmy dachte, ganz recht, du Nigger, aber nimm dich lieber mal vor diesem Schuhputzer in acht, bevor er dir nach drei weiteren Schlucken aus deiner Flasche ein paar Lappen abstaubt.

Small stieg von seinem Thron herab, begutachtete seine Schuhe und rückte seine Krawatte zurecht. »Kauf dir dafür ein Ticket nach Hawaii.« Mit diesen Worten überreichte er dem Schuhputzer zwei Dollar.

Jimmy bedachte Small mit einem wissenden Blick und sagte: »Na, die Geschäfte müssen ja bestens laufen in letzter Zeit.«

»Was hältst du von meinen Krokoschuhen, Blood?« Small grinste.

Jimmy dachte gerade daran, fünf Dollar abzustauben, als zwei Männer um die Ecke kamen. Dem Ladeninhaber, der hinter einem jüngeren Mann herging, schenkte er keine Beachtung. Sein ganzes Interesse galt dem jüngeren Mann, einem Weißen.

»Was hältst du von meinem Jacket?« wandte sich der junge Mann an Small.

»Echt schick, Partner«, erklärte Small, immer noch kichernd und inzwischen offensichtlich reichlich angesäuselt.

»Da, Billy, das habe ich für dich gekauft.« Der junge Weiße reichte Small einen Ledergürtel.

»Das ist aber 'n Ding, Greg, vielen Dank.« Small strahlte übers ganze Gesicht, während er den Gürtel begutachtete. »Na, siehst du, wie mich mein Partner behandelt, Jimmy? Ist das nicht 'n Ding?« Er zwinkerte Jimmy zu.

»Das Jacket kostet vierzig Dollar«, sagte der junge Weiße. »Findest du, daß es sein Geld wert ist, Billy?«

»Ob es das wert ist?« schaltete sich der Ladeninhaber ein. »Ob es das wert ist? Dieses Jacket kostet sonst achtzig Dollar. Also wirklich, was wollen Sie mehr? Das ist das Angebot des Jahres.«

Nun sah Jimmy den jungen Weißen unverhohlen an. Er wünschte, der junge Mann würde sich beeilen, den Juden bezahlen und sehen, daß er ihn loswurde.

Jimmy war sich ganz sicher, daß der junge Weiße ein Typ war, der mit Schwarzen verkehrte. Er brauchte immer nur ein paar Sekunden, um einen Weißen herauszukennen, der mit Schwarzen zu tun hatte. Manchmal redeten diese Typen lässiger daher als jeder Schwarze, nur um zu beweisen, daß sie durchblickten, daß sie nicht auf den Kopf gefallen waren. Aber wie sehr sie sich auch anstrengten, irgend etwas fehlte ihnen immer – irgend etwas fehlte den Weißen einfach. Sie waren nie *wirklich* lässig, nie *wirklich* cool, und ein cleverer Schwarzer konnte immer mit ihnen machen, was er wollte. Dieser Heini kommt mir wie gerufen, schaltete Jimmy Smith.

»Außerdem paßt es wie angegossen«, pries der Ladenbesitzer die Jacke an. »Ich habe selbst auch so eine.«

»Also, ich finde das Jacket echt in Ordnung«, wandte Jimmy sich an den jungen Weißen. Und dieser willigte in den Kauf ein.

»Das ist Jimmy Youngblood«, stellte ihn Small dem Weißen vor. »Ich kenne Jimmy schon seit ewigen Zeiten – praktisch von klein auf.« Und dann erklärte er, zu Jimmy gewandt: »Mein Partner, Greg.«

»Er war schon ein komischer Vogel«, sollte Jimmy später über Gregory Ulas Powell erzählen. »Ich meine, man sah ihm gleich an, daß er nicht ordentlich aß. Er wirkte richtig ausgemergelt und hungrig. Aber mit mir war das ja kaum anders. Und sein blondes Haar war sehr kurz geschnitten, wirklich kurz, und das ließ sein Gesicht echt verwegen aussehen. Er hatte spitze Ohren und eingefallene Wangen, und er hatte eine krumme Nase, und irgendwie sah er so ein bißchen wie Mickey Spillane und richtig gefährlich aus. Und seine Haltung wirkte echt eigenartig. Er hielt sich extrem gerade und hatte schmale Schultern, und obwohl er ziemlich mager und dünn war, hatte er ganz schön breite Hüften. Aber sein Hals, das war etwas, das ich nie vergessen werde. Der war mindestens ein Drittel länger, als der von einem normalen Menschen. Der Hals und seine Augen, wie gesagt, er sah wirklich eigenartig aus, aber er hatte richtig fiese, blaue Augen.«

Jimmy merkte, wie Greg seine Schuhe begutachtete, was ihn auch diesmal verlegen machte. Wenn sie zu der Überzeugung gelangten, daß er zu sehr abgebrannt war, würde es schwierig werden, sie anzupumpen.

Aber Gregs Gedanken drehten sich nicht um den Zustand von Jimmys Schuhwerk. »Sag mal, Jimmy, die Dinger sehen mir doch ganz nach Gefängnislatschen aus«, meinte Greg mit einem Blick auf Jimmys einfache braune Schuhe. »Bist wohl eben erst entlassen worden, was?«

»Ja, das stimmt«, erwiderte Jimmy, nicht unbeeindruckt über die Tatsache, daß Greg die Herkunft seiner Treter so rasch identifiziert hatte.

»Wie lange bist du denn schon draußen, Jimmy?« erkundigte sich Greg und steckte sich eine Marlboro an.

»Ein paar Tage«, gab Jimmy Auskunft, während er bereits

überlegte, auf was die beiden sich wohl spezialisiert hatten. Eines war sicher. Er konnte ihnen auf keinen Fall erzählen, daß er wegen Diebstahls eingesessen hatte. Ein mickriger Kleindiebstahl würde die beiden sicher nicht groß beeindrucken.

»Weswegen haben sie dich denn eingelocht, Jim?«

»Raub«, log Jimmy, und Gregs Lächeln bewies Jimmy nur, daß er recht gehabt hatte. Diese Scheißweißen, dachte er. Er war sich sicher, daß die beiden keine gewöhnlichen, kleinen Diebe oder Schieber waren. Dafür waren sie mit ihren Lappen zu schnell bei der Hand. Falls sie als heimliche Diebe gearbeitet hätten, wären sie zurückhaltender gewesen, verschlagener und verstohlener. Er vermutete, daß sie mit Sicherheit irgendwelche größeren Dinger drehten.

»Dieser Kerl war ein absoluter Idiot, wenn man das überhaupt von jemandem behaupten kann«, erklärte Jimmy später. »Ich meine, reißt der doch gleich vor wildfremden Leuten wie diesem Schuhputzer groß seine Klappe auf und plustert sich auf wie weiß Gott wer. Ein richtiger Vollidiot. Aber beibringen hätte man ihm das wohl kaum können, und ich habe es auch gar nicht erst probiert.«

»Gehen wir doch mal da rüber, was essen«, schlug Small vor, und Jimmy schloß sich hoffnungsvoll an.

»Bestell, worauf du gerade Lust hast«, forderte Greg Jimmy in dem Lokal dann auf. Am liebsten hätte Jimmy eine komplette Mahlzeit gegessen, aber er hielt es für besser, sich nicht gleich anmerken zu lassen, wie abgebrannt er wirklich war.

»Ich hätte gern ein Roastbeefsandwich und Kaffee«, bestellte Jimmy bei der Kellnerin. Jimmy achtete sorgsam darauf, den Sandwich nicht zu gierig in sich hineinzuschlingen, da ihn auch das verraten hätte, und er nickte höflich, wenn Greg von verschiedenen Schwarzen erzählte, die er aus dem Knast kannte, und Jimmy fragte, ob er sie auch kannte. Er kannte überhaupt wenige von Gregs Bekannten, zumal er nie in einem Bundesgefängnis gewesen war oder in Vacaville, von dem er wußte, daß es ein Gefängniskrankenhaus war. Vielleicht hat der Kerl eine Meise, wenn er dort war, dachte Jimmy, während Greg ununterbrochen redete.

Er hatte zumindest ein ungewöhnlich gutes Namensgedächtnis, das stand fest.

Nach dem Essen ging Small über die Straße, um die Miete für den Schuhputzstand zu zahlen, und Greg nahm Jimmy in den Drugstore nebenan mit, wo er für sich die teuerste Sonnenbrille kaufte, die es dort gab. Er drängte auch Jimmy eine auf, obwohl dieser eigentlich keine wollte. Aufgrund seines Astigmatismus sah er mit der Sonnenbrille noch schlechter. Aber Greg bestand darauf, daß Jimmy sie als Geschenk annahm. Dann trafen sie sich wieder mit Small, worauf Greg in seinem Station Wagon zur Second und Grand fuhr, wo Jimmys Hotel lag.

Als Jimmy dort ausstieg, dachte er, er würde die beiden nie wiedersehen, so daß er sie einfach anpumpte.

»Sag mal, könntest du mir vielleicht mit einem Zehner aushelfen, bis ich hier wieder einigermaßen Boden unter den Füßen habe?« fragte Jimmy, ohne groß etwas zu erwarten. Aber probieren konnte man es ja auf alle Fälle mal.

»Klar, Jim.« Und Greg zog einen Fünf-Dollar-Schein aus seiner Tasche. »Gib du ihm die restlichen fünf, Billy.« Und dann wandte er sich an Jimmy. »Das ist nicht geliehen – das ist geschenkt. Wie willst du denn eigentlich so in Zukunft Geld machen, Jim?«

»Na, wohl so ähnlich wie ihr beide.« Jimmy grinste.

»Dann bis später, Jim«, verabschiedete sich Greg gut gelaunt und fuhr los.

»Bis später, klar, Mann«, erwiderte Jimmy.

Überrascht über sein Glück, zog Jimmy sich sein anderes Hemd an. Er wusch und rasierte sich und verspürte wieder neue Zuversicht. Er ging in die Eingangshalle hinunter und saß dort rauchend herum. Und dann kamen die zwei weißen Mädchen herein. Er hatte sie schon vorher gesehen und wußte, daß sie irgendwo im dritten Stock ein Zimmer hatten. Er hatte sich, was sie betraf, noch keinen Träumen hingegeben, aber da kamen sie nun mit einem Mal in die Eingangshalle hereingeschneit, und er hatte zehn Dollar in der Tasche stecken.

Die Brünette war ein bißchen stämmig, aber die kleine Rothaarige hatte den süßesten Hintern, den er je gesehen hatte, seit er wieder draußen war. Wie gewöhnlich war die Dicke schwer am Reden und bemerkte Jimmy nicht, der in einem Sessel saß und gerade den letzten Kaffee in seinem Pappbecher hinunterstürzte.

»Wenn ich mir's so recht überlege, kann es ja richtig nett werden, hier zu wohnen«, bemerkte Jimmy mit einem Blick auf die Rothaarige, als die zwei Mädchen an ihm vorübergingen. Beide lächelten, ohne jedoch etwas zu erwidern, und gingen zu ihrem Zimmer hoch. Jimmy beobachtete den Schwung ihrer Hüften, als sie die Treppe hochstiegen.

Er wartete, und als er schon eben aufgeben wollte, kamen sie zurück, wobei sie auf den Ausgang zuschritten, als sähen sie ihn nicht. Aber um ihre Lippen spielte ein verstohlenes Lächeln, das sein Blut in Wallung brachte. Jimmy eilte ihnen nach, worauf sich die Dicke nach ihm umdrehte und ihm direkt in die Augen sah.

»Ich hab' diese Bemerkung vorhin nicht so recht verstanden. Sollte das denn vielleicht eine Anspielung sein?«

»War das denn so schwer zu verstehen?«

»Sehe ich vielleicht so blöde aus?«

Na ja, die cleverste scheinst du ja nicht gerade zu sein, du blöde fette Kuh, dachte Jimmy, aber er antwortete: »Um die Wahrheit zu gestehen – ich finde, ihr zwei seid die hübschesten jungen Dinger, mit denen ich seit langem gesprochen habe.« Und das stimmt sogar, dachte Jimmy.

»Ich bin Pat«, stellte sich die Dicke vor. »Und das ist meine Freundin Linda.«

»Ich bin Jimmy. Was haltet ihr davon, ins Kino zu gehen?«

»Einfach so?« fragte Pat.

»Klar, ich war schon ewig nicht mehr im Kino. Sehen wir uns doch irgendeinen scharfen Film an.«

»Na ja, warum eigentlich nicht?« meinte Pat, und Jimmy fragte sich, ob die Dicke tatsächlich auf ihn stand oder ob sie auf eine Einladung ins Kino und vielleicht danach auch noch auf einen Hamburger spekulierte. Er gelangte zu dem Schluß, daß ihr Interesse eher dem Hamburger galt.

Die nächsten Kinos waren nur vier Blocks entfernt, und Jimmy steuerte eines an, auf dessen Plakatwänden ein halbnacktes römisches Mädchen prangte. Die ausgestellten Fotos ließen auf einen Film voller satter Orgien schließen – nackte, junge Frauen und Männer in Lendenschurzen. Vielleicht erregte sie das, dachte Jimmy. Vielleicht kam er dabei sogar ein bißchen zum Grapschen.

»Linda hat einen festen Freund«, erklärte Pat, als sich die kleine Rothaarige während der Pause nach der Wochenschau etwas zu trinken holte.

»Ja?«

»Ich habe schon gemerkt, daß du ein Auge auf sie geworfen hast, Jimmy, aber das wird dir nicht viel nützen. Sie steht wirklich auf diesen Typen.«

Das ist eine Lüge, dachte Jimmy. Während der drei Tage, die er im Hotel wohnte, hatte er sie beide mit verschiedenen Männern auf ihr Zimmer gehen gesehen. Trotzdem tat er dem dicken Mädchen weiter schön.

»Na ja, was soll's?« erwiderte er lässig.

»Aber weißt du, ich wäre noch zu haben«, säuselte Pat und rückte etwas näher.

Ich weiß sehr wohl, worauf du noch mehr stehst als auf mich, dachte Jimmy. »Da, Pat, besorg uns doch mal eine Tüte Popcorn, ja? Mit extra viel Butter. Und Schokolade. Aber eine Menge, ja?« Und Pat war verschwunden wie der Blitz.

Keine Zeit, um lang den coolen Macker zu spielen, dachte Jimmy und ließ seine Hand auf Lindas heißen, kleinen Schenkel sinken, kaum daß sie wieder zurück war und Platz genommen hatte. Sie hatte nichts dagegen einzuwenden und rutschte sogar mit einem leichten Seufzer etwas in ihrem Sitz nach unten. Jimmy war sofort Feuer und Flamme und griff ihr gerade unter den Rock, als Pat mit zwei Tüten Popcorn und einer Handvoll Süßigkeit zurückkam. Jimmys Kehle war vor Aufregung so trocken, daß er das Popcorn nur unter Würgen hinunterbrachte. Allerdings war Pat inzwischen zu argwöhnisch geworden, um noch einmal loszugehen und Limonade zu holen, als Jimmy sie darum bat.

Eine der besten Zeiten in Los Angeles ist zwischen acht und zehn Uhr, dachte Jimmy – wenn sich der Smog verliert und es kühl wird und wenn die Straßen fast ruhig sind, wenn es kein Geschiebe und Gedränge gibt. Langsam schlenderten sie zum Hotel zurück, wobei Linda scheu seine Hand hielt, während sich Pat an seinem Arm einhängte und sich so fest gegen ihn preßte, daß er davon fast eine Delle bekam.

Als sie im Hotel ankamen, winkte Pat zwei jungen Weißen zu, die Jimmy ganz nach ehemaligen Sträflingen aussahen. Automatisch fielen seine Blicke auf ihre Schuhe, aber sie trugen keine Gefängnislatschen. Als Pat weg war, flüsterte Jimmy Linda ins Ohr: »Sieht ganz so aus, als wollte sich Pat eine Weile mit den Jungs unterhalten. Wie wär's, wenn wir beide inzwischen schon mal ein bißchen raufgehen?«

Beim Sprechen berührten seine Lippen ihr Ohr, und er war inzwischen so erregt, daß er regelrecht zu zittern anfing, als sie mit einem ernsten Nicken sagte: »Also gut, gehen wir rauf.«

Es war einfach unmöglich, daß ein Mann solche Zustände bekam, dachte Jimmy, als sie die Treppe hinaufstiegen. Lindas Nähe, ihr eng sitzender, roter Wollpullover erregten ihn dermaßen, daß er sich am Geländer festhalten mußte. Verdammt, dachte er angewidert. Richtig weich in diesen Scheißknien.

»Hast du einen Radio auf deinem Zimmer?«

»Mhm. Hast du Lust, ein bißchen Musik zu hören?«

»Ja, klar.« Und Jimmy versuchte ein schwaches Lächeln und schluckte zweimal, aber die Verkrampfung in seiner Kehle wollte sich dennoch nicht lösen. »Klar.«

Das Zimmer war vollgestopft mit nutz- und wertlosen weiblichen Schätzen, und auch sie erregten Jimmy. Das Zimmer war sauber, und das war eine Überraschung. Linda stellte das Radio an, und Jimmy war froh, daß sie einen Sender mit zärtlicher Musik fand. Er hatte nämlich vor, sie zu fragen, ob sie mit ihm tanzen wollte, und die neuen Tänze wie der Twist, die im Augenblick gerade modern waren, kannte er noch nicht. Was die neue Rockmusik anbelangte, hatte er sich einigermaßen auf dem laufenden gehalten, aber wie man dazu tanzte, wußte er ebenfalls nicht. Ihm wurde bewußt, daß das letztemal, als er mit jemandem getanzt hatte, gerade Rhythm and Blues modern gewesen war.

»Hast du Lust zu tanzen?« krächzte er und versuchte neuerlich zu schlucken.

»Mhm, gern.« Sie lächelte, und im nächsten Augenblick hielt er sie in dem kleinen Raum, in dem kaum genügend Platz war, sich umzudrehen, im Arm.

Sie war so klein, daß sich sein Gesicht in ihrem gefärbten, roten Haar befand und nicht an ihrer Wange, wo er es gern gehabt hätte. Aber es war schon recht so. Ja, es war alles in Ordnung jetzt. Er hatte keine Angst mehr und ließ seine Hand über ihren herrlichen, kleinen Hintern gleiten.

»Ein Irrsinnsarsch«, sollte er später Gregory Powell erzählen. »Was dieses kleine Biest für einen tollen Arsch hat! Verdammt heiß, kann ich dir sagen!

Und so kamen sie nicht sonderlich viel zu tanzen. Sie drehten sich nur, eng aneinandergepreßt, im Kreis, küßten sich leidenschaftlich stöhnend, und binnen weniger Minuten lagen sie im Bett, ausgezogen und auch schon fertig.

Scheiße, dachte Jimmy. Das war ja nicht annähernd so gut, wie ich mir das vorgestellt habe. Um es dann auf ihre Unerfahrenheit zurückzuführen. Sie brauchte die entsprechende Unterweisung. Sie hatte nicht die geringste Ahnung, wie man das machte. Na ja, willig war sie zumindest. Und er hatte genügend Zeit.

Darauf unterhielten sie sich und erzählten sich ihre traurigen, kleinen Geschichten. Er von seiner Zeit im Knast, begleitet von ihrem mitfühlenden Nicken. Und sie erzählte ihm, daß sie und Pat neunzehn waren und von ihren Familien in El Paso weggelaufen waren, um in der Großstadt zu leben. Sie erzählte ihm auch von ihrem zweijährigen Jungen, den sie in El Paso zurückgelassen hatte. Als sie davon sprach, dachte er an ein anderes unternehmungslustiges junges Mädchen, das seinen kleinen Jungen vor zweiunddreißig Jahren bei seiner Tante zurückgelassen hatte. Und für einen kurzen Augenblick dachte er auch an die Kinder, die er gezeugt hatte, als er noch keine zwanzig gewesen war, und die er nie gesehen hatte. Ach was soll's, dachte er. Letzten Endes würgt jeder jedem eins rein. Also schob er diese Gedanken schleunigst wieder von sich. Darauf gab er ihr ein paar Was-soll's-Küsse, die ein nächstes Mal unter günstigeren Voraussetzungen versprachen.

Als Pat auftauchte, bedachte sie die beiden mit einem

bösen Blick, und obwohl sie inzwischen beide wieder angezogen waren, wurde sich Jimmy zum erstenmal mit einem Gefühl der Verlegenheit des unverkennbaren Aromas ihres Liebesakts bewußt. »Manche Typen behaupten, sie würden Weiber kennen, bei denen man nichts riecht«, äußerte er sich dazu später, »aber die müßte ich erst mal noch kennenlernen.«

»Na, ihr beiden wart aber wieder mal sehr, sehr böse«, bemerkte Pat mit einem koketten Lächeln in Richtung Jimmy, der inzwischen fand, daß sie gar nicht so übel war.

Später ging Jimmy auf sein Zimmer und legte sich schlafen. Am nächsten Morgen traf er in der Eingangshalle Pat, die gerade zur Arbeit ging.

»Ich habe gehört, daß du eben erst aus dem Gefängnis gekommen bist, Jimmy.«

»Ja.«

»Das muß doch schrecklich gewesen sein. Was hast du denn angestellt?«

Nachdem sie nun ein Gesprächsthema gefunden hatten, antwortete er beiläufig: »Raub. Ich hab ein paar Banken ausgenommen.«

»Und hast du so was weiter vor?«

»Keine kleinen Fische mehr, jedenfalls nicht mit mir«, prahlte Jimmy. »Nein, inzwischen habe ich so meine Beziehungen. Ich werde erst mal schön langsamtreten, bis sich was Lohnendes auftut.«

»Bis dann also, Jimmy. Ich muß zur Arbeit.«

»Bis dann!« rief ihr Jimmy nach und dachte, ich habe vielleicht Beziehungen. Ja, ja, schöne Beziehungen habe ich da. Mit einem besoffenen Schuhputznigger und einem großmäuligen, langhalsigen Honkie, der so ziemlich das blödeste Arschloch sein muß, das ich je kennengelernt habe. Ich habe tatsächlich prima Beziehungen – zu zwei Riesenarschlöchern.

Aber sie waren alles, was er hatte, und so spazierte er die Seventh Street hinunter, in Richtung Schuhputzstand.

Sie waren nicht da, und es war eher Frust als Hunger, der ihn veranlaßte, in einem miesen Broadwayrestaurant sein Geld für ein fettiges Hähnchen hinauszuwerfen. Fürs

Abendessen würde sein Geld gerade noch reichen, und dann würde er wieder pleite sein. Er ging in sein Zimmer zurück, wo er einschlief, um am späten Nachmittag in einem heißen, muffigen Raum in einer Pfütze aus Schweiß aufzuwachen.

Nachdem er ein Bad genommen hatte, ging Jimmy in die Eingangshalle hinunter und las Zeitung, bis es dunkel wurde. Unterdessen beobachtete er ein hübsches mexikanisches Mädchen, das sich mit einem anderen Mädchen und einem kessen Vater die Zeit vertrieb. Jimmy lächelte sie an und ließ ein paar Sprüche los, die dem kessen Vater nicht gefielen. Aber er war vorsichtig genug, seine Rivalin gut zu taxieren, bevor er mit seinen Avancen weitermachte, da er wußte, daß so manche kessen Väter ihr Territorium erbitterter verteidigten als viele Männer. Das ging ihm gerade noch ab, dachte er – eine Schlägerei mit einem kessen Vater.

An diesem Abend ging er früh – und allein – zu Bett. Er beobachtete eine Fliege, die immer wieder von neuem gegen eine nackte, heiße Glühbirne flog, blickte durch das Fenster auf die Stadt hinaus, rauchte und hoffte, daß Linda in sein Zimmer kommen würde.

Erst lag Jimmy ganz entspannt auf dem Bett. Er genoß die leichte Brise, die mit den schmutzigen Vorhängen spielte und interessante Schatten an die Wand warf. Dann betrachtete er rauchend den aufgehenden Mond. Er sah aus wie eine Goldmünze. Wie eine Goldmünze aussehen *mußte*, dachte er.

Dann wich diese Stimmung jedoch der Langeweile, und seine Gedanken kehrten wieder einmal nach Folsom zurück und zu derselben alten, lästigen, ärgerlichen, immer wiederkehrenden Frage, die er sich in den letzten dreizehn Jahren sicher tausendmal gestellt hatte. Was, *wenn*... Was war, wenn er wirklich nicht imstande war, in Freiheit zu leben? Was war, wenn er das war, worüber sie während der Gruppentherapie in Chino immer wieder gesprochen hatten? Was war, wenn er wirklich einer von denen war, die in einer Anstalt leben *wollten*? Seit seinem zwanzigsten Lebensjahr war er von der einen Anstalt in die andere gewandert, und zuvor hatte er schon mehrere Jugendstrafen abgebüßt. Wenn man alles schön zusammenrechnete, hatte er seit seinem zwanzigsten Lebensjahr vielleicht etwas mehr als ein Jahr in Freiheit verbracht. Ein Jahr, seit er ein erwachsener Mensch war. Diesen August würde er dreiunddreißig werden. Was, *wenn...?*

Aber was ihn von dieser Vorstellung schließlich doch abbrachte, war die Erinnerung an Folsom. Klar, diese Geschichte, daß er regelrecht in einer Anstalt leben wollte, konnte ja bis zu einem gewissen Grad stimmen, wenn es dabei nicht gerade um Folsom gegangen wäre. In Gefängnissen wie Chino war es im Vergleich dazu tatsächlich nicht einmal so übel. Man hatte dort diese sogenannten ›Tutoren‹, und das Essen war nicht schlecht. Sie sperrten einen in ›Schlafsälen‹ ein, und man konnte jederzeit fernsehen und so viel Eis essen, wie man wollte. Im Winter war es warm, und im Sommer schalteten sie die Klimaanlage ein, und man konnte praktisch unbegrenzt Besuch bekommen. Aber auf die Besuchserlaubnis konnte man verzichten, weil sowieso niemand zu Besuch kam. Andererseits ist es aber gar nicht so übel, ständig ein paar hübsche Mädchen zu sehen. Und dann gibt es da eine Menge von Gruppensitzungen, wo man herumsitzt und sich anlügt, daß sich die Balken biegen, und sich einen schönen Tag macht. Und dazu noch genügend Knete zum Rauchen, und manchmal reicht es sogar für ein paar Pillen oder einen richtigen Schuß. Nein, scheiß auf den Schuß – das liegt weit zurück, sehr weit. Aber einfach daran zu denken, ist schon schön. Richtig angenehm. Schon allein die Erinnerung daran vermittelt einem ein gutes Gefühl. Aber das liegt alles weit zurück. Da ist es schon besser, sich an den ersten Schuß zu erinnern, als ich mir für zweieinhalb Dollar drei Tropfen gedrückt und dann den ganzen Weg bis San Bernardino gekotzt habe.

Vielleicht könnte ich im Besuchszentrum eines guten Knasts einen Job kriegen, dachte er. Ja, er hatte von diesen Arschkriecherjobs gehört, und Scheiße, er wollte doch mal sehen, ob er nicht der Mann war, sich so einen Posten zu erschleichen, und dann würde er sicher unzählige Mittel und Wege finden, den einen oder anderen einträglichen Stich zu machen. Scheiße, ich könnte sicher so manche Besucher zu Tränen rühren, indem ich ihnen erzählte, daß niemand sich um mich kümmerte, und sich Gedanken drum machte, ob ich überhaupt noch am Leben wäre, und dabei würde sicher der eine oder andere Lappen für mich rausspringen. Ja, die würden ganz vergessen, daß sie eigentlich jemand anderen besuchen wollten. Und erst die Touristen, die so einen Knast besichtigen. Klar, von denen könnte ich was zu rauchen und ab und zu auch ein bißchen Geld abstauben. Und wer weiß, vielleicht würden bei so einem Job die Wärter öfter mal ein Auge zudrücken, und vielleicht könnte ich ihnen manchmal einen Schein zustecken. Und jeden Sonntag könnte ich dann vielleicht so einer süßen, kleinen Maus, die gerade ihren Alten besuchen war, ein bißchen um den Bart streichen, wenn sie bloß vom Reden schon so heiß ist, daß sie richtig tropft. Klar. Und dann würde der Wärter eben woanders hinschauen, und ich könnte mich mal schnell mit der Kleinen in ein Hinterzimmer verdrücken und sie richtig durch den Fußboden vögeln. Gar nicht so schlecht, muß ich sagen.

Aber so läuft es nun leider mal nicht. Nicht für Jimmy Smith. Nicht für mich. Weil ich nämlich eine Folsom-Jacke anhabe. Ich wandere auf jeden Fall wieder zurück nach Folsom. Zum Großen Grauen Frosch an den grasbewachsenen, grünen Ufern des Großen Amerikanischen Stroms. Klar.

Er schauderte, als er sich Folsom vorstellte, wie es, riesig und grau und abweisend, im Nebel kauerte. Erbaut aus gigantischen, abgerundeten, schleimig feuchten und von Flechten überzogenen Steinen. Genauso träumte er immer davon. Bei Nebel, wenn die Steine klamm und dunkel und häßlich grau waren. Genau wie die Gefängnisse in den alten Filmen, die er als Junge gesehen hatte. Er dachte an seine Zelle. Die alte Pritsche, die in der Mitte durchsackte wie eine Hängematte. Der Holztisch, aus abgestaubtem Bauholz gebaut, die abgesplitterte Kaffeetasse, an die er sich ständig die Lippen aufschnitt, der Drehtabak und der Sardinendosenaschenbecher und der Pappkarton, der an den unteren Türrand geklebt war, um den Zug und den Staub abzuhalten.

Und dann waren da die Wärter, alt, unbeweglich, mit der Institution verwachsen. Keine ›Tutoren‹, keine ›Bewährungshelfer‹ sondern ganz stinknormale Aufseher, die üblichen Scheißaufseher mit Uniformen und Knarren. Mein Gott, Knarren. Wie heißt es doch, für jeden Wachturm ein wassergekühltes Maschinengewehr. Probier's doch mal, über die Mauer und den Zaun hinunter zum Fluß zu kommen. Klar, probier's ruhig. Sie warten ja richtig darauf. Und die anderen Türme – auf denen haben sie Gewehre – und Scheinwerfer. So etwas nennt man ein Maximum an Sicherheit, mein Lieber. Hier rauszukommen – das kannst du von vornherein vergessen. Jedenfalls, bevor die sagen, daß du gehen kannst.

Im Gegensatz zu anderen Gefängnissen wurde einem hier keine Beschäftigung aufgedrängt – nicht im geringsten. Wie gesagt, in Folsom sitzt man wirklich nur seine Zeit ab.

Und wie immer kehrten seine Gedanken zu Flea zurück, diesem verdreckten, durch die Gegend schleichenden Phantom, das Jimmy regelrecht verfolgt hatte. Überall war er ihm begegnet, auf dem Gefängnishof, auf den Gängen, in den Gemeinschaftssälen, überall.

Jimmy wußte, daß er sich das alles vermutlich nur einbildete. Aber Flea schien ihn richtig anzusehen. Als kannte er ihn. Und er lächelte, oder zumindest bleckte er seine braunen Zähne, schief und verrottet – und sabbernd. Sie ließen ihn in Frieden, weil sein Verstand halb hinüber war. Und selbst die Wärter ließen ihn gewähren, so daß er ungehindert durch das Gefängnis streifen konnte – ein schlaffer Sack voller Knochen, dem aus jedem Nasenloch ein dichtes Büschel Haare wuchs. Sein einziges Interesse galt oralem Verkehr, und mein Gott, er fand tatsächlich immer wieder jemanden, der sich dafür hergab! Jimmy spürte ein Schaudern seinen Körper durchzucken. Er fand tatsächlich immer wieder jemanden, der sich dafür hergab!

Und Jimmy hatte richtige Alpträume, in denen Flea die Hauptrolle spielte. In einem Traum schien Jimmy sich nicht durch den Gefängnishof bewegen zu können. Aber es war nicht so, als wären seine Beine beschwert. Vielmehr konnte er nicht gehen, weil er uralt war. Er war ein alter Mann und hatte die meiste Zeit seines Lebens gesessen – wie Flea. Plötzlich war er *so* alt, daß er kaum mehr über den Gefängnishof gehen konnte. Er war entsetzt, weil sein Leben verstrichen war. Er wußte nicht, wie das geschehen war, aber an seinen Händen, an seinen pergamentartigen, gebrechlichen Händen, konnte er sehen, daß er alt war. Schließlich schlurfte er unter Aufbietung aller Kräfte über den Gefängnishof und durch eine Tür, da ihn ein monströs häßlicher Sträfling begehrlich ansah und er nicht wollte, daß sie mit ihm taten, was sie sonst mit Flea machten. Er rannte zu seiner Zelle und schrie dem Wärter zu, er solle ihm die Tür aufschließen, und er stürzte über die Pritsche und warf den selbstgemachten Holztisch um. Auch der Spiegel krachte zu Boden, und er lag da und starrte voller Entsetzen in die Scherben. Und dann konnte er es in den Bruchstücken des Spiegels ganz deutlich sehen. Ganz deutlich. *Er* war Flea!

Am Nachmittag eines Sonntags, des 3. März, klingelte das Zimmertelefon.

»Hi, Jimmy«, meldete sich eine gut gelaunte Stimme, die Jimmy sofort wiedererkannte.

»Hallo.«

»Was machst du gerade?«

»Ich rasiere mich. Komm ruhig rauf.«

»Komm lieber du runter. Billy und ich würden uns gern mal bei mir zu Hause mit dir unterhalten. Wir würden dir gern was zeigen.«

»Ich komme gleich«, antwortete Jimmy, und dies war einer von diesen Augenblicken, die Jimmy sein ganzes Leben lang nicht vergesen sollte.

Wieso vergeude ich eigentlich mit diesen zwei Heinis meine Zeit, dachte er.

Aber was sollte ich andrerseits sonst schon groß mit meiner Zeit anfangen? Zumindest kann ich den Nachmittag mit ihnen verbringen. Sie werden schon nicht gleich diesen Nachmittag jemanden überfallen. Außerdem findet sich ja diesmal vielleicht eine Gelegenheit, dieses Großmaul um ein paar Lappen zu erleichtern. Und dann brauche ich die zwei ja nie mehr wiedersehen. Vielleicht fällt dabei sogar ein anständiger Batzen Geld ab.

Er sollte sich für den Rest seines Lebens fragen, ob er eine andere Möglichkeit gehabt hätte, ob er eine andere Karte ausspielen oder vielleicht sogar andere Karten bekommen hätte können. Oder war für ihn bereits alles gelaufen gewesen? Werden diese Karten von irgend jemandem gezinkt, fragte er sich oft, und gibt es gar nichts, was man dagegen tun könnte? Dies war eine Frage, auf die er nie eine Antwort finden sollte. Jimmy stellte sofort fest, daß Billy Small selbst schon am frühen Nachmittag voll war. Sie fuhren in Gregs sechs Jahre altem Ford Station Wagon ziellos durch die Gegend und unterhielten sich über gemeinsame Bekannte aus dem Knast. Schließlich ließ sie Small vor einem Alkoholausschank anhalten, wo er sich eine Flasche Schenley's besorgte.

Als sie schließlich vor Gregs Dreizimmerwohnung parkten, stellte Jimmy überrascht fest, daß sie in der Nähe von Sixtyfifth und Figueroa lag, wo sonst ausschließlich Schwarze wohnten. Später erinnerte sich Jimmy an diese Augenblicke. »Wir kamen in die Wohnung, und er stellte mich dieser unscheinbaren, kleinen, schwangeren Alten vor, die Maxine hieß und angeblich seine Frau war. Sie war nicht, wie ich erwartet hatte, schwarz, sondern weiß. Irgendwie fischig weiß und sogar noch blasser als er. Auf eine einfache Art war sie aber ganz nett, und sie hatte so ein unvermitteltes Lächeln, das sie sogar ganz attraktiv erscheinen ließ.«

»Max, geh doch mal kurz ins Schlafzimmer«, forderte Greg seine Frau auf, während Jimmy und Small sich auf der Couch niederließen. Jimmy klopfte mit einer frischen Zigarette auf den billigen Couchtisch aus Glas und gab sich Mühe, Smalls betrunkenes Gebrabbel zu überhören. Dabei beobachtete er Greg, der aufgeregt flüsternd und wild gestikulierend auf Maxine einredete. Und dann beugte sich Greg über eine Kommode. Einen Augenblick lang sah Jimmy den Revolver in seiner Hand.

Greg schnippte die Trommel auf, überprüfte sie und ließ sie dann wie im Kino mit einer Hand wieder zuschnappen. Als er danach ins Wohnzimmer zurückkam, lächelte er Jimmy an. Ohne sich um die beiden anderen zu kümmern, schüttete Small mehr und mehr Whisky in sich hinein.

»Warum hast du dieses Bündel Dollarscheine aus meinem Schlafzimmer genommen, Billy?« fragte Greg.

Small sah ihn an. Dann wanderten seine Blicke zu der Waffe in Gregs Gürtel hinunter und wieder hinauf. »Das ist doch wohl nicht dein Ernst«, sagte er schließlich. »Ich weiß nicht einmal, wovon du überhaupt redest.«

»Das weißt du sehr wohl. Du hast ein Bündel Dollarscheine eingesteckt, die mir gehören. Max hat gesagt, sie hätten gestern vormittag, als du mit ihr allein hier warst, auf der Kommode gelegen. Und jetzt sagt sie, sie hätte überall danach gesucht, aber sie könnte sie nicht finden.«

Nun veränderte sich Gregs Ton, wenn auch kaum merklich. Die Schußwaffe steckte nach wie vor in seinem Gürtel, aber Jimmy starrte gebannt auf seine blauen Augen. »Also gut, Billy, dann muß ich dich wohl erst mal daran erinnern, daß du gestern in der Stadt mit Dollarscheinen nur so um dich geworfen hast. Und ich bin mir ganz sicher, daß ich dir nur zwanzig Dollarscheine gegeben habe, als wir unsere letzten Einkünfte teilten. Und den Rest habe ich behalten. Der war bei diesem Bündel.«

»Ich schwör's dir, Greg, ich hab' das Geld nicht genommen«, winselte Billy, der von Sekunde zu Sekunde nüchterner wurde.

»Außerdem sagt Max, daß du dich gestern, als ich weg war, an sie rangemacht hast und sogar an ihrer Muschi rumgefummelt hast. Na ja, das mit der Tatscherei ist ja nicht weiter schlimm. Wir sind ja schließlich so eine Art kleine Familie, wir drei. Ich bin mir sicher, daß das nur in freundlicher Absicht geschehen ist und nichts zu bedeuten hat. Aber gewöhn dir so etwas doch lieber mal nicht an, ja?«

»Nein, Greg, ich schwöre...«

»Was mir aber etwas ausmacht, das ist die Knete. Und die ist weg. Und ich will sie wiedersehen.«

Small ergriff die Flasche Schenley's, nahm einen langen Schluck Mut daraus, zog seine Brieftasche hervor und knallte sie auf den Couchtisch.

»In dieser Scheißbrieftasche sind nichts als lauter Zehner und Zwanziger. Sie lügt!«

Genauso hatte man mit diesem verrückten Vogel umzuspringen, dachte Jimmy, diesem Spinner mit seinem langen Hals und dem komischen Gelabere – mit seinen Außerdems und Überhaupts und Demnachs und diesem ganzen anderen Quatsch. Dieser Heini redete daher wie so ein Hinterwäldler aus Nebraska, der gerade in die Stadt gekommen war und richtig darum bettelte, ordentlich ausgenommen zu werden.

»Max hat mich noch nie angelogen«, erwiderte Greg und machte einen Schritt in Richtung Schlafzimmer. Jimmy dachte, daß selbst ein besoffener Schuhputzer mit Typen wie diesem weißen Heini fertig werden mußte. Und dann wirbelte Greg herum.

Leicht geduckt, bewegte er sich in schlurfenden Schritten auf Small zu. Die Waffe befand sich nun in seiner Hand und war auf Smalls Gesicht gerichtet, der Finger am Abzug, die Hand zitternd.

Jimmy bekam alles mit, aber vor allem sah er die Augen – blau, kalt, ohne Leben, so daß die vor Zorn sprühende Stimme das Versprechen des Todes in diesen Augen nur noch stärker hervorstrich.

»Diese Augen werde ich nie vergessen«, sollte sich Jimmy dazu später äußern. »Irgend etwas ist mit ihnen passiert, sobald er eine Knarre in den Pfoten hatte. Er brauchte nur eine Knarre in der Hand zu haben, und er konnte wirklich jeden so einschüchtern, daß er vor Angst in die Hose machte – und das nur mit diesem irren Blick.«

»Nach allem, was ich für dich getan habe«, flüsterte Greg. Die Knöchel an seiner Hand traten weiß hervor, die Mündung des Revolverlaufs beschrieben einen kleinen Kreis. »Ich teile fifty-fifty mit dir. Und nach allem, was ich bisher für dich getan habe, wagst du es, mich zu bestehlen?« Dann brachte Greg die Mündung des Revolverlaufs auf fünfzehn Zentimeter an Smalls Stirn heran und spannte den Hahn.

Small war völlig erstarrt. Er sah aus wie eine in die Enge getriebene Ratte, die Jimmy als Kind einmal in einem Hotel gesehen hatte. Sie war wie gelähmt gewesen, als die graue Katze vor ihr kauerte, vor dem gelben Auge zur Bewegungsunfähigkeit verurteilt.

Jimmy merkte, daß auch *ihn* Panik überfiel, und er überlegte, was er sagen könnte, irgend etwas...

Aber Greg kam ihm zuvor. »Ich sollte dir dein verdammtes Hirn aus dem Schädel pusten.«

Und nun konnte Jimmy den Schweiß riechen, seinen und den Smalls. Sein eigener Atem ging schwer, aber zugleich spürte er, daß Small überhaupt nicht atmete.

Greg starrte weitere zehn Sekunden in Smalls Gesicht und ließ dann ganz langsam, die Mündung immer noch auf Smalls Gesicht gerichtet, den Hahn niedersinken.

»Ich liebe dich doch wie einen Bruder, Greg«, brachte Small schließlich heiser hervor. »Greg, wir sind doch Brüder. Ich würde dich nie im Leben bestehlen.«

»Wenn ich hundertprozentig sicher wäre, daß du es getan hast, würde ich dich jetzt umbringen, du Scheißkerl«, zischte Greg und steckte den Revolver in seinen Gürtel zurück.

»Ich hab's nicht getan, Greg. Wirklich, ich hab's nicht getan.«

»Heute nacht gehen wir wieder los, Billy«, sagte Greg, »nur wirst du dich diesmal auf eigene Faust durchschlagen. Diesmal gehst *du* allein rein, nicht ich. Jimmy wird fahren. Und ich werde nur draußen warten. Und wenn du ohne das Geld rauskommst, wenn du deinen Job nicht ordentlich erledigt hast, dann lege ich dich um.«

»Klar, Greg, klar gehe ich rein. Ist doch klar.«

»Und vielleicht hast du mein Geld ja wirklich nicht gestohlen. Jedenfalls werden wir heute nacht losziehen und den Verlust wieder wettmachen. Aber diesmal wirst du die ganze Drecksarbeit machen.«

»Klar, Greg.« Small ließ sich gegen die Rückenlehne der Couch fallen.

»Kannst du fahren, Jim?« wollte Greg wissen.

»Klar, und nicht mal am schlechtesten, Greg«, erwiderte Jimmy, der sich ebenfalls langsam beruhigte und sich eine Chesterfield ansteckte. »Weißt du, hinterm Steuer bin ich eine echte Kanone, wenn du verstehst, was ich meine.«

»Komm mal in die Küche, Jim«, forderte Greg ihn auf. »Genehmigen wir uns erst mal einen ordentlichen Schluck. Was allerdings dich betrifft, Billy, würde ich sagen, daß du vorerst genug hast.«

Small nickte. »Ganz, wie du meinst, Greg. Ganz, wie du meinst.«

Maxine schenkte ihnen beiden ordentliche Gläser mit

Schenley's ein, was Jimmy dankbar zur Kenntnis nahm. Er konnte einen kräftigen Drink vertragen.

»Ich kann ja verstehen, wie dir zumute ist«, begann Jimmy nach ein paar Schlucken. »Aber ehrlich gesagt, Greg, ich kenne diesen Typen schon lange, und möglicherweise hat er's tatsächlich nicht genommen. Und wenn doch, dann war er vielleicht besoffen. Jedenfalls bin ich froh, daß du Billy noch mal laufen hast lassen. Du mußt das verstehen. Bei ihm ist das einfach der Whisky.«

»Das habe ich mir auch schon gedacht, Jim.« Greg lächelte freundlich, so daß seine Schneidezähne leicht zum Vorschein kamen. Ähnlich wie Jimmy hatte er genau rechts von der Mitte einen auffälligen Silberzahn. »Ich habe mir auch schon gedacht, daß der Whisky daran schuld ist, und deshalb habe ich ja auch noch mal ein Auge zugedrückt. Aber ansonsten hätte ich ihm ein schönes, rundes Loch in seine Scheißrübe geballert.«

»Ganz richtig, Greg«, bestätigte ihm Jimmy und verschüttete dabei etwas von seinem Drink. »Seinen Partner zu bestehlen, das gehört sich einfach nicht. So etwas ist wirklich das letzte.«

»Tja, es wird langsam dunkel«, wechselte Greg das Thema. »Ich sollte mich langsam für den Job von heute abend bereit machen.«

Greg verschwand im Schlafzimmer, und als er wieder zurückkam, trug er dunkle Kleidung, halbhohe Stiefel und einen schäbigen Hut. »Na, wie sehe ich aus, Jim?«

»Mm, gut, Greg – einfach gut, würde ich sagen.«

»Ich meine den Unterschied. Sehe ich nicht anders aus?«

»Aber klar, sicher, Greg.« Jimmy wurde langsam wieder nervös, weil er Greg nicht ärgern wollte.

»Und weißt du auch, *warum* ich anders aussehe?«

»Nein, nun ja, klar, nein, eigentlich nicht, Greg. Weißt du, du hast mich wirklich drangekriegt. Du siehst wirklich anders aus, aber ich könnte nicht sagen, warum du nun anders aussiehst. Wenn du mir vielleicht einen kleinen Hinweis geben könntest, dann könnte ich dir ganz bestimmt sagen, wieso du so anders aussiehst.«

»Das da«, erklärte Greg triumphierend und deutete auf

sein Ohr. »Ich habe mir ein Muttermal auf mein Ohrläppchen gemalt und drei Haare drangeklebt. Und weißt du, Jim – die Leute, denen man eine Knarre vor die Nase hält, erinnern sich an irgendwelche hervorstechenden Merkmale von diesem Typen. Und in meinem Fall werden sie sich alle an das Muttermal erinnern. Aber wenn wir fertig sind, wird davon nichts mehr zu sehen sein.«

»Das ist aber verdammt schlau, Greg«, lobte Jimmy mit einem anerkennenden Pfiff. Außerdem hob er sein Glas zu einem Toast. »Das muß man dir lassen. Du bist ein echt gewitzter Bursche.«

»Und das ist noch nicht alles. Fällt dir sonst noch was auf?«

»Noch was?«

»Na, siehst du, Jim? Ich habe mein Aussehen total verändert, und du merkst nicht mal, wie ich das gemacht habe.«

»Na ja, mir sitzt das von eben noch ein bißchen in den Knochen, Greg. Ehrlich. Und meine Augen sind auch nicht gerade die besten. Ich sollte eigentlich eine Brille tragen...«

»Die Augenbrauen.«

»Die Augenbrauen?«

»Sie sind dunkler und wesentlich größer. Die Zeugen werden sagen, der Täter hatte buschige Augenbrauen und ein Muttermal am Ohrläppchen. Und hier habe ich noch einen Bleistiftstrichschnurrbart. Siehst du?«

»Klar, natürlich, jetzt sehe ich ihn.«

»Und das sind die Dinge, die ihnen auffallen werden.«

»Klar. Langsam kapier ich. Völlig richtig. Toll. Jetzt kapier ich!«

»Und noch etwas, Jim.« Greg ging ins Schlafzimmer zurück, um mit einem Regenmantel zurückzukommen, eine Marlboro von seiner Lippe baumelnd.

»Ohne Scheiß!« sollte Jimmy später erzählen. »Einen Trenchcoat hatte er an! Jetzt sieht er genau aus wie Bogart, hat er sich wohl gedacht. Und so wollte er dieses Ding drehen. Aber wie hätte man ihm das erklären sollen? Ich hab's jedenfalls lieber erst gar nicht probiert. Und trotzdem hätte ich mich noch abseilen können, hätte ich mir irgendeine faule Ausrede ausdenken können. Sogar ganz einfach kneifen hätte ich können und ihnen sagen, daß ich Schiß hätte.

Aber ich hab's nicht gemacht. Ich hab' gedacht, Scheiße, vielleicht brachte mir ein guter Stich den Einsatz, den ich nötig hatte. Vielleicht würde dafür ja ein Ding mit diesem verrückten Arschloch reichen.«

»Los, klemm dich schon mal hinters Steuer, Jimmy«, befahl Greg, und dann beobachtete ihn Jimmy, wie er Maxine zum Abschied küßte. »Wir werden erst mal einfach ein bißchen durch die Gegend fahren, bis du dich an die Kiste gewöhnt hast. Billy, du sitzt hinter Jimmy.«

Dann stieg Greg auf der anderen Seite ein, und Jimmy ließ den klapprigen, alten Station Wagon an. Er hatte jahrelang kein Auto mehr gefahren, und die Kupplung rutschte so arg, daß er nur ganz langsam vom Bordstein loskroch.

»Ich hab die Kupplung absichtlich so richten lassen, Jim«, erklärte Greg und schlug den Kragen seines Mantels hoch.

»Tatsächlich?«

»Ja, das hält einen davon ab, zu hektisch abzuhauen nach einem Job. Dadurch macht man ja nur die Bullen auf sich aufmerksam.«

»Klar«, erwiderte Jimmy, »das sehe ich ein.« Später sollte er jedoch aussagen: »Ich habe das einfach nicht kapiert. Das mit der rutschenden Kupplung, wenn Sie verstehen, was ich meine. Es war doch so, daß er der einzige war, der diesen Ford fahren konnte. Small konnte nicht Auto fahren, Punkt. Und da er der einzige war, der den Wagen fuhr, dann konnte er doch selbst über die Geschwindigkeit bestimmen, oder nicht? Ich glaube, er wollte einfach nur nicht, daß ich dachte, er hätte einen Wagen mit kaputter Kupplung.«

»Wenn man die Kiste mal auf Touren hat, läuft sie gar nicht mal so schlecht«, lobte Small den Ford, als Jimmy in den Harbor Freeway einbog und mühelos auf hundertzehn beschleunigte.

»Das ist ein guter Wagen«, bemerkte auch Greg. »Ich hab' ihn mit Ruhe und Überlegung ausgesucht.«

»Ja, finde ich auch«, meinte Jimmy.

Nachdem sie scheinbar endlos über die verschiedenen Freeways gekurvt waren, dirigierte Greg Jimmy zu der Stelle, wo sie ihren ersten Job an diesem Abend erledigen wollten.

»Das ist der Laden, Jim. Ich hab' ihn mir schon genau

angesehen, und er ist überfällig.« Aber als sie vor dem großen Geschäft hielten, war es geschlossen.

»Na ja, ich hab mir den Laden genau angesehen, Jim, aber du weißt, es ist schon neun vorbei. Warum mußten wir auch zu Hause mit Billy unsere ganze Zeit vertun? Jetzt ist es zu spät. Wahrscheinlich macht der Laden hier um neun dicht. Das ist wieder mal Billys Schuld. Dann nehmen wir eben einen Alkoholausschank aus. In der Gegend gibt es ja eine ganze Menge davon. Dreh mal gleich um, Jim.«

Es war neun Uhr dreißig, als Jimmy vor einem kleinen Alkoholausschank in der Nähe von der Washington und der Leo Street um die Ecke bog, die Lichter ausschaltete und an einer unbeleuchteten Stelle parkte.

»Jetzt hör gut zu, Billy«, sagte Greg. »Uns interessieren hier vor allem die fünfzig Dollar. Soviel hast du mir ungefähr geklaut. Wir werden den Laden hier jetzt gemeinsam ausnehmen, und vielleicht wird mich das überzeugen, daß du das Geld doch nicht genommen hast.«

Später erklärte Jimmy Smith: »Ich begriff nicht recht, was er sich eigentlich dabei dachte, Small dazu zu zwingen, ein Ding zu drehen, um damit zu beweisen, daß er das Geld nicht geklaut hatte. Aber wie hätte man ihm das beibringen sollen? Ich hab's jedenfalls gar nicht erst versucht. Das einzige, was mir an dem Ganzen einleuchtete, war, daß bei ihren früheren Jobs immer Greg die Knarre in der Hand gehabt hatte, und diese Aufteilung fand ich auch durchaus vernünftig. Aber Small hat Greg nur zugenickt, und deshalb dachte ich, was soll's, *ihm* leuchtet das Ganze wohl ein. Aber als es dann so weit war, hat es sich Greg doch anders überlegt und ist allein rein.«

»Also gut, Jimmy«, sagte Greg, »nur keine Panik, wenn ich zurückkomme, ja? Laß einfach in Ruhe den Wagen an und versuch bloß nicht, mit einem Mordskaracho und Reifenquietschen hier abzuhauen.«

»In Ordnung«, antwortete Jimmy, während Greg bereits auf die Ladentür zuging. Jimmy spürte, wie ihm der Schweiß den ganzen Körper hinunterfloß. Er sprach kein einziges Wort mit Small, während sie warteten. Jetzt bist du dran, Jimmy, mein Junge, sagte er zu sich selbst. Jetzt bist du dran.

»Geben Sie mir 'ne Flasche Schenley's«, wandte sich Greg an den Inhaber.

»Was für eine Sorte wollen Sie? Schenley führt ja mehrere Sorten in seinem Sortiment.«

»Dann geben Sie mir eine Flasche Seagram's Seven. Einen halben Liter.«

Der Ladeninhaber holte eine Flasche und starrte in die Mündung von Gregs Revolver, als er zurückkam. Greg spannte den Hahn.

»Los, aufmachen hier und raus mit dem Geld.« Greg deutete auf die Ladenkasse. Dann wandte er sich an einen weiteren Kunden im Laden, der den Überfall gar nicht registrierte: »Und Sie, Sie gehen mal da nach hinten.«

Instinktiv nahm der Kunde seine Hände hoch, während Greg in Richtung Fenster sah und sagte: »Nehmen Sie schon Ihre Pfoten wieder runter, oder es knallt.«

Wenige Minuten später saß Greg wieder in ihrem Wagen, und Jimmy hatte, inzwischen doch in Panik geraten, den ersten Gang eingelegt, nahe daran, die Kupplung schnalzen zu lassen.

Plötzlich hörte er schreckliches Krachen. »Dieser Scheißkerl schießt auf uns!« heulte Jimmy, und der Ford kroch mühsam auf die erste Fahrspur hinus. Und Jimmy vergaß die Kupplung, vergaß das Geld, vergaß alles außer dieser Scheißkiste, die nicht beschleunigen wollte, obwohl er das Gaspedal schon fast bis zum Asphalt durchgetreten hatte.

Der Motor heulte auf, und die Kupplung winselte, und der Ford fuhr so langsam, daß der Inhaber des Ladens sie zu Fuß hätte einholen können, was er jedoch nicht versuchte.

»Dieser Idiot würde nicht mal eine Scheune treffen!« Greg lachte hysterisch los. »Er reckt nur seine Hand um die Ecke und feuert völlig blind auf uns.«

»Sind wir getroffen, Greg?« wollte Jimmy wissen.

»Ob wir getroffen worden sind? Du hast sie wohl nicht alle, Jimmy. Wenn wir einen Treffer abgekriegt hätten, würdest du das schon merken.«

Mein erster Raubüberfall, dachte Jimmy, als sie sich zwei Blocks vom Schauplatz des Geschehens entfernt hatten. Und geschossen wurde dabei auch. Wenn ihm das nicht klargemacht hatte, daß er diesen Typen schleunigst loswerden mußte... Aber dann dachte er an das Geld. Greg dachte sicher, Small schuldete ihm fünfzig Dollar, und diese Summe würde er vermutlich erst einmal abzweigen. Aber wie viel würde dann noch übrigbleiben? Er fragte sich, ob er den Rest durch drei teilen würde. Wie sich herausstellte, hatte er jedoch nur vierzig Dollar erbeutet.

Als Greg den Betrag gezählt hatte, wurde er wütend. »Dieser Saukerl!« fluchte er. »Uns wegen lausiger vierzig Eier auch noch hinterherzuballern. Wahrscheinlich war es nicht mal sein Laden. Irgendso ein braver Bubi, der sich für die Knete seines Chefs ein Loch in die Rübe pusten läßt. Eigentlich sollte ich auf der Stelle zurückfahren und dieses Arschloch umlegen, damit ihm das ein für alle Mal eine Lehre ist.«

Jimmy und Small erwiderten darauf nichts, waren aber beide erleichtert, als Greg die Tüte mit dem Geld endlich ins Handschuhfach stopfte.

»Billy«, sagte Greg nach einer Weile nachdenklich. »Was hältst du von dem Laden in der Western Avenue, wo du dir neulich die Haare hast schneiden lassen?«

»Von diesem Friseursalon?«

»Ja, glaubst du wirklich, die haben einigermaßen Geld in der Kasse? So viel ich weiß, haben die doch nachts auch offen?«

»Kann schon sein«, erwiderte Small, der den Eindruck erweckte, als wäre er im Augenblick lieber an jedem anderen Ort der Welt als in diesem alten, klapprigen Ford.

An der Santa Barbara Avenue bogen sie vom Freeway ab und gerieten in den Verkehr von der Sports Arena. Hupen, Scheinwerferblinken, die Straßen nach einem Basketballspiel verstopft, mit einem Rückstau, der in allen Richtungen mindestens einen halben Kilometer betrug. Jimmy wendete zweimal und kehrte dem Verkehrschaos den Rücken. Aber nun fuhren sie nicht zum Friseursalon, sondern genau in die entgegengesetzte Richtung.

»Äh, Greg, wir fahren jetzt aber in der falschen Richtung«, bemerkte Small.

»Macht nichts, dann nehmen wir eben einen Alkoholausschank aus, der noch ein Stück weiter unten an dieser Straße liegt. Ich glaube, weiter unten gibt's einen.«

Gütiger Herr Jesus, dachte Jimmy Smith. Wir fahren in der falschen Richtung, also nehmen wir eben einfach hier einen Laden aus, und wenn wir dann zufällig gerade nicht links abbiegen dürfen, biegen wir eben rechts ab und halten nach einem anderen Laden Ausschau. Bereiten die so ihre Jobs vor? Sollen das vielleicht Profis sein? Du meine Güte!

Sie parkten auf dem Grundstück neben dem ersten Alkoholausschank, an dem sie vorbeikamen.

»Also gut, Billy«, sagte Greg. »Nun ist deine Chance gekommen, mir zu beweisen, daß du's nicht getan hast.«

Später äußerte sich Jimmy Smith dazu: »Ich bekam wieder Mordsschiß, und das Ganze machte mich völlig irre. Ich kapierte einfach nicht, was er zu Billy sagte. Ich war mir nicht klar, ob ich nun einfach blöd war oder nur Schiß hatte. Aber irgendwie machte es mich ganz hektisch, daß Billy begriff, was Greg sagte, und ich nicht.«

»Tu einfach so, als ob du eine Knarre hättest«, wies ihn Greg an. »Tu so, als ob du eine in deiner Jacke stecken hättest.«

»Klar, das mach ich schon«, lallte Small angetrunken und stolperte über die Straße auf den Eingang des Ladens zu.

»Findest du wirklich, du solltest ihn da einfach so reingehen lassen, Greg?« fragte Jimmy. »Er ist doch ziemlich besoffen.«

»Er weiß schon, was er tut«, erwiderte Greg.

Das Warten machte Greg schließlich ungeduldig. Er stieg aus dem Wagen und machte sich daran, die Straße zu überqueren. Dann drehte er sich jedoch wieder um und kam zum Wagen zurück.

»Das ist seine letzte Chance, Jimmy«, sagte Greg, während sie weiter warteten. »Wenn er nicht das Zeug dazu hat, diesen mickrigen Laden auszunehmen, dann taugt er sowieso nicht für so ein Geschäft.«

Minuten verstrichen. Greg wurde langsam ungeduldig, Jimmy immer hektischer. Und dann erschien Small im Ladeneingang.

An der Art, wie er mit einer Papiertüte langsam über die

Straße gegangen kam, erkannte Jimmy sofort, daß er es nicht gemacht hatte. In der Tüte befanden sich nur eine Flasche Whisky und eine Flasche Soda.

»Keinen müden Cent, Greg. Sie haben drei Verkäufer da drinnen, und einen kenne ich von früher ganz gut.«

»Bist du dir auch ganz sicher?« fragte Greg eisig.

»Klar. Sogar Jimmy kennt diesen Typen. Weißt du, von der Fifth Street. Er hatte dort mal einen Plattenladen.« Bei diesen Worten blickte Small Jimmy an, der ihm seine Angst sofort ansehen konnte.

Jimmy redete Greg gut zu, bevor dieser etwas erwidern konnte. »Jetzt reg dich nicht gleich auf, Greg. Ich kann ja mal reingehen und nachsehen, ob das auch tatsächlich stimmt.«

»Ja, mach das«, zischte Greg mit derselben Stimme, mit der er in seiner Wohnung Small angefahren hatte. Und Jimmy sprang aus dem Wagen und rannte über die Straße. Er betrat den Laden, wo er nur zwei Verkäufer – völlig Fremde – sah, kaufte sich ein Päckchen Chesterfields und rannte zum Wagen zurück, um Greg zu melden: »Stimmt alles ganz genau. Es ist tatsächlich dieser Typ. Genau der gleiche. Er hatte eine kleine Metzgerei in der Fifth.«

»Ich dachte, du hättest eben was von einem Plattenladen erzählt, Billy«, meinte Greg.

»Das hab ich doch gesagt, Greg«, sprudelte Jimmy heraus. »Einen Plattenladen hat er gehabt.«

»Ich dachte aber, du hättest eben Metzgerei gesagt«, beharrte Greg.

»Nein, Plattenladen hat er gesagt«, schaltete sich Small ein.

»Ach, leckt mich doch am Arsch«, grunzte Greg. »Hauen wir lieber ab hier.«

Also fuhren sie zu ihrem nächsten Überfall, der in der Jefferson stattfinden sollte. »Diesmal kriegst du wirklich die Knarre.« Greg händigte Small den Revolver aus. »Steck ihn dir in den Gürtel. Und mach diesmal bloß keinen Scheiß, Billy. Dieser Laden ist schon mehr als überfällig.«

Small stieg aus, machte ein paar betrunkene Schritte, richtete sich schließlich gerade auf und strebte dann mit der Zielsicherheit eines Alkoholikers schnurstracks auf den Eingang zu. Greg folgte ihm und blieb auf dem Gehsteig vor dem Geschäft stehen. Diesmal kam Billy Small sehr rasch wieder zurück, und er rannte fast.

Jimmy glitt hinters Steuer, legte den ersten Gang ein und kroch wieder einmal mit entsetzlicher Langsamkeit, aufheulendem Motor und rutschender Kupplung, vom Bordstein los. Als das Getriebe schließlich mit dem heulenden Motor Schritt zu halten vermochte, griff Small in seine Jackentasche und zog ein paar zerknitterte Scheine heraus. Dieselbe Prozedur wiederholte er mit seiner anderen Tasche, um schließlich alles in Gregs Schoß zu werfen.

»Wenn ich sage, daß ich was mache, dann mache ich das auch«, verkündete Small großspurig. Die Waffe gab er Greg jedoch nicht zurück. Statt dessen griff er nach dem Whisky und nahm einen ordentlichen Schluck.

»Das sieht ja nach ein paar Hundertern aus, Partner.« Greg grinste zufrieden. »Das hast du ja wie ein echter Profi abgewickelt. Hatten die denn einen Safe?«

»Er wollte gerade was in den Safe packen, als ich in den Laden gekommen bin«, erklärte Small kichernd.

Sie fuhren schweigend dahin. Small trank, Greg zählte das Geld, und Jimmy konnte seine Blicke nicht von dem vielen Grün in Gregs Schoß abwenden.

»Das ist der letzte Job, den ich mitmache, solange du dabei bist, Jimmy«, platzte Small plötzlich heraus.

»Was?« entfuhr es Jimmy.

»Du versuchst, dich in die Partnerschaft zu drängen, die ich mit Greg habe. Greg und ich, wir sind Partner, und du brauchst gar nicht denken, du könntest dich mit deinen heimlichen Touren zwischen uns drängen.«

»Jetzt hör mal gut zu, du Arschloch«, konterte Jimmy, wobei er sorgsam darauf achtete, daß Smalls Hand nicht in die Nähe des Gürtels kam. »Das lasse ich mir nicht gefallen. Bloß, weil du dein erstes Ding gedreht hast und die Knarre im Gürtel stecken hast und eine Menge Whisky intus, brauche ich noch lange nicht deine Einwilligung, ob ich jetzt mit Greg befreundet bin oder nicht, hast du mich verstanden?«

»Jetzt aber mal langsam, Jungs. Immer schön mit der Ruhe.« Greg lachte, auf seltsame Weise belustigt. »Ihr werdet euch doch meinetwegen nicht in die Haare kriegen. Das wäre wirklich schade. Ich finde, für heute abend haben wir genug getan. Das sind immerhin fast an die sechshundert hier in meinem Schoß. Und dieser Friseursalon hat inzwischen sowieso dicht gemacht.«

Das war es, worauf Jimmy gewartet hatte. Er bog nach rechts ab und fuhr auf den Freeway, zum Hotel, wo sie die Beute teilen würden.

»Wir könnten noch vier Läden ausnehmen«, schlug Small vor. Er war inzwischen richtig in Fahrt gekommen.

»Nein, heute abend war sowieso schon zu viel los«, wimmelte ihn Greg ab. »Und Jimmy ist schon reichlich nervös. Schließlich haben wir ihn doch heute nur mitgenommen, um ihn ein bißchen einzuarbeiten.«

Es war Mitternacht, als sie im Hotel ankamen. Greg gab Jimmy einen Zehndollarschein. Jimmy war perplex. Zehn Dollar! Zehn lausige Dollar! Natürlich hatte er nicht damit gerechnet, den gleichen Anteil wie die anderen beiden zu erhalten. Aber falls man sie geschnappt hätte, wäre auch er geschnappt worden. Und wofür? Für zehn lausige Dollar? Dafür hatte er den ganzen Abend diese miese Scheißkiste mit dieser rutschenden Kupplung durch die Gegend gefahren? Aber er sah, wie Greg ihn angrinste, und er mußte daran denken, wie er Small angegrinst hatte, bevor er ihn niedergemacht hatte, und ihm fielen wieder diese Augen ein – wie sie sich plötzlich verändert hatten. Kalt. Blau. Starr. Also sagte er nichts und steckte die zehn Dollar ein.

»Da, das gehört auch noch dir, Jimmy«, sagte Small und bot Jimmy die Papiertüte mit der halben Flasche Whisky an.

»Danke.« Jimmy drehte sich um und ging auf den Eingang des Hotels zu, von der schwachen Hoffnung erfüllt, sie würden ihn zurückrufen und ihm mehr Geld geben – vielleicht wenigstens einen Hunderter, der ihm eigentlich zugestanden hätte. Aber er hörte nur, wie Greg den Gang einlegte und der Ford ächzend losfuhr.

Linda saß in der Eingangshalle. Sie war ebenfalls gerade nach Hause gekommen.

»Hi, Jimmy.« Sie lächelte. Er mochte ihr kindliches Lächeln: Und er fühlte sich gleich etwas besser.

»Was hast du denn in der Tüte, Jimmy?«

»Na, um das rauszufinden, wirst du wohl oder übel auf mein Zimmer kommen müssen.«

»Was meinst du? Ob ich mich das wohl traue?« Sie kicherte.

»Ich kann dir sagen, ich hab eine anstrengende Nacht hinter mir.« Bei diesen Worten verflog Jimmys Lächeln, und er legte ihr mit einem Gefühl der Müdigkeit und Mutlosigkeit den Arm um die Hüfte. Zusammen stiegen sie die Treppe hoch.

Linda schien ihn zu verstehen. »Also gut, ich komme mit, um zu sehen, was in der Tüte ist. Aber du läßt mich dann auch sehen, was ich sehen will.«

»Klar«, erwiderte Jimmy und küßte sie auf die Wange. Es war ein richtiger Kampf, die dunkle Treppe hinaufzusteigen. Er war todmüde. Als sie in seinem Zimmer waren, nahm er einen kräftigen Schluck, bis sein Hals und sein Magen brannten und ihm die Tränen in die Augen traten. Sie nahm sich eine Kaffeetasse, goß etwas Whisky hinein, füllte den Rest mit Wasser auf und setzte sich aufs Bett.

»Trinkst du nicht gern?«

»Nicht besonders.« Sie lächelte.

»Du bist wirklich süß.« Jimmy stellte die Flasche ab und streichelte ihr rotes Haar, das inzwischen fettig und steif geworden war – und von Schuppen übersät.

»Du bist auch nett, Jimmy«, erwiderte sie und stellte ihre Tasse ab.

»Weißt du was, Linda? Ich mag dich richtig. Weißt du, als ich so über dich nachgedacht habe ... Die ganze Nacht hab ich an dich gedacht ... Ja, ich mag dich wirklich – das hab ich gedacht.«

»Küß mich, Jimmy, aber tu mir bitte nicht weh.« Sie legte sich aufs Bett zurück und schloß die Augen.

Die ganze Zeit, während er sie auszog, dachte Jimmy über das nach, was sie gesagt hatte. Wovon redete sie eigentlich? Ihr weh tun – du lieber Himmel, dachte er. Ihre Möse ist doch keine Rosenblüte. Und dann fiel es ihm plötzlich ein: Scheiße! Das hat diese römische Tussi zu diesem Riegel von Gladiator gesagt, als er sich in diesem Orgienfilm, den sie sich gemeinsam angeschaut hatten, über sie hergemacht hatte. Scheiße!

Die Vögelei war wieder mal nicht allzugut gewesen, fand er, nachdem sie fertig waren und nackt im Bett lagen. Es war nicht einmal so gut gewesen wie das letzte Mal. Daran waren diese zwei Arschlöcher schuld. Diese Idioten hatten es inzwischen sogar geschafft, daß er an nichts anderes mehr denken konnte als daran, wie sie ihn beschissen und ausgenutzt hatten.

»Was hast du denn, Schatz?« wollte Linda wissen. Sie kuschelte sich an ihn und rieb ihr Gesicht an seiner Brust.

Das ist noch was, was diese römische Fotze in dem Film gemacht hat, dachte Jimmy. »Ach nichts«, antwortete er.

»Du bist auf einmal so still.«

»Ich bin einfach müde. Du hast mich ganz schön geschafft.«

Sie kicherte. »Na, das will ich aber auch hoffen.«

Darauf verstummten sie. Er rauchte und sah aus dem Fenster. Der Smog hatte sich aufgelöst, und er konnte die Sterne über der Stadt erkennen. Er versuchte, an die Sterne zu denken. Aber statt dessen dachte er darüber nach, wie er ab morgen groß ins Geschäft einsteigen würde. Klar, das war es. Er würde sich darauf verlegen, Läden auszunehmen. Scheiß auf diese Raubüberfälle, bei denen auch noch auf einen geschossen wurde, ganz abgesehen davon, daß man sich von einem Säufer und einem Irren mit einem Truthahnhals übers Ohr hauen lassen mußte...

»Jimmy?«

»Ja?«

»Weißt du, Jimmy, Pat und ich haben es ganz schön schwer. Wir kommen kaum über die Runden. Mit der Miete sind wir schon zwei Wochen in Verzug. Ich weiß einfach nicht, wie das weitergehen soll, wenn ich nicht bald ein bißchen Geld kriege.«

»Na ja, dann mußt du dich eben schön an mich halten, meine Süße. Ich werde dich dann schon mitnehmen, wenn ich mal aus dieser Scheiße rauskomme. Aber jetzt geh mal lieber in dein Zimmer runter. Pat macht sich bestimmt Sorgen, wo du bist, und außerdem möchte ich jetzt ein bißchen allein sein, damit ich in Ruhe nachdenken kann. Morgen werde ich allein arbeiten, und von da ab wird es auch mit meinen Finanzen aufwärts gehen.«

»Was willst du denn machen, Jimmy?« fragte Linda atemlos und zog sich ihr Kleid über den Kopf. »Willst du mir das nicht erzählen?«

»Nein, meine Süße, das kann ich dir nicht erzählen. Was man nicht weiß, macht einen nicht heiß. Kapiert?«

»Klar, Jimmy, sicher.« Sie packte inzwischen ihre Unterwäsche und die Schuhe, ihre Handtasche und die Schminksachen zusammen. Dann beugte sie sich über ihn und küßte ihn lange auf den Mund. Schließlich streckte sie ihm mit einem Nasenrümpfen die Zunge heraus, lächelte und öffnete die Tür.

»Bis dann also.«

»Jimmy?« Sie drehte sich noch einmal um.

»Ja?«

»Es geht mich ja nichts an, aber ich hätte es doch gern gewußt, weil du so hellhäutig bist und überhaupt. Bist du vielleicht nur ein halber Neger? Vielleicht nur halb und halb, oder so?«

»Ich weiß nicht, Baby«, antwortete er mit müder Stimme. »Ich weiß es wirklich nicht, ganz ehrlich.«

»Weißt du, mir macht das ja auch nichts aus. Und das weißt du doch auch, oder?«

»Klar weiß ich das.«

»Gute Nacht, du Lieber.«

»Gute Nacht.«

Darauf lag Jimmy bis vier Uhr früh im Dunkeln im Bett, bevor er einschlief. Er fand erst Schlaf, als er es schließlich müde wurde, den dünnen, goldenen Schimmer des Flurlichts unter der Tür zu beobachten. Sein Herz schlug schnell, und er beobachtete ihn, bis ihm die Augen zufielen.

Jimmy genehmigte sich am nächsten Morgen drei Tassen Kaffee und ein umfangreiches und sättigendes Frühstück in einem Restaurant. Um neun Uhr war er bereits zum Schuhputzstand unterwegs. Er war sich noch nicht im klaren, was er eigentlich zu Small sagen wollte, wenn er ihn dort traf. Das

Kaufhaus konnte er später ausnehmen. Erst galt es, Small zu treffen. Es würde zu einer Art Auseinandersetzung kommen, und er würde ihm etwas zahlen müssen. Zehn Dollar! Dafür, daß er sein Leben aufs Spiel gesetzt hatte! Da er inzwischen sicher nüchtern war, würde Small das bestimmt einsehen.

Aber dann kam Jimmy ein anderer Gedanke. Würde er denn wirklich nüchtern sein?

»Sag mal, Youngblood«, sprach ihn der grauhaarige Mann an, der gegen die Wand des Stands lehnte, »suchst du Billy?«

»Ja.«

»Den hab ich heute noch nicht gesehen.«

»Hör mal, ich weiß, wo sich dieser Saukerl rumtreibt«, erwiderte Jimmy, wobei er ganz bewußt, je nachdem, mit wem er gerade zu tun hatte, seine Sprechweise und den Dialekt änderte. Auf die eine Tour mit Linda gestern nacht, dachte er, oder mit seinem Bewährungshelfer oder mit diesem bescheuerten weißen Arschloch Greg Powell. Und auf die andere Tour mit diesem Typen. Der bekam sein Niggergebrabbel zu hören.

»Mir ist es völlig egal, wo sich dieser Scheißtyp rumtreibt«, brummte der Schwarze und trank aus seiner Papiertüte.

Jimmy wußte, daß der Mann Billys Vetter war. Oder taten sie nur so, als wären sie verwandt? Nein, wahrscheinlich sind sie wirkliche Vettern, dachte er. Vermutlich besteht diese ganze beknackte Familie nur aus Säufern.

»Hör mal, Bruder«, wandte Jimmy sich an den Mann. »Billy hat sich doch jetzt mit diesem Weißen zusammengetan, weißt du? Und stell dir vor, ich hab bei ihnen mitgemacht, und Billy hat sich ein paar Lappen verdient. Und ich meine, was ich sage – ein paar *Lappen*!«

»Was du nicht sagst?«

»Ja. Und mir schuldet er noch ein bißchen davon. Außerdem könnte ich eine Fuhre brauchen.«

»Dann fahren wir«, schlug der betrunkene Vetter vor, und in zehn Minuten bogen sie zum Harbor Freeway in Richtung Sixtyfifth ab. Jimmy ließ den Vetter an dem Haus vorbeifahren und trug ihm auf, hinter der Ecke zu parken und zu warten.

»Hör mal, ich bin mir nicht sicher, welche Wohnung es genau ist«, log Jimmy. »Du wartest hier, und ich komme gleich wieder zurück, sobald ich an ein paar Türen geklopft habe.«

»Aber ohne Scheiß.« Der Vetter zwinkerte ihm zu, machte es sich in seinem Sitz bequem und nuckelte an der Flasche, die in der braunen Papiertüte steckte.

Maxine öffnete Jimmy die Tür. Auch diesmal fand er, daß sie gar nicht so übel aussah, wenn sie so nett lächelte.

»Ist Small da?« fragte Jimmy.

»Komm rein«, forderte ihn Maxine auf. »Wie wär's mit einem anständigen Frühstück?«

»Na, zumindest gegen eine Tasse Kaffee wäre nichts einzuwenden.« Jimmy sah bereits ein Gewirr aus Decken auf dem Boden, in dem Small schnarchend auf dem Rücken lag. Er hatte die Knie und die Unterarme in die Luft gestreckt, und die Hände hingen mit den Handflächen nach oben seitlich an seinem Kopf herab.

»Sieht fast aus wie eine Kakerlake, die gerade verreckt, hm?« meinte Jimmy schmunzelnd, während er über Small stand, dem im Schlaf der Speichel übers Kinn lief.

Als Small einen Furz ließ, der die Fenster zum Scheppern brachte, schüttelte Max angewidert den Kopf, und Jimmy folgte ihr in das Schlaf-Speise-Zimmer, wo Greg gerade Kaffee trank.

»Hi, Jim«, begrüßte Greg ihn mit einem Lächeln. »Schön, dich zu sehen. Willst du mit uns frühstücken? Wie bist du denn hierhergekommen?«

»Ein Typ hat mich vorbeigebracht. Ein Vetter von Small. Ich hab ihn gleich um die Ecke warten lassen, weil ich dachte, du hättest es vielleicht nicht so gern, wenn zu viele Leute wissen, wo du wohnst.«

»Das hast du gut gemacht«, lobte Greg, als sie beide ein Klopfen an der Tür hörten.

Maxine lugte nach draußen und sagte: »Greg, da steht so ein älterer Schwarzer. Sieht besoffen aus.«

»Das ist Billys Vetter«, sagte Jimmy in seine Kaffeetasse, während er Gregs wütenden Blick auf sich spürte.

»Na gut, verdammte Scheiße, dann laß ihn schon rein«, brummte Greg. »Wenn wir schon dabei sind, könnten wir ja vielleicht gleich noch die ganze liebe Nachbarschaft einladen.«

»Das ist Greg«, stellte Jimmy vor, als der Vetter hereingetorkelt kam. Inzwischen hatte sich Small ächzend und stöhnend auf seinen Ellbogen gestützt.

»Billy muß die Rate für meinen Wagen zahlen«, erklärte der Vetter. »Billy weiß ganz genau, daß er das heute machen muß.«

»Na, dann bringt ihn schon mal dazu, daß er endlich aufsteht, und dann könnt ihr das erledigen«, knurrte Greg, während er sich sein Hemd in die Hose stopfte. Und Jimmy fragte sich, wie es kam, daß der Kerl so verdammt mager war. Immerhin sahnte er nicht schlecht ab, und trotzdem wog er höchstens ein bißchen über sechzig Kilo, was etwa Jimmys Gewicht entsprach. Aber im Falle Jimmys gab es dafür eine Erklärung. Er war pleite und konnte sich keine großartigen Mahlzeiten leisten. Er schätzte, daß er in der Woche, seit er entlassen worden war, an die fünf Kilo abgenommen hatte. Greg war im übrigen etwa einssiebzig groß, was ungefähr Jimmys Größe entsprach. Aber hier hört die Ähnlichkeit auch schon auf, dachte Jimmy. Er ist nämlich verrückt, was man von mir nicht behaupten kann.

»Was hast du denn für einen Wagen?« wollte Greg wissen, als sich Small in seine Hose kämpfte. Unterdessen nahm er zur Stärkung unter Ächzen und Stöhnen einen Schluck aus der Flasche seines Vetters.

»Einen T-Bird.«

»Tatsächlich?« fragte Greg, offensichtlich interessiert.

»Willst du mal damit fahren und mit uns kommen?« schlug der Vetter mit einem Blick auf die Flasche vor, die Small eben leerte.

»Klar«, Greg nickte, während Jimmy den Kopf schüttelte, als sich der Vetter weiter mit ihm über sein Auto unterhielt. Dieser Schleimer kroch dem Weißen bis zum Hals den Arsch rauf, nur um noch eine Flasche abzustauben, dachte Jimmy.

Als die vier Männer die Wohnung verließen, nahm Jimmy all seinen Mut zusammen und versuchte, seiner Stimme einen entschlossenen Klang zu verleihen, als er Greg beiseite winkte. Das Ganze kam dann jedoch mehr als ein Flehen heraus und nicht wie eine Forderung. »Ich bin völlig abgebrannt, Greg. Ich brauche einfach ein bißchen Geld, weißt du. Außerdem finde ich, daß mir sowieso etwas mehr zusteht, wenn du weißt, was ich meine.«

»Klar, Jim. Hier. Hier hast du zehn Dollar. Geh mal schnell in den Laden um die Ecke und hol noch etwas Schenley's, und dann warte hier, bis ich zurück bin. Ich habe einiges vor, Jim. Wirklich einiges. Und Small ist ja nur ein mieser Suffkopf. Auf den kann man sich unmöglich verlassen. Du mußt nur ein bißchen Geduld haben, Jim.«

»Klar, Greg.« Jimmy lächelte. »Natürlich, ich werde auf dich warten.«

Maxine hatte keineswegs etwas dagegen, daß Jimmy blieb und warten wollte, bis Greg zurückkam. »Ein bißchen einsam ist es schon hier, wenn Greg nicht zu Hause ist«, erklärte sie. »Weißt du was, Jimmy? Ich werde dir heute ein richtig schönes Essen kochen. Was hältst du davon?«

»Prima. So was hab ich schon seit Jahren nicht mehr gekriegt.«

»Na wunderbar.« Sie lächelte und schenkte ihm eine ordentliche Portion Whisky mit Soda ein. »Aber erst sollten wir mal einkaufen gehen.«

Jimmy fuhr sie in Gregs Ford zu einem Supermarkt, und während sie die Lebensmittel besorgte, kaufte er den Schenley's. Als sie wieder zu Hause ankamen, war er ordentlich heißgelaufen und dankbar für den weiteren Drink, den Maxine für ihn mixte. Darauf zog sie sich trotz ihres Bauchs ein Paar Shorts und ein dünnes Top an und setzte sich neben Jimmy auf die Couch. Sie wandte sich ihm lächelnd zu, und er konnte sehen, daß sie unter den roten Shorts nichts anhatte. Sie waren nicht ganz zugeknöpft und klafften ein ordentliches Stück auseinander.

»Weißt du, Jimmy, ich wollte Small wegen des Gelds eigentlich nicht in Schwierigkeiten bringen – ganz zu schweigen davon, daß er mir an die Muschi gefaßt hat. Aber er ist immer so besoffen und unbeholfen. Und er hat mir wirklich ganz schön eine auf den Po gedroschen. Ich hab Greg zwar nichts davon erzählt, aber das hat ganz schön weh getan. Mir ist richtig ein blauer Fleck davon geblieben.«

Da war ja noch genügend Platz für weitere blaue Flecken, dachte er, während seine Erregung ständig wuchs. Aber was fand er eigentlich an dieser pummeligen, kleinen, schwangeren Alten mit ihrem riesigen, weißen Bauch und dem kuschligen Pelzchen? Vielleicht waren es ihre geschwollenen Titten. Aber jetzt konnte er sehen, daß sie ihr herunterhingen wie schlaffe Kuheuter, sobald sie ihr Oberteil ausgezogen hatte. Nein, der Grund dafür war eher, daß sie *seine* Frau war. Verdammt noch mal, würde ich diese Frau gern vögeln. Und diesem Kerl würde ich ein für allemal seine Fischaugen zudrücken, falls er den Mund aufmachen sollte. Das wollen wir mal sehen. Mit diesem dämlichen Giraffenhals werde ich wohl noch fertig werden. Wenn er nur nicht diese Scheißknarre hätte.

»Weißt du, Jimmy, du hast einen ganz schön kecken Blick.« Sie lächelte und befühlte einen schrecklichen Pickel auf ihrer Stirn.

»Tut mir leid, wenn ich dich angestarrt hab«, entschuldigte sich Jimmy. »Aber du weißt ja selbst, daß ich eben erst aus dem Knast komme. Na ja, und nach fünf Jahren...«

»Mir macht das doch gar nichts aus«, versicherte Maxine kichernd. »Außerdem, wenn eine Frau so einen dicken Bauch hat und überhaupt so angeschwollen und häßlich ist, dann weiß sie das durchaus zu schätzen, wenn sie einen Mann ansieht. Vor allem so ein hübscher Mann. Du bist ein sehr hübscher Mann, Jimmy.«

»Für mich ist das schon regelrecht unangenehm«, erwiderte Jimmy mit einem Grinsen.

»Ach, du bist gemein.« Maxine lachte und zog ihre Beine unter sich auf die Couch. Dann neigte sie sich leicht vor.

Jimmy hatte eigentlich nur vorgehabt, ein bißchen mit ihr zu flirten. Aber nun geriet ihm das Ganze eindeutig etwas zu sehr aus der Hand. Er war erregt wie nie, seit er aus dem Gefängnis entlassen worden war. Und je mehr er an Greg dachte – und an seine Furcht vor Greg, die er sich jedoch nicht eingestehen wollte, desto größer wurde seine Erregung.

Plötzlich stand Max auf und watschelte in die Küche, um ihnen frische Drinks zu machen. Als sie zurückkam, starrte sie unverhohlen auf die Wölbung in seiner Hose, und als er nach dem Glas griff, glitt ihre Hand an seiner vorbei, und sie stellte ihm den kalten Drink direkt auf seinen Unterleib.

»Wow!« entfuhr es Jimmy.

»Hab ich dir weh getan, Jimmy?« fragte Max.

»Nein, aber dafür bin jetzt ich an der Reihe«, flüsterte Jimmy heiser und strich mit seiner Hand über ihren Schenkel.

»Ach, was soll's«, meinte Maxine, während sie den Reißverschluß ihrer Shorts öffnete. Jimmy keuchte bereits, noch bevor sie die Shorts ausgezogen hatte.

Und es war wirklich toll. Besser als mit der schnuckeligen, kleinen Linda. Und tausendmal besser als mit dieser Fünfdollarnutte. Einfach besser als alles, woran er sich erinnern konnte.

»Ihre Kurven waren eigentlich nur noch Klumpen«, erzählte er später, »sobald sie sich nackt ausgezogen hatte.« Aber das machte nichts. Die Angst vor Greg machte alles wett.

»Hab ich dir weh getan, Max?« fragte er und streichelte vorsichtig ihren Bauch.

»Nein.« Sie zuckte mit den Schultern. »Ich hab schon vorher Kinder gehabt. Ich bin daran gewöhnt.«

Dann stand Greg in der Tür. Sie waren jedoch schon wieder angekleidet. Jimmys Herz klopfte wie rasend, da er ganz vergessen hatte, auf den verräterischen Geruch zu achten. Er schnüffelte wie ein Spürhund im Zimmer herum, als Greg und Billy eintraten. Aber Greg war mit seinen Gedanken ganz woanders. Er merkte nichts.

»Los, Jimmy«, sagte er nach einem schnellen Whisky Soda. »Wir fahren dich jetzt in dein Hotel zurück. Aber erst bringen wir Billy in seine Wohnung.«

»Bis dann also, Max«, verabschiedete sich Jimmy. »Vielen Dank für den Kaffee und überhaupt die freundliche Aufnahme.«

»Gern geschehen, Jimmy«, erwiderte Maxine mit ihrem gewohnten freundlichen Lächeln. Und dann gingen sie.

Nachdem sie Billy nach Hause gebracht hatten, sprachen Greg und Jimmy nicht viel. Schließlich fing Greg an: »Jimmy, ich muß Billy loswerden. So, wie er ist, kann ich einfach nichts mit ihm anfangen. Vielleicht läßt sich ja wieder was mit ihm anfangen, wenn er mit der Sauferei aufhört, aber im Augenblick muß ich den Kerl einfach loswerden.«

»Das kann ich gut verstehen.« Jimmy nickte. Er wußte, was als nächstes kommen würde.

»Ich brauche einen Fahrer, Jimmy. Und du wärst doch genau der richtige Mann dafür. Wir beide könnten wirklich ganz ordentlich absahnen, wenn wir das Ganze richtig anpacken. Billy und ich, wir werfen das ganze Geld immer gleich wieder zum Fenster hinaus. Und ein bißchen was sollte man ja schon auch auf die hohe Kante legen. Aber mit dem guten Bill ist so was ja ein Ding der Unmöglichkeit – bei den Mengen, die der Kerl säuft.«

»Da hast du völlig recht, Greg.«

»Wir beide würden da schon wesentlich besser zusammenpassen, Jim. Du könntest richtig zu meiner kleinen Familie gehören.« Gregs Gesicht drehte sich auf der langen Stütze seines Halses zur Seite, und als er lächelte, standen seine oberen Schneidezähne über die Unterlippe. Seine Wangen waren so eingefallen, daß sein Kinn richtig spitz zulief und sein Gesicht die Form eines umgedrehten Piks hatte.

»Ich werde mich morgen bei dir melden, Jim«, verabschiedete sich Greg, als er vor dem Hotel anhielt. »Bis dann also, Partner.«

»Ich hätte jedenfalls nichts dagegen, ein bißchen Kohle zu machen. Und auf jeden Fall kann ich im Augenblick ein bißchen davon gebrauchen.«

»Bis dann also, Jim.« Greg winkte ihm zu, und dann glitt der Ford winselnd von der Bordkante los.

»Bis später, du bleistifthalsiges Arschloch«, flüsterte Jimmy mit angehaltenem Atem, während er ihm lächelnd nachwinkte.

Du meine Güte, dieses ganze Gelabere. Ständig dieses großspurige Gelabere. Und was kam dabei heraus? Nicht mal ein Fünfer, um ihn für einen Tag über die Runden zu bringen. Nichts. Es war erst zwei Uhr nachmittags, als er das Hotel betrat, und er wußte, daß der Geruch von Desinfektionsmittel von der morgendlichen Putzaktion immer noch im Raum hängen würde. Also suchte er sich in der Eingangshalle einen bequemen Sessel, der nicht zu speckig war und noch etwas Polsterung übrig hatte. Er setzte sich, trank Kaffee, rauchte und dachte über seine Zukunft nach. Das heißt, er dachte an den Rest dieser Woche, deren Ende so weit in der Zukunft lag, wie sich das gerade noch in seine Pläne einbeziehen ließ. So viel hatte ihn das Leben inzwischen bereits gelehrt. Eine Woche vorausdenken. Damit war er der Mehrzahl der gewöhnlichen Ganoven um einiges voraus, die meistens kaum mehr als einen Tag im voraus denken konnten. Aber wer konnte schon für mehr als eine Woche planen? *Er* sicher nicht. Und sicher auch *niemand* sonst, den er kannte. Also plante er für den Rest der Woche voraus.

Vor allem mußte er sich natürlich Klarheit darüber verschaffen, was Gregory Powell eigentlich für ihn bedeutete.

Eigentlich sollte ich diesen Scheißkerl auf der Stelle loswerden, dachte er. Und mich dann an die Arbeit machen. Schließlich bin ich doch als Ladendieb einsame Spitze. Seht mich doch an. Und dann hänge ich ständig mit diesem Halbirren herum und vernachlässige meine wahren Talente. Seht mich doch an! Meine Schuhe kann ich praktisch schon wegwerfen. Die Hose ist völlig verdreckt, die Bügelfalte weg. Ich habe Hunger und nehme ständig mehr ab. Nicht mal frische Sachen kann ich mir anziehen. Scheiße, ich hätte schon längst fünfzig Anzüge abstauben sollen. Warum bin ich nicht am Wilshire, um mir die Geschäfte der Miracle Mile vorzunehmen? Vielleicht sogar zusammen mit einem anderen guten Dieb. Wir könnten schon längst hundert Anzüge eingesackt haben.

Und dann dachte Jimmy an all die Arbeit, die damit verbunden war, hundert Anzüge zu stehlen. Wie oft mußte er in einem Geschäft ein- und ausgehen, wobei er nur so viel abschleppen konnte, wie er an seinem Körper zu verbergen vermochte. Und dann dachte er an den Aufwand, mit den gestohlenen Anzügen durch die Gegend zu ziehen und für weniger als ein Drittel ihres Ladenpreises an den Mann zu bringen. Manchmal war das Risiko beim Verkauf größer als beim eigentlichen Diebstahl. Was war, wenn ihn die Bullen mit einer Ladung nagelneuer Anzüge erwischten? Oder wenn einer seiner Kunden mit einem neuen Anzug geschnappt wurde und ihn bei der Polizei verpfiff? Ja, die Risiken waren nicht unbeträchtlich. Er wurde leicht überdrüssig, je mehr er an die ganze Arbeit und die Risiken dachte.

Raubüberfälle waren in dieser Hinsicht mit Sicherheit wesentlich gefährlicher, das stand außer Zweifel. Aber für wen? Für Greg. Jimmy saß ja nur hinterm Steuer. Wie immer war er wieder einmal nur Nummer zwei. Für ihn war das Risiko relativ gering. Dann dachte Jimmy an den Inhaber des Alkoholausschanks, der blindlings hinter ihnen hergefeuert hatte, als sie mit dieser miesen, rutschenden Kupplung vom Bordstein losgekrochen waren, die Greg angeblich absichtlich so einstellen hatte lassen, um nach einem Überfall nicht panisch abzuhauen.

Jimmys Hände wurden feucht, als er an die Schüsse jener Nacht dachte und an die Vorstellung, wie eine .38er Patrone seinen Schädel durchschlug und er übers Steuerrad gebeugt starb, während dieser Scheißmotor laut aufheulte und die Kupplung rutschte und er ins Nichts davonglitt.

Aber es war idiotisch, an so etwas zu denken. Für den Mann hinterm Steuer waren die Risiken sehr gering. Falls Greg je drinnen in Schwierigkeiten kommen sollte – ein verrückter, schießwütiger Ladeninhaber oder ein Hinterhalt der Polizei – und falls es zu einer Schießerei kommen sollte, dann würde er nur sagen: Adios, Truthahnhals. Und dann würde Jimmy sich in dem Ford klammheimlich aus dem Staub machen, so schnell es ging.

Verdammt, nur ein paar ordentliche Stiche mit Greg, und er hatte genug beisammen, um sich einen guten Transporter zu kaufen, die Beiträge für die Gewerkschaft zu zahlen und sich als Maler und Anstreicher sein Geld zu verdienen. Sogar ein paar anständige Sachen zum Anziehen würden dabei herausspringen, und hin und wieder ein Abendessen in einem guten Restaurant. Vielleicht auch ein paar Platten und ein Plattenspieler und ein guter Radio, ein Fernseher, und ein paar *Frauen*. Wieso sollte er sich mit einer Person wie

Linda zufriedengeben? Es gab doch noch jede Menge anderer hübscher Mädchen. Und irgendwo eine anständige Wohnung. Vielleicht sogar zusammen mit einer Mieze, die so ihre eigenen Nebeneinkünfte hatte oder sogar einen richtigen Job. Sie konnten sich die Miete teilen und einen gemeinsamen Haushalt führen. Inzwischen war er allerdings ins Träumen geraten, was ihm durchaus bewußt war. Er war eindeutig über die eine Woche hinausgeschossen, die er sich als Zeitlimit gesetzt hatte.

Also hörte er damit auf und dachte statt dessen wieder an die bevorstehende Woche. Heute war der 4. März. Diese Woche würde er mit Greg zusammenarbeiten. Vielleicht bis nach dem Wochenende. Dann würde er genügend Geld haben, um auf eigenen Beinen stehen zu können. Dann würde er sich von Greg abseilen.

Für den Rest des Nachmittags und des Abends hing Jimmy in einer Bar in der Fifth Street herum, wo er bis Mitternacht rauchte und trank und die Säufer beobachtete, wie sie sich ihre Drinks zusammenschnorrten. An diesem Abend war er weder an Linda noch an irgendeiner anderen Frau interessiert. Er dachte immer noch nach, als er in sein Zimmer zurückkehrte. Er haßte diese Dunkelheit. Diese dunklen, muffigen Zimmer standen ihm bis obenhin. Er wollte eine Wohnung mit hellem Lampenlicht und Blattgoldtapeten und schneeweißen Teppichen, wie er das im Kino gesehen hatte. Aber dann fiel ihm ein Camp für Farmhelfer in der Nähe von Bakersfield ein, wo er einmal gewohnt und als Erntehelfer gearbeitet hatte. Er erinnerte sich an schmierigen Lehm, der ihm bis an die Knöchel reichte. Der Dreck war überall, man konnte ihm nicht entrinnen, und die Kakerlaken knirschten wie Kies unter den Füßen. Da war das schon besser. Da war dieses dunkle Hotelzimmer doch noch unendlich viel besser.

Am nächsten Morgen rasierte sich Jimmy gerade, als das Telefon klingelte und ihn so erschreckte, daß er sich schnitt. »Hallo, altes Haus«, meldete sich eine bekannte Stimme.

»Komm schon rauf, Greg«, erwiderte Jimmy. »Ich rasier mich gerade.« Und kurz darauf saß Greg auf dem einzigen Stuhl im Raum, die Füße auf dem Bett.

»Da hast du ja wirklich ein ganz schön mieses Loch, Jim«, bemerkte Greg munter, und Jimmy begann sich wieder zu ärgern. »Aber lange wirst du nicht mehr so wohnen müssen. Ich habe nämlich gute Nachrichten, Jimmy. Ich hab mir Small vom Hals geschafft. Ab jetzt arbeiten nur noch wir beide zusammen, du und ich. Außerdem plane ich einen Überfall, bei dem sicher fünfundzwanzig Riesen rausspringen. Und zwar ziehen wir das Ding noch heute durch.«

»Fünfundzwanzig *Riesen*?«

»Und das Ganze ist wirklich nur ein Klacks«, meinte Greg grinsend. »Los, Jim, sieh endlich zu, daß du fertig wirst. Wir haben noch einiges zu tun.«

Nach fünfzehn Minuten befanden sie sich wieder einmal in der näheren Umgebung von Smalls Schuhputzstand, und Greg redete aufgeregt auf Jimmy ein, während sie in der heißen Sonne auf einem Parkplatz standen.

»Es gibt da einen Farbigen, der auf diesen Parkplatz aufpaßt, Jimmy. Er ist verkrüppelt und kümmert sich auch um die zwei auf der anderen Straßenseite. Er paßt auf, daß niemand einen Wagen klaut und so. Aber wir wissen ja nun, wo er ist, und somit stellt er für uns kein Problem mehr dar. Gehen wir also mal in den Hinterhof und sehen nach, ob es dort einen Hintereingang zu einem der Kaufhäuser gibt, durch den wir zum Broadway durchkommen, wenn wir in der Richtung abhauen.«

Jimmy war sich hinsichtlich ihres Vorhabens nach wie vor im unklaren, aber er ließ Greg gewähren, wenn er schon unbedingt glaubte, sich wie ein General beim Planen einer Schlacht aufführen zu müssen. Schließlich entdeckten sie einen öffentlich zugänglichen Hintereingang zu einem großen Geschäftshaus. Greg ging mit seinen großtuerischen Schritten voraus. Sie kamen an einem Verkaufsstand mit billigen Aktentaschen aus Kunstleder vorbei.

»Davon werden wir eine brauchen, Jim«, erklärte Greg. »Ich möchte eine große Aktentasche, die sich ganz leicht öffnen läßt. Dieser Typ trägt das ganze Geld nämlich lose mit sich rum.«

»Greg – äh – wer *ist* eigentlich dieser Typ?«

»Ein Mann, der das ganze Geld einsammelt, Jimmy.« Greg

lächelte und bezahlte die Aktentasche. »Er sammelt die Einnahmen von etwa hundert Parkplätzen ein.«

»Von hundert Parkplätzen!« stieß Jimmy zwischen den Zähnen hervor. Inzwischen war er sichtlich beeindruckt. »Das ist ja echt ein Ding, Greg. Von *hundert* Parkplätzen!«

Greg kicherte, und Jimmy folgte ihm auf den Broadway hinaus, wo sie zu Smalls Schuhputzstand weitergingen.

»Ich werde ihn mir schnappen, wenn er in den Parkplatz neben Billys Schuhputzstand fährt, Jimmy. Er wird dort gegen halb zwölf vormittags in einem kleinen, dunkelblauen Coupé mit einer Beule im Kotflügel angefahren kommen. Du wirst hier am Broadway parken. Stell die Kiste einfach in einer dieser Ladezonen ab. Oder park in der zweiten Reihe, wenn's sein muß. Jedenfalls wirst du mich dann hier abholen. Kapiert?«

»Ja, aber wie soll sich der erste Teil abwickeln?«

»Na ja, der erste Teil soll folgendermaßen aussehen: Du parkst auf einem Parkplatz drüben an der Hill, von wo aus du Billys Stand beobachten kannst. Besorg dir einen Parkzettel, aber stell den Wagen selbst ab. Setz dich rein und beobachte den Stand. Wenn der Typ dann auftaucht, gebe ich dir ein Zeichen. Weißt du, ich werde einfach dasitzen, als wollte ich mir die Schuhe putzen lassen. Ich werde meinen Hut tragen – den aus Filz mit der kleinen Feder. Und wenn er kommt, werde ich den Hut abnehmen und mir mit der Hand durchs Haar fahren. Dann fährst du zur Seventh, wendest und fährst zum Broadway zurück. Dort werde in wenigen Minuten dann auch ich mit der Knete ankommen. Weißt du, ich brauche nichts weiter zu tun, als ihm meine Knarre unter die Nase zu halten und das Geld zu nehmen. Und dann sage ich ihm, er soll sich auf den Boden legen, während ich losrenne – durch den Hinterhof und den Hintereingang von dem Kaufhaus und dann vorn wieder raus. Kapiert?«

»Ja.«

»Und ich sag dir, dabei springen mindestens fünfundzwanzig Riesen raus.«

»Ja.«

»Und wir fangen jetzt gleich an.«

»Was?«

»Jetzt. Heute. Es ist schon fast halb zwölf.«

»Großer Gott. Ich dachte, wir wollten uns heute das Ganze erst mal in Ruhe ansehen und durch den Kopf gehen lassen.«

»Wieso? Was sollen wir noch lange herumüberlegen?«

»Großer Gott.«

»Denk doch mal, Jim. Fünfundzwanzig Riesen.«

»Großer Gott.«

Sie kehrten zum Wagen zurück, holten sich die Knarre und steckten sie in die Aktentasche. Dann setzte Greg seinen Hut und die Sonnenbrille auf und schlenderte über die Straße zum Schuhputzstand. Einmal wandte er sich um und winkte Jimmy zu.

Auf dem Parkplatz im Wagen war es sehr heiß. Für März ist es eigentlich viel zu heiß, dachte Jimmy. Und der Verkehr ist ziemlich dicht. Und der Smog ist auch ganz schön stark. Dabei half es auch nichts, an seine Hälfte von den fünfundzwanzigtausend zu denken. Das war einfach zuviel Geld, um sich eine genauere Vorstellung davon machen zu können. Im Augenblick war das Ganze einfach nur eine Zahl für ihn. Also dachte er daran, wie er sich eine Lizenz als Bauunternehmer besorgen und ins Geschäft einsteigen würde. Er würde Häuser, Wohnungen, Büros anstreichen und dabei eine Menge netter Büromädchen kennenlernen, während er in klimatisierten Räumen zu leiser Musik arbeiten würde. Er saß eine halbe Stunde da und beobachtete Greg, der jedoch seinen Hut nicht abnahm. Schweißgebadet wartete Jimmy weiter. Um halb zwei kam Greg schließlich wieder mit seiner Aktentasche zum Wagen zurück.

»Vielleicht hat der Kerl seine Tour umgestellt«, meinte Greg, als er in den Wagen stieg. »Oder er ist heute schon früher gekommen.«

Und damit verpuffte Jimmys kurzer Traum von einer Zulassung als Anstreicher und von der Arbeit in vollklimatisierten Büros mit leiser Hintergrundmusik. Und schnuckeligen, kleinen Sekretärinnen.

»Jetzt fahren wir nach Hause und lassen uns von Max was zu essen machen«, schlug Greg vor. Und Jimmy fuhr niedergeschlagen zu Gregs Wohnung.

Als sie dort ankamen, sank Jimmys Stimmung sogar noch

tiefer, als Maxine nicht auf sein vertrauliches Zwinkern reagierte, als Greg im Raum nebenan war. Sie tat so, als wäre nie etwas zwischen ihnen gewesen. Das verletzte Jimmys Eitelkeit. Er fragte sich, ob er am Tag zuvor gut gewesen war. Du lieber Himmel, wenn er es nicht einmal mehr im Bett brachte.

»Kein Glück gehabt heute?« fragte Maxine mitfühlend. Sie küßte Greg auf die Wange, als sie ihm und Jimmy jeweils einen Schenley's und ein Seven-up hinstellte.

»Nein«, brummte Greg.

»Wie wär's mit einem anständigen Essen?« schlug Max vor und strich Greg übers Haar. Als Jimmy sie neuerlich anzwinkerte, ignorierte sie ihn einfach. Ach, leck mich doch, dachte er und ließ von nun an das Zwinkern bleiben.

»Was Anständiges zu essen könnten wir durchaus vertragen. Gar keine so schlechte Idee«, stimmte Greg zu.

Einige Drinks später dampfte das Abendessen vor ihnen auf dem Tisch. Es waren Fertiggerichte. Jimmy riß die Alufolie auf und stürzte sich gierig auf das Essen.

»Schmeckt wirklich gut, Max«, meinte Greg lächelnd, und Max strahlte zufrieden. »Jim, wieso bleibst du nicht einfach über Nacht?«

»Na ja, ich weiß nicht, Greg. Vielleicht ruft mein Bewährungshelfer im Hotel an.«

»Ach was, ruf doch einfach im Hotel an und frag nach, ob jemand für dich angerufen hat.«

Jimmy nickte. »Okay.« Und dann machte er sich auf den Weg zu der Tankstelle an der Ecke, um nach einem Telefon zu suchen, von dem aus er in seinem Hotel anrufen konnte. Als er wieder zurückkam, hatten sich seine Phantasien merklich verfestigt, und nach ein paar weiteren Drinks, war er auch tatsächlich Feuer und Flamme.

»Weißt du was, Jim«, schwärmte Greg, als sie auf der Couch saßen und tranken. »Ich habe schon Mordspläne für uns, wenn wir endlich mal einen Haufen Kohle haben. Schließlich können wir nicht bis an unser Lebensende mit diesen Raubüberfällen weitermachen.«

»Das finde ich allerdings auch, Greg.«

»Ich hab mal in Oceanside als Mechaniker gearbeitet, und

ich hab mir gedacht, ich könnte doch eine kleine Reparaturwerkstätte aufmachen oder was in der Art. Aber dafür brauche ich mindestens zehntausend.«

»Stell dir vor, ich hab im Knast wirklich gut gelernt, wie man Häuser anstreicht. Ich könnte mir eine Lizenz besorgen und als Anstreicher arbeiten – Wohnungen, Häuser, Büros und so. Und vielleicht könnten wir beide ja richtig eine kleine Anstreicherfirma aufziehen.«

»Na ja, kann gut sein, aber ich hab keine Ahnung von so was. Aber vielleicht könnten wir uns das Ganze irgendwie teilen, daß jeder die Hälfte beisteuert. Du fünf Riesen und ich fünf Riesen. Halb Werkstätte, halb Anstreicherfirma.«

»Eine Autoreparaturwerkstätte, die Häuser anstreicht? Das klingt doch wohl ein bißchen eigenartig, Greg, oder nicht? Aber ich könnte mich da natürlich auch täuschen.« Jimmy trank sein Glas leer und schenkte sich kräftig nach.

»Na ja, jedenfalls werden wir gemeinsam was aufziehen. Das steht fest. Wir bleiben Partner.«

»Klar, wir werden gemeinsam was auf die Beine stellen, Greg«, pflichtete ihm Jimmy bei. Und er sollte recht behalten.

Den nächsten Tag verbrachten sie damit, mit Maxine in den Pfandleihen von Hollywood einkaufen zu gehen. Sie waren gut gelaunt, und vor allem Maxine genoß es, endlich einmal verschiedene Dinge kaufen zu können, die sie sich schon lange gewünscht hatte – ein Radio, einen Plattenspieler, für Greg einen Ring und für sich selbst eine Uhr.

»Die Fassung hier ist lose«, beschwerte Greg sich bei dem Pfandleiher, nachdem er den Ring ein paar Minuten getragen hatte.

Der Pfandleiher nahm ihn unter die Lupe und behauptete: »Nein, der Ring ist einfach nur so gemacht. Aber Sie haben eine Menge bei mir gekauft. Ich gebe Ihnen das Radio und den Plattenspieler zu einem günstigen Preis.« Greg schien zufrieden zu sein und vergaß die Fassung des Rings.

»Wie wär's mit einer Uhr, Jim?« fragte Greg großzügig. »Wie wär's mit einer von denen hier?« Er deutete auf einen Behälter mit Armbanduhren, in dem ein Pappschild mit der Aufschrift steckte: ›Jedes Stück 14.95 Dollar.‹

»Ich brauche keine Uhr«, erwiderte Jimmy.

»Und ob«, beharrte Greg und nahm eine heraus. »Nimm die da. Das ist ein Geschenk. Es ist eine gute Uhr. Ich möchte, daß du sie nimmst.«

»Ja, das glaube ich auch«, entgegnete Jimmy schüchtern. »Das ist echt eine gute Uhr. Für den Preis ist das echt eine tolle Uhr.«

»Die nehmen wir auch noch«, wandte Greg sich an den Pfandleiher, und Jimmy freute sich wirklich über dieses Geschenk. Seit den Kleinigkeiten, die er als Kind manchmal bekommen hatte, war dies sein erstes richtiges Geschenk. »Die Uhr finde ich echt toll, Greg«, bedankte er sich leise.

Den Rest des Tages verbrachten sie in Gregs Wohnung damit, ihre Einkäufe auszuprobieren, Schenleys und Seven-up zu trinken, eine Fertigmahlzeit zu essen und Gregs Erinnerungen an ehemalige Mitsträflinge zu lauschen, von denen er dachte, daß Jimmy sie kannte oder von ihnen gehört hatte. Dieser Kerl kann sich wirklich an eine Menge Namen erinnern, dachte Jimy. Er hat wirklich ein famoses Gedächtnis.

Nachdem er von seinen Boxerfahrungen in Vacaville und dem Kampf erzählt hatte, in dem ihm seine Nase gebrochen worden war, meinte Greg: »Es ist jetzt acht Uhr, Jim. Sollen wir uns an die Arbeit machen?«

Greg staffierte sich wieder auf dieselbe Art heraus – Filzhut, Trenchcoat, dunkles Hemd und dunkle Hose, Stiefel, Muttermal und Bleistiftsstrichschnurrbart. Nur kam diesmal noch etwas dazu – ein Halfter. Es war ein altes Halfter, das er, um schneller ziehen zu können, unterhalb der Trommel abgeschnitten hatte und das sich an der Innenseite des Gürtels befestigen ließ.

»Schau mal, wie dieses Halfter funktioniert, Jim«, sagte Greg und griff an seinen Gürtel, wo er jedoch erst eine Weile herumfummelte, bis er den Revolver herausbrachte.

»So arg schnell war das aber nicht gerade, Greg«, bemerkte Jim ernst.

»Na ja, ich hab mich im Mantel verheddert«, entschuldigte sich Greg. »Aber was ich außer Ziehen und Schießen wirklich trainiere, ist der Blick. Ich mach das immer vor dem Spiegel.«

Er zog neuerlich und starrte auf das imaginäre Opfer. Jimmy kicherte und beobachtete Greg eine Weile, bis dieser sagte: »Los, Geld her!« Das imaginäre Opfer reagierte offensichtlich nicht auf diese Aufforderung, da die Knöchel von Gregs Hand weiß wurden und die Waffe für ein paar Sekunden zu zittern begann, bevor langsam der Blick kam. Ausdruckslos. Eisig. Mit einem Blitzen. Jimmy lief es allein vom Zusehen kalt den Rücken hinunter. Dann begann Greg plötzlich zu lachen. Er steckte den Revolver in das Halfter zurück, und alles war vorbei.

Unsere Wege werden sich schneller trennen, als du denkst, mein Freund, dachte Jimmy, während er seine Zigarette ausdrückte. Seine Hand zitterte, was Greg jedoch nicht bemerkte, da er Maxine einen ausgiebigen Abschiedskuß gab.

Den ersten Supermarkt überfielen sie, als er gerade zumachte. Unzählige Gedanken und Ängste schossen durch Jimmys Kopf, während er auf Greg wartete. Dieser Scheißtrenchcoat. Meine Güte, in so einer heißen Nacht ist dieser Mantel echt zu auffällig. Außerdem laufen in L. A. kaum Weiße mit einem Hut rum. Du lieber Himmel. Diesem Idioten ist doch das Wort Überfall in Neonbuchstaben übers Gesicht geschrieben. Wenn ich in diesem Supermarkt arbeiten würde, hätte ich schon auf den Alarmknopf gedrückt, bevor überhaupt die Tür hinter ihm wieder zugegangen wäre. Mein Gott.

Jimmy stellte sich vor, wie Greg den Revolver zog und gleichzeitig den Hahn spannte. »So macht man das, Jim. Sie sollen das Klicken ruhig hören, wenn man den Hahn spannt. Und dann richte den Lauf genau auf ihren wunden Punkt.«

Diese gespannte Knarre, dachte Jimmy. Das Klicken. Und der Ausdruck in seinen Augen. Allmächtiger.

»Immer schön mit der Ruhe, Jimmy«, hatte Greg auf Jimmy eingeredet, als er ausgestiegen war. »Und wenn du mich rauskommen siehst, Ruhe bewahren, mein Junge. Ich werde ganz schnell am Wagen sein. Ich hab da so einen speziellen Gang trainiert. So eine Art Hopsen, das für einen Außenstehenden aussieht, als würde ich einfach nur schnell gehen.«

Jimmy nickte nervös. »Klar, Greg. Du hast aber wirklich an alles gedacht. Wirklich Klasse.«

»Ich werde mir beide Kassen vornehmen, Jim. Sozusagen zwei Fliegen auf einen Schlag.«

»Ja.«

Als er weg war, bemerkte Jimmy den alten, klapprigen Wagen mit dem Mexikaner und einer ganzen Kinderschar darin. Er war direkt neben der Einfahrt geparkt. Was würde passieren, wenn sie noch da waren, wenn Greg wieder rauskam? Großer Gott, das konnte ja wirklich eine Menge Scherereien bedeuten. Wenn es zu einer Schießerei kam...

Aber wenige Minuten später sah er Greg über den Parkplatz auf den Wagen zukommen. Er machte alle paar Meter einen eigenartigen Hüpfer, der ihn in Jimmys Augen wie ein hungriges Känguruh erscheinen ließ. Er reckte seinen Hals, um nach den Bullen Ausschau zu halten, als der Ford mühsam ächzend davonglitt.

»Bieg rechts ab, Jim«, befahl Greg, während er in den fahrenden Wagen sprang. »Und schalt das Licht ein! So ist es gut, immer schön mit der Ruhe. Fahr dort vorn auf den Freeway. He, wo fährst du hin, Jimmy?«

»Entschuldigung.« Jimmy biß die Zähne aufeinander, um das Zittern in seinem Kiefer unter Kontrolle zu bringen. Ihm war kalt, und gleichzeitig schwitzte er. Er hatte ein flaues Gefühl im Magen und war einer Panik nahe.

»He, was ist mit dir los?«

»Nichts. Ich sehe nur schlecht. Ich sollte eigentlich eine Brille tragen.«

»Na gut, aber jetzt dreh endlich um und fahr in der anderen Richtung.«

»Okay.«

»Fahr auf den Freeway und dann bis zur Long Beach-Ausfahrt.«

»Okay.«

Sie beschleunigten, bis das Getriebe schließlich mit dem heulenden Motor Schritt halten konnte. Jimmy beobachtete die Straße, blinzelte in die Scheinwerfer der entgegenkommenden Autos und behielt die Ausfahrtschilder im Auge. Dann fuhr er aber trotzdem an der Ausfahrt vorbei.

»Verdammte Scheiße, Jimmy, was ist denn nur mit dir los?«

»Schrei mich bitte nicht so an, Greg. Meine Augen sind einfach wirklich nicht gut.«

»Na gut, dann nimm die nächste Ausfahrt. Wir nehmen noch einen Supermarkt aus. Mal sehen – da wäre zum Beispiel dieser Safeway in der Whittier. Wir fahren also erst mal nach Long Beach und sehen, was sich da machen läßt. Dann fahren wir wieder in die Gegend zurück, wo wir eben waren, und nehmen uns einen anderen vor. Und vielleicht stoßen wir noch auf einen geeigneten Alkoholausschank.«

»Wieso willst du denn wieder dorthin zurück, wo wir den ersten Überfall gemacht haben, Greg? Sollten wir uns nicht besser nach jungfräulichem Gelände umsehen? Ich meine, ist das nicht ein bißchen riskant?«

»Quatsch, ich hab da so eine Theorie, mit der die Bullen nicht klarkommen. Bisher hat das immer hingehauen. Wir fahren auf jeden Fall wieder zurück.«

»Wieviel haben wir denn bis jetzt?«

»Ich schätze, so ein paar hundert.«

»Nicht schlecht. Das läßt sich ja wirklich sehen, Greg.« In seiner Angespanntheit drückte Jimmy voll aufs Gas, und der Ford beschleunigte auf hundertdreißig, hundertfünfzig, hundertsechzig.

Aber Greg achtete nicht darauf. Er zählte das Geld und schnatterte aufgeregt darauflos. »Du hättest diese Alte sehen sollen, Jim. Die hat vor Angst gleich zweimal in die Hosen gemacht. Ich möchte wetten, daß die selbst jetzt vor Schiß noch kein einziges Wort herauskriegt. Mein Gott, war das ein Spaß!« Er blickte auf. »Verdammt noch mal, Jimmy, wir sind schon fast im Zentrum von Long Beach. Du fährst heute ständig an den Ausfahrten vorbei!«

Jimmy riß das Lenkrad nach rechts, holperte über den Bordstein, der die Ausfahrt vom Freeway trennte, und schlitterte unter lautem Quietschen über den Asphalt.

»Mensch, fast hättest du uns zu Schrott gefahren, Jim!« brüllte Greg, während Jim den Wagen allmählich wieder abfing und langsam die Ausfahrt hinunterfuhr. Wenige Augenblicke später parkten sie auf dem Parkplatz eines

Supermarkts, der rund um die Uhr geöffnet war. »Reiß dich bloß zusammen, wenn wir diesmal von hier abhauen!«

»Alles in Ordnung, Greg«, antwortete Jimmy. »Alles klar.«

Er mußte nicht lange warten, während Greg dem Mann an der Kasse den Revolver unter die Nase hielt, ihn anstarrte und auf eine Art, die sein Opfer vor Schreck fast lähmte, leise zischte: »Los, Beeilung, du Arschloch.« Und dann kam Greg auch schon wieder über den Parkplatz gehopst.

In der Dunkelheit strengte Jimmy seine Augen an, um nach vorbeifahrenden Polizeiautos Ausschau zu halten. Dann schaltete er das Licht an, legte den ersten Gang ein und sagte sich wiederholt vor, daß er langsam fahren mußte. Im nächsten Augenblick sprang Greg auch schon in den fahrenden Wagen. Diesmal verlief alles glatt. Perfekt. Greg triumphierte: »Ich hab wieder beide Kassen!«

Sie hatten die Straße erreicht, und Jimmy war nicht in Panik geraten.

»Bieg hier nach rechts ab«, forderte ihn Greg auf. »Und immer schön mit der Ruhe. Über diesen Supermarkt habe ich schon meine Erkundigungen eingezogen. An der roten Ampel dort vorn kannst du rechts abbiegen. Das wär's. Und jetzt fährst du einen Block und biegst noch mal ab.«

Es lief tatsächlich wie geschmiert. Während er fuhr, kehrte Jimmys Zuversicht langsam wieder zurück.

»Noch mal rechts abbiegen«, sagte Greg, »und wir kommen direkt auf den Freeway zu.«

»Verdammte Scheiße!« stieß Jimmy hervor. »Das ist eine Sackgasse!«

»Reg dich doch nicht gleich so auf, verdammt noch mal«, versuchte Greg ihn zu beruhigen. »Du brauchst doch nur kurz mal zu wenden.«

»Greg, inzwischen sind vielleicht schon längst die Bullen angerückt!« winselte Jimmy.

»Fahr einfach wieder zurück, wie wir hergekommen sind, und flipp nicht gleich aus«, antwortete Greg, und Jimmy entging das Zittern in seiner Stimme keineswegs, die inzwischen mindestens um eine Oktave gestiegen war. Jimmy spürte die wachsende Panik, während er instinktiv aufs Gas drückte, so daß der Motor aufheulte.

»Halt! Bleib mal kurz stehen!« befahl Greg unvermittelt.
»Wieso?«
»Halt sofort an. Ich hab meinen Hut verloren!«
»Ach, scheiß doch auf den blöden Hut!«
»Halt sofort an, Jimmy. Im Hutband steht mein Name. Sie können mich mit dem blöden Ding identifizieren. Also halt endlich an, verdammte Scheiße!«
Als Jimmy daraufhin doch an den Randstein fuhr, stellte er zu seinem Entsetzen fest, daß sie sich direkt vor dem Supermarkt befanden, den sie eben ausgeraubt hatten.
»Greg, wir können hier nicht stehenbleiben!«
»Hab ich den Hut aufgehabt, Jim, als ich rein bin?«
»Greg, wir müssen weg hier!«
Aber Greg ignorierte ihn einfach und suchte überall im Wagen nach dem Hut – unter dem Sitz, seitlich davon, zwischen Rück- und Vordersitz. »Wenn wir diesen Scheißhut nicht finden, muß ich noch mal in diesen Supermarkt rein.«
»Du hast sie wohl nicht alle, Greg!«
Und dann der erlösende Schrei »Ich hab ihn, Jim! Ich hab ihn! Er war zwischen den beiden Sitzen eingeklemmt.«
Schon vor dem zweiten »Ich hab ihn!« stieg Jimmy aufs Gas, und der Ford jaulte die Sackgasse hinunter, ordnete sich, allmählich beschleunigend, in den Verkehr auf der nächsten Durchgangsstraße ein und fuhr schließlich zum Freeway.
Das war Gregory Powells neunzehnter Raubüberfall gewesen, sein vierter mit Jimmy Smith.
Und es war der letzte, den die beiden je begehen sollten.
»Ich glaube, wir haben schon so in etwa einen Riesen kassiert, Jim«, stellte Greg fest, als sie vom Harbor Freeway abbogen, um zu Gregs Wohnung zu fahren. »Ich würde sagen, für heute abend haben wir genügend geschafft.«
Jimmy spürte, wie er innerlich zusammensackte, als Greg dies sagte. Noch einen Überfall hätte er in dieser Nacht nicht mehr durchgestanden. Wenn überhaupt noch einen. Schließlich parkten sie vor Gregs Wohnung. Sie befanden sich in Sicherheit.
»Hör mal, Jim«, meinte Greg, als sie aus dem Wagen

stiegen. »Weißt du was? Wir schmieren Max jetzt ein bißchen an. Wir lassen das Geld hinten im Wagen auf dem Boden zurück und erzählen ihr, wir hätten heute abend keinen Stich gemacht. Was glaubst du, wie sie sich darüber freuen wird! Sie mag nämlich nicht, daß ich ständig diese Dinger drehe, weißt du. Und dann gehst du noch mal raus und holst die Knete und bringst sie in die Wohnung.«

»Gut«, erwiderte Jimmy lustlos und erschöpft.

»Paß gut auf, wie glücklich Max sein wird, wenn sie hört, daß wir heute keinen Überfall gemacht haben.«

Jimmy nickte. »Werd ich.« Und dann erzählten sie es ihr. Allerdings schien ihm die Freude zu entgehen, die Greg angekündigt hatte. Im Gegenteil, wenn er sich nicht täuschte, hatte Max sogar enttäuscht geseufzt.

»Ach, Jim, geh doch noch mal kurz nach draußen und hol meinen Mantel«, forderte ihn Greg schließlich auf. Mit einem Nicken schlurfte Jimmy zum Wagen nach draußen, um die Papiertüte mit dem Geld zu holen. Er entschloß sich, unter dem Sitz nachzusehen, und tatsächlich lag dort auch ein Fünfdollarschein. Jimmy steckte ihn in seinen Schuh, gelangte aber nach kurzem Überlegen zu der Überzeugung, daß Greg den Schein absichtlich dort hatte liegenlassen, um ihn auf die Probe zu stellen. Also holte er ihn wieder heraus und steckte ihn zu den restlichen Scheinen in die Tüte. Aber nun wußte Greg auch, wieviel Geld sie enthielt, während er, Jimmy, das nicht wußte. Sicher wird er mich wieder übers Ohr hauen, dachte Jimmy. Ja, am besten sollte ich mir jetzt gleich schon mal zwanzig Dollar abzweigen. Wahrscheinlich sind sowieso mehr als achthundert in der Tüte. Ich würde es diesem Scheißkerl ja zu gern mal zeigen. Dem würde ich gern den Kopf abreißen und umgekehrt wieder auf seinen blöden Giraffenhals setzen. Ja. Und dann würde ich mal gern den Scheißasphalt mit diesem Scheißschädel aufgraben. Ja. Das war es, was Jimmy dachte. Aber er äußerte keinen seiner Gedanken. Und er zweigte auch die zwanzig Dollar nicht für sich ab.

Greg packte die Tüte, stieß Max ins Schlafzimmer und ließ dort die Scheine aus der hocherhobenen Tüte übers Bett niederregnen. Jetzt erst bemerkte Jimmy auf Maxines Gesicht den Ausdruck, den Greg vorher angekündigt hatte. Reine Freude. Kindlich, unkompliziert, unverhohlen. Sie sprang aufs Bett und spielte mit dem Geld, indem sie die Scheine mit vollen Händen aufschaufelte und in die Luft warf. Greg watschelte lachend in die Küche und schenkte sich einen Schenley's mit Seven-up ein.

»Lassen wir doch schon mal meinen kleinen Kassierer das Geld zählen, Jim«, schmunzelte Greg. Er zog sich aus und ging nur in seiner Unterhose in die Küche zurück. »Und wir genehmigen uns inzwischen schon mal einen Drink.«

Sie ließen Max allein zurück. Sie saß mit leuchtenden Augen auf dem Bett und zählte mit lauter Stimme das Geld.

Als sie wieder ins Schlafzimmer zurückkamen, hatte sie die Scheine, ihrem Wert entsprechend, in einzelnen Stapeln aufgereiht. »Ein Zwanziger gehört mir, Jim. Damit habe ich so getan, als wollte ich für den Schenley's zahlen, als ich an die Kasse kam. Den werde ich mir wieder nehmen, und den Rest teilen wir.«

Jimmy nickte. »In Ordnung.«

Nachdem Greg den Zwanziger an sich genommen hatte, kam Max auf insgesamt eintausendundvierzig Dollar.

»Was hältst du davon, wenn wir die übrigen vierzig Dollar unserem Kassierer geben, Jim?«

»Klar«, entgegnete Jimmy. »Schließlich hat Max mich ja auch bestens mit Essen und Drinks versorgt.« Und die kleine Nummer, die wir geschoben haben, war auch nicht zu verachten, dachte Jimmy und zwinkerte Max kichernd zu. Aber sie zeigte auch diesmal keine Reaktion. Na ja, muß ja nicht sein, dachte Jimmy.

»Max, zähl für Jimmy und mich mal hundert Dollar ab. Wir zwei werden heute noch einen draufmachen. Was hältst du von einer Runde Bowling, Jim? Schließlich haben wir uns nach der Aufregung auch ein bißchen Spaß verdient. Oder möchtest du dein Geld lieber für ein Mädchen anlegen? Mir soll's recht sein, aber ich möchte auf jeden Fall genug übrig haben, daß ich dann noch nach Hause komme.«

»Mann, einen Hunderter in der Tasche, das wäre echt mal wieder ein Ding«, meinte Jimmy grinsend, während Max das Geld abzählte.

»Falls uns was zustoßen sollte und wir je eingelocht werden sollten, was soll's? Wir haben doch Max. Sie wird uns in null Komma nix gegen Kaution freibekommen. Max ist mindestens genausogut wie ein Haufen Geld auf der Bank, oder etwa nicht, mein kleiner Bankier?« Bei diesen Worten küßte Greg seine Frau lächelnd auf ihre Knollennase.

»Nehmen wir doch die Einer und Fünfer, Greg«, schlug Jimmy vor. Er dachte, auf diese Weise würde sein Bündel mit Geldscheinen eindrucksvoller aussehen. Während Greg sich dann zum Ausgehen anzog, ordnete Jimmy die kleinen Scheine sorgfältig zu einem dicken Bündel. Du lieber Gott, dachte Jimmy, als er Greg schließlich in seiner engen Hose und der schmalen Krawatte sah. Eigentlich sollte ich diesem Idioten ja wirklich mal beibringen, wie man sich anzieht. Aber ich halte doch lieber die Klappe, damit er nicht sauer wird.

»Du und ich, wir haben so ziemlich genau die gleiche Größe und dieselbe Figur, Jimmy. Wenn du willst, kannst du jederzeit was von meinen Sachen anziehen.« Greg deutete in einer großzügigen Geste auf seinen Kleiderschrank.

»Danke, Greg.« Jimmy suchte sich ein Sporthemd und eine Jacke aus.

»Wie wär's mit 'ner Hose, Jim?«

Jimmy winkte ab: »Nein danke. Du trägst deine immer ganz schön eng, und ich habe O-Beine, und überhaupt.«

Jimmy schaffte es, sich in ein Paar von Gregs Schuhen zu zwängen. Aber so eng sie sein mochten, sie waren doch unendlich viel besser als die Gefängnislatschen, die er sich spätestens am nächsten Tag vom Hals schaffen würde. Als nächstes tuckerten sie über den Harbor Freeway zu Jimmys Hotel. Greg wollte Jimmy wieder einmal mit seinen Fahr- und Schaltkünsten, inklusive rutschender Kupplung, beeindrucken.

Im Hotel fand Jimmy in seinem Fach eine Karte seines Bewährungshelfers vor, der an diesem Tag im Hotel gewesen war und Jimmy morgen, am 7. März, in seinem Büro sprechen wollte. Als Jimmy wieder zu dem wartenden Station Wagon ging, war er etwas nervös.

Während sie auf der Eleventh Street nach Westen fuhren, sagte Greg: »Es ist zwar schon ziemlich spät, aber ich möchte noch kurz bei einer Freundin vorbeischauen. Wie du sehen wirst, Jimmy, können sich meine Freunde voll auf mich verlassen. Das ist eine Eigenschaft, die ich sehr schätze – Zuverlässigkeit.«

»Ja, in diesem Punkt bin ich ganz deiner Meinung.«

»Und was ich auf den Tod nicht ausstehen kann, sind Leute, die einen verpfeifen, weißt du? Ich würde bedenkenlos jeden Freund umlegen, der versuchen sollte, mich an die Bullen zu verkaufen.«

»Das ist durchaus verständlich, Greg. Ich hab so einen Kerl mal halb zu Tode geprügelt, der mich verpfiffen hat«, log Jimmy. »Ich hab gemerkt, daß der Kerl gesungen hat, und dann hab ich ihm den Arm und zwei Rippen gebrochen.« Dann kam Jimmy nach kurzem Nachdenken zu dem Entschluß, daß eine weitere kleine Ausschmückung nicht schaden konnte, und so fügte er noch hinzu: »Und das Kinn hab ich ihm auch gespalten.« Fast hätte er auch noch ein Bein in die Waagschale geworfen, um sich dann doch eines besseren zu besinnen.

»Ich kann mir vorstellen, daß du ganz gut weißt, wie man sich durchzusetzen hat, Jim.«

»Na ja, ich hab im Knast ein bißchen geboxt, und Schlägereien habe ich natürlich auch einige mitgemacht.«

»Ich habe in Vacaville geboxt«, warf Greg ein. »Ich will mich ja nicht loben, aber ich war ein ganz passabler Weltergewichtler.«

»Stimmt, das hast du schon mal erzählt.«

»Na ja, jedenfalls ist diese Freundin, die wir jetzt eben mal besuchen wollen, die erste, bei der ich gewohnt habe, als ich nach Kaliforniern gekommen bin. Sie hat mir geholfen, als ich pleite war. Sie war überhaupt wirklich nett zu mir. Jetzt will ich mal sehen, ob vielleicht nicht auch mal sie Hilfe brauchen kann.«

»Prima«, stimmte ihm Jimmy zu, immer neugierig, fremde Frauen kennenzulernen. Allerdings rechnete er inzwischen damit, daß eine Freundin von Greg etwas eigenartig sein mußte. Und das war die Dame dann auch.

»Oh, sieh mal einer an, wer da kommt«, begrüßte sie ein groß gewachsener Schwarzer in einer hautengen Bluse, Damenhosen, mit gezupften Augenbrauen und toupiertem Haar. Die Hände in die Hüften gestemmt, ein breites Grinsen auf den roten, feuchten Lippen, schüttelte er gemächlich den Kopf. »Sieh mal einer an.« Er warf seine Arme um Greg und drückte ihn an sich. »Schön, dich wiederzusehen, mein Kleiner – wirklich schön, dich wiederzusehen.«

Später sollte Jimmy Smith über diese Begegnung ausführlicher berichten: »Sobald wir in die Wohnung kamen, war klar, daß er sich gerade mit jemandem verlustierte. Auf der Couch saß so ein junger Weißer, der vielleicht zwanzig war. Außer Shorts hatte er nichts an. Dieser Typ hatte das kleine Apartment über und über mit bunten Lichtern vollgestopft, so daß er die Couch und die Sessel ganz eng aneinanderrücken mußte. Die Wohnung war wie dafür geschaffen, sich einen schönen Tag zu machen und eben das zu tun, was Schwule so machen. Nachdem er seinem Täubchen auf der Couch erst mal einen Kuß gegeben hat, ist dieser Typ erst mal in die Küche, um uns was zu trinken zu holen. Ich habe allerdings meinen Drink abgelehnt und mich entschuldigt, daß ich eben erst aus dem Knast gekommen wäre und noch nicht zu viel vertragen würde. Aber in Wirklichkeit hatte ich einfach keine Lust auf einen Drink aus einem Glas von diesem Typen. Nicht daß sie schmutzig gewesen wären oder so. Aber ich hab da einfach eine Macke mit sowas. Im Knast habe ich alle möglichen Schweinereien gesehen, die Schwule machen, und wenn ich jetzt mit einem zu tun habe, dann muß ich unwillkürlich wieder daran denken und fange an zu würgen.

Langsam dämmerte mir, daß Greg nur mit Schwarzen näher befreundet war und daß er eine Schwäche für Schwule hatte. Später merkte ich dann, daß er selbst eine schwule Ader hatte. Er stand nämlich sowohl auf Frauen wie auf Männer. Als junger Typ, in einer von diesen Besserungsanstalten, muß er wohl mal was mit einem Schwarzen zu tun gehabt haben. Eines ist klar – solange wir zusammen waren, hat er mir gegenüber nie durchblicken lassen, daß er schwul war. Eher hat er immer noch extra den starken Mann raushängen lassen, und leicht bescheuert war er ja sowieso.

Wir blieben nur eine knappe Viertelstunde in der Wohnung des Schwulen. Ich glaube, der Kerl war auch ganz froh, daß wir wieder abgezogen sind, damit er sich endlich über den Bubi hermachen konnte. Bevor wir gegangen sind, hat Greg dem Schwulen gesagt, wenn er Geld bräuchte, sollte er das nur sagen. Für seine Freunde wäre er immer da. Der Schwule lehnte allerdings ab und meinte, er bräuchte nichts. Wahrscheinlich wollte er nicht, daß der Bubi dachte, er wäre pleite. Die meisten Schwulen, die's mit ganz jungen Burschen treiben, wissen nämlich ganz genau, daß sie ohne Geld keine Chance haben.

Dann sind wir zur Normandy und Adams gefahren, zu der Hot-Dog-Bude, wo immer eine Menge Schwarze rumhängen. Ein paar gute Weiber waren auch da, die nach Freiern Ausschau hielten. Aber mich haben die völlig links liegen gelassen, weil nämlich Greg dabei war. Und wie der Kerl angezogen war – abgesehen davon, daß er ein Weißer ist – haben die natürlich gedacht, er könnte von der Polente sein. Eines von den Mädchen wurde dann doch etwas zutraulicher, aber als sie dann ein paar von Gregs spießigen Bemerkungen hörte, trat sie gleich wieder den Rückzug an. Mit der hätte ich bestimmt eine Nummer geschoben, wenn Greg nicht wie der letzte Idiot dahergeredet hätte.«

Die nächste Station war dann Hollywood. Greg fuhr ein paarmal den Boulevard auf und ab und parkte schließlich vor einer Strip-Bar am Santa Monica Boulevard, wo die Bedienungen zu ihren knappen, engen Uniformen Katzenohren und lange Schwänze trugen, an denen die betrunkenen Gäste ziehen konnten, wenn sie einen Drink wollten.

»Wirklich toll hier«, bemerkte Jimmy, nachdem Greg einen guten Tisch für sie bekommen und zwei Whisky mit Soda bestellt hatte. Er kicherte gut gelaunt, als die Bedienung ihre Bestellung aufgenommen hatte und mit fliegendem Schwanz ihren Tisch verließ.

»Sieh dir mal diesen geilen, alten Bock an«, Jimmy deutete auf einen rotgesichtigen, kahlköpfigen Mann, der eine der Bedienungen am Schwanz festhielt und ihn streichelte.

»Laß doch, Schätzchen, ich komm doch gleich wieder zurück zu dir«, turtelte sie und streichelte ihn am Kopf.

Das sollte der größte Abend im Leben von Jimmy Smith werden. Er blickte einer glänzenden Zukunft entgegen und war begierig, das Leben in vollen Zügen zu genießen. Aber dieser Nachtklub schien im Augenblick hierfür nicht gerade der geeignete Ort zu sein. Später sollte er sich dazu folgendermaßen äußern: »Das war vielleicht ein Ding, als es dann losging. Jede Mieze wurde angekündigt wie ein bekannter Filmstar. Es waren jedoch immer Namen von Männern, mit denen die Mädchen nur eine entfernte Ähnlichkeit hatten. Miß Sammy Davis jr. zum Beispiel war eben schwarz – und ziemlich klein und zierlich. Aber sonst hatte sie kaum Ähnlichkeit mit dem richtigen Sammy Davis, weil dieses kleine Luder Titten hatte wie Bowlingkugeln. Ein paar Tänzerinnen zogen sich dann bis auf ein winziges Höschen aus; und als sie dann das auch noch abgelegt haben, war da immer noch irgend was, das sie anbehalten haben, damit man nicht alles sah. Eine brachte dann so eine spezielle Nummer mit den Titten. Sie konnte nämlich eine Quaste in der einen Richtung rotieren lassen, und die andere in der anderen. Das hat ganz schön verrückt ausgesehen.«

Jimmy starrte wie gebannt auf die Bühne, während Greg neben ihm ununterbrochen redete. Jimmy nickte hin und wieder höflich und achtete kaum auf Gregs Worte. Ja, Jim, ich wäre gern wie mein kleinerer Bruder. Der ist einsdreiundachtzig groß und wiegt neunzig Kilo.«

»Mhm«, erwiderte Jimmy und beäugte die kleine Mieze, die gerade an dem Tisch links neben ihnen bediente. »Sie reibt's diesem alten Knacker doch tatsächlich mitten ins Gesicht«, bemerkte Jimmy. »Mitten in seine alte, runzlige Fresse!«

»Mein Vater ist vielleicht ein Brocken, Jim. Nicht zu groß, aber ganz schön kräftig, weißt du? Ich wäre auch gern so kräftig gebaut wie er und mein Bruder. Aber auf der High School war ich in der Footballmannschaft. Ich hätte es wirklich zu was bringen können, wenn ich dann nicht mit dem Sport aufgehört hätte. Hast du auch mal Football gespielt?«

»Mhm.«

»Tatsächlich?«

»Klar.«

»Tja, ich hab auch gespielt, und das nicht schlecht, kann ich dir sagen. Und du solltest mich erst mal auf dem Tenorsax hören. Du brauchst mir nur eine Melodie vorzusingen, und ich spiel sie dir nach. Und gesungen hab ich auch. Hab ich dir das eigentlich schon mal erzählt? Auch Harmonie. Ich hab nämlich das absolute Gehör. Mir würde es nichts ausmachen, wieder in einer Kleinstadt zu leben, wenn wir mal richtig absahnen. Ich meine, in so einer Stadt wie der, in der ich aufgewachsen bin, so mit zehntausend Einwohnern. Hast du eigentlich immer in der Großstadt gelebt, Jim?«

»Mhm.«

»In einer Kleinstadt kommt man zu viel mehr. Ich hab damals gemalt und ich bin Schi gefahren und Schlittschuh gelaufen. Sogar eine eigene Band hatte ich. Mein Gott, was ich nicht alles gemacht habe! Hast du denn keine Hobbies? Gibt es denn nichts, was du gern machst?«

»Doch, Ficken.«

»Quatsch, ich meine, außerdem. Mann, ich kann dir sagen, von mir kannst du echt was lernen, Jim. Was ich schon für irre sexuelle Erfahrungen gemacht habe! Eines Tages, wenn der richtige Zeitpunkt gekommen ist, werde ich dir vielleicht mal alles genau erzählen.«

»Mhm.«

»Aber du hast doch geboxt. Du hast gesagt, du hättest früher mal geboxt.«

»Mhm, im Knast.«

»In Vacaville war ich als Weltergewichtler ganz große Klasse. Ich hab gekämpft bis zum Umfallen. Ich wette, ich hätte es draußen als Boxer wirklich zu was gebracht. Aber dann hatte ich diese Gehirnoperation. Jetzt kann ich es mir nicht mehr leisten, einen Schlag an den Kopf zu bekommen.«

Jimmy Smith ging das Ganze mehr und mehr auf die Nerven, und er hörte schließlich auf, höflich zu nicken. Großer Gott, dachte er, wie lange soll ich mir das Geseire von diesem verdammten Arschloch noch anhören – mit seiner Scheißfamilie und seinen Scheißaußerdems und Dennochs und Trotzdems und Abers. Und als Greg aufstand und auf die Toilette ging, kippte Jimmy den Inhalt seines Glases in einem Satz hinunter und zischte zornig auf den leeren Sitz ein: »Bleib mir bloß vom Hals mit deinen Außerdems und Dennochs und Trotzdems und deinem ganzen blöden Gelabere!« Als Greg jedoch zurückkehrte, nickte Jimmy wieder höflich, als Greg von Cadillac, Michigan, erzählte, und von den Mädchen, die er mit seiner Schlafzimmervirtuosität erobert hatte, die er sich an seltsamen, mysteriösen Orten angeeignet hatte.

»Möchtest du noch was trinken, Schätzchen?« erkundigte sich die Bedienung, die alle paar Minuten an den Tischen vorbeistrich.

»Nein«, brummte Jimmy. »Ich hab die ständige Glotzerei satt, und weißt du was, Kleine? Wenn ich mir dich so anschaue, dann können mir die ganzen Mädchen auf der Bühne echt gestohlen bleiben. Hast du denn schon was vor, wenn du hier mit der Arbeit fertig bist?«

»Tut mir leid, Süßer.« Sie lächelte gewinnend. »Es ist hier nicht gestattet, sich mit Gästen zu verabreden. Außerdem habe ich einen festen Freund.«

»Na, vielleicht überlegst du es dir noch anders«, warf Greg ein und knallte sein Bündel Geldscheine auf den Tisch.

Ohne auch nur mit der Wimper zu zucken, antwortete die Bedienung lächelnd: »Na, bis ein andermal, ihr zwei.« Und damit kehrte sie ihnen mit einem eleganten Schwung ihres Schwanzes den Rücken zu und tippelte davon.

»Scheiße«, fluchte Jimmy.

Sie gingen zum Wagen zurück, aber Jimmy wollte noch nicht klein beigeben. »Small hat doch mal von diesem Schuppen in der West Side erzählt, Greg. Dort arbeiten auch zwei Miezen aus diesem Laden hier. Das wird uns vielleicht jeden zwanzig, fünfundzwanzig Dollar kosten, aber Small hat gemeint, die Mädchen wären ihr Geld wert.«

»Na gut.« Mit einem Achselzucken wendete Greg auf dem Santa Monica Boulevard, so daß einiger Gummi auf dem Asphalt zurückblieb.

Fünfzehn Minuten später standen sie auf der Veranda einer dunklen Wohnung, rissen ein Streichholz nach dem anderen an und lugten durch die verstaubten Fenster ins Innere.

»In der Wohnung steht nicht mal mehr ein einzelnes Stuhlbein rum, Jimmy.«

»Nein, völlig leer.«

»Hier lebt sicher niemand.«

»Das ist eines von diesen mobilen Puffs«, brummte Jimmy enttäuscht.

»Fahren wir nach Hause«, schlug Greg vor.

Und so endete die größte Nacht in Jimmy Smith' Leben, als die Zukunft noch rosig und er mit einer Menge gutem Whisky angefüllt war. Als er, zum erstenmal in seinem Leben, ein Gefühl dafür bekam, was es heißen konnte, Geld zu haben. Den Rest der Nacht brachte er auf dem Fußboden in Gregs Wohnzimmer zu.

Es war das Stöhnen, das ihn weckte. »Verdammte Scheiße«, brummte Jimmy, als er den stechenden Schmerz in seinem Schädel spürte. Er hatte einen Mordskater. Dann hörte er einen unterdrückten Schrei und ein Lachen, gefolgt von weiterem Stöhnen.

Greg hatte sich nicht die Mühe gemacht, die Schlafzimmertür zu schließen, und nun war Jimmy wach. Er mußte aufs Klo und geriet langsam in Wut, während er darauf wartete, daß die Bettfedern endlich zu quietschen aufhörten. Als es schließlich eine Weile still wurde, räusperte er sich geräuschvoll und zog seine Hose an. Er sorgte dafür, daß sie ihn auch tatsächlich hörten, und ging dann durchs Schlafzimmer in die Toilette.

Jimmy gab sich Mühe, nicht hinzusehen, als er durchs Schlafzimmer schlich. Aber, mein Gott, sie lagen nackt auf dem Bett. Max schenkte ihm keinerlei Beachtung, sondern lag einfach nur da. Es war Greg, der Jimmy eigenartig, mit einem leichten Lächeln, ansah. Komisch, wie er Jimmy so intensiv anblickte. Jimmy machte sich schon damals Gedanken, was er davon halten sollte.

Ich hab diese Schlampe doch nicht ins Bad gehen gehört, dachte Jimmy erbost, als Max Ham and Eggs machte. Ich hoffe nur, sie hat sich ihre Dreckspfoten in der Spüle gewaschen, sonst rühre ich die Eier nicht an. Er wollte schon nachsehen, ob die Seife in der Spüle naß war, aber als dann der Duft der gebratenen Eier in seine Nase stieg, dachte er:

Ach, scheiß doch drauf. Er schlang vier Eier und zwei dicke Scheiben Schinken hinunter.

Danach saß Jimmy, genüßlich rauchend, am Tisch und überlegte, daß er sich nicht erst am Wochenende von Greg abseilen würde. Immerhin hatte er über fünfhundert Dollar in Aussicht. Das reichte vollauf für einen Transporter. Er konnte der Gewerkschaft beitreten, und Montag morgen würde er als Anstreicher anfangen. Wenn er andrerseits bis zum Wochenende, wie er geplant hatte, gemeinsame Sache mit Greg machte, konnte er Montag morgen im Leichenschauhaus aufwachen – oder im Knast.

»Jim.« Greg trocknete sich mit einem Badetuch am Körper ab, als er in den Raum trat. »Ich hab da eine Idee. Machen wir doch einen kleinen Ausflug, wenn du heute mit deinem Nalintest fertig bist. Du mußt dich doch erst nächsten Donnerstag wieder bei deinem Bewährungshelfer melden, oder nicht? Das ist doch eine ganze Woche. Wir könnten zu dritt nach Las Vegas und Frisco fahren. Mir gehen diese mickrigen Stiche langsam auf die Nerven. Ich hab gehört, daß man in Frisco nur mit einem Zettel in der Hand in eine Bank reinzumarschieren braucht – und dann kommt man mit dem ganzen Zaster wieder raus. Die Banken in Frisco sollen wirklich wie ein Selbstbedienungsladen sein, heißt es.«

»Ich weiß nicht, Greg.«

»Hör zu, erst bleiben wir eine Weile in Las Vegas und ziehen ein paar Jobs durch. Es gibt da einen Wagen, den ich mir gern kaufen würde. Ich hab die Kiste letzten Monat gesehen, als ich dort meine Schwester besuchen war. Eigentlich steht er ja in Boulder City. Den Schlitten solltest du mal sehen. Ein 46er Ford Coupé. So einen Wagen wollte ich schon immer mal haben. Was meinst du, Partner? Einverstanden?«

»Ich weiß nicht, Greg. Weißt du, wenn sie rauskriegen, daß ich den Staat verlassen habe, bin ich echt geliefert. Ich weiß wirklich nicht. Schon das allein könnte mich wieder in den Knast bringen. Sie brauchen uns ja nur wegen eines Strafzettels aufzuhalten. Und dann finden sie vielleicht raus, daß ich auf Bewährung draußen bin, und rufen meinen Bewährungshelfer an.«

»In Nevada verpassen sie einem keine Strafzettel, Jim«, versuchte Greg ihn zu beruhigen. »Die sind doch auf den Fremdenverkehr und die ganzen Spieler angewiesen. Deshalb lassen sie dort die Touristen in Ruhe. Du wirst sehen, das Ganze ist völlig unproblematisch.«

»Glaubst du wirklich, wir können in Frisco einen dicken Stich machen?«

»Was sage ich dir denn schon die ganze Zeit, Jimmy? Das wird ein richtiges Honiglecken. Und hör zu, was ich mir noch ausgedacht habe. Wovon ich dir noch nichts erzählt habe. Wenn wir nach L. A. zurückkommen, habe ich schon ein Ding geplant, in einer neuen Bank am Farmer's Market. Wir brauchen dafür nur noch eine Knarre und einen zusätzlichen Typen, der mit mir reingeht. Bis dahin ist Billy wahrscheinlich wieder nüchtern, und dann ist er für so was genau der richtige Mann.«

»Na ja, mal sehen.« Jimmy war jedoch sichtlich beeindruckt, daß Greg so weit vorausplante. Vielleicht weiß er diesmal tatsächlich, wovon er redet, vielleicht ist er doch nicht so blöd, dachte Jimmy. Stell dir mal vor, was wäre, wenn du plötzlich fünf oder zehn Riesen in der Tasche hättest. Vielleicht weiß dieser Kerl tatsächlich, wo der Bär in den Buchweizen geschissen hat.

»Also gut, einverstanden«, stimmmte Jimmy zu, verblüfft über das Feuer, das plötzlich in Gregs blauen Augen aufblitzte, über das breite, triumphierende Grinsen und über das aufgeregte Kichern. Jimmy beobachtete den auf und ab hüpfenden Adamsapfel und konnte die Euphorie seines Partners nicht begreifen. Aber schließlich konnte Jimmy nicht wissen, daß Gregory Powell nun endlich das unangefochtene Oberhaupt seiner kleinen Familie war.

Also trafen sie die nötigen Vorbereitungen für ihr geplantes Unternehmen, indem sie in die Stadt fuhren, um für den Ford vier runderneuerte Reifen und für Jimmy ein paar Sachen zum Anziehen zu kaufen.

»Mit diesem billigen Zeug zahlt man am Ende immer nur selber drauf«, meinte Jimmy, als er sich in einem Geschäft in der Fifth, Ecke Broadway, ein Paar einfache braune Schuhe für fünfunddreißig Dollar kaufte. Außerdem erstand er eine Hose für dreißig Dollar, ein gutes Sporthemd und dazu Socken, Unterwäsche und Taschentücher.

»Mensch, Jim, kaufen wir uns doch eine Lederjacke«, schlug Greg vor. »Für die kühlen Nächte in Frisco ist so was genau das Richtige.«

»Na ja, ich brauche ja auch wirklich eine Jacke, Greg, aber auf Lederjacken stehe ich eigentlich nicht sonderlich.«

»Ach was, Jim – kaufen wir uns doch beide so ein Ding. Als richtige Partner.«

»Na gut, wenn du meinst«, willigte Jimmy ein. Greg wählte für sich eine schwarze Lederjacke aus, für Jimmy eine braune. Dann kam Greg auf die Idee, auch noch die farblich dazu passenden Ledermützen zu kaufen.

»Greg, ich geh mal eben in das YMCA da rüber und setz mich ins Dampfbad. Weißt du, wegen diesem Nalintest heute nachmittag. Angeblich soll man mit Nalin ja nicht feststellen können, ob man Alkohol im Blut hat, aber ich möchte trotzdem nicht riskieren, daß mein Bewährungshelfer merkt, wieviel ich getrunken habe. Lieber schwitze ich das Zeug mal raus.«

»In Ordnung. Ich komme mit.«

»Großer Gott, du bist doch sowieso schon mager genug. Was willst du denn in einem Dampfbad? Du verlierst doch dabei mindestens zwei, drei Kilo, und am Ende bist du gar nicht mehr zu sehen.«

»Ach, ich finde das immer ganz entspannend«, meinte Greg.

»Und als wir dann nackt im Dampfraum gesessen sind«, erzählte Jimmy später, »hatte ich wieder dieses komische Gefühl – irgendwie, na ja, leicht unangenehm. Ich fand, er hat mich wieder genauso angesehen wie damals im Bett mit Max. Ja, genauso kam es mir vor. Aber ich hab mir nicht weiter was dabei gedacht, und dann saßen wir wieder in unserer Kiste, mit neuen Reifen und einem Haufen Kleider für mich, und fuhren zur Meldestelle für den Nalintest.«

Als sie an diesem Abend zum Büro von Jimmys Bewährungshelfer fuhren, begleitete sie Max. Als sie vor dem Gebäude parkten, entschied Greg, wie üblich, was Jimmy tun sollte.

»Gib mir deine Uhr, Jimmy. Sie könnte deinem Bewährungshelfer auffallen. Es gefällt mir auch ganz und gar nicht, daß du diese neuen Schuhe trägst. Aber daran läßt sich nun mal nichts ändern. Das Hemd und die Hose wird ihm vermutlich nicht weiter auffallen. Und nimm nicht zuviel Geld mit rein, falls er dich filzt.«

»Scheiße, ich hab sowieso keines mehr. Ich hab alles für diesen ganzen Kram ausgegeben.«

»Macht nichts. Du kriegst von mir wieder was, wenn du rauskommst. Max und ich gehen inzwischen Abendessen, solange du da drinnen bist. Sollen wir dich in einer Stunde wieder abholen?«

»Ich würde mal lieber zwei Stunden sagen. Vielleicht dauert's auch noch länger.«

Die Schlange der Männer, die für den Test anstanden, war lang, so daß Jimmy erst nach einer Stunde an die Reihe kam. Während er auf einer der Bänke im Flur wartete, sah er eine knochige Frau, die unvermittelt von ihrem Platz fiel und sich das Gesicht am Boden aufschlug.

»Na, die will sich wohl um den Test drücken«, bemerkte ein großer Schwarzer, der neben Jimmy saß.

»Wieso? Indem sie sich die Fresse ruiniert?«

»Nein, aber wenn du besoffen bist, kreiden sie dir das ja nicht weiter an. Und das Nalin soll doch nicht funktionieren, wenn man besoffen ist. Deshalb hat die Alte sich wahrscheinlich gedacht: Lieber ein paar Tage in der Ausnüchterungszelle, als wegen Rauschgift wieder in den Knast zu wandern.«

»So übel sehen ihre Arme aber gar nicht aus«, bemerkte Jimmy, als zwei Bewährungshelfer die Frau hochzerrten und wieder auf die Bank setzten. Ihr Gesicht war über und über mit Blut verschmiert.

»Wahrscheinlich hat sie an ihren Beinen keine Vene mehr, die nicht durchlöchert ist wie ein Sieb«, meinte der große Schwarze.

Nach dem Test ging Jimmy nach oben zur Gruppensitzung. Er saß rauchend herum und unterhielt sich mit den anderen, denen das Nalin offensichtlich gut zu bekommen schien.

»Wie wär's, wenn einer von euch schon mal zu erzählen

anfinge?« versuchte der Gruppenleiter ein Gespräch anzukurbeln. »Seid doch mal ganz ehrlich und erzählt, wann ihr das letztemal gefixt habt.«

Ohne daß man ihm groß hätte nachhelfen müssen, fing Jimmy als erster zu erzählen an, da ihm gerade danach war. Er verbriet ein gutes Dutzend Lügen über alle möglichen Belanglosigkeiten und fand sogar richtig Spaß an dem Ganzen. Am Ende der Sitzung ging Jimmy als erster, da er hoffte, noch eine kleine mexikanische Fixerin zu erwischen, die ihm in einer der anderen Gruppen aufgefallen war. Er wollte ihr anbieten, sie nach Hause zu fahren. Und als er gerade um eine Ecke schoß, wäre er um ein Haar mit Gregory Powell zusammengestoßen.

»Was willst du denn hier?« platzte Jimmy heraus, und dann fiel ihm der Blick auf. »Hast du eine *Knarre*?« flüsterte Jimmy. Der Ausdruck in Gregs Augen sprach tatsächlich Bände, und er hatte den Reißverschluß seiner Lederjacke hochgezogen.

»Ich dachte schon, sie hätten dich eingesackt, Jim. Ich dachte, du hättest dir vielleicht doch einen Schuß gesetzt, ohne daß ich es gemerkt habe, und daß sie es bei dem Test festgestellt haben. Ich wollte schon kommen, um dich rauszuholen.«

»Mann, bist du verr... Mann, das wäre aber echt ein Ding, meine Güte! Ich meine, einen Bewährungshelfer anzugreifen.«

»Die Jungs sind doch gar nicht bewaffnet.« Greg grinste, und der irre Blick verflog. »Die tragen doch nur Handschellen. Das hätte ich schon geschafft.«

»Du bist wirklich ein echter Freund, Greg«, bedankte sich Jimmy mit einem schwachen Lächeln.

Den Rest des Abends verbrachten sie damit, den Station Wagon mit ihrer Habe zu beladen. Der alte Ford ging unter dieser gewaltigen Last ächzend in die Knie. Die hintere Ladefläche war vollgestopft mit Kleidern, Essen, allen möglichen Kleinigkeiten, ihrem gesamten Besitz. Sie fuhren die ganze Nacht durch, als es in der Wüste kalt war. Sie durchquerten die Mojave-Wüste und kamen schließlich in Boulder City an. Wie in den meisten kleinen Wüstenstädten waren die Rasenflächen vertrocknet, und der Wind hatte die Blätter von den wenigen Bäumen gefegt. Am nächsten Morgen klopften sie um acht Uhr an die Tür eines Freundes.

Verschlafen öffnete ihnen ein etwa zwanzigjähriger, groß gewachsener junger Mann. Er lächelte freundlich und schüttelte Greg die Hand. Greg hatte sich mit ihm angefreundet, während er mit seiner Mutter in der kleinen Wüstenstadt gelebt hatte, um für seine Schwester Lei Lani zu sorgen. Jimmy merkte sofort, daß der junge Mann nicht das geringste von Gregs Profession wußte, so daß er keine Miene verzog, als Greg erzählte, er hätte beim Boxen Geld gemacht und Jimmy wäre sein Sparringspartner.

Der junge Bursche hatte eine hübsche Frau und ein süßes, kleines Baby, ein Mädchen. Beide waren blond und mollig. Das Haus war winzig und enthielt fast kein Mobiliar, und Jimmy schloß sie fast auf der Stelle in sein Herz.

Sie frühstückten gemeinsam, und dann ging der junge Mann zur Arbeit. Er war bei der Marine angestellt, die am See Experimente durchführte. Maxine und die Frau des jungen Mannes blieben zu Hause, während Greg und Jimmy loszogen, um sich Gregs heißen Ofen anzusehen.

»Die Kiste gefällt mir«, erklärte Greg, während er um das braune Ford Coupé, Baujahr 46, schritt. »Ich gebe Ihnen hundertundfünfundzwanzig Dollar dafür.«

Und so hatten sie also ein neues Auto. Sie schoben es an, damit es ansprang, und fuhren zur nächsten Tankstelle, um die Reifen auswuchten und die Batterie aufladen zu lassen. Sie faßten den Entschluß, eine kleine Probefahrt nach Las Vegas zu machen. Dabei löste sich bei hundert Stundenkilometern eines der frisch ausgewuchteten Räder. Sie kamen mit knapper Not mit dem Leben davon.

»Mein Gott, Greg«, seufzte Jimmy, als sie das Rad wieder angebracht und die Schrauben festgezogen hatten. »Ich kenne dich jetzt erst eine Woche, und wir haben schon eine Menge gemeinsam erlebt. Langsam fange ich echt an, mich zu fragen.«

»Dich was zu fragen?«

»Na ja, ich frage mich eben.«

»Ach was, mach dir keine Gedanken. Das kriegen wir

schon hin. Sobald mit unseren Sachen alles in Ordnung ist, wird alles wie am Schnürchen laufen. Du wirst schon sehen, Jim.«

»Wir werden ja sehen.«

Wieso haben sich diese verdammten Schrauben nicht später gelöst, sollte Jimmy sich noch tausendmal fragen. Warum konnten sie sich nicht in *dieser* Nacht auf der Ridge Route lösen – in dieser bescheuerten Samstagnacht? Aber jetzt war erst Freitag. Der Samstag lag noch vierundzwanzig Stunden vor ihnen.

Nach zahlreichen Pausen, die sie einlegten, um die Radmuttern zu überprüfen, schafften sie es schließlich doch noch bis Las Vegas. Und nach einem Besuch im berühmten Golden Nugget-Casino mußte Jimmy feststellen, daß er hinter Greg in eine Pfandleihe tappte.

»Jetzt werden wir dir auch mal eine Knarre besorgen, Jimmy«, erklärte Greg, worauf Jimmy, zu seiner eigenen Überraschung, herausplatzte: »Ja, toll – das finde ich prima. Das habe ich mir schon lange gewünscht.«

Später fragte er sich, weshalb er, der Schußwaffen verabscheute und sogar Angst vor ihnen hatte, er, der nie einen Schuß abgefeuert hatte, plötzlich so versessen drauf sein konnte, einen Revolver zu kaufen. In einem Moment der Selbstanalyse erkannte er den Grund dafür. Von nun an sind wir gleichberechtigte Partner, wenn nicht sogar ich jetzt diesem Scheißtypen ein bißchen überlegen bin.

»In dieser Stadt braucht man nur einen Führerschein, um eine Knarre zu kaufen«, meinte Greg und wählte eine 32er Spanish Star Eccheverria-Automatik aus.

»Macht fünfundsechzig Dollar«, nannte der Pfandleiher den Preis.

»Gefällt sie dir, Jimmy?«

»Ja, nicht schlecht.«

Also erstand Greg die Waffe, zusammen mit einem mit Samt ausgelegten Etui und einem zusätzlichen Magazin.

Als nächstes suchten sie eine Eisenwarenhandlung auf, um Munition für die Automatik und Gregs Colt zu kaufen. Bei dieser Gelegenheit holte Greg die 32er aus dem Etui und zeigte sie dem Ladeninhaber.

»Die hab ich eben gekauft. Was halten Sie davon?«

»Gute Waffe«, erwiderte der Mann. »Ist noch in gutem Zustand. Wieviel haben Sie denn dafür bezahlt?«

»Fünfundsechzig.«

»Das ist zuviel. Für das Geld kriegen Sie von mir eine funkelnagelneue 38er. Neu. Und ein besseres Modell.«

»Ich finde das Ding trotzdem gut, Greg«, schaltete sich Jimmy ein. »Knarre ist Knarre. Ich meine, was soll's?«

»Nein, so einfach ist das nicht, Jim«, widersprach Greg, um sich dann wieder an den Ladeninhaber zu wenden. »Wissen Sie was, packen Sie mir schon mal so ein Ding ein. Ich werde die hier zurückbringen.«

Und im nächsten Augenblick hasteten sie auch schon, in den grellen Las-Vegas-Sonnenschein blinzelnd, die Straße hinunter, wobei Jimmy noch einzulenken versuchte: »Laß doch, Greg. Knarre ist Knarre.« Aber er sollte damit auf taube Ohren stoßen.

»Laß das nur mich machen, Jim«, meinte Greg. »Wir werden unser Geld schon zurückbekommen.«

»Mensch, Greg, hast du vielleicht schon mal von einem Pfandleiher gehört, der ein Herz oder eine Seele hat? Oder gar von einem, der jemandem sein Geld zurückgab, sobald er es mal in seinen Klauen hatte? Du wirst sehen, Greg – daraus wird nichts.«

»Na, dann warte mal ab.«

Und Jimmy wartete ab. Aber es klappte nicht. Nach zehn Minuten war Gregs Gesicht weiß vor Wut, und er brüllte: »Diese Scheißkanone taugt nichts. Sie ist kaputt, und da haben Sie sie wieder. Und ich will mein Geld zurück.«

»Wenn Sie darauf bestehen, werde ich die Waffe natürlich zurücknehmen«, erklärte der Pfandleiher, ohne auch nur einen Augenblick seine Fassung zu verlieren. »Aber selbstverständlich nur zu einem geringeren Preis.«

»Diese Scheißknarre ist kaputt!« schrie Greg, und Jimmy beobachtete, wie sich seine Miene langsam zu verändern begann. Jimmy war sicher, daß Greg inzwischen tatsächlich glaubte, die Automatik wäre defekt. »Ihr Scheißjuden seid doch alle gleich. Ich werde die Polizei rufen – dann sehen wir ja weiter.«

»Verlassen Sie auf der Stelle mein Geschäft«, befahl der Pfandleiher.

Jimmy war dankbar, sehr dankbar sogar, daß Greg seinen Colt nicht dabei hatte. Aber deswegen waren sie noch lange nicht aus dem Schneider. Denn was war, wenn Greg die Automatik aus dem Etui nahm und lud?

Endlich wieder auf der Straße, schlug Greg vor: »Holen wir uns einen Bullen, Jimmy.«

»Mein Gott, Greg«, flehte Jimmy. »Begreifst du denn nicht, daß du diesem Juden nicht beikommen kannst? Diese Pfandleiher sind doch alle Spitzel und arbeiten mit der Polente zusammen. Am Ende ist dieser Kerl noch einer ihrer besten Informanten. Mein Gott, Greg, am Ende bleibt das Ganze nur an *uns* hängen. Wir sind doch dann die Gelackmeierten. Die Bullen werden sicher deinen Ausweis sehen wollen, und was ist, wenn sie uns dann aufs Revier schleppen und herausfinden, daß ich auf Bewährung entlassen bin – und zwar in Kalifornien?«

»Ich werde trotzdem einen Bullen rufen.«

»Greg, hör doch endlich, verdammt noch mal. Ich bin schon mein ganzes Leben lang ein Dieb. Ich sollte so was doch wissen. Schließlich habe ich schon mit Tausenden von Pfandleihern zu tun gehabt. Die handeln doch ständig mit heißer Ware, und um sich einen gewissen Schutz zu erkaufen, geben sie den Bullen hin und wieder einen heißen Tip. Die stellen sich doch mit den Bullen gut. Mann, was glaubst du, was die Jungs von der Polente in den Pfandleihen zu Sonderpreisen oder sogar gratis bekommen! Die stecken doch unter einer Decke, die Polente und die Juden. Und da ist noch was, das dich anscheinend überhaupt nicht interessiert. Mir *gefällt* diese Kanone. Diese kleine, handliche Automatik gefällt mir richtig, weißt du das? Sie liegt so gut in meiner Hand und so. Ich würde sie wirklich gern behalten, Greg, ehrlich.«

Schließlich wich dieser irre Ausdruck wieder aus Gregs Gesicht, und es nahm wieder seine normale Farbe an. »Also gut, Jim, wenn du meinst. Aber wirklich nur deinetwegen. Wenn es nach mir ginge, würde dieser Dreckskerl schon mit dem Geld rausrücken. Das hätte ich doch mal sehen wollen.«

Auf der Rückfahrt nach Boulder City faßte Jimmy einen weiteren Entschluß, was Greg betraf. Jetzt reicht's aber endgültig, dachte er. Scheiß drauf. Ich muß mich endlich von diesem Irren abseilen. Der soll mich ein für allemal gern haben. Genau! Ich komme nicht mit nach Frisco. Soll er da mal ruhig allein hinfahren. Nicht mit mir. Mir langt's!

Kurz vor Boulder City fuhr Greg in Henderson, Nevada, auf einen abgelegenen Schrottplatz. Er lag an einem Bahngleis im Niemandsland, und die Sonne brannte heiß vom Himmel herab, als sie zu ihrer ersten gemeinsamen Schießübung durch den Sand und das niedrige Gestrüpp gingen. Greg stellte sich etwa zwei bis drei Meter vor einem Schrottauto auf und jagte neun Schüsse in seine Seitentür. Er schoß so plötzlich und unvermittelt, daß Jimmy unwillkürlich zusammenzuckte, obwohl die Schüsse in der Weite der Wüste nicht sonderlich laut waren.

»Jetzt bist du dran, Jim.«

»Wieso gehen wir so nahe ran, Greg? Ich meine, könnte nicht ein Schuß vielleicht zurückprallen und uns treffen?«

»Das ist der übliche Kampfabstand, Jim. Über so was haben wir auf dem Gefängnishof gesprochen, als ich im Knast war. Das ist der Abstand, aus dem die Bullen zu schießen lernen. So nahe wirst du deinem Gegner sein, wenn du mal je zur Waffe greifen mußt. Und schau doch mal, wie die Einschüsse im Körper eines Manns plaziert wären. Also los, Jim, du bist dran.«

Jimmy zielte und zog den Abzug, ohne daß sich etwas rührte.

Greg lächelte. »Erst mußt du doch mal eine Patrone in die Kammer schieben, Jim. Schau, so mußt du hier zurückziehen.«

Greg zog den Schieber zurück und ließ ihn wieder los. Das ölige, metallische Klicken ließ Jimmy zusammenzucken, und seine Handflächen waren bereits schweißnaß. Darauf legte Jimmy neuerlich an und riß am Abzug, so daß er mit der Hälfte der Schüsse nicht einmal den Wagen traf, wobei er nur daran dachte, daß die Kugeln vielleicht zurückprallten und ihn treffen könnten. Und überhaupt hätte dieses Scheißding in seiner Hand nicht so wild zucken sollen. Stimmte möglicherweise irgend etwas mit diesem Schießeisen nicht, so daß ihm das ganze Ding am Ende noch ins Gesicht fliegen würde?

»Na ja, gar nicht so übel, Jim«, bemerkte Greg, und Jimmy war froh, ihm die Waffe zurückgeben zu können. Endlich hatte er das Ganze hinter sich.

»Mit der linken Hand wäre ich besser, Greg.«

»Kann schon sein, aber diese Automatik ist für einen Rechtshänder. Sie stößt die Patronen nämlich nach rechts aus. Wenn du mit links losballerst, kann dir ohne weiteres passieren, daß dir die leeren Hülsen ins Gesicht fliegen. Schieß also auf jeden Fall mit der rechten Hand.«

»Gut.«

Darauf schoß Greg auf verschiedene Autos und Blechbüchsen. Als bei einer Gelegenheit Funken von einem Felsen sprühten, stellte Jimmy sich instinktiv hinter ihn, da er einen Querschläger befürchtete.

Dann bestand Greg darauf, daß Jimmy noch ein Magazin leerschoß. Diesmal versuchte er es mit links, aber das Ergebnis war keineswegs besser. Also fuhren sie zu dem Haus des jungen Paars in Boulder City zurück und entschlossen sich, abends in Las Vegas groß auszugehen. Vielleicht wurde dieser Abend das große Ereignis, das eigentlich schon Mittwoch abend hätte sein sollen. Vielleicht zog Greg mit einem Hunderter auf eigene Faust los, so daß sich Jimmy allein eine von diesen leckeren, kleinen Casinonutten angeln konnte, von denen er schon so viel gehört hatte. Ja, heute abend würde er mal die Sau rauslassen. Mal sehen, ob sich nicht was mit irgendeiner heißen Mieze machen ließ.

Nachdem sich die fünf geduscht und umgekleidet hatten – für die Kinder wurde ein Babysitter bestellt –, fuhren sie im Wagen des jungen Manns nach Las Vegas los. Greg hatte versprochen, sie alle zum phantastischsten Abendessen ihres Lebens einzuladen, und so betraten sie in freudiger Erwartung ein großes, elegantes Restaurant mit italienischer Küche.

Maxine und das junge, blonde Mädchen waren mordsmäßig herausstaffiert, soweit dies ihre mageren Garderoben zuließen, und Greg und sein junger Freund trugen beide Anzüge. Jimmy trug seine einzigen anständigen Sachen, die er sich erst am Tag zuvor gekauft hatte. Nachdem sie etwas zu trinken bestellt hatten und nun an verschiedenen appetitanregenden Häppchen knabberten, polterte Greg in der Rolle des Gastgebers los: »Verdammt noch mal, für so einen feinen Laden ist die Bedienung doch ganz schön mies.« Er winkte einen Kellner an den Tisch.

»Ich bin für diesen Tisch nicht zuständig, Sir.« Der Kellner lächelte salbungsvoll. »Aber ich werde sofort den Oberkellner verständigen.«

Sie plauderten und warteten ein paar weitere Minuten, und Jimmy bemerkte, wie Greg unruhig auf seinem Stuhl hin und her rutschte. Schließlich schwebte die Geschäftsführerin, eine Frau in mittleren Jahren in einem teuren, schulterfreien Abendkleid, auf ihren Tisch zu und erklärte mit einem freundlichen Lächeln: »Tut mir leid, Sir, aber Farbige werden hier nicht bedient.«

Jimmy nickte, weil er sich so etwas bereits gedacht hatte. Wenn ich nur einen Anzug mit Krawatte hätte, dachte er. Auf diese Tour bin ich schon oft durchgerutscht. Wenn ich nur einen Anzug und eine Krawatte hätte.

»Das ist doch wohl die Höhe!« platzte Greg heraus, und Jimmy konnte fast hören, wie sich die Muskeln in seinen eingefallenen Wangen anspannten. Er beobachtete, wie sein Kopf auf dem langen Hals leicht zu schwanken begann und seine Nasenflügel weiß wurden. »Glauben Sie vielleicht, sein Geld ist weniger wert als das von irgend jemand anderem?«

»Tut mir leid, Sir«, beharrte die Geschäftsführerin. »Das ist leider nicht meiner Entscheidung überlassen. Tut mir wirklich leid, Sir.«

»Mir tut es leid, daß ich überhaupt in diesen miesen Laden gekommen bin – das ist es, was mir leid tut«, schimpfte Greg, sprang auf und schoß durch die Bar nach draußen, während die anderen still und verlegen folgten.

Als sie vor dem Wagen standen, zog Greg Jimmy beiseite und flüsterte: »Wir fahren heim und holen unsere Knarren. Und dann kommen wir hierher zurück und nehmen uns die Bande mal vor. Was meinst du?«

»Nein, Greg, vergiß das Ganze doch einfach. Das ist doch nicht weiter schlimm.«

»Und ob das schlimm ist. Nein, nein, so einfach kommen mir die nicht davon.«

»Jetzt hör doch mal, Greg«, redete Jimmy auf ihn ein. »Du kannst doch selbst sehen, daß diese Itacker da drinnen alles Gangster sind. Ich meine, das weiß doch wirklich jeder, daß diese Scheißstadt zur Hälfte aus Mafia besteht. Mann, die haben uns doch schon durchlöchert, bevor wir überhaupt unsere Knarren rausholen können. Selbst wenn die Angst haben sollten, daß wir ihnen die Bullen auf den Hals hetzen, knallen die uns doch wie nichts ab und verscharren uns dann einfach irgendwo in der Wüste.«

»Na ja, vielleicht hast du ja recht«, gab Greg widerstrebend nach. »Aber ich kann dir sagen; das würde ich diesen Scheißkerlen gern heimzahlen.«

Und in diesem Augenblick – zum ersten Mal, und vielleicht auch das *einzige* Mal – verspürte Jimmy Smith etwas wie Sympathie für Gregory Powell – ein Gefühl, das er bis dahin in seinem Leben nicht sehr oft gekannt hatte. Wie er es später ausdrücken sollte: »Irgendwie habe ich mich diesem Irren plötzlich nahe gefühlt.«

Aber der Abend war unwiederbringlich verdorben. Jimmy erklärte, er fühlte sich nicht wohl und könnte nichts essen, was auch tatsächlich stimmte. Er hätte nichts dagegen, allein ins Kino zu gehen, wenn sie ohne ihn weiterziehen wollten, wobei dies eine Lüge war. Nach endlosen Bitten stieg er schließlich doch in den Wagen, und sie aßen gemeinsam in einem anderen Restaurant. Nach dem Essen wollten sie ohne ihn nichts unternehmen, und so fuhren sie müde und deprimiert nach Hause zurück. Um neun Uhr lagen sie bereits im Bett, und so endete also auch der Abend recht kläglich, der das zweite große Ereignis im Leben von Jimmy Smith hätte werden sollen.

Nach der vielen Fahrerei und der Wüste und den Scherereien und dem ganzen Frust erschien ihm sein Schlaf unglaublich kurz. Es kam ihm sogar so vor, als hätte er eben erst die Augen zugemacht, als Maxine ihn wachrüttelte. Es war zwei Uhr früh, und im Haus war es still und dunkel.

»Greg will jetzt schon losfahren«, flüsterte Max. »Los, aufstehen, Jimmy!«

»Meine Güte«, stöhnte Jimmy und richtete sich mühsam im Bett auf. Maxine blieb noch eine Weile neben ihm stehen, um sicherzugehen, daß er nicht wieder einschlief. Schließlich beugte sie sich noch einmal zu ihm herab. »Los, jetzt steh schon endlich auf, Jimmy!«

Erst jetzt öffnete Jimmy seine Augen wirklich, um ihr voll unter den Morgenmantel zu starren, der inzwischen aufgegangen war. Er griff nach einer ihrer Brüste und drückte sie kräftig, wobei er sich vorstellte, wieviel Milch darin im Augenblick sein mußte.

»Nimm dich bloß in acht«, zischte ihn Maxine an. »Rühr mich nicht an, ja?« Und damit schoß sie aus dem Zimmer, während Jimmy sich ankleidete.

Zwei Uhr früh, dachte Jimmy ärgerlich und schüttelte den Kopf. Fahren wir lieber, solange es noch kühl ist. Fahren wir nach Frisco, wenn es noch frisch ist. Zwei Uhr. Wenn dieser bescheuerte Giraffenhals keine Macke hat...

Erst jetzt dämmerte es Jimmy allmählich, daß sie bereits tatsächlich nach Frisco unterwegs waren. Und er hatte sich noch immer nicht losgeeist. Er war immer noch bei ihnen.

Sie suchten ihre Sachen zusammen und schlichen noch vor drei Uhr aus dem Haus. Für das junge Paar hinterließen sie einen Zettel und fünfzig Dollar für die freundliche Aufnahme. Das Ganze war Gregs Idee gewesen, und Jimmy hatte zugestimmt. Wieso auch nicht, dachte er.

Und dann fuhren sie los – Jimmy im Coupé und Greg und Max im Station Wagon. Sie hielten an einer Imbißbude, um zu frühstücken, und nun konnte sich Greg nicht mehr länger beherrschen – er wollte den neuen Ofen ausprobieren. Also tauschten sie die Wagen, so daß nun Jimmy mit Max im Station Wagon saß, während Greg mit dem Coupé den Gummi von den Reifen radierte.

Als das kleine Coupé so weit voraus war, daß er es nicht mehr sehen konnte, legte Jimmy seine Hand auf Maxines Bein und ließ sie langsam nach oben gleiten.

»Ganz schön warm«, bemerkte er dazu.

»Warte nur, wie heiß es erst werden wird, wenn Greg dich dabei erwischt«, entgegenete Max lächelnd, und Jimmy dachte plötzlich: Wetten, daß sie sogar für dieses besoffene

Arschloch Small die Beine breit gemacht hat? Ich könnte wetten, daß sie's mit ihm getrieben hat. Und dann hat sie sich diese Geschichte ausgedacht, von wegen er hätte ihr den Po getätschelt und das Geld geklaut. Ich kann mir gut denken, daß sie ein ganz schönes Miststück ist, dachte er und sah zu ihr hinüber, seine Hand immer noch an besagter Stelle. Sie blickte geradeaus auf die Straße und lächelte.

Er paßte nicht auf. Der Wagen kam von der Straße ab und driftete seitlich durch den Sand. Jimmy riß das Steuer nach rechts und trat auf die Bremse.

»Paß lieber auf, wo du hinfährst«, riet ihm Maxine, was er von da an auch tat.

Man hatte ihnen gesagt, daß die kürzeste Route nach San Francisco mit dem voll beladenen Station Wagon nicht die beste war, da der Straßenbelag dringend ausgebessert hätte werden müssen. Sie hatten sich entschlossen, nach San Bernardino zurück und über Bakersfield zu fahren. Um neun Uhr an diesem Samstagmorgen, dem 9. März, trafen sie dann in Bakersfield ein. Sie hielten vor dem Hi-way Motel im Süden der Stadt.

Diese Gegend gehörte zu den weniger erfreulichen Teilen einer Stadt, die sowieso schon nicht gerade wegen ihrer Schönheit berühmt war. Die Stadt liegt im Süden des San Joaquin Valley, in einer trockenen, staubigen Ebene, die Berge in unsichtbarer Ferne. Wenn er bewässert wird, ist der Boden in dieser Gegend durchaus fruchtbar, aber wenn das nicht der Fall ist, sammelt sich der Staub in gewaltigen, erstickenden Wolken, und der Sand peitscht über die Straßen und häuft sich zu Dünen an, was vor allem auf diesen Teil der Stadt zutraf, der den Schrotthändlern, den Motorradrennfahrern und den Motels vorbehalten war. Die Musik war Country, das Getränk Bier, und überall prangten riesige Reklametafeln. Das kleine Motel war eines der billigsten am Highway – zwei Reihen kleiner Holzhütten mit einem Fleckchen Gras in der Mitte. Sie nahmen Zimmer Nummer zwei und drei.

Dann fuhren sie zu einem Laden für Autozubehör, kauften eine Einspritzpumpe für den Station Wagon, die Greg einbaute, und legten sich dann schlafen.

Jimmy dachte, es wäre das Radio, das ihn am späten Nachmittag geweckt hatte. Aber als er noch eine Weile im Bett lag und an die Decke starrte, merkte er, daß Greg und Maxine wieder einmal zugange waren. Durch die dünnen Wände konnte er das Quietschen des Betts ganz deutlich hören. Und dieses Luder stöhnt ganz schön, dachte er.

Jimmy zog sich an und verließ sein Zimmer, um nachzudenken. Dabei gelangte er zu seinem vielleicht fünfzehnten Entschluß, Gregory Powell den Rücken zu kehren, wobei er diesmal auch noch über den Wagen, das Geld und die Möglichkeit verfügte, seinen Entschluß in die Tat umzusetzen. Nach dem Kauf des Coupés hatten sie das Geld geteilt, so daß Greg noch etwa sechzig Dollar hatte, zuzüglich der Summe, die sich in Maxines Besitz befand. Die sechzig Dollar konnte Greg ruhig behalten – und auch die Knarren, alles. Mit Ausnahme des Coupés. *Das* brauchte Jimmy, und er konnte sich nicht vorstellen, daß Greg ihm deswegen nachfahren würde, obwohl der Wagen auf seinen Namen angemeldet war. Und er konnte sich auch nicht vorstellen, daß Greg eine Diebstahlsanzeige machen würde. Was wollte er mehr? Er war fest entschlossen. Er stieg ein, drückte den Anlasser, stieß zurück, daß der Kies unter den Reifen knirschte, und blinzelte in die tiefstehende Sonne. Und als er sich dann umwandte, sah er Greg in der Einfahrt stehen, die Tür zu seinem Zimmer war offen.

»Wo willst du denn hin, Jim?«

»Ach, nichts Besonderes, Greg, eigentlich nichts«, erwiderte Jimmy lächelnd. »Ich wollte nur mal kurz in die Cottonwood Road fahren. Das ist das Viertel, wo in dieser Stadt die Schwarzen wohnen, weißt du? Na ja, ich war in meinem Zimmer, und dann hab ich dich und Max gehört, und da bin ich eben auch ein bißchen geil geworden. Das ist alles. Weißt du, was ich meine?« Nervös zog Jimmy den Schlüssel ab, um zu demonstrieren, daß er nicht beabsichtigte, den Wagen zu stehlen.

»Ich und Max, wir haben dich wohl ein bißchen aufgegeilt, hm?« Greg grinste. »Weißt du, ich bin so eine Art sexueller Virtuose.«

»Ein was?«

»Na ja, ich meine, ich bin eben gut im Bett. Ich hab schon einiges erlebt, Jim, sexuell meine ich. Wirklich eine Menge, Jim. Dabei habe ich mir ein gehöriges Maß an Kontrolle und Technik angeeignet. Offensichtlich ist es meine Kontrolle und meine Technik, was die Frauen so zu schätzen wissen.«

»Aha«, Jimmy nickte ernst.

»Das ist auch der Grund, weshalb Max noch immer nicht lockerläßt, obwohl sie ja schon hochschwanger ist und längst damit aufhören sollte. Ich weiß nicht, wie ich das ausdrücken soll, ohne jetzt groß als Angeber dazustehen, aber ich scheine Frauen auf eine Art befriedigen zu können, die sie bei anderen Männern nicht finden. Max hat gesagt, sie könnte es sich überhaupt nicht mehr mit einem anderen Mann vorstellen – nie.«

Jimmy nickte neuerlich. »Mhm.«

»Das kann ebenso ein Segen sein wie ein Fluch, Jim. Ich will damit sagen, daß es nicht immer so toll ist, wenn man es bringen soll. Ich meine, die ganze Zeit, wie das die Frauen offensichtlich wollen.«

»Mhm.«

»Aber jetzt komm rein, Jim.«

»Aber Greg, ich wollte doch nur mal kurz in die Cottonwood Road schauen. Wenn du willst, kannst du ja mitkommen.«

»Nein, komm rein. Wir haben uns entschlossen, nach L. A. zurückzufahren.«

»Nach L. A.? Ich dachte, du – wir wollten nach Frisco.«

»Max möchte erst noch ihre Kinder sehen, bevor wir nach Frisco fahren.«

»Aber die sind doch bei ihren Eltern, oder nicht? Die sind doch in Oceanside.«

»Ja, aber sie will sie anrufen.«

»Das kann sie doch auch von hier aus machen.«

»Klar, aber wir brauchen auch Knete, Jim. Wir müssen erst noch ein Ding in L. A. drehen, bevor wir nach Frisco fahren.«

»Meine Güte, das sind noch einmal zwei Stunden bis L. A. und weitere zwei Stunden wieder hierher zurück, und außerdem, Greg, waren wir in letzter Zeit sowieso oft auf Achse, finde ich.«

»Ach was, mit unserem kleinen, heißen Ofen schaffen wir das doch in Null Komma nix, Jim. Los, jetzt komm endlich rein.«

Und Greg lachte, als Jimmy, die Hände in den Taschen und Steinchen vor sich her tretend, auf die offene Tür seiner Hütte zustapfte.

Es war nach Einbruch der Dunkelheit, als die drei über den Grapevine Highway jagten, der das San Joaquin vom San Fernando Valley trennt. Greg wollte ihnen mal zeigen, wie gut das Coupé ging. Der Station Wagon war gepackt und vor dem Motel geparkt, das Zimmer war bezahlt, und sie hatten beschlossen, daß Max die Tunte, die in der Eleventh Street wohnte, besuchen oder ins Kino gehen sollte, während Greg und Jimmy ihre Geschäfte abwickelten.

Jimmy beschloß, sie in Los Angeles zu verlassen. Allerdings nicht ohne das Coupé. Das wollte er sich auf keinen Fall entgehen lassen. Sie konnten ja mit dem Bus nach Bakersfield zurückfahren. L. A. war nämlich eine verdammt große Stadt, in der sie Jimmy Lee Smith nicht so schnell finden würden, und wenn Greg noch so erpicht darauf war, es ihm heimzuzahlen.

Das einzig Ungewöhnliche, was in dieser Nacht unterwegs geschah, war, daß ein Mann sie überholte und ihnen aus dem offenen Fenster zurief: »He, Jungs, euer Rücklicht brennt nicht.« Das war auf dem Highway 99, südlich von Bakersfield, in der Nähe der Abzweigung zum Maricopa Highway, einer Abkürzung, die später an diesem Abend noch von einiger Bedeutung werden sollte.

»Wir können es uns auf keinen Fall leisten, daß uns die Bullen wegen eines kaputten Rücklichts anhalten«, erklärte Greg, worauf sie sich eine Tankstelle suchten. Dort stellen sie fest, daß sich die Kabel an der Karosserie gerieben hatten, bis sie gerissen waren. Sie flickten sie notdürftig und fuhren weiter.

In Los Angeles fuhren sie direkt zu der Wohnung des Schwulen. Greg hatte beschlossen, hier für Maxine ein Zimmer zu mieten, damit sie sich ausruhen konnte, während er mit Jimmy an die Arbeit ging.

Langsam war Jimmy mit den Nerven am Ende. Ständig warf dieser Kerl seine Pläne über den Haufen. Wie sich die Lage von einer Minute auf die andere veränderte – wie Greg ständig etwas vorschlug, das genau das Gegenteil von ihren bisherigen Absichten war... Jimmy hatte sich sein ganzes erwachsenes Leben lang treiben lassen. Diese Art zu leben, war sicher nichts Neues für ihn. Aber dieser Kerl war einfach zuviel für ihn. Scheißzigeuner, dachte Jimmy. Ja, genau das ist es, was sie sind – Scheißzigeuner.

Die Tunte war nicht zu Hause. Es gab auch kein freies Zimmer. Also wurde beschlossen, daß Maxine für ein paar Stunden ins Kino gehen sollte, während Greg und Jim sich ihren Geschäften zuwandten.

»Paß gut auf dich auf, Schatz.« Greg küßte Maxine zum Abschied, bevor sie vor dem Kino am Wilshire, Ecke Western, ausstieg.

»Bis der Film aus ist, ist Tony sicher zu Hause, und wir sind dann auch mit unserer Arbeit fertig. Dann werden wir heute nacht bei Tony schlafen, und morgen fahren wir dann los.«

»Gut.« Maxine lächelte. »Bis dann also, Schätzchen. Bis dann, Jimmy.«

Du wirst mich nie wiedersehen, du blöde, kleine Nymphomanin, dachte Jimmy, und er wußte, daß er es jetzt tun würde. Es traf sich bestens, daß Greg nun auch noch vorschlug: »Fahren wir erst mal zu einer Tankstelle, damit ich mich verkleiden kann, und dann geht's los.«

Jimmy gab keine Antwort, als sie sich in dieser eher kühlen Samstagnacht durch den dichten Verkehr in Richtung Hollywood vorkämpften.

»Da ist eine Tankstelle. Laß mal auftanken«, sagte Greg, während er vor den Zapfsäulen hielt. »Ich bin gleich wieder zurück.«

Jimmy nickte, und dann war Greg auch schon mit seiner Aktentasche verschwunden. Jimmy glitt hinters Steuer, aber der Tankwart hatte bereits die Kühlerhaube hochgeklappt und das Zapfventil in die Tanköffnung gesteckt.

»Ist schon gut!« brüllte Jimmy, außer sich vor Wut. »Ist schon gut. Mit dem Scheißöl ist schon alles in Ordnung.«

Aber der Tankwart hörte ihn offensichtlich nicht.

»Ich hab gesagt, mit dem Öl ist alles in Ordnung!« schrie Jimmy.

Der Tankwart blickte mit einem Lächeln auf und wandte sich zur Seite, um einem vorbeifahrenden Kunden zuzuwinken.

»Los, mach schon, mach schon!« zischte Jimmy leise und schlug hektisch auf das Steuerrad ein, bis die Kühlerhaube endlich niedersauste.

»Das Benzin reicht schon«, knurrte Jimmy. »Das reicht, hab ich gesagt. Sie brauchen nicht vollzutanken.«

»Na ja, gut. Sie haben's wohl eilig, wie?«

»Allerdings!« stieß Jimmy hervor, und sein Herz sank ihm in die Hose, als er Greg aus der Toilette kommen und rasch auf den Wagen zugehen sah.

Jimmy rutschte wieder auf den Beifahrersitz zurück und dachte: Ich *soll* wohl noch einen Überfall mit ihm machen. Es muß anscheinend sein. Offensichtlich habe ich keine andere Wahl. Und sie fuhren in Richtung Hollywood weiter – durch die Nacht und ihrem Schicksal entgegen.

Es ist gut, wie sich dieser Wacholder stutzen läßt, dachte der Gärtner. Er ist etwas Lebendiges, und dennoch widersetzt er sich weder freundlicher Pflege, noch sträubt er sich gegen das Gestutztwerden. Diese Pflanze war auf dramatische Weise geformt worden. Ihr größter Zweig kringelte sich vom Balkon des Hauses vor und in die Höhe, im Einklang mit dem gestalterischen Willen des Mannes, der ihr Wachstum in die von ihm gewünschten Bahnen lenkte.

Das Verhalten eines Baumes konnte man beeinflussen, dachte der Gärtner, aber nicht das eines Menschen. Ein Baum lebte und atmete einfach und tat niemandem etwas zuleide, am allerwenigsten sich selbst. So war es zum Beispiel unendlich viel einfacher, diesen Wacholder unter Kontrolle zu bringen, als sich selbst, wenn er seine Verbrechen beging. Er dachte an den Tag, als er seinen größten Gegenstand gestohlen hatte – eine Nähmaschine.

Bis dahin war sein größter Diebstahl eine Sichelsäge gewesen. Die Nähmaschine war während des letzten Halts an jenem Tag gestohlen worden. Danach war seine Tour abgeschlossen, und er konnte nach Hause fahren. Fast hätte er die letzte Station ausgelassen. Er war durch den Parkplatz des Einkaufszentrums gefahren, aber an der

Ausfahrt wendete er den Wagen und fuhr noch einmal zurück. Er konnte einfach nicht anders. An diesem Tag hatte er nicht an allen Stationen Halt gemacht. Er wußte, daß er in der Nacht keine Ruhe und keinen Schlaf finden würde, wenn er auch diese Station sausen ließ.

In mehrfacher Hinsicht war die tragbare Nähmaschine der Gegenstand gewesen, der sich am leichtesten entwenden ließ. Sie war so groß und wirkte in seinen Armen so glaubwürdig, daß sie ebensogut unsichtbar hätte sein können. Als er damit über den Parkplatz schritt, verspürte er fast so etwas wie Enttäuschung. Die herzzerreißende Angst und der Schrecken und die Aufregung waren fast im Nu verflogen. Es war ein so leicht errungener Sieg gewesen, daß er dadurch fast völlig wertlos schien. Seiner Frau hatte er dann erzählt, er hätte ihr die Nähmaschine zum Geburtstag gekauft.

Während der Gärtner auf seinen Knien zwischen den Rosen umherkroch, das Unkraut ausriß und die kleinen Pflänzchen auf die Einfahrt hinausschleuderte, merkte er, daß seine Kopfschmerzen fast verflogen waren. Zwar tat ihm die Brust leicht weh, aber mit den Schmerzen in der Brust und den Magenbeschwerden und dem Durchfall und den anderen Geschichten ließ sich leben. Am schlimmsten waren eindeutig die Kopfschmerzen. Vielleicht konnte er in der kommenden Nacht trotz der morgigen Gerichtsverhandlung schlafen – trotz der Tatsache, daß er noch einmal von den Geschehnissen jener Nacht berichten würde müssen. Im Lauf der Jahre hatte er so viele Male und in so vielen Gerichtssälen darüber erzählt. Was sollte in diesem Fall dieses eine Mal noch ausmachen? Er hatte nicht mehr solche Angst davor. Wesentlich größere Angst flößten ihm die Verbrechen ein, die er begangen hatte.

Aber dennoch träumte *er nach wie vor davon. Er konnte den kalten Nachtwind in seinem Gesicht spüren, konnte die Zwiebeln riechen, die auf dem Feld wuchsen.*

6

»Ein typischer Hollywood-Samstag abend«, schimpfe Jimmy Smith, während sich die Anspannung in seinen Eingeweiden festfraß. Der Verkehr hatte sich über mehrere Blocks hinweg angestaut. »Und alle sind viel zu gesetzesfürchtig und haben viel zuviel Schiß vor den Bullen und sind überhaupt so verdammt bescheuert, daß sie sich nicht mal trauen, kräftig auf die Hupe zu drücken oder den Typ vor ihnen anzubrüllen.«

Jimmy mußte an die spanische Automatik in seinem Gürtel denken, und was war, wenn dieses Scheißding von selbst losging und ihm den Pimmel abballerte? Ach ja, und das war auch noch etwas, weswegen ich mir Sorgen mache. Was ist, wenn ich mich mit meiner eigenen Scheißknarre abknalle. Indem ich mich mal kurz auf meinem Sitz falsch herumdrehe? Peng! Schon saust der Hahn nieder, und ich liege auf der Straße und verrecke wie ein Hund. Verblute einfach! Und er erwog bereits, die Automatik ins Handschuhfach zu stecken, um sie nicht in seinem Gürtel herumtragen zu müssen.

»Verdammte Scheiße«, fluchte Greg. »Die können mir mal den Buckel runterrutschen. Wir fahren zur Stadtmitte zurück, bis wir einen Alkoholausschank sehen, den wir ausnehmen können.«

»Aber ich dachte, du wolltest diesen Supermarkt in Hollywood überfallen.«

»Dafür ist der Verkehr jetzt einfach zu dicht, Jim. Wir haben die falsche Ausfahrt vom Freeway genommen. Außerdem werden wir auf dem Weg in die Stadt schon was finden.«

Als Ian Campbell in dieser neunten gemeinsamen Nacht mit Karl Hettinger, am 9. März 1963, den Plymouth in den Hinterhof in der Nähe der Gower Avenue lenkte, fielen ihm ein paar violette Blumen auf, die in einem Blumenkasten vor einem Fenster wuchsen. Er kurbelte das Fenster gegen die kühle Nachtluft hoch und sagte: »Die Zuckererbsen und die Azaleen fangen jetzt zu blühen an. Demnach muß der

Frühling angebrochen sein. Allerdings warne ich die meinen noch vor den Iden des März.«

Karl Hettinger grinste durch das Dunkel seinen breitschultrigen, ungewöhnlichen Partner an, der so altmodisch über Pflanzen und Dudelsäcke sprach. Bei dieser Gelegenheit wurde Karl auch bewußt, daß er noch nie einen Dudelsack gehört hatte.

»Ich würde dich mal gern Dudelsack spielen hören, Ian«, wandte er sich an seinen Partner, während ein kleiner brauner Ford auf der Carlos in Richtung Westen an dem Hinterhof vorbeifuhr. »Ich hab diese Dinger höchstens mal im Radio oder auf Platte gehört.«

Gregory Powell fuhr gerade auf der Gower in Richtung Norden, als er sich plötzlich entschloß, den Block in westlicher Richtung zu umkreisen. Er bog in die Carlos Avenue ein, und als er direkt vor sich eine kurze Straße namens Vista Del Mar sah, dachte er fälschlicherweise, die Carlos Avenue endete hier in einer Sackgasse.

»Na, das läßt sich schon machen, daß du mich mal Dudelsack spielen hören kannst«, meinte Ian kichernd. »Sonst will mir ja niemand zuhören. Meine Frau und meine Kinder und auch meine Freunde rennen immer kreischend davon, wenn sie mich nur den Balg aufpumpen sehen. Ich warte immer richtig darauf, daß mich so arglose Leute wie du darum bitten, ihnen was vorzuspielen.«

Langsam fuhr Ian in den Hinterhof und richtete seinen Suchscheinwerfer auf ein paar Schatten im Eingang eines Wohnhauses. Aber es waren nur zwei hungrige, ausgemergelte Katzen, die auf der Suche nach etwas Freßbarem durch die Hinterhöfe schlichen. Der kleine braune Ford wendete und kam in ihrer Richtung zurück. Es war zehn Uhr abends, und der ungekennzeichnete Plymouth, bekannt als Sechs-Z-Vier, fuhr aus dem Hinterhof wieder auf die Carlos Avenue, als das Coupé durch den Lichtkegel ihrer Scheinwerfer fuhr, so daß sie die beiden hageren jungen Männer mit ihren Lederjacken und -kappen in dem kleinen Wagen mit dem Nevada-Nummernschild sehen konnten.

In dieser Nacht hätte es wohl kaum einen Polizisten gegeben, dessen Argwohn die beiden nicht geweckt hätten. Es war einfach offensichtlich, daß diese zwei keine gewöhnlichen Touristen waren, die einen nächtlichen Streifzug durch die Stadt unternahmen. Die Mützen waren schon auffällig genug, und dazu noch die passenden Lederjacken. Es hätte nur noch gefehlt, daß sie die Gewehrläufe zum offenen Fenster herausstehen gehabt hätten. Sie wirkten, als kämen sie gerade vom Gelände der Columbia Pictures ein Stück weiter die Gower hinunter – zwei Komparsen aus einem alten Gangsterfilm, Karikaturen ihrer selbst, Katzenjammer-Kids.

Trotzdem hielten Ian und Karl nach etwas Handgreiflicherem Ausschau, womit sie vor Gericht rechtfertigen konnte, weshalb es zu der Verhaftung gekommen war. Sie konnten vor Gericht ihre Entscheidung nicht mit dem für sie ebenso untrüglichen wie nach außen hin unbeweisbaren Instinkt begründen, da bei einer Verhandlung nur Fakten zählten und keine persönlichen Eindrücke, die sich in einer gewissen Häufung zu einem begründeten Verdacht erhärteten. Also hielten sie nach einem handfesten Anhaltspunkt Ausschau, und sie sollten auch sofort einen finden – die viel herangezogene ›hintere Nummernschildbeleuchtung‹.

Selbst wenn die Nummernschildbeleuchtung des Ford nicht defekt gewesen wäre, ist kaum anzunehmen, daß Ian Campbell und Karl Hettinger den Ford nicht angehalten hätten. Dafür sah das Coupé einfach ›zu gut‹ aus, was im Polizeijargon heißt, daß es zu verdächtig wirkte. Sie mußten die beiden Lederjacken anhalten, und ein Grund für eine Durchsuchung würde sich schon finden.

Der kleine Ford hätte auf der Vista Del Mar nur nach links abbiegen müssen, um in südlicher Richtung zum Hollywood Boulevard weiterfahren zu können, so daß er nie von Streife Sechs-Z-Vier angehalten worden wäre. Aber Greg beschloß zu wenden, so daß in dieser neunten Nacht ihres gemeinsamen Wirkens das Schicksal dieser beiden Partner zum letztenmal eine falsche Wendung nahm.

»Scheißsackgassen«, brummte Jimmy Smith, als Greg den

Wagen wendete. »Wir scheinen ja wirklich ständig in irgendwelche Sackgassen zu rauschen.«

»Wir sollten uns diese zwei mal ansehen«, schlug Ian vor, als das Coupé an der Ampel an der Gower hielt.

»Okay. Wann wollen wir sie denn stoppen?«

»Jetzt gleich.« Ian Campell fuhr direkt hinter den kleinen Ford, schaltete das Rotlicht ein und hupte.

Gregory Powell warf einen Blick in den Rückspiegel, verfestigte seinen Griff um das Steuerrad und sagte: »Die Bullen!«

Als das Coupé um die Ecke in die Gower Avenue einbog und anhielt, bemerkte Karl, wie sich die Köpfe der beiden Insassen einander zuneigten.

»Ich glaube, wir sollten mal vorsichtig sein«, meinte Karl.

Jimmy *spürte* das Rotlicht, noch bevor er es sah. Er spürte, wie die Hitze, die das Rotlicht ausstrahlte, seinen Nacken versengte, und er flüsterte: »Ich hab's doch gewußt. Hab ich's doch gewußt.« Gleichzeitig öffnete er den Reißverschluß der neuen Lederjacke, die Greg ihm gekauft hatte, zog die 32er Automatik heraus, die Greg ihm gekauft hatte, ließ sie vorsichtig zu Boden gleiten und stieß sie dann mit seinen neuen Fünfunddreißigdollarschuhen unter den Sitz seines Partners. Gregs Augen blieben auf den Rückspiegel geheftet, und der Tritt war gerade unauffällig und doch stark genug, so daß die Waffe ziemlich genau neben Gregs linkem Fuß zu liegen kam, wo Jimmy sie haben wollte. Sie war weit genug von Jimmy entfernt, so daß er schwören konnte, Greg hätte ihn als Anhalter mitgenommen. Wie hätte er da von den zwei Schußwaffen in Gregs Besitz wissen sollen? Waren sie nicht auf Gregs Namen eingetragen? Und falls diese Geschichte nicht zog, würde ihm sicher etwas anderes einfallen.

»Jetzt reg dich mal nicht gleich groß auf. Vielleicht wollen die uns nur einen Strafzettel verpassen. Bleib einfach schön ruhig sitzen.« Greg blickte für einen Moment zu Jimmy hinüber, der etwas antworten, etwas Sarkastisches entgegnen wollte, aber feststellen mußte, daß er kein Wort herausbrachte.

Wie sollte er sich nicht aufregen? Was war, wenn die Bullen die Knarre auf dem Boden des Wagens und die Knarre in Gregs Gürtel entdeckten? Jimmy wünschte sich in diesem Augenblick so weit von Greg fort wie nur irgendwie möglich. Wer weiß, vielleicht versuchte dieser Verrückte auch noch, sich den Weg aus dieser Klemme freizuschießen! Jimmy hielt das keineswegs für ausgeschlossen, und er wollte den Bullen gegenüber auf jeden Fall so tun, als führe er mit diesem Kerl nur als Anhalter mit.

Ich habe nichts zu verbergen. Ich muß nur Ruhe bewahren, nichts weiter, versuchte er sich einzureden. Obwohl er sich schon so weit nach rechts an die Beifahrertür gedrückt hatte, wie dies nur möglich war, fühlte er sich dennoch Greg eindeutig zu nahe – so nahe, als wären sie siamesische Zwillinge. Und dann sprang er aus dem Wagen und sah in die Augen von Karl Hettinger, der seine Taschenlampe angeknipst hatte und auf dem Gehsteig langsam näherkam.

Angstvoll ging Jimmy auf ihn zu, und Karl langte unter sein Jackett, um seine rechte Hand auf den Griff seiner Pistole zu legen, die in einer Gürtelhalfter steckte. Und dann sagte er, was trotz des ungekennzeichneten Wagens offensichtlich war: »Polizei.«

Schon der Klang dieses Wortes ließ Jimmy Smith erstarren, und er warf seine Hände in die Luft.

Karls Puls bockte. Er warf einen Blick ins Innere des Wagens auf Greg. Dann wandte er sich rasch wieder Jimmy zu, der stocksteif auf dem Gehsteig stand, die Hände hoch erhoben, obwohl Karl weder seine Waffe gezogen noch den Befehl erteilt hatte, seine Hände zu heben. Für Karl war dies ein untrügliches Zeichen, das auch jeder andere Polizist so gedeutet hätte. Irgend etwas stimmte nicht mit diesen beiden. Irgend etwas. Vielleicht hatten sie was mit Drogen zu tun. Zumindest sahen sie so aus. Ian stand jedoch auf der Fahrerseite des Wagens und konnte die Anzeichen von Jimmys Panik nicht sehen.

Mein Gott, dachte Jimmy, was ist, wenn er die Knarre sieht? Was ist, wenn Greg anfängt, loszuballern? Mein Gott, ich muß sehen, daß ich von diesem Irren wegkomme!

Karls Augen standen weder dicht beieinander, noch verschwammen die Pupillen, aber Jimmy sollte sich an Karls Augen immer als eng aneinanderliegend und hinter seiner

Plastikbrille schimmernd erinnern. Jimmy hielt es so lange aus, wie nur möglich – etwa fünf Sekunden. Dann fragte er: »Was ist los, Inspektor?«

»Polizei«, sagte Ian zu Greg, während er an die linke Vordertür des Coupés trat. Er machte sich gar nicht erst die Mühe, seinen Ausweis vorzuzeigen, da außer Frage stand, daß diese beiden wußten, wie Polizisten aussehen. Außerdem wollte er eine Hand frei haben, da er in der anderen die Taschenlampe hielt.

»Meine Güte, ich weiß, weshalb ich diesmal einen Strafzettel aufgebrummt bekomme«, jammerte Greg in der schwachen Hoffnung, er könnte den Polizisten bluffen, obwohl er selbstverständlich wußte, daß Zivilbeamte keine Strafzettel ausschrieben. Wenn man von denen angehalten wurde, stellten sie einem in der Regel ein paar unangenehme Fragen und durchsuchten den Wagen. Er hatte es vom ersten Augenblick an gewußt, als er den bulligen Polizisten mit seinem am Hals zugeknöpften Sporthemd, seiner alten, grauen Flanellhose und dem abgewetzten Jackett gesehen hatte – er wußte, daß diesen beiden keine normalen uniformierten Streifenpolizisten waren. Er *wußte*, daß sie ihm keinen Strafzettel verpassen würden.

»Würde es Ihnen was ausmachen, mir mal Ihren Führerschein zu zeigen?« fragte Ian.

»Aber nein, hier.«

»Wie lange sind Sie schon in Los Angeles?« erkundigte sich Ian mit einem Blick auf den Führerschein.

»Wir sind eben erst angekommen.«

»Würde es Ihnen was ausmachen, mal kurz auszusteigen?« fragte Ian und reichte Greg den Führerschein zurück.

Greg steckte ihn in die linke Außentasche seiner Lederjakke und zog dabei seinen Colt ein Stück aus dem Gürtel.

»Was soll das Ganze eigentlich?«

»Eine reine Routineuntersuchung.«

»Ach so, klar.« Greg lächelte, stieß kopfschüttelnd einen Seufzer aus und beobachtete dann Ian, wie er die Tür öffnete und einen Schritt zurücktrat. Dabei konnte er deutlich erkennen, daß Ian nur die Taschenlampe in der Hand hielt. Greg glitt leicht zur Seite und wirbelte herum.

Als nächstes starrte Ian auf den Colt in Gregs Hand. Er wich mit ungläubiger Miene vorsichtig einen Schritt zurück. Dann war Greg hinter ihm. Er hielt ihn im Rücken an seiner Jacke fest, wobei er sich verschwommen an das erinnerte, was er auf den verschiedenen Gefängnishöfen über Entwaffnungsgriffe der Polizei gehört hatte. Also packte er den stämmigen Polizisten an seiner Jacke, und falls er sich umzudrehen versuchte, konnte er ihn von sich stoßen, einen Schritt zurücktreten und...

Karl hatte indessen Jimmy beobachtet, der sich mit der Zunge über seine ausgedörrten Lippen fuhr und mit trockenem Mund in den Lichtschein der Taschenlampe starrte. Er fragte: »Was ist denn los, Inspektor?« Und dann sah Karl seinen Kollegen um den Wagen kommen, und zwar mit dem Verdächtigen *nicht* vor ihm, sondern hinter ihm. Und das konnte doch nicht stimmen. Irgend etwas stimmte hier ganz und gar nicht. Und dann lugte Greg hinter Ians Rücken hervor und befahl Jimmy: »Nimm ihm seine Knarre ab.« Ruckartig begann das Adrenalin durch Karls Körper zu schießen, und er riß seinen Dienstrevolver aus der Halfter, um ihn auf den Mann zu richten, der durch Karls bulligen Partner fast völlig verdeckt wurde.

»Er hat seine Waffe gezogen«, sagte Ian. »Gib ihm deinen Revolver.«

Darauf fiel kein einziges Wort mehr, und Karl richtete seine Waffe auf die Stimme, aber die Stimme hatte keinen Körper. Es war wie in einem Traum. Er richtete seinen Revolver auf Ian, auf einen winzigen Flecken von schwarzer Mütze und blasser Stirn, der hinter Karls Arm hervorlugte, und es war nichts zu hören außer dem Rauschen des Verkehrs, dem Summen der vorbeifahrenden Wagen und dem Zischen der Reifen auf dem Asphalt, während sie alle paar Augenblicke in grelles Scheinwerferlicht getaucht wurden. Aber nicht ein einziger Wagen hielt an oder bemerkte sie auch nur, und nun stellte Karl fest, daß er seine Waffe auf Jimmy Smith gerichtet hatte, der wie eine Salzsäule erstarrt war. Und dann zielte Karl wieder auf die Stimme. Es war alles so unfaßbar! Das war doch nicht möglich. Karls Revolver wanderte hin und her, während er sich leicht geduckt hatte, als stünde er an der Sieben-Meter-Linie im Schießstand der Polizei. Allerdings befanden sie sich hier nicht im Schießstand. Außer den vorbeifahrenden Autos war kein Geräusch zu hören.

Ian sagte neuerlich: »Er hat mir seine Kanone in den Rücken gedrückt, Karl. Gib ihm deinen Revolver.«

Darauf blickte Karl ihn an und ließ nach kurzem Zögern den Revolver so weit aus seiner Hand gleiten, bis er den glatten Holzgriff nur noch zwischen seinem schweißnassen Daumen und Zeigefinger hielt. Dann hob er seine Hand, und Jimmy trat mit blitzenden Augen auf ihn zu und nahm ihm den Revolver aus der Hand.

Unbeholfen hielt Jimmy die Waffe mit beiden Händen in Brusthöhe und reckte sie dann in den Lichtschein einer Straßenlaterne der Gower, um sie mit seinen astigmatisierten Augen anzublinzeln, als wäre er ein Wilder, der zum erstenmal in seinem Leben einen Revolver sah. Und ihm kam es tatsächlich so vor, als sähe er zum erstenmal eine Schußwaffe. Und das war der Revolver eines Polizisten! Auch auf ihn wirkte das alles höchst unwirklich.

Und im nächsten Augenblick waren sie plötzlich voll da. Alle vier. Vier Gehirne liefen heiß, vier Körper spannten sich innerlich an. Ein langer Moment der Trägheit. Vier junge Männer, gebadet in das purpurne Licht der Straßenbeleuchtung. Auf den Gesichtern Entrücktheit. Totale Verwirrung. Zwei Polizisten, konfrontiert mit dem, von dem alle Polizisten glauben, daß es ihnen nie zustoßen wird. Zwei kleine Ganoven, welche die Polizisten in Schach hielten. Vier Köpfe, wild von Gedanken durchzuckt. Unzusammenhängende, einander jagende Gedanken.

Karl Hettinger war vermutlich der erste, der sich bewegte. Mit erhobenen Händen begann er ganz vorsichtig seine große Taschenlampe in einem kleinen Kreis zu bewegen, so daß ihr Strahl über die Fenster der Autos auf der Straße strich, die teilnahmslos vorbeifuhren. Dann merkte Ian, was Karl vorhatte, und folgte seinem Beispiel. Schließlich fiel dieses Manöver jedoch auch Greg auf, und er befahl: »Los, runter mit euren Pfoten!«

Jimmy Smith hörte auf, die Waffe unters Licht zu halten

und sie wie von Sinnen anzustarren. Statt dessen versuchte er sich nun darin, den fünfzehn Zentimeter langen Lauf eines Dienstrevolvers in eine Zehnzentimetertasche zu stecken. Er wandte sich um und blickte von einem zum andern, bis er Gregs Befehl hörte. Dann steckte er die Waffe in seinen Hosenbund. Ohne diesen Befehl wäre er vielleicht ewig so stehengeblieben.

»Hier rüber.« Greg zeigte mit dem Kopf auf das Coupé. Jimmy hörte die Stimme und wollte ihr schon folgen, als ihm bewußt wurde, daß diese Aufforderung an die beiden Polizisten gerichtet war. Er wartete auf seine Order.

Und dann kam sie. Seine Chance. Seine letzte Gelegenheit, in den Lauf des Schicksals einzugreifen. Greg forderte ihn auf: »Jim, setz dich in den Streifenwagen und fahr ihn näher an den Randstein, damit wir die Polente nicht auf uns aufmerksam machen. Und schalt das Licht aus!«

Jimmy nickte vage, worauf Greg sich wieder an die beiden Polizisten wandte. »Los, einsteigen!«

»Wo soll ich hin?« fragte Ian, der auf der rechten Seite des kleinen braunen Coupés stand.

»Auf den Fahrersitz«, befahl Greg, der angestrengt nachdachte, die beiden Männer im Auge behielt, auf jede ihrer Bewegungen achtete. Zuerst war es ausschließlich Ians Körpererscheinung, die Gregs Entscheidungen bestimmte. Er war ein großer, kräftiger Mann. Setz den bulligen Typen hinters Steuer, wo du ihn besser im Auge behalten kannst. Den Kleinen auf den Rücksitz.

»Und wo soll ich hin?« fragte Karl.

»Auf den Rücksitz.«

Karl mühte sich mit dem Sitz ab. Er versuchte, ihn nach vorn zu ziehen, ohne zu merken, daß er sich nicht vorklappen ließ.

»Der Sitz ist verklemmt«, meinte Karl.

»Verdammt noch mal, steigen Sie schon endlich ein, und zwar schnell! Klettern Sie eben über den Sitz!«

Und dann hockte Karl hinter der vorderen Sitzbank auf dem Boden des Coupé, die Knie unters Kinn hochgezogen. Die Taschenlampe in der Hand, auf dem Metallboden im Fond des Wagens zwischen Sitz und Heckscheibe eingeklemmt, dröhnte Karl der Puls in den Ohren, so daß er für einen Moment kaum etwas anderes hörte.

Jimmy Smith kämpfte währenddessen mit den Gängen des Streifenwagens und mit der Handbremse, aber vor allem mit seiner Courage.

»Das Scheißding will nicht fahren«, murmelte er vor sich hin. »Ich habe den Gang drinnen, aber die Kiste rührt sich nicht von der Stelle.«

Er schlug sich mit dem Plymouth herum, trat zu stark aufs Gas und würgte den Motor jedesmal wieder von neuem ab, da er die Handbremse zu lösen vergessen hatte. Jimmy Smith wußte nämlich nicht, daß bei den neuesten Wagenmodellen die Handbremse nicht mehr mit einem klobigen Hebel angezogen wurde, und so fand er den zierlichen, verchromten Hebel unter dem Armaturenbrett nicht. Er war einfach zu lange aus dem Verkehr gezogen gewesen.

»Wenn ich mich ein bißchen besser mit den neuesten Wagenmodellen ausgekannt hätte«, erklärte er später, »hätte ich einfach in dem Polizeiauto abhauen können. Das wäre eine günstige Gelegenheit gewesen, mich von ihm abzuseilen. Aber ich bekam diese Scheißhandbremse nicht raus.«

»Beeil dich schon«, drängte Greg, worauf Jimmy genervt ausstieg, zum Hollywood Boulevard sah, sich nach einer Fluchtmöglichkeit umblickte und seine letzte freie Entscheidung traf. Hoffnungslos ging er auf den Ford zu.

»Ich hab die Handbremse nicht rausgekriegt«, erklärte er Greg, der auf dem Beifahrersitz des Coupés saß und nun ein Stück zu Ian hinüberrückte, um Jimmy Platz zu machen.

In diesem Augenblick fuhr ein Wagen vorbei, vollgestopft mit einer Gruppe laut lachender und lärmenden Teenager. Einer der Jugendlichen streifte Jimmy kurz mit seinen Blikken, worauf diesem plötzlich der riesige Revolver unter seiner Lederjacke wieder einfiel. Die Jugendlichen fuhren weiter, und Jimmy stieg ein.

»Hast du in ihrem Wagen nachgesehen, ob sie sich unsere Autonummer aufgeschrieben haben?« erkundigte sich Greg. »Vermutlich haben sie die sich gleich notiert, als sie uns aufgehalten haben.«

»Ja«, log Jimmy, der nur noch an Flucht dachte, an eine

letzte Möglichkeit, sich von Greg loszueisen. Wenn sich ihm doch nur noch eine Gelegenheit böte . . .

»Wo ist die andere Knarre?« wollte Greg von Jimmy wissen, während er gleichzeitig Ian mit seinen Blicken durchbohrte. Er hielt seinen Colt gegen Ians Bauch und ließ seine Hände am Steuerrand keine Sekunde aus den Augen.

»Wo ist die andere Knarre?« wiederholte Greg.

»Was für eine andere Knarre?« fragte Jimmy zurück, wobei er an die Automatik dachte und hoffte, Greg würde nicht merken, daß er sie unter Gregs Sitz geschoben hatte. Und dann trug Jimmy zusätzlich zu der Chaotik des Augenblicks bei, indem er hinzufügte: »Meinst du die 45er Automatik?«

Darauf befiel Greg, der nicht ahnen konnte, daß Jimmy die Spanish Star .32er Automatik meinte, plötzliche Panik, da er dachte, daß noch eine weitere Polizeiwaffe existierte, die er bis dahin noch nicht bemerkt hatte.

»Hat dieser Typ eine .45er gehabt?«

»Ich weiß nicht«, erwiderte Jimmy, inzwischen völlig ratlos, da er weder wußte, wie viele Schußwaffen nun eigentlich im Spiel waren, noch wo sie sich befanden.

»Mensch, dann sieh doch auf dem Boden nach, ob dort diese verdammte .45er irgendwo rumliegt«, drängte Greg nervös.

»Geben Sie die Taschenlampe her«, wandte Jimmy sich an Karl, um dann in ihrem Lichtschein die .32er Automatik unter dem Sitz zu finden, wo er sie hingestoßen hatte. Nun hatte er zwei Schußwaffen in seinem Schoß – seine eigene Automatik und Karls Dienstrevolver.

»Das sind alle Kanonen, die's gibt«, erklärte Jimmy.

»Also gut, das wäre vorerst mal geklärt«, erwiderte Greg nervös. »Und jetzt bloß weg hier.« Er wandte sich an Ian. »Wissen Sie, wie man von hier auf den Freeway nach Bakersfield kommt? Ich möchte auf den Highway 99.«

»Ja«, antwortete Ian. »Wir brauchen nur die Gower runter zum Hollywood Freeway zu fahren.«

»Gut, dann fahren Sie los. Fahren Sie nicht zu schnell, und keine sonstigen Verkehrsübertretungen. Wenn wir nämlich angehalten werden, können Sie beide Ihr Testament machen.«

Jimmy wandte seine Blicke von Karl im Fond zu seinem Partner Gregory Powell und saß die ganze Fahrt in einer unangenehm verdrehten Haltung, in der er auch Karl im Auge behalten konnte.

Die Heiserkeit in Gregs Stimme verflog allmählich und nahm wieder ihren gewohnten, zuversichtlichen Tonfall an. »Da habt ihr ja wirklich einen heißen Fang gemacht«, meinte Greg ironisch, und Jimmy glaubte, einen Anflug von Euphorie in seiner Stimme bemerken zu können. »Ich hab schon zwei Menschen getötet. Eigentlich wollte ich ja nicht so weit gehen, aber da es nun mal so gekommen ist, bleibt mir keine andere Wahl, als konsequent zu bleiben.«

Mein Gott, dachte Jimmy. Greg atmete nun wieder völlig regelmäßig und redete irres Zeug daher. Er führte sich auf wie einer von diesen schweren Jungs aus einem alten Gangsterfilm. Mein Gott!

»Warum habt ihr uns eigentlich angehalten?« fragte Greg.

»Weil Ihr Nummernschild nicht beleuchtet war«, erklärte Ian, während er die Auffahrt zum Hollywood Freeway hinaufsteuerte.

Gregs Revolver stieß gegen Ians Rippen. »Moment mal. Wo fahren Sie uns eigentlich hin?«

»Das ist die Auffahrt zum Hollywood Freeway, ich fahre völlig richtig«, entgegnete Ian fest.

»Ja, er fährt genauso, wie er vorhin gesagt hat«, schaltete sich Karl ein. Er lugte von seinem Platz auf dem Boden des Coupé nach draußen. Gleichzeitig ließ er seine Blicke über das dort herumliegende Gerümpel gleiten – eine Radkappe, Lumpen, ein Wagenheber mit Kurbel und mehrere Dosen – nichts, womit er in dem überfüllten, engen Coupé gegen zwei Männer mit vier Schußwaffen etwas hätte ausrichten können, wobei einer von ihnen seinem Partner seinen gespannten Revolver gegen die Rippen preßte.

»Wir werden auf dem Freeway bis zur Sepulveda-Ausfahrt fahren«, erläuterte Ian. »Von dort kommen wir dann auf die Ridge Route.«

»Jimmy«, sagte Greg, »deine Aufgabe ist es, aufzupassen, was hinter uns geschieht. Und behalt den Typen auf dem Rücksitz im Auge. Paß auch auf, ob wir beschattet werden.«

»Gut«, murmelte Jimmy, und dachte: Wie nett von dir, ihnen meinen Namen zu verraten, du Trottel . . .

»Wie oft müssen Sie sich denn über Funk bei der Zentrale melden?« erkundigte sich Greg.

»Etwa jede Stunde«, antwortete Ian.

»Demnach dürften wir also etwa fünfzehn Minuten Vorsprung haben«, meinte Greg, der sich auch hin und wieder zu Karl umsah.

Er saß, ebenso wie Jimmy, nach links gewandt auf dem Vordersitz, so daß sie die beiden Polizisten im Auge behalten konnten. Dann wandte sich Greg an Karl. »Sie da hinten, machen Sie bloß keine Dummheiten! Sie sehen ja hoffentlich selbst, wo meine Kanone hinzeigt.«

»Nein, nein«, versuchte Karl, ihn zu beruhigen. »Wir haben beide Familie. Wir wollen nichts weiter als wieder nach Hause zurück zu unseren Familien.« Und er zog den Kragen seiner Cordjacke an seinem Hals hoch, da ihm plötzlich sehr kalt wurde.

»Na gut, dann schreiben Sie sich das mal gefälligst hinter die Ohren«, ermahnte ihn Greg, und Jimmy spürte, daß Greg inzwischen wieder völlig entspannt war.

Jimmy haßte ihn mehr denn je, da er selbst so heftig atmete, daß sein Puls ihm in den Ohren dröhnte. Von diesem Augenblick an nannte Jimmy seinen Freund in Gedanken nie mehr Greg. Von nun an war er Powell für ihn, wenn er an ihn dachte, wenn er von ihm träumte.

Ian sagte leise: »Bleiben Sie schön ruhig. Da vorn steht eine Funkstreife.« Und jeder Nerv und jeder Muskel im Innern des kleinen Coupés spannte sich an, während Ian mit gleichbleibender Geschwindigkeit auf der langsamen Fahrspur auf die Funkstreife zufuhr, die am Straßenrand stand.

»Das sieht mir ganz nach einer Straßensperre aus, Jimmy«, zischte Greg mit rasiermesserscharfer Stimme. »Aufgepaßt!«

»Ach was, die schreiben nur einen Strafzettel aus«, warf Ian ein. »Nichts weiter, Ich werde einfach ganz normal an ihnen vorbeifahren.«

»Gut«, flüsterte Greg. »Aber machen Sie keine Dummheiten. Vergessen Sie nicht, was ich Ihnen gesagt habe. Falls wir angehalten werden . . .«

»Ja«, erwiderte Ian. Sie fuhren an der Funkstreife auf der Sepulveda-Ausfahrt vorbei und kamen dann auf dem Sepulveda Boulevard gut voran. Der Verkehr war nicht sehr dicht, und die meisten Ampeln standen auf Grün, so daß die vier Männer zum erstenmal Zeit fanden, darüber nachzudenken, was das alles eigentlich sollte. Und jeder versuchte, Pläne für die nächsten Minuten zu schmieden.

»Darf ich Ihnen vielleicht einen Rat geben?« brach Ian nach mehreren Minuten das Schweigen. Da sie alle schwitzten, froren sie von dem Fahrtwind, der durch das offene Fenster ins Innere des Wagens strich. Aber aufgrund des Geruchs der Angst, der den Wagen erfüllte, blieb das Fenster halb offen.

»Na gut, schießen Sie schon los«, forderte ihn Greg auf.

»Sie sollten diese Mützen abnehmen. Solche Dinger trägt hier in der Gegend kein Mensch, und es kann gut sein, daß wir deswegen angehalten werden.«

Greg nahm sofort seine Mütze ab, während Jimmy diesen Vorschlag einfach ignorierte. Leck mich doch, dachte er. Ich zeige mein Haar nicht her. Und dieser Bulle kann mir mit seinen guten Ratschlägen gestohlen bleiben. Nachts, in diesem engen, dunklen Wagen werden die gar nicht merken, daß ich Farbiger bin, wenn ich nur meinen Mund halte oder wie ein Weißer spreche, wenn es unbedingt sein muß. Und falls Powell nicht sein großes Maul zu weit aufreißt und ihnen alles erzählt, was er über mich weiß, na ja, Scheiße, dann könnte ich ja vielleicht sogar noch meinen Kopf aus der Schlinge ziehen. Vielleicht.

Und nachdem sie ein Stück weiter gefahren waren, griff Greg mit seiner freien Hand nach unten auf den Boden, brachte eine Flasche Schenley's zum Vorschein und nahm einen Schluck.

»Wenn Sie in einem fahrenden Auto trinken, stoppt uns vielleicht die Highway Patrol«, warnte Ian, worauf Greg die Flasche ärgerlich wieder abstellte.

Karl lugte über den unteren Fensterrand nach draußen und stellte dabei fest, daß sie durch Van Owen fuhren. In seinen Beinen bildeten sich bereits die ersten Krämpfe, und er hätte sie gern ausgestreckt.

Jimmy hörte auf, nachzudenken, und lauschte statt dessen dem leisen Summen der Reifen auf dem Asphalt und dem Rauschen des Windes. Gelegentlich kniff er die Augen zusammen, wenn ein entgegenkommendes Auto nicht abblendete. Plötzlich fragte Greg: »Habt ihr Geld?«

»Ich habe zehn Dollar«, erwiderte Ian, Typischerweise wußte er genau, wie viel Geld er hatte.

»Ich habe vielleicht acht oder neun«, erklärte Karl.

»Wenn Sie unser Geld nehmen, kommen Sie damit problemlos bis San Francisco«, schlug Ian in der schwachen Hoffnung vor, die beiden Ganoven mit den paar Dollar ködern zu können. Vielleicht ließen die beiden sie laufen. Vielleicht würden sie versuchen, in dem kleinen Ford über den Highway zu entkommen. Oder vielleicht würden sie auch denken, daß die Polizisten der Meinung wären, sie würden nach San Francisco fahren, während sie in Wirklichkeit in einer völlig anderen Richtung zu entkommen versuchten. Vielleicht würden die beiden sie ja doch laufenlassen. Dieser Hoffnungsschimmer sollte jedoch rasch gänzlich verglimmen, als Greg schnaubte: »Na, Sie wissen doch ganz genau, daß das ein bißchen wenig wäre.«

Für einige Kilometer verfielen sie darauf wieder in Schweigen, und Karl versuchte – allerdings vergeblich –, in der Dunkelheit seine Uhr abzulesen. Er hatte ein flaues Gefühl im Magen, und er schwitzte so stark, daß seine Uhr am Handgelenk verrutscht war. Aber Karl blieb keineswegs untätig. Er beobachtete die beiden Männer, lauschte auf ihre Stimmen, sah genau hin, wenn einer von ihnen sich aufwandte. Später würde er in der Lage sein müssen, die Gesichter zu beschreiben – und den Wagen und die Stimmen. Er versuchte auch, die Revolver besser sehen zu können, was ihm jedoch nicht gelang, wenn nicht gerade der Dunkelhäutige sein Schießeisen über den Rand seines Sitzes auf ihn richtete. Das Visier erschien Karl wie das seines eigenen Revolvers.

Karl beobachtete den Blonden, wie er mit seinen vorstehenden Schneidezähnen an seiner Unterlippe nagte und schließlich erklärte: »Wir machen das jetzt folgendermaßen. Wir nehmen euch noch ein Stück die Ridge Route mit, fahren dann auf eine kleine Seitenstraße und lassen euch raus – allerdings an einer Stelle, von der ihr noch ein ordentliches Stück bis zum Highway zu laufen habt.«

Daraufhin spürte Karl, wie seine Anspannung etwas nachließ. Zum Teil war dies auf den Inhalt dessen zurückzuführen, was Gregory Powell gesagt hatte, zum Teil auch auf den freundlichen Tonfall seiner Stimme, die inzwischen wesentlich sanfter geworden war und einen Anflug von ländlichem Dialekt erkennen ließ.

Und so schlug ein etwas weniger nervöser Karl nun vor: »Wissen Sie, unsere Kanonen haben wir übrigens aus eigener Tasche bezahlt. Könntet ihr uns vielleicht den Gefallen tun, die Munition rauszunehmen und sie irgendwo in die Büsche zu werfen, damit wir sie uns wieder holen können, nachdem ihr uns rausgelassen habt und selbst verduftet seid?«

»So arg viel verdienen wir nämlich wirklich nicht«, fügte Ian hinzu.

Greg grinste: »Klar, das wird sich bestimmt machen lassen.« Und nun ging sogar Jimmys Atem in regelmäßigen Intervallen.

Sie fuhren durch die Sepulveda-Unterführung, wo der Verkehr nicht mehr so dicht war. Die immer spärlichere Straßenbeleuchtung machte es praktisch unmöglich, herauszufinden, wie spät es war, so daß Karl es schließlich aufgab. Hin und wieder warf er einen kurzen Blick auf Ian, dessen Hände unverändert auf dem Lenkrad ruhten. Ian wirkte völlig ruhig, sah man von einer vereinzelten Schweißspur ab, die seinen Hals hinunterlief und in seinem Hemdkragen verschwand.

Greg sagte: »Hier gibt's doch irgendwo einen See.«

»Ja, ein Reservoir, auf der linken Seite«, bemerkte Karl.

»Völlig richtig«, fuhr ihn Greg darauf an, und als er sich zu Karl umwandte, war sein Mund starr und verkrampft, als hätte Karl ihn auf irgendeine Weise herausgefordert. Karl spürte, wie sich innerlich wieder alles in ihm zusammenkrampfte. Dieser plötzliche und abrupte Wechsel im Tonfall, für den es keinen ersichtlichen Grund gab, verwirrte und beunruhigte ihn.

Schließlich konnten sie im Mondschein das Reservoir zu ihnen heraufblitzen sehen. Sie näherten sich der Mint-Canyon-Abzweigung. Danach mündete die Sepulveda in die Ridge Route.

»Gebt mir euer Geld«, befahl Greg, und Karl zog vorsichtig seine Brieftasche heraus. Er beobachtete, wie Ian dasselbe tat. Darauf klappte Karl seine Brieftasche mit beiden Händen auf, so daß Greg hineinsehen und die neun Dollar herausnehmen konnte.

»Ein paar Stunden von hier haben wir ein kleines Versteck, wo wir in Sicherheit sind«, erklärte Greg. Und das war mehr, als Jimmy Smith ertragen konnte. Dies war das erste Mal überhaupt, daß er Gregory Powell zurechtweisen sollte.

»Mensch, halt doch das Maul! Erzähl den beiden nicht so viel!« Und kaum hatte er das gesagt, zuckte er innerlich zusammen, aber Greg schien gar nicht zu registrieren, was er geäußert hatte.

Die Reifen summten über den Asphalt, und als Karl zum Himmel aufblickte, konnte er an der Anzahl der Sterne, die zu sehen waren, abschätzen, wie weit sie vom Smog von Los Angeles entfernt waren.

»Wo führt diese Straße hin?« fragte Greg unvermittelt.

Karl richtete sich leicht auf und antwortete: »Das ist die Mint-Canyon-Abzweigung. Ein Stück weiter mündet sie direkt in den Highway 99.«

»Das weiß ich auch. Ich wollte nur mal sehen, ob man euch trauen kann«, entgegnete Greg in scharfem Ton.

Nachdem sie vielleicht zehn Kilometer über die Ridge Route gefahren waren, sah Karl hinaus, und eine alles überwältigende Traurigkeit vermischte sich mit seiner Angst, als er zu niemandem speziell sagte: »Vor zwei Tagen war ich hier noch beim Angeln. Mit meiner Frau. Sie erwartet unser erstes Baby.«

»Maul halten!« fuhr Jimmy Smith dazwischen. »Maul halten!«

»Ach was«, schaltete sich Greg ein. »Laß ihn doch reden.« Und dann beugte Greg sich zu Jimmy hinüber und flüsterte: »Laß sie ruhig reden. Und mach sie nicht nervös.«

Jimmy Smith dachte: Leck mich doch, und scheiß auf

diesen blöden See, und es ist mir überhaupt scheißegal, wie viele Fische da drinnen schwimmen. Und du und deine angepuffte Alte, ihr könnt mich auch mal.

Während er nun beobachtete, wie Gregs Kopf von Zeit zu Zeit hin und her wanderte, wuchs seine Wut sogar noch, und er begann, *alles* an Powell zu hassen, vor allem diesen Hühnerhals. Und dann merkte Jimmy, daß Karl zu ihm sprach.

»Kann ich mal meine Stellung verändern, wenn ich die Hände so halte, daß man sie sehen kann? Meine Beine schlafen ein.«

»Bleiben Sie, wie Sie sind. Ich habe auch schon einen Krampf in den Beinen«, zischte ihn Jimmy an und ließ den Lauf des Revolvers ein paar Zentimeter über den oberen Rand des Sitzes vorragen.

Greg neigte sich Jimmy zu und flüsterte ihm etwas ins Ohr. Dann sagte er laut: „Wir haben es uns anders überlegt. Wir werden euch so lange festhalten, bis wir einen Wagen mit einer ganzen Familie gestoppt haben. Wir brauchen Geiseln. Wir werden uns einen Wagen mit einer Familie schnappen. Dann erst lassen wir euch zwei laufen. Aber eines will ich euch doch raten. Ich weiß sehr wohl, was eure Pflicht ist. Aber falls ihr was gegen uns unternehmen solltet, bevor wir uns aus dem Staub gemacht haben, werden wir jedes einzelne Mitglied dieser Familie umbringen. Verstanden?«

»Ja.« Karl war sofort die Absurdität dieses Vorschlags bewußt, und er fühlte sich wieder in verstärktem Maß in Gefahr.

Jimmy Smith sollte später erzählen, was Gregory Powell ihm in diesem Moment zugeflüstert hatte. »Er hat zu mir gesagt: ›Ich hab dir doch gesagt, Jimmy, daß es nur eine Frage der Zeit ist, bis es so weit kommt. Entweder sie oder wir. Kannst du dich noch an das Lindbergh-Gesetz erinnern?‹ Und plötzlich beschlich mich ein eisiges Gefühl. *Sie oder wir. Sie oder wir.* Ich mußte plötzlich ständig an das denken, was er gesagt hatte. Allerdings war ich mir nicht sicher, was er damit eigentlich meinte. Genau gesagt, ich wußte von so einem Lindbergh-Gesetz absolut nichts – höchstens, daß es irgendwas mit dem Tod zu tun hatte. Und ich habe mich auch über die Art gewundert, wie er gesagt hat: ›Das Ganze ist nur eine Frage der Zeit.‹ Er hat mir gegenüber nie so etwas erwähnt. Und er fragte auch: ›Kannst du dich noch an das Lindbergh-Gesetz erinnern?‹ Gerade so, als hätten wir kurz zuvor darüber gesprochen. In Wirklichkeit haben wir uns aber nie über so etwas unterhalten. Ich habe diesen Begriff nie zuvor gehört. Aber er tat plötzlich so, als hätten wir ausführlich über alles Mögliche gesprochen, worüber wir in Wirklichkeit nie ein Wort fallengelassen hatten. Von da an wurde mir erst wirklich mulmig.«

Karl machte sich wegen des geflüsterten Wortwechsels Sorgen und wünschte, der Auspuff wäre nicht so laut gewesen. Abgesehen davon saß er auch noch über dem Differential auf dem Metallboden des Coupés, wo die Wagengeräusche um ihn herum noch verstärkt zur Auswirkung kamen. Er hoffte, daß Ian vielleicht etwas von der Unterhaltung der beiden mitbekam. Wie er diese geflüsterten Wortwechsel haßte. Aber der blonde Mann schwächte Karls Bedenken wieder etwas ab. Er redete so viel, daß er Karls Gedanken ablenkte. Wenn Karl an den Rand einer Panik zu geraten drohte, sagte der blonde Mann etwas, das seine Zuversicht wieder weckte. Es war der andere Ganove, dessentwegen sich Karl hauptsächlich Gedanken machte – der dunkelhäutige. Was ging in ihm vor? Er schien wesentlich labiler zu sein. Würde er vielleicht am Ende ihrer Fahrt eine Bedrohung darstellen? Und nun wandte sich der Dunkelhäutige wieder um und blickte Karl an. Er sprach nicht genügend, so daß Karl sich hinsichtlich seiner Herkunft keine Klarheit verschaffen konnte, aber er schien Mexikaner zu sein. Wenn der Kerl nur mehr reden würde, dachte Karl.

Dann wandte sich Greg mit ruhiger Stimme an Jimmy. »Wir sollten vielleicht noch einen Überfall machen, damit wir etwas Geld zusammenkriegen. Glaubst du, du wirst mit den beiden auch allein fertig? Wenn ja, werde ich mir mal gleich den nächsten geeigneten Laden ansehen und ihn ausräumen.« Dann hob er die Flasche Schenley's an seine Lippen und nahm einen kräftigen Schluck.

»Bist du verrückt geworden?« zischte Jimmy, jede Vorsicht vergessend. Und später sollte er sich erinnern: »Powells Kopf drehte sich wie bei einem Vogel auf seinem langen Hals herum, und mir wurde schlagartig klar, daß ich das nicht hätte sagen sollen. Mein Gott, nicht in diesem Augenblick. Die Waffe in meiner Hand, die Automatik, war direkt auf ihn gerichtet. Ich versuchte, das Ganze ins Spaßige zu ziehen, und bemerkte dann ganz beiläufig: ›Na, vielleicht sollte ich mal so ein Ding drehen, Greg. Du paßt auf die zwei Bullen auf, und ich nehme hier in Gorman einen Laden aus.‹ Und mit angehaltenem Atem hoffte ich, er würde endlich einsehen, wie wahnsinnig sein Vorschlag war. Aber er nahm einen weiteren Schluck und sagte nur kurz: ›Nein.‹ Er schüttelte den Kopf und sagte: ›Nein.‹ Und das war's dann. Mein Gott.«

Karl vermutete, daß Ian seine düsteren Vorahnungen teilte. Der Blonde warf ständig seine Pläne über den Haufen, und der Dunkelhäutige hatte gerade irgendwas von einem Überfall erwähnt.

Ganz beiläufig fragte Ian: »Wie sieht's denn mit dem Benzin aus?« Dabei warf er einen hoffnungsvollen Blick auf die Tankstelle von Gorman. Aber der Blonde blickte aufs Armaturenbrett und sagte mit einem Lächeln: »Reicht noch lange.« Darauf nahm Jimmy Smith einen langen, verzweifelten Schluck aus der Flasche und wandte sich dabei um, so daß er Karl im Auge behalten konnte.

Inzwischen hatten sie Gorman hinter sich gelassen und beinahe das Streckenstück des Highway erreicht, das als Grapevine bezeichnet wird. Sie fuhren gerade über ein erhöht gelegenes Straßenstück in der Nähe des alten Fort Tejon, von wo aus man einen herrlichen Ausblick auf das weite, helle, einsame San Joaquin Valley hatte. Kurz darauf wand sich die Straße wieder ins Tal hinab.

Während sie nun den Wolken am nächsten waren, blickte Ian Campbell zum Himmel auf. Er mußte dabei seinen Kopf einziehen, weil das Dach niedrig war. Er blickte auf, und Karl schob seine Brille höher auf seine Nase hinauf, während er Ians Blicken folgte. Hoch. Hoch. Aber da war nichts. Nur der schwarze Himmel. Immens über diesem weiten Tal. Nah und vertraut funkelten die Sterne, ähnlich wie auf dem Kamm der Tehachapi Range.

In diesem Augenblick überkam Karl das Gefühl, daß dies ein Ort war, an den er gehörte. Draußen in der Weite der freien Natur. Wo er eigentlich immer hatte sein wollen. Auf kultiviertem Land, wo alles wuchs und gedieh. Wo die Luft so klar und frisch war, daß es weh tat. Und jetzt vielleicht, hier draußen auf dem Land, der Erde nahe, war er doch sicher. Vielleicht war dieser Alptraum nur ein böser Großstadttraum. Er schaute seinen Partner an, der seinen Blick immer wieder von der Straße abwandte, als hätte er noch nie einen Sternenhimmel gesehen.

Der verlassene Streifenwagen wurde erst gegen elf Uhr entdeckt. Bis Mitternacht hatte verschiedene höhere Polizeibeamte verspätete Panik befallen, und es wurden Pläne gefaßt, das in Frage kommende Gebiet abzusuchen. Fünfzehn Minuten nach Mitternacht wurde in der Carols, Ecke Gower, ein Kommandoposten eingerichtet. Sämtliche Häuser und Wohnungen in der näheren Umgebung wurden systematisch durchsucht. Viele wurden mit äußerster Sorgfalt auf irgendwelche Hinweise bezüglich des Verbleibs der vermißten Beamten überprüft. Motorradeinheiten leiteten den Verkehr um. Man richtete Pressestellen ein, und sämtliche Nachtstreifeneinheiten wurden für die Suche herangezogen. Kein Anwohner dieser Gegend von Hollywood fand bis spät in dieser Nacht Schlaf, als die Suche schließlich abgeblasen wurde.

Während sie die Paßhöhe wieder ins Tal hinunterfuhren, wandte sich der blonde Ganove die ganze Zeit zu Karl um und beobachtete ihn – beziehungsweise wandte er seinen Kopf zu ihm um. Sein restlicher Körper schien in völliger Reglosigkeit zu verharren, während sich lediglich sein Kopf auf der Achse des langen Halses drehte. Das Gesicht war so schmal und eingefallen, daß es an einen Totenkopf erinnerte, aber die Stimme klang sanft und beruhigend, als er sagte: »Hier haben Sie Ihr Geld zurück – ich werde es nicht brauchen.«

Und nun hätte Karl am liebsten vor Freude losgeweint, da er sicher war, daß ihnen nun nichts mehr zustoßen würde.

Der Ganove gab ihnen das Geld zurück. Er würde so etwas nie tun, wenn . . . Dieser Gedanke wurde jedoch durch den dunkelhäutigeren Mann abgeschnitten, der den Revolver auf ihn richtete und ihn ein paar Sekunden anstarrte. Also steckte Karl das Geld in seine Socke und wartete.

Dann sagte Greg: »Du solltest deine Knarre halb spannen, Jimmy.« Er griff nach Jimmys Automatik, und Karl hörte das Geräusch des Schiebers, und dann sagte der Blonde: »Sie ist jetzt voll gespannt. Schieb den Hahn in eine sichere Position . . . Genau. So. Jetzt ist sie schußbereit. Du brauchst jetzt nicht mehr ständig über den Sitz zu zielen. Wenn einer von den beiden Dummheiten macht, schieß einfach durch den Sitz. Das wird ihn schnell genug bremsen.«

Dann begann Ians Dienstrevolver Greg gegen das Zwerchfell zu drücken, so daß er ihn herauszog und zwischen sich und Jimmy auf den Sitz legte.

Nachdem die Automatik gespannt und entsichert war, öffnete Jimmy das Handschuhfach und legte Karls Revolver hinein.

Dann wandte Greg sich an Ian. »Sind Sie ein guter Schütze?«

»Nein, nicht besonders.«

»Als was sind Sie denn bei der Polizei eingeteilt? Als Scharfschütze? Oder was?«

»Ich bin ein ganz normaler Schütze, aber kein besonders guter«, erwiderte Ian.

»Waren Sie bei der Army?«

»Ja, bei den Marines.«

»Waren Sie auch an der Front?«

»Ja, in Korea.«

Und nun drückte der Wind gegen den kleinen Wagen, und es schien Ian Mühe zu kosten, das Coupé in der Spur zu halten und gleichzeitig mit Greg zu reden.

»Also, ich bin ein hervorragender Schütze«, erklärte Greg. »In meinem Job muß man das ja sein. Einen Mann habe ich mit einer Kanone umgebracht und einen mit den bloßen Händen. Jimmy kann Ihnen erzählen, wie gut ich schieße.«

Du blödes Arschloch, dachte Jimmy Smith. Du blödes *Arschloch*.

Aber Ian antwortete nicht. Er mühte sich weiter mit dem Wagen ab. Der Wind wurde immer stärker, und Karl hatte wegen des Rauschens Schwierigkeiten, ihre Unterhaltung mitzuverfolgen. Ians Schweigen schien Greg aufzubringen. Er befahl: »Fahren Sie am nächsten Rastplatz raus. Dann kriegen Sie eine Chance, wer von uns beiden schneller zieht. Sie kriegen Ihre Kanone zurück, und wir werden einen kleinen Wettkampf veranstalten.«

Bitte nicht, dachte Jimmy, das darf doch nicht wahr sein. Bitte, Mann, mach bloß keinen Scheiß. Mach bloß keinen Scheiß! Und er blickte den steilen Abhang zu seiner Rechten hinunter und fragte sich, was wäre, wenn jetzt, bei hundertzwanzig Stundenkilometern, plötzlich etwas passierte. Was wäre, wenn...

Ian gab immer noch keine Antwort, worauf Greg nickte und Jimmy zulächelte, der jedoch nur betrübt seufzte und einen weiteren Schluck aus seiner Flasche nahm.

Jimmy sollte später erklären: »Dieser große Polizist hat die ganze Zeit über völlig richtig gehandelt – nicht so, wie viele dieser Hornochsen, die es bei der Polizei gibt. Und er stieg in meiner Achtung, weil er völlig richtig und überlegt reagiert hat, was diesen Irren betraf. Deshalb habe ich mich an diesem Punkt eingemischt. Ich habe gesagt: ›Sie haben völlig recht, sich nicht auf so was einzulassen. Mein Partner schießt nämlich wirklich wie der Teufel. Ich hab mal mitbekommen, wie er so eine Blechbüchse zum Tanzen gebracht hat, wie eine Landpomeranze auf ihrem ersten Dorftanz.‹«

Jimmy lächelte Greg an, der zurückgrinste und anscheinend zufrieden war.

Karl sah, wie Gregs Kopf sich neuerlich Jimmy zuwandte. Er versuchte, sich vorzubeugen, so gut es ging, aber das Röhren des Auspuffs übertönte alles. Jimmy Smith erzählte später: »Powell hat zu mir gesagt: ›Jimmy, vergiß eines nicht. Wenn du einen Polizisten umlegen mußt, dann heb eine Kugel für dich auf.‹ Genau das hat er gesagt, und mir ist in dem Moment der Arsch endgültig auf Grundeis gegangen.«

Als sie die Talsohle erreichten, konnte sich Jimmy Smith zum erstenmal vorstellen, daß sie es schaffen würden. Daß sie es bereits geschafft *hatten.* Sie waren nicht einmal mehr eine Stunde von dem Motel und ihrem Station Wagon entfernt. Und der Station Wagon war völlig sicher. Alle würden nach dem Coupé Ausschau halten. Sie hatten zwei Polizisten entführt und würden mit heiler Haut davonkommen. Er hatte Mühe, seine Erleichterung und Euphorie unter Kontrolle zu bringen. »Ich kenne hier in der Gegend einen kleinen Feldweg«, wandte er sich an Greg. »Ich hab nämlich mal in der Gegend um Bakersfield gearbeitet.« Nun befanden sie sich auf der Maricopa-Abzweigung, wo sie früher an diesem Tag Probleme mit ihren Rücklichtern gehabt hatten.

»Biegen Sie hier ab«, ordnete Greg an. Ian gehorchte. Die Straße krümmte sich in westlicher Richtung über den Highway.

»Soll ich einfach geradeaus weiterfahren?« erkundigte sich Ian, als er in Richtung Westen lenkte.

»Ja. Wenn Sie nämlich umdrehen, kommen wir wieder auf den Highway 99 zurück.«

Und Jimmy strengte seine Augen an – auf der Suche nach einem geeigneten Platz. Ein Feldweg. Irgend etwas in der Art. Und dann überquerten verschiedene staubige Traktorenspuren aus den Feldern südlich der Straße die Fahrbahn. Die Reifenspuren deuteten auf einen Feldweg hin, und Greg sagte plötzlich: »Drehen Sie um.«

Ian wendete auf dem verlassenen Highway, und Karls Herz begann mit neuer Kraft zu pochen, ebenso wie die Herzen von Ian, Jimmy Smith und Gregory Powell. Denn für jeden der vier sollte sich nun sein Schicksal erfüllen. Dann bog Ian rechts auf den Feldweg ab, der in südlicher Richtung zur Wheeler Ridge führte, die am Ende dieses langen, staubigen Feldwegs lag.

Karl versuchte sich aufzurichten, strengte seine Augen an, aber er konnte nichts erkennen außer schwarzer Verlassenheit und Stille. Der Geruch von Whisky und Schweiß war plötzlich unerträglich. Nach einer Weile bemerkte Greg: »Das ist das Farmhaus, zu dem Sie zurückwandern werden, um bei der Polizei anzurufen.«

Aber so weit war das doch gar nicht. So weit war das doch gar nicht! Würden sie ihnen Handschellen anlegen? So weit war das doch gar nicht, als daß das alles einen Sinn ergeben hätte...

Sie waren hundertfünfzig Kilometer gefahren. Und sie hatten die Hälfte eines Kilometers auf diesem Feldweg, in Richtung Wheeler Ridge, zurückgelegt.

»Ich sehe es«, erklärte Karl. »Ich sehe das Farmhaus.« Dieser Anblick, das Farmhaus mit seinen winzigen Lichtern inmitten dieser einsamen Felder, ließ ihn neue Hoffnung schöpfen. Irgendwie – hier, der Erde nahe, unter *seiner* Art von Leuten, in *seiner* Art von Umgebung – irgendwie würde er hier in Sicherheit sein.

»Wir müssen die beiden fesseln«, schlug Jimmy vor.

»Nein, wenn wir sie fesseln, liegen sie hier die ganze Nacht im Freien herum und frieren sich zu Tode.«

»Na ja, wir müssen sie ja nicht richtig fesseln, sondern nur so, daß sie sich nach einer Weile befreien können.«

»Nein«, erwiderte Greg vage. »Wir lassen sie einfach laufen.«

Und Jimmy Smith sollte später zugeben: »Mein Gott. In diesem Augenblick dämmerte es mir plötzlich. Es fiel mir wie Schuppen von den Augen!«

Und dann kamen sie zu einem Feldweg, der den Weg kreuzte, auf dem sie fuhren.

»Sollen wir hier abbiegen?« fragte Jimmy Smith mit zitternder Stimme. Mit nikotingelben Fingern rieb er sich am Mund, das Gesicht war gefühllos, der Kopf bedrückend schwer.

»Nein, wir fahren geradeaus weiter«, ordnete Greg an.

»Er sieht aber ziemlich aufgeweicht aus«, warf Karl ein. »Wir bleiben am Ende noch stecken.« Er hatte ein Gefühl, als würde er diese Anspannung nicht mehr lange aushalten können. Und er fragte sich, ob seine Beine ihn tragen würden, wenn er stand. Sie waren von Krämpfen geplagt und vor Angst ganz weich.

Wenig später kamen sie zu einer weiteren Kreuzung, und Ian verlangsamte die Fahrt. Vor ihnen lag ein großer Graben, in dem eine Rohrleitung verlegt war, die nur noch darauf wartete, wieder zugeschüttet zu werden.

»Das ist die Stelle«, sagte Greg. »Biegen Sie erst links ab, und dann wenden.«

Während Ian in dem weichen Untergrund vorsichtig wendete, zischte Greg: »Wenn Sie steckenbleiben, sind Sie ein toter Mann.«

»Gib nicht zu viel Gas«, warnte Karl seinen Partner. »Sonst fressen sich die Hinterräder fest.« Aber Ian schaffte es zu wenden und fuhr nun wieder in die Richtung zurück, aus der sie gekommen waren.

»Anhalten«, befahl Greg. »Lichter aus. Hier werden wir Sie jetzt rauslassen.«

Jimmy Smith drehte sich zu Karl Hettinger um, der mit angezogenen Knien, die Hände schlaff über die abgewinkelten Beine hängend, im Fond des Wagens hockte.

»Ich habe einfach angefangen, ihn anzusehen. Ich weiß nicht, warum. Er schien große Hände zu haben, wie sie so über seine Knie hingen, und ich habe auch gemerkt, daß ... Mir ist aufgefallen, daß der andere Polizist ein ganz schöner Brocken war, weil ich nämlich nicht an ihm vorbei aus dem Seitenfenster auf der Fahrerseite sehen konnte. Und ich weiß nicht, mir sind einfach alle möglichen Kleinigkeiten an ihnen aufgefallen, seit ich dieses ungute Gefühl hatte. Seit Greg gesagt hatte, daß er sie nicht fesseln wollte. Außerdem ging jetzt mein Atem wieder ganz komisch. Es war, als würde ich nicht genügend Luft kriegen. Und ich konnte das Pfeifen des Winds hören. Dieser Scheißwind ist mir richtig auf die Nerven gegangen. Und da war da dieser große Graben, in dem sie schon diese dicken, silbernen Rohre verlegt hatten. Der ganze Dreck war neben dem Graben aufgehäuft, und ich habe immer nur gehofft, daß er nicht in diesen Graben fährt. Und dann wurde mir zum erstenmal kalt. Richtig kalt!«

Der Wagen hielt. Die Lichter gingen aus.

»Jim, steig aus«, befahl Greg.

Dann ergriff eine Hand Ian Campbells Smith and Wesson, der zwischen ihnen auf dem Sitz lag.

Jimmy stieg aus und ging hinten um den Wagen herum. Dann rutschte Greg rückwärts über den Sitz, wobei er die beiden Polizisten immer noch in Schach hielt.

»Aussteigen«, befahl er Ian. Jetzt stand er neben der Tür auf der Fahrerseite. Ian stieg aus, mit dem Gesicht nach hinten gewandt, wo Jimmy stand, und hob seine Hände.

»Aussteigen«, wandte Greg sich dann an Karl.

»Soll ich über den Sitz steigen?«

»Zeigen Sie mal. Was haben Sie denn da in Ihrer Hand?« wollte Greg unvermittelt wissen.

»Nichts. Sehen sie, ich werde meine Hände so halten, daß Sie sie im Auge behalten können«, schlug Karl vor und kletterte im Dunkeln über den Sitz nach vorn, wobei er nur seine Ellbogen zu Hilfe nahm.

»So ist es schön«, lobte Greg.

Dann stand Karl links von Ian an der Tür auf der Fahrerseite. Auch er reckte seine Arme in die Luft. Die beiden Polizisten blickten Jimmy Smith an, der ein, zwei Meter von der hinteren Stoßstange des Coupés entfernt stand und seine Automatik auf die beiden richtete. Er stand mehr Ian gegenüber als Karl. Es war kurz nach Mitternacht.

Während dieser Augenblicke dröhnte die Stille in ihren Ohren. Kein Geräusch war zu hören. Nicht einmal eine Grille. Nur das Heulen des Winds.

Aber da war etwas. Und dann wurde Ian klar, was es war. Zwiebeln. Sie befanden sich genau zwischen zwei Zwiebelfeldern, wo sich gerade – es war Anfang März – die ersten Triebe durch die Erde schoben und bereits einen intensiven Geruch verströmten. Vielleicht waren es die Zwiebeln oder der Wind oder irgend etwas anderes – jedenfalls rieb sich Ian Campbell kurz mit beiden Händen die Augen, um sie dann sofort wieder zu heben. Vielleicht war es auch die Landschaft in ihrer endlosen Flachheit, die nachts nur noch bedrückender wirkte, und die Erde, so trocken, daß der Wind ständig Wolken von Staub um sie aufwirbelte. Das Auge sehnte sich nach Bergen. Das Herz zog sich angesichts der unermeßlich weiten Öde zusammen. Aber die hohen Berge lagen weit im Osten und Norden, so weit entfernt wie der Horizont. Karl erinnerte die Szenerie an die Bilder vom Mond, grau und verlassen. Unter einem schwarzen Himmel wie diesem, abgesehen von dem heulenden Wind, würde der Mond genauso sein – schrecklich in der Dunkelheit.

Während er nun neben Karl Hettinger stand, schien Ian Campbell mit einemmal furchtbar zu frieren. Für einen kurzen Moment berührten sich die Finger ihrer erhobenen

Hände. Obwohl Karls Hände eiskalt waren, beruhigte Ian die Berührung der Hand eines Freundes doch ein wenig. Bis sie endgültig in Sicherheit waren, war es doch besser, an etwas anderes zu denken – an irgend etwas, vielleicht an den Dudelsack, wie er das schon in vielen gefahrvollen Momenten seines Lebens getan hatte – in Korea oder während prekärer Situationen seiner Polizistenlaufbahn.

Obwohl es keine sonderlich klare Nacht war – die Bewölkung nahm zu, und vereinzelte Wolken zogen wie aufgeplusterte Gespenster am Mond vorbei – konnte man doch überall die Sterne *spüren*. In solchen Nächten hatte Ian vor vielen Jahren mit Vorliebe die Teergruben aufgesucht. Möglicherweise dachte Ian absichtlich an den Pibroch, an ›MacCrimmon Will Never Return‹, und er gelobte sich, daß er diesen großen Pibroch meistern würde, wenn alles vorbei war, wenn er wieder wohlbehalten zu seiner Familie zurückkehrte.

Die Stille wurde schließlich durch Gregory Powells Schritte durchbrochen, die über die Erdschollen scharrten, als er im Dunkel um den Wagen ging.

Im Mondlicht konnte Karl sein Gesicht nicht erkennen, nur das Haar, kurz und dunkelblond, und das Dreieck seines Gesichts. Nun beobachtete er Gregory Powell, den langen Hals und das beschattete Gesicht und die Waffe in seiner Hand, die Hand in tiefem Dunkel. Und Gregory Powell trat auf Jimmy Smith zu und flüsterte ihm etwas ins Ohr, aber niemand außer Powell und Smith sollte je den Inhalt dieser Worte in Erfahrung bringen. Und dann trat Gregory Powell rechts neben Jimmy Smith, so daß er Karl Hettinger gegenüberstand. Jimmy Smith bewegte sich leicht nach rechts, wie er das am Tag zuvor auf jenem Schrottplatz in der Wüste in Henderson, Nevada, getan hatte, so daß er nun fast hinter Gregory Powell stand. Jimmy hielt eine Schußwaffe in seiner rechten Hand – in der Hand, auf die das Wort L-O-V-E tätowiert war. Und obwohl Gregory Powell mehr Karl Hettinger gegenüberstand, waren seine Blicke weiter auf Ian Campbell gerichtet, auf den *Großen*. Der Lauf seiner Waffe zeigte auf die Füße des Polizisten.

Trotz des eisigen Winds strömte der Schweiß über Ians

Rippen und Brust und brannte ihm in den Augen, so daß er sie schloß. Und vielleicht fiel es ihm so leichter, an den Dudelsack zu denken und sich vorzustellen, wie in der Ferne seine Pfeifen gegen das Heulen des Winds ankämpften. Vielleicht trug das zu seiner Entspannung bei.

Jimmy Smith sollte später aussagen: »Der große Polizist wirkte irgendwie ganz entspannt und ruhig, wissen Sie?«

Gregory Powell wandte sich an Ian Campbell: »Wir haben euch ja erzählt, wir würden euch laufen lassen, aber habt ihr schon mal vom Kleinen Lindbergh-Gesetz gehört?«

Ian erwiderte: »Ja.«

Und Gregory Powell hob seinen Arm und schoß ihm in den Mund.

Für ein paar weißglühende Sekunden beobachteten die anderen drei, wie er durch den blendend grellen Feuerblitz hochgerissen und dann rücklings zu Boden geschleudert wurde. Seine offenen Augen blickten zu den Sternen auf, und er stöhnte leise, ein langgezogenes, klagendes Stöhnen. Und er war noch nicht tot. Nicht einmal der Todeskampf hatte während jenes Augenblicks eingesetzt – er stand unter Schockeinfluß, halb bei Bewußtsein. Vielleicht dröhnte sein Herz in seinen Ohren und übertönte das Surren des Dudelsacks. Vielleicht war er etwas durcheinander, da er zuletzt den Geruch von Zwiebeln in seiner Nase gespürt hatte und nicht den von Teer. Vermutlich sah er den Schatten in der Lederjacke gar nicht, der über ihm aufragte, und vermutlich spürte er auch die vier Kugeln nicht, die darauf in seine Brust fuhren.

Jimmy Smith sollte später erklären: »Ich kann mich nur noch an seinen Arm und an seine Hand erinnern. Seine *Hand*! Bei jeder Kugel zuckte seine Hand so richtig hoch. Als wollte er nach einem grapschen. Als wollte er im Dunkel nach meinem Bein fassen! Diesen Arm werde ich nie vergessen.«

Entsetzt schrie Jimmy Smith auf: »Er bewegt sich immer noch!«

Aber wenn Ian Campbell auch die Stimme nicht mehr hören sollte, und auch nicht das Stakkato der Schüsse, und wenn er auch nicht mehr spürte, wie ihm die vier Kugeln ins

Herz drangen, so glaubte er vielleicht doch noch, weiterhin das gewaltige Lied des Dudelsacks zu hören.

Karl fing haltlos zu schreien an. Ihm war nicht bewußt, daß er schrie. Der Schrei fuhr aus seiner Kehle, kaum daß die erste Kugel in Ians Mund geschlagen war, als Karls Verstand tatsächlich begriff, daß sie Ian Campbell umbrachten. Als die zwei Männer sein Schreien hörten, wandten sie sich um und sahen Karl schreiend und stolpernd im Zickzackkurs den Feldweg hinunterlaufen. Und obwohl sein im Mondlicht weiß aufleuchtendes Gesicht von Panik und Entsetzen gekennzeichnet war, verfügte er dennoch über genügend Geistesgegenwart, im Zickzack zu laufen und ständig die Richtung zu ändern. Zwanghaft wandte er sich um und hörte die Explosionen und sah die Blitze – ein viermaliges, längliches, gelb-rötliches Aufzucken, das auf die Brust von Ian Campbell niederstieß. Dann rannte Gregory Powell hinter Karl her, und Karl hörte weitere Explosionen und sah weitere Lichtblitze, runde diesmal, die durch die Nacht zuckten und ihm galten. Sie galten *ihm*. Schluchzend warf er sich nach rechts und wieder nach links. Seine Jacke flatterte im Wind. Er hörte Rufe, und dann hechtete er kopfvoran durch das Gestrüpp, das entlang der Stacheldrahtumzäunung entlang des Wegs wuchs. Er riß sich Gesicht und Hände am Stacheldraht auf. Für eine endlos lange Sekunde kämpfte er sich durch das dichte Gestrüpp. Er hing an dem Stacheldraht fest, und gleichzeitig hörte er das Geräusch gedämpfter, laufender Schritte auf dem Feldweg. Sie kamen ihm nach. Er saß fest, wie in einem Traum. Verzweifelt schluchzend schlug er um sich. Aber er saß fest. Und die Schritte kamen näher. Er konnte bereits das Keuchen hören.

Und dann hatte sich Karl freigemacht. Er rappelte sich auf, stolperte über sein zerfetztes Hosenbein. Immer noch schluchzend, stürzte er im Dunkel zu Boden, um im Aufstehen den gerissenen Stoff zusammenzuraffen und im Laufen gegen seinen Schenkel hochzuhalten, der im Mondlicht bleich aufschimmerte.

Jimmy Smith hörte nicht, wie Gregory Powell zu ihm zurückgelaufen kam. Er hörte auch nicht die fernen Echos der Schüsse, die von den Gipfeln der Wheeler Ridge widerhallten. Er hörte nichts mehr – weder Karls Schreien noch Ians Stöhnen. Er spürte nur noch Schmerz – ein einziges Brennen hinter seinen Augen. Und das erste Geräusch, das er hörte, war Gregs Stimme – atemlos und außer sich.

»Verdammt noch mal, was ist denn los mit dir? Dieser Scheißkerl *entkommt* uns!«

Jimmy nickte teilnahmslos, und Greg schrie: »Wir müssen ihn schnappen! Wo ist die Taschenlampe? Verdammt noch mal, wo ist die große Taschenlampe?«

»Sie liegt auf dem Boden«, erwiderte Jimmy. »Sie liegt im Wagen auf dem Boden.«

Dann rannte Greg mit Karls Taschenlampe zu der Stacheldrahtumzäunung zurück, an der das fast undurchdringliche Gestrüpp emporrankte. Greg stieg auf einen Zaunpfahl und leuchtete mit der Lampe das Feld ab. Vor und zurück wanderte das Licht, während Karl sich nicht weit von Jimmy Smith und der Leiche Ian Campbells in eine Bodenfurche duckte.

Karl sah auf seine Uhr. Es war fünfzehn Minuten nach Mitternacht. Dann steckte er seine Brille in seine Jackentasche und wartete. Er dachte nach. Durch den Schock war er sehr geschwächt, fürchterlich geschwächt. Unfähig zu laufen, ohne wie ein unbeholfenes Kind ständig hinzufallen. Dennoch hatte ihn sein Scharfsinn noch nicht verlassen, und er ging völlig richtig davon aus, daß die beiden Killer annehmen würden, er wollte nach Norden, zu dem Farmhaus, fliehen. Und auch zum Highway. Also schlich Karl nach Süden zurück, zu dem großen Graben mit der silbernen Rohrleitung, zum Coupé und den Killern, zur Leiche seines Partners. Nun preßte er sich im Dunkel in eine Furche des Zwiebelfelds, während er in der Kälte unregelmäßig nach Luft schnappte und gegen den Schock und die fürchterlichen Magenkrämpfe ankämpfte. Und gegen das Entsetzen. Und er wartete, daß wieder Kraft in seine Beine zurückkehrte, damit er aufstehen und weglaufen konnte. Aber im Moment lag er nur da und beobachtete, wie der Lichtschein der Taschenlampe über das Feld wanderte. Vor und zurück. Dann verschwand das Licht für einen Augenblick.

Jimmy reichte Greg die Automatik und setzte sich auf den

Fahrersitz, worauf Greg zu seiner Verwirrung begann, die Waffen nachzuladen, die abgefeuert worden waren. Jimmy reichte Greg sechs Patronen und die Automatik. Greg fummelte dann eine Weile an den Waffen herum, ließ ein paar Patronen fallen und gab Jimmy Smith schließlich zwei wieder zurück, nachdem er einen Revolver nachgeladen hatte.

Jimmy saß im Dunkel, während die zwei Männer aufgrund ihrer Aufregung und der Dunkelheit unbeholfen Munition und Waffen austauschten. Schließlich schlug Jimmy Smith vor: »Ich fahre ein Stück die Straße runter und halte dann an. Ich warte auf dich, und dann suchen wir noch mal aus der anderen Richtung alles ab.«

Greg beschloß, die Automatik zu nehmen, da er nicht sicher war, ob Jimmy in seiner Aufregung und in der Dunkelheit damit umgehen konnte. Also nahm Greg nur die Taschenlampe und die 32er Automatik. »Du brauchst nichts weiter zu machen, Jimmy, als mit der 38er zu schießen. Du brauchst nur den Abzug zu drücken. Und sieh zu, daß du nicht zu viel Munition vergeudest.«

Und Jimmy Smith fuhr nun auf dem Feldweg in Richtung Norden, während Greg wieder zu der von Gestrüpp überwucherten Stacheldrahtumzäunung rannte und das Feld ableuchtete. Als Jimmy losfuhr, brüllte er noch nach seinem letzten Befehl von Gregory Powell zurück: »Soll ich in der Richtung fahren und dann umkehren?«

»Ja«, antwortete Greg.

Während Greg nun den Lichtkegel seiner Taschenlampe über das Feld wandern ließ, rannte Karl Hettinger nach Süden und Westen, und schließlich wieder nach Norden. Er stürzte in der Dunkelheit auf dem gepflügten Untergrund immer wieder. Währenddessen bemerkte er im Osten verschiedene schwache Lichtpunkte, und dann im Süden mehrere bewegliche Lichter. Er rannte weg von den Lichtern und auf die Hügelkette zu.

Karl hatte Angst vor dem Farmhaus im Norden, auf das Gregory Powell gedeutet hatte. Er rannte nach Westen, wo mehrere schwache Lichter in der Ferne aufblitzten – ein anderes Farmhaus. Aber in der Einsamkeit und Verlassenheit der Nacht täuschten die Entfernungen. Sein Atem schnitt durch seine Lungen, und er war der Erschöpfung nahe, noch lange, nachdem er in die Nähe der Lichter gelangt war. Dann hörte er plötzlich ein Geräusch, und für einen Moment traute er seinen Ohren nicht. Er lauschte und griff dann nach seiner Brille in seiner Jackentasche. Sie war weg. Er hatte sie verloren. Er starrte angestrengt durch das Dunkel, und dann sah er ihn. Einen Traktor mit Raupenantrieb...

Emmanuel McFadden hatte in dieser Nacht eine besonders lange Schicht gearbeitet. Eigentlich hätte sie von Mittag bis Mitternacht dauern sollen – zwölf Stunden, mit einer fünfundvierzigminütigen Pause um sechs Uhr abends. Es war ein anstrengender Arbeitstag gewesen, und sein Khaki-Overall war schweißdurchnäßt. Aus irgendeinem Grund war er so in seine Arbeit vertieft gewesen, daß er das Ende seiner Schicht übersehen hatte. Es war schon zwanzig Minuten nach zwölf, als er die Scheibenegge auskoppelte und den Traktor zur Farm zurückfuhr, so daß ihn nach dem Auftanken sein Bruder James übernehmen konnte. Hin und wieder ging er völlig in dem gleichmäßigen Brummen des Motors des Traktors und im Sirren der Scheibenegge auf, und er träumte dann, dies wäre *seine* Farm und er pflügte gutgelaunt um Mitternacht seinen eigenen Grund und Boden.

Er dachte an die kleine Farm in Arkansas, die vierzig Morgen Land, die seinem Vater gehörten, und wie es sein würde, wenn ihm und James diese Farm hier im San Joaquin Valley gehören würde, wie er dann Zwiebeln und Knoblauch und Baumwolle und Melonen anbauen würde und wie ihm dann die zwölf Stunden Arbeit auf dem großen Traktor nichts ausmachen würden, und auch nicht seine kalten, nassen Füße, wenn er die Sprenganlage umstellte, nicht einmal die zugige Scheune, in der die Farmarbeiter schliefen. Das alles würde ihm nichts mehr ausmachen, sobald dies einmal *ihr* Land war.

Er war kein kräftiger Mann, aber er war jung – fünfundzwanzig –, und Mr. Archie, der Vorarbeiter, hielt ihn für einen tüchtigen Arbeiter, der mehr leistete als manche Männer, die doppelt soviel wogen wie er. Als er Mr. Archie dies sagen gehört hatte, hatte sich Emmanuels Mahagonigesicht in einem stolzen Grinsen in zwei Hälften geteilt. Seine Nase war über dem Rücken und am Ansatz über der Oberlippe vernarbt und dadurch insgesamt asymmetrisch, so daß sich sein Gesicht in zwei ungleiche Hälften spaltete, wenn er lächelte. In dieser Nacht hatte ihn sein Traum bewogen, weiterzuarbeiten, so daß er ganz den Zeitpunkt des Schichtwechsels übersehen hatte. Kurz davor hatte er an die Lichter gedacht, die er im Osten gesehen hatte. Und das war seltsam, denn wer sollte sich außer ihm um diese Zeit noch auf den Feldern herumtreiben? Als er auf seine Uhr sah und feststellte, daß es bereits zwanzig Minuten nach zwölf war, koppelte er die Scheibenegge ab und fuhr zur Farm zurück. Jetzt erst spürte er seine Erschöpfung und seine Müdigkeit. Und dann sah er die Erscheinung im Lichtkegel des Rückscheinwerfers. Ganz fern, und sie kam auf ihn zu, wirr stolpernd, seltsam geisterhaft, stürzend und kriechend wie ein Tier.

Inzwischen hatte Karl mehr als drei Kilometer im Höchsttempo zurückgelegt. Mit einem Körper, dem zwei Stunden anhaltender Angst und fünfundzwanzig Minuten äußersten Schreckens einiges an Energie entzogen hatten, war er im Dunkel durch die Felder gehetzt. Für den Traktorfahrer, der Karl inzwischen ganz deutlich erkennen konnte, bot er einen schrecklichen Anblick, wie er, einem Ertrinkenden ähnlich, mit weit aufgerissenem Mund, die Augen von Schrecken geweitet, mit den weit ausgebreiteten Händen durch die Luft rudernd, auf den Traktor zutaumelte.

»Ich hatte solche Angst. Erst dachte ich, es wäre ein Tier, das da so ankam, und ich habe eine Schaufel gepackt, die ich auf dem Traktor dabei hatte. Und ich wollte ihm schon eins überziehen, als er auf mich zukam. Aber dann habe ich gesehen, daß der Mann ein Weißer war mit halb zerfetzten Kleidern. Völlig außer Atem hat er immer nur gesagt: ›Helfen Sie mir, helfen Sie mir.‹ Und dann habe ich die leere Pistolentasche gegen seinen Körper schlagen gesehen und dachte, mein Gott, der wird mich gleich vom Traktor runterschießen. Und erst wollte ich einfach so tun, als sähe ich ihn nicht. Aber er hat gerufen: ›Helfen Sie mir. Ich bin von der

Polizei. Helfen Sie mir! Sie haben meinen Partner erschossen, und jetzt kommen mir zwei Männer nach, um mich umzubringen!‹ Da habe ich Angst gekriegt. Ich weiß auch nicht, wie das dann war – jedenfalls habe ich angehalten und ihn aufsteigen lassen, und dann habe ich gewendet und bin zum Haus beim Coberly West-Farmcamp gefahren, zu diesen Bretterbuden, wo sie auch ein Telefon haben. Und er hat mir erzählt – er hat kaum Luft gekriegt beim Reden –, er hat mir erzählt, daß er entführt wurde und daß sie seinen Partner umgebracht haben, und überhaupt von den zwei Männern.

Und als wir uns der Farm näherten, habe ich ein Licht gesehen, und ich habe gesagt: ›Das sind sie. Das sind sie!‹

Und der Polizist hat gefragt: ›Ist da ein Wagen?‹ Und ich weiß nicht, ob sie in einem Auto waren, aber ich glaube eher, daß sie zu Fuß waren. Dann habe ich gewendet, und die Lichter waren noch ziemlich weit weg – aber sie sind immer näher gekommen. Und der Traktor fährt nicht so schnell, wie wir laufen können, und deshalb habe ich gesagt: ›Los, laufen wir!‹ Dann sind wir heruntergesprungen – den Motor habe ich laufen lassen – und sind losgerannt. Wir sind mitten durch die Felder. Und es war dunkel, und wir sind einfach gelaufen. Und gelaufen . . .«

Und während Emmanuel McFadden nun um sein Leben rannte, wandte er sich um und stellte fest, daß der Polizist nicht mit ihm Schritt halten konnte. Daß er bereits vornüber sackte, daß er stolperte wie ein Betrunkener und, kaum fähig, Atem zu schöpfen, ständig zu Boden stürzte. Emmanuel McFadden wurde wütend. Weiße! Das war Sache der Weißen – und der Polizei. Ihn ging das nichts an. Absolut nichts. Und trotzdem zogen sie ihn in diese Geschichte hinein. Sie zogen ihn in etwas hinein, wovon er nicht die geringste Ahnung hatte. Jetzt würden sie *ihn* umbringen, diese Männer, diese zwei Killer, die bereits einen Polizisten getötet hatten. Und weshalb sollte er sterben? Er hatte nichts getan. Weshalb sollte er zusammen mit diesem weißen Mann sterben, der hinter ihm durch die Dunkelheit tappte und auf dem rauhen Untergrund ständig stürzte, die Finger in die aufgepflügte Erde gekrallt? Und so rannte Emmanuel McFadden voraus, bis er den pfeifenden, keuchenden Atem des Polizisten hinter sich nicht mehr hören konnte. Und er hoffte, er könnte ihnen entkommen. Ihnen allen. Dem Polizisten und den Killern.

Aber als er sich dem Highway näherte und der Robert Mettler-Ranch, blieb er stehen und sah zu dem Haus hinüber, das still und unheilvoll im Mondschein stand. Er blieb stehen und warf sich nach kurzem Nachdenken zu Boden. Übel. Wirklich übel. Weil nämlich die Lichter, die er von der Stelle aus gesehen hatte, wo er den Traktor zurückgelassen hatte, den Traktor umkreist hatten – und die Killer wußten nun, daß der Polizist einen Helfer hatte. Und wenn diese Lichter die Scheinwerfer eines Autos gewesen waren, dann bedeutete das, daß die Killer bis dahin ohne weiteres das Farmhaus erreicht haben konnten. Und wohin hätten sie sich sonst auch wenden sollen? Das Haus lag direkt am Highway. Es gab für sie doch gar keine andere Möglichkeit. Und außerdem galt es, ein freies Feld und den Feldweg zu überqueren, bevor man das Haus erreichen konnte. Und wenn ihm die Killer im Dunkel auflauerten . . .

Und so wurde Emmanuel McFadden bewußt, daß er diesem Polizisten nicht entkommen konnte. Wenn er diese Nacht überleben wollte, würde er selbst einen Helfer brauchen – jemanden, der aufpaßte und ihn warnte, wenn er auf das Haus zuschlich. Aber dieses Haus kam nicht in Frage. Es sah zu sehr nach einer Falle aus. Also kehrte er wütend und voller Angst zu Karl Hettinger zurück, der immer noch über das gepflügte Feld stolperte.

»Hören Sie«, schlug Emmanuel McFadden vor. »Wir müssen in eine andere Richtung laufen. Hier ist es zu gefährlich. Womöglich lauern sie uns irgendwo in der Dunkelheit auf. Jedenfalls würde ich an ihrer Stelle dort warten. Hier können wir auf keinen Fall bleiben.«

»Wie Sie meinen«, stieß Karl keuchend hervor. Mit schräg verzerrtem Mund saugte er mühsam die Luft in seine Lungen und verdrehte alle paar Sekunden die Augen, während er kraftlos in die Knie gesunken war. Er wäre dankbar jedem gefolgt, der ihn von seinen Verfolgern fortgeführt hätte.

Der Farmarbeiter traf eine Entscheidung, und dann kämpften sie sich in westlicher Richtung zur Opal Fry-Ranch vor.

Einmal sahen sie in großer Entfernung im Osten eine Taschenlampe aufleuchten, und der Farmarbeiter dachte, sie wären in Sicherheit und könnten ein wenig rasten und ausruhen. Dann entdeckte er jedoch Wagenlichter, die sich auf dem Feldweg auf die Stelle zu bewegten, wo der Traktor stand. »Mein Gott!« stieß Emmanuel McFadden hervor. »Oh, mein Gott!« Und schon waren sie wieder auf den Beinen und rannten los, was das Zeug hielt. Die Wagenlichter bewegten sich weiter in nördlicher Richtung und verschwanden.

»Diesen Wagen werde ich nie vergessen. Nie. Es war ein kleiner, alter, runder Wagen. Ich habe gehört, daß einer der Killer vor Gericht behauptet hat, sie hätten nie im Auto nach uns gesucht. Aber das stimmt nicht. Ich habe diesen Wagen doch mit eigenen Augen gesehen. Es war so eine kleine, alte, rundliche Kiste. Ich werde dieses Auto nie vergessen.«

Sie mußten erneut stehenbleiben, damit Karl sich ausruhen konnte. Es war so still, daß Karls keuchender Atem Emmanuel McFadden in Panik versetzte.

»Atmen Sie nicht so laut, verdammt noch mal!« fuhr er Karl an. »Die hören Sie doch noch in einem Kilometer Entfernung.«

»Ich – ich – ich – kann nicht«, keuchte Karl, während Wellen von Schmerz über ihn hereinbrachen. Seine Ohren waren von Geräuschen erfüllt, die eine schreckliche Ähnlichkeit mit Ian Campbells Todesröcheln aufwiesen. Karls Atem wurde im Gegenteil sogar noch lauter, und der Farmarbeiter spähte angstvoll durch die Dunkelheit, da er wußte, daß das Geräusch sie auf sie aufmerksam machen würde. Und er wußte auch, wie sie sich ihnen nähern würden – wie ein Rudel von Kojoten, das einen fliehenden Esel umkreist, bis ihm jeder Fluchtweg abgeschnitten ist und er, starr vor Angst, in ihrer Mitte stocksteif auf der Stelle steht, so daß sie sich ihm in aller Ruhe nähern können, um sich dann auf ihn zu stürzen...

»Mann, ich laufe einfach weg und lasse Sie allein hier, wenn Sie nicht aufhören, so viel Lärm zu machen.«

»Ich – ich kriege – ich kriege ja schon langsam wieder Luft.«

»Sie müssen ein bißchen schneller laufen. Sie müssen einfach.«

»Wie – wie heißen Sie denn?«

»Emmanuel.«

»Ich bin Karl.«

»Können Sie jetzt aufstehen, Karl?«

»Ja.«

»Wir müssen gemeinsam handeln, Karl. Wir müssen zusammenbleiben.«

Karl nickte. »Los, weiter.« Und sie rannten nach Westen weiter. Dann leuchtete plötzlich fünfzig Meter vor ihnen ein Lichtstrahl auf, so daß sie sich auf den Boden warfen. Am liebsten hätte Emmanuel McFadden dem Weißen seine Hand über den Mund gelegt. Jetzt waren sie ganz nahe. Jetzt waren sie tödlich nahe!

»Ich – ich kann nicht mehr«, flüsterte Karl.

»Seien Sie still, Mann. Nicht reden.«

»Sie werden uns umbringen.«

»Nein, nein, kommt nicht in Frage. Ich will nicht sterben. Also reden Sie keinen Mist. Bleiben Sie einfach nur schön liegen. Legen Sie sich in eine Furche, Karl, hinter dem Gestrüpp. Wenn wir nicht zusammenbleiben, haben wir keine Chance. Keiner von uns beiden.«

Und so blieben sie zusammen, der Weiße und der Schwarze, Fremde, aber für einen Moment abhängiger voneinander, als jeder der beiden je zuvor von einem anderen Menschen.

»Und sie sind herumgegangen«, erklärte Emmanuel McFadden später. »Sie haben die Gegend abgesucht. Ich lag auf dem Boden. Und ich habe die Lichter gesehen, die sich um den Traktor bewegt haben. Und ich wußte auch, daß man durchaus mit einem Wagen über die Felder fahren kann, weil das die Leute von der Ölgesellschaft ständig machen. Ich habe den Wagen gesehen, denselben Wagen. Um Mitternacht ist einer zu den Bergen gefahren, und ein anderer ist von dort zurückgekommen. Es war derselbe Wagen. Als er auf die Berge zufuhr, waren die Lichter nach kurzem nicht mehr zu sehen, und dann tauchten sie plötzlich wieder auf, als er zum Highway zurückkehrte.

Bis zu diesem Zeitpunkt war Karl Hettinger bereits sechs Kilometer im Dunkel der Nacht und unter Schockeinwirkung über gepflügtes und ungepflügtes Gelände gelaufen.

Sie mußten noch eineinhalb Kilometer zurücklegen. Und nun rannten sie gemeinsam durch die Finsternis, so daß ihr Angstschweiß zu Boden tropfte. Und schließlich, ein Stück vor ihnen, tauchte die Opel Fry Ranch auf.

Karl sank auf die Knie nieder, auf alle viere gestützt. Sein Kopf sackte nach vorn, und sein Atem war inzwischen ein beängstigendes Röcheln. »Ich – ich – kann – nicht – mehr.«

»Nicht lockerlassen, Karl. Sie schaffen es schon. Wenn Sie's nämlich nicht schaffen, schaffe ich es auch nicht.«

»Sie – sie haben ihn umgebracht...«

»Denken Sie nicht daran, Karl. Versuchen Sie sich zu beruhigen und ein wenig auszuruhen. Und vor allem dieses Röcheln in Ihrer Brust muß aufhören. Wenn dieser Lärm nicht aufhört, muß ich allein weiterlaufen und Sie hier zurücklassen.«

»Laufen Sie schon voraus, Emmanuel. Ich – ich bin – zu – zu – ich kann nicht mehr.«

»Mensch, Karl! Das geht nicht. Wir sind aufeinander angewiesen. Wenn Sie wenigstens ein bißchen leiser atmen könnten! Das kann einem ja wirklich auf die Nerven gehen, wirklich, Karl.«

»Ich versuch's – ja – leiser – zu sein... Aber ich – ich muß ständig daran denken, wie – wie sie...«

»Karl!« zischte Emmanuel plötzlich.

»Was ist?«

»Der Wagen! Sehen Sie? Dort. Sehen Sie die Lichter? Sie kommen auf uns zu. Karl, Sie kommen auf uns zu!«

Und wieder waren sie auf den Beinen und rannten zu dem Gestrüpp fünfzig Meter vor ihnen. Es war ein erbärmlicher Sprint, und am Ende warfen sie sich zu Boden und preßten sich, so gut es ging, zwischen die Furchen. Karl grub seine Knöchel tief in die Erde, als wollte er sich daran festklammern, um nicht das Bewußtsein zu verlieren.

Sie beobachteten, wie das Auto nach Süden fuhr, zum Wheeler Ridge.

Nach drei endlosen Minuten richtete sich Karl schließlich auf seine Knie auf und sagte: »Ich versuche, die Ranch zu erreichen, Emmanuel.«

»Gut, Karl, gut. Ich werde so lange aufpassen. Und wenn

Sie mich schreien hören, Mann, dann kommen Sie zu mir zurückgelaufen. Haben Sie verstanden? Hierher zurück!«

»Wenn ich es über das Feld schaffe und wenn ich ins Haus komme, dann kommen Sie nach, ja? Rufen Sie meinen Namen. Rufen Sie nach mir. Und dann nennen Sie Ihren Namen, damit ich weiß, daß ich die Tür öffnen kann. Alles klar, Emmanuel?«

»Alles klar, Karl. Und jetzt gehen Sie schon los. Aber lassen Sie sich beim letzten Feld Zeit. Passen Sie dort gut auf. Haben Sie gehört?«

»Bis dann also, Emmanuel.«

»Bis dann, Karl.«

Und weniger als eine Minute später, nachdem Karl ihn verlassen hatte, spürte Emmanuel McFadden sie, wie er sie nie zuvor in seinem Leben gespürt hatte – die Angst. Außerdem hatte sich ihr inzwischen eine schreckliche Einsamkeit hinzugesellt. Hier, auf den Feldern, im Dunkel der Nacht, das seine Augen verzweifelt zu durchdringen versuchten, fühlte er sich wie der letzte Mensch auf Erden. Aber ihm sollte gleich darauf bewußt werden, daß dem nicht so war. Er schnappte keuchend nach Luft und spürte, wie ein Schwächegefühl seinen gesamten Körper überfiel – und er war nicht sicher, ob er würde aufstehen und losrennen können. Es war der Wagen! Er fuhr in südlicher Richtung! Sie hatten es auf *ihn* abgesehen!

Langsam kam er die Straße entlang – derselbe Wagen, den er von der Stelle aus, an der er mit dem Polizisten zusammengetroffen war, nach Norden fahren gesehen hatte. Derselbe Wagen, der auf dem Highway nach Westen gefahren und dann in südlicher Richtung wieder auf den anderen Feldweg zwischen ihnen und der Opal Fry Ranch abgebogen war. Und nun fuhr er zwischen Emmanuel und der Ranch wieder nach Süden zurück. Zwischen Emmanuel und Karl. Zwischen Emmanuel und der Geborgenheit. Er kam sehr langsam näher.

Er wußte, daß er hier ganz allein sterben würde. Er, der nichts getan hatte. Ganz *allein*, wie der gefallene Engel. Und er wußte, er würde nicht aufstehen können, als der Wagen so nahe kam, daß er das brutale Knirschen der Reifen über die harte Erde hören konnte. Die Angst hatte seinen Willen, sich zu erheben, ausgelöscht. Er lag einfach nur da und wartete, daß der Wagen anhielt. Daß der Killer ihn sah und in unversöhnlichem, düsterem Todesschritt auf ihn zukam.

Aber der Fahrer sah nicht nach rechts. Er sah nicht die einsame Gestalt, die sich, wimmernd vor Einsamkeit, verzweifelt zwischen die Furchen preßte. Das Auto steuerte weiter auf den Highway zu. Aber während Emmanuel McFadden und Karl Hettinger noch durch ihre gegenseitige Abhängigkeit aneinandergekettet waren, traf dies auf Jimmy Smith und Gregory Powell bereits nicht mehr zu. Jimmy Smith sollte diese Bande durchtrennen – wenn auch nur vorübergehend.

»Ich hab' noch eine Chance!« platzte Jimmy Smith heraus, während er in östlicher Richtung über den Maricopa Highway brauste. »Eine Chance hab' ich noch!«

Der kleine Ford schaffte hundertfünfzig Stundenkilometer, und Jimmy mußte ordentlich auf die Bremse steigen, als er den Highway 99 erreichte und einen Entschluß faßte. Los Angeles würde zu gefährlich sein. Da war die lange Fahrt über den Grapevine. Der Polizist hatte vielleicht inzwischen schon eine der Farmen erreicht und würde Verstärkung anfordern. Sicher würden sie den Highway 99 kontrollieren. Aber vielleicht hatte Powell den zweiten Polizisten auch *getötet*. Nein, Powell hatte ihn nicht getötet. Powell war viel zu blöd, um irgend etwas Richtiges zu tun, nachdem er schon einmal soviel Scheiße gebaut hatte. Der Grapevine kam nicht in Frage. Was also dann? Was? Plötzlich fiel ihm ihr Versteck ein, der Wagen, Powells Station Wagon. Er fuhr nach Bakersfield.

Unterwegs überlegte er, ob Powell sich vielleicht selbst töten würde. Klar, warum nicht? Der Polizist wird seine Leute verständigen, und binnen fünfzehn Minuten wird es in der ganzen Gegend nur so von Funkstreifen wimmeln. Powell ist doch verrückt. Ihm wäre durchaus zuzutrauen, daß er sich seinen Weg freizuschießen versuchte. Klar.

Oder vielleicht probiert Powell auch, sich zu ergeben, und

die Bullen knallen ihn einfach trotzdem über den Haufen. Klar. Sicher. Nach dem, was passiert ist, werden die Bullen nur zu bereit sein, jeden niederzuknallen. Ja. Und dann machen sie vielleicht einfach weiter und vertuschen die ganze Geschichte. Dann bin ich erst recht aus dem Schneider. Der andere Polizist weiß doch nichts über mich. Woher sollte er auch? Er weiß nur, daß ich Jimmy heiße. Und das ist auch schon alles. Außerdem habe ich meine Mütze aufbehalten, und den Mund habe ich auch nur ganz selten aufgemacht. Er wird also nicht mal wissen, welche Rasse ich bin. »Ich hab' wirklich eine Chance, und gar nicht mal so eine schlechte!«

In diesem Augenblick hämmerte Karl Hettinger gegen die Tür des abgelegenen Farmhauses mit dem Schieferdach, der Mauerverkleidung aus Holz und den Rasenflächen davor. Er spähte in das Dunkel hinaus, bereit, sofort über die Veranda zu hechten, falls er dort draußen, im Dunkel, etwas hören, sehen oder spüren sollte. Dann ging im Innern ein Licht an, die Tür öffnete sich, und er stand im Haus von Jack Fry. Und nun sprudelten die Worte nur so aus ihm heraus. Der untersetzte Farmer mit dem zerzausten, roten Haar blinzelte ihn verschlafen an, und die normalerweise recht fröhlichen blauen Augen von Jack Fry blickten nachdenklich in die Ferne, als er sich an der Wange kratzte und nickte. Das Gefühl der Dringlichkeit und Gefahr, das der wild drauflos redende Polizist in ihm weckte, verscheuchte die letzten Spuren des Schlafs, und er strich sich über die sonnengebräunte, untere Gesichtshälfte und die hohe, weiße Stirn, die gewöhnlich ein breitkrempiger Hut beschattete. Seine Frau und sein halbwüchsiger Sohn standen verängstigt hinter ihm, und Jack Fry wunderte sich über sich selbst, weil er einen Fremden ins Haus ließ. Aber inzwischen war für ihn alles klar, und er sagte: »Ich hole schon mal meine Gewehre. Und Sie können inzwischen die Polizei verständigen.«

Nun endlich, zum erstenmal seit drei Stunden des Schrekkens und der Angst, wußte Karl Hettinger, daß er sich in Sicherheit befand. Er blickte den Jungen und die Frau des Farmers an und wurde sich plötzlich bewußt, welchen Eindruck er mit seiner zerfetzten Hose und dem dreck- und blutverschmierten Gesicht auf sie machen mußte. Er entdeckte auf dem Tisch eine halb leere Tasse mit kaltem Kaffee. Ohne zu überlegen, griff er nach ihr und kippte ihren Inhalt in einem Zug hinunter. Das Ganze war eine rein körperliche Reaktion – der Aufschrei eines ausgedörrten Körpers nach Flüssigkeit. Die Frau begriff sofort und machte sich unverzüglich an die Arbeit. Sie setzte ihn auf einen Stuhl, holte Wasser und drängte ihn, langsam zu trinken. Dann machte sie Kaffee und brachte ihm ein Handtuch. Karl sah diese Leute an, und dies in dem Bewußtsein, daß sie wirklich waren, daß sie Farmer waren, Leute wie er. Er war tatsächlich in Sicherheit. Jack Fry und sein Sohn bewaffneten sich mit einer Schrotflinte und einem 22er Gewehr. Dann löschten sie die Lichter und zogen die Jalousien vor. Sie waren bereit. Die Killer aus der Stadt sollten nur kommen.

Darauf hörte sie ein Scharren, gefolgt von einem vorsichtigen Klopfen an die Tür. Karl verschüttete seinen Kaffee, während Jack Fry zur Tür schlich und sie vorsichtig öffnete. Im nächsten Augenblick schrie Emmanuel McFadden entsetzt auf: »Mein Gott!« Denn er starrte in die Mündung von Jack Frys Flinte.

»Mein Gott!« entfuhr es Karl. »Emmanuel! Fast hätte ich Sie vergessen!«

Und Emmanuel McFadden trat dankbar in das Haus des Farmers.

Darauf sollte Deputy Berg vom Kern County-Sheriffbüro den aufregendsten Anruf seiner Laufbahn erhalten.

»Sheriffbüro, Berg«, brummte er verschlafen in den Hörer, um Jack Fry unmittelbar darauf herausplatzen zu hören: »Ich habe hier einen Polizisten aus Los Angeles in meinem Haus. Er steckt in Schwierigkeiten. Sein Partner ist erschossen worden.«

Deputy Berg war schlagartig hellwach. »Wo sind Sie? Warten Sie einen Augenblick.« Darauf hörte er gedämpfte Stimmen.

»Hallo«, meldete sich schließlich Karl. »Spricht dort das Sheriffbüro?«

»Ja. Ganz richtig.«

»Hier spricht Officer Hettinger von der Los-Angeles-Polizei. Wir wurden aus dem Revier Hollywood entführt, und mein Partner ist niedergeschossen worden. Können Sie eine Beschreibung von zwei Männern durchgeben?«

»Selbstverständlich«, erwiderte der Deputy aufgeregt.

Karl gab ihm daraufhin eine, wie verschiedene Detektive später anerkennend feststellen sollten, bemerkenswert genaue Beschreibung durch. Nachdem er etwas zu trinken bekommen und sich kurz ausgeruht hatte, war Karl wieder in der Lage, völlig ruhig und normal zu sprechen, sobald er seine Rolle als Polizeibeamter wieder angenommen hatte.

»Okay. Sie fahren einen braunen Ford, Baujahr einundvierzig, zugelassen in Nevada. Die Nummer kann ich Ihnen allerdings nicht sagen.«

»Vor kurzem ist eine Meldung eingegangen, daß in dieser Gegend ein Wagen gestohlen worden ist. Sie haben also vermutlich inzwischen das Auto gewechselt.«

»Gut. Ein männlicher Weißer, einunddreißig, vielleicht jünger: Er ist etwa einszweiundsiebzig groß, fünfundsechzig Kilo schwer, helles Haar, blaue Augen. Er trägt eine dunkle, hüftlange Lederjacke und eine dunkle Hose. Sein Partner ist ein männlicher Mexikaner, fünfundzwanzig, einsfünfundsiebzig groß, fünfundsechzig Kilo, dunkles, krauses Haar, braune Augen. Er trägt eine braune Lederjacke, hüftlang, und dunkle Hosen. Sie haben eine 45er Automatik und unsere beiden 38er Specials. Ach ja, und der Weiße hat ein braunes Muttermal an seinem linken Ohrläppchen. Das wär's in etwa. Sie sprachen davon, einen anderen Wagen zu nehmen und irgendwohin in dieser Gegend weiterzufahren, möglicherweise nach Norden in Richtung Fresno.«

Zu guter Letzt hatte also doch noch jemand das Muttermal auf Gregory Powells Ohrläppchen bemerkt.

Nachdem er die Lage der Ranch durchgegeben hatte, fragte Karl: »Werden Sie meine Leute auch wirklich gleich verständigen?«

»Klar, sofort. Aber wie schwer ist Ihr Partner verletzt?«

»Er ist tot«, erwiderte Karl. »Mein Partner ist tot.«

Während Gregory Powell mit der Taschenlampe die Felder ableuchtete und dabei ständig hin und her rannte, da er sich nicht zu weit von dem Feldweg entfernen wollte, wurde ihm bewußt, daß Jimmy eigentlich irgendwo vor ihm hätte sein müssen. Irgendwo vor ihm hätten eigentlich die Scheinwerfer des Coupés aufleuchten und auf ihn zukommen sollen. Und dann wurde ihm mit einem Mal klar: Jimmy war weg. Er kam nicht mehr zurück. Gregory Powell war allein. In einem Anfall von Panik lief er auf dem Feldweg in südlicher Richtung zurück. Dabei blickte er sich ständig über seine Schulter um, ob Jimmy nicht doch noch auftauchte. Er lauschte auf das Motorengeräusch des Fords, hörte aber nur das Pfeifen des Winds.

Er war allein, ganz allein. Nur Ian Campbell war noch da.

Er steckte die 32er Automatik in seine Tasche, rannte auf die Leiche zu und fing an, sie fortzuzerren. Ohne einen Grund zerrte er den schweren Körper über den Boden. Als er den Graben erreichte, warf er die Leiche hinein, so daß sie neben der silbernen Rohrleitung zu liegen kam. Wenn es anders gelaufen wäre, lägen nun zwei Leichen in diesem Graben, bedeckt von einer dünnen Schicht Erde. Und wenig später wäre der gesamte Graben von den Bulldozern zugeschüttet worden, und niemand hätte je eine Spur von den beiden Polizisten gefunden. Aber das Glück hatte Gregory Powell verlassen. Zuviel war schiefgegangen. Er wirbelte herum und begann zu laufen.

Um null Uhr vierzig saß Mrs. Billie Riddick noch wach vor ihrem Fernseher, um sich im Spätprogramm einen Film anzuschauen. Sie war eine Farmersfrau, die in der kleinen landwirtschaftlichen Siedlung bei der Clifford Mettler Ranch wohnte. Sie bildete sich ein, zu hören, wie der Wagen ihres Mannes angelassen wurde. Sie hörte genauer hin, und als sich das Geräusch wiederholte, trat sie ans Fenster. Sie sah, daß tatsächlich jemand den Plymouth startete. Er bewegte sich kurz vor, aber dann starb der Motor wieder ab. Mrs. Riddick ging ins Schlafzimmer und weckte ihren Mann. In seiner Unterwäsche rannte er darauf vors Haus, wobei dies vielleicht eine der glücklichsten Nächte seines Lebens war. Er kam nämlich zu spät.

Während nun Jimmy Smith mit dem Coupé in Richtung Bakersfield fuhr, fühlte er sich mit jedem Moment besser. Was war, wenn Powell nicht von den Bullen niedergemacht wurde? Was war, wenn dieser miese, kleine Hosenscheißer aufgab? Was dann? Er hat ja immer groß das Maul aufgerissen und erklärt, daß er es auf den Tod nicht ausstehen konnte, verpfiffen zu werden, und was er mit so jemandem anstellen würde. Vielleicht wird er ja tatsächlich den Mund halten. Vielleicht werde ich es *wirklich* schaffen...

Von Hoffnung erfüllt, jagte Jimmy Smith über den Highway, wobei er sich schließlich selbst davon überzeugte, daß der Mann, den er auf dem Zwiebelfeld zurückgelassen hatte, der Polizei nicht helfen würde, ihn zu identifizieren. Dann stellte Jimmy fest, daß die Benzinanzeige auf leer stand. Er geriet in Panik, da er nicht wollte, daß ihm auf einer Hauptstraße das Benzin ausging. Er bog also vom Highway ab, erreichte die Kleinstadt Lamont und hielt auf einem Parkplatz an.

Jimmy holte Gregs Trenchcoat und die Revolver vom Boden des Wagens, wischte sie sorgfältig ab, um keine Fingerabdrücke zu hinterlassen, wickelte sie dann gewissenhaft ein und schob sie dann mit Ausnahme von Karl Hettingers Revolver, der einzigen Waffe, aus der kein Schuß abgefeuert worden war, unter den Sitz. Dann nahm er die Papiertüte aus dem Handschuhfach, fand auch ein Schinkensandwich und eine Banane und machte sich nun, mit einer Flasche Whisky in der Tasche, zu Fuß auf den Weg.

Rasch durchwanderte Jimmy die dunklen Straßen der kleinen Stadt und strebte auf das Weinfeld zu, an dem er kurz zuvor vorbeigekommen war, als ihn ein Hund bemerkte. Binnen weniger Minuten schien es Jimmy, als kläffte jeder Hund der Stadt hinter ihm her. Lichter gingen an, und Jimmy rannte auf das Weinfeld zu. Während er sich über die Umzäunung mühte, entglitt ihm die Tüte. Er kehrte um, wollte sie holen, und dabei entfiel ihm der Revolver. Als er diesen aufhob, verlor er die Whiskyflasche. Schließlich setzte er sich verzweifelt schluchzend auf den sandigen Boden und verfluchte sein Schicksal und sein Leben und vor allem Gregory Powell. Während er nun schniefend auf dem Boden saß und sich die Augen wischte, machte er sich daran, die überreife, zermatschte Banane und den Sandwich zu essen. Außerdem überlegte er, ob Karls Revolver nun wohl in sein Gesicht losgehen würde, da etwas Sand in den Lauf gelangt war. Er nahm einen Schluck Whisky, schärfte sich aber gleichzeitig ein, daß er einen klaren Kopf benötigen würde, so daß er den Whisky ausgoß. Die Flasche steckte er wieder ein, um sie notfalls mit Wasser zu füllen.

Für ihn gab es nur einen Ort, an den er sich wenden konnte: Bakersfield. Also begann er loszumarschieren, wobei er alle paar Meter über die Drähte zwischen den Reben stolperte. Wegen der Hunde mußte er um die Farmen einen weiten Bogen schlagen, und inzwischen tappte er in der Dunkelheit in verschlammte Bewässerungsgräben, so daß seine Hose binnen kurzem bis über die Knie völlig durchnäßt und verdreckt war. Von den neuen Fünfunddreißigdollarschuhen wog inzwischen jeder mindestens zwei Kilo. Also setzte sich Jimmy Smith neuerlich, verfluchte schluchzend Gregory Powell und zog seine durchnäßten Socken aus, um mit bloßen Füßen in seinen verschmutzten Schuhen weiterzugehen.

Greg holte aus dem rot-weißen Plymouth das Letzte heraus. Er mußte es vor Jimmy bis Los Angeles schaffen. Ihm war völlig klar, was dieser Dreckskerl vorhatte. Er würde schnurstracks nach L. A. fahren, Maxine abholen und ihr die hundertvierzig Dollar abnehmen, die sich in ihrem Besitz befanden. Er mußte noch rechtzeitig dort ankommen. Und dann würde er mit Jimmy Youngblood abrechnen. Allerdings war ihm klar, daß er es in diesem gestohlenen Plymouth nie schaffen würde. Vermutlich hatte der Farmer den Diebstahl längst gemeldet. Also fuhr er zu ihrem Versteck. Dort würde er sich umkleiden, um dann im Station Wagon völlig unbehelligt nach L. A. fahren zu können. Als er das Motel in Bakersfield erreichte, war es kurz vor ein Uhr früh.

Als erstes dachte er an eine Tarnung. Er beschloß, sich den Kopf kahl zu scheren, und hatte damit am Haaransatz bereits begonnen. Aber mit seinen Händen, die vor Angst und Frustration und Wut auf Jimmy Youngblood zitterten, erwies sich diese Prozedur in dem engen Motelzimmer als gar nicht so einfach. Schließlich warf er das Rasiermesser ins Waschbecken und kleidete sich um. Vor allem wollte er die Lederjacke loswerden, nach der die Polizei mit Sicherheit Ausschau halten würde. In wenigen Minuten war er abfahrbereit, als ihm plötzlich noch etwas einfiel – die Schlüssel! Mein Gott, die Schlüssel! Die Schlüssel für den Station Wagon befanden sich in Maxines Handtasche.

Und nun brach Greg zusammen. Panik überkam ihn, und Gregory Powell, der in seinem Leben sicher schon zwei Dutzend Autos gestohlen hatte und jeden Wagen binnen weniger Minuten hätte kurzschließen können, kam nicht auf diesen Gedanken. Sein Kopf war vollkommen blockiert. Statt dessen suchte er hektisch nach einer Münze, um die Nummernschilder des Station Wagon abzuschrauben und sie mit denen des gestohlenen Plymouth auszutauschen.

Als er damit schließlich fertig war, hatte er ein leichtes Jackett an, in dessen Tasche er eine halbvolle Schachtel mit Munition schob. Die 32er Automatik steckte in seinem Gürtel. Als er dann losfuhr, legte er die Automatik unter den Vordersitz des Plymouth.

Die Polizeibeamten Odom und Crist von der kalifornischen Highway-Streife patrouillierten gerade östlich von Bakersfield den Highway 466, als sie um zwanzig vor eins über Funk von dem gestohlenen Wagen hörten. Automatisch notierten sie die einzelnen Angaben: viertüriger Plymouth, Baujahr 1957, weiß auf rot, Nummer EOB 940. Obwohl Mettler Station mehrere Meilen von ihrem Revier entfernt lag, achteten sie nun genauer auf die entgegenkommenden Wagen. Der Verkehr war um diese Uhrzeit sehr schwach. Sie langweilten sich und unterhielten sich über alle möglichen Belanglosigkeiten, um sich wachzuhalten, da sich ihre Schicht dem Ende zuneigte.

Zwanzig Minuten später gab die Zentrale weitere Informationen über den gestohlenen Plymouth durch: »Besagtes Fahrzeug ist möglicherweise von zwei Männern besetzt, die wegen Entführung und Mordes an einem Polizeibeamten gesucht werden.«

In Vorwegnahme der Reaktion seiner jungen, aggressiven Beamten wies der Sergeant persönlich seine sämtlichen Einheiten an, ihr Revier nicht zu verlassen. Aber Odom und Crist sahen sich nur kurz an, worauf Crist bemerkte: »Scheiß aufs Revier. Springen wir mal.« Und Odom fuhr auf dem Taft Highway nach Süden in Richtung Highway 99. Die Nadel seines Tachos stand auf zweihundertzwanzig Stundenkilometern.

In diesem Augenblick passierte Gregory Powell auf dem Weg nach Süden die Abzweigung nach Weed Patch. Zu beiden Seiten des Highway weideten Kühe. Die Luft war von Viehgeruch erfüllt. Darauf folgten Gemüsefelder.

Greg war wieder relativ ruhig. Er wußte genau, wo er sich befand. Er wußte, daß er sich dem Maricopa Highway näherte und dem Zwiebelfeld. Er kam durch einen desolaten Streckenabschnitt, der sich etwa über eine Meile erstreckte, wo außer vereinzelten Eichen und Eukalyptusbäumen nichts wuchs. Dann kam das Schild für die Herring Road, das ihm sagte, daß der Maricopa Highway nicht mehr weit sein konnte.

Alle hundert Meter blickte er angestrengt nach rechts. Er starrte durch den Windschutz am Straßenrand und über die Felder hinweg ins Dunkel hinaus. Er erwartete, daß die ganze Gegend in grelles Licht getaucht war. Vielleicht hatten sie sogar einen Hubschrauber angefordert. Und natürlich Hunde und ein Riesenpolizeiaufgebot. Sein ganzer Körper war von Anspannung und Angst erfüllt, als er zwischen Weinfeldern hindurch ein offenes Stück Highway durchfuhr. Der Wagen wurde von heftigen Böen erfaßt, die in den Weinfeldern zu beiden Seiten des Highway den Staub aufwirbelten. Dennoch fuhr er mit stetigen hundert Stundenkilometern weiter.

Noch ein paar Minuten, und er hatte die Stelle hinter sich, wo rechts vom Highway dieser Feldweg lag. Noch ein paar Meilen, und er war in Sicherheit. Er war der festen Überzeugung, daß er nur an diesem Feldweg vorbeizukommen brauchte und an diesem Zwiebelfeld.

Wenn ich nur einen anderen Weg wüßte, dachte er. Wenn

ich nur nicht so dicht daran vorbeifahren müßte, wenn ich in größerer Entfernung vorbeikommen könnte.

Der Wind tanzte über die sandigen Böschungen des Highway, und heftige Böen drängten ihn nach rechts. Dort draußen in der Dunkelheit, weniger als zehn Kilometer entfernt, befand sich der Graben, in dem Ian Campbell lag.

Greg passierte die Mirage Station in zulässiger Geschwindigkeit. Odom und Crist wandten sich auf ihren Sitzen um. Sie hatten bereits einen anderen rot-weißen Plymouth kontrolliert.

»Die Nummer stimmt nicht«, meinte Odom mit einem Blick auf OHA 459.

»Ja, leider«, brummte Crist verbittert.

»Na, wir könnten uns den Burschen ja trotzdem mal ansehen.«

»Gut.« Crist sah auf die Uhr. Später sagte er aus, es wäre ein Uhr fünfundvierzig gewesen, als sie das Rotlicht und den Suchscheinwerfer eingeschaltet hätten.

Die linke Schulter des Fahrers senkte sich um ein paar Zentimeter, und Gregory Powell sollte feststellen, daß unter dem Vordersitz des Plymouth eine Menge Platz war. Die 32er Automatik war weggerutscht. Eine Meile nördlich von der David-Copus-Abzweigung lenkte er seinen Wagen schließlich an den Straßenrand.

Greg blickte in den Rückspiegel, als sich die beiden stämmigen Polizisten, beide mindestens eins achtzig groß, zu beiden Seiten des Plymouth näherten. Er versuchte, Ruhe zu bewahren, und brachte sogar ein Lächeln zustande, als einer von den beiden Polizisten auf die Fahrertür zutrat. Und als Odom zum erstenmal Gregory Powells Gesicht sah, breitete sich dort ein ruhiges, freundliches Lächeln aus.

»Guten Abend. Könnte ich bitte Ihren Führerschein und die Wagenpapiere sehen?«

»Aber ich bin doch nicht zu schnell gefahren, oder?« fragte Greg und reichte Odom seinen Führerschein.

»Nein«, bestätigte ihm Odom, während er den Führerschein und die Wagenpapiere überprüfte. Ihm war bereits aufgefallen, daß die Nummernschilder vor Sauberkeit blitzten, während der Wagen selbst ziemlich verdreckt war. »Die

Wagenpapiere sind aber auf einen Ford Station Wagon ausgeschrieben.«

»Was? Lassen Sie mich mal sehen.« Greg sah kurz auf den Kraftfahrzeugschein, um dann den Kopf zu schütteln: »Das ist aber dumm. Habe ich doch tatsächlich die Wagenpapiere verwechselt! Wissen Sie, ich habe nämlich zwei Autos. Der Plymouth gehört mir, und den Station Wagon fährt meine Frau. Beide Autos wurden am gleichen Tag zugelassen, und offensichtlich habe ich dabei die Wagenpapiere verwechselt und ins falsche Auto gelegt.« Greg zuckte bedauernd mit den Schultern und schüttelte den Kopf.

Den beiden Beamten kam dies durchaus glaubwürdig vor. Die neuen Nummernschilder waren erst im März angebracht worden, und schließlich unterlief jedem mal ein Versehen. Einer Eingebung folgend, forderte Odom Gregory Powell dann jedoch auf: »Würden Sie bitte mal aussteigen?«

»Sicher«, erwiderte Greg. »Aber was ist denn eigentlich los?«

»Jemand, der so einen Wagen fährt, hat eben hier in der Gegend einen Polizisten umgebracht.«

Geduldig schüttelte Greg den Kopf und entgegnete mit müder Stimme: »Aber Sie denken doch hoffentlich nicht, das wäre ich gewesen?«

Tatsächlich dachte in diesem Augenblick auch keiner der beiden Polizisten, er wäre es gewesen. Wie hätte das auch angehen sollen? Officer Crist sollte später aussagen: »Wir waren sicher, daß er der Falsche war. Ich meine, wie könnte jemand auch so ruhig und teilnahmslos wirken, der eben einen Polizisten erschossen hatte? Ich hielt das für unmöglich.« –

Als nächstes leuchtete Officer Odom mit seiner Taschenlampe unter den Sitz und brachte eine 32er Automatik zum Vorschein. Er bewegte den Schieber und nahm das volle Magazin heraus.

»Ist das Ihre?« fragte er. Es war genau ein Uhr fünfundfünfzig.

»Sicher ist das meine. Ich hab einen Waffenschein.« Und damit zog Greg seinen in Nevada ausgestellten Waffenschein heraus.

»Das ist kein Waffenschein«, klärte ihn Odom auf. »Das ist nur ein Registrierformular für Schußwaffen, das Ihnen beim Kauf ausgestellt wurde.«

»Ach so? Ich dachte, das wäre ein Waffenschein. Außerdem dachte ich, im Auto dürfte ich sowieso eine Schußwaffe dabeihaben. Meine Frau hat eine 38er in ihrem Wagen.« Greg lehnte sich gegen die Kühlerhaube des Streifenwagens zurück, verschränkte die Arme über der Brust und zuckte mit den Schultern. Dann tastete ihn Crist ab und entdeckte die zusätzliche Munition.

»Öffnen Sie den Kofferraum«, forderte ihn Odom auf.

»Aber selbstverständlich.« Greg hoffte, der zweite Schlüssel an seinem Bund würde auch passen, was auch der Fall war. Der Deckel klappte hoch.

Crist beobachtete die Szene mit äußerster Wachsamkeit, als sich Odom über den Kofferraum beugte. Greg schien gebannt auf die Pistolentasche des Polizisten zu starren.

Nun bemerkten beide Beamten die Lehmklumpen im Kofferraum und die Schaufel. Dieser Wagen konnte keinem Mann aus der Stadt gehören. Das war eindeutig das Auto eines Farmers.

Schließlich stießen sie auf die anderen Nummernschilder, die zu dem gestohlenen Wagen gehörten.

»Ich bin ein anständiger Bürger, der pünktlich seine Steuern bezahlt«, murrte Greg aufgebracht. »Ich finde es herabwürdigend, in Handschellen gelegt zu werden. Sie machen einen gewaltigen Fehler.«

Greg saß im Fond des Streifenwagens, als eine andere Highway-Streife sowie Chief Criminal Deputy Fote vom Kern County Sheriffbüro eintraf. Fote war unterwegs zum Schauplatz des Mordes gewesen, als er über Funk gehört hatte, die Highway-Streife hätte einen verdächtigen Wagen angehalten. Er trat an den Wagen heran, sprach kurz mit Gregory Powell und schlug dann vor, den Verdächtigen an den Schauplatz des Geschehens zu bringen, damit Karl Hettinger ihn sich ansehen konnte. Darauf durchsuchte ein anderer Polizist noch einmal den Plymouth und kam nach wenigen Minuten mit etwas zurück, das Crist und Odom übersehen hatten – eine Taschenlampe mit der Aufschrift ›Hettinger, L. A. P. D.‹. Währenddessen war Chief Fote bereits auf dem Highway unterwegs, und dies war das erstemal, daß Gregory Powell sichtlich aus der Fassung geriet. Er begann heftig zu zittern, als er in die feindseligen Polizistengesichter blickte, die ihn umringten. Sein Kiefer zuckte, und seine Stimme war heiser vor Angst. »Ich werde mit dem Detective sprechen! Schafft mich nicht von hier weg! Bringt euren Boß hierher zurück!«

Deputy Joe Hylton war überrascht, als in dieser Nacht schon der zweite Funkspruch einging. In dieser abgeschiedenen, ländlichen Gegend kam um diese Zeit selten ein Funkspruch herein, und nun war das schon der zweite, nachdem zuvor dieser Autodiebstahl in Riddick gemeldet worden war. Und als dann die näheren Details über Funk durchgegeben wurden, trat er ordentlich aufs Gas und schlitterte in die Einfahrt zur Opal Fry Ranch.

»Dieser Officer Hettinger hat mich wirklich erstaunt. Man brauchte ihn nur anzusehen, um sich klarzuwerden, was er durchgemacht hatte, und trotzdem führte er mich sofort zu der Stelle zurück, wo sie seinen Partner erschossen hatten. Für einen Fremden sieht diese Gegend hier überall völlig gleich aus, und er war sieben, vielleicht auch acht Kilometer durchs Dunkel gelaufen. Eigentlich hätte er sich total verlaufen müssen. Außerdem kamen wir aus der entgegengesetzten Richtung, in der er gelaufen war, aber trotzdem haben wir den Feldweg sofort gefunden. Und dann hat er mich zu der Stelle geführt. Er hatte die Instinkte eines Farmers. Ich war wirklich verblüfft. Nur als wir dann dort ankamen, fanden wir erst die Leiche nicht. Ich sah mich kurz um, und dann entdeckte ich ihn in dem Graben. Da lag er, im Mondlicht am Rand des Zwiebelfeldes. Natürlich habe ich als Deputy Sheriff schon einige Tote gesehen, aber dieser hat mich besonders berührt. In dem Augenblick, in dem ich die Pistolentasche an seinem Gürtel sah, hat es mich plötzlich überkommen. Das war ein Kollege.«

»Zwei Dinge werde ich bestimmt nie vergessen, da draußen auf diesem kleinen Feldweg in dieser Nacht«, erklärte Emmanuel McFadden. »Zwei Dinge. Da war zum einen Karl. Fast fing er zu weinen an, als der Deputy mit der Taschenlampe auf den Toten leuchtete. Karl und ich, wir gingen einfach weg und ließen den Deputy mit seiner Lampe herumleuchten und seine Notizen machen und seine Anrufe erledigen. Und Karl stand einfach abseits im Dunkel und hielt sich den Kopf. Er hielt sich einfach nur den Kopf, wissen Sie, und dazu hat er gesagt, es wäre vielleicht alles nur seine Schuld gewesen, und er hätte doch mehr tun können. Er weinte und war schrecklich aufgeregt. Ich werde nie vergessen, wie er so ganz still vor sich hingeweint hat. Ich sage immer, man darf sich so was einfach nicht zu sehr zu Herzen gehen lassen. Man darf es sich nicht *zu* sehr zu Herzen gehen lassen.«

»Aber das eigenartigste in jener Nacht war der tote Officer. Irgendwie führte mich das zurück – zurück zu dem Graben. Ich stand da, der Wind pfiff, und sah ihn mir an, während der Deputy mit seiner Taschenlampe herumleuchtete. Dabei fiel mir die Uhr auf. Er lag auf dem Bauch und hatte seinen Arm ausgestreckt. Er sah genau aus wie ein Lebender, der auf seine Uhr schaut. Und seine Augen waren leicht offen, und ich habe mir gesagt: Mensch, der sieht doch *wirklich* auf seine Uhr. Wie spät es ist.«

Der letzte Abschnitt in Deputy Hyltons offiziellem Bericht lautete: »Aufgrund der Tatsache, daß Officer Hettinger sehr aufgewühlt war und seinen Partner ins Krankenhaus begleiten wollte, erhielt der Unterzeichnete kaum Informationen von ihm, was den Tatverlauf betrifft.«

Deputy Hylton notierte den Zeitpunkt, als die Leiche gefunden wurde. Das war um ein Uhr fünfundfünfzig, als in wenigen Kilometern Entfernung gerade Gregory Powell festgenommen wurde.

Chief Fote saß zusammen mit Gregory Powell auf dem Rücksitz des Highway-Streifenwagens, und Greg blickte ängstlich auf das Dutzend uniformierter Polizisten, die den Wagen umstanden. Inzwischen war nämlich bekanntgeworden, daß ein Killer gefaßt worden war.

»Werden Sie sich für mich einsetzen, wenn ich rede, Sir?« wandte sich Greg an Fote. »Werden Sie sich dann für mich einsetzen?«

»Ich kann und darf Ihnen hier keine Vergünstigungen anbieten. Alles, was Sie sagen, kann vor Gericht gegen Sie verwendet werden.«

»Das weiß ich, aber ich würde trotzdem gern mit Ihnen reden. Und zwar nur mit *Ihnen.*«

»Wieso ausgerechnet mit mir?«

»Ich weiß nicht. Vielleicht, weil Sie wie mein Vater aussehen.«

»Na gut«, erwiderte der große Detective mit einem schwachen Lächeln. »Ich bin bereit, Ihnen zuzuhören – mein Sohn.«

Karl Hettinger machte währenddessen seine letzte gemeinsame Fahrt mit Ian Campbell. Auf dem Weg zur Klinik hoffte er auf ein Wunder. Vielleicht ist er ja gar nicht wirklich – vielleicht ist er nicht – vielleicht... Und er wandte sich um und sah in den Fond des Krankenwagens. Ian wirkte in Karls Augen keineswegs tot. Seine Augen waren offen, und sie wirkten lediglich traurig, tief enttäuscht und vielleicht auch vorwurfsvoll, aber nicht tot. Aber der Sanitäter schüttelte seinen Kopf, und Karl sah auf das Blut auf Ians Gesicht, das aus dem Loch unter der Nase in die Grube zwischen den Lippen geflossen war. Das Blut rann an beiden Wangen hinunter und in die Ohren.

Das war ihre zweite ungewöhnliche Fahrt in dieser Nacht. Nur saß Karl jetzt vorn und Ian hinten.

7

Greg sprach darauf bis fünf Uhr früh mit Chief Fote und den Deputies vom Kern County Sheriffbüro.

»Und Jimmy Youngblood war auf der anderen Seite, so daß er als erster ausstieg, und er hat den Revolver genommen, weil nämlich direkt neben ihm einer auf dem Sitz lag. Dann hat er mir die Automatik gegeben und gesagt, ich sollte mich um den Fahrer kümmern. Die drei waren dann dort drüben, während ich noch im Wagen saß. Ich habe die Automatik auf den Sitz gelegt und bin um den Wagen gegangen, weil ich dachte, daß Jimmy wollte, daß ich fuhr. Und als wir dann ... hm, ich glaube, ich war höchstens einen halben Meter von ihm entfernt, da hat er etwas zu den beiden Polizisten gesagt. Ich habe nicht einmal verstanden, was. Und dann fing er plötzlich an zu feuern. Ach ja, dieser eine Polizist hat dann fürchterlich losgeschrien, und ich auch. Ich habe Jimmy angebrüllt, was er da eigentlich tat, und er schoß auf den Polizisten, der auf dem Boden lag, worauf wir beide, der andere Polizist und ich, weggelaufen sind. Jimmy hat auf den Polizisten vor mir geschossen, nehme ich an, und ich bin neben ihm hergerannt, vielleicht so vier, fünf Meter seitlich von ihm, und dann habe ich mich einfach in die Büsche gehechtet und mich im Gestrüpp am Wegrand versteckt. Jimmy hat losgebrüllt, er würde diesen Scheißkerl umbringen, und dann ist er in den Wagen gesprungen und hinter dem Polizisten hergefahren, als dieser den Feldweg runtergelaufen ist. Ich hatte Angst und war ganz schön durcheinander, und dann bin ich wieder zurückgegangen, wo der Polizist im Graben lag, und hab ihm den Puls gefühlt. Danach habe ich auf dem Weg die Taschenlampe gefunden und bin in Richtung Highway losgegangen. Ich hab die Automatik gesehen und sie eingesteckt, und dann bin ich auf den Highway zugerannt.

Ich wollte nichts als weg von hier, und dabei habe ich diesen Plymouth gesehen und bin damit weggefahren. Dann habe ich die Nummernschilder von meinem Auto drangeschraubt und gehofft, ich würde zu ihr durchkommen. Zu meiner Frau, meine ich. Na ja, und das war es dann. Kaum bin ich losgefahren, haben mich Ihre Leute ja schon angehalten. Ich habe nicht einen einzigen Schuß abgefeuert. Als ich nämlich um den Wagen herumgegangen bin, hatte ich gar keine Waffe.«

Um drei Uhr fuhr bereits ein Detective der Mordkommission von Los Angeles mit seinem Partner nach Norden in Richtung Grapevine. Er hatte die Zusicherung des Polizeichefs, daß ihm das Kern County Sheriffbüro die gesamte Verantwortung für die Untersuchung dieses Falls überlassen würde und daß das Beweismaterial und der Tatverdächtige, Gregory Powell, an ihn ausgeliefert werden sollten.

In der Regel haßte es der Detective, nachts aus tiefem Schlaf gerissen zu werden, und dies vor allem in einer Samstagnacht. Aber in diesem Fall war das anders, da es sich um den Mord an einem Polizisten handelte und ein Verdächtiger noch auf freiem Fuß war. Dies war die erste regelrechte Exekution, von der er in der Geschichte der Polizei von Los Angeles je gehört hatte. Es machte ihm nicht das geringste aus, aus dem Bett geholt zu werden. Ganz im Gegenteil, Pierce Brooks war aufs äußerste aktiviert und tatendurstig.

Fünfzehn Jahre bei der Polizei, galt Pierce Brooks als der beste Detective der Mordkommission – eine Ehre, die sonst nur älteren Kollegen zuteil wurde. Allerdings sah Sergeant Brooks manchmal tatsächlich alt genug aus, um sich dieses Titels würdig zu erweisen, obwohl sein kastanienbraunes Haar sehr dicht war und noch keinerlei Anzeichen von Grau aufwies. Und seine Augen waren die eines jungen Mannes. Es war seine Haltung, die den einundvierzigjährigen Detective älter erscheinen ließ und ihm ein altväterliches Aussehen verlieh. Er hatte runde Schultern, und sein schlurfender, vornüber gebeugter Gang und die weiten, ausgebeulten Hosen straften den Körper darunter Lügen. Vor seiner Versetzung zur Mordkommission hatte er sich in den verschiedensten Polizeimannschaften sportlich betätigt, so daß unter dem weiten Anzug ein durchtrainierter Körper steckte.

Wenn er auf Partys von Fremden gefragt wurde, worin

sein Aufgabenbereich bei der Polizei zu sehen sei, erwiderte er in der Regel: »Ganoven zu schnappen.« Fragte man ihn nach seinen Hobbies, antwortete er: »Ganoven zu schnappen.« Der Detective hatte eine bewegte Vergangenheit hinter sich – als Flottenoffizier im Zweiten Weltkrieg, als Pilot für Howard Hughes (er hatte dessen Zeppelin mit Jane Russell auf der einen und dem ›Outlaw‹ auf der anderen Seite geflogen) und als Politologiestudent mit einer Vorliebe für historische Romane. Inzwischen war Pierce Brooks jedoch nichts weiter als ein zielstrebiger, archetypischer Detective der Mordkommission.

Brooks blickte zu Glen Bates hinüber, seinem grauhaarigen Partner, der eindeutig etwas von einem Bären an sich hatte. Sie hatten auf dem Grapevine gerade Fort Tejon hinter sich gelassen, so daß sich unter ihnen das weite Tal erstreckte. Die beiden Männer hatten kurz darüber gesprochen, was sie über den Fall wußten, und während der letzten halben Stunde hatte keiner von ihnen mehr etwas gesagt. Es war jedoch völlig klar, obgleich dies mit keinem Wort erwähnt worden war, daß Bates, der ältere von beiden, sich seinem jüngeren Partner unterordnete und im Grunde genommen auch durchaus froh war, die anspruchsvollsten Aufgaben im Zuge ihrer Ermittlungen an Pierce Brooks abtreten zu können. Denn dieser genoß nicht nur wegen seines Scharfsinns und seines Einfühlungsvermögens, sondern auch wegen seiner Gründlichkeit einen schon fast legendären Ruf.

Brooks erweckte einen lethargischen Eindruck. Er rauchte beim Fahren lustlos vor sich hin und sah gelegentlich auf seine Uhr, aber sein Verstand arbeitete auf Hochtouren. Anhand dessen, was er über die zwei Killer, Powell und Youngblood, bereits wußte, machte er sich eine erste Vorstellung von den beiden. Jimmy Youngblood sollte wenig später als Jimmy Smith identifiziert werden.

Powell hatte schon ausgiebig mit den Männern vom Kern County Sheriffbüro gesprochen, so daß also die ersten Untersuchungsmaßnahmen bereits getroffen worden waren. Brooks war sich jedoch sicher, daß dieses erste Geständnis mit Lügen und Argumenten durchwoben war, die Powell möglicherweise hartnäckig aufrechterhalten würde. Und nachdem ein Tatverdächtiger noch nicht gefaßt war, hatte Powell, wie nicht anders zu erwarten, alle Schuld seinem Partner in die Schuhe geschoben. Ohne irgendwelche Einzelheiten über sein Geständnis zu kennen, war Brooks sich dessen völlig sicher.

Er begann, über den jungen Officer Hettinger nachzudenken, der entführt worden und dann nur mit knapper Not Campbells Schicksal entronnen war. Er fragte sich, in welcher Verfassung Hettinger sich wohl befinden würde. Brooks kannte keinen Fall, in dem ein Polizist so lange einer Situation extremer Todesangst ausgesetzt worden war. In der Regel starben Polizisten einen raschen Tod: ein plötzlicher Schuß im Zug eines Überfalls, ein Verkehrssünder, der sich als schwerer Junge entpuppt, ein aufgebrachter Ehemann – oder auch die Ehefrau –, der in seiner Raserei auf den Schlichter ihres Ehezwists schießt. Aber das war etwas anderes gewesen – diese Exekution auf dem Zwiebelfeld. Und so fragte er sich, in welcher Verfassung sich Hettinger befinden würde, nachdem er entführt worden war, die Hinrichtung mit angesehen hatte und dann von den Mördern gejagt worden war. Er konnte sich nicht erinnern, daß überhaupt ein Mordopfer aus einem seiner Fälle je so Schreckliches durchgemacht hatte. Dann fiel ihm Harvey Glatman ein. Seine Opfer waren stundenlang auf sadistische Weise gequält worden.

Pierce Brooks war bis dahin in die Fälle von zehn verschiedenen Insassen der Todeszellen in San Quentin verwickelt gewesen, was hinsichtlich der Art von Fällen, mit denen er in Los Angeles betraut wurde, Bände spricht. Harvey Glatman war jedoch der einzige, dessen Hinrichtung er beigewohnt hatte. Er hatte sich hundertmal eingeredet, weshalb er diese Hinrichtung mitangesehen hatte, und war zu der Überzeugung gelangt, er würde ein besserer Detektiv werden, wenn er einen Fall einmal bis hin zum letzten Atemzug verfolgte. Er glaubte, dadurch bei seinen künftigen Fällen noch hundertprozentiger und gründlicher vorzugehen. Allerdings fragte er sich, ob der Grund hierfür nicht vielleicht doch derselbe war, der viele der anderen Augenzeugen anzog – eine Art blutrünstiger Neugier und Sensationslust. Eines war sicher – dieses Erlebnis machte ihn in der Tat zu einem fanatisch gründlichen Detective.

Dann mußte er an Harvey Glatmans Opfer denken – die Frau, die der Mörder erst entführt und gefesselt, dann fotografiert und schließlich langsam erwürgt hatte. Er mußte an Glatman denken, den schüchternen, kleinen Mann, der solche Höhenangst hatte, daß er nicht einmal auf eine Leiter zu steigen wagte, der in seiner Wohnung pornographische Bilder im Wert von Tausenden von Dollar angesammelt hatte und der für Frauen in schwarzer Unterwäsche schwärmte, dazu noch mit Ketten und Schnüren gefesselt – der mit seiner Kamera vor seinem Fernseher saß, um den Bildschirm zu fotografieren, wenn dort in einem Film eine gefesselte Frau vorkam, und der als kleiner Junge in seinem Zimmer dabei ertappt worden war, wie er eine dicke Schnur um seinen Penis gewickelt und an der Kommode befestigt und sich vor Schmerzen und Lust stöhnend zurückgebeugt hatte.

Pierce Brooks versuchte an Glatmans Opfer zu denken, vor allem an die bemitleidenswerten, einsamen Mädchen. Er versuchte, sich an die Fotos zu erinnern, die Glatman von ihnen aufgenommen hatte, gefesselt und geknebelt, ihrer Strangulierung gewiß, der Ausdruck auf ihren Gesichtern variierend von Hysterie über Resignation zu absoluter, schmerzlicher Trauer. Als sie jedoch den Mörder in die Gaskammer brachten, schien er weder Brooks noch irgend jemanden sonst hinter den Beobachtungsfenstern zu erkennen. Er wirkte benebelt und völlig abwesend und fügte sich widerstandslos, als man ihn am Stuhl festschnallte. Und während die Beobachter mit weichen Knien nach dem Geländer griffen, um sich zu stützen, wurde das Zyanid freigegeben. Pierce Brooks sollte darauf seinen Kollegen erzählen, daß die zum Tode Verurteilten in der Gaskammer nicht friedlich entschliefen, wie das immer propagiert wurde. Vielmehr starb Glatman zuckend, wild um sich schlagend und nach Luft schnappend. Er wurde durch den Staat ebenso jämmerlich der Luftzufuhr beraubt, wie er dies bei seinen Opfern getan hatte, wenngleich die Motive unterschiedlicher Natur waren. In diesem Fall entsprach die Strafe tatsächlich dem Vergehen, und Pierce Brooks sollte seine Arbeit als

Detective mit noch größerem Eifer versehen. Aber er wohnte nie mehr einer anderen Exekution bei.

»Ich bin nach wie vor nicht gegen die Todesstrafe«, erklärte er später. »Aber von jetzt an will ich mir wirklich sicher sein, wenn ich einen Fall abgeschlossen habe. Die Sache muß *wirklich* über jeden Zweifel erhaben sein.«

Um fünf Uhr früh saß Pierce Brooks in Bakersfield an einem einfachen Holztisch einem jungen Mann mit kurz geschnittenem, rotblondem Haar in einem kurzärmeligen Hemd gegenüber. Die heisere Stimme des jungen Mannes wirkte überraschend fest. Abgesehen von einem gelegentlichen nervösen Zucken seiner Augenlider schien er sich in nichts von den anderen Polizisten zu unterscheiden, die sich nach Dienstschluß noch auf der Wache herumtrieben.

»Um noch einmal zu rekapitulieren, was Sie mir gesagt haben«, wandte Brooks sich an ihn. »Es war der Mann, von dem Sie inzwischen wissen, daß er Gregory Powell heißt, der nach dieser Äußerung bezüglich des Lindbergh-Gesetzes Ihren Partner ins Gesicht geschossen hat?«

»Ja.«

»Und Sie glauben, er hat mit der Automatik geschossen?«

»Ja.«

»Und als Sie dann weggelaufen sind, haben Sie sich über Ihre linke Schulter umgeschaut und längliche Lichtblitze gesehen?«

»Ja.«

»Und runde Lichtblitze auch?«

»Ja.«

»Die länglichen Blitze fuhren in Ihren Partner, der auf dem Boden lag?«

»Ja. Ja.«

«Und die runden Blitze kamen auf Sie zu?«

»Ja.«

»Und sie wurden gleichzeitig abgefeuert – von zwei verschiedenen Männern?«

»Ja.«

»Und Sie glauben, Powell hat auf *Sie* geschossen, und nicht in den Boden. Mit anderen Worten – die runden Blitze rührten von ihm her?«

»Ja.«

»Wir machen jetzt eine kurze Pause, und dann fahren wir zu dem Zwiebelfeld hinaus«, schlug Pierce Brooks vor. Er war inzwischen innerlich aufs äußerste erregt. Es war tatsächlich so, wie er gehofft hatte. *Beide* Verdächtige hatten auf den Polizisten geschossen, und dieser Umstand war für Brooks von größter, alles entscheidender Bedeutung. Denn obwohl das Gesetz besagt, daß Hauptschuldige in gleicher Weise verantwortlich zu machen sind, war er doch schon lange genug bei der Polizei, um zu wissen, daß in der Rechtsprechung zwischen Theorie und Praxis ein erheblicher Unterschied bestand, wonach der tatsächliche Schütze trotz des Ausmaßes des Verbrechens in der Regel stärker zur Rechenschaft gezogen wurde als ein passiver Partner. Also hoffte er, der Augenschein würde ergeben, daß sich eine der Mordwaffen in der Hand von Gregory Powells Partner befunden hatte. Währenddessen hatte ein Kern County-Gerichtsmediziner eine provisorische Autopsie durchgeführt und Brooks das Ergebnis mitgeteilt. Ein Schuß war in den Mund des Toten abgefeuert worden und vier in seine Brust, wovon drei wieder ausgetreten waren.

Sobald die Sonne aufging, war Pierce Brooks auf dem Zwiebelfeld und wies einen Ballistikexperten an, mit seinem Pinsel vorsichtig über die blutige Erde zu streichen, wo die Blutspur ihren Anfang nahm, um sich dann über den Feldweg zu dem Graben mit der Rohrleitung zu ziehen.

Schon nach zwei, drei Pinselstrichen barg der Ballistikexperte drei 38er Kugeln, die aus Ian Campbells Revolver stammten, wie später festgestellt wurde.

Karl Hettinger stand nun wieder in dem Zwiebelfeld. Aber diesmal machten sich die Auswirkungen der psychischen und körperlichen Belastung bemerkbar. Am ganzen Körper zitternd, sog er den Geruch der zarten, taubefeuchteten Zwiebelpflanzen ein. Er mußte daran denken, wie es hier letzte Nacht gerochen hatte, als er mit erhobenen Armen im Dunkel gestanden und versehentlich die Hand seines Partners berührt hatte. Pierce Brooks ordnete nach einem kurzen Blick auf ihn an: »Ich würde vorschlagen, daß jemand Hettinger nach Hollywood zurückbringt.«

Aber es sollte noch bis zum Nachmittag dauern, bevor man bei der Polizei mit ihm fertig war. Schließlich lag er in seinem Bett und dachte, daß diese Nacht nun doch zu Ende war. Später sollte er sich oft fragen, ob diese Nacht je ein Ende nehmen würde.

Am Sonntagmorgen drängten sich in Ian Campbells Haus die Menschen. Es war ein bescheidenes Reihenhaus, dessen Grundriß sich in nichts von den Häusern der Nachbarschaft unterschied. Und es war auf keinen Fall groß genug, um die zahllosen uniformierten Polizisten, Freunde der Familie und neugierigen Bekannten unterzubringen, die von dem Mord gehört hatten und nach Chatsworth geströmt waren. Da der Monatserste vor der Tür stand, fehlte es am nötigen Geld für Kaffee und Essen für alle Besucher, so daß schließlich die Hollywoodstation einen Beamten beorderte, in diesem Punkt Abhilfe zu schaffen.

Auch Wayne Ferber war anwesend. Seine dunkel umrandeten, eng stehenden Augen bildeten einen starken Kontrast zu der blassen Gesichtshaut.

»Ich habe es von Chrissie erfahren«, erzählte Wayne. »Sie hat angerufen und gesagt. ›Ich wollte es dir erzählen, bevor du es in den Nachrichten hörst. Ian ist tot.‹ Genauso hat sie es gesagt. Ich konnte es erst nicht glauben. Ich dachte, es müßte ein Verkehrsunfall gewesen sein. Aber als ich dann von dem Mord hörte, dachte ich: Das ist doch nicht möglich. Das mußte doch etwas mit göttlichem Eingreifen zu tun haben. Und dann kam ich hierher, in sein Haus. Und hier sah ich nichts als graue, bedrückte Gesichter, trauernde Mienen. Adah, Art Petoyan. Sie konnten es einfach nicht fassen. Und mir ging es genauso. Chrissie glaubte es jedoch. Sie erklärte, sie hätte es von dem Augenblick an gewußt, als mitten in der Nacht zum erstenmal ihr Telefon geklingelt hatte. Sie konnte mir genau erzählen, was passiert war. Ohne Schluchzen. Ich habe nicht eine Träne in ihrem Gesicht gesehen. Sie hat mit mir gesprochen und sich dann um die kleinen Mädchen gekümmert. Ich mußte daran denken, wie Ian immer mein bester Freund gewesen war und wie *er* nie einen besten Freund gebraucht hatte. Er genügte sich wirklich selbst. Und dann blieb mir nichts anderes übrig, als dazusitzen und mich zu fragen, ob sein gefaßter, beherrschter Mund im Tod wohl anders ausgesehen hat.«

Art Petoyan war im Schlafzimmer, wo er sich um Adah kümmerte und alle möglichen Gemeinplätze von sich gab: »Ich habe Sachen zu ihr gesagt wie: ›Gottes Wege sind unerforschlich.‹ Und noch mehr dergleichen, was letztlich überhaupt nichts bedeutet. All diese Klischees, die ich schon unzählige Male zuvor von mir gegeben habe und die mir eigentlich nichts sagen, und dennoch bleibt mir als Arzt nichts anderes übrig, als zu hoffen, daß diese Leute noch einen Funken Glauben oder innere Stärke in sich haben. Aber dieses arme Mädchen war einfach nicht wie diese unglaubliche Person im anderen Raum. Chrissie Campbell *bediente* dort doch tatsächlich die ganzen Besucher. Sie bot ihnen Kaffee an und kümmerte sich um die Kinder, und weiß Gott, was sonst noch alles. Und von allen, die Ian nahestanden, war sie die einzige der Anwesenden, in deren Augen keine Tränen standen. Ich bot ihr an, ihr ein Beruhigungsmittel zu geben, aber sie lehnte ab. Und sie hatte das auch tatsächlich nicht nötig!

Danach habe ich Adah über mehrere Monate hinweg auf ihre psychischen Probleme hin behandelt, wenn Sie es ärztliche Behandlung nennen wollen, was ich mit ihr gemacht habe. Wie ein Scharlatan habe ich ihr Vitamin-B-Spritzen gegeben, ohne daß sie wußte, was ich ihr injizierte, und das Ganze hat seinen Zweck dann auch durchaus erfüllt, da sie mir geglaubt hat, als ich ihr erklärte, die Spritzen würden ihr guttun. Ich verschrieb ihr Thorazin und sprach mit ihr, wenn sie mich brauchte, und schließlich fand sie sich mit einer Art überwältigenden Einsamkeit ab. Sie wollte erst nicht zu ihrer Mutter zurück, aber schließlich ging sie dann doch nach Nordkalifornien.

Adah war keine Chrissie Campbell. Sie war nicht imstande, ihre Töchter allein großzuziehen. Ich hatte die beiden Mädchen selbst entbunden. Sie waren kräftige, hübsche Babys gewesen. Und sie sahen aus wie er.«

Unter den Anwesenden waren auch die unvermeidlichen Presseleute. Sie wollten die Witwe interviewen. Als sie jedoch merkten, daß sie damit wenig Erfolg haben würden, wandten sie sich Chrissie zu. Was die Fakten anbelangte, die den unmittelbaren Mord und die Festnahme von Powell betrafen, waren die Reporter relativ mit Informationen gesättigt. Bis also der zweite Killer gefaßt wurde, war die Campbell-Familie so ziemlich das einzige, worüber sich noch zu schreiben lohnte.

Einer der Presseleute hatte in Erfahrung gebracht, daß Campbells Mutter ebenfalls Witwe war, daß sie allein lebte und daß der ermordete Polizist ihr einziges Kind gewesen war. Also wurden die Bleistifte für eine tränenreiche Litanei von Erinnerungen gespitzt. Und vielleicht würde in diesem Zusammenhang sogar eine edle Bemerkung abfallen, wie ihr Sohn doch nicht ganz umsonst gestorben wäre, oder vielleicht auch ein Kommentar zu der ebenso sinnlosen wie brutalen Tat des Killers. Und selbstverständlich ein Foto, wenn es sich irgendwie machen ließ – ein Taschentuch, gegen das Gesicht einer Mutter gepreßt, bedauernswert, gramgeplagt.

Statt dessen trat Chrissie Campbell völlig gefaßt vor die Presseleute. Sie sahen sich mit einer attraktiven Frau mit aufrechter Haltung konfrontiert, die wie Ende Vierzig wirkte, aber bereits über Sechzig war. Sie stellte sich kurz vor. »Ich bin Chrissie Campbell.«

»Gibt es irgend etwas, das Sie im Augenblick zu diesem bedauerlichen Vorfall sagen möchten, Mrs. Campbell?« fragte ein Reporter freundlich. »Etwas, das für unsere Leser . . .«

Chrissies Antwort fand sich in einem Artikel über die Einzelheiten des Mordes wieder. Der Redakteur erklärte dem Reporter gegenüber, sie wiese keinerlei Spuren von Schmerz, Wut oder sonst irgendwelchen Emotionen auf, die sich weiter ausschlachten ließen. Daraufhin befragt, weshalb er die Bemerkung fettgedruckt und ohne weiteren Kommentar wiedergegeben hätte, erwiderte der Mann mit einem Grinsen: »Weil es das Knappste und Vernünftigste ist, was ich je das Opfer einer solchen Tragödie sagen hörte. Was seinen reinen Informationswert betrifft, völlig wertlos, aber dafür um so wahrer.« Chrissie hatte lediglich gesagt: »Jeder Kommentar erübrigt sich von selbst. Mein Junge ist tot, und nichts, was irgend jemand sagen könnte, wird an dieser Tatsache etwas ändern.« Darauf hatte sie höflich gelächelt und sich ohne Zögern abgewandt, weil sie sich wieder um die Kinder kümmern wollte.

Karl Hettingers Haus war an jenem Sonntag voll von wartenden Freunden und Verwandten, während Karl selbst noch in Bakersfield war. Inzwischen hatten Rundfunk und Fernsehen von dem Vorfall berichtet, so daß die Besucher aus allen Teilen von Los Angeles angefahren kamen. Darunter befand sich auch Bob Burke, mit dem Karl früher eine Wohnung geteilt hatte. Er war noch in Uniform.

Nervös schenkte Helen allen Kaffee ein und stürzte jedesmal aufgeregt zur Tür, wenn sie einen Wagen vorfahren hörte. In ihrem Gedächtnis blieb kaum etwas von dem haften, was an jenem Tag in ihrem Heim gesprochen wurde. Doch eine Bemerkung sollte doch hängenbleiben.

Sie stammte von Karls ehemaligem Mitbewohner. Er unterhielt sich mit verschiedenen anderen Freunden Karls.

Kopfschüttelnd meinte er: »Irgend etwas kann man *immer* tun. Ich würde mir einfach unter keinen Umständen von so einem Ganoven meine Kanone abnehmen lassen. Und selbst dann hätte sich noch etwas machen lassen müssen. Karl hätte ...«

Und dann bemerkte er Helen, die auf dem Weg in die Küche stehengeblieben war und ihn anstarrte. »Das bezieht sich nicht auf Karl«, beeilte sich Bob Burke hinzuzufügen. »Ich will hier keineswegs über irgend jemanden richten.«

Helen ging daraufhin in die Küche, aber ihre Hände wurden plötzlich feucht. Sie versuchte, nicht mehr weiter an diese Worte zu denken, ohne zu ahnen, daß Burke, ein enger Freund von Karl, nur der erste sein sollte, der so etwas aussprach.

Zu Mittag hatte Pierce Brooks an jenem Sonntag seine Arbeit im Zwiebelfeld beendet und stand nun einem anderen jungen Mann gegenüber, der nur ein Jahr älter als Karl Hettinger war. Wie gewohnt, beobachtete Brooks sein Gegenüber während des Gesprächs sehr aufmerksam. Er sah ausdruckslose, blaue Augen, einen langen Hals und bleiche, eingefallene Wangen. Er sah Hände, die nicht zitterten, als sie sich berührten, und ein Kinn, das gefaßt blieb. Pierce Brooks sprach mit Gregory Powell nicht über den Mord. Kein einziges Wort. Sie fuhren ihn nach Los Angeles, wobei sie nur das Nötigste sprachen. Erst einige Stunden später, am nachmittag, kam Brooks dann im Verhörraum der Mordkommission auf den entscheidenden Punkt zu sprechen.

»Greg«, begann Brooks, »würden Sie uns bitte nach bestem Wissen erzählen, was letzte Nacht geschehen ist – von dem Augenblick an, als die beiden Polizisten Sie in Hollywood angehalten haben? Und fangen Sie vielleicht zu allererst damit an, in wessen Begleitung Sie sich damals befunden haben.«

»Ich war in dem Ford Coupé, Baujahr sechsundvierzig, mit Jimmy Youngblood . . .«

Und nach einer Stunde von Lügen und Wahrheiten und Halbwahrheiten kam Greg aufgeregt auf den Moment des Todes im Zwiebelfeld zu sprechen, und zwar ziemlich genauso, wie Pierce Brooks dies erwartet hatte.

». . . und Jimmy stand dort, und ich hörte, wie er mit ihnen redete. Ich habe die Kanone auf den Sitz gelegt und bin dann hinten um den Wagen rumgegangen und auf Jimmy zu, bis ich vielleicht noch einen halben Meter von ihm entfernt war. Ich wollte ihn fragen, ob ich fahren sollte, oder was . . . Und dann hat er geschossen. Der eine Polizist ist zu Boden gestürzt, und der andere ist davongelaufen, und ich habe gebrüllt: ›Bist du wahnsinnig geworden?‹ Aber er hat weiter hinter dem anderen hergeballert, der weggelaufen ist. Dann habe ich mich auch umgedreht und bin losgerannt, worauf er wieder auf den Polizisten auf dem Boden geschossen hat. Warum er das getan hat, weiß ich nicht. Ich bin etwa zwölf, fünfzehn Meter gerannt und habe den anderen Polizisten fast überholt. Dann habe ich mich zur Seite gehechtet, weil Jimmy immer noch hinter uns her gefeuert hat . . . Und ja, wirklich, ich konnte die Schüsse in den Boden fahren hören. Ich hatte ganz schön Schiß. Ich wußte ja auch gar nicht, ob er auf mich gezielt hat, weil ich weggelaufen bin, oder auf den Polizisten. Na ja, und dann ist er abgehauen.«

Pierce Brooks saß ganz ruhig da und nickte gelegentlich, während Greg das Kastanienbraun um die haselnußfarbene Iris der müden, geduldigen Augen des Detektivs beobachtete.

»Sie wollen demnach also sagen, daß Sie nicht bewaffnet waren, als Sie in dem Zwiebelfeld aus dem Wagen gestiegen sind?«

»Ich war nicht bewaffnet«, bestätigte Greg gelassen. »Ich hatte solche Angst.«

»Wurde in dieser Nacht eigentlich die 32er abgefeuert?«

»Nicht daß ich wüßte«, erwiderte Greg, was in diesem Augenblick auch wirklich der Wahrheit entsprach, wie er sie sah. »Nein, sie ist nicht abgefeuert worden. Ganz sicher nicht.«

Aber Brooks wußte, daß sie abgefeuert worden war.

Mit blutigen Füßen saß Jimmy Smith in einem Salbeibusch an einem Bewässerungsgraben. Er hatte seine Füße ins Wasser getaucht und trank davon aus der Whiskyflasche, die er mitgenommen hatte. Jimmy schlief den ganzen Tag, um nur gelegentlich mit klopfendem Herzen aufzuwachen, wenn ein vereinzelter sonntäglicher Wagen auf der abgeschiedenen Straße vorbeifuhr. Schließlich wachte Jimmy jedoch auf, und er fror und zitterte trotz der warmen Sonne. Er zog seine Socken an, die inzwischen wieder trocken waren, und marschierte in Richtung Highway 99, bis er eine Tankstelle fand, wo er sich waschen und Wasser trinken konnte. Es war am späten Nachmittag, und er hatte mächtigen Hunger. Er ging weiter, bis die Sonne sank, und entdeckte schließlich ein kleines, hell erleuchtetes Lebensmittelgeschäft, das von zwei alten Frauen geführt wurde. Sein Blick fiel auf das Gestell mit den Zeitungen, aber in den Sonntagmorgenausgaben wurde von den Ereignissen der letzten Nacht noch nicht berichtet. Sie berichteten also noch nicht in dicken Schlagzeilen von einem Mord, und das hob seine Stimmung sichtlich. Ihm blieb noch Zeit. Er mußte nur einfach abhauen. Die Frage war nur, wohin. Aber er mußte abhauen.

Jimmy kaufte einen Viertelliter Milch, ein paar Riegel Schokolade, Kekse und Zigaretten. Er begutachtete bereits die Autos, die vor dem Laden geparkt waren, nahm aber dann doch Abstand davon, die zwei Frauen auszurauben und einen Wagen zu stehlen, da die Polizei sonst sofort gewußt hätte, daß er sich noch in der Umgebung von Bakersfield aufhielt. Möglicherweise dachten sie, er wäre bereits in Fresno oder San Francisco. Er brauchte noch einen Tag, ein Zimmer, in dem er schlafen konnte, ein Bad – und noch eine Nacht, um sich alles genau durch den Kopf gehen lassen zu können. Er konnte es sich auf keinen Fall leisten, sie jetzt schon wissen zu lassen, wo er sich aufhielt, und er konnte sich nicht vorstellen, daß sie den Wagen schon gefunden hatten. Er hätte noch eine Nacht Vorsprung gebraucht, bevor sie den Wagen entdeckten, und vielleicht konnte er bis dahin noch einen anderen stehlen.

Mit dem Bauch voll Schokolade, Milch und Keksen, was in etwa dem Speisezettel seiner Ladendiebstähle als kleiner Junge in Fort Worth entsprach, wanderte Jimmy Smith dann die gesamte Strecke bis Bakersfield in die Lakeview Avenue, wo sich eine Pension befand, die sich Mom's Rooming House nannte. Die Pension lag in der Nähe von Virginia und Lakeview Avenue. Auf ihrem Dach war ein erleuchteter, bunter Stern mit der Aufschrift ›Mom's Rooming House and Dormitory‹ angebracht. Ansonsten wirkte das Gebäude von außen wie ein normales Wohnhaus, dessen Garten von einem Drahtmaschenzaun umgeben war. Die nähere Umgebung war eindeutig ein Ghetto – Schuhputzstände, ein Billardsalon, Alkoholausschanks, ein Kautionsbürge und Unmengen von Leuten, die sich auf der Straße herumtrieben. In Jimmy Smith' Augen wirkte diese Umgebung wie ein schützender Zufluchtsort.

Am Sonntagabend untersuchte ein Gerichtsmediziner des Los Angeles County einen nackten Körper, der in einem gefliesten Raum mit rostigen Gullys im Boden in grell weißem Neonlicht auf einem Tisch aus rostfreiem Stahl lag. Auf dem vorderen Ende des Tisches befand sich ein Schlauch, am hinteren ein Kübel. Es war höchst ungewöhnlich, daß an einem Sonntagabend eine Autopsie vorgenommen wurde, aber natürlich handelte es sich hier um einen ganz besonderen Fall. Die Untersuchung sollte mit größtmöglicher Sorgfalt durchgeführt werden, so daß Gesicht und Kopf nicht mehr als unbedingt nötig verstümmelt wurden.

»Aktennummer 88883. Die nicht konservierte Leiche stammt von einem Weißen männlichen Geschlechts, angegebenes Alter einunddreißig Jahre, Größe ein Meter fünfundachtzig, Gewicht neunzig Kilo, mit braunem Haar, haselnußfarbenen Augen und mittelbreitem Gesicht. Es wurden keine Narben, Tätowierungen oder sonstigen besonderen Kennzeichen festgestellt.«

Der Polizeibeamte vom Hauptquartier der Detectives, der der Autopsie beiwohnte, zeichnete folgende Untersuchungsdetails des Gerichtsmediziners für seine Vorgesetzten auf: »Geschoß Nummer eins tritt durch die Oberlippe ein, zerschmettert oberen, vorderen Schneidezahn, dringt weiter vor durch Gaumenplatte und Zunge und bleibt im dritten Halswirbelknochen stecken. Das Geschoß wurde aus einem 38er Colt Special abgefeuert.

Geschoß Nummer zwei tritt in schräg nach unten geneigtem Winkel in den Brustkorb ein, durchschlägt den linken Lungenflügel und tritt auf der linken, unteren Rückenhälfte wieder aus. Das Geschoß wurde nicht geborgen.

Geschoß Nummer drei tritt in schräg nach unten geneigtem Winkel in den Brustkorb ein, parallel zu Nummer zwei, durchschlägt den linken Lungenflügel, bricht eine Rippe und bleibt unmittelbar unter der Haut des unteren Rückens stecken. Das Geschoß stammt aus einer 38er Smith and Wesson, 10 Gramm.

Geschoß Nummer vier tritt in oberen Brustkorb ein, durchdringt Herz, Zwerchfell, Leber, Milz und Niere und streift die Hauptschlagader. Tritt in der linken, unteren Rückenhälfte aus. Glatter Durchschuß.

Geschoß Nummer fünf tritt in der Mitte des Brustkorbs ein, durchschlägt rechten Lungenflügel, linken Leberlappen, rechte Nebennierendrüse und vena cava. Tritt in der unteren Rückenhälfte aus. Glatter Durchschuß.

Eine Untersuchung der lebenswichtigen Organe des Verstorbenen ergibt, daß er sich bester körperlicher Gesundheit erfreute, bevor er erschossen wurde.

In jede Wunde wurde eine Sonde eingeführt, um den Verlauf der Durchschüsse zu fotografieren.

Der Verlauf der Durchschüsse deutet darauf hin, daß die Waffe, mit der die Wunden Nummer 2, 3, 4 und 5 zugefügt wurden, in 85 Zentimeter Entfernung von der Schädeloberseite des Kopfs des Opfers und 65 Zentimeter über seinem Brustkorb gehalten worden war.

Der die Autopsie durchführende Arzt erklärt, daß Wunde Nummer 1 nicht unmittelbar tödliche Folgen gehabt hätte. Jedoch wirkte jede der Wunden 2, 3, 4 oder 5 auf der Stelle tödlich.

Die Autopsie war lang und beschwerlich. Der Arzt hatte zusätzliche Arbeit, da die sterblichen Überreste schonendst behandelt werden mußten, um sie für das bevorstehende offizielle Begräbnis in entsprechendem Zustand zu erhalten. Es war bereits nach zehn Uhr abends, als der Arzt seinen Kittel ablegen, seine Aufzeichnungen abschließen und das Leichenschauhaus verlassen konnte.

Wenige Minuten später sollte der Leichenschauhausaufseher äußern: »Na ja, dieser Bursche hat sein Bestes für diese verdammte Stadt gegeben. Rufen wir lieber mal das Bestattungsunternehmen an, damit sie ihn von hier wegschaffen – oder was von ihm noch übrig ist.« Und er ging ans Telefon. Um zweiundzwanzig Uhr vierzig wurden die sterblichen Überreste an das Bestattungsinstitut ausgeliefert.

Es war zweiundzwanzig Uhr vierzig, als der Detective im Polizeihauptquartier von Bakersfield völlig still an seinem Schreibtisch saß, ohne zu merken, wie die Zigarette in seiner Hand seine Finger anglühte. Und sein Flüstern war fast ebenso atemlos wie das am anderen Ende der Leitung, als er in den Hörer hauchte: »Sind Sie sicher? Sind Sie wirklich sicher? Mann! Okay, okay. Wir werden uns schon um Sie kümmern. Sicher. Machen Sie sich keine Sorgen. In zehn Minuten sind wir da! Verdammt!«

Mom's Rooming House war in Jimmy Smith' Augen genau der geeignete Ort für einen Schwarzen, um sich für ein paar Tage zu verkriechen. Aber dank einiger Fotos aus der Verbrecherkartei der Polizei sollte Jimmy Smith binnen kurzem der berühmteste Schwarze von ganz Bakersfield werden. Er hatte keine zehn Minuten den Fuß über die Schwelle seines Zimmers gesetzt, als bei der Polizei von Bakersfield dieser geflüsterte Anruf einging.

Jimmy war erleichtert, daß Mom ihn nicht mit einem zweiten Blick bedachte, als er sich ins Gästebuch eintrug. Zu seiner Freude war das Zimmer überraschend sauber. Sobald er die Tür hinter sich geschlossen hatte, begann er sich auszuziehen, aber obwohl er völlig verdreckt und durchgeschwitzt war, brachte er nicht mehr die Energie auf, noch zu duschen. Aber er *mußte* seine Hose und die Schuhe und das Hemd waschen, da sie sonst bis zum nächsten Tag nie trocknen würden.

Müde rappelte sich Jimmy wieder von seinem Bett in dem winzigen Zimmer hoch, um freilich fluchend feststellen zu müssen, daß es in dem Raum nicht einmal eine Waschschüssel gab. Also trottete er mit den schmutzigen Sachen erschöpft den Gang in Richtung Waschraum hinunter.

Auf seinem Weg durch den schwach erleuchteten Flur kam Jimmy an einem großen, hellhäutigen Mann vorbei, der ihn eigenartig ansah. Das Bad war sehr eng, so daß der Platz kaum für die Badewanne und die Toilette ausreichte. Er schrubbte etwa fünf Minuten lang seine Kleider, und während er sich dann, auf der Toilette sitzend, über seine Socken hermachte, hörte er draußen Stimmen. Nur mit einer Unterhose bekleidet, lugte Jimmy vorsichtig auf den Flur hinaus, und im nächsten Augenblick wurde auch schon die Tür eingeschlagen. Gleichzeitig ging auch die Hintertür zu Bruch. Jimmy wurde auf den Flur hinausgezerrt und gegen die Wand gedrückt. Seltsamerweise konnte er seine Blicke nicht von der Hintertür losreißen, die ein Polizist weiter methodisch einschlug und dabei schrie: »Verdammt, ich hab mich an der Hand verletzt!«

Jimmy war von uniformierten Polizisten und Detectives umringt. Man riß ihm die Hände auf den Rücken, legte ihm Handschellen an und legte ihn bäuchlings auf den Boden. Ein Beamter fuhr ihn an: »Eine Bewegung, und ich knall dich ab, du mieses Schwein von Polizistenmörder!«

Dann kam Mom dazu und beschwerte sich: »Hören Sie

mal! Dieser nette, junge Mann liegt hier einfach auf dem Boden, und das nur mit seiner Unterhose! Wie stellen Sie sich das eigentlich vor?«

Einer der Detectives beruhigte sie: »Immer mit der Ruhe, Mom. Sie gehen jetzt schön wieder auf Ihr Zimmer zurück. Um den Rest werden wir uns schon kümmern.«

Jimmy war sich sicher, daß ihn der große, hellhäutige Mann erkannt und darauf die Polizei verständigt hatte. Er sollte sich nie fragen, wie so viele uniformierte Polizisten und Detectives in den knapp fünf Minuten, die er im Bad verbracht hatte, in die Pension gekommen sein sollten. Jimmy fand es geradezu tröstlich, die besorgte Stimme von Mom zu hören. Sie ist eine nette, alte Dame wie meine Nana, dachte er vage. Wenn sie nicht gewesen wäre, hätten die mich vielleicht noch umgebracht.

»Nur eine Bewegung, du Hundesohn von einem Polizistenmörder«, zischte ihm ein anderer Polizist ins Ohr, »und ich reiß dir eigenhändig deine Rübe ab.« Jimmy bewegte sich nicht, und er sprach auch nichts, und er fand es seltsam, als ›Polizistenmörder‹ bezeichnet zu werden. Er war doch nur ein Dieb, dachte er unzusammenhängend. Nichts weiter als ein Dieb. Lediglich ein Lügner und ein Dieb. Und das schon sein ganzes Leben lang. Nur eine Heulsuse und ein Tränendrüsendrücker und ein Dieb. Wie können die so etwas zu mir sagen. *So etwas.* Für so etwas vergasen sie einen doch.

Dann wurde Jimmy auf die Beine gerissen und in sein Zimmer gestoßen, wo ein bulliger Detective gerade Karl Hettingers Revolver untersuchte und ihn fragte: »Ist das die Waffe, die Sie dem Polizisten abgenommen haben?«

»Das ist alles ein riesiges Mißverständnis«, wimmerte Jimmy. »Ich habe niemanden umgebracht.« Dann wurde er wieder zur Tür hinausgedrängt. Barfuß, mit einer Decke über der Schulter, ging er über das zerbrochene Glas der Badezimmertür auf dem Boden des Flurs, ohne etwas zu spüren. Dann wurde er zwei Detectives aus Los Angeles übergeben, die in Bakersfield gewesen und in Mom's Pension gerufen worden waren.

»Powell hat mich gezwungen, mit ihm und den zwei Polizisten nach Bakersfield zu fahren«, äußerte Jimmy dem japanischen Detective gegenüber. Als dieser keine Antwort gab, wandte er sich an seinen weißen Partner und sagte: »Powell hat diesen Mann kaltblütig niedergeschossen. Ich war völlig entsetzt und schockiert. Und ich hatte schreckliche Angst. Ich habe niemanden getötet.«

Aber keiner der beiden Detectives wirkte, als glaubte er Jimmy Smith. Auf dem Weg zum Gefängnis von Bakersfield sagte Jimmy: »Sie brauchen doch nur die Waffen untersuchen. Meine Fingerabdrücke werden Sie auf keiner davon finden. Ich hab keinen einzigen Schuß abgefeuert. Keinen einzigen. Sie brauchen das nur zu überprüfen, dann werden Sie selbst sehen, daß ich die Wahrheit sage.«

8

Um acht Uhr vierzig an jenem Abend, als der Körper von Ian Campbell zerschnitten und zersägt und ausgeweidet wurde, holte man Gregory Powell aus seiner Zelle und führte ihn einem erschöpften Pierce Brooks vor, der nun wußte, daß das Coupé in der kleinen Stadt Lamont mit zwei Revolvern gefunden worden war, die sauber abgewischt, man in einen Trenchcoat gewickelt und dann unter den Vordersitz geschoben hatte. Brooks ging nicht davon aus, daß sich auf den Waffen brauchbare Fingerabdrücke finden würden. Und selbst wenn dem so gewesen wäre, hätte sich damit nicht viel beweisen lassen, nachdem im Verlauf des Geschehens nach dem Mord die vier Waffen ständig zwischen den beiden Männern hin und her gewandert waren.

»Hier sind Zigaretten, Greg«, sagte Brooks zu dem jungen Mörder, als dieser sich setzte. »Bevor wir für heute abend Schluß machen, hätte ich noch gern etwas geklärt, was ich noch nicht ganz verstehe. Ich muß genau wissen, was Jimmy getan und wo er gestanden hat, als die Schüsse fielen.«

»Darf ich vielleicht erst noch fragen, was mit Max ist?«

»Max geht es gut.«

»Sie ist doch verhaftet worden, oder nicht?«

»Ja, das ist richtig.«

»Weshalb?«

»Wegen Raubs.«

»Wen soll meine Frau denn ausgeraubt haben?«

»Max befindet sich in Untersuchungshaft, weil man feststellen muß, ob sie an einem Ihrer Überfälle beteiligt war. Falls dem nicht so ist, wird sie unverzüglich auf freien Fuß gesetzt. Außerdem wissen Sie sehr wohl, daß Max nicht in Schwierigkeiten steckt und daß es ihr gutgeht.«

»Ich hab sie schließlich nicht gesehen. Woher sollte ich das also wissen? Ich hab sie nicht gesehen. Und Sie haben mir nicht erzählt, daß sie verhaftet worden ist. Sie haben aber gesagt, Sie würden mir reinen Wein einschenken.«

»Ich habe Ihnen soeben reinen Wein eingeschenkt.«

»Na, das haben Sie nicht, finde ich.«

»Führen Sie sich hier nicht so auf! Beruhigen Sie sich wieder. Gehen Sie eigentlich immer gleich so an die Decke?«

»Na ja, nicht gerade selten.«

»Nicht gerade selten. Hm. Und ganz besonders trifft das wohl auf die letzten vierundzwanzig Stunden zu, nicht? Als Sie diesen Polizisten ins Gesicht geschossen haben.«

»Ich hab auf keinen Polizisten geschossen.«

»Sehr wohl haben Sie das. Sie wissen doch, daß der andere Polizist noch am Leben ist, oder etwa nicht?«

»Jawohl, Sir.«

»Und er war da und hat uns erzählt, was passiert ist.«

»Was der erzählt hat, interessiert mich nicht. Ich habe Ihnen doch genau geschildert, wie alles war.«

»Wer hat diesen Satz gesagt: ›Haben Sie schon mal was vom Lindbergh-Gesetz gehört?‹ Und zwar unmittelbar vor dem Moment, als die Schüsse fielen.«

»Ich weiß nicht.«

»Können Sie sich erinnern, daß jemand diesen Satz gesagt hat?«

»Nein, das kann ich nicht. Wir haben zwar über Entführungen gesprochen, als wir hierher unterwegs waren, aber soviel ich mich erinnern kann, war in diesem Zusammenhang nicht von einem Lindbergh-Gesetz die Rede.«

»Wissen Sie, was das Lindbergh-Gesetz besagt?«

»Nein, nicht genau. Ich hab nur so eine vage Vorstellung.«

»Und wie sieht diese vage Vorstellung aus?«

»Daß auf Entführung die Todesstrafe steht.«

»Die Waffe, die Sie während der Fahrt nach Norden hatten – war das der Colt, den Sie in Las Vegas gekauft haben?«

»Ja.«

»Und das ist auch die Waffe, die Sie bei sich hatten, als Sie um den Wagen gegangen sind und auf den Polizisten geschossen haben?«

»Nein, Sir.«

»Und dann hat Jimmy Smith auf den am Boden liegenden Polizisten geschossen?«

»Ich hatte die 38er nicht. Ich hatte überhaupt keine Waffe in der Hand, als ich um den Wagen ging.«

»Er wurde aber mit zwei verschiedenen Waffen erschossen.«

»Er wurde mit zwei verschiedenen Waffen erschossen?«

»Ja, ganz richtig.«

»Also, das habe ich nicht gewußt.«

»Na gut, aber weshalb sollten Sie dann aussteigen und den beiden Polizisten gegenübertreten? Wieso haben Sie sie nicht einfach dort aussteigen lassen, wenn Sie vorhatten, genügend Vorsprung zu bekommen, um nach Bakersfield zu fahren?«

»Ich weiß nicht. Weil Jimmy einfach vor dem Wagen stand, und ich bin hinten um den Wagen rumgegangen und hab ihn gefragt, ob er wollte, daß ich fuhr, oder ob er lieber selbst fahren wollte, und dann war... Na ja, was mich betraf ... Wissen Sie, wir hatten sogar so unsere Witze gemacht, daß es so verdammt kalt war und überhaupt.«

»Wieso wollten Sie Jimmy das fragen, wo Sie doch sowieso immer fahren?«

»Ich fahre doch gar nicht immer. Ich habe den Wagen für Jimmy gekauft. Es war Jimmys Wagen. Sobald wir ihn zugelassen hatten, sollte er auf seinen Namen eingetragen werden. Und darauf war er sehr stolz, und ich... Na ja, ich hab mir das einfach so angewöhnt... Ich hab mir das so angewöhnt, immer so mit ihm zu reden, wissen Sie, ob er wollte, daß ich fuhr, oder ob er selbst fahren wollte.«

»Sie sagen, Sie hätten gesehen, wie Jimmy auf den am Boden liegenden Polizisten geschossen hat?«

»Ich hab ihn zumindest nach unten schießen gesehen... Ich weiß nicht... Ich glaube, er hat auf ihn geschossen... Ich *weiß*, daß er auf ihn geschossen hat.«

»Dann muß ich Ihnen jetzt allerdings sagen, daß er tatsächlich auf den Polizisten geschossen hat. Aber gleichzeitig muß ich Ihnen auch sagen, daß auf denselben Polizisten, bevor dies geschah, mit einer anderen Waffe geschossen worden war, und zwar mit der Waffe, mit der Sie die ganze Fahrt über die beiden Polizisten in Schach gehalten haben.«

»So war das nicht, Mr. Brooks. Ich weiß doch, wie alles gewesen ist. Schließlich war ich selbst dabei. Ich weiß, wie es gewesen ist. Der andere Beamte hat einfach einen Schock erlitten und kann sich nicht mehr richtig an den ganzen Verlauf erinnern, wissen Sie?«

»Sie bleiben also dabei, daß die Automatik am Tatort nicht abgefeuert wurde?«

»Ja. Sie wurde nicht abgefeuert.«

»Und wenn ich Ihnen nun sage, daß sie abgefeuert *wurde* und daß wir das auch beweisen können?«

»Tja, wenn Sie das beweisen können, dann muß ich mich wohl täuschen. Aber ich kann nur immer wieder sagen, daß aus der Automatik kein Schuß abgefeuert wurde.«

»Na gut, dann sage ich Ihnen eben, daß auch aus der Automatik ein Schuß abgegeben wurde. Demnach hätten wir jetzt drei Schußwaffen, die abgefeuert worden sind. Wollen Sie mir nun immer noch erzählen, daß sie alle drei von ihm abgefeuert worden sind?«

»Ich kann Ihnen nur so viel sagen, daß die 32er Automatik am Tatort nicht abgefeuert wurde.«

»Sie geraten ja schon wieder aus der Fassung.«

»Nein, ich gerate keineswegs aus der Fassung. Die Automatik wurde nicht abgefeuert, so lange ich anwesend war, und ich glaube auch nicht, daß sie abgefeuert wurde, basta. Ganz gleich, was Sie Gegenteiliges behaupten mögen.«

»Ihnen platzt der Kragen aber wirklich ganz schön schnell, hm?«

»Na ja, ich bin leider ziemlich jähzornig.«

»Zittern Sie immer so, wenn Sie wütend werden? Schauen Sie dann immer so, wie Sie mich jetzt gerade anschauen?«

»Nein, Mr. Brooks. Ich kann einfach nicht anders. So war ich schon mein ganzes Leben. Na ja, nicht mein ganzes Leben. Ich war nicht immer so leicht erregbar, aber seit sie mich aus Vacaville entlassen haben, ist es nur schlimmer geworden, und jetzt muß ich mich eben damit abfinden.«

»Also gut. Das genügt für heute abend. Es ist schon halb zehn.«

Bevor er in den Bereitschaftsraum der Mordkommission zurückging, rauchte Pierce Brooks noch eine Zigarette und überlegte, während er auf dem Flur auf und ab schritt, was die ballistischen Untersuchungen ergeben würden, nachdem das kleine Fordcoupé gefunden worden war. Die Hülse eines Geschosses vom Kaliber 32, die am Tatort entdeckt worden war, erbrachte den eindeutigen Beweis dafür, daß die Automatik mindestens einmal abgefeuert worden war, obgleich der vorläufige Stand der Untersuchungen darauf hindeutete, daß die 38er Geschosse den Tod herbeigeführt hatten – beziehungsweise dem Opfer den Gnadenstoß verabreicht hatten. Brooks dachte an den Schuß ins Gesicht, der allein ausgereicht hätte, und dann an die vier Schüsse, als das Opfer sich hilflos auf dem Boden wand. Sie hatten ihn in Fetzen geschossen. Sie hatten ihn zwei- oder dreimal getötet.

Und dann schoß es ihm wieder durch den Kopf: *Wir haben euch ja erzählt, wir würden euch laufenlassen. Aber habt ihr schon mal was vom Lindbergh-Gesetz gehört?* Pierce Brooks drückte seine Zigarette aus und lächelte grimmig. Verlierer, dachte er, die typischen Verlierer, die nichts richtig machten. Die nicht einmal wußten, daß sich das Lindbergh-Gesetz nur auf Entführungen in Verbindung mit einer Lösegeldforderung oder schwerer Körperverletzung bezog. In dem Augenblick, als Gregory Powell also diese Feststellung machte, hatte er noch gar kein todeswürdiges Verbrechen begangen. Es war Powells Rechtsunkundigkeit, die den jungen Polizisten das Leben gekostet hatte. Idioten. Dumme, dumme Idioten, dachte Pierce Brooks. Dann betrat er den Bereitschaftsraum.

Um zehn Uhr an jenem Sonntagabend, nach zwanzig Stunden Dienst, vor deren Antritt er ebenfalls nur zwei Stunden Schlaf gefunden hatte, war Pierce Brooks endlich wieder zu Hause. Sein übersäuerter Magen schmerzte, und ihm war von den vielen Zigaretten und dem Kaffee schlecht. Trotzdem würde er kaum genügend Zeit finden, um zu essen und zu duschen. Und zum Schlafen würde er schon gar nicht kommen. Er erhielt einen weiteren Anruf. Jimmy Smith war gefaßt worden. Diesmal wurden Pierce Brooks und sein Partner von einem dritten Detective nach Bakersfield gefahren, da keiner von beiden noch in der Lage gewesen wäre zu fahren. Und so schliefen sie schlecht und recht, während ihr Wagen wieder einmal über den Grapevine Highway jagte.

Montagmorgen, drei Uhr dreißig, sah sich ein zerknitterter, ungewaschener Pierce Brooks den Gefangenen Jimmy Lee Smith an und entschloß sich, ihn gleich an Ort und Stelle, auf der Wache von Bakersfield, zu verhören. Anscheinend war er ganz versessen drauf zu reden.

»... Also, einen Moment noch. Bevor ich anfange, möchte ich noch sagen, daß ich das alles nicht erzähle, weil ich mir davon irgend etwas verspreche oder so. Ich weiß nämlich, daß ich sowieso keine Chance mehr habe. Für mich ist jetzt alles zu spät. Wissen Sie, und so ist es dann gewesen...«

Und damit begann Jimmy Smith' lange Geschichte voller Lügen, Wahrheiten und Halbwahrheiten. Wie Greg zeichnete er eine ganze Reihe von Standortskizzen für Brooks. Und durch ein gelegentliches Nicken des Detectives ermutigt, gelangte er schließlich zu der Überzeugung, daß der Detective ihm zumindest nicht von vornherein mißtraute. Weiter ging die Geschichte mit den seltsamen geflüsterten Bemerkungen Gregs über das Lindbergh-Gesetz, die er während der Fahrt geäußert hatte, und daß er eine Kugel für sich aufsparen sollte. Pierce Brooks nickte nur hin und wieder aufmunternd, bis die Erzählung den Punkt erreichte, an dem Jimmy Smith auf dem Feldweg durch die Zwiebelfelder gestanden hatte und Greg hinten um den Wagen herumgekommen war.

»Was er genau gesagt hat, weiß ich nicht mehr ... Aber irgend etwas hat er gesagt ... Und dann hat er gefeuert und diesen Polizisten erschossen. Ich weiß nicht, ob er einmal oder zweimal auf ihn geschossen hat. Aber ich glaube, er hat nur einmal geschossen. Ich jedenfalls war wie versteinert. Ich konnte mich nicht von der Stelle rühren. Und dann hat er hinter dem anderen Polizisten hergeschossen, der plötzlich den Feldweg runtergerannt ist. Greg ist dann dort rüber gelaufen. Und dabei hat er ständig gefeuert. Danach ist Greg zurückgekommen und hat zu mir gesagt: ›Los, nehmen wir den Wagen und fahren ihm hinterher.‹ Das hat er gesagt, wissen Sie? Und so bin ich auf den Wagen zugegangen. ›Hast du den Polizisten umgebracht?‹ habe ich ihn gefragt. ›Ist er tot?‹ ›Ja, der ist toter als eine Ölsardine‹, hat er gesagt. Und dann hat er die Knarren wieder geladen und die leeren

Patronen weggeworfen. ›Soll ich so rum fahren und dann umkehren?‹ hab ich ihn dann gefragt. Und er hat gesagt: ›Ja.‹ Und dann bin ich los und die Straße runter und hab ihn dort zurückgelassen. Das ist, so in kurzen Zügen, alles.«

»Sie haben keinen einzigen Schuß abgefeuert?«

»Nein, Sir.«

»Aber Sie hatten die 32er Automatik in der Hand?«

»Ja, Sir.«

»Als Greg um den Wagen kam, bevor er zu schießen anfing – welche Waffe hatte er in diesem Augenblick in der Hand?«

»Das könnte ich beim besten Willen nicht sagen. Als er nämlich um den Wagen gekommen ist, bin ich drei, vier Schritte zurückgewichen, um ihm Platz zu machen, wissen Sie?«

»Wozu haben Sie ihm Platz gemacht?«

»Das weiß ich nicht. Ich bin einfach nur zurückgetreten.«

»Aber irgendeinen Grund müssen Sie doch gehabt haben, ihm Platz zu machen. Haben Sie gesehen, daß er eine Waffe in der Hand hatte?«

»Nein, ich ...«

»Sie wußten, daß gleich Schüsse fallen würden.«

»Nein.«

»Er hat Ihnen doch etwas zugeflüstert.«

»Das hat er nicht.«

»Sie wußten also, daß gleich Schüsse fallen würden.«

»Nein, Sir.«

»Sie wollten nicht in die Schußlinie kommen.«

»Nein, Sir.«

»Aber weshalb sind Sie dann zurückgetreten?«

»Ich weiß nicht. Wenn ich es wüßte, würde ich es Ihnen doch erzählen, weil es sowieso egal wäre.«

»Haben Sie keinen Schuß abgefeuert?«

»Nein, keinen einzigen. Und das ist doch auch völlig egal. Ich möchte nur, daß Sie mir glauben, das ist alles.«

»Genau das gleiche hat auch Greg behauptet. Es wäre sowieso schon alles egal, und er hätte keinen Grund zu lügen.«

»Hat er das? Na ja, vermutlich hat er recht, da wir beide sowieso in die Gaskammer wandern. Es ist also wirklich völlig egal. Genau das ist es, was ich letzte Nacht diesen anderen Beamten klarzumachen versuchte. Genau das ist es, was ich ihnen – und allen anderen – begreiflich machen wollte. Ich hatte wahnsinnige Angst. Wissen Sie, ich meine, ich brächte es einfach nicht über mich, ganz kaltblütig einen Menschen zu erschießen – einfach so. Und er hat diesen Mann wie einen Hund abgeknallt.«

»Wie viele Raubüberfälle haben Sie mit Greg gemacht?«

»Keinen einzigen.«

»Wollen Sie damit sagen, Sie wären an keinem einzigen dieser Raubüberfälle in irgendeiner Weise beteiligt gewesen – weder als Fahrer noch sonst irgendwie?«

»Ganz genau, Sir.«

»Und Sie erklären hiermit also auch, daß Sie auf diesem Zwiebelfeld keinen einzigen Schuß abgefeuert haben?«

»Ich habe keinen einzigen Schuß abgefeuert.«

»Zum Schluß möchte ich Sie noch fragen, was passiert ist, nachdem Greg den ersten Schuß abgegeben hatte und der Polizist zu Boden stürzte.«

»Ja?«

»Hat er darauf noch weitere Schüsse auf den fliehenden Polizisten abgefeuert?«

»Ich denke schon. Wie viele, könnte ich allerdings nicht sagen.«

»Heißt das, daß *alle* Schüsse, die danach noch fielen, von ihm abgefeuert wurden?«

»Ja.«

»Und wie viele waren das – zumindest ungefähr?«

»Drei oder vier. Bis das Magazin leer war.«

»Haben Sie auch keinen einzelnen Schuß abgefeuert?«

»Nein.«

»Können Sie sich vorstellen, einen Menschen zu töten, Jimmy?«

»Nein.«

»Jimmy, wir sind der festen Überzeugung, daß Sie zusammen mit Greg in eine Reihe von Raubüberfällen verwickelt waren. Zumindest als Fahrer.«

»Allmählich sehe ich wirklich, daß Sie mir nicht glauben, Sergeant.«

»Das ist völlig richtig. Ich glaube Ihnen nicht.«

»Bitte, Sergeant, Sie müssen mir glauben. Ich schwöre beim Namen meiner Mutter, daß ich die Wahrheit sage. Ich möchte, daß Sie mir glauben.«

Pierce Brooks notierte sich, daß Jimmy Smith bei seiner Schilderung des Tathergangs einen wichtigen Punkt ausgelassen hatte – die vier Schüsse, die in Ian Campbells Brust abgefeuert worden waren.

Am Montag, dem 11. März, barsten die Zeitungen von Los Angeles förmlich über von den Meldungen über den Mord. ›Mondschein-Hinrichtung‹ lautete eine Schlagzeile, begleitet von verschiedenen Fotos der beiden Polizisten, der Killer und von Pierce Brooks.

Am selben Morgen trank Pierce Brooks Kaffee und kaute auf einem Toast herum. Auf der Titelseite seiner Zeitung wurde gleichzeitig von zahlreichen anderen legalen Exekutionen berichtet, die sich in anderen Teilen der Welt ereignet hatten. In Paris war Jean Marie Bastien-Thiry als Mitglied der politischen Untergrundsbewegung hingerichtet worden, die den Mord an Charles de Gaulle nur *geplant* hatte. Diese Nachricht entlockte Brooks ein hämisches Lächeln, ebenso wie der Artikel über die Hinrichtung von fünf Männern in Leningrad, die schuldig befunden worden waren, die Überschußproduktion ihrer Firma auf den Schwarzmarkt geworfen zu haben. In Rußland wurde ein Verbrechen mit dem Tod geahndet, das in Kalifornien kaum als ein schwerwiegendes Vergehen eingestuft worden wäre. Brooks fragte sich, was seine Kollegen von der Polizei in Paris oder Leningrad zu seinen Befürchtungen sagen würden, daß einer dieser zwei Mörder für die Entführung und brutale Ermordung eines Polizisten der Gaskammer entkommen könnte. *Wir haben euch ja erzählt, wir würden euch laufenlassen...*

An derlei dachte Pierce Brooks, da ein neuerliches Gespräch mit Karl Hettinger zu einem etwas beunruhigenden Ergebnis geführt hatte. Karl war sich plötzlich nicht mehr so sicher, ob tatsächlich Jimmy Smith der Mann gewesen war, der über Ian Campbell gestanden und die vier Schüsse auf den Sterbenden abgefeuert hatte.

»Ich bin mir einfach nicht sicher, Sergeant«, erklärte Karl, der in diesem Moment sogar noch erschöpfter wirkte als an dem Morgen nach dem Mord.

»Aber Sie sind sich zumindest sicher, daß diese Schüsse gleichzeitig mit jenen fielen, die bei Ihrer Flucht auf Sie abgefeuert wurden?«

»Na ja, mir ist nicht recht wohl dabei, das mit Sicherheit behaupten zu müssen. Immerhin habe ich mich ja auch in dem Punkt getäuscht, daß Powell meinen Kollegen mit der Automatik erschossen hat. Denn Sie sagen mir jetzt, das wäre mit dem Colt gewesen.«

»Karl, das ist doch ein geringfügiges Detail. Und außerdem war es doch in dieser Nacht stockdunkel dort draußen auf diesem Feld. Ihre Schilderung der Ereignisse war insgesamt wirklich bemerkenswert, wenn man in Betracht zieht, was Sie alles durchgemacht haben. Ich habe sogar schon richtig damit geprahlt, was für ein großartiger Zeuge Sie wären. Verlieren Sie jetzt also nicht das Vertrauen in sich, nur weil Sie sich im Dunkel hinsichtlich der Waffe getäuscht haben, die Powell in der Hand hielt.«

»Trotzdem – ich bin mir nicht sicher.«

Aber wenn Sie sich nicht sicher sind, wer die Schüsse auf Campbell abgefeuert hat, nun ja...«

»Ich bin mir einfach nicht sicher, Sergeant. Ich bin doch gelaufen. Es war dunkel. Schüsse blitzten auf. Ich könnte wetten, daß Smith auf Ian gefeuert hat – so, wie sie standen, als ich mich umgeschaut habe, und nachdem die Schüsse auch ziemlich gleichzeitig gefallen sind. Aber ich halte es nicht für ausgeschlossen, daß Powell auf mich geschossen hat und dann zu Ian gerannt ist und die vier Schüsse in seine Brust abgefeuert hat, während es in Wirklichkeit nur so aussah, als hätte Smith die Schüsse abgefeuert.«

»*War* es Smith, Karl?«

»Ich *weiß*, daß es Smith war, aber ich kann das vor Gericht nicht mit absoluter Gewißheit behaupten, weil ich einfach nicht gut genug sehen konnte.«

Trotz seiner Enttäuschung konnte Pierce Brooks Karl Hettingers Widerstreben verstehen, zu behaupten, er wäre sich sicher, während er das in Wirklichkeit nicht war. Es wäre so einfach gewesen, es zu sagen. Außerdem stimmte Powell, was dieses Detail betraf, genau mit Hettinger überein. Aber dennoch konnte Brooks die Ehrlichkeit des jungen Beamten verstehen und akzeptierte sie auch. Er wußte, daß Karl von verschiedenen Seiten heftiger Kritik ausgesetzt werden würde, weil er seine ursprüngliche positive Identifikation von Jimmy Smith als Vollstrecker widerrufen hatte. Aber Pierce Brooks würde sich diesen Kritikern nicht anschließen.

Erst ein Jahr zuvor hatte Brooks gegen die Ronald-Polk-Gang ermittelt, eine Gruppe von Highway-Räubern, die Anhalter mitnahmen, ihnen Pfeffer in die Augen rieben und sie dann ausraubten oder ermordeten. Brooks verdächtigte diese Gang, fünf Morde begangen zu haben, von denen ihnen jedoch nur einer nachgewiesen werden konnte. Dabei wurde ein junger Seemann ermordet, der als Anhalter mitgefahren war. Als er sich den Avancen eines Transvestiten, der zur Bande gehörte, widersetzte, wurde er ausgeraubt und schließlich auch erschossen, da er sich aus Leibeskräften wehrte und brüllte, als ihm der Penis abgeschnitten wurde. Nach der Erschießung vollführte der Transvestit einen rituellen Tanz um die blutüberströmte Leiche, wobei er die abgetrennte Trophäe durch die Luft schwenkte und sie sich schließlich unter schrillem Gelächter in den Mund steckte.

Im Verlauf des Prozesses wurde Ronald Polk einer psychiatrischen Untersuchung unterzogen. Die Gutachterin schloß ihren Befund wie folgt: »Ich persönlich halte diesen Menschen für nicht korrigierbar. Er steckt voller Aggressivität, die auf seine Armut zurückzuführen ist, und verfügt über ein scheinbar unerschöpfliches Energiepotential. Diese Art von Gewohnheitsverbrecher lernt weder durch Erfahrung noch durch Bestrafung. Er kann sich nur gegen die Gesellschaft stellen und dadurch Macht erlangen, da er immer Gefolgsleute finden wird, die er mit seiner Intelligenz und seinen destruktiven Trieben zu beeindrucken vermag. Er wird nie fähig sein, sich in die Gesellschaft einzufügen. Die Diagnose lautet: soziopathische Persönlichkeitsstruktur, antisozialer Typus.« Und dann konnte sich die aus Frankreich stammende Psychiaterin eine bissige Bemerkung nicht verkneifen, die ihr die Verteidigung später des öfteren anlasten sollte: »Darf ich vielleicht in vollem Ernst vorschlagen, daß diesem Individuum der ihm in Lebensgröße zustehende Platz in Madame Tussauds Wachsfigurenkabinett zugeteilt wird?«

Es war Pierce Brooks persönlich, der das Bandenmitglied, das er selbst als das gefährlichste betrachtete, einer Mordanklage enthob, und dies nicht in geringem Maße zur Verwunderung und auch zum Ärger anderer Detectives. Brooks zeigte sich mit der Zeitenabfolge in der Schilderung des Tatverlaufs durch den Angeklagten im Tulare-County-Mord nicht ganz einverstanden und nahm während des Prozesses neuerlich die Ermittlungsarbeit auf, in deren Verlauf er alte Gefängnisakten zu Tage förderte, die den Beweis erbrachten, daß es unmöglich war, daß der Beschuldigte rechtzeitig am Schauplatz des Tulare-County-Mordes eingetroffen war. Obwohl Brooks niemandem die Gaskammer je mehr gewünscht hatte als den Mitgliedern der Ronald-Polk-Bande, sollte er dennoch seinen Entschluß nicht bereuen.

»Dieses Untier gehört unter die Erde«, hatte ein Tulare-County-Detective in seiner Wut über Brooks' neu aufgenommene Untersuchungen geäußert, die zu einer Einstellung der Mordanklage geführt hatten.

»Ganz meine Meinung«, pflichtete Brooks ihm bei.

»Wegen solcher Kerle gibt es doch die Todeszelle überhaupt, verdammt noch mal!« polterte der Detective weiter.

»Ich finde auch, daß Sie völlig recht haben«, stimmte ihm Brooks zu. »Ich kenne diese Leute. Ich habe nicht wenige von denen gesehen, und ich kann Ihnen sagen, diese Burschen kennen keine Gnade.«

»Aber *wieso* haben Sie das dann gemacht? Wieso haben Sie uns die ganze Anklage versaut? Wieso?«

Später mußte Brooks sich einige Späße zu seiner Person gefallen lassen, als ein anderes Bandenmitglied, ein debiler, unglaublich gewalttätiger Schwarzer, von einem Psychiater gefragt wurde, ob es irgend jemanden, irgendeinen Menschen in seinem ganzen Leben gegeben hätte, den er *außer* Ronald Polk für sich als Vorbild anerkennen hätte können. Nachdenklich an seiner Unterlippe kauend, überlegte der Mörder kurz, um schließlich mit einem strahlenden Lächeln zu erwidern: »Klar. Es gibt noch jemanden. Ich möchte genau wie Sergeant Brooks sein!«

Pierce Brooks machte Karl Hettinger nie Vorhaltungen, weil er erklärte, er wäre sich nicht absolut sicher. Er verstand, was es bedeutete, sich über jeden Zweifel erhaben zu fühlen. Also nahm er diesen kleinen Rückschlag zur Kenntnis und beschloß, statt dessen Jimmy Smith mit größerem Nachdruck auf den Pelz zu rücken. Er war sich im klaren, daß Smith nicht über Powells enormes Ego verfügte, das sich mit einem Schwall an Informationen über die Raubüberfälle aufplusterte. Auffallend war dabei das außerordentlich gute Erinnerungsvermögen Powells, der sich oft an kleinste Details genauestens erinnern konnte. Smith dagegen war ein eher zurückhaltender Typ, ein kriecherischer, anpassungsfähiger kleiner Dieb, ehemals heroinsüchtig – ein Gelegenheitsverbrecher, der geschickt jeden Vorteil nutzte, der sich ihm bot. Brooks stellte sich Jimmy als einen Blutegel und Schmarotzer vor, der sich an aggressive Losgehtypen wie Powell klammerte und alles einstrich, was diese für ihn abfallen ließen. Ihm war klar, daß Smith niemandem vertrauen würde, und schon gar nicht einem Polizisten, ob schwarz oder weiß. Smith würde sich weder durch freundliche Worte noch durch Drohungen beirren lassen, sondern sich weiterhin an den schwachen Hoffnungsschimmer klammern, vielleicht der Gaskammer zu entgehen, falls Brooks nicht beweisen konnte, daß er die vier Schüsse abgefeuert hatte.

Pierce Brooks studierte beider Männer Personalakte auf irgendwelche Hinweise bezüglich ihrer Persönlichkeitsstrukturen hin, wobei er sich verstärkt für die von Jimmy Smith interessierte. Er saß an seinem Schreibtisch und verglich eine Aufnahme vom 11. März mit einem Foto, das man im Juli 1950 aufgenommen hatte, als Jimmy Smith noch keine 20 Jahre alt gewesen war. Auf letzterem war ein hellhäutiger, junger Mulatte mit krausem Haar abgebildet, der mit harten Augen und trotzigem Mund arrogant in die Kamera starrte. Auf dem vor kurzem aufgenommenen Foto hatte das Leben bereits seinen Tribut gefordert, und Pierce Brooks blickte in ein freundliches Gesicht mit Augen, die alles andere als hart waren. Sie wirkten weich und sogar leicht feucht. Das von

Natur aus energische Kinn schien nun nur allzu bereit, jeden Augenblick einem unterwürfigen Lächeln Platz zu machen. Smith' Stirn war in Falten gelegt. Brooks vermutete, daß sie in einem Ausdruck, der zwischen Kummer, Demut und Unterwürfigkeit schwankte, ständig gerunzelt wurde. Er war überzeugt, daß Smith ein winselnder Feigling war und daß dies den Schlüssel zu seiner Person darstellte.

Brooks schwor sich, daß er ihn zum Reden bringen würde. Jimmy Smith würde auch diesmal Gregory Powell folgen, wie er das immer getan hatte – in diesen apfelgrünen Raum in St. Quentin.

Montag nacht, mit einem Tag Pause, erschien Karl Hettinger wieder zum Dienst. Er kam eine Stunde früher in die Hollywood Station, um es hinter sich zu bringen – die Fragen, die gut gemeinten Fragen und die unerschöpflich neugierigen Fragen seiner Kollegen, um die er, wie er wußte, einfach nicht würde herumkommen können. Er hatte nicht viel Zeit gehabt, um über die Samstagnacht und ihre Bedeutung nachzudenken. Er hatte gegessen, geschlafen und mit Freunden und Verwandten gesprochen, um dann neuerlich zu schlafen. Er hatte in unterschiedlichen Phasen geschlafen. Auf eine Stunde erschöpften Schlafs folgte eine Stunde fiebernder, beängstigender Träume. Und dann kam wieder eine Stunde erbarmungsvoller Erschöpfung.

Als er sich nun dem Parkplatz der Hollywood Station näherte, fühlte er sich wie ein Fremder, der nie zuvor an diesem Ort gewesen war. Er hatte diese Wache immer gemocht. Es war ein alter, heimeliger Bau, der wirklich wie eine Polizeiwache aussah. Aber jetzt wirkte er anders. Er kannte die meisten der uniformierten Polizisten, die dort ein und aus gingen, aber auch sie sahen anders aus. Für einen Moment, als er gerade durch die alte Schwingtür ins Innere trat, fühlte er sich wieder zu Hause, und er überlegte, ob diese Nacht Ian mit dem Fahren an der Reihe war. Und während er noch diesen Gedanken dachte, schoß ihm das Blut in den Kopf, so daß ihn ein Schwindelgefühl überkam und er sich eine Weile leise selbst gut zureden mußte, bis er sich wieder einigermaßen beruhigt hatte.

Als er eine Stunde später in das Büro des für die Streifen zuständigen Schichtleiters trat, war es jedoch neuerlich um seine Ruhe geschehen.

»Hettinger!« begrüßte ihn der Lieutenant. »Wie...«

„Lieutenant, ich würde beim Appell gern kurz zu den Männern sprechen.«

»Sie möchten zu ihnen sprechen? Warum?«

»Eben haben mich dreizehn Mann wegen Samstagnacht ausgequetscht. Deshalb möchte ich beim Appell darüber sprechen. Ich möchte die ganze Geschichte bei dieser Gelegenheit allen, die es interessiert, erzählen, und dann will ich nichts mehr davon hören. Ich habe keine Lust, ständig wieder dieselbe Geschichte erzählen zu müssen.«

Und Karl erzählte dann beim Appell auch tatsächlich davon. Seine Vorgesetzten waren inzwischen sogar zu der Auffassung gelangt, daß so viele Polizisten wie möglich über die Einzelheiten der Entführung unterrichtet werden sollten, so daß Karl vor mehreren Versammlungen sprach. Als Karl in jener Nacht zum erstenmal zu den uniformierten Streifenpolizisten der Hollywood Station sprach, sollte als erster ein alter Sergeant eine Frage stellen, nachdem Karl seine Schilderung der Ereignissse jener Samstagnacht – angefangen von der Entführung, bis hin zu seiner Rettung in dem Farmhaus – abgeschlossen hatte.

»Ich hätte eine Frage«, meldete sich der Sergeant zu Wort. Seinen Fuß hatte er auf einen der Stühle gestellt, und die drei Winkel an seinem blauen Uniformärmel leuchteten keck hervor.

Karl wandte sich ihm zu. »Ja?«

»Der Zweck des ganzen hier ist doch, anderen Polizisten eine Hilfe zu bieten, damit ihnen nicht wieder etwas ähnliches zustößt wie Ihnen und Campbell. Nun würde mich eben auch mal Ihre Meinung dazu interessieren, wo Sie beide Fehler gemacht haben. Was haben Sie denn alles falsch gemacht. Oder was haben Sie *nicht* gemacht, obwohl Sie es hätten tun sollen?«

Karl starrte den Sergeant an, und sein Mund wurde trocken, und dann wanderte sein Blick über die Gesichter der Anwesenden. Einige sahen den Sergeanten an, andere Karl und einige blickten beiseite. Zwar erwiderte Karl etwas, aber er konnte sich an seine Antwort nicht erinnern, und schließlich löste nach ein paar weiteren Fragen der Schichtleiter die Versammlung auf.

In jener Montagnacht, der ersten Nacht, in der er wieder zum Dienst antrat, hielten Karl und sein neuer Partner als erste Amtshandlung einen Laster an. Er sah genau aus wie ein Lkw, der vor kurzem in der näheren Umgebung als gestohlen gemeldet worden war. Aber die Insassen waren keine Autodiebe. Hinter dem Steuer saß eine Frau, die von ihrer Tochter begleitet wurde. Lachend erklärte Karls Partner den beiden Frauen, weshalb er sie angehalten hatte. Als Karl darauf zu ihrem Wagen zurückging, wollte er sich am Kotflügel abstützen. Er blieb sogar stehen und tat so, als untersuchte er seine Taschenlampe, da er Angst hatte, seine Beine würden ihm den Dienst versagen. Er biß die Zähne aufeinander, damit sein Unterkiefer nicht zu zittern begann, aber gegen seine Beine konnte er nichts tun. Er konnte nur weitergehen und hoffen, daß sie ihn trugen. Das taten sie denn auch, und sein neuer Partner schien das Ganze nicht bemerkt zu haben. Jedenfalls sollte dies die zweitlängste Nacht in Karl Hettingers Leben werden.

Am Tag vor Ian Campbells Beerdigung hielt Pierce Brooks den Zeitpunkt für gekommen, Gregory Powell, Jimmy Smith und Karl Hettinger einander gegenüberzustellen. Inzwischen hatte er – nach Abschluß der ballistischen Voruntersuchungen – eine ziemlich genaue Vorstellung vom Verlauf der Ereignisse unmittelbar vor dem Zeitpunkt, zu dem die ersten Schüsse gefallen waren.

Powell hatte einen Schuß auf Campbells Mund abgefeuert. Darauf war Hettinger losgelaufen, und Powell hatte hinter ihm hergeschossen, bis das Magazin leer war. Er hatte dreimal gefeuert, zuzüglich eines Schusses, der nicht losging. Dadurch waren die fünf Schuß Munition in seiner Waffe erklärt. Fast gleichzeitig mit Powell feuerte auch Smith eine Ladung aus seiner Automatik auf Hettinger ab. Das war die Erklärung für die Patronenhülse, die man am Tatort gefunden hatte. Dann trat der beidhändige Smith mit Campbells Smith and Wesson in seiner anderen Hand vor und feuerte vier weitere Schüsse in Campbells auf dem Boden liegenden Körper ab. In der allgemeinen Panik und Verwirrung setzte sich Powell mit dem gesamten Schußwaffenarsenal in den Wagen und lud Hettingers Colt nach, den einer von den beiden aus dem Handschuhfach geholt hatte. Dabei lud er im Dunkel die einzige der vier Schußwaffen, die nicht abgefeuert worden war. Powell nahm die Kugeln heraus, hantierte eine Weile herum und steckte schließlich zwei davon zusammen mit vier Patronen seiner eigenen 7,9-Gramm-Munition wieder zurück. Die anderen Waffen wurden nicht nachgeladen und vermittelten so deutliche Aufschlüsse über den Ablauf des Geschehens.

An jenem Tag wurde Greg von Pierce Brooks aus seiner Zelle geholt und in den Vernehmungsraum geführt. Bevor er die anderen hereinbringen ließ, sagte Brooks: »Setzen Sie sich, Greg. Ich habe Neuigkeiten für Sie.«

»Und die wären?«

»Jimmy Smith ist gefaßt worden. Er befindet sich im Augenblick bereits in diesem Gebäude. Und er hat uns eine Version dieser Geschichte erzählt, die nicht mit Ihrer übereinstimmt.«

»Na ja«, Greg zuckte mit den Schultern. »Nachdem Sie Jimmy nun haben, kann ich Ihnen ja gleich sagen, wie es war. Ich habe den ersten Schuß abgefeuert, und dann hat Jimmy noch viermal auf den Polizisten losgeballert, als er am Boden lag.«

Und das war's dann auch schon. Er sagte das Ganze so beiläufig, daß alle Luft aus dieser entscheidenden Aussage genommen schien. Es war fast enttäuschend. Was Gregory Powell betraf, war die Schlacht bereits geschlagen. Mit einem kurzen Seitenblick zu seinem Partner meinte Brooks: »Dann halten wir das mal fest.«

Vor Jimmys Ankunft schwächte Greg seine spontane Erklärung jedoch noch einmal ab. »Na ja, es war alles genauso, wie ich vorher schon gesagt habe – mit einer Ausnahme. Als ich um den Wagen herumging und auf Jimmy zutrat, ist plötzlich – ich weiß nicht, wie das passiert ist – meine Knarre losgegangen. Der Polizist wurde getroffen und ging zu Boden. Er hat sich noch bewegt, und mir war sofort klar, na ja, uns blieb keine andere Wahl, als uns den anderen auch zu schnappen. Wissen Sie? Und deshalb habe ich angefangen, hinter dem anderen herzuschießen. Er lief weg, und ich folgte ihm und hatte ihn schon fast eingeholt. Und während ich hinter ihm herballerte, sagte Jimmy: ›He, dieser Scheißkerl lebt ja noch.‹ Und dann hat er ihm den Rest gegeben.«

»Also gut, Greg. Als Sie aus dem Wagen gestiegen sind – welche Waffe hatten Sie zu diesem Zeitpunkt in der Hand?«

»Meine 38er.«

Brooks nahm den Colt aus einer Aktenmappe und hielt ihn hoch. Lächelnd meinte Greg: »Das ist mein Baby.«

»Gut. Wissen Sie mit Sicherheit, welche Waffe Jimmy Smith hatte?«

»Ja. Er hatte die 38er, die Polizei-38er, die ich vorher im Gürtel stecken hatte.«

»Wäre das die Waffe . . .«

»Des Fahrers. Er hat nämlich die Kanone des anderen Polizisten ins Handschuhfach gesteckt. Deshalb habe ich ihm dann die gegeben. Er hatte nämlich von Automatiks keine Ahnung.«

»Nach dem ersten Schuß auf Officer Campbell – wissen Sie noch, wie viele Schüsse Sie auf seinen Kollegen abgegeben haben, als dieser davonrannte?«

»Ja, ich habe das Magazin meiner Knarre leergeschossen. Ich hatte fünf Patronen drin, weil ich den Hahn immer auf einer leeren Kammer ruhen lasse.«

»Nachdem Ihnen Jimmy die 32er Automatik gegeben hatte – haben Sie dann mit dieser 32er noch einen Schuß auf den Polizisten abgefeuert?«

»Ich glaube nicht.«

»Die 32er wurde aber einmal abgefeuert, Greg.«

»Aber nicht von mir. Nein, ich habe damit nicht geschossen. Und ich glaube auch nicht, daß Jimmy das getan hat. Möglich wäre es schon, daß er damit geschossen hat, obwohl ich es eigentlich nicht glaube. Und ich habe ganz sicher nicht mit der Automatik geschossen, weil er sie mir erst nachher gegeben hatte.«

»Und wenn ich jetzt Jimmy Smith in diesen Raum bringen lasse, werden Sie in seiner Anwesenheit immer noch dieselbe Geschichte erzählen, die Sie eben uns erzählt haben?«

»Aber sicher. Nur muß ich Ihnen sagen, daß ich ganz schön sauer auf Jimmy bin.«

»Wir werden Sie schon auf Abstand halten.«

»Aber vergessen Sie meinen Jähzorn nicht.«

»Na gut, dann möchte ich Sie gleich darauf hinweisen, daß wir hier keine Streitereien zulassen werden. Wir sähen es lieber, wenn Sie sich wie ein Gentleman benehmen würden.«

Bevor Jimmy geholt wurde, verließ Brooks den Raum und sprach mit Karl Hettinger, der im Bereitschaftsraum wartete.

»Also gut, Karl, da ist eines, worum ich Sie gern bitten würde. Wenn wir dann gleich alle aufeinander treffen, fangen Sie einfach an, Ihre Geschichte zu erzählen, wie Sie das ursprünglich getan haben – daß Sie nämlich Smith die vier Schüsse abfeuern gesehen haben. Im Rahmen des Verhörs wird das lediglich eine Art anklagender Feststellung sein. Ich kann mir jedenfalls denken, daß er daraufhin nicht mehr an sich halten kann und einfach auspackt. Lassen Sie nur das mit dem Lindbergh-Gesetz raus. Ich möchte, daß Powell zu reden anfängt. Ich bin nämlich durchaus bereit, ihn das Gesicht wahren zu lassen und das Ganze zu erklären. Aber wenn die Sprache auf diesen Punkt kommt, ist er vielleicht so frustriert, daß er ganz dichtmacht.«

»Na, ich hoffe nur, daß er endlich auspackt«, seufzte Karl. »Ich wäre wirklich froh, wenn wir das Ganze endlich mal hinter uns bringen könnten.«

Um elf Uhr vormittags wurde Jimmy Smith in den Vernehmungsraum geführt. Er nahm gegenüber von Powell am Tisch Platz. Sie sahen sich anklagend und haßerfüllt an. Jeder fühlte sich durch den anderen hereingelegt.

Gregory Powell begann dann als erster mit seiner Schilderung der Ereignisse jener Nacht. Auf das Lindbergh-Gesetz kam er nicht zu sprechen, was Pierce Brooks ihm jedoch durchgehen ließ, da diese Aussage so verheerend, so brutal gewesen war, daß sie ihn aus der Fassung bringen konnte, wenn zu sehr darauf herumgeritten wurde. Abgesehen davon hatte Jimmy Smith diesen Punkt bereits unabhängig von Powell bestätigt. Sparen wir uns diesen Punkt mal lieber für die Geschworenen auf, dachte Brooks.

». . . ich ging hinten um den Wagen rum«, erläuterte Greg, »und schoß auf den Polizisten. Darauf stürzte er zu Boden, und der andere Polizist fing zu brüllen an und rannte los. Ich schoß hinter ihm her, und dann hat Jimmy gesagt: ›Dieser Scheißkerl lebt ja noch.‹ Und dann hat er mehrmals auf den am Boden liegenden Polizisten geschossen.«

»Also gut, Jimmy, Sie haben jetzt Gregorys Aussage selbst gehört.«

»Jawohl, Sir.«

»Würden Sie mir vielleicht erzählen, wie es wirklich war?«

Und Jimmy erwiderte: »Ja, Sir. Wir sind um den Wagen rumgegangen, wie ich Ihnen erzählt habe. Und er hat den Abzug gedrückt und auf den Polizisten geschossen. Ich hatte die Automatik in der Hand – genau, wie ich es Ihnen gesagt habe – und ich habe auf niemanden geschossen. Ich habe nicht . . .«

»Greg hat behauptet, Sie hätten ihm die Waffe des Fahrers gegeben, als Sie in dem Zwiebelfeld aus dem Wagen gestiegen sind.«

»Nein. Ich habe die 38er dort liegen gelassen. Das ist die, die mir der Officer zuvor in Hollywood, die er – die, die er mir gegeben hat. Der kleinere Polizist hat mir die gegeben. Die hatte ich immer noch.«

»Jimmy, du hast die Kanone doch ins Handschuhfach gesteckt«, schaltete sich Greg ein.

Darauf sagte Pierce Brooks, um diesen Augenblick auf Band festzuhalten: »Es ist jetzt elf Uhr fünf, und Officer Karl Hettinger betritt gerade den Raum.« Dann wandte er sich an Karl. »Dieser Mann, der rechts von mir sitzt – Gregory Powell –, was tat er, als der erste Schuß abgefeuert wurde?«

»Powell hielt eine Waffe in seiner Hand«, erläuterte Karl sehr überlegt. »Er hob sie. Er feuerte auf Officer Campbell, traf ihn und streckte ihn zu Boden. Darauf bin ich herumgewirbelt und in nördlicher Richtung über den Feldweg davongelaufen, auf dem wir im Wagen angekommen waren. Ich blickte mich um und sah Smith über Officer Campbell stehen. Er feuerte eine Schußwaffe in seinen Körper ab.

Dann sah ich Powell zweimal auf mich schießen. Ich blickte mich dann nicht mehr um, hörte aber noch zwei weitere Schüsse. Ich nehme an, daß sie mir galten.«

»Ich weiß nicht, wie ich das sagen soll«, platzte Jimmy heraus. »Ich schwöre, ich habe nicht ... Ich ...«

»Bevor Sie weiterreden«, unterbrach ihn Brooks, »fragen wir doch erst einmal Gregory, ob es seiner Meinung nach tatsächlich so gewesen ist, wie es uns der Officer hier eben erzählt hat.«

»Im wesentlichen entspricht das der Wahrheit. Nur bin ich um den Wagen rumgekommen, ohne was zu sagen. Und diese Waffe ging zum erstenmal los, als ich auf die anderen zutrat.«

»Gut, wollen Sie uns jetzt vielleicht erzählen, wie es Ihrer Meinung nach war, Jimmy?«

»Ich sage alles, was Sie von mir hören wollen«, erwiderte Jimmy.

»Ich möchte nur, daß Sie uns erzählen, wie es gewesen ist. Sie haben eben selbst gehört, was Powell behauptet und was der Officer gesagt hat.«

»Ja, Sir. Ich habe nicht in den Körper des Officer geschossen.«

Brooks nickte. »Gut. Wie soll es nun aber möglich gewesen sein, daß Greg auf die von Ihnen angegebene Stelle zuging und gleichzeitig auf diesen Officer hier und den am Boden liegenden Officer Campbell schoß? Die Einschußwinkel und das sonstige Beweismaterial erhärten eindeutig die Aussage von Gregory Powell und diesem Officer.«

»Ja, Sir.«

»Dagegen widersprechen diese Fakten Ihrer Version ganz eindeutig.«

»Ja, Sir, aber ich habe trotzdem nicht auf ihn geschossen. Dessen bin ich mir absolut sicher.«

»Sie sagen, Powell hätte einen Schuß auf den Polizisten abgegeben. Der Officer stürzte zu Boden. Dann feuerte er mehrere Schüsse hinter dem fliehenden Officer her, bis Sie ein Klicken hörten. Das Magazin war leer.«

»Ja, Sir.«

»Als dann die Schießerei ein Ende genommen hatte, kam

er auf Sie zu, und Sie stiegen in den Wagen ein, um nachzuladen. Wie sollen nun die vier Kugeln in Campbells Brust gekommen sein? Und wie konnte dieser eine Schuß aus der 32er Automatik abgefeuert werden? Schließlich wurde am Tatort eine leere Patronenhülse aus dieser Waffe gefunden.«

Darauf setzte Jimmy zu einer weit ausholenden Erzählung an, die sie zurück auf die Straßen von Hollywood führte, und Pierce Brooks begann bereits ungeduldig mit den Fingern auf die Stuhllehne zu klopfen. Er unterbrach jedoch Jimmys Redeschwall nicht, da man nie wissen konnte, ob so eine harmlose Aussage nicht doch plötzlich in einem Geständnis endete. Schließlich schloß Jimmy mit folgenden Worten: »Ich weiß nicht, ob er auf diesen Officer geschossen hat oder was. Ich habe gesagt, er hat auf diesen Officer geschossen, weil es in meinen Augen so ausgesehen hat. Mir ist das alles reichlich schleierhaft. Wenn Sie wollen, daß ich es zugebe, Sir, dann tue ich das.«

Pierce Brooks spannte sich innerlich an, weil eine Bemerkung wie diese in der Regel signalisiert, daß ein Mann etwas erzählen will, aber nicht weiß, wie er das bewerkstelligen soll, und deshalb um Hilfe bittet, um einen Anstoß, um einen rationalen Aufhänger. Aber natürlich konnte er ihn nicht zu einem Geständnis ermutigen, da dieses vor Gericht nicht gegolten hätte.

»Wir wollen nichts weiter, als daß Sie uns die Wahrheit erzählen, Jimmy«, sagte Brooks also nur, um gleich darauf frustriert in seinem Sitz zusammenzusinken, als Jimmy fortfuhr: »Ich schwöre bei meiner Mutter, daß ich nicht auf ihn geschossen habe. Sie glauben mir das zwar nicht, aber ich kriege sowieso das gleiche wie er. Weshalb sollte ich es dann also abstreiten?«

»Können Sie sich noch erinnern, Officer«, wandte sich Brooks an Karl Hettinger, »ob Powell nur eine Waffe in seiner Hand hatte, als er sie aufforderte, auszusteigen?«

»Ich habe nur eine Waffe in seiner Hand gesehen«, erklärte Karl.

»Also gut, Jimmy, dann können Sie mir vielleicht erklären, wie diese vier Schüsse in den Körper des Polizisten abgefeuert worden sein sollen, nachdem Powell das Magazin seiner 38er leergeschossen hatte und Sie mit den anderen Waffen davongefahren waren?«

»Ja, Sir. Als wir zum Wagen zurückgingen...«

»Sie beantworten meine Frage nicht, Jimmy.«

Und so ging es noch eine ganze Weile weiter. Und als sie dann fertig waren, wandte sich Jimmy beim Verlassen des Raums zu Brooks um und sagte: »Es tut mir leid, Sergeant, daß ich mich nur verschwommen erinnern konnte und daß ich Sie vorher angelogen habe. Aber jetzt kann ich mich erinnern, daß Powell auf den Polizisten geschossen hat, als er am Boden lag. Und ich weiß, daß ich einen Schuß aus der 32er abgefeuert habe. Sie hat nämlich wie wild in meiner Hand gezuckt. Also *muß* ich einen Schuß damit abgefeuert haben – einfach so oder hinter dem Polizisten her, der weggelaufen ist.«

»Er lügt«, fuhr Greg dazwischen. »Du bist ein ganz mieses, feiges Schwein und hast einfach nur Schiß, die Wahrheit zu sagen!«

»Na ja, du hast ihnen auch ein paar Lügen aufgetischt«, erwiderte Jimmy.

»Du bist ein verdammter Schwindler.«

»Na gut, du Scheißkerl, dann verfluche ich das Baby, das ungeborene Kind in Maxines Bauch. Es wird tot geboren werden, hast du gehört?«

»Jetzt reicht's aber«, fuhr Pierce Brooks dazwischen, und die zwei Freunde wurden in ihre separaten Zellen zurückgebracht.

In den nächsten Tagen sprach Pierce Brooks mehrmals mit jedem von beiden einzeln. Dabei ging er jeden entscheidenden Punkt der Reihe nach durch, bis einer von beiden Karl Hettingers Aussage dazu bestätigte. Darunter befand sich auch ein bemerkenswertes Geständnis von Gregory Powell, das auf Tonband aufgezeichnet war und das er später bitter bereuen sollte.

»Ich habe daran gedacht, den Polizisten zu töten, Mr. Brooks, als wir auf dem Grapevine fuhren. Dieser Gedanke kam mir wegen dieser Canyons dort. Ich dachte, wenn wir ihre Leichen dort irgendwo verstecken, wird man sie nie finden. Aber dann habe ich es mir doch anders überlegt und nach einer anderen Möglichkeit gesucht, sie freizulassen und gleichzeitig doch lange genug festzuhalten, damit ich nach L. A. zurückfahren, meine Frau abholen und nach Bakersfield fahren konnte, um von dort aus mit meinem Station Wagon weiterzufahren.

Als ich aus dem Wagen stieg, habe ich immer noch nach einer anderen Lösungsmöglichkeit gesucht. Ich habe nicht einen Moment daran gedacht, die beiden zu töten. Ich dachte schon an Handschellen, aber dann wurde mir klar, daß es bis Tagesanbruch höchstens noch vier, fünf Stunden waren. Es gab keine Möglichkeit, sie so lange festzuhalten, daß ich noch alles erledigen hätte können, was ich noch vorhatte.

Ohne mir also irgendwelche Gedanken zu machen und ohne mir klar zu sein, daß ich genau das vorhatte – aus Angst, ich könnte es mir doch noch anders überlegen –, und ohne zu erkennen, daß es genau das war, was ich vorhatte, habe ich also absichtlich an alles mögliche andere gedacht, als ich um den Wagen rum gegangen bin. Und dann habe ich auf den Officer angelegt und geschossen.

Ich habe nicht bewußt daran gedacht, daß ich ihn töten mußte. Dieser Gedanke hatte sich nicht in mir festgesetzt. Ich habe einfach nur meinen Arm gehoben und auf ihn geschossen, und dann habe ich sofort versucht, den anderen Polizisten zu treffen. Und das alles, ohne daß ich irgendwie bewußt gedacht hätte, diesen Mann mußt du auch umbringen. Wenn ich nämlich diese Gedanken wirklich an mich herangelassen hätte, hätte mich das sicher durcheinandergebracht, und ich hätte zu viel Angst gehabt, um zu tun, was ich tun mußte – so wie ich es wußte oder spürte.«

In Vorwegnahme dessen, was bei der Verhandlung die Verteidigung dagegen vorbringen konnte, wenn sie nicht gerade auf Unzurechnungsfähigkeit plädieren wollte, bohrte Brooks weiter: »Greg, halten Sie es irgendwie für möglich, daß Sie diesen ersten Schuß auf den Officer nur versehentlich abgefeuert haben, als Sie um den Wagen herumkamen?«

Und Greg blickte in die geduldigen, väterlichen, müden Augen des Detectives und antwortete: »Ich bin mit dieser

Waffe ausreichend vertraut, daß mir so ein Fehler unmöglich unterlaufen könnte. Daß sie mir versehentlich losgegangen sein könnte, ist absolut ausgeschlossen.«

Ebenfalls in Vorwegnahme eines Einwandes der Verteidigung, Gregs Colt hätte einen besonders leichten Abzug, ließ Brooks die Waffe testen, wobei sich herausstellte, daß auf den Abzug, wenn die Waffe gespannt war, ein Druck von mehr als zwei Kilo ausgeübt werden mußte, um sie abzufeuern. Bei Polizeiwaffen liegt der reguläre Wert zwischen einem und eineinhalb Kilo, so daß die Verteidigung also unmöglich die Entschuldigung eines besonders leichten Abzugs vorbringen konnte.

»Sie haben mir erzählt, Sie könnten ziemlich gut mit Waffen umgehen und wären auch ein guter Schütze. Nun weiß ich ja, wo der Officer getroffen wurde. Aber rein interessehalber würde ich doch gern wissen, wohin Sie eigentlich zielten, als Sie den ersten Schuß abfeuerten.«

»Ich habe auf sein Herz gezielt.«

»Aha, auf sein Herz.«

»Ich finde, wir brauchen an diesem Punkt gar nicht mehr lange weiterzureden«, warf Greg ein. »Ich hatte nur eine Wahl – entweder mich zu ergeben oder ihn zu töten. Ich schätze, daß ich darüber schon vorher nachgedacht hatte und dabei wohl zu dem Schluß kam, daß ich lieber sterben wollte als aufzugeben.«

»Greg, Sie haben uns da eine Geschichte erzählt – in diesem Punkt stimmt übrigens Jimmy völlig mit Ihnen überein –, daß Sie mal irgendwo in der Wüste haltgemacht und eine kleine Schießübung veranstaltet haben.«

»Das war, nachdem wir die Knarre gekauft haben. Das war außerhalb von Henderson, Nevada, etwa fünf Kilometer außerhalb der Ortschaft. Und es war etwa eineinhalb Kilometer nach einem Bahnübergang. Wir sind rechts vom Highway abgebogen und zu diesem Schrottplatz gefahren, der mitten in der Wüste lag. Wir haben dort auf einen alten Wagen geschossen.«

Nachdem Greg einem für Raubüberfälle zuständigen Detective von seinen Überfällen erzählt hatte – er übertrieb nur hin und wieder, wenn dies für sein Selbstbewußtsein nötig war, und warf Brooks immer wieder einen Anerkennung heischenden Blick zu –, ließ ihn Brooks in allen Einzelheiten über die Schießübungen mit Jimmy in der Wüste berichten.

Obwohl Greg sich nicht vorstellen konnte, weshalb sich der Detective dafür interessieren sollte, war er doch sehr stolz auf sein gutes Erinnerungsvermögen und zeichnete Brooks nur zu gern eine detaillierte Karte dieses Schrottplatzes in Henderson, Nevada, wo er mit Jimmy ein paar Salven abgefeuert hatte, um ihre neuen Waffen einzuweihen. Vier Monate später, während des Prozesses, wurden diese Ausführungen herangezogen, als die Verteidigung geltend zu machen versuchte, daß die Erschießung Campbells eine spontane Reaktion zweier Männer gewesen wäre, die nie beabsichtigt hatten – noch darauf vorbereitet gewesen wären –, irgendeiner anderen Person im Zuge eines ihrer Überfälle etwas zuleide zu tun.

Greg demonstrierte Brooks auch seine Kenntnisse über die Gefechtshaltung der Polizei, über die er auf dem Gefängnishof Informationen eingezogen und die er dann Jimmy Smith beizubringen versucht hatte. Danach fuhr Pierce Brooks nach Henderson, Nevada, um nach seiner Rückkehr, mehr als zufrieden, folgende Gegenüberstellung anzufertigen:

Interessehalber, und um Powells hervorragendes Erinnerungsvermögen zu demonstrieren, sind in folgender Gegenüberstellung sowohl die tatsächlichen Entfernungen und örtlichen Gegebenheiten aufgeführt wie die von Powell im Verlauf des Verhörs gemachten Angaben.

	Powell	*Tatsächlich*
Entfernung des Schrottplatzes von Henderson	5 Kilometer	5,5 Kilometer
Orientierungspunkte, von Henderson kommend	Geschwindigkeitsbeschränkungsschild Rastplatz Zufahrt zum Steinbruch	Geschwindigkeitsbeschränkungsschild Rastplatz Zufahrt zum Steinbruch

	Powell	*Tatsächlich*
	Straße zum Schrottplatz Bahnübergang	Straße zum Schrottplatz Bahnübergang
Entfernung des Schrottplatzes vom Bahnübergang	1,5 Kilometer	2,25 Kilometer
Name des Steinbruchs	White Rock	White Rock
Entfernung vom Highway zum Schrottplatz	400-500 Meter	300 Meter
Schüsse, abgegeben aus 38er Colt	3 oder 4	4 Patronen gefunden
Schüsse, abgegeben aus 32er Automatik	4 oder 5 Magazine (32 bis 40)	33 Patronen gefunden

In diesem Zusammenhang ist von Interesse, daß alle leeren Patronenhülsen in etwa 2,5 Meter Abstand von dem als Ziel dienenden Wagen gefunden wurden. Man vermutet, daß Officer Campbell etwa 2,5 Meter von Gregory Powell entfernt stand, als der erste Schuß fiel.

Hochachtungsvoll
P. R. Brooks, # 5702, Mordkommission.

Damit konnte die Verteidigung weder auf ihre Spontaneitätstheorie zurückgreifen noch geltend machen, daß Powells Geständnisse von einem Mann stammten, der ein schlechtes Gedächtnis hatte.

Und dann, als Greg in aller Ausführlichkeit über den Mord und seine Raubüberfälle und die Schießübungen in der Wüste berichtet hatte, war der Zeitpunkt gekommen, besagten Ausspruch zu erwähnen und zu versuchen, ihm ein Geständnis bezüglich dieses Punktes zu entlocken.

»Greg, es gibt da noch einen Punkt, zu dem Sie sich bis jetzt noch nicht eindeutig geäußert haben. Als Sie vier auf diesem Feldweg standen, haben Sie doch diese Bemerkung über das Lindbergh-Gesetz fallengelassen, bevor Sie geschossen haben...«

»Das stimmt nicht. Ich habe in diesem Augenblick absolut nichts gesagt, Mr. Brooks. Ich habe gehört, daß dies behauptet worden ist. Ich weiß nicht von wem, ob von Jimmy oder von dem Polizisten. Jedenfalls ging mir absolut nichts dergleichen durch den Kopf, als ich um den Wagen herumkam.«

»Na gut«, erwiderte Pierce Brooks. »Dann möchte ich Sie jetzt noch einmal fragen, ob Sie aus irgendeinem Grund etwas dagegen hätten, wenn ich Sie im Gefängnis gelegentlich besuchen käme?«

»Nein, natürlich hätte ich nichts dagegen.«

»Ich meine, macht – macht es Ihnen etwas aus? Oder wollen Sie gleich hier unterschreiben?«

Und Gregory Powells auf Band aufgenommene Antwort lautete: »Nein. Ich fände es schön, wenn Sie mich ab und zu besuchen kämen, Mr. Brooks. Sie haben sich mir gegenüber absolut korrekt verhalten, und wenn ich – wenn ich in Ihrer Lage wäre, glaube ich nicht, daß ich jemanden fairer behandeln könnte, und ich verspüre richtig so etwas wie...«

»Nun ja, das gehört eben zu meiner Arbeit, Greg.«

»...Freundschaft für Sie, wissen Sie?«

»Greg...«

»Wissen Sie, das geht – das geht über Ihre Arbeit hinaus. Ich weiß, daß Sie alles tun, was Sie im Rahmen Ihres Jobs zu tun haben, aber darüber hinaus...«

»Greg, ich versuche...«

»Ich finde, Sie haben mehr getan, als das ein anderer Polizist an Ihrer Stelle getan hätte. Sie haben so etwas wie Interesse und Teilnahme für mich gezeigt, und dafür bin ich Ihnen sehr dankbar.«

»Nun ja, ich – ich habe Ihnen ja gesagt, was ich für Sie tun wollte und konnte...«

»Und Sie haben es immer getan. Sie haben Dinge getan, zu denen Sie gar nicht verpflichtet gewesen, die gar nicht in den Rahmen der polizeilichen Ermittlungsaufgaben gefallen wären.«

Da Brooks wußte, daß dieses Band vor Gericht abgespielt werden würde, machte ihn diese Sympathiekundgebung Gregs sichtlich verlegen, zumal er fürchtete, das Geständnis könnte dadurch in seiner Gültigkeit beeinträchtigt werden.

»Das war doch nichts, das... In anderen Worten: Ich habe Ihnen gegenüber doch nie geäußert, daß ich das nicht für Sie tun würde, wenn Sie mir die Wahrheit nicht erzählen würden?« entgegnete Brooks.

»Nein, nein.«

»Und an sich gehört das doch wirklich zu meinem Job.«

»Nein, Sie waren wirklich sehr gut zu mir, Mr. Brooks.«

Zu einem späteren Zeitpunkt hatte Gregory Powell in seiner Enttäuschung, sein Leben in Gefahr gebracht zu haben, indem er Pierce Brooks so viel erzählt hatte, seine Gefühle dem Detective gegenüber so zu erklären versucht: »Er war so unnahbar wie eine Bergspitze, und dennoch so nachsichtig und verständnisvoll, wie die liebste Person auf der ganzen Welt gewesen wäre, wenn sie all dem gerecht werden wollte, was man von ihr erwartete. Er war streng, aber nicht zornig – eher traurig, weil man so schwach war.«

Aber wenn der Detective von einem der Killer Ian Campbells fast so etwas wie die Zuneigung und Bewunderung eines Sohnes zu spüren bekam, stieß er bei dessen Partner auf hartnäckigen, frustrierenden Widerstand.

»Jimmy, Ihre anfängliche Aussage lautet, daß Sie keinen einzigen Schuß abgefeuert haben. Daß Greg sämtliche Schüsse abgegeben hat.«

»Ja, Sir.«

»Sie haben übrigens nicht mit einem Wort erwähnt, daß auf den Officer geschossen wurde, nachdem er zu Boden gestürzt war.«

»Nein, Sir.«

»Jetzt hören Sie mir gut zu. Bei einer Gelegenheit, als Sie diese Geschichte der Polizei von Bakersfield erzählt haben, haben Sie behauptet, Sie wären mit der 38er aus dem Wagen gestiegen und *nicht* mit der Automatik. Danach haben Sie sich hinsichtlich dieses Punktes jedoch korrigiert.«

»Also, daran kann ich mich nicht mehr erinnern. Ich schwöre, ich kann mich nicht mehr erinnern, daß ich das gesagt habe.«

»Sie haben gesagt, mit einem 38er Revolver.«

»Ich kann mich nicht erinnern, daß ich so etwas gesagt habe. Ich schwör's.«

»Und Sie haben gesagt, zum erstenmal hätten Sie das Gefühl gehabt, daß Greg Sie erschießen würde, als Sie diesen Feldweg entlangfuhren.«

»Aber ich wußte es doch nicht mit Sicherheit. Während der Fahrt hat mir Greg ins Ohr geflüstert: Entweder wir oder sie, wissen Sie? Und dann noch diesen ganzen Kram mit diesem Lindbergh-Gesetz und so. Ich bin dabei innerlich richtig zusammengezuckt, wissen Sie? Und ich habe sofort versucht, das Thema zu wechseln.«

»Können Sie sich noch erinnern, was Greg gesagt hat, bevor er auf Campbell schoß?«

»Er hat gesagt... Er hat irgend etwas von diesem Lindbergh-Gesetz gesagt... Aber ich... Wenn ich jetzt weiterrede, täte ich ihm wirklich Unrecht. Ich weiß nämlich wirklich nicht mehr, was er gesagt hat.«

»Jimmy...«

»Ich weiß, ich werde nie vergessen, wie dieses helle Jackett des Officers gefallen ist...«

»Jimmy...«

»Gefallen, wissen Sie?«

»Jimmy...«

»Ich habe ein dumpfes Geräusch gehört, wissen Sie, und dann sah dieser Polizist plötzlich aus, als würde er hochgehoben.«

»Also gut...«

»Wenn ich nur an die Handschellen gedacht hätte – ich hätte das alles vermeiden können, aber ich konnte einfach keine klaren Gedanken fassen... Und ich hab' einfach nicht an die Handschellen gedacht.«

»Also gut. Das wär's für heute abend, Jimmy.«

»Ja, Sir. Haben Sie das eigentlich alles aufgenommen? Haben Sie das alles auf Band, Sergeant?«

»Ja«, erwiderte Brooks. »Es ist alles aufgenommen.«

Pierce Brooks war keineswegs überrascht, als keiner der beiden Männer zu irgendeinem Zeitpunkt auch nur die leiseste Spur von Reue oder Mitleid mit dem toten Polizisten zeigte. Der Detective wußte, was der Begriff Soziopathie in der Praxis bedeutete. Er wußte, daß dieser Wesenszug, den gewöhnliche Sterbliche mit den unterschiedlichsten Namen wie zum Beispiel Gewissen belegen, einer soziopathisch veranlagten Person ebenso fehlt wie einem Hai das zentrale Nervensystem. Und da er keine Reue erwartete und auch wußte, daß so etwas für Männer dieses Schlages nicht existierte, war er nie verärgert oder entsetzt, ganz gleich, wie schrecklich die Taten waren, die man ihm im Laufe der Jahre gestanden hatte. Daher kannte der Detective keine besinnungslose Wut. Wie die meisten Polizisten konnte Pierce Brooks eher einem Polizistenmörder vergeben als einem Verbrecher, der ihn mit jeder Verhörtechnik auflaufen ließ, die er bei ihm anwandte, mit dem er endlose Stunden im Gespräch zubrachte, ohne daß er auch nur mit der geringsten Information herausrückte. Der sich hartnäckig jeglichen Versuchen widersetzte, ihm eine Aussage zu entlocken, ihn in die Enge zu treiben oder ihn irgendwie hereinzulegen. Und der, wie Brooks inzwischen wußte, nur hin und wieder bis zu einem gewissen Grad mit der Sprache herausrückte, wenn er nämlich das Gefühl hatte, daß dies nun nötig wurde, nachdem er zuvor selbst seine Ohren aufgesperrt und kombiniert hatte, wie viel die Polizei bis dahin mit Sicherheit wußte. Der sich einfach nicht aufschwatzen lassen wollte, was ein Detective der Mordkommission zu verkaufen hatte – einen Trip in die Gaskammer. Das zu vergeben, stand nicht in der Macht des Detective.

Mehr als Gregory Powell war Jimmy Smith ein Typ, wie ihn ein Mann wie Pierce Brooks verabscheute – ein unverhohlener Lügner und Feigling. Brooks nahm an, daß Smith, nachdem er einen zaghaften Schuß aus der verhaßten Automatik auf den fliehenden Hettinger abgefeuert hatte, die andere Waffe, Campbells Revolver, zog und sich umwandte, um zu sehen, wie sich der angeschossene Polizist auf dem Boden wand. Als der Officer so hilflos zu seinen Füßen lag, befiel ihn Panik und Entsetzen und sogar Wut, weil dieser Mann seinem Schicksal eine so entscheidende Wende gegeben hatte. Und er trat vor und drückte viermal auf den Abzug. Smith Behauptung, er hätte Campbells Revolver beim Aussteigen auf dem Sitz zurückgelassen und weder Powell noch Hettinger hätten ihn dort liegen gesehen, als sie den Wagen verließen, klang einfach zu unwahrscheinlich.

Aber ein entscheidender Punkt war vor allem, daß Jimmy während ihres ersten Gesprächs überhaupt nicht auf die vier Schüsse in Campbells Brust zu sprechen gekommen war. Obwohl er sich an alles erinnern konnte, was zuvor und danach geschehen war, schien es, als wären diese vier Schüsse für ihn nie gefallen. Als hätte er sie aus seinem Gedächtnis verbannt.

In einem Bericht an seine Vorgesetzten, den Pierce Brooks später verfassen sollte, wurde sein Abscheu vor Jimmy Smith ganz offensichtlich:

Es erübrigt sich, darauf hinzuweisen, daß beiden Männern ein Mord zuzutrauen ist, obgleich es sich dabei um zwei völlig unterschiedliche Charaktere handelt. Powell, ein großspuriger Egozentriker, ist ein berechnender, hinterhältiger, kaltblütiger Killer. Smith dagegen, heimtückisch und geschickt im Taktieren, ist eine impulsivere und feigere Natur. Wenn so etwas überhaupt möglich ist, könnte Smith also als der gefährlichere Mörder bezeichnet werden als Gregory Powell. Ihre geistige Zurechnungsfähigkeit steht außer Frage, und es wurde in keinem der beiden Fälle auch nur ein einziges Mal auf Unzurechnungsfähigkeit plädiert.

Während seiner ersten Nacht im Gefängnis hatte Jimmy Lee Smith einen beängstigenden Traum. In diesem Traum zuckten der Arm von Ian Campbell, der in einer Jacke steckende Arm und die aus dem Ärmel hervorragende Hand, viermal in Jimmys Richtung hoch – jeweils einmal für jede Kugel, die in seine Brust abgefeuert worden war. Jimmy erzählte dem Detective von dem Zucken des Jackenärmels. Und obwohl er sich Gregory Powell fast bildlich vorstellen konnte, wie er über Ian Campbell stand und die vier Schüsse abgab, entglitt ihm das Bild doch immer wieder im letzten Augenblick. So sehr er dies auch wollte, konnte er doch nur den Jackenärmel und die aufzuckende Hand deutlich erkennen, aber nicht Powell.

Für einen Augenblick gelangte Pierce Brooks auch tatsächlich zu der Anschauung, es wäre keineswegs ausgeschlossen, daß keiner der beiden Männer absichtlich log, was die vier Schüsse in Campbells Brust betraf. Und falls dem tatsächlich so war, würde er Jimmy Smith sicher nie ein Geständnis abringen können. Brooks würde sich bei seiner Beweisführung voll und ganz auf Indizien stützen müssen.

Aber Brooks widersetzte sich dieser Interpretation mit Nachdruck. Wie die meisten Polizisten hatte er einfach zu oft mitansehen müssen, wie eindeutig schuldige Verbrecher gut meinende Psychiater hinters Licht führten und so der gerechten Strafe entgingen. Jimmy Smith log in voller Absicht. Eine andere Deutungsmöglichkeit kam für den Detective nicht in Frage.

Nach ein paar Träumen im Gefängnis sollte Jimmy Smith nie mehr von dem Mord träumen. »Weshalb sollte ich auch?« fragte er. »Ich habe ein reines Gewissen, wenn es das, was Sie Gewissen nennen, tatsächlich gibt und wenn es nicht nur etwas ist, von dem die reichen, weißen Leute behaupten, es gäbe so was wirklich – nur um so Typen wie mir ordentlich Angst einzujagen, damit wir das Gefühl bekommen, wir sollten uns am besten ordentlich selbst bestrafen. Wenn Sie mich fragen, dann glaube ich, daß es so etwas gar nicht gibt. Bei niemandem.«

Zu einem wesentlich späteren Zeitpunkt, als Greg und Jimmy wieder zusammen waren – sie planten, gestört durch heftige, haßerfüllte Auseinandersetzungen, wie sie nur irgend möglich der Gaskammer entgehen könnten –, sollten sie hinsichtlich eines Punkts, jeder für sich, völlig sicher sein. Jeder von beiden sollte – mit den fast identischen Worten – über den anderen sagen: »Eines ist klar. Es hätte keinen Sinn, wenn man versuchen würde, ihn zu überzeugen. Dieses kranke Arschloch glaubt tatsächlich, es hätte die vier Schüsse nicht abgefeuert.«

9

Für das Amt des Leichenträgers wurde unter anderem ein Polizist ausgewählt, der ein Nachbar von Ian Campbell gewesen war. Er erklärte später: »Für das Präsidium war es vermutlich gar nicht so einfach, die Leichenträger auszuwählen, da Ian bei der Polizei keine engeren Freunde hatte. Er war ausschließlich mit Zivilisten befreundet. Vermutlich kann man mich noch am ehesten als einen Freund bezeichnen, da ich in seiner Nachbarschaft gewohnt und mit ihm zusammengearbeitet habe.

Gerade bevor Ian zu Grabe getragen wurde, passierte in der Aussegnungshalle noch etwas Komisches. Ich stand mit den anderen Leichenträgern – lauter uniformierte Polizisten, die von der Direktion ausgesucht worden waren – in der Halle, und ich dachte an alles mögliche, was mir zu Ian einfiel, wie er zum Beispiel immer nur Zigaretten bei sich hatte, wenn er mal irgendwo ein Päckchen gratis zugesteckt bekam. Und wie er überhaupt ein sehr ruhiger Mensch war – ein Brocken von einem Mannsbild, aber trotzdem für einen Polizisten eher sanft. Und wie er mir beizubringen versucht hat, den Dudelsackchanter zu spielen. Aber meine Kinder hatten vor diesem Geräusch schreckliche Angst.

Ich kannte Karl Hettinger nicht näher, aber ich sah ihn mir an und dachte, daß sie ihn auf keinen Fall als Leichenträger auswählen hätten sollen. Er wirkte nämlich ganz schön geschafft. Na ja, irgendwie muß er wohl mitbekommen haben, daß Ian und ich Nachbarn gewesen waren, weil er in der Aussegnungshalle auf mich zutrat und in flehentlichem Tonfall auf mich einzureden begann. ›Es tut mir ja so leid. Es tut mir so schrecklich leid um Ian‹, sagte er. Seine Augen schimmerten feucht, als er mich ansah, und dann senkte er den Blick und entschuldigte sich bei mir. Wirklich, und ich stand Ian nun wirklich nicht *so* nahe. Und bei mir hätte er sich ganz bestimmt nicht zu entschuldigen brauchen.

Und dann platzte er mit Dingen heraus wie: ›Vielleicht hätte ich doch mehr tun können. Vielleicht hätte ich ihm einfach ins Steuer fassen sollen, damit wir einen Unfall gehabt hätten! Es tut mir wirklich schrecklich leid.

Mir ging dieser komische Typ langsam auf die Nerven, wissen Sie. Ich hatte keine Lust, mir das alles anzuhören. Ich habe ihm einfach gut zugeredet und gesagt, er solle sich keine Gedanken machen, und es wäre schon okay, wie er es gemacht hätte. Ich war überrascht als ich hörte, daß er wieder zum Dienst erschien. Er machte doch nicht im geringsten den Eindruck, als könnte er das bereits verkraften.«

Es war Grog Tollefson, der Psychologiestudent, der sich an Ians beiläufige Bemerkung über das Begräbnis seines Dudelsacklehrers erinnern konnte. Grog schlug vor, daß sich das Polizeipräsidium nach einem Dudelsackbläser umsah, der ›Fleurs of the Forest‹ spielen sollte. Das war gewesen, bevor er wußte, was man von polizeilicher Seite vorhatte.

Am Grab verspürte Grog dann auch noch andere Emotionen als Trauer und Besorgnis hinsichtlich seiner eigenen Sterblichkeit. Dazu gehörten auch Abscheu und Wut über den sinnlosen und leeren Pomp. Eintausend Trauergäste. Fünfzig Motorräder. Hunderte von Uniformen. Flaggen. Eine Ehreneskorte, die eine Salve abfeuerte. Hohe Polizeibeamte, die Ian Campbell nicht gekannt hatten und sich um seinen Tod ebensowenig scherten wie der Rest dieser Gespenster. Grog war groß genug, die ganze Szene überblicken zu können, und sein kalkiges, asketisches Gesicht fühlte sich klamm und kalt an.

Das Ganze ist doch nichts weiter als so ein verdammter Zirkus mit drei Arenen, dachte er, von professionellen Polizeijammerern in Szene gesetzt, die so kompetent trauerten wie die Klageweiber einer irischen Totenwache. Und da war der Friedhof mit seinen Imitationen der verschiedensten *objets d'art,* den uniformierten, dienstbeflissenen Hostessen und einer Rechnung über einundzwanzig Dollar für die Aufstellung des Grabsteins. Und die Vampire von der Presse, deren Kameraverschlüsse alle paar Sekunden über Adah und der Ehreneskorte und den uniformierten Leichenträgern laut klickend zuschnappten. Und der uniformierte Polizeikaplan, selbst Polizist, mit seinen Platitüden, die sich auch jeder andere der anwesenden Beamten in fünf Minuten aus den Fingern hätte saugen können. Grog stellte zumindest fest, daß das Polizeipräsidium eine ordentliche Stange Geld für seine Toten ausgab und sich wirklich um sie kümmerte. Er fragte sich jedoch, wie es in diesem Punkt um die Lebenden bestellt war.

Art Petoyan machte eine sonderbare Feststellung: »Was mir am nachhaltigsten im Gedächtnis haften geblieben ist, waren Chrissie und Officer Hettinger. Sie hielt seine Hand in ihrer. Ich stand nahe genug, um es ganz deutlich sehen zu können. Sie schien *ihn* zu trösten. Das fand ich seltsam.«

Karl konnte sich nicht erinnern, was er an jenem Tag zu Chrissie gesagt hatte. Aber Chrissie sollte es nie vergessen. Es war einer der bleibenden Eindrücke unter dieser Flut an Reizen, die unter der Menschenmenge bei der Trauerfeier auf sie einströmten. Dabei waren es nicht so sehr Karl Hettingers Worte gewesen als vielmehr sein ratloser Gesichtsausdruck – die Züge schmerzlich verzerrt, die Augen flehend, verwirrt. Er reichte ihr die Hand und sprach folgende fünf Worte: »Ich habe Ihren Sohn geliebt.«

Grog hatte zu schwitzen begonnen, innerlich kochend über all diese Fremden, die diesen Träumer nie gekannt hatten, den Schotten mit seiner unerklärlichen Leidenschaft für diesen verdammten Dudelsack. Was zum Teufel *war* dieser Mann gewesen? *Wer* war Ian gewesen, der nun in seiner Polizeiuniform aufgebahrt lag? Ist es das, was Ian Campbell wirklich war – ein Polizist? Und was bedeutete dieser Dudelsack tatsächlich für ihn? Was hatte er für ihn bedeutet, daß er eine so entscheidende Rolle in seinem Leben spielte?

Und auf dem College, seine endlosen, unbeantwortbaren Fragen: »Glaubst du eigentlich, Kant hatte sich geirrt, als er erklärte...« Und er hörte zu – immer *hörte* er zu. Verdammt, das konnte einem manchmal richtig auf die Nerven gehen. Warum war er nie verbohrt, wie ich das immer bin? Warum hatte ich ständig das Gefühl, er hatte die Dinge im Griff, während ich das überhaupt nicht hatte? Weshalb mochte ich ihn so? Ihn und seine verdammte Musik – seinen Bach, seinen Strawinsky. Hat er seine Musik wirklich geliebt? War es nur *sie*, die ihm eingeimpft hat, er würde Musik lieben? Und *sie* – warum ist sie so korrekt, so höflich, so herzlich, daß sie mir Angst macht? Warum sitzt sie jetzt wie eine Sphinx da? Sie ist doch in keiner Weise fanatisch religiös. Sie hat auch keine Beruhigungsmittel genommen. Wie macht sie das nur? Sehen Sie sich Adah an, völlig am Boden zerstört, einem hysterischen Anfall nahe, und Adah hat von diesem armenischen Arzt noch Beruhigungsspritzen bekommen. In diesem Augenblick war es nicht weiter schwierig, auf alles und jeden wütend zu werden.

Grog wußte, daß Chrissie vor Jahren den Leichnam ihres Mannes hierherbringen lassen und daß sie das Fleckchen Erde neben dem Grab für Ians Begräbnis zur Verfügung gestellt hatte. Die Stätte zierten zwei schlichte Steine mit der Aufschrift: ›William Campbell, M. D. (1898–1944) und Ian James Campbell (1931–1963)‹. Und neben Ians Grab lag ein leeres Fleckchen, das in dem bis auf den letzten Quadratmeter ausgenützten Friedhof sichtlich auffiel. Und Grog stellte sich vor, wie es wohl gewesen war, als Chrissie ihrer Schwiegertochter den Platz für Ians Grab angeboten und wie Chrissie dabei wohl ausgesehen hatte – gefaßt und beherrscht. Und was in ihrem Innern vorgegangen war – vielleicht hatte sie den Atem angehalten, mit wild pochendem Herzen –, bis Adah schließlich geantwortet hatte: ›Ja. Gut. Ist schon recht. Wie du meinst‹. Und wie Chrissie ihre Augen geschlossen haben mußte und insgeheim geflüstert hatte: ›Danke, danke, danke‹.

Die einzige noch nicht genutzte Grabfläche lag nicht neben Dr. Campbell. Sie befand sich neben Ian. Grog brauchte diesbezüglich nie zu fragen. Er wußte, wem diese ungenutzte Fläche gehörte. Und wer dort eines Tages neben ihm ruhen würde.

Du brauchst also gar nicht zu denken, du könntest mich mit diesem unerschütterlichen Ausdruck täuschen, dachte Grog, sein schweißnasses Hemd gegen seine Brust geklatscht. Ich weiß, was er für dich bedeutet hat. Er war dein Sohn und deine Sonne. Und was ist davon jetzt noch übrig? Adah hat die Kinder, und sie ist noch jung. Sie wird wieder heiraten. Aber du, was ist *dir* geblieben? Worin besteht diese monströse gälische, kalvinische Ethik, welche dich aufrecht hält? Ich jedenfalls begreife sie nicht. Und was ist...

Das Sirren. Klar und durchdringend. Auf eine unheimliche Weise fern zuerst. Aber dann fuhr es wie ein kalter Windstoß durch die versammelte Menge, um über die hereinzubrechen, die ihn wirklich gekannt hatten.

Art Petoyan schilderte diesen Moment so: »Es war wie ein *déjà vu*-Erlebnis. Ich mußte unwillkürlich an Pipe Major Aitkens Begräbnis denken, bei dem Ian neben mir gestanden war. Ich wußte, daß es kommen würde, aber trotzdem fing ich zu zittern an, als ich es dann hörte. Ganz weit hinten auf einem Hügel stand er. Dieser Dudelsackbläser. Ganz allein. Und er spielte dieses alte Klagelied, das sonst für die in der Schlacht gefallenen Mitglieder des Clans angestimmt wurde – ›Fleurs of the Forest‹. Ich zitterte am ganzen Körper, und ich stellte fest, daß sich die Haare auf meinem Handrücken aufgestellt hatten und sich leicht bewegten. Und dann sah ich *sie* an. Sie saß kerzengerade auf ihrem Stuhl und blickte geradeaus vor sich hin. Adah war natürlich schon völlig am Boden zerstört, noch bevor der Dudelsack eingesetzt hatte. Sie war fast am Arm ihres Bruders zusammengebrochen. Aber obwohl ich mir wegen Adahs Zustand Sorgen machte, wandte ich meinen Blick von ihr ab. Ich mußte einfach zu diesem anderen Stuhl hinübersehen, zu *ihr*. Sie saß nur da – aufrecht, scheinbar unbeteiligt, völlig reglos.«

Wayne Ferber stand am Grab und betrachtete Ians Armbanduhr, die Adah ihm gegeben hatte. Er dachte an Ians Mörder. »Mir wollte es nicht aus dem Kopf, wie der Ian, an den ich mich immer erinnern werde, nicht einmal *geglaubt* hätte, daß es solche Menschen überhaupt geben könnte. Und dann sah ich den Kranz in Form eines Ankers. Er stammte von einem alten, hinkenden Seebären, der aussah wie Popeye. Und ich dachte an uns als Kinder, wie wir im Hancock Park gespielt hatten. Wie er damals schon gewesen war. Nie leichtfertig. Wie selbst seine Kinderspiele ein Ende, einen Sinn, ein Ziel haben mußten. Darauf hatte er immer bestanden. Und jetzt dachte ich: *Hat* das Ganze denn einen Sinn, Ian? Vielleicht besteht für dich darüber inzwischen sogar Klarheit. Und dann hörte ich diesen Dudelsack...«

Grog Tollefsons Augen brannten schmerzlich, und als er sich in der Runde der Versammelten umblickte, konnte er auf den Gesichtern derjenigen, die Bescheid wußten, die Wirkung des Dudelsacks erkennen.

Ja, Ian, dachte er schließlich. Ja, mein Freund, zumindest damit haben wir sie in einem gewissen Maß erreicht. Ein *winziges* bißchen von dir, von deinem Wesen hat sich in dieser Farce schließlich doch noch durchgesetzt.

Inzwischen fühlten sich seine Wangen feucht an, und er stellte fest, daß er nur mit Mühe schlucken konnte. Schließlich warf er noch einen letzten verstohlenen Blick auf Chrissie Campbell. Sie saß nach wie vor völlig reglos auf ihrem Stuhl. Mit ausdruckslosem Gesicht starrte sie vor sich hin.

10

»Abscheu und Entsetzen« waren die Worte, die von Polizeisprechern am häufigsten gebraucht wurden. Und sie waren kaum angemessen, die allgemeine Stimmung innerhalb der Reihen der Polizei entsprechend zum Ausdruck zu bringen. Denn dies war das Jahr 1963 gewesen, als es noch keine revolutionären Mordanschläge auf Polizeibeamte gegeben hatte. Trotz ihrer zynischen Art verstehen sich amerikanische Polizisten durchaus als Amerikaner. Ein *gendarme* oder *poliziòtto* hätte sich über diese Tat im Zwiebelfeld vielleicht nur zutiefst aufgebracht gezeigt. Aber einen amerikanischen Polizisten erfüllte sie mit äußerstem Entsetzen. Bestimmte Regeln waren innerhalb des Spiels immer eingehalten worden. Um einen Polizisten umzubringen, brauchte man schon einen triftigen Grund – etwa den, sich einer Festnahme zu entziehen. Smith und Powell dagegen hatten in jener Nacht an sich nichts mehr zu befürchten gehabt. Mit der Ermordung Ian Campbells hatten sie gegen alle Spielregeln verstoßen. Und das war es, was ein amerikanischer Polizist nicht ertragen konnte. Der junge, rotgesichtige Beamte von der Sitte, der in der Wilshire Station tätig war, war noch keine drei Jahre bei der Polizei, aber dennoch hatte er gewisse fundamentale Wahrheiten über die Tätigkeit bei der Polizei begriffen. Polizisten waren der festen Überzeugung, daß kein durch Menschenhand verursachter Unglücksfall einfach so zustande kommt. Vielmehr gibt es immer eine Maßnahme, die ergriffen werden hätte sollen und können, wenn der Betroffene nur genügend wachsam, vorsichtig, tapfer und aggressiv gewesen wäre – mit anderen Worten, wenn er den Prototyp eines Polizisten verkörpert hätte. Sie betrachteten sich selbst als die dynamischsten Vertreter ihrer Rasse, als diejenigen, die in jeder noch so ungewöhnlichen und lähmenden Lebenssituation sofort zur Tat schreiten konnten.

Dieser Vorstellung, daß es für solch eine dynamische Person so etwas wie eine ausweglose Situation nicht gab, hätte es nun natürlich völlig widersprochen, davon auszugehen, Ian Campbells Schicksal wäre besiegelt gewesen, als der kleine Ford in der Carlos Avenue falsch abgebogen war.

Der höchst gestellte Vertreter der Los Angeles-Polizei, der in der Nacht des Mordes nach Bakersfield abbeordert wurde, war Inspector John W. Powers.

Neben Pierce Brooks hielten auch viele andere Polizisten große Stücke auf John Powers. Zwanzig Jahre zuvor, als junger Detective, war er in eine aufsehenerregende Schießerei verwickelt worden, in deren Verlauf man ihn verwundet und die ihm den Spitznamen ›Zwei-Kanonen-Jonny‹ eingetragen hatte. Und er sollte diesem Namen durchaus gerecht werden. Selbst jetzt noch, als Verwaltungsbeamter, dessen gefährlichste Tätigkeit darin bestand, über die Freeways der Stadt zum Dienst zu fahren, trug John Powers immer noch zwei Revolver an seinen schmalen Hüften. Ihn interessierte herzlich wenig, daß die meisten seiner Kollegen bei der Verwaltung ihre Schießeisen in ihren Schließfächern oder Schreibtischschubladen aufbewahrten. John Powers war nie ohne seine beiden Knarren unter dem Jackett anzutreffen. Er galt als der Patton der Polizei von Los Angeles. Wie der General war er groß gewachsen und hatte weißes, gewelltes Haar und Augenbrauen wie Krähenflügel. Und Inspector Powers haftete auch das Patton-Charisma an, was seine Untergebenen anbelangte. Bei den Appellen sprach er ihre Sprache, und er instruierte seine Überfallteams, nicht allzu lange mit der Schußwaffe zu zögern. Wie die meisten Polizisten hatte er nichts dagegen, wenn der eine oder andere Ganove auf der Strecke blieb.

Was John Powers sagte, hinterließ bei den normalen Streifenpolizisten ausnahmslos nachhaltigen Eindruck. Sie wußten, daß er früher einmal einer der ihren gewesen war. Was er sagte, hatte Hand und Fuß.

Fünf Tage nach der Ermordung Ian Campbells gab John Powers das sogenannte Hettinger-Memorandum heraus, wie es von vielen Polizisten genannt wurde. Korrekt handelte es sich dabei um Streifenbüro-Rundschreiben Nummer 11. Das Thema lautet: ›Appelltraining – Überleben von Beamten.‹ Es galt als so dringend, daß kein Beamter, ob in Zivil oder Uniform, von diesen Appellen entschuldigt wurde, und die Kommandanten der einzelnen Abteilungen hatten Anweisung erhalten, daß jeder einzelne Mann davon Kenntnis zu nehmen hatte.

»Die brutale Exekution von Officer Ian Campbell im Stil der alten Bandenkriege unterstreicht eine grundlegende Voraussetzung jeglicher Exekutivgewalt. Man kann sich auf keinerlei Abmachungen mit bösartigen Kriminellen einlassen, wie zum Beispiel Kidnappern, Geiselnehmern oder überhaupt Verbrechern, die Polizeibeamte mit Waffen angreifen.

Officer Campbell ist nicht umsonst gestorben, wenn sein Tod jeden von uns dazu veranlaßt, seine Rolle als Polizist und die Ziele der Polizei als solcher ganz objektiv zu überdenken... Ebenso wie die Heeresstreitkräfte die Nation vor äußeren Feinden schützen, so schützen die lokalen Polizeibehörden ihre Gemeinden vor den Kriminellen, einem inneren Feind, dessen Gefährlichkeit keineswegs geringer einzuschätzen ist als die der Feinde von außen. Die Polizei ist in einen durchaus heißen Krieg verwickelt, in dem es keine Atempausen und keine Hoffnung auf einen Waffenstillstand gibt. Der Feind hält sich an keinerlei Regeln, wie sie selbst die zivilisierte Kriegsführung bestimmen.

Jeder einzelne Beamte, der seinen Amtseid ablegt, geht damit eine heilige Verpflichtung ein, seine Gemeinde nach bestem Wissen und Gewissen zu schützen, notfalls sogar unter Einsatz seines Lebens.

Alle Menschen werden zu Staub. Die Art, in der ein Mensch lebt und stirbt, ist von alles übersteigender Bedeutung. Obwohl manche Freigeister versucht haben, durch Wahlsprüche wie *Lieber rot als tot* die Stärke und die Ideale der Nation zu untergraben, gibt es doch Situationen, die unerträglicher sind als der Tod.«

John Powers' Lektion Nummer eins aus dem Appell-Lektionsplan wurde von dem rotgesichtigen Beamten von der Sitte einmal gelesen, von Karl Hettinger dreimal.

»Kapitulation ist keine Garantie für die Sicherheit eines Polizeibeamten oder für die Sicherheit anderer, zum Beispiel des Partners oder anderer Kollegen. Die Entscheidung, ihr Leben und sein eigenes in die Hand gewissenloser Krimineller zu legen, ist auf keinen Fall leicht zu fällen.«

In Lektion zwei erläuterte Powers in aller Ausführlichkeit seine Empfehlungen an Beamte, die sich plötzlich von einem bewaffneten Kriminellen bedroht sahen. Einer der Tips lautete, einem nicht existenten Kollegen hinter dem Angreifer zu sagen, er solle nicht schießen, damit sich der Angreifer vielleicht kurz umwandte. Andere Möglichkeiten bestanden darin, einen Ohnmachtsanfall zu simulieren, um in die Nähe der Füße des Angreifers zu kommen und ihn zu Fall bringen zu können oder ihm einen Bleistift durch die Halsschlagader zu stoßen.

Die Essenz des Rundschreibens fand sich in Lektion vier, wo den Beamten geraten wurde: ›Falls auf Sie geschossen wird, sind keineswegs alle Wunden tödlich.‹ Und außerdem: ›Ein tief verwurzelter religiöser Glaube verleiht Ihnen selbst in höchster Gefahr Ruhe und Stärke.‹ Und noch einmal: ›Kapitulation ist keine Garantie für die Sicherheit auch nur einer der beteiligten Personen.‹

Pierce Brooks sah der Unterredung mit Inspector Powers hinsichtlich der Abfassung des von diesem geplanten Rundschreibens mit gemischten Gefühlen entgegen. Einerseits ging Brooks völlig konform mit dem ungeschriebenen Polizeigesetz, sich hinsichtlich einer Feldsituation, die man nicht selbst miterlebt hatte, kein Urteil anmaßen zu wollen. Andrerseits war er selbst viel zusehr Polizist, um von dem Konzept des dynamischen Menschen abweichen zu wollen. Campbells Tod *mußte* einfach zu verhindern gewesen sein. Powers hatte recht. Aber in seinen einige Wochen später fertiggestellten abschließenden Berichten sollte er das Vorgehen der beiden Officer etwas milder beurteilen. Er sah sich nicht imstande. so weit zu gehen wie das Powers-Memorandum und anzudeuten, Campbell und Hettinger wären fast – er haßte es, an das Wort nur zu denken – Feiglinge gewesen. Also gelangte er zu dem Schluß, daß Karl Hettinger seine Waffe nur in falscher Einschätzung der Lage ausgehändigt hatte. Und auf der Fahrt nach Norden, als er sich nicht mehr in ihrem Besitz befand, war es bereits zu spät, um noch auf einen der schlauen Tricks aus dem Rundschreiben zurückzugreifen. Brooks hätte es lieber gesehen, wenn Powers mit der Veröffentlichung seines Rundschreibens etwas gewartet hätte. Brooks hatte inzwischen Hettinger näher kennengelernt und wußte, daß der Mord sein psychisches Gleichgewicht aus dem Lot gebracht hatte, wenn auch nicht, wie sehr. Dennoch war er der Überzeugung, daß das Powers-Memorandum gewisse Schuldgefühle in dem jungen Polizisten wecken würde, um sich dann jedoch mit diesem Gedanken nicht weiter zu belasten. Er war zu sehr Polizist, um mit Überzeugung an etwas anderes glauben zu können als an ein physisches Trauma. Dafür war er von Psychiatern der Verteidigung schon zu oft frustriert worden.

»Ich habe dieses Rundschreiben gelesen«, sagte der junge, rotgesichtige Officer von der Sitte zu seinem Sergeant. »Ich persönlich halte davon ja nicht gerade viel. Da erzählen wir nun seit Jahren den Opfern von Raubüberfällen, sich auf nichts einzulassen und auf keinen Fall eine Schießerei mit einem Typen zu provozieren, der einen mit der Waffe bedroht. Und nun werfen wir das alles über den Haufen, was uns Polizisten betrifft.«

»So etwas nennt man eine typische Überreaktion von seiten der Polizei«, warf ein anderer Beamter von der Sitte ein – ein älterer Mann, der gerade eine Rennzeitung las und die Wett-Tabellen durchging.

»Wegen eines einzigen Einzelfalls entwerfen die plötzlich völlig neue Richtlinien«, argumentierte der junge Polizist. »Das ist doch Schwachsinn.«

»Ich habe doch auch gar nicht behauptet, daß ich in diesem Punkt anderer Meinung bin als Sie«, entgegnete der Sergeant. »Im wesentlichen stimme ich durchaus mit Ihnen überein. Aber Sie müssen auch verstehen, welche Auswirkungen dieser Vorfall auf die gesamte Polizei hat. Die Kollegen sind – sind ...«

»Außer sich.«

»Ja, außer sich. Es ist noch nie vorgekommen, daß ein Beamter auf ein Zwiebelfeld hinausgefahren und gequält worden ist und am Ende ...«

»Das ist mir durchaus klar«, erwiderte der jüngere Mann. »Mir geht es doch genauso. Aber trotzdem finde ich, daß dieses Rundschreiben völlig unangebracht ist. Und das werde ich auch heute abend beim Appell sagen.«

»Jetzt aber mal halblang«, bremste ihn der Sergeant. »Der Captain hat gesagt, die gesamte Wache müßte sich dieses Rundschreiben anhören, und dabei bleibt es. Sie brauchen ja nur zuzuhören. Wie Sie sich dann im Ernstfall verhalten, ist immer noch Ihre Sache. Schließlich haben wir es hier nicht mit den Zehn Geboten zu tun.«

»Haben Sie diesen Schrieb eigentlich schon gelesen?«

»Nein.«

»Er liegt auf dem Schreibtisch des Schichtleiters. Lesen Sie ihn ruhig mal. Und dann sehen Sie mal, ob Sie es nicht vielleicht doch mit so was Ähnlichem wie den Zehn Geboten zu tun haben?«

»Na, meinetwegen, aber was soll es schon groß bringen, wenn wir uns über das Ganze aufregen?«

»Dann hören Sie jetzt mal gut zu«, fuhr der junge Beamte von der Sitte auf, so daß sein Gesicht noch röter wurde und seine Stimme vor Aufregung zu brechen begann, als er daran dachte, wie er vor der versammelten Mannschaft das Rundschreiben von Inspector Powers kritisieren würde. »Ich habe ein paar Zeitungsartikel zusammengetragen. Sie besagen, daß es sich hier in Los Angeles County um die vierte Entführung von Polizisten binnen vier Wochen handelt.« Und dann begann der Mann von der Sitte aufgewühlt vorzulesen:

Am 24. Februar fiel den Officers Albert Gastaldo und Loren Harvey eine Frau auf, die allein in einem geparkten Wagen saß. Sie erklärte ihnen, sie wartete auf ihren Mann. Die Beamten blieben darauf in der Nähe des Wagens. Wenig später erschien ein Mann, eine Reihe von Paketen im Arm. Die Polizisten forderten ihn auf, die Pakete fallen zu lassen. Der Mann kam der Aufforderung nach, aber nachdem die Pakete gefallen waren, kam eine abgesägte Schrotflinte in seiner Hand zum Vorschein. Der Mann entwaffnete beide Beamte, die später jedoch unverletzt wieder auf freien Fuß gesetzt wurden.

Am 1. März überprüften die Whittier-Officers Arthur Schroll und Richard Brunmier im Zuge einer Routinekontrolle zwei Männer in einem Auto. Die Männer zogen ihre Waffen, brachten die beiden Beamten zu einem abgelegenen

Straßenstück, auf dem gerade Bauarbeiten im Gange waren, und fesselten sie mit den Handschellen an eine schwere Baumaschine. Die Männer, beide verschiedener Raubüberfälle verdächtigt, entkamen mit den Revolvern der Beamten.

Am 9. März winkten die Inglewood-Officers Arthur Franzman und Douglas Webb einen Wagen mit einem einzelnen männlichen Insassen infolge einer Übertretung der Straßenverkehrsordnung an den Straßenrand. Der Mann zog eine Waffe, nahm den Beamten ihre Revolver ab und forderte sie auf, zum Inglewood Park Cemetery zu fahren. Dort befahl er ihnen, sich auf den Boden zu legen. Später wurde der Mann als ein Räuber identifiziert, der eine Bar überfallen hatte und mit zweitausendsiebenhundert Dollar entkommen war.

»Und was soll das Ganze?« wollte der Sergeant wissen.

»Ich will damit nur sagen, daß so etwas in L. A. schon seit unerdenklichen Zeiten passiert, und einer dieser Vorfälle hat sich sogar in *derselben* Nacht ereignet, in der Campbell ermordet wurde. Und weil jetzt plötzlich zwei Verrückte einen Polizisten umgelegt haben, heißt es auf einmal, Campbell und Hettinger hätten einen Fehler gemacht. Und wir sollen plötzlich nach völlig anderen Richtlinien vorgehen. Campbell und Hettinger müssen doch von diesen jüngsten Entführungen gewußt haben. Sie haben sicher gedacht, in *ihrem* Fall würde sich die ganze Geschichte genauso abwikkeln. Sie würden an einen abgelegenen Ort gebracht und dort vielleicht mit Handschellen angekettet werden, und damit wäre das Ganze dann erledigt gewesen.«

»Ich würde sagen, halten Sie mit Ihren Artikeln lieber hinter dem Berg«, warf der ältere Beamte von der Sitte ein. »Sobald sich unsere Herren Vorgesetzten einmal zu einem Entschluß durchgerungen haben, halten sie daran in der Regel auch fest. Wenn sie behaupten, Campbell und Hettinger hätten Fehler gemacht, dann ist daran nichts mehr zu rütteln. Und wenn sie uns erklären wollen, wie wir es in Zukunft besser machen sollen, na bitte, ich werde mir das Ganze in Ruhe anhören und dann eben doch machen, was ich für das beste halte. Wem schaden ihre bescheuerten neuen Richtlinien und die Sonderunterweisung beim Appell schon groß?«

»Na, ich habe mich nur gefragt, wie Karl Hettinger das Ganze wohl aufnimmt?« entgegnete der junge Beamte von der Sitte.

Und der rotwangige junge Polizist stellte sich diese Frage durchaus zu Recht. Karl Hettinger las nämlich das Rundschreiben. Und er las es immer und immer wieder. Er prägte sich jeden einzelnen Abschnitt genauestens ein. Nach einiger Zeit konnte er sich nachts ganze Teile des Rundschreibens vorsagen. Schließlich sollte er den Inhalt dieses Schriftstücks sogar besser kennen als sein Urheber, John Powers.

Ironischerweise las der junge Beamte von der Sitte später in einer Ausgabe der Zeitschrift *Official Detective Stories* einen irreführenden und grausigen Bericht über die Ermordung Ian Campbells. Im selben Heft fand sich auch ein Artikel über einen Officer aus Salt Lake City, den weniger als einen Monat vor dem Mord im Zwiebelfeld ein bewaffneter Räuber entwaffnet hatte, als er in dem überfallenen Supermarkt erschienen war, durch die Alarmanlage aufmerksam gemacht. Der Täter wies den Officer an, einen Sergeant in den Laden zu rufen und so zu tun, als wäre alles in Ordnung. Nach der Entwaffnung des Sergeants ließ sie der Räuber noch einen dritten Beamten in den Laden rufen, den er ebenfalls entwaffnete,um schließlich mit dem Sergeant und einem Angestellten des Supermarkts als Geiseln das Weite zu suchen. Beide Geiseln wurden später unverletzt freigelassen.

Fluchend wünschte sich der junge Mann von der Sitte, er hätte auch diesen Artikel bei jenem Appell vor versammelter Mannschaft verlesen können. Er wäre der perfekte Beweis für seine These gewesen. Nicht weniger als *drei* Polizeibeamte sahen sich in einem einzigen Fall, jeder für sich allein, auf Schußweite mit einem bewaffneten Räuber konfrontiert. Und alle drei Polizisten gaben nicht nur, einer nach dem anderen, ihre Waffen heraus, sondern kooperierten sogar mit dem Räuber, um sich schließlich in eine Entführung zu fügen. Der Täter wurde wenig später gefaßt, und niemand kam zu Schaden.

Aber der junge Beamte hatte damals nur wütend die Zeitschrift auf den Tisch geknallt und sich beschämt eingestehen müssen, daß seinem Vorstoß auch mit der Unterstützung dieses Artikels nicht mehr Erfolg beschieden gewesen wäre. Nicht nach dem, was der Captain gesagt hatte.

Bei besagtem Appell schickte nämlich der Captain des Reviers, ein alter Haudegen, der bereits vierzig Jahre bei der Polizei auf dem Buckel hatte, der Verlesung von John Powers' Instruktionen folgende weißlippige Bemerkung voraus: *Jeder,* der seine Waffe an irgendeinen dahergelaufenen Ganoven herausrückt, ist ein *Feigling.* Und falls einer von Ihnen je so etwas im Sinn haben sollte, dann soll er mir das nur sagen. Ich kann Ihnen jetzt schon versprechen, daß ich alles daransetzen werde, daß derjenige seinen Hut nehmen kann! Sie haben gefälligst zu tun, was die Richtlinien besagen. Sie werden handeln! Sie sind schließlich Polizisten! Und Sie vertrauen auf Gott!«

Der rotwangige, grünäugige Beamte von der Sitte hatte Mühe, seine Wut zu zähmen, da er ein sehr impulsiver junger Mann war. Allerdings war er auch an Disziplin gewöhnt, erst bei den Marines und dann bei der Polizei. Eines Tages würde er versuchen, das festzuhalten, was er über die Arbeit bei der Polizei wußte, aber vorerst kochte er noch stillschweigend vor sich hin. Er behielt seine Zeitungsausschnitte in seiner Hosentasche. Er würde es nicht schaffen, nun aufzustehen und dem Captain zu widersprechen. Den Mut, den das erfordert hätte, würde er nicht aufbringen, und er wußte das auch.

Nicht alle Polizisten waren jedoch so furchtsam wie der junge Beamte von der Sitte. Ein stark besuchter Appell in der Central Division verlief ganz anders.

»Die Einstellung des Präsidiums ist völlig klar«, schloß der Sergeant die Verlesung der neuen Richtlinien. »Darüber hinaus ist sie völlig logisch und das Ergebnis sorgfältiger Erwägungen, und...«

»Quatsch«, meldete sich eine Stimme aus dem hinteren Teil des Raums, wo die alten Hasen ihre Plätze hatten, und wo sich kein Neuling oder dynamischer Aufsteiger zu setzen gewagt hätte – wo jeder, der dort zugelassen war, mindestens drei Streifen am unteren Ende seines linken Ärmels hatte, wobei jeder fünf Jahre bei der Polizei bedeutete.

Die Stimme war allen vertraut. Immer wieder hörte man sie durch den Asphaltdschungel von Main Street und Broadway dröhnen, und sie entlockte einem ein Lächeln, wenn man von der Polizei war, während sie einen erzittern ließ, war man ein Fixer, ein Zuhälter oder ein Betrüger.

Unsicher blickte der Sergeant in die Richtung, aus der die Stimme ertönt war. Dies war eine Kritik an seiner Proklamation, seine erste Herausforderung. Er war noch Sergeant auf Probe, einer der jüngsten der Polizei von Los Angeles. Und was noch schlimmer war – er *sah* auch sehr jung aus und wußte das. Er hatte versucht, sich das Pfeifenrauchen anzugewöhnen, und eine Weile hatte er es sogar mit Zigarren probiert. Er hatte sich schon immer vor einer Situation wie dieser gefürchtet, wenn einer der alten Hasen aus den hinteren Reihen einen ebenso ernst gemeinten wie berechtigten Einwand gegen eine Anweisung von oben vorbrachte, der es ihm angesichts der Dringlichkeit der Sache – und dies stand im Falle des Powers-Memorandums außer Zweifel – nicht erlaubte, sich mit einem gutmütigen Zwinkern oder einer witzigen Bemerkung aus der Affäre zu ziehen.

»Quatsch«, wiederholte die Stimme, und nun starrte er in die Augen des grauhaarigen, übergewichtigen Revierpolizisten, der ihm eindeutig nicht recht geheuer war, auch wenn er das auf keinen Fall zugegeben hätte.

»Ist da jemand anderer Meinung?« erkundigte sich der Sergeant wie beiläufig und versuchte einen wissenden Blick aufzusetzen, um der versammelten Mannschaft zu demonstrieren, daß er den Urheber dieses bis dahin noch nicht weiter spezifizierten Einwurfs durchaus wohlwollend anzuhören gewillt war.

Besagter Streifenpolizist galt jedoch keineswegs als Hitzkopf. Im Gegenteil, er war ein eher stiller, zurückhaltender Mann, was die kräftige, donnernde Stimme um so bedrohlicher wirken ließ, wenn sie die Bewohner seines Reviers in ihre Schranken wies. Er war bereits fünfundzwanzig Jahre bei der Polizei und zog es vor, sein Revier allein abzugehen – ein Streifengänger, der sein Metier wirklich verstand – ein Virtuose, der schon zu Lebzeiten in die Geschichte der Polizei einging, der sein Revier völlig im Griff hatte, und der gleichzeitig mit den schlimmsten wie mit den schönsten Aufgaben konfrontiert wurde, die ein Polizist erfüllen mußte.

Der Sergeant zündete sich eine Zigarette an und hoffte, niemand würde bemerken, wie die Flamme seines Feuerzeugs die Zigarette dreimal verfehlte.

»Quatsch!« sagte der Streifenpolizist ein drittesmal, und als er dann auch noch aufstand, hatte sich die Situation in einem solchen Maß zugespitzt, daß sie kaum mehr durch eine spaßige Bemerkung hätte übergangen werden können. Niemand stand beim Appell je auf, um einen Einwand vorzubringen. Der Sergeant spürte, wie das Blut aus seinem Gesicht wich. Das roch nach Meuterei. Aber noch hatte der alte Polizist nichts weiter geäußert als »Quatsch«.

Allerdings sollte es dabei nicht bleiben, denn er fügte hinzu: »Manchmal denke ich echt, es gibt in unserem ganzen Verein keinen einzigen Menschen, der ein bißchen Mumm in den Knochen hat. Manchmal könnte man wirklich denken, hier rennen nur Schlappschwänze durch die Gegend.« Er plazierte seinen rechten Schnürstiefel, Größe neunundvierzig, auf seinen Stuhl, stützte seinen Ellbogen auf dem Knie auf und blickte dem Sergeant unverwandt in die Augen. Diesem war bis dahin noch nie aufgefallen, wie groß dieser alte Polizist war. Er war nicht fett. Sein Bauch war zwar riesig, aber er wirkte durchaus muskulös. Ein ganz schöner Brocken, dachte der Sergeant.

»Sie sind mit einem Teil der neuen Richtlinien nicht einverstanden?« erwiderte der Sergeant. Er bemühte sich, ruhig und langsam zu sprechen.

»Nicht nur mit einem Teil. Ich bin mit diesem ganzen Blödsinn nicht einverstanden.« Als er sich darauf eine Zigarre ansteckte, war im ganzen Raum kein Laut zu hören. Nicht ein einziger. Ein Polizist mit Kindergesicht in der ersten Reihe ließ in spannender Erwartung der Dinge, die nun kommen würden, versehentlich eine Kaugummiblase zwischen seinen Zähnen platzen.

»Ich gehe hier in meinem Revier schon so lange Streife, wie manche von den Jüngsten hier überhaupt erst auf der Welt sind«, begann der alte Haudegen, seinen Blick auf den

Sergeant gerichtet, der seine Lider senkte und nervös an seinem Ärmel zupfte. »Ich glaube, ich habe sicher schon so viele Ganoven im Lauf meiner Arbeit gefaßt wie sonst jemand hier bei der Polizei. Ich würde sagen, ich habe mein Fett bei so einigen Hinterhofrangeleien abgekriegt, und ich habe auch die eine oder andere Schießerei mitbekommen.«

Seine Stimme – gewinnend und überzeugend – zitterte ganz leicht, da er es nicht gewohnt war, eine Rede zu halten. Also sprach er mit mehr Nachdruck, um das Zittern unter Kontrolle zu bringen, so daß er inzwischen regelrecht knurrte.

»Was ich hier sagen will, ist folgendes. In all den Jahren bei der Polizei hat es immer eines gegeben, dessen wir uns absolut sicher waren. Es war sozusagen fast etwas Heiliges, könnte man es anders ausdrücken. Und das ist der Punkt, daß man da draußen auf der Straße sein eigener Herr ist. Man weiß, was man zu dem Zeitpunkt tun hätte sollen, als man es getan hat. So ist das nun mal mit der Arbeit bei der Polizei, und nur der Mann, der wirklich an Ort und Stelle diese bestimmte Situation miterlebt hat, kann wissen, was er tun oder nicht tun hätte sollen. Vor diesem Campbell-Mord waren wir uns in diesem Punkt so ziemlich einig. Aber jetzt, wenn ich diesen Schrieb nicht falsch verstehe, sieht es doch plötzlich ganz so aus, als wollten die da oben Campbell und Hettinger einen Vorwurf aus dem Ganzen machen. Nun kenne ich die beiden zwar nicht persönlich, aber ich habe doch gehört, daß sie gute Polizisten waren und ihre Sache gut gemacht haben. Und ich bin durchaus gewillt, einmal davon auszugehen, daß diese beiden in jener Nacht sehr wohl richtig gehandelt haben. Und an dieser Tatsache ändert doch auch nichts, daß diese zwei Verrückten Campbell gekillt haben.

Mich ärgert dieses Rundschreiben nun ganz besonders, weil mir nämlich vor einigen Jahren auch mal so ein Scheißtyp meine Kanone abgenommen hat. Der Kerl hat mich einfach überrascht, und da stand ich nun, seine 45er direkt auf meinen Bauch gerichtet. In diesem Augenblick ist mir nicht eine Sekunde lang eingefallen, irgend so einen Scheiß zu machen, wie er in diesem Rundschreiben empfohlen wird. Meine Güte, können Sie sich vielleicht vorstellen, wie ich wie so ein verdammtes Walroß über den Boden wälze und diesen Kerl zu Fall bringen versuche, oder wie ich sage: ›Schau doch mal hinter dich, du blödes Arschloch!‹ Oder wie ich diesen Kerl an seinem Hühnerkragen packe, um ihm mit meinem sauber gespitzten Bleistift die Halsschlagader zu durchlöchern versuche? Was denken die sich da oben eigentlich? Glauben die, wir sind alle auf den Kopf gefallen?«

Der alte Polizist machte eine Pause und blickte nach oben, nicht zum Himmel, sondern zum tatsächlichen Sitz der Macht, dem sechsten Stock, wo sich das Büro des Kommandanten befand, der zur damaligen Zeit noch über so viel beängstigende Autorität verfügte, wie sie sonst außerhalb des Militärs nirgendwo zu finden war.

»Na ja«, fuhr der alte Polizist schließlich fort, »ich habe jedenfalls auf diese Knarre gestarrt und auf seine fiesen, kleinen Augen, und ich wußte so sicher wie eine Ziege täglich scheißt, daß der Leichenbeschauer eine Extraladung Sägemehl würde bestellen müssen, um diesen Abfallkübel hier«, er klopfte auf seinen Bauch, »auszustopfen, wenn ich nicht getan hätte, was dieser Typ gesagt hat.« Er machte eine Pause und paffte an seiner Zigarre. »Na ja, jedenfalls habe ich gesagt: ›Jawohl, Sir. Wie Sie meinen, *Sir!*‹ Und ich habe ihm meine Kanone wirklich mit der äußersten Vorsicht ausgehändigt, und wenn er meinen Knüppel gewollt hätte, den hätte er auch haben können, und meinetwegen auch noch meine Hose und sogar noch meine vollgeschissene Unterhose! Aber so schwer war dieser Bursche gar nicht zufriedenzustellen, und so kam ich mit dem Leben davon. Und noch etwas – wenn er mich aufgefordert hätte, in einen Wagen zu steigen und ihn zu fahren, dann hätte ich das ebenfalls getan.«

Das geht nun aber doch etwas zu weit, dachte der Sergeant, in dem die Wut immer stärker hochstieg. Er versuchte den Monolog des alten Polizisten zu unterbrechen: »Es geht in diesem Rundschreiben darum...«

»Wenn Sie sich vielleicht einmal gefälligst zu Gemüte führen würden, worum es *mir* geht, Sergeant«, donnerte der alte Polizist los, so daß der Sergeant in Schweigen verfiel, »dann möchte ich dazu mal sagen, daß man uns Streifenpolizisten mal lieber selbst überlassen sollte, wie wir in einer bestimmten Situation zu reagieren haben. Wenn Sie diesen jungen Hitzköpfen hier regelrecht einimpfen, sie sollten zu ziehen versuchen, wenn einer sie in Schach hält, dann brauchen Sie sich nicht zu wundern, wenn Sie in Zukunft öfter mal einen von unseren Leuten zu Grabe tragen werden. Zuzutrauen wäre es diesen jungen Spritzern nämlich durchaus, daß sie tatsächlich so blöd sind, Ihnen zu glauben. Ich für meinen Teil würde jedenfalls sagen, daß man seine Knarre lieber stecken läßt, wenn einen so ein Scheißkerl mit seiner Waffe bedroht – oder auch seinen Partner. Vielleicht hat man manchmal das Gefühl, es könnte trotzdem klappen. Na gut, aber *in der Regel* muß man schon wirklich verrückt sein, so etwas zu versuchen. Aber auf alle Fälle sollte man so eine Entscheidung demjenigen überlassen, der in so einer verteufelten Klemme steckt. Er hat sie ja schließlich auch auszubaden.«

»Nun ja, im Präsidium ist man der Meinung...«

»Noch eines – dann werde ich den Mund halten.« Der alte Streifenpolizist ließ sich nicht beirren. »Die Jungs, die sich diese Anweisungen aus den Fingern saugen, haben sich in der Praxis nicht danach zu richten. Sie sitzen in gemütlichen Büros und kneifen knackige, kleine Ärsche, die sich über ihre Schreibtische beugen, um ihnen den Kaffee umzurühren. Und ich finde, diese Anweisungen sind einfach einer Panik entsprungen und absolut idiotisch. Ich kann mir nicht vorstellen, daß einer von den Kerlen, der sie herausgegeben hat, sich viel dabei gedacht hat. Natürlich sind alle über diesen Mord schockiert, aber das ist doch noch kein Grund, jede Vernunft über Bord zu werfen. Mein Gott, die Zeitungen sind ja wirklich voll von dieser Geschichte. Aber wie Sie es auch drehen und wenden mögen, besagt dieses Rundschreiben doch ganz klipp und klar, daß Hettinger und Campbell Feiglinge waren. Jetzt möchte ich nur eines gern wissen: Erklärt dieses Rundschreiben auch *mich* zum Feigling? Und dann möchte ich noch wissen, ob es hier in diesem Raum oder meinetwegen auch in diesem beschissenen sechsten Stock jemanden gibt, der das Zeug dazu hat, *mich* auch einen Feigling zu nennen?«

»Es – es wird ... Wir sind schon etwas spät dran. Treten wir lieber den Dienst an«, stotterte der Sergeant und verließ hastig den Raum.

Kurz nach der Veröffentlichung des Rundschreibens stand ein Polizist in West Los Angeles einem wild gewordenen Schützen gegenüber. Der betroffene Polizist ignorierte die in dem Rundschreiben geäußerten Richtlinien und lieferte seinen Revolver an den Täter aus, der ihn für eine Weile in einer Wohnung festhielt. Als sich eine Gelegenheit bot, sprang der entführte Polizist durch ein Fenster und entkam unverletzt.

Am Tag nach der Verlesung des Rundschreibens führten zwei Beamte der Nachtstreife im Umkleideraum einen improvisierten dramatischen Sketch auf. Einer der beiden trug außer seiner Unterwäsche nur noch seinen Gürtel, an dem sein Knüppel baumelte. Seine rechte Hand preßte er gegen seine Hüfte, während er den Handrücken seiner Linken an die Stirn gelegt hatte, und er jammerte: »Bitte nicht schießen. Bitte nicht. Mir wird schlecht. Oh, oh.«

Dann sackte er wie ein haariger Ballettänzer zu einem Haufen Elend zusammen, während sein halb bekleideter Partner triumphierend über ihm stand. Er hielt eine Banane wie eine Pistole in seiner Hand und höhnte: »Ha! Wie ich es mir gedacht habe. Ihr von der Polizei seid doch alles nur schwule Hosenscheißer!«

Und als er sich dann vornüberbeugte und mit den Handschellen klimperte, sprang der Behaarte in seiner Unterwäsche auf und hopste, einen Zweierbleistift zwischen den Zähnen, auf den Rücken des anderen. »Hab ich dich endlich, du Schwein! Wo ist deine scheiß Halsschlagader, he? Wo ist das Ding, verdammt noch mal?«

Aber dem Rundschreiben wurde der Segen des Polizeichefs zuteil, so daß es sogar in die allgemeinen Richtlinien der Polizei von Los Angeles aufgenommen wurde. Sämtliche Polizeiakademien würden von diesem Tag an einen Kurs anbieten, der das Überleben von Polizisten garantieren sollte. Dabei wurden alle Aktionen von Ian Campbell und Karl Hettinger genauestens erläutert und kritisiert, um aufzuzeigen, wie der tragische Mord hätte verhindert werden können. Sowohl der Tote wie der Überlebende sahen sich durch diese neuen polizeilichen Richtlinien auf die Anklagebank gestellt. Irgend jemandem *mußte* dieser Vorfall schließlich zum Vorwurf gemacht werden. Wenn man sich schon umbringen ließ, dann hatte dabei auf jeden Fall höhere Gewalt im Spiel zu sein. Und Gott tötete nicht mit einer Schußwaffe. Er bediente sich für so was eher eines Blitzes.

Die Beschäftigung mit den Blumen war manchmal das Schönste an seinem Arbeitstag. Andrerseits konnte sie hin und wieder auch das Schlimmste sein. Das hing davon ab, wie hart der Gärtner arbeiten zu müssen glaubte. Manchmal spürte er, wie die Angst ihn beschlich. Dann mußte er schuften wie ein Feldarbeiter und schwitzen. Er konnte nur hoffen, daß sie ihn dann verschonte. Gelegentlich, wenn er sich besser fühlte, konnte er es sich jedoch auch leisten, sich einer entspannenderen und kreativeren Arbeit wie der mit den Blumen zu widmen.

Heute konnte er sich nicht vorstellen, daß er sich den Blumen zuwenden würde, weil der Verlauf dieses Tages nicht dazu paßte. Er betrachtete die Blumen, erspähte ein paar Fingerhutpflanzen. Mit den Fingerhutpflanzen war irgend etwas nicht in Ordnung. Lang und röhrenförmig und purpurn hingen die Blüten von den Stielen herab. Sie baumelten nur schlaff an ihnen. Sie wirkten krank, neutral, abstoßend. Junge Fingerhutpflanzen sahen aus wie kastriert. Er bekam Angst. Ohne ersichtlichen Grund.

Er dachte daran, wie er fast am Ende seiner Tage als Dieb angelangt wäre, als er die Bleigewichte zum Angeln gestohlen hatte. Sie schienen sich kaum von seinen sonstigen Diebstählen zu unterscheiden. Aber später sollte ihm jemand verständlich zu machen versuchen, daß es doch etwas anderes gewesen war, obgleich es der Gärtner nur halb begriff, diesen Ausführungen nur halb glaubte.

Damals war er zu dem Sears-Kaufhaus in Glendale gefahren. Schon das war etwas ungewöhnlich. Das Kaufhaus lag nämlich etwas weiter entfernt, als er in der Regel fuhr. Aber aus irgendeinem Grund wollte er an jenem Tag ausgerechnet dieses Kaufhaus aufsuchen. Er hatte nun schon lange gestohlen, fast ein Jahr. Er war nie erwischt worden und auch nie ernsthaft Gefahr gelaufen, ertappt zu werden, obwohl er zu den Zeiten stahl, zu denen die meisten Ladendiebe unterwegs und die Warenhausdetektive besonders wachsam waren.

Er fühlte sich sehr eigenartig, als er das Sears-Kaufhaus betrat. Wenn er sonst in ein Geschäft ging, um einen Diebstahl zu begehen, wußte er in der Regel noch nicht, was er eigentlich stehlen wollte. Er wanderte dann einfach zwischen den Regalen hin und her, bis ihm etwas ins Auge stach oder etwas einfiel, das er brauchen konnte. Diesmal jedoch, in dem überfüllten Kaufhaus, mitten am Tag, schien er genau zu wissen, was er stehlen wollte. Er hatte diesen Entschluß nicht bewußt gefaßt. Jedenfalls war es sehr seltsam. Er stellte nur fest, daß er geradewegs auf die Sportartikelabteilung zustrebte. Und auf den Ladentisch, wo die Bleigewichte ausgestellt sein würden. Aber sie waren gar nicht da! Sie befanden sich nicht mehr an derselben Stelle wie früher, als sie ein kleiner Junge und sein Freund vor vielen Jahren geklaut hatten. Als sie dabei erwischt worden waren und als ihnen ein Verkäufer ordentlich die Leviten gelesen hatte. Die Regale und Ladentische in dem Kaufhaus waren umgestellt worden.

Verzweifelt blickte er um sich. Und dann entdeckte er sie. Sein Herz schlug ihm bis zum Hals herauf, und sein leicht sommersprossiges Gesicht war dunkelrot angelaufen. Sein Atem stockte, als er sich dem Regal näherte. Er blickte sich um. Dann faßte er in den Behälter mit Bleigewichten. Er stahl sie. Er steckte sie in seine Tasche. Dann blickte er sich neuerlich um. Sein Herz war dem Zerbersten nahe. Er stahl noch einige. Er hatte Mühe, Luft zu bekommen. Bewußter langsam verließ er das Kaufhaus. Keine Stimme ertönte. Keine Schritte wurden laut. Nichts. Er war wieder einmal davongekommen.

11

Im Zuge der jährlichen Weihnachtsfeier wählt man in der Staatsanwaltschaft von Los Angeles jedesmal einen ehrgeizigen, jungen Staatsanwalt, der den Marshall-Schulman-Preis für den bissigsten Volksvertreter in Empfang nehmen soll. Der Namensgeber für diese Auszeichnung war der Staatsanwalt, dem die Aufgabe zugefallen war, Anklage gegen die Mörder Campbells zu erheben.

Marshall Schulman galt keineswegs aufgrund seines Auftretens als Zivilperson oder aufgrund seiner äußeren Erscheinung als bissig und bösartig. Im Gegenteil, er machte einen eher jugendlich-sportlichen Eindruck, mit nur einem leichten Anflug von Grau in seinen Koteletten. Seine Nase war gerade so stark gekrümmt, um ihn auf eine energische Weise attraktiv wirken zu lassen. Seine Stimme klang gut. Er war begeisterungsfähig. Und er verstand es durchaus, die Geschworenen um den Finger zu wickeln. Aber wenn Schulman zum Angriff ansetzte, was praktisch immer der Fall war, ging er sofort an die Kehle. Seine Stimme nahm dann einen schneidenden Tonfall an, ohne daß seine Lippen sich dabei verzerrt hätten. Erbarmungslos konnte er einen Zeugen so lange durcheinanderbringen, verwirren und einschüchtern, bis dieser Zeuge genau das sagte, was der Staatsanwalt von ihm zu hören wünschte. Er war sich keineswegs zu schade, bissige Seitenbemerkungen und vielsagende Gesten anzubringen, gegen die von seiten der Verteidigung mit dem größten Nachdruck Einspruch erhoben wurde. Aber er war ein äußerst geschickter Taktiker und wußte genau, wie weit er mit dem jeweiligen Richter und den jeweiligen Geschworenen an bestimmten Tagen gerade noch gehen konnte. Wie Pierce Brooks war auch ihm klar, daß Gregory Powell bereits so gut wie tot war, so daß er sich vor allem darauf konzentrierte, auch für Jimmy Lee Smith ein Todesurteil zu erwirken.

Marshall Schulman war der sensationelle Mordfall bereits übertragen worden, als sich die Ermittlungen noch in ihrem

Anfangsstadium befunden hatten. Der Oberstaatsanwalt bat Schulman, sich mit Pierce Brooks in Verbindung zu setzen und, wenn nötig, die polizeilichen Ermittlungen persönlich zu leiten, um den Fall vor Gericht absolut hieb- und stichfest präsentieren zu können. Schulman traf sich kurz mit Brooks, informierte sich über dessen Arbeit und erklärte: »Dieser Detective braucht weder mich noch sonst jemanden.«

Marshall Schulman hatte ein paar Entscheidungen zu treffen. Eine davon war, ob er noch zusätzliche Anklagepunkte einreichen sollte, wie zum Beispiel wegen Entführung mit räuberischer Absicht. Schließlich entschied er jedoch, die Wucht seiner Hauptangriffsrichtung nicht unnötig abzuschwächen, indem er den Fall durch solche Zusatzpunkte verkomplizierte. Er würde lediglich gegen jeden Beschuldigten Anklage wegen Mordes erheben und es darauf beruhen lassen. Dann würde sich das Geschworenengericht nicht versucht sehen, in verschiedenen geringfügigeren Vergehen herumzupicken. Auf keinen Fall sollten den Geschworenen weitere Zusatzentscheidungen angelastet werden, falls einige von ihnen sowieso schon Schwierigkeiten haben sollten, einen Menschen zum Tode zu verurteilen.

Die anderen Entscheidungen waren eher nebensächlicher Natur, wie zum Beispiel die Frage, ob er des dramatischen Effekts halber Campbells Witwe vorladen sollte, und zwar unter dem Vorwand, durch sie die Bilder ihres verstorbenen Mannes identifizieren zu lassen. Hinsichtlich dieses Punkts sollte Schulmans Frau den Ausschlag geben. »Mein lieber Herr Staatsanwalt, mit Sicherheit wird man Ihnen *nie* den Vorwurf machen können, daß Sie zu feinfühlig gewesen wären. Dessen können Sie ganz gewiß sein.« Schulman beschloß, daß auch Karl Hettinger die Fotos identifizieren konnte, und ersparte Adah Campbell eine Vorladung.

Trotz seiner auch von ihm keineswegs abgestrittenen mangelnden Feinfühligkeit hatte Marshall Schulman jedoch durchaus ein Gespür für die Probleme, die mit seinen Zeugen auftreten und eine für ihn erwünschte Aussage erschweren oder verhindern konnten. Denn schon nach seinem ersten Gespräch mit Karl Hettinger begann der unsensible Staatsanwalt, sich über etwas Gedanken zu machen.

»Karl, ich finde, Sie haben in dieser Nacht wirklich großartige Arbeit geleistet. Dafür sollte man Sie auf alle Fälle für eine Beförderung empfehlen.«

Darauf kam von Karl Hettinger keine Antwort.

»Ich kann mir nicht vorstellen, daß es viele Männer gibt, die sich in dieser Situation so großartig verhalten hätten. Wenn Sie nämlich nicht trotz allem einen klaren Kopf bewahrt hätten, befänden sich die Mörder heute noch auf freiem Fuß.« Auch darauf antwortete Karl nicht.

»Haben Sie vor ein paar Wochen von diesen zwei Polizisten gelesen, die entführt und dann auf einem Friedhof freigelassen wurden? Daß genau das passieren würde, hätte doch an Ihrer Stelle in dieser verhängnisvollen Nacht jeder gedacht.«

Karl schwieg.

»Sie haben vom ersten Moment an richtig gehandelt, Karl. Von dem Augenblick an, als Sie Ihre Waffe ausgehändigt haben, bis zum bitteren Ende. Niemand könnte etwas anderes von Ihnen erwarten oder Sie gar auf irgendeine Weise für diese schlimme Geschichte verantwortlich machen.«

Als Karl Hettinger darauf immer noch nichts erwiderte, begann der unsensible Staatsanwalt, sich etwas zu fragen, was sich offensichtlich bis dahin noch keiner von Karl Hettingers Kollegen oder Vorgesetzten gefragt hatte.

Selten hatte eine Voruntersuchung solches Interesse hervorgerufen. Sie fand am 19. März statt. Die Angeklagten trugen immer noch ihre Lederjacken. Sie hatten noch nicht den Sprung geschafft, sich auf ihre neue Rolle als Polizistenmörder einzustellen – berüchtigt auf der einen Seite des Gesetzes, gefeiert auf der anderen. Sie hatten sich noch nicht an ihr verwirrend neues Leben in den Zellen des Los Angeles County Jail gewöhnt, die den ›obersten Rängen‹ vorbehalten waren. Sie wirkten noch angespannt und nervös.

Den jungen Angeklagten wurde mehr Achtung und Ehrerbietung entgegengebracht, als dies jeder von ihnen in seinem bisherigen Leben erfahren hatte. Niemand wollte sich auch nur im geringsten den Vorwurf der Voreingenommenheit ihnen gegenüber einhandeln, der bei der anstehenden Verhandlung nur eine rasche Aburteilung der beiden Männer verzögert hätte. Selten hatte in Los Angeles ein Mord die öffentliche Meinung in dem Maße erregt und beschäftigt. Kein Tag verging, an dem nicht in Rundfunk und Presse ein Kommentar zu der Tat abgegeben wurde. Bei den Zeitungen gingen zahllose Leserbriefe ein. Die Öffentlichkeit konnte einfach nicht diese letzte Grausamkeit begreifen: *Wir haben euch ja gesagt, wir würden euch laufenlassen, aber . . .*

Der Pflichtverteidiger John Moore war der ideale Gegner für Marshall Schulman. Er war keineswegs weniger aggressiv als ein selbständiger Verteidiger, wenn er auch nicht gleich auf den ersten Blick diesen Eindruck erweckte. Er war ein dünner Gelehrtentyp mit sanfter Stimme und bescheidenem Auftreten. Gegen einen Verteidiger wie Moore konnte ein unerbittlicher Angreifer wie Schulman nicht selten uneinfühlsam und abgestumpft erscheinen, wobei jedoch beide Männer erfahrene Prozeßanwälte waren.

Moore war noch eine Pflichtverteidigerin zur Seite gestellt, Kathryn McDonald, eine energische, unverheiratete Frau in mittleren Jahren, die sich vor allem mit Gregory Powells Verteidigung befaßte. Allerdings sollte Greg seine Verteidiger gründlich frustrieren, indem er sich mit äußerster Standhaftigkeit dagegen aussprach, in seinem Fall auf geistige Unzurechnungsfähigkeit zu plädieren.

»Ich habe ganz schöne Scherereien mit meinen Anwälten, Mr. Brooks«, erzählte Greg dem Detective.

»Ach ja?«

»Sie drängen mich ständig, ich sollte auf geistige Unzurechnungsfähigkeit plädieren. Aber, Mr. Brooks, ich bin nicht verrückt, und ich war das auch nie. Und dann kommen sie mir mit diesem Quatsch daher, von wegen, ich hätte doch diese Gehirnoperation gehabt, und überhaupt. Blöderweise kenne ich mich mit dem Gesetz nicht gut genug aus und habe keine Ahnung, ob ich dagegen was unternehmen kann. Die schaffen es noch, diesen Prozeß über ein paar Jahre hinzuziehen. Wenn es möglich wäre, mich schuldig zu bekennen, dann *würde* ich mich schuldig bekennen. Dann könnten mich diese Anwälte alle mal. Ich weiß auf jeden Fall, daß es ein Gesetz gibt, demnach sich ein Mann vor Gericht selbst vertreten kann.«

»In diesem Fall möchte ich Ihnen dann aber doch einen guten Rat geben, ob Sie ihn hören wollen oder nicht«, erwiderte Brooks. »In juristischen Kreisen gibt es eine alte Grundregel, und die lautet, daß sich vor Gericht nur ein Narr selbst vertritt. Sogar große und bekannte Richter sagen, daß sie sich von einem Anwalt vertreten ließen, falls sie einmal vor Gericht gestellt werden sollten. Deshalb sollten auch Sie sich durch einen Anwalt vertreten lassen, der sich in solchen Dingen auskennt.«

Wütend sollte John Moore in Erfahrung bringen, daß sein Klient den Detective weiterhin im Gefängnis empfing. Und Greg sollte seinen Verteidiger mit der Feststellung vor den Kopf stoßen: »Ich möchte, daß Sie wissen, daß Sergeant Brooks meine Erlaubnis hat, mich jederzeit zu besuchen, wenn es ihm beliebt.«

Ärgerlich wandte Moore sich daraufhin an Brooks. »Meine Erlaubnis brauchen Sie gar nicht erst einzuholen, wenn er es so will.«

Moore stellte fest, daß sein Klient intelligent, starrköpfig, egozentrisch und extrem unsympathisch war, was den Eindruck betraf, den die Geschworenen von ihm gewinnen würden. Es war nicht einmal möglich, diesem jungen Mann beizubringen, er sollte weniger aufrecht und steif auf der Anklagebank sitzen und die Geschworenen *nicht* so mit diesem einschüchternden, blauäugigen Blick anstarren.

Vermutlich die schwierigste Aufgabe war Pflichtverteidiger Ray Smith zugefallen, einem älteren, weißhaarigen Mann der alten Schule, der eine etwas altmodische, moralisierende, rauhe, aber einfache Art hatte und mehr oder weniger vom ersten Augenblick an mit Jimmy Smith' unverhohlener Abneigung konfrontiert war. Er glaubte vielleicht nie, Jimmy Smith könnte *nicht* lügen, wenn er auf seiner Unschuld beharrte, wenn er standhaft verleugnete, die vier Schüsse in die Brust des Polizisten abgefeuert zu haben. Ray Smith sah seine Aufgabe darin, Jimmy Smith vor der Gaskammer zu retten und für ihn auf irgendeine Weise eine lebenslängliche Haftstrafe zu erwirken, was angesichts der Umstände ein großartiger Triumph gewesen wäre.

Die einzigen Zeugen, die im Zuge der Voruntersuchung

aussagten, waren der Chirurg, der die Autopsie vorgenommen hatte, und Karl Hettinger, der in den Augen der Angeklagten plötzlich verändert wirkte – dünner und aufgrund seiner fehlenden Brille, die er in besagter Nacht verloren und seitdem nicht wieder ersetzt hatte, auch jünger. In späteren Jahren mußte sich Marshall Schulman hundertmal anhören, er hätte seinen Fall binnen einer Woche völlig problemlos durchboxen können, wenn er sich nur auf diese beiden Zeugen beschränkt hätte. Aber im nachhinein ließ sich immer leicht reden, pflegte er darauf zu entgegnen.

Die Verhandlung wurde von Richter Edmund Cooke geleitet. Die Angeklagten hatten sich der Anklage wegen Mordes zu stellen und einem ordentlichen Gericht gegenüber zu verantworten. Die Sitzung verlief im wesentlichen recht ereignislos, sah man von der beängstigenden Aussage des überlebenden Polizisten ab.

Um neun Uhr fünfundfünfzig an jenem Morgen, nachdem der Zeuge von den Ereignissen des 9. März berichtet hatte – gegen Ende seiner Ausführungen wurde seine Stimme zunehmend brüchiger – trat Marshall Schulman auf den Zeugen zu, der zusammengekauert im Zeugenstand saß, seine Hände zwischen den Knien verschränkt.

»Würden Sie bitte die auf diesem Foto abgebildete Person identifizieren?«

»Das war mein Partner, Officer Ian Campbell.«

»Sie haben ihn als Lebenden gekannt? Ist das richtig?«

»Ja.«

»Und Sie haben ihn auch nach seinem Tod gesehen?«

»Ja.«

Richter Cooke blickte auf die Augen des jungen Polizisten herab und sagte: »Wir legen eine Pause ein. Ich glaube, Officer Hettinger hat für den Moment genug.«

Vom Standpunkt des Zeugen aus hatte man ihm an diesem Tag nur eine einzige Frage gestellt, an die er sich in der darauffolgenden Nacht immer wieder erinnern sollte, als er, unfähig, Schlaf zu finden, neben seiner schlafenden Frau im Bett lag. Dies war die unschuldige Frage, die der alte Rechtsanwalt an Jimmy Smith gerichtet hatte: *Sie wurden hinten im Wagen nicht irgendwie zurückgehalten?*

Warum hat er ihm diese Frage gestellt, dachte Karl Hettinger. Was hat er damit gemeint? Was hätte ich denn da hinten schon tun sollen? Was hätte ich denn gegen diese Kanonen auf dem Vordersitz schon groß unternehmen sollen? Wußte ich's doch, daß jemand sagen würde, ich hätte irgend etwas machen sollen. Aber was? Hätte ich sie vielleicht mit dem Wagenheber anfallen sollen? Klar, in dieser engen Kiste, während der Lauf einer gespannten Kanone auf Ians Bauch zeigt, und dazu noch drei weitere Knarren in ihrer Hand. Klar. *Sie wurden nicht irgendwie zurückgehalten ...?*

Aber vielleicht hat er es gar nicht so gemeint. Vielleicht wollte er damit nur zeigen, daß sein Klient in Wirklichkeit doch kein so übler Bursche war. Nein, so schlimm war er doch gar nicht. Sie haben ihnen ja nicht mal Handschellen angelegt. So schlimm waren sie doch gar nicht. Vielleicht war es nur das, was er damit hatte sagen wollen. Vielleicht hatte er das andere damit gar nicht zum Ausdruck bringen wollen.

Inzwischen war sich Karl sicher, daß fast alle Polizisten an seinem Verhalten in jener Nacht in irgendeiner Form Kritik übten. Wie sie ihn zum Beispiel ansahen, wenn er sich in der Kantine oder in der Cafeteria aufhielt. Die Art, in der sich die meisten Köpfe nach ihm umdrehten, wenn er den Raum betrat. Er war sich sicher, daß sie untereinander tuschelten. Mit diesem Rundschreiben hatte alles angefangen. *Kapitulation ist keine Garantie für die Sicherheit irgendeines Beteiligten. Kapitulation ...*

Jetzt aber mal halblang, schön ruhig bleiben, redete sich Karl Hettinger gut zu. Nicht gleich den Kopf verlieren. Und dann ging Karl Hettinger zum erstenmal in voller Absicht die gesamte Nacht des 9. März der Reihe nach durch, wobei er sich in seinem Gedächtnis noch einmal genauestens mit jedem gesprochenen Wort befaßte, mit jeder Nuance im Tonfall der Stimmen, mit jeder noch so unbedeutenden Geste von Powell und Smith und Ian – und auch von sich selbst. Danach war er in Schweiß gebadet. Es war schon nach ein Uhr früh. Er gelangte zu dem Schluß, daß er am Tod Ian Campbells absolut unschuldig war. Und er schwor sich, nie mehr absichtlich an diese schreckliche Nacht zu denken. Aber er fand keinen Schlaf. Er stand auf, trank eine Dose Bier.

Am 13. Mai gebar Maxine eine Tochter, Lisa Lei. Gregs Anwälte brachten ihn daraufhin zwei Wochen später vor Gericht, als sie befürchteten, seine in letzter Zeit recht häufigen Depressionen könnten sich nachteilig auf den Verlauf des Prozesses auswirken.

»Dr. Crahan, könnten Sie uns bitte sagen, welche Medikamente der Angeklagte im Augenblick erhält, falls Sie das wissen, Sir«? wurde der zuständige Arzt befragt.

»Er bekommt drei verschiedene Antazida und Beruhigungsmittel.«

»Welchem Zweck dienen die Antazida?«

»Sie sollen sein auffahrendes Wesen etwas bremsen.«

»Wie ich sehe, haben Sie den Angeklagten auf seinen Blutdruck hin untersucht. Haben Sie das getan, um einen Vergleich zu früheren Werten zu haben?«

»Ja. Sein Blutdruck liegt zwischen hundertzehn und hundertzwanzig. Das ist völlig normal.«

»Dr. Crahan, Sie sind natürlich hier, um dem Gericht dabei behilflich zu sein, festzustellen, inwieweit Mr. Powells Angaben, er hätte vierzehn Tage lang keine Nahrung mehr bei sich behalten können, richtig sind. Haben Sie gestern sein Gewicht überprüft?«

»Ja.«

»Und wie viel hat der Angeklagte zu diesem Zeitpunkt gewogen.«

»Siebenundsechzig Kilo – ebensoviel, wie er bei seiner Einlieferung ins Gefängnis angegeben hat.«

»Verfügen Sie über irgendwelche Eintragungen, daß er je weniger gewogen hat?«

»Ja.«

»Und wieviel hat er in diesem Fall gewogen?«

»Sein Gewicht wurde vor ein oder zwei Wochen gemessen, und er wog damals sechsundsechzigeinhalb Kilo. Er hat also seit damals ein Pfund zugenommen.«

»Vielen Dank. Das genügt.«

In dem Gefängnistrakt, der Mördern und besonders ausbruchsgefährdeten Häftlingen vorbehalten war, wurde Jimmy Smith bald zu einer Berühmtheit. Über Tage hinweg hatte sein Foto auf den Titelseiten der Zeitungen geprangt, so daß ihn alle kannten. Jimmy genoß die anerkennenden Blicke und Grüße der anderen Insassen. Sie gaben ihm Zeitschriften und Zigaretten weiter und kicherten mitfühlend, wenn er erzählte, wie er von diesem Gregory Powell erst in diesen Schlamassel hineingezogen und dann auch noch von ihm verpfiffen worden war.

Wenige Tage nach seiner Einlieferung sah Jimmy zwei junge Schwarze einen flüchtigen Akt der Gewalttätigkeit vollführen, der einem Haß und einem Trotz entsprang, wie ihn Jimmy selbst zu diesem Zeitpunkt seines Lebens noch nicht einmal annähernd gekannt hatte.

Nachdem sie ihren Haß gegen alle Weißen und Bullen hinausgebrüllt hatten, schleppten die beiden jungen Männer ihre Betten vor die Tür und stellten sie auf, um mehr Platz in ihrer Zelle zu schaffen. Dann rissen sie aus ihren Kopfkissen die Füllung heraus und stopften statt dessen Bücher und Kaffeetassen hinein. Als nächstes rissen sie eine Decke in Streifen und banden sich damit die Kissensäcke an ihre Handgelenke. Die ersten drei Wärter, die in dieser Zelle auftauchten, um nach dem Rechten zu sehen, wurden nun so erbittert attackiert, daß sie erst einmal Verstärkung und einen Schutzschild in Form einer Matratze anforderten. Schließlich konnten die beiden Häftlinge überwältigt werden, indem ihnen die Wärter mit Handtüchern, die sie zu diesem Zweck ständig mitführten, die Luftzufuhr abschnitten.

Jimmy Smith konnte die Schreie und das Ächzen der Häftlinge und Wärter nicht vergessen, die sich in diesen erbitterten Kampf gestürzt hatten. Einer der jungen Schwarzen wurde mit einer tiefen Kopfwunde blutüberströmt weggebracht, und in dieser Nacht sollte Jimmy zum erstenmal von Blut träumen. Sein Traum war in Ströme von Blut getränkt, und für einen kurzen Augenblick glaubte Jimmy einen blutigen Arm zu erkennen, der nach ihm griff. Der Arm war so blutig, daß er es nicht über sich brachte, den Mann anzusehen, dem er gehörte. Der blutige Arm riß ihn aus dem Schlaf.

Die erste Woche verbrachte Jimmy damit, die Zeitungsartikel über sich zu lesen und die Fernsehberichte über den Mord zu verfolgen. Er sah auch den Film über das Begräbnis, in dem auch Ian Campbells trauernde Witwe gezeigt wurde. Er studierte die zahlreichen Schlagzeilen. Und er hörte zu, wie ein hoher Regierungsbeamter und selbst der Gouverneur erklärten: »Obwohl ich eigentlich gegen die Todesstrafe bin...«

Die nach Vergeltung schreienden Leserbriefe an die Presse beunruhigten ihn, was insbesondere für einen Leitartikel galt, in dem stand, daß es für derart brutale Schlächter so etwas wie eine Rehabilitation nicht gäbe. Was ihn jedoch am meisten belastete, war der Umstand, daß aufgrund des Aufsehens, den der Mordfall Powell-Smith erregt hatte, viele Häftlinge wesentlich zögernder auf Bewährung entlassen wurden. An dem Tag, an dem *diese* Nachricht verbreitet wurde, sah Jimmy Smith sich seine Mitinsassen sehr genau an. Obwohl dies niemanden von den Männern, die in diesem Gefängnis auf ihren Prozeß warteten, unmittelbar betraf, konnte man doch nie wissen. Immerhin waren Jimmy und Greg schuld daran, daß andere Häftlinge nicht auf Bewährung freikamen. Das war beängstigend.

Eines denkwürdigen Tages kam Jimmy in Kontakt mit einem Insassen, der es geschafft hatte, fünfzehn Gramm Heroin ins Gefängnis zu schmuggeln. Mit Hilfe dessen, was er von seiner Nana erbetteln konnte, entrann Jimmy Smith nun seinen quälenden Erinnerungen. Der Stoff reichte fast eine Woche. Die Träume von der Leiche auf dem Boden suchten Jimmy Smith nicht mehr heim. Als er schließlich endgültig zu der Feststellung gelangte, daß er in seinem Erinnerungsvermögen einfach kein Bild von Powell fixieren konnte, wie er über dem Polizisten stand und auf ihn feuerte, hörte er auf zu träumen. Es war das Bemühen, sich die Szene bildlich vorzustellen, das in erster Linie die Träume verursacht hat, redete er sich ein. Das war die einzig mögliche Erklärung. Schließlich, äußerte er seinem Anwalt gegenüber, hatte er nichts getan, dessen er sich schuldig hätte fühlen sollen. Er hatte es satt, andere Leute ständig von so etwas wie schlechtem Gewissen reden zu hören, von dieser Sache, die sich die Weißen ausgedacht hatten. Von nun an schlief Jimmy Smith wieder gut, aß kräftig und hatte keine beunruhigenden Träume mehr. Er sprach nichts als die reine Wahrheit, als er erklärte, so etwas wie Schuld oder Gewissen gäbe es nicht. Für ihn gab es so etwas tatsächlich nicht.

Karl Hettinger tat zur Hälfte für das Hollywood-Revier und zur Hälfte für die Mordkommission Dienst. Als der Prozeßbeginn näherrückte, wurde er vorübergehend gänzlich zur Mordkommission versetzt, um bis zum Abschluß des Prozesses verfügbar zu sein. Nach dem Prozeß sollte ihm eine neue Aufgabe zugeteilt werden.

»Als Fahrer für den Polizeichef?« fragte Helen, als er ihr davon erzählte.

»Ja, wenn ich will.«

»Wenn du *willst?* Weshalb solltest du das nicht wollen? Wie viele Kollegen bekommen schließlich schon so eine Chance?«

»Das ist es ja gerade, Helen. Wieso ausgerechnet ich? Weil ich einfach bekannt bin – deshalb. Jeder weiß über mich Bescheid.«

»Na und, was soll das damit zu tun haben?«

»Ich weiß nicht. Vielleicht denken sie, ich hätte nicht mehr das Zeug für einen normalen Streifenpolizisten, weil... Na ja, es gibt da einige Leute, die denken, ich wäre verantwort... Na ja, vielleicht wollen sie mich einfach auf nette Art und Weise aufs Abstellgleis schieben.«

»Karl, du würdest dann nur tagsüber arbeiten, und die Wochenenden hättest du frei. Und du kannst einen Anzug tragen und gehst zur Arbeit wie ein ganz normaler Geschäftsmann. Wieso machst du dir dann über all diesen anderen Kram Gedanken?«

»Ich stelle mir nur vor, was andere Polizisten sagen könnten – Männer, die sich schon lange für diesen Job beworben haben, um nun feststellen zu müssen, daß ich ihn allen vor der Nase wegschnappe.«

Helen Hettinger, fast im siebten Monat schwanger, konnte nicht umhin, sich über den Mann zu wundern, den sie geheiratet hatte. Sie mußte wieder einmal feststellen, wie wenig sie ihn eigentlich kannte. Immerhin waren sie erst wenige Monate verheiratet gewesen, als der Mord passiert war. Sie hatte ihn bis dahin sowieso erst bis zu einem gewissen Grad kennengelernt. Aber jetzt war er plötzlich so anders. Er lachte nie mehr und machte keine Witze wie früher. Er nahm ab und blieb jeden Abend noch lange auf, nachdem sie bereits zu Bett gegangen war. Und er vermied möglichst jeden Kontakt mit ihren Freunden und Bekannten.

Sie wünschte sich, er würde ihr über das Ganze erzählen, über den bevorstehenden Prozeß, wie es ihm bei der Arbeit ging. Aber er rückte nicht mit der Sprache heraus. Wenn sie ihn etwas in dieser Richtung fragte, zuckte er nur mit den Schultern oder lächelte und erklärte, alles wäre in Ordnung. Nicht einmal, wenn sie in ihn drang, er sollte doch endlich mehr von sich erzählen, ließ er sich aus der Ruhe bringen. Wenn er nur wenigstens ein einziges Mal einen Wutanfall bekommen hätte... Aber dazu sollte es nie kommen. Er saß einfach nur stumm da und stellte sich stur.

Nicht nur für Helen, sondern auch für alle anderen war es ein Ding der Unmöglichkeit, Karl seine geheimsten Gedanken zu entlocken. Man belastete einfach andere nicht mit seinen Problemen. So war es in dieser Familie eben immer schon gewesen.

Richter Mark Brandler hatte ein feinfühliges Gesicht, helles Haar, eine lange, dünne, leicht gekrümmte Nase und Augen, die unter den etwas herabhängenden Lidern ständig leicht zu lächeln schienen. Als Jimmy Smith in dieses Gesicht blickte, erwachte Hoffnung in ihm.

Während des Ersten Weltkriegs war der Richter als belgisches Flüchtlingskind nach Amerika gekommen. Er hatte in der Kanzlei des berühmten Anwalts Jerry Geisler gearbeitet und war viele Jahre Staatsanwalt gewesen. Er war der letzte, der von Gouverneur Earl Warren in dieses Amt berufen worden war, bevor der Gouverneur selbst zum weltberühmtesten Juristen wurde. Voller Stolz blickte Mark Brandler auf eine sechzehnjährige Karriere als Staatsanwalt zurück, in deren Verlauf er nicht in einem einzigen Prozeß eine Niederlage erlitten hatte. Noch stolzer war er auf die Tatsache, daß er in all seinen Jahren auf der Richterbank des Oberen Gerichtshofs nie von einer höheren Instanz revidiert worden war.

»Besteht irgendein triftiger Grund, weshalb Sie persönlich beantragen, Ihr Pflichtverteidiger möchte seines Amtes enthoben werden, damit Sie sich selbst vor Gericht vertreten können?« fragte Richter Brandler im Zuge einer anderen Vorverhandlung.

»Ich habe das Gefühl, mich zu kennen, ich weiß am besten über die ganze Sache Bescheid und möchte das Ganze selbst in die Hand nehmen«, antwortete Gregory Powell.

»Sie haben aber doch keinerlei Erfahrung, was die Regeln einer Beweisführung betrifft?«

»Ich habe verschiedene Bücher gelesen, und ich habe das Gefühl, daß ich durchaus in der Lage bin, mich selbst befriedigend vor Gericht zu vertreten. Allerdings würde ich darum bitten, zu meiner Unterstützung auf die juristische Bibliothek zurückgreifen zu dürfen.«

»Wie alt sind Sie, Mr. Powell?«

»Neunundzwanzig Jahre.«

»Welche Ausbildung haben Sie gehabt?«

»Ich bin auf die Cadillac Michigan High School gegangen, wo ich aber in der neunten Klasse aufgehört habe. Meinen Abschluß habe ich dann in achtzehn Monaten gemacht, als ich in Leavenworth, Kansas, war. Meine Qualifikation ist von der Erziehungsbehörde in Topeka, Kansas, als vollwertig anerkannt worden. Daraufhin habe ich mehrere Collegekurse belegt.«

»Und welche Kurse waren das genau?«

»Unter Dr. Burke habe ich Logik studiert. Außerdem habe ich zwei Jahre Algebra gemacht. Zusätzlich habe ich etwas Akustik studiert und sonst noch verschiedene Fachbereiche, die mit Musik zu tun haben.«

Jimmy Smith's Vorverhandlungen hatten mehr die Zustände im Gefängnis zum Thema als den bevorstehenden Kampf um sein Leben.

»Wissen Sie, was passiert ist, Euer Ehren? Sie haben mich in eine Einzelzelle gesteckt«, erzählte Jimmy. »In eine Zelle, von der ich mit absoluter Sicherheit weiß, daß sie dort sonst V-Männer unterbringen, und ich weiß ganz sicher, aus eigener Erfahrung, daß mit dem Essen, das man dort bekommt, etwas nicht stimmt, weil nämlich die anderen Insassen die Jungs hassen, die dort einsitzen, obwohl sie nicht an sie rankommen. Und jetzt haben sie mich in die letzte Zelle eingesperrt, und ganz allein, und ich darf auch nicht spazierengehen. Das Essen, das ich dort kriege, werde ich auf keinen Fall essen. Woher soll ich wissen, was da alles drin ist? Ich habe da alle möglichen Gerüchte gehört. Das wollte ich nur mal gesagt haben.«

Im Gefängnis entwickelten sich die Dinge für Gregory Powell nicht gerade günstig. Am 26. Juni meldete sich ein Häftling bei einem Sergeant der Wache. Der Mann war wegen bewaffneten Raubüberfalls angeklagt und erklärte sich bereit, Gregory Powell zu verpfeifen, falls ihm in einem Brief an seinen Richter seine Kooperationswilligkeit bescheinigt würde.

Der Häftling erzählte, Greg wäre in den Besitz von zweihundert Aspirintabletten gelangt, die er alle auf einmal schlucken wollte, um ins General Hospital eingeliefert zu werden. Der Informant war von Greg angewiesen worden, sich die Pulsadern so weit aufzuschneiden, daß er ebenfalls in die Klinik eingeliefert worden wäre. Einmal dort, sollte Maxine dem Informanten über einen Klinikangestellten zwei Schußwaffen zukommen lassen.

Ein anderer Gefängnisinsasse erzählte einem Deputy, daß Greg eine große Menge Aspirin einnahm. »Entweder will er sich tatsächlich um die Ecke bringen, oder er trägt noch extra dick auf, damit er ins Krankenhaus eingeliefert wird.«

Die beiden waren nicht die einzigen, die der Gefängnisbehörde Informationen über Gregory Powells Vorhaben gaben, so daß dieser nicht in die Klinik kam.

Eine Woche später hatte ein anderer Häftling aus Block 10-A-2 eine geheime Unterredung mit einem Wärter, in deren Verlauf er diesem mitteilte, daß nach Gregs Angaben Douglas Powell, Gregs jüngerer Bruder, im Gerichtssaal mehrere Schußwaffen plazieren sollte, damit Gregory Powell sich dann von dort im, wie er es nannte, ›Dillinger-Stil‹ freischießen konnte. Der Häftling erklärte sich bereit, weiter den Kontakt mit Powell zu pflegen und die Behörden von weiteren Fluchtplänen zu verständigen. Der Häftling erwartete dafür nichts weiter als ein größtmögliches Maß an Nachsicht, wenn er später in diesem Monat wegen Verletzung der Bewährungsauflagen Richter Brandler vorgeführt werden sollte. Weitere Dienste besagten Häftlings wurden nicht in Anspruch genommen, aber die Sicherheitsvorkehrungen im Gerichtssaal wurden verschärft.

Ebenfalls in derselben Woche informierte ein weiterer Insasse den Captain, daß Greg behauptet hatte, Douglas Powell würde die Sitze im Gerichtssaal aufschlitzen und Schußwaffen in die Polsterung schieben. Außerdem wollte er während der unvermeidlichen Schießerei im Zuge seines Ausbruchsversuchs eine Rauchbombe einsetzen.

Ein weiterer Informant berichtete ausführlich von anderen Ausbruchsplänen. Unter anderem beabsichtigte er auch, einen Geschworenen tätlich anzugreifen. Er versprach sich davon einen Neubeginn der Verhandlung, gefolgt von einer Untersuchung auf seine geistige Zurechnungsfähigkeit, die schließlich zu seiner Einlieferung ins Atascadero State Mental Hospital führen sollte, aus dem zu entkommen nicht weiter problematisch gewesen wäre.

Die Flucht aus dem Gerichtssaal erschien insofern als der letzte Hoffnungsschimmer, da ihm eindeutig eine selbstmörderische Absicht zugrunde lag. Daher bevorzugte Greg auch eindeutig einen Plan, demzufolge sein Bruder in der juristischen Bibliothek eine Schußwaffe verstecken sollte. Dort hätte sich eine Waffe leicht verbergen lassen, und Greg hätte bei seiner Flucht nur auf ein, zwei Leute zu schießen gebraucht. Aber selbst wenn ihm die Genehmigung erteilt werden sollte, sich vor Gericht selbst zu verteidigen, hieß das noch lange nicht, daß ihm der Richter erlauben würde, die Bibliothek zu benützen.

Ein weiterer Insasse, der Gregory Powell sehr nahe stand, reichte Informationen über ihn weiter und versicherte den Behörden sogar ausdrücklich, sie über irgend welche Ausbruchsversuche von seiten des Polizistenmörders sofort in Kenntnis zu setzen. Gregory Powell hatte diesen Mithäftling übrigens von Anfang an verdächtigt, ihn bei den Gefängnisbehörden verpfiffen zu haben. Was andere Männer betraf, hegte er jedoch nie auch nur den leisesten Verdacht, und er hätte sich nicht im Traum einfallen lassen, daß die Hälfte seiner Mitinsassen ihn geradezu benutzten, ihr eigenes Los zu verbessern. So etwas hätte er nie geglaubt. Er hatte sich sein ganzes Leben lang gewünscht, daß die Leute ihn mochten, und so glaubte er auch, daß sie das taten.

Im Juli, mitten in einem heißen, dunstigen Sommer, begann man in einem alten, grauen, abweisenden Betonklotz, bekannt unter dem Namen Hall of Justice, in Abteilung 104 des Oberen Gerichtshofs von Los Angeles die Geschworenen auszuwählen.

Der Gerichtssaal war groß und alt, und es schien unmöglich zu sein, ihm ein anderes Aussehen als streng und aseptisch zu verleihen.

Die Angeklagten trugen Anzüge mit Krawatten, und Jimmy Smith hatte sich aufgrund seines Astigmatismus inzwischen eine Hornbrille verschreiben lassen.

»Zur Information der Geschworenen«, wandte sich Richter Brandler an den Ausschuß, »in Kalifornien haben wir bei Mordfällen ein sogenanntes zweigeteiltes Verfahren. Während des ersten, des Hauptprozesses, fällt das Geschworenengericht eine Entscheidung über Schuld oder Unschuld eines Angeklagten. Für den Fall, daß die Geschworenen, nachdem sie über das Beweismaterial und die gerichtlichen Ermittlungen in Kenntnis gesetzt worden sind, den Angeklagten des Mordes für schuldig befunden haben, folgt darauf eine *zweite* Verhandlung, in der die Geschworenen, basierend auf dem Beweismaterial, über das Strafmaß entscheiden. Im ersten Prozeß hat die Geschworenen also die Frage nach dem Strafmaß nicht zu interessieren. Hier geht es lediglich um die Frage, schuldig oder nicht schuldig.«

»Ich möchte an diesem Punkt Einspruch dagegen erheben«, meldete sich John Moore zu Wort, »daß offensichtlich alle Personen, die diesen Gerichtssaal betreten, durchsucht werden.«

»Dem möchte ich entgegenhalten«, warf Marshall Schulman ein, »daß diesen beiden Angeklagten vermutlich eine bessere Behandlung zuteil geworden ist als sonst irgendeinem Häftling. Mr. Moore hatte Zugang zu den Gefängnisakten und weiß demnach sehr wohl, daß Gregory Powell ein

Sicherheitsrisiko darstellen könnte, möglicherweise auch Jimmy Smith.«

Schulman ließ sofort und unter Umständen auch mit voller Absicht eine Spitze gegen Gregory Powells anderen Verteidiger vor, gegen Kathryn McDonald, die durchzubringen versuchte, daß ihr Mandant getrennt von seinem Partner vor Gericht gestellt wurde.

»Ich möchte Sie in diesem Zusammenhang auf einen weit zurückliegenden Fall aufmerksam machen, der deswegen jedoch noch keineswegs seine Gültigkeit verloren hat, obwohl er häufig herangezogen wurde«, entgegnete Miß McDonald. »Ich spreche hier von ›Das Volk gegen Stewart‹, mit dem Mr. Schulman sicher vertraut ist und der auf das Jahr 1857 zurückreicht.«

»So alt bin ich nun wirklich noch nicht«, konterte Schulman trocken.

»Das bin auch ich nicht, Mr. Schulman«, erwiderte sie.

»Ich bin leider nicht damit vertraut«, meinte Schulman schließlich.

Dann wurden ein paar Tage lang die einzelnen Geschworenen ausgewählt, was von Richter Brandler mit den Worten eingeleitet wurde: »Ruft die bloße Erwähnung der Tatsache, daß die Person, die das Opfer dieses Mordes ist, ein Polizeibeamter war, in Ihnen irgendwelche Erinnerungen wach, denen zufolge Sie meinen, etwas über diesen Fall in den Zeitungen gelesen oder im Rundfunk gehört zu haben? Falls dem so ist, würden bitte diejenigen von Ihnen die Hand heben, die sich erinnern können, etwas über diesen Fall in der Presse gelesen oder in Funk und Fernsehen gehört und gesehen zu haben?«

»Meinen Sie diesen Mord in San Bernardino?« meldete sich Geschworener Nummer eins zu Wort.

»Das ist schwer zu sagen«, warf Geschworener Nummer zwei ein.

»Haben Sie irgendwelche Nachforschungen dazu angestellt?« wollte der Richter wissen.

»War das dieser Fall in San Bernardino?» fragte Geschworener Nummer eins noch einmal.

»Nein«, erwiderte der Richter, »ich glaube nicht, daß das in San Bernardino war.«

»Dann weiß ich nichts darüber.«

»Mr. Hall, Sie hatten Ihre Hand gehoben?«

»Es ist schwer zu sagen, aber ich glaube, mich ganz verschwommen an einen solchen Fall erinnern zu können – allerdings nur ganz verschwommen, wirklich ganz verschwommen. Deshalb hebe ich meine Hand.«

»Mr. Johnston, darf ich fragen, welchen Beruf Sie ausüben?« fragte John Moore.

»Ich bin Fernfahrer.«

»Können Sie sich erinnern, etwas über diesen Fall in Funk und Fernsehen gehört oder in der Presse gelesen zu haben?«

»Ich sehe mir nur ganz selten im Fernsehen die Nachrichten an.«

»Sie sagen, Sie könnten sich vage erinnern, über den Fall gelesen zu haben?«

»Ich habe damals die Zeitung nur überflogen. So richtig lese ich die Zeitung eigentlich nie – ich überfliege sie eher.«

»Ich lehne jeden Geschworenen auf der Bank gemäß Paragraph 1073 wegen Befangenheit ab«, erklärte Moore. »Die Geisteshaltung der Geschworenen in bezug auf den Fall hindert sie daran, auf der Grundlage absoluter Unparteilichkeit und ohne Voreingenommenheit bezüglich der Grundrechte beider Parteien zu urteilen.«

»Diesem Gericht steht in erster Instanz nicht die Rechtsprechung zu diesem Fall zu«, erhob Ray Smith, Jimmys Pflichtverteidiger, Einspruch. »Meiner Meinung nach sind Sie nur dazu befugt, diese Verhandlung aufzulösen, da das angebliche Verbrechen sich in Kern County zutrug. Ich kann mir nicht vorstellen, daß irgendein Ergebnis, zu dem man hier gelangt, das Papier wert ist, auf das es geschrieben wird.«

»Sie haben angedeutet, Sie hätten in den Zeitungen etwas gelesen, was diesen Fall betrifft. Ist das richtig?« wurde ein anderer Geschworener gefragt, nachdem die Anträge abgewiesen worden waren.

»Ja, als die Sache zum erstenmal publik wurde.«
»Haben Sie sich über mehrere Tage hinweg darüber informiert?«
»Nein.«
»Können Sie sich erinnern, ob Sie damals auch irgendwelche Fotos gesehen haben, die in Zusammenhang mit diesem Fall standen?»
»Nein, ich habe keine Fotos gesehen.«
»Sie sagen, sie hätten am Radio nichts über den Fall gehört.«
»Nein.«
»Und auch nicht im Fernsehen?«
»Nein.«
Zwei Tage später sollte Gregory Powell einen Trick versuchen, den er einem Mitinsassen verdankte, der sich im Gefängnis ein umfangreiches juristisches Fachwissen angeeignet hatte.
»Der Angeklagte hat mir mitgeteilt, Euer Ehren«, erklärte Moore, »daß – kurz bevor wir aus Ihrem Büro kamen, wo wir uns über verschiedene nebensächliche Dinge unterhalten hatten – der Gerichtsdiener, der Deputy Sheriff, der im Gerichtssaal steht, meinem Klienten den Arm verdreht und ihm eine Zigarette aus der Hand gerissen hat, und dies vor den Augen der Geschworenen.«
»Ich habe ihn aufgefordert, die Zigarette auszumachen«, verteidigte sich der Gerichtsdiener, »weil sich das Gericht gerade versammelte. Aber er hat sich geweigert. Darauf habe ich zu ihm gesagt: ›Wenn Sie die Zigarette nicht ausmachen, muß ich Sie Ihnen wegnehmen.‹ Darauf hat er geantwortet: ›Na gut, dann nehmen Sie sie mir doch weg.‹ Ich griff nach der Zigarette, ohne seine Hand zu berühren. Die Zigarette fiel in den Abfalleimer und wurde gelöscht.«
»Ich bitte, zu Protokoll zu geben, daß ich das Verfahren für fehlerhaft erkläre«, meldete sich Moore zu Wort. »Und ich lehne die Geschworenen aufgrund dessen ab, was sie gesehen haben könnten oder tatsächlich gesehen haben. Es könnte in ihnen Voreingenommenheit gegen diesen Angeklagten wecken und dadurch ausschließen, daß es zu einem fairen und unparteiischen Prozeß kommt.«

»Diesem Antrag schließe ich mich an«, erklärte Ray Smith.

Bevor er am 11. Juli seine Wohnung verließ, um den Bereitschaftsraum der Mordkommission aufzusuchen, wo er nun jeden Tag den Abschluß des Geschworenenauswahlverfahrens erwartete, begutachtete Karl beunruhigt Helens gewaltig gewölbten Bauch.

»Mir wäre es lieber, ich könnte bei dir zu Hause bleiben. Wäre schön, wenn sie mir ein paar Tage frei gäben.«

»Mach dir meinetwegen keine Sorgen, Karl. Ich schaffe das schon. Sieh nur zu, daß du dich immer in der Nähe eines Telefons aufhältst.«

»Noch keine Schmerzen?«

»Nein, es geht mir hervorragend.« Helen lächelte, und sie sah an diesem Morgen auch tatsächlich blendend aus. Sie war früh aufgestanden und hatte sich ihr braunes Haar bereits gekämmt. Auch hatte sie Lippenstift aufgetragen.

»Ich sollte mir viel eher um dich Sorgen machen als um diesen Prozeß.«

»Mach dir am besten überhaupt keine Sorgen, Karl. Wenn ich dich brauche, rufe ich sofort an, ja?«

»Falls irgend etwas sein sollte... Ich meine, bevor...«

»Ja, ja, dann werde ich den Doktor verständigen oder einen Krankenwagen rufen – oder jemanden von der Polizei.«

Und so machte er sich, inzwischen etwas zuversichtlicher, auf den Weg zur Arbeit. Um in dem dichten Verkehr besser voranzukommen, fuhr er mit seinem Motorrad.

Später an jenem Tag passierte dann doch etwas. Die Wehen. Plötzlich, entsetzlich, unglaublich. Und Helen Hettinger rief auf dem Revier an und hinterließ eine Nachricht. Und dann lag sie plötzlich halb auf dem Bett, halb auf dem Boden. Ihre braunen Augen weiteten sich vor Angst. So hatte sie sich das nicht vorgestellt, nicht so...

Mühsam kämpfte sich Helen auf das Bett hoch, wo sie sich auf den Rücken legte. Sie konnte nicht noch einmal anrufen. Denn schon dieses kleine Manöver hatte sie bereits ihre letzte Kraft gekostet. Dieses erbarmungslos um sich tretende Etwas in ihr strebte nach draußen.

Die junge Frau atmete tief durch. Sie biß auf ihre Knöchel und konzentrierte sich voll und ganz darauf, nicht panisch loszuschreien, um das Leben des Kindes zu retten, von dem sie sicher war, daß es sie töten würde.

Helen versuchte, die Geburt einzuleiten. Sie richtete sich leicht auf und blickte an sich hinab. Aber die Tränen und der Schweiß raubten ihr die Sicht. Sie wischte sich die Augen aus, als die *wirklichen* Wehen einsetzten.

An diesem Morgen tranken Karl und Pierce Brooks in der Cafeteria Kaffee. Wie gewöhnlich saß Karl still am Tisch. Brooks stellte besorgt fest, daß er von Woche zu Woche dünner und angespannter wirkte. »Noch eine Tasse Kaffee, Karl?«

»Nein, danke.«

»Wie wär's mit einem Krapfen?«

»Danke, ich hab keinen Hunger.«

»Kann einem ganz schön aufs Gemüt schlagen, ständig herumzusitzen und zu warten, bis man bei Gericht gebraucht wird.«

»Allerdings.«

»Ich kann mir vorstellen, daß Sie froh sind, wenn Sie wieder Ihren regulären Dienst antreten können.«

»Ja.«

»Das ist ja wirklich toll, dieser Job als Fahrer für den Chef. Sie werden sofort zum Sergeant befördert, sobald Sie dafür die nötigen Voraussetzungen erfüllen.«

Mit einem Lächeln ließ Karl seinen Blick durch die Caféteria wandern und dann nach draußen, empor zu dem flammenden, smogerfüllten Himmel. Ja, wirklich toll, dieser Job, dachte er. Aber warum habe ich ihn gekriegt?«

»Telefon für Officer Hettinger«, verkündete die Stimme der Kassiererin über die Sprechanlage. Karl verschwand, um wenige Augenblicke später mit kreidebleichem Gesicht wieder an Brooks' Tisch zurückzukehren.

»Meine Frau. Helen . . .«

»Ist das Baby da?« fragte Brooks.

Aber Karl war schon wieder weg. Er rannte zum Lift, und wenige Augenblicke später raste er über den Freeway davon. Dabei sagte er laut vor sich hin: »Ich kann nicht einmal . . .

Oh, mein Gott, ich kann nicht einmal dabeisein, wenn meine Frau . . . Zu was bin ich eigentlich noch gut? Oh, mein Gott.«

Zwanzig Minuten später taumelte er die Treppe hoch, polterte durch die Tür und stürzte völlig außer Atem ins Schlafzimmer.

Und da lag Helen. Schweißtropfen glänzten auf Stirn und Oberlippe, lächelte sie ihm entgegen. Sie war blaß, aber sie lächelte, damit er nicht in Panik verfiel. Das Bett war schweißnaß. Sie waren nur mit einem Laken bedeckt, die zwei. Helen und das rote, nackte Baby, das sie ganz allein zur Welt gebracht hatte und das nun auf Helens Bauch lag, immer noch durch die Nabelschnur, die es nicht mehr länger brauchte, mit seiner Mutter verbunden.

»Sag schon mal guten Tag zu deiner Tochter«, begrüßte ihn Helen. »Sie heißt Laura.«

»Ich muß aufs Klo«, wußte Karl nur zu erwidern.

Am fünfzehnten Tag des Monats Juli wurden schließlich die Geschworenen ausgewählt.

Die Mitglieder der Geschworenenliste sind mit Sicherheit nicht atypisch, dachte Pierce Brooks. Sie waren angemessene Repräsentanten seiner Person, wenn man wirklich im näheren Umkreis von Los Angeles gelebt haben konnte, ohne eine Zeitung zu lesen oder Radio zu hören oder fernzusehen; wenn man nichts Besseres zu tun hatte, als einen Prozeß über sich ergehen zu lassen, der mit Sicherheit zwei Monate dauern würde; wenn man Spaß daran hatte, sich von seiner Umwelt abzusondern; oder wenn es in seinem Heim sowieso wenig oder nichts gab, von dem man sich hätte absondern können. Und wenn man darüber hinaus nicht im Berufsleben stand, kein hohes Einkommen bezog und keine prominente Persönlichkeit war, bestand durchaus die Möglichkeit, sich durch die Mitglieder eines solchen Geschworenengerichts repräsentiert zu sehen.

Ja, dachte Brooks, es war eine ganz normale Ansammlung von Geschworenen, und als solche würden sie kapriziös, unberechenbar, naiv und ohne jeden Einblick in das Rechtswesen und die Natur der Gewalt und der Menschen sein, die sich ihrer bedienten. Kurzum, Menschen, die so gut wie nichts über Verbrecher und das Verbrechen an sich wußten. Die Reaktionen auf das, was die Geschworenen in diesem Fall zu hören bekommen würden, waren nicht durch das Leben bedingt, nicht einmal durch Bücher und Zeitungen – *ich habe sie nur überflogen . . .* – nein, sondern durch Filme. Und dies, dachte der Detective, waren die schlimmsten Feinde für die Gerechtigkeit. *Es muß wahr sein! Ich kann mir das durchaus vorstellen. Ich habe nämlich einmal einen Film gesehen . . .*

Karl Hettinger mußte erst noch eine weitere Woche warten, bevor er seine Aussage machen konnte. Neben ihm sagten noch zahlreiche andere Zeugen aus – Pfandleiher, die den Mördern die Schußwaffen verkauft, Verkäufer in Supermärkten und Alkoholausschanks, die in die Mündungslöcher dieser entsicherten und geladenen Waffen geblickt hatten.

Trotz der Klimaanlage war es im Gerichtssaal sehr heiß. In der Nähe der Decke löste sich die Farbe von den Wänden, und in die Holzbänke hatten viele Leute ihre Namen geritzt. Karl saß nur da und las abwesend diese Namen, so daß er kaum den Beginn des Gehackes mitbekam.

»Sogar Gregory Powell kann in Nevada eine Schußwaffe kaufen?« schloß Schulman sein erstes direktes Verhör eines Pfandleihers.

»Einspruch«, erklärte Ray Smith. »Diese Bemerkung ist sarkastisch, mit einem streitsüchtigen Unterton.«

»Wir bitten darum, den Herrn Staatsanwalt wegen schlechten Benehmens zu verwarnen. Außerdem beantragen wir, das Verfahren für fehlerhaft zu erklären«, meldete sich Moore zu Wort.

»Ich ziehe die Frage zurück«, erklärte sich Schulman bereit.

Während dieser Woche sollte Karl noch viele weitere Anträge zu hören bekommen.

»Ich ersuche um eine Vertagung auf morgen früh«, verkündete Moore. »Mr. Powell ist offensichtlich eine Information zugekommen, die seine Gemütsverfassung eindeutig beeinträchtigt hat.«

»Dieser Mann steht wegen Mordes an einem Polizisten vor

Gericht«, hielt Schulman dem entgegen, »und ich finde, wir sollten die Verhandlung fortführen, bis berechtigte Gründe vorliegen, die Sitzung zu vertagen. Und mit berechtigten Gründen meine ich etwas mehr, als einen Drohbrief oder etwas in der Art.«

»Wir haben es langsam satt, daß Mr. Schulman auf unsere Seite herüberkommt und ständig die allgemeine Aufmerksamkeit auf den Angeklagten lenkt«, beschwerte sich Moore. »Wir haben es außerdem satt, daß Mr. Schulman dauernd irgendwelche Papiere in der Hand hält und an die Zeugen mit diesen Papieren herantritt.«

»Mr. Moore ergeht sich in einer ausführlichen Erörterung zu dem Thema, was er nun alles satt hat, und das interessiert mich nicht im geringsten. Mir ist es so und so egal, was er satt hat«, konterte Schulman und zog in einer nach Ansicht der Verteidigung beleidigenden Geste seine Hose hoch.

Und es kam noch zu einer ganzen Reihe weiterer Anträge, während Gregory Powell seine Ausbruchspläne schmiedete.

»Inwiefern sind Sie durch den Umstand voreingenommen, daß Sie im Gefängnis nicht mit den Zeugen sprechen können, ohne daß Ihr Anwalt dabei ist?« fragte Richter Brandler argwöhnisch.

Ende Juli wurde schließlich Karl Hettinger in den Zeugenstand gerufen. Auf der Geschworenenbank und auch sonst im Saal herrschte völlige Stille, als er den Mord schilderte, seine Flucht und die Jagd, das Ganze nur durch ein paar erläuternde Fragen von Marshall Schulman unterbrochen. Gegen Ende zu ließ Schulman den Zeugen einfach erzählen, und in der atemlosen Stille waren nur die heisere Stimme des Zeugen, das Summen der Klimaanlage und eine hartnäckige Fliege zu hören. Der Zeuge stockte oft, und jeder Geschworene, jeder Zuschauer und vor allem jeder Mann am Tisch der Verteidigung neigte sich vor, um ja kein Wort zu überhören. Die direkte Aussage brachte zwei Geschworene zum Weinen, was wiederum den Staatsanwalt befürchten ließ, das Verfahren könnte für fehlerhaft erklärt werden.

»Als ich zu dem Ort zurückkehrte, an dem die Schüsse gefallen waren, sah ich, daß . . . Ich sah, daß Ian mit dem

Gesicht nach unten in einem Graben lag. Ich bin dann nicht mehr näher hingegangen. Der Sheriff und die Fahrer des Krankenwagens sind zu ihm hin. Und ich habe gesehen – ich habe gesehen . . . Anscheinend waren da Schleifspuren auf dem Boden – eine ganze Menge Blut, das – Blut schien von einer Stelle zu kommen, wo ich ihn zuletzt gesehen hatte – wo ich Ian zuletzt zu Boden stürzen gesehen hatte, auf den Graben zu. Die Sanitäter haben Ian in den Krankenwagen gelegt, und ich bin auch in den Krankenwagen gestiegen, und wir sind nach Bakersfield gefahren, und dort bin ich ins Krankenhaus gegangen . . . Wohin sie Ian gebracht haben, weiß ich nicht.«

»Euer Ehren, da nun ein neuer, längerer Abschnitt anfängt, möchte ich fragen, ob dies vielleicht der gegebene Zeitpunkt für eine kurze Pause wäre«, schaltete sich Marshall Schulman ein. »Der Zeuge wirkt eindeutig aufgewühlt.«

Karl Hettingers Aussage beunruhigte auch den Angeklagten Jimmy Smith. Sie entsetzte ihn sogar, und während die Geschworenen sich noch zurückzogen, sprang er auf, um sich an das Gericht zu wenden.

»Sehen Sie, Euer Ehren, ich bin in diesem Gerichtssaal schon mehrmals aufgestanden. Ich weiß nicht, wie ich erklären soll, was ich meine. Ich meine, ich bin doch kein Idiot, oder was immer mein Anwalt hier behaupten mag. Ich habe diesen Mann zu fragen versucht . . . Ich möchte ihn nicht mehr länger als Anwalt haben. Jetzt kommt er eben von der Richterbank zurück und erzählt mir, daß der Staatsanwalt beweisen wird – daß er so eine Theorie hat, oder ballistische Untersuchungen oder so was, daß ich mehrere Schüsse in den Körper dieses Mannes abgefeuert habe. Und ich habe ihn wieder einmal gefragt: ›Glauben Sie eigentlich, was ich Ihnen ständig sage? Glauben Sie nun, daß ich dieses Verbrechen begangen habe oder nicht?‹ Und darauf hat er nichts geantwortet. Mit anderen Worten, er glaubt mir also nicht. Ich könnte mich genausogut selbst verteidigen, als daß er hier für mich rumsitzt. Und nützen wird das Ganze sowieso nichts, weil ich doch nur in die Gaskammer wandere. Bevor ich mich durch ihn vertreten lasse, kann ich mich genausogut selbst verteidigen. Er hat gesagt: ›Ich weiß nicht, Jimmy, wie wollen wir das beweisen? Es sieht schlecht aus. Es gibt nichts, was ich tun kann.‹ Und dies. Und jenes. Was soll ich mit einem Mann anfangen, der mich so verteidigt, wenn es um mein Leben geht?«

»Wenn ich Sie recht verstehe«, erwiderte Richter Brandler, »handelt es sich hierbei also um einen neuerlichen Antrag, Mr. Ray Smith als Ihren Anwalt abzulösen. Ist das richtig?«

»Antrag? Was soll das Ganze? Was nützt es mir denn schon groß, irgendwelche Anträge zu stellen? Ich sitze doch sowieso schon in der Todeszelle. Was soll dieser ganze Kram also? Machen Sie ruhig zu, und legen Sie mich rein. Das ist es doch, worauf Sie alle es abgesehen haben. Ich weiß sehr wohl, wovon ich rede, Euer Ehren. Das Ganze ist einfach zu offensichtlich . . . Ich weiß nicht, was das alles soll. Ich begreife es einfach nicht . . .«

Jimmy setzte sich, und seine Lippen zitterten, während er ein Schluchzen in seiner Kehle unterdrückte. Seine Stirn legte sich in Falten, und er nahm seine typische Mitleidshaltung ein.

»Eben diese Ihre Feststellung, daß Sie nicht begreifen, daß Sie nicht wissen, was das alles soll, ist einer der Gründe, weshalb das Gericht . . .«

»Das Ganze ist doch eine gigantische Verschwörung!« platzte Jimmy plötzlich heraus.

»Angesichts der Ernsthaftigkeit Ihrer Beleidigungen lehnt das Gericht hiermit von neuem ab, Ihrem Antrag stattzugeben, sich selbst zu verteidigen.«

»Ich will nicht, daß er auch noch ein Wort zu mir sagt, solange ich in diesem Saal bin. Ich will nicht, daß er noch irgend etwas zu mir sagt. Nie mehr.« Und damit verschränkte Jimmy Smith seine Arme über der Brust und wandte sich von seinem Anwalt ab, der seinen weißen Kopf schüttelte und hilflos mit den Schultern zuckte.

Während Karl Hettinger einem Kreuzverhör unterzogen wurde, stellte ihm der Verteidiger Ray Smith eine Reihe unschuldiger Fragen, die jedoch dem Zeugen in der darauf folgenden Nacht immer wieder durch den Kopf gehen sollten.

»Wenn dieser Fall abgeschlossen ist und Sie zur Hollywood Station zurückkehren, worin wird dann Ihre Aufgabe bestehen?«

»Nach Beendigung dieses Prozesses werde ich in die Innenstadt ins Präsidium versetzt, Sir.«

»In welcher Funktion?«

»Ich werde den Polizeichef fahren.«

»Sie werden was?«

»Den Polizeichef fahren.«

»Sie meinen Bill Parker?«

»Ja, Sir.«

»Sie werden also nicht mehr länger im Außendienst tätig sein?«

»Nein, Sir.«

Spät an jenem Abend, als er wie gewöhnlich mit einer Dose Bier vor dem Fernseher saß, nachdem Helen bereits lange schlafen gegangen war, warf er einen kurzen Blick zu ihrem Baby hinein. Seine Tochter war nun nicht mehr so rot, sondern richtig zart und atemberaubend schön, fand er. Er streichelte ihr kurz über die Wange und schlich ins Wohnzimmer zurück, wo er seine Nachtwache vor dem flimmernden Bildschirm und den einlullenden Stimmen wieder aufnahm. Er hätte kaum einmal erzählen können, wovon die Filme handelten, die er bei diesen Gelegenheiten sah.

Selbst ganz gewöhnliche Zivilisten können das problemlos durchschauen, dachte Karl. Und die Anwälte natürlich erst recht. Weshalb haben sie ausgerechnet *mich* für diesen Job ausgewählt? Sie stecken mich einfach nur dorthin, um mich von der Straße zu holen. Und sie versuchen das eben auf eine nette Tour. Um mir irgendeinen Schreibtischjob zu geben, bin ich inzwischen einfach zu bekannt. Sie denken, das wäre ein Posten, der etwas für mich ist, nach dem, was ich – nach dem, was sie denken, daß ich . . .

Er versuchte, nicht mehr daran zu denken. Er saß da und starrte vor sich hin und trank Bier und hoffte, der Traum würde diese Nacht nicht kommen. Dieser Traum, aus dem er nie aufwachte, bevor er zu Ende war, der jedoch fast ebenso unweigerlich Helen weckte, wenn sie ihn keuchen hörte und seinen schweißüberströmten Körper spürte und ihn im Dunkel in seinem Traum durch die Nacht hetzen sah. Flach auf dem Rücken liegend, mit strampelnden Beinen, alle paar Sekunden aufschluchzend.

Wenn sie ihn dann weckte, trocknete er sich zitternd ab und ging ins Wohnzimmer, um sich vor den Fernseher zu setzen.

Die ersten paar Male folgte ihm Helen noch dorthin.

»Karl, bitte, erzähl doch, was los ist.«

»Ich hab dir doch gesagt, Helen, daß ich nicht mehr weiß, was ich geträumt habe. Ich weiß nicht einmal mehr, ob ich überhaupt geträumt habe.«

»Belastet dich . . .«

»Nein, es belastet mich nichts.«

»Aber wie soll dir denn irgend jemand helfen, Karl? Wir sind nun schon fast ein Jahr verheiratet, und ich kenne dich überhaupt nicht.«

»Ach, weißt du, mir steckt nur der Prozeß ein bißchen in den Knochen. Aber das gibt sich schon.«

»Erzähl doch, was du geträumt hast.«

»Ich hab dir doch gesagt, daß ich mich nicht mehr erinnern kann.«

»Wieso können wir nicht miteinander reden, Karl? Man muß doch miteinander reden.«

»Ach was, Helen, es ist nichts weiter . . .«

Darauf wandte sie sich wütend und frustriert um, stapfte ins Schlafzimmer zurück und legte sich verärgert ins Bett. Aber dann spürte sie die schweißnassen Laken unter ihren Händen, und ihr Ärger verflog. Helen Hettinger spürte Angst und Zweifel durch das Dunkel auf sich zukriechen und sie umhüllen.

Sie hatte sich immer als ein kräftiges, robustes Mädchen betrachtet. Aber ihre Stärke – die Stärke und Widerstandsfähigkeit, die sie die Geburt ihrer Tochter überstehen hatte lassen, war nicht diesem überwältigenden, unaussprechlichem Etwas gewachsen, das von ihrem Mann Besitz ergriff und ihn ihr entriß. Sie konnte es weder sehen noch berühren. Und sie wurde sich schmerzlich ihrer Hilflosigkeit bewußt. »Ich bin einfach nicht gewitzt genug«, pflegte sie zu sagen. »Ich begreife das alles nicht, und er erzählt mir ja nichts.

Er *kann* nicht darüber sprechen.« Sie fand bei diesen Gelegenheiten sicher eine Stunde lang keinen Schlaf, war aber dann doch lange, bevor ihr Mann zu Bett ging, wieder eingeschlafen.

Während des Kreuzverhörs am nächsten Tag wirkte der Zeuge dann nur noch eine Spur ausgemergelter, und vielleicht waren die Ringe unter seinen Augen noch etwas dunkler. Inzwischen hatte er sich angewöhnt, seine Fingernägel zwanghaft in die Handflächen zu graben. Seiner Frau und seiner Schwester Miriam war dies keineswegs entgangen. Abgesehen davon und von dem Gewichtsverlust, der sich vor allem an seinen Wangen zeigte, hatte er sich kaum verändert.

»Also gut«, wandte sich Ray Smith an den Zeugen. »Würden Sie bitte so freundlich sein, dem Gericht eine Erklärung dafür zu geben, weshalb Sie am 12. März vor Ihren Kollegen von der Polizei Jimmy Lee Smith eindeutig als den Mann identifiziert haben, der die Kugeln in Officer Campbells Brust abgefeuert hat, und weshalb Sie in diesem Gerichtssaal nun behauptet haben, Sie könnten ihn nicht identifizieren?«

»Ja, Sir«, erwiderte der Zeuge. »Wie ich bereits gesagt habe, ist dies damals in Form einer Anzeige geschehen. Ich stand damals nicht unter Eid. Meiner Einsicht nach ist dies bei der Polizei durchaus üblich.«

»Auf welche Gegebenheiten oder Handlungen stützte sich Ihre Annahme, es wäre Jimmy Lee Smith gewesen, der die vier Schüsse abgefeuert hat?«

»Als ich mich umsah – so, wie ich mich jetzt umsehe – schien sich die Gestalt links von jener, die auf den am Boden liegenden Körper feuerte, zu bewegen. Und sie schien sich von der Stelle zu bewegen, an der ich zuletzt den Angeklagten Powell gesehen hatte. Aufgrund dieser Umstände nehme ich an, daß die Gestalt, die über dem am Boden liegenden Körper stand, Smith war, und ich nehme auch an, daß auch Smith sich von der Stelle, wo er stand, ein Stück vorbewegt hat, so daß er über dem Körper zu stehen kam und die Schüsse auf ihn abgab.«

»Es handelt sich dabei also um eine Annahme Ihrerseits? Sie haben diesen Tatbestand nicht wirklich gesehen?«

»Nein, Sir, gesehen habe ich es nicht.«

Und als sich die Geschworenen zurückgezogen hatten, hielt der alte Anwalt den gegebenen Zeitpunkt für gekommen, sich mit seinem dringlichen Problem an das Gericht zu wenden.

»Euer Ehren, ich finde, es wäre vielleicht durchaus angemessen, an dieser Stelle etwas zu Protokoll zu geben, da sich der Oberste Gerichtshof selbstverständlich Einblick in das gesamte Protokoll verschaffen wird. Seit seinem letzten Gefühlsausbruch hat mein Klient nicht mehr mit mir gesprochen; Mr. Smith weigert sich, auch nur ein Wort mit mir zu wechseln, und er rutscht mit seinem Stuhl einen Meter von mir fort, um nicht in meiner Nähe sein zu können. Damit will ich nun nicht sagen, daß mich dies persönlich trifft, aber ich finde doch, daß der Oberste Gerichtshof über diesen Sachverhalt informiert werden sollte.«

»Nun, dazu kann das Gericht nur folgendes sagen«, entgegnete der Richter. »Sie vertreten Ihren Klienten mit großem Nachdruck, so daß das Ganze nur eine Taktik von seiten des Angeklagten Smith darstellen könnte, mit der er innerhalb des Protokolls einen Irrtum oder zumindest eine gewisse Konfusion verursachen will.«

Müde stand Jimmy auf. Sein Haar war so kurz geschnitten, daß er fast kahl wirkte, und in Verbindung mit seiner neuen Hornbrille verlieh dies seiner ruhigen, bedächtigen Art eine gewisse gekränkte Bedrücktheit.

»Euer Ehren, während der letzten zwei Tage habe ich gefastet und gebetet, und ich habe nichts gegessen. Mein Gesundheitszustand ist nicht unbedingt schlecht, und ich bin auch nicht körperlich krank, aber ich bin doch relativ langsam zwischen den einzelnen Gerichtssälen hin und her gegangen. Und heute nachmittag – ich ging wieder ziemlich langsam, und die zwei Beamten sagten Powell und den anderen zwei Beamten, sie sollten schon mal vorausgehen – und dann packten sie mich an den Armen und zerrten an mir und rannten mit mir den Gang hinunter. Und dabei verdrehten sie mir die Arme und schoben mich herum und stießen mich schließlich in die Arrestzelle. Ich habe mich nur deshalb im Zeitlupentempo bewegt, um meine Energien zu sparen, und ich würde sagen, daß ich faste und bete, weil mir meine Mutter dazu geraten hat. Das heißt, ich nenne sie meine Mutter, aber sie ist in Wirklichkeit meine Tante – Mrs. Iona Edwards.«

»Sie wollen demnach also nicht zum Ausdruck bringen, daß Sie fasten, weil Sie im Gefängnis nichts Anständiges zu essen bekommen?«

»Nein, das wollte ich damit nicht sagen, Euer Ehren. Sie haben mir jeden Tag bei jeder Mahlzeit so viel zu essen angeboten, wie ich nur wollte. Ich mache das wegen meiner Verwandten. Meine Tante ist siebzig, und sie hat Zucker, und ich mache das, damit sie nicht noch kränker wird. Sie kann nicht tun, was sie gern möchte, und ich habe das Gefühl, daß Gott uns helfen wird, wenn ich nur genügend bete, wissen Sie? Wissen Sie, was ich meine?«

Im Zuge seiner zahlreichen Anträge und Beschwerden, die man ihm gestattete, wenn die Geschworenen nicht anwesend waren, erwähnte Jimmy Smith sehr häufig sein Fasten und die Gebete und Gott. Privat sollte er jedoch angesichts seines eigenen Luderlebens zu dem Schluß gelangen, daß Gott, falls es ihn überhaupt gab, ein Einbrecher sein mußte.

Während der nächsten Stunden kam es zu einer langen Debatte über die Frage, ob Jimmy Smith tatsächlich genötigt worden war. Nach verschiedenen beeideten Zeugenaussagen gelangte das Gericht schließlich zu der Überzeugung, daß dem nicht so gewesen war. Darauf stellte Jimmy einen neuerlichen Antrag, seinen Anwalt zu entlassen.

»Ich habe ihn gefragt, Euer Ehren, ich habe gesagt. ›Würden Sie meinen Onkel mitnehmen, um die Zeugen aufzusuchen?‹ In dieser Gegend wohnen nämlich hauptsächlich Schwarze, Euer Ehren. Ich habe gesagt: ›Würden Sie vielleicht meinen Onkel mitnehmen, Mr. Smith?‹ Und er hat das abgelehnt. Er hat gesagt: ›Ich werde meine Frau mitnehmen, und ich möchte ihn lieber nicht dabei haben, wenn meine Frau mitkommt.‹ Und das habe ich *sofort* verstanden.«

»Ich kann Sie nicht zwingen zu essen, Mr. Smith«, erklärte der Richter. »Und ich kann Sie auch nicht zwingen, mit Ihrem Anwalt zu sprechen. Aber ich würde Ihnen doch raten, wie auch Mr. Ray Smith eben geltend gemacht hat, daß es tatsächlich zu Ihrem Besten und auch zum Besten Ihres Verteidigers wäre, wenn Sie mit Ihrem Anwalt kooperieren würden. Also gut. Rufen Sie die Geschworenen zurück.«

»Führen Sie mich doch gleich zum nächsten Laternenpfahl!« brüllte Jimmy mit flackernden Augen. »Und dann stülpen Sie mir eine Kapuze über den Kopf und hängen mich auf! Denn was passiert denn hier schon groß anderes? Können Sie mir vielleicht sagen, was hier in diesem Saal schon groß anderes passiert?«

Jimmy wirkte so mutig und beredt, daß er selbst überrascht war. Und er war richtig zufrieden mit sich.

Nach der Lektüre eines Zeitungsartikels mit der Überschrift ›Freibrief zum Mord‹, der sich mit der liberalen Handhabung der Bewährungsbestimmungen auseinandersetzte, entschloß sich Jimmy Smith, seine Äußerungen künftig in schriftlicher Form vorzubringen. Der Richter erhielt folgende Notiz: ›Nachdem ich sehe, daß Sie mich von einem Judas vertreten lassen wollen, warum spendieren Sie dann nicht gleich Ihre weißen Laken und Kopfkissenbezüge und hängen mich am nächsten Laternenpfahl auf, was meiner Meinung nach eher der allgemeinen Stimmung entspricht?‹

In einer anderen Notiz, in seiner stets ordentlichen und korrekten Handschrift verfaßt, beschwerte er sich über ›von Ungeziefer verpestete Zellen, die für zwei Personen gebaut sind, aber von sechs bis sieben bewohnt werden.‹

Karl Hettinger wurde weiterer Aussagen enthoben, und sollte nur notfalls wieder vor Gericht zitiert werden. Allerdings sollte er feststellen, daß er diesem Fall nicht so leicht entrinnen konnte.

Die verrückten Briefe begannen einzutreffen, seit eine Zeitung aus Los Angeles seine Adresse veröffentlicht hatte. Die meisten davon waren unzusammenhängend und allgemein gehalten und beunruhigten ihn kaum, auch wenn sie manchmal sehr gemein waren. Da waren jedoch andere, und die beunruhigten ihn – die Briefe, in denen Drohungen gegen seine Familie ausgesprochen wurden. Und vor allem waren es die Briefe von einem Mann, den er längst vergessen hatte – von einem kräftigen, jungen Homosexuellen, mit dem er einst, als er noch bei der Sitte gearbeitet hatte, in eine Schlägerei verwickelt gewesen war und der sich das Schlüsselbein gebrochen hatte, als er dabei in der Nähe von Ferndale Number Nine eine Böschung hinabgestürzt war.

Erst sprach dieser Homosexuelle nur erneut alte Drohungen aus und beklagte sich darüber, daß seine damalige Verhaftung gesetzwidrig gewesen wäre und daß Hettinger und Calderwood ihn eine Menge Geld und Schmerzen gekostet hätten. Aber dann wurden seine Briefe deutlicher.

›Lieber Karl, wie ich höre, hat man Sie auf einen kleinen Ausflug aufs Land mitgenommen. Dort züchten sie bekanntlich eine Menge Hühner. Wie ich gehört habe, sind Sie davongelaufen und haben Ihren Partner im Stich gelassen. Und ich finde, genau dort gehören Sie hin, Sie Feigling, auf eine Hühnerfarm.‹

An einem Tag zwischen zwei Terminen bei Gericht sah Helen ihren Mann zu der Zeit, wo gewöhnlich der Postbote kam, auf der Veranda ihres Hauses stehen.

»Worauf wartest du denn, Karl?«

»Ach, auf nichts, Moms, auf nichts.«

»Erwartest du Post, oder was?«

»Nein, eigentlich nicht.«

Aber wenn dann diese Briefe kamen, versuchte er immer, sie als erster in die Hand zu bekommen. Diejenigen, die Drohungen enthielten, reichte er an Pierce Brooks weiter. Nachts schloß er sämtliche Türen zweimal ab, und im Kinderzimmer ließ er immer die Jalousien herunter. Die Briefe, in denen gegen ihn Anschuldigungen erhoben wurden, las er immer und immer wieder, bis er sie schließlich wegwarf.

Für Karl Hettinger sollte der Sommer unerträglich lang werden. In den tristen Korridoren im Gerichtsgebäude oder im Polizeirevier zu warten, war fast genauso schlimm, wie im Zeugenstand zu stehen. Allgemeinen Schätzungen zufolge sollte der Prozeß den ganzen Sommer über andauern.

»Können Sie in etwa einschätzen, wann infolge einer solchen Verletzung der Tod eintreten würde?« fragte Schulman den Pathologen, der die Autopsie an Ian Campbell vorgenommen hatte.

»Nun ja, das ist etwas schwer zu sagen. Aber ich glaube doch, die Blutung in diesem Bereich wäre stark genug gewesen, so daß sich Mund und Rachen mit Blut gefüllt hätten. Dieses Blut wäre vermutlich in die Atemwege und in die Lunge geraten, so daß der Tod in etwa fünfzehn bis dreißig Minuten eingetreten wäre.«

»Herr Doktor, soviel ich weiß, haben Sie geäußert, daß Nummer vier die Verletzung war, durch die der Tod eingetreten ist?«

»Ja, diese Wunde war insofern tödlich, als es sich um einen Herzdurchschuß handelte. Sie war so unmittelbar tödlich, wie das eine Wunde nur sein kann. Ich bin mir sicher, daß sie binnen weniger Sekunden einen Verlust des Bewußtseins und binnen weniger Minuten – ich würde sagen, maximal fünf Minuten – den Tod zur Folge hatte.«

In seiner Hand hielt der Staatsanwalt währenddessen verschiedene Fotos des von den Schüssen zerfetzten, blutüberströmten Körpers von Ian Campbell. Die Verteidigung bat darum, an die Richterbank treten zu dürfen, wo Ray Smith dann sagte: »Euer Ehren, der Staatsanwalt hat mir und Mr. Moore ein Foto gezeigt, von dem ich glaube, daß er es identifiziert haben möchte. Ich möchte im Namen von Jimmy Lee Smith dagegen Einspruch erheben, und zwar mit der Begründung, daß dieses Foto in sich selbst böses Blut wecken würde. Und ich würde es auf jeden Fall für falsch erachten, es den Geschworenen zu zeigen. Während Dr. Kade über den Verlauf eines der Geschosse aussagte, beobachtete ich, wie die Geschworene Nummer eins erschauderte und ihren Nebenmann ansah. Ich kann ihr daraus keinen Vorwurf machen. Mir scheint es ganz so, als hätte dieses Foto nur eine kumulative Funktion. Meiner Meinung nach erfüllt es keinen weiteren sinnfälligen Zweck, als die Geschworenen unnötig innerlich aufzuwühlen.«

»Einspruch«, meldete sich Moore zu Wort, »und zwar gegen die Einführung von zwei Fotos, die von einer illegalen Durchsuchung und Festnahme herrühren, die in Zusammenhang mit dem gesetzwidrigen Anhalten des Fahrzeugs, Marke Ford, durch die Beamten Hettinger und Campbell in Hollywood entstanden. Außerdem möchte ich an diesem

Punkt den Antrag stellen, Officer Hettingers Aussage in ihrer Gesamtheit zu streichen. Das heißt, jede Aussage über die Vorgänge, die sich nach dem Zeitpunkt ereigneten, als er den Wagen anhielt, da dies ohne einen ersichtlichen Grund geschah.«

»Keinem der beiden Anträge wird stattgegeben.«

Wieder am Tisch der Verteidigung zurück, erklärte John Moore, als ein Kern County-Detective bezüglich Gregory Powells erster Aussagen in den Zeugenstand trat: »Einspruch. Eines der Grundrechte des Angeklagten besagt, daß ihm ein Anwalt oder dessen Rechtsberatung zusteht.«

»Oh, das ist aber ein geradezu frivoler Einspruch«, entgegnete Schulman, wobei dem Staatsanwalt im Lauf seiner Karriere vielleicht nie ein größerer Fehler unterlaufen sollte.

»Ich werde den Staatsanwalt wegen schlechten Benehmens belangen«, fuhr Moore auf.

»Und ich werde *Sie* belangen«, konterte Schulman.

»Darüber hinaus werde ich diesmal den Antrag stellen, das Verfahren für fehlerhaft zu erklären«, erwiderte Moore.

»Meine Damen und Herren Geschworenen«, schaltete sich der Richter geduldig ein, »die Geschworenen werden Mr. Schulmans Äußerung, der Einspruch wäre frivol, nicht berücksichtigen. Die Anschuldigungen wegen schlechten Benehmens werden abgelehnt.«

Innerhalb der langen Reihe von Zeugen der Anklage befand sich auch ein Detective der Abteilung für Raubüberfälle, der Jimmy Smith hinsichtlich der bewaffneten Überfälle verhört hatte. Er brachte Jimmys offensichtlich ausweichende Antworten auf seine Fragen vor.

»Der Angeklagte Smith hat zu mir gesagt: ›Es tut mir wirklich leid, aber es fällt mir einfach nicht mehr ein.‹ Worauf ich fragte: ›Wieso? Was ist denn los?‹ Da hat er geantwortet: ›Ich habe Alpträume. Ich kann nicht schlafen. Ich sehe immer nur die Jacke von diesem Polizisten zucken.‹ Und diesmal mußte ich Mr. Smith erneut ermahnen, indem ich ihm neuerlich zu verstehen gab, daß uns nur die Raubüberfälle interessierten. Daß wir uns nicht in die Ermittlungen der Mordkommission einschalten und deshalb auch von dem Ganzen nichts hören wollten.«

Und dann verlas der Detective Gregory Powells Aussagen zu den Raubüberfällen, darunter das Geständnis zumindest eines Überfalls in Las Vegas, der nach Ansicht des Detectives jedoch in Wirklichkeit Gregs Bruder anzulasten war.

›Aber das ist doch ganz klar‹, hatte Greg ihm gegenüber geäußert. »Ich könnte wetten, daß Ihnen mit dieser roten Gesichtsmaske kein Mensch auf zehn Kilo genau sagen könnte, wie viel ich wiege. Ich weiß sehr wohl, daß sie mich in den Zeitungen als mindestens einsachtzig groß und fünfundachtzig Kilo schwer beschrieben haben. Aber dieser Überfall geht trotzdem auf meine Kosten.«

Als Pierce Brooks in den Zeugenstand trat, wiederholte Gregs Anwalt sofort seine alten Einsprüche.

»Wir erheben auf der Basis der Grundrechte Einspruch, Euer Ehren. Die vorgeschriebenen Verfahrensweisen wurden mißachtet. Der Angeklagte wurde nicht auf sein Recht aufmerksam gemacht, einen Anwalt zu Rate zu ziehen.«

»Wenn es dem Gericht belieben würde«, meldete sich Schulman verärgert zu Wort. »Ich weiß nicht, wo in den Grundrechten geschrieben steht, daß ein Polizeibeamter...«

»Entschuldigen Sie bitte. Aber ich habe Einspruch erhoben«, unterbrach ihn Moore.

»Den einzelnen Einsprüchen wird nicht stattgegeben«, erklärte der Richter.

Dann bekamen die Geschworenen eine Bandaufnahme der Gespräche zwischen Brooks und Powell zu hören.

»Wenn Sie eine Frage an mich haben, Greg, dann nehmen Sie kein Blatt vor den Mund und fragen mich ruhig. Ich versichere Ihnen hiermit, daß ich Sie nie belügen werde«, erklärte Brooks' Stimme auf Band. »Ich werde Ihre Frage entweder wahrheitsgetreu beantworten, oder ich werde Ihnen sagen, daß ich Ihre Frage nicht beantworten darf, da sich dies für meine Ermittlungen als nachteilig erweisen würde.«

Moore unterbrach den Verlauf der Sitzung neuerlich.

»Aufgrund der bestehenden Grundrechte erhebe ich Einspruch wegen Verletzung der vorgeschriebenen Verfahrensweise. Der Angeklagte konnte nicht auf den Rat und Beistand eines Anwalts zurückgreifen, und er hat diese Aussagen nicht frei und aus eigenen Stücken gemacht.«

»Nicht freiwillig und aus eigenen Stücken?« fragte der Richter.

»Ja.«

»Alle Einsprüche mit Ausnahme des Einspruchs ›nicht frei und aus eigenen Stücken‹ werden abgelehnt. Möchten Sie den Zeugen bezüglich eines Ihrer Einsprüche ins Verhör nehmen?«

»Nicht im Augenblick, Euer Ehren.«

»Gut. Sämtliche Einsprüche sind abgelehnt. Da ich sehr wohl die Denkweise unserer Berufungsgerichte kenne, möchte ich darauf aufmerksam machen, daß wir, zumal es sich hier um einen Mordfall mit Todesstrafe handelt, mit größter Sorgfalt vorgehen müssen, da es sich hier der Einfachheit halber auch noch um einen zusammengelegten Prozeß handelt.«

Am Morgen des 6. August – die Klimaanlage war defekt – betrat der Richter einen erstickend heißen Saal. Alle drei Anwälte hatten eine gequälte Miene aufgesetzt, aber ihre Hemden waren doch bis oben hin zugeknöpft, und die Krawatten saßen am richtigen Fleck. Bevor der Beschluß gefaßt wurde, sie könnten ihre Jacken ablegen, war die Klimaanlage bereits wieder repariert.

»Gemäß den Bestimmungen in Paragraph 1098 und 1123 des Strafgesetzbuches«, verkündete der Richter an jenem Morgen, »hat das Gericht festgestellt, daß die Ersatzgeschworene Mrs. Jeans krank ist und daher nicht imstande, ihren Pflichten als Ersatzgeschworene nachzukommen. Da sie zusätzlich das Gericht gebeten hat, sie zu entschuldigen, wird sie entschuldigt und als Ersatzgeschworene entlassen.«

Darauf erklärte John Moore: »Der Angeklagte Powell beantragt, das Verfahren für fehlerhaft zu erklären, da ihre Entschuldigung nicht genügend nachgewiesen wurde, Euer Ehren.«

»Dem Antrag wird nicht stattgegeben.«

Als der nächste Detictive in den Zeugenstand trat, sagte Schulman: »Ich werde Sie nun bitten, über das Gespräch zu berichten, das Sie mit dem Angeklagten Gregory Powell geführt haben, nachdem der Angeklagte Jimmy Smith den Raum verlassen hatte.«

»Ich erhebe aufgrund der vorhin genannten Gründe Einspruch«, meldete sich Moore.

»Wenn es dem Gericht genehm ist«, erklärte Schulman, inzwischen fast außer sich, »würde ich doch gern herausfinden, wo in der Verfassung steht...«

»Darüber wollen wir vor den Geschworenen nicht sprechen«, erklärte der Richter.

»Dann sollen sie sich zurückziehen«, forderte Schulman.

Und da bekamen die Geschworenen Gregory Powells Prahlerei dem Detective gegenüber zu hören: »Jedesmal, wenn Sie einen mit Schenley's vorn drauf finden, dann bin das ich!«

Für Karl Hettinger verschmolzen die heißen Augusttage miteinander, bis er sich am 9. August, nachdem einem Antrag der Verteidigung stattgegeben worden war, plötzlich wieder an einem Ort wiederfand, den er nie mehr aufsuchen zu müssen geglaubt hatte. Nun brannte jedoch die heiße Augustsonne aus dem wolkenlosen Himmel über Bakersfield herab. Es war heiß und still, und die Anwälte waren wie der Zeuge in Hemdsärmeln, als dieser auf dem staubigen Feldweg durch das Zwiebelfeld neben den Stühlen für die Geschworenen stand. Er blickte auf die Pflöcke im Boden, von denen ein jeder den Standort der vier Männer anzeigte, die hier vor genau fünf Monaten gestanden hatten, als der Himmel schwarz und die Luft bitterkalt gewesen war.

Karl blickte über das Feld, durch das er davongelaufen war, und er dachte an seine Brille, die er dabei verloren hatte, wobei er sich fragte, ob sie wohl auf der anderen Seite des Zauns mit dem dichten Gestrüpp lag. Er trat jedoch nicht auf die Stelle zu, um nachzusehen. Wie Ian Campbell war Karl ein sparsamer Mensch. Den Verlust einer Brille im Wert von dreißig Dollar konnte er nicht einfach auf die leichte Schulter nehmen, und er hatte sich immer noch keine neue Brille gekauft. Aber er wollte auf keinen Fall in die Nähe des Zauns kommen oder das Feld betreten. Auch nicht jetzt, am hellichten Tag, in Gegenwart so vieler anderer Menschen. Er stand, wo er stehen sollte – er sah dorthin, wohin er zu sehen hatte – und er antwortete, was er antworten mußte.

Und dann stellte er fest, daß er neuerlich aussagte. Er erzählte das Ganze von neuem. Und dabei deutete er jeweils genau auf die Stelle, wo es sich zugetragen hatte.

»Wurde zu diesem Zeitpunkt irgend etwas gesprochen?« wollte Schulman wissen.

»Ja, als er das Lindbergh-Gesetz erwähnte«, antwortete Karl, und seine leise, heisere Stimme schien sich in der Weite der Landschaft zu verlieren.

»Ich weiß nicht, ob die Geschworenen Sie hören können. Was ist dann geschehen?«

»Nachdem Powell die Stelle erreicht hatte, wo jetzt dieser Pflock steckt, hatte er die Schußwaffe etwa im fünfundvierzig Grad-Winkel geneigt, und dann fragte er: ›Wir haben euch ja gesagt, wir würden euch laufenlassen, aber habt ihr schon mal was vom Lindbergh-Gesetz gehört?‹«

»Was hat Campbell darauf erwidert?«

»Er hat ja gesagt.«

»Und was hat Powell dann gemacht?«

»Powell hat auf ihn geschossen.«

»Wie hat er das gemacht?«

»Er hob die Pistole auf Schulterhöhe und drückte ab.«

Dies war vielleicht das sechstemal, daß Karl dies bezeugt hatte, und als Verteidiger John Moore an der Reihe war, fragte er: »Würden Sie zu der Stelle gehen, wo Sie sich umgesehen haben, Sir, und würden Sie sich dann über Ihre linke Schulter umblicken, wie Sie das damals getan haben?«

»Möchten Sie vielleicht, daß er den Weg hinunter*läuft*, Mr. Moore?« warf Schulman bissig ein.

»Falls das ein Einspruch sein soll, würde ich das gern deutlich hören«, konterte Moore. Dann fuhr er, an Karl gewandt, fort: »Bevor Sie aus dem Wagen stiegen, wurden Sie doch aufgefordert, keine Bewegung zu machen, Officer. Ist das richtig?«

»Es ist möglich, aber ich kann mich nicht mehr daran erinnern.«

»Oh, dann haben Sie wohl heute Ihre Aufzeichnungen nicht durchgelesen?«

»Ich würde gern zu Protokoll geben, Euer Ehren«, schaltete sich Schulman ein, »daß ich die Aufzeichnungen heute sehr gründlich durchgelesen habe und mich nicht erinnern kann, daß der Zeuge je ausgesagt hat, Powell hätte ihn aufgefordert, keine Bewegung zu machen, oder sonst etwas in dieser Art.«

»Diesmal mache ich schlechtes Betragen des Staatsanwalts geltend, indem er etwas behauptet, von dem er denkt, es wäre bewiesen.«

»Auch ich erhebe gegen diese Äußerungen Einspruch«, meldete sich Ray Smith zu Wort.

»Dies ist nur in Erwiderung einer sarkastischen Frage von seiten Mr. Moores geschehen, als er bemerkte: ›Sie haben wohl heute Ihre Aufzeichnungen nicht durchgelesen?‹« konterte Schulman.

»Ich mache erneut schlechtes Betragen des Staatsanwalts geltend, indem er mir unterstellt, ich hätte diese Frage in sarkastischem Tonfall gestellt!« begehrte Moore auf.

»Also gut. Die Einsprüche werden anerkannt«, erklärte der Richter, der vor einem Klapptisch auf einem Klappstuhl saß. »Die Geschworenen werden aufgefordert, diesen Wortwechsel zwischen den Anwälten nicht zu berücksichtigen.«

»Nachdem sie etwa fünf Meter gelaufen waren, haben Sie sich umgedreht und über Ihre Schulter umgeblickt?« fragte Verteidiger Smith im Kreuzverhör.

»Ja.«

»Sind Sie gelaufen, so schnell Sie konnten?«

»Ich bin etwas langsamer geworden.«

»Nun haben Sie doch ausgesagt, daß Officer Campbell nach vorn oder rückwärts fiel, als ihn der erste Schuß von Powell traf?«

»Er stürzte zu Boden, und er schien mehr nach hinten zu fallen. Er fiel mehr nach hinten als einfach gerade nach unten.«

»Und würden Sie auch sagen, Officer Hettinger, daß er in voller Länge auf dem Boden lag? Oder lag er eher zusammengekrümmt auf dem Boden?«

»Das weiß ich nicht, Sir.«

»Und bevor er auf dem Boden aufschlug, waren Sie schon *weg*, stimmt das?«

»Das weiß ich nicht.«

»Ich habe keine weiteren Fragen mehr.«

Darauf sollte der Richter einem weiteren Antrag der Verteidigung stattgeben: das Zwiebelfeld nachts in Augenschein zu nehmen, wie es sich in einer früheren Nacht dargeboten haben mochte. Also stand Karl Hettinger um einundzwanzig Uhr dreißig mit Pierce Brooks neben dem erleuchteten Behördenbus auf dem Feldweg. Er blickte durch die Dunkelheit in Richtung Wheeler Ridge und dann nach Osten und Norden zu den Bergen, die in weiter Ferne den Horizont begrenzten. In dieser Nacht heulte der Wind nicht, und es war auch nicht kalt, aber er schauderte trotzdem, während ihm der Schweiß über Brust und Rücken rann.

Er dachte an seine kleine Tochter und an Helen, und er dachte daran, daß er die Bremsklötze an seinem Wagen erneuern sollte. Er dachte an alles andere als an das, was sein Denken beschlich. Er drängte diese Gedanken einfach zurück und dachte statt dessen an die Magenkrämpfe, die ihn in letzter Zeit geplagt hatten. Schließlich stahl sich aber doch ein Gedanke durch diese Barriere, so daß er sich von den Feldern abwandte und in den überfüllten Bus blickte. Der Richter und die Geschworenen saßen still da. Die Angeklagten befanden sich unter schwerer Bewachung und mit angelegten Handschellen in zwei separaten, nicht beleuchteten Autos. Plötzlich bekam Karl schreckliche Schmerzen, ein heftig pochendes Stechen in der Magengrube. Er fürchtete eine Durchfallattacke. Sie warteten mehrere Minuten in der stillen, einsamen Dunkelheit, bis der Richter anordnete, die Lichter im Bus zu löschen.

Schließlich erklärte der Richter. »Halten Sie im Protokoll fest, daß es nun etwa sechs Minuten nach zweiundzwanzig Uhr ist. Die Geschworenen bleiben im Bus sitzen, und die Lichter sind aus. Wir vertagen die Sitzung zu diesem Zeitpunkt bis Montag neun Uhr dreißig, wenn sich das Gericht wieder in Saal einhundertvier des Oberen Gerichtshofs einfinden wird.«

Als das Verfahren nach dem Abstecher in das Zwiebelfeld in Los Angeles wiederaufgenommen wurde, versuchte es die Verteidigung mit neuen Anträgen.

»Euer Ehren«, erklärte John Moore an jenem Morgen, »dem Beweismaterial zufolge hat dieser Zeuge, Sergeant Brooks, den Angeklagten ohne Erlaubnis der Verteidigung zu diesem Fall verhört, womit er das Vertrauem dieses Angeklagten in den Verteidiger zumindest für gewisse Zeit so weit zerstört hat, daß der Angeklagte sich geweigert hat, mit diesem zu kooperieren. Solange noch ein Anwalt im Spiel ist, finde ich – das ist zumindest meine Meinung –, sollte ein Polizeibeamter nicht mit dem Angeklagten sprechen können.«

»Mr. Moore, wenn das Gesetz verlangte, Sie in Kenntnis zu setzen, würde ich das mit Sicherheit tun«, erwiderte Brooks. »Und wenn Sie oder irgend jemand sonst aus Ihrem Büro mich auch nur ein einziges Mal angerufen und gebeten hätte, Gregory Powell zu einem bestimmten gegebenen Anlaß nicht aufzusuchen, hätte ich das auch nicht gemacht. Ich habe mich dem Angeklagten nicht aufgedrängt. Er hat mich selbst gebeten, ihn zu besuchen. Diesen Wunsch hat er sogar in Ihrer Gegenwart geäußert, und Sie haben nicht Einspruch erhoben.«

Verteidiger Ray Smith versuchte es wieder einmal mit seinem alten Antrag.

»Ich möchte zu Protokoll geben, daß der Angeklagte Smith Euer Ehren um eine Empfehlung für einen Freispruch bittet, da das in diesem Fall bisher vorgeführte Beweismaterial nach rechtlichen Gesichtspunkten eindeutig nicht erweist, daß das in diesen Informationen zur Sprache gebrachte Vergehen im Zuständigkeitsbereich der Gerichtsbarkeit von Los Angeles County begangen worden ist.«

Oft saß Pierce Brooks am Tisch der Staatsanwaltschaft und betrachtete abwesend die Fotos, die dort lagen, die offenen Augen von Ian Campbell, der rücklings auf einer Tragbahre lag, die Brust blutüberströmt und das Gesicht von Blutbächen durchzogen, die von seiner Oberlippe in seine Ohren flossen. Vor allem auf die offenen Augen des toten Polizisten blickte der Detective. Als die Fotos gemacht wurden, waren die Augen noch nicht gebrochen. Brooks fand, Ian sah nur etwas schläfrig und ernst aus, vielleicht auch etwas betrübt.

Der Detective starrte auf die Fotos und dachte an die

Tausenden von Toten, die er schon gesehen hatte, einige mit offenen Augen, andere mit geschlossenen, und wieder andere mit einem Auge auf und einem Auge zu. Allerdings hatte er in den Augen eines Toten noch nie das Gesicht des Mörders gesehen, wie es in einer alten Geschichte hieß. Aber er wußte, wessen Bild man dort am deutlichsten erkennen würde, wenn so etwas überhaupt möglich war. Dann wandte er sich um und beobachtete die beiden Mörder. Gregory Powell saß angespannt auf seinem Platz. Sein Kopf bewegte sich auf dem langen Hals ständig in Richtung Geschworenenbank, um zu sehen, welchen Eindruck die jeweilige Zeugenaussage dort erweckte. Brooks starrte Jimmy Smith böse an, der wie üblich zusammengesunken auf seinem Stuhl saß, mit Schmollmund, die Stirn trotz seiner Jugend ständig in Falten gelegt, als hätte er starke Schmerzen. Brooks verachtete Jimmy Smith und fragte sich, was in diesem feigen Kerl wohl vorgegangen war, als ein Polizist hilflos zu seinen Füßen gelegen hatte. Ja, Powell war bereits ein toter Mann. Dieser Kampf war ausgefochten. Er hatte sich dem Detective ergeben. Ihm gegenüber verspürte Brooks nichts mehr. Aber mit Jimmy Smith war das etwas anderes.

Die Staatsanwaltschaft bediente sich farbiger Pfeile und Markierungen, um den Schauplatz des Mordes und den Fluchtweg Karl Hettingers festzuhalten. Die genaue Stelle, an der Ian ermordet worden war, wurde mit einem roten Pfeil gekennzeichnet. Die Bezeichnung ›der rote Pfeil‹ sollte im weiteren Verlauf des Prozesses so oft vorkommen, daß daraus ein feststehender Begriff wurde, den Brooks nie vergessen sollte. Und als man sich auf bestimmte Zeichen einigen mußte, um die Standorte der Angeklagten und der beiden Polizisten zu kennzeichnen, lächelte Pierce Brooks still in sich hinein und sah sich fast versucht, vorzuschlagen, für den Feigling Jimmy Smith einen gelben Pfeil zu verwenden. Schließlich behielt jedoch sein Respekt vor dem Gericht die Oberhand, so daß er sich entschied, gebührenden Ernst walten zu lassen.

Am Montag, den 19. August, trat schließlich Jimmy Smith in den Zeugenstand, um von Marshall Schulman ins Kreuzverhör genommen zu werden.

»Haben Sie sich in irgendeiner Weise – geflüstert oder irgendwie anders – mit Gregory Powell unterhalten, so daß Sie bereits wissen konnten, daß er einen der beiden Polizisten oder auch beide erschießen würde?«

Die Antwort war in ihrer ausweichenden Art typisch für Jimmy Smith, hätte Pierce Brooks gesagt.

»Meines Wissens nicht, Sir. Ich bin mir sicher, daß ich nichts in dieser Richtung geahnt oder gedacht habe. Jedenfalls nichts, woran ich mich im Moment erinnern könnte.«

»Und Sie haben auch nie auf diesen Farmen in der Nähe der Maricopa-Abkürzung gearbeitet?« fragte Schulman weiter.

»Ich bin mir ziemlich sicher, daß ich dort nicht gearbeitet habe. Ich habe in der Gegend mal Kartoffeln gewässert, und in der anderen Richtung habe ich auch mal Baumwolle gepflückt. Aber ich kann mich nicht erinnern, mal in der Nähe der Berge gearbeitet zu haben. Vielleicht hab ich tatsächlich mal dort gearbeitet – aber wenn, dann kann ich mich nicht mehr daran erinnern.«

Dann verlas Marshall Schulman die Aufzeichnung des Verhörs, dem Jimmy am Abend seiner Festnahme unterzogen worden war. Das Gespräch war von einem Stenografen festgehalten worden, und Schulman las es nun wortwörtlich vor. Die einzelnen Aussagen waren unzusammenhängend und wirr und oft schwer zu verstehen, und Pierce Brooks sah Jimmy Smith an und stellte sich die entsetzliche Angst vor, die ihn in jener Nacht befallen hatte, als er, die Handgelenke in Handschellen, eine Decke über seine nackten Schultern geworfen, seine Füße blutig und schmerzend, in sich zusammengesunken auf seinem Stuhl gesessen hatte, während er verhört worden war, und diesmal nicht wegen einem seiner üblichen Fünf-Dollar-Ladendiebstähle, sondern wegen *Mordes* an einem Polizisten. Er konnte sich unschwer vorstellen, wie Jimmy zusammenhanglos vor sich hingebrabbelt hatte, und er begriff plötzlich auch, wie sich ein Mann wie Jimmy Smith bisher durch sein armseliges Leben geschlagen hatte, indem er *nie* eine andere Antwort gegeben hatte als irgendwelche indirekten Ausflüchte, ganz gleich, welche Frage man ihm gestellt hatte.

Brooks verstand plötzlich, aber das war auch alles. Um Mitleid verspüren zu können, verachtete er diesen verlogenen Feigling einfach zu sehr. Den Bakersfield-Detectives gegenüber war Jimmy mit allem möglichen herausgeplatzt. »Wenn ich ins Gefängnis komme, dann werde ich dafür sorgen, daß sie ... daß sie mir was geben ... Ich weiß, daß ich ... So eine psychiatrische Untersuchung, wissen Sie, und ich möchte wetten, daß die feststellen können, wissen Sie, daß ich, wissen Sie ... daß ich, wissen Sie ... daß ich nicht geistesgestört bin, daß ich so was nicht tun könnte, wissen Sie, daß ich zu *so* was nicht imstande bin. Ich *hoffe,* ich habe es nicht getan. Ich könnte es vielleicht tun, wissen Sie, wenn ich in der Klemme säße oder wenn man mich dazu treibt, oder so, aber ich meine, einfach nur so, wissen Sie, einfach nur so einen Menschen töten – das könnte ich unmöglich. Ist da sonst noch etwas, was Sie wissen möchten?«

Die Geschworenen lauschten angespannt, während die Worte des Stenogramms bruchstückhaft verlesen wurden.

»Ich weiß nicht, ob ... Vielleicht nicht, vielleicht wird Powell was erzählen. Vielleicht ... Mann, der fackelt nicht lange, wissen Sie, der kennt keine Hemmungen. Wissen Sie, was? Das ist einfach, wissen Sie, das ist einfach absolut kaltblütig, wissen Sie? Dazu braucht man schon eine Menge ... Ich weiß nicht, was das ist. Der Kerl muß echt verrückt sein, wissen Sie, einfach so, ohne einen Grund ... Wenn Sie mich angreifen würden, aber einfach kaltblütig jemanden abzuknallen ... Wie sollte *ich* zu so etwas in der Lage sein? Oder könnten *Sie* so etwas tun? Na ja, vielleicht könnten Sie das. Ich meine, es gibt doch kein Motiv, als vielleicht zu entkommen oder so. Also, äh, das ist einfach ... Ich weiß nicht. Vielleicht war es die lange Zeit im Knast, oder irgend etwas, das mich dazu gebracht hat, das mich vielleicht zu etwas gemacht hat, oder ... oder, wenn ich daran denke, ich muß nicht in die Gaskammer, oder so, wissen Sie? Aber wie kann jemand so kaltblütig ... Dabei wäre es doch ganz einfach gewesen, diese Kerle in die Berge zu fahren und sie dort irgendwo abzusetzen. Das ist doch ... So etwas kann man doch einfach nicht machen, wissen Sie?«

»Was *haben* Sie denn aber dann getan«, fragte Schulman

schließlich, »als Gregory folgendes sagte: ›Jimmy, verdammt noch mal, was machst du denn da? Dieser Kerl entkommt uns?‹«

»So weit ich mich erinnern kann, stand ich einfach nur da wie ein Vollidiot, weil ich nämlich einen Schock erlitten hatte.«

»Sie haben doch in den Körper eines Mannes geschossen, oder nicht?«

»Ich habe seinen Körper doch nie gesehen. Ich habe ihn nie gesehen... Ich habe nie hingeschaut...«

»Mr. Smith, beschreiben Sie doch die zuckenden Bewegungen des Körpers auf dem Boden, die Sie gesehen haben.«

»Ich habe entweder einen Arm oder eine Schulter gesehen... Ich weiß nicht, was es war. Ich konnte nicht einmal die Farbe erkennen... Aber es schien mir... Ich habe sogar davon geträumt, daß es... In regelmäßigen Abständen, nur ein paarmal war es wie... Oder er bewegte sich. Ich weiß nicht. Ich kann es nicht einmal beschreiben.«

»Sie sagen, Sie hätten davon geträumt, wie diese Jacke aufgezuckt wäre?«

»Als ich hier das erstemal nachts war, habe ich davon geträumt. Ich verstehe aber nicht, warum ich ständig daran denken muß.«

»Haben Sie die Jacke aufzucken gesehen?«

»Ich weiß nicht. Ja, ich glaube schon, daß ich das gesehen habe. Jedenfalls dachte ich, ich hätte es gesehen. Ich bin mir ziemlich sicher, daß ich es tatsächlich gesehen habe.«

»Bis zum 13. März, als Sie Ihre Aussage korrigiert haben, wurden diese vier Kugeln im Körper des Polizisten nie von Ihnen erwähnt. Und das war dann, nachdem Ihnen Sergeant Brooks erzählt hatte, daß in der Leiche vier Geschosse entdeckt worden waren.«

»Ja, Sir. Da ist es mir wieder eingefallen. Als er mir davon erzählt hat.«

»Es ist Ihnen wieder eingefallen?«

»Ja, es ist mir wieder eingefallen. Dann ist mir wieder eingefallen, daß ich diese vier Schüsse gehört habe.«

Nun richtete Marshall Schulman seine Blicke auf die eingefallenen Wangen und das totenkopfartige Gesicht und die ausdruckslosen, blauen Augen von Gregory Powell und flüsterte Pierce Brooks zu: »Jetzt hat der alte Totenschädel keine Chance mehr, und das gleiche gilt für seinen Partner.«

Zumindest konnte Brooks nun Jimmy Smith ansehen, ohne länger von der Vorstellung geplagt zu werden, wie er Karl Hettinger gejagt, wie er sein Opfer mit dem Coupé und seinen Scheinwerfern verfolgt hatte, um es wie ein Wolf zu Tode zu hetzen.

Gregory Powells Verteidiger wußten, daß am Schicksal ihres Klienten nichts mehr zu rütteln war, wenn auch Jimmy Smith' Zukunft noch ungewiß sein mochte. Dieser Umstand wurde auch ihrem Mandanten bewußt, so daß dieser schließlich doch die Bahn für eine Verteidigung auf der Grundlage verminderter Zurechnungsfähigkeit, wenn nicht sogar grundsätzlicher geistiger Unzurechnungsfähigkeit ebnete.

Aus Vacaville wurde ein Neurochirurg vor Gericht zitiert, der am 14. September 1961, im Zuge Gregs letzter Haftstrafe, eine Kraniotomie an ihm vorgenommen hatte.

»Der Patient gab in seiner Krankengeschichte an, aufgrund einer Kopfverletzung in seiner Kindheit in diese Institution eingeliefert worden zu sein«, sagte der Arzt aus. »Es ist bei der California Medical Facility so üblich, einen solchen Patienten einer gründlichen neurologischen Untersuchung zu unterziehen. Dies dient, mit anderen Worten, dem Zweck, festzustellen, ob in der betreffenden Person tatsächlich eine Beeinträchtigung oder Erkrankung des Nervensystems gegeben ist. Im Zuge solch einer Untersuchung wird der Schädel geröntgt. Außerdem werden neben neurologischen Untersuchungen Gehirnwellentests vorgenommen und Elektro-Enzephalogramme angefertigt. In diesem speziellen Fall wurde in der rechten vorderen Temporalregion ein von Verkalkung befallener Bereich festgestellt.«

»Heißt das, in etwa an der rechten Schläfe?« fragte Moore.

»Ja, Sir. Wie gesagt, dieser verkalkte Bereich wurde auf dem Röntgenbild sichtbar, ohne daß trotz der zahlreichen begleitenden Untersuchungen seine genaue Natur bestimmt werden konnte, so daß man nach der Konsultation anderer Neurochirurgen und Röntgenspezialisten zu dem Schluß gelangte, die einzige Möglichkeit, Gewißheit zu erlangen, daß diese Verkalkung nicht durch einen Gehirntumor hervorgerufen wurde, durch einen operativen Eingriff gegeben war.«

»Was genau bedeutet der Begriff Verkalkung, Doktor?«

»Es handelt sich dabei um eine Ablagerung von Kalk im Gewebe.«

»Und wodurch kommt es dazu, wenn Sie darüber Auskunft geben können?«

»Nun, die Gründe hierfür sind nicht eindeutig klar. Es kann dazu ohne den Auslöser irgendeiner bekannten Verletzung oder Erkrankung kommen. Im Gehirn können sogar Bereiche sehr starker Verkalkung auftreten, ohne daß dies irgendwelche nachteiligen Auswirkungen nach sich zieht. Eine Möglichkeit ist allerdings, und das ist auch der Punkt, weshalb man in diesem Fall einen operativen Eingriff für gegeben hielt, daß bestimmte Arten von Gehirntumoren in ihrem Innern Kalzium bilden.«

»So weit ich informiert bin, kann eine Atrophie, die Schrumpfung oder Zersetzung des Gehirns, auf ein Trauma zurückzuführen sein. Ist das richtig?«

»Ja, Sir. Sie kann bis zu einem gewissen Punkt vorschreiten und dann stehenbleiben. Sie wird dann zum Dauerzustand und verändert sich darüber hinaus nicht mehr weiter. Bei schwerwiegenden Kopfverletzungen, die ein längeres Koma nach sich ziehen, kann dieser Prozeß jedoch progressiven Charakter annehmen.«

»Also gut, und welche Auswirkungen könnte solch eine Verletzung auf das Verhalten und die Handlungen einer Person haben?«

»Was ich nun sagen werde, basiert auf einer Studie, die sich mit früheren Fällen ähnlicher Beschwerden befaßt, wobei in den meisten Fällen die Auswirkungen nachhaltiger zutage traten. Eine Person mit zelebraler Atrophie – in diesem Fall haben wir es mit einer sehr schwachen Atrophie zu tun –, eine Person mit wirklicher zerebraler Atrophie tendiert dazu, Phasen von – sagen wir – zeitweiligem aufbrausenden Verhalten zu haben, die in der Regel völlig unvorhersehbar sind. Dies kann durch Alkoholgenuß verstärkt, beziehungsweise auch ausgelöst werden. Die Folgen sind in der Regel ein höchst eigenartiges, geradezu bizarres Verhalten.«

»Und könnte wiederholter Alkoholgenuß den Prozeß der Atrophie oder des Gehirnschwunds beschleunigen oder weiter vorantreiben?«

»Starker Alkoholgenuß über einen längeren Zeitraum hinweg würde auch ohne eine Kopfverletzung eine Atrophie verursachen, so daß es etwas schwierig ist, dies genauer zu beurteilen, da im Augenblick zwei mögliche Auslöser in Frage kommen, die eine Atrophie hervorrufen können.«

Als Marshall Schulman den Arzt ins Kreuzverhör nahm, stellte sich heraus, daß er durchaus seine Hausaufgaben gemacht hatte.

»Es ist eine anerkannte Tatsache«, begann Schulman, »daß es vermutlich eine Reihe von Persönlichkeiten in höchsten Positionen des gesellschaftlichen Lebens gibt, die an einer Atrophie des Gehirns leiden. Ist das richtig?«

»Ja, das stimmt durchaus«, erwiderte der Arzt. »Ich weiß das zum Beispiel von einem Kongreßabgeordneten, dessen Namen ich jedoch hier nicht nennen darf.«

»Also gut, und wie ist das mit General Eisenhower nach seinem Schlaganfall?«

»Angesichts der Tatsache, daß ich von keinem Schlaganfall weiß, der nicht eine Atrophie nach sich gezogen hätte, muß ich davon ausgehen, daß auch der Präsident darunter litt.«

»Und Sie haben sich doch mit den Ergebnissen jener elektroenzephalographischen Untersuchungen ausgiebig befaßt?«

»Ja, das habe ich, Sir.«

»Und haben sie sich als normal erwiesen?«

»Ja, Sir, sie haben sich als völlig normal erwiesen.«

Darauf brachte Schulman einen ›hypothetischen‹ Hinweis auf einen Mord vor, der unter anderem den Verweis auf das Lindbergh-Gesetz beinhaltete. Dann stellte er eine Frage, um die Theorie bezüglich des aufbrausenden Verhaltens zu widerlegen.

»Nun, einer der Punkte dieser hypothetischen Frage«, erwiderte der Arzt, »die der Theorie von dem aufbrausenden

Verhalten eindeutig widersprächen, wäre zum einen der in Frage kommende Zeitraum.«

»Lassen Sie mich es vielleicht einmal so ausdrücken, Doktor. Der in Frage kommende Zeitraum, angefangen von der Gefangennahme der beiden Beamten bis zu der Erschießung, betrug ungefähr zwei Stunden. Was würden Sie dazu sagen?«

»Wie ich bereits zuvor ausgesagt habe, stellt sich dieses aufbrausende Verhalten meiner Erfahrung nach sofort ein, wenn es eintritt.«

»Sie haben angedeutet, daß Alkohol Mr. Powells Zustand beeinflussen kann. Ist das richtig?«

»Ja, Sir.«

»Andrerseits muß dies jedoch nicht der Fall sein. Ist das ebenfalls richtig?«

»Auch das ist richtig.«

»Und wenn ich Ihnen nun im Zusammenhang mit dieser Frage mitteilen würde, daß kurz vor diesem Prozeß ein EEG vorgenommen wurde – eines im Schlafzustand und eines unter Alkoholeinfluß... Sind Sie mit den Resultaten dieser Untersuchungen vertraut?«

»Ja.«

»Und das unter Alkoholeinfluß abgenommene EEG wies keinerlei Unterschied von dem im Schlafzustand angefertigten EEG auf, wobei letzteres EEG gewisse Spitzen zeigte, die mit der Tatsache konform gingen, daß eine Operation oder Kraniotomie vorgenommen worden war. Würde dies nach Ihrer Meinung nun besagen, daß Alkoholgenuß auf Mr. Powell keine notwendigen Auswirkungen ausübt?«

»Ich sähe mich dadurch zu dem Schluß genötigt, daß es nicht notwendigerweise irgendwelche Auswirkungen auf ihn haben müßte.«

»Eine Person kann also durchaus über ihre Intelligenz verfügen, nach ihrem eigenen freien Willen denken und Pläne fassen, eine strafbare Handlung vollführen und gleichzeitig an einer Atrophie – schwächer oder sonst wie – leiden, ohne daß die Atrophie etwas mit der kriminellen Handlung zu tun hat. Ist das richtig?«

»Ich glaube, daß das richtig ist.«

»Dieser Umstand schließt also nicht aus, daß Mr. Powell als Individuum mit einem freien Willen zu betrachten ist?«

»Nein, im Falle einer schwachen Atrophie nicht.«

»Danke, das wäre alles.«

Darauf zogen Gregorys Powells Verteidiger einen anderen Experten zu Rate, der von Kathryn McDonald befragt wurde.

»Auf welchem Fachgebiet arbeiten Sie, Doktor?« begann Miß McDonald.

»Ich bin Facharzt für Hals-, Nasen-, Ohrenkrankheiten.« Darauf sagte der Arzt aus: »Ich glaube nicht, daß diese Mundverletzung den Tod verursacht hätte. Sie hat keine lebenswichtigen Organe in Mitleidenschaft gezogen. Und die betroffenen Zellstrukturen tendieren nicht dazu, stark zu bluten. Meiner Ansicht nach kann man durchaus eine solche Wunde zugefügt bekommen und überleben. Meiner Meinung wäre sie nicht tödlich gewesen, es sei denn – dazu hätten auf jeden Fall zusätzliche Komplikationen hinzutreten müssen, wie zum Beispiel die einer Infektion.«

»Wäre Ihrer Meinung nach solch eine Wunde nur infolge der daraus resultierenden Blutung tödlich, Doktor?«

»Die dadurch betroffenen Gewebeteile würden nicht ausreichend bluten. Ich habe schon viele Zungenverletzungen gesehen. Sie bluten nur für kurze Zeit sehr stark.«

Marshall Schulman stellte eine Zwischenfrage: »Kennen Sie eine der in diesem Fall verwickelten Personen?«

»Nein, ich hielt es für meine Staatsbürgerpflicht, gegebenenfalls in diesem Prozeß auszusagen.«

»Sie haben erklärt, daß durch diese Schußwunde keine Blutgefäße verletzt worden wären?«

»Nur Kapillargefäße.«

»Und keine Venen?«

»Keine größeren Venen.«

»Und auch keine Arterien?«

»Ich halte es nicht für nötig...«

»Bitte, beantworten Sie meine Frage, Doktor.«

»Also gut. Ich stelle hiermit erneut fest, daß keine bedeutenderen Blutgefäße verletzt worden wären.«

»Falls eine Kugel die Zunge eines Mannes durchschlägt, wird er dann nicht sehr viel bluten?«

»Er wird nur für wenige Minuten sehr stark bluten.«

»Der Gaumen ist das Dach des Mundraums. Diese Geschoßbahn verlief durch das Dach der Mundhöhle. Würde dieses Dach nicht ebenfalls bluten?«

»Es würde natürlich ebenfalls bluten, aber bei operativen Eingriffen schneiden wir bedenkenlos durch das Dach der Mundhöhle.«

»Das kann ich durchaus verstehen«, warf Schulman ein, »aber angenommen, ein Mann liegt irgendwo da draußen in einem Zwiebelfeld, und da ist weit und breit niemand, der ihn nähen könnte oder sonst irgendwie den Blutfluß stoppen...«

»Ich weiß nicht, ob Sie vorhaben, mich so weit zu bringen, daß ich mich von Ihnen provozieren lasse. Aber ich muß doch feststellen, daß Sie sich wiederholen.«

»Was würden Sie tun, wenn ein Mann mit einer Schußverletzung, wie wir sie in der hypothetischen Frage beschrieben haben, zu Ihnen in die Sprechstunde käme? Was würden Sie für ihn tun, nachdem Sie ihn geröntgt und das Ausmaß der Verletzung festgestellt hätten?«

»Es bestände durchaus die Möglichkeit, daß ich die Kugel an Ort und Stelle lassen würde.«

»Das würden Sie also?«

»Ja.«

»Und die Wunde würde nicht bluten?«

»Das würde sie nicht.«

»Gut, Doktor. Haben Sie gewußt, daß an der Stelle, wo dieser Mann zu Boden stürzte, ein Blutfleck entdeckt wurde, und haben Sie gewußt, daß er immer noch blutete, als er etwas später in das Leichenschauhaus von Bakersfield gebracht wurde? Sie haben die Leiche doch nie gesehen, oder?«

»Nein.«

»Und Sie wissen auch nichts über diese Leiche?«

»Ich weiß nur, was ich im Autopsiebefund gelesen habe.«

»Sie haben den Verlauf der Schußwunde nie persönlich begutachtet?«

»Nein.«

»Sie waren nie Pathologe?«

»Nein.«

»Sie sind Facharzt für Augen-, Hals-, Nasen-, Ohrenkrankheiten?«

»Nein, ich bin Facharzt für Hals-, Nasen- und Ohrenkrankheiten.«

»Ein Mann wird bewußtlos geschossen. Ich gehe davon aus, daß er blutet und auf dem Rücken liegt, und zwar in einem Feld in der Nähe von Bakersfield. Man hat ihn in den Mund geschossen. Er würde also ersticken, oder nicht? Er würde doch dieser Verletzung erliegen, oder nicht?«

»Falls er nicht bei Bewußtsein wäre, ist dies durchaus möglich. Er könnte ersticken.«

»Haben Sie, im Verlauf Ihrer bisherigen Berufsausübung, je einen Durchschuß gesehen, der mit der eben beschriebenen Wunde identisch ist?«

»Nein.«

»Dann stelle ich den Antrag, die gesamte Aussage dieses Zeugen aus dem Protokoll zu streichen«, erklärte der Staatsanwalt, »da er kein qualifizierter Experte ist und nicht befugt, hinsichtlich der Todesursachen durch Schußwunden eine kompetente Aussage zu treffen. Er ist kein qualifizierter Pathologe.«

Dennoch wurden noch weitere Theorien von seiten der Verteidigung vorgebracht. Schließlich trat Gregory Powell in den Zeugenstand und gelangte zu dem Schluß, daß er, nicht Jimmy Smith, es gewesen war, der die 32er Automatik einmal abgefeuert und die leere Patronenhülse auf dem Boden neben der Leiche zurückgelassen hatte. Die Angeklagten waren inzwischen an einem Punkt äußerster Verzweiflung gelangt, und jeder versuchte, den anderen soweit wie möglich in Mißkredit zu bringen, um zu zeigen, daß der andere ein Lügner war, und dadurch zumindest leichte Zweifel zu schüren. Jeder hoffte, auf diese Weise seinen Kopf doch noch aus der Schlinge ziehen zu können.

»Als ich dann allein dastand und auf den toten Polizisten hinabblickte«, sagte Greg aus, »hob ich die Waffe an meine Schläfe und begann, am Abzug zu drücken. Vielleicht suchte ich absichtlich nach einer Ausflucht, mich nicht erschießen zu müssen – jedenfalls schoß mir plötzlich ein Gedanke durch den Kopf, daß Jimmy es vielleicht auf Max abgesehen haben könnte, weil er wußte, daß sie Geld hatte. Und ich habe meine Hand etwas verrückt. Dann fiel ein Schuß. Ich habe direkt vor meinem Gesicht vorbeigeschossen.«

Schulman zog seine Hose hoch und hatte Mühe, ein verächtliches Schnauben zu unterdrücken, als er Greg ins Kreuzverhör nahm.

»Sie sagen demnach aus, daß Sie die 32er selbst abgefeuert haben, als Sie in einem Versuch, Selbstmord zu begehen, Druck auf Ihren Finger ausgeübt haben. Aber dann schoß Ihnen plötzlich der Gedanke durch den Kopf, daß Jimmy nach Los Angeles fahren könnte, um sich an Maxine oder dem Geld zu vergreifen. Und dann haben Sie die Waffe etwas anders gehalten, so daß der Schuß direkt an Ihrem Gesicht vorbeiging?«

»Das ist die Wahrheit.«

»Wirklich?«

»Entschuldigung«, schaltete sich John Moore ein. »Euer Ehren, ich möchte den Staatsanwalt wegen dieser kleinen Bemerkung ›wirklich?‹ zur Rechenschaft gezogen wissen. Das geht nun schon den ganzen Prozeß hindurch so.«

»Übrigens«, fuhr Schulman fort, »damit es zu keinen Mißverständnissen kommt – während des Prozesses wurde wiederholt ein kleines Baby in diesen Gerichtssaal gebracht. Es wurde über die Dauer der Sitzungen hier behalten und auch gefüttert. Ich das Ihr Baby?«

Pierce Brooks mußte grinsen, als Greg genau die gleiche Antwort gab wie damals, als Brooks ihm den in Las Vegas gekauften Colt, eine der Mordwaffen, gezeigt hatte.

»Das ist mein Baby«, erwiderte Gregory Powell.

»Das ist also das Kind, dessentwegen Sie sich eine Menge Sorgen machen, nehme ich an?«

»Ja, Sir.«

»Das ist das Kind, das während des Verlaufs dieses Prozesses immer wieder in diesen Gerichtsaal gebracht wurde?«

»Ich bin mit dieser Feststellung nicht ganz einverstanden, Mr. Schulman«, erwiderte Greg. »Das Baby genießt die bestmögliche Pflege.«

»Wirklich?«

»Entschuldigung«, warf Moore ein. »Schon wieder diese kleine Bemerkung ›wirklich?‹ Ich erhebe neuerlich Einspruch gegen das Verhalten des Staatsanwalts.«

»Dem Einspruch wird stattgegeben. Die Geschworenen werden aufgefordert, die Verwendung des Wortes ›wirklich‹ durch Mr. Schulman nicht weiter zu beachten. Eine Anschuldigung wegen schlechten Betragens wird abgelehnt.«

»Sie haben dem Detective von der Abteilung für Raubüberfälle erzählt«, fuhr der Staatsanwalt fort, »daß Sie während der Zeit, zu der Sie die Überfälle begingen, getrunken und Drogen genommen haben?«

»Nein, Sir, das habe ich nicht.«

»Waren Sie angetrunken, als Sie diesen Polizisten in dem Zwiebelfeld erschossen haben?«

»Nein, Sir.«

»Das Baby kam doch in der Klinik in Camp Pendleton zur Welt, oder nicht?«

»Das ist richtig, Sir.«

»Die Kosten für die Entbindung betrugen etwa fünfundzwanzig Dollar. Die Rechung wurde doch an den Ehemann der Mutter geschickt, der im Ausland seinen Militärdienst leistet? Ist das richtig? Im übrigen ist es doch eine erwiesene Tatsache, daß Maxine, dieser Frau, um die Sie sich so besorgt zeigten, durch Gerichtsbeschluß das Sorgerecht für ihre drei entzückenden Kinder aberkannt wurde. Ist auch *das* richtig?«

»Einspruch. Das steht hier im Moment nicht zur Debatte«, schaltete sich Moore ein.

»Der Angeklagte hat behauptet, ihm läge viel an Kindern«, entgegnete Schulman.

»Ich bitte, hier abzubrechen, während ich diesen sogenannten Gentleman wegen schlechten Betragens verwarne«, konterte Moore. »Er tritt nun schon seit acht Wochen mit seinen bissigen Bemerkungen vor dieses Gericht, weshalb ich ersuche, das Verfahren für fehlerhaft zu erklären.«

»Hat Officer Hettinger Ihnen von *seiner* Familie erzählt«, fragte Schulman, nachdem ihm gestattet worden war, fortzufahren.

»Ich kann mich nicht erinnern.«

»Die Beamten machten Ihnen keine Schwierigkeiten?«

»Nein, Sir, das hätte unter diesen Umständen wohl niemand.«

»Das kann ich mir *allerdings* vorstellen, Mr. Powell.«

»Entschuldigung, aber Mr. Schulman fängt schon wieder mit seinen bissigen Bemerkungen an.« Dieser Einwurf kam von Moores Seite.

»Sie haben Ihre Anordnungen doch in barschem Befehlston erteilt, oder nicht?« fuhr Schulman fort.

»Nein, Sir, ich habe meine Anordnungen nicht in barschem Befehlston erteilt«, erwiderte Greg.

»Oh, doch, Sie wollten doch möglichst schnell nach Hause zurück, zu Maxine. Als Sie um den Wagen herumtraten und Officer Campbell voll ins Gesicht schossen, dachten Sie in diesem Augenblick nicht an Maxine?«

»Ich habe bereits darüber ausgesagt, was...«

»Haben Sie zu diesem Zeitpunkt an Maxine gedacht? Ja oder nein?«

»Ich habe an überhaupt nichts gedacht.«

»Haben Sie nicht an Ihr ungeborenes Kind gedacht?«

»Ich habe an gar nichts gedacht, Sir.«

»Haben Sie an Officer Campbells Frau und Familie gedacht?«

»Ich habe bereits darüber ausgesagt, was...«

»Sie haben zu einem früheren Zeitpunkt ausgesagt, daß man Ihnen schließlich erlaubt hat, anzurufen. Haben Sie vielleicht Officer Campbell erlaubt, seine Frau anzurufen, damit sie wußte, daß er in jener Nacht nicht nach Hause kommen würde?«

»Ich – nein, Sir.«

»Einspruch!« meldete sich Moore zu Wort. »Durch die Art Ihrer Befragung werden Vorurteile geweckt. Ich bitte, den Staatsanwalt wegen unzulässigen Benehmens zu verwarnen.«

»Die Verwarnung wird abgelehnt. Dem Einspruch wird stattgegeben, als die Frage beeinflussenden Charakter hat«, erklärte der Richter.

»Als Sie die Leiche des Polizisten zu dem Graben schleppten und sie dort hineinwarfen, dachten Sie in diesem Moment an seine Frau und seine Familie?«

»Ich habe bereits ausgesagt, in welcher Gemütsverfassung ich mich damals befand.«

»Als Sie nach Officer Hettinger suchten, um ihn umzubringen, haben Sie dabei an *seine* Frau gedacht? Haben Sie das?«

»Ich glaube nicht, daß ich bewußt daran gedacht habe, jemanden zu töten oder sonst etwas.«

»Sie hatten doch das Gefühl, es müßte sein? Richtig?«

»Ja, Sir.«

»Daß es sein *mußte?* Daß Sie Officer Hettinger töten mußten?«

»Sie haben ›töten‹ auf eine Art gesagt... Aber ich würde doch sagen, daß es so war.«

»Ich weiß nicht, wie ich es anders sagen sollte.«

Und dann stellte Gregory Powell, und nicht Marshall Schulman, seine Gelassenheit unter Beweis. »Steht von Ihrer Seite noch eine Frage aus?« fragte Greg ruhig.

»Sie erinnern sich also, Sergeant Brooks gegenüber geäußert zu haben, daß das Lindbergh-Gesetz zur Sprache kam. Aber Sie wissen nicht mehr, wer es vor dem ersten Schuß erwähnt hat?«

»Ich glaube, ich habe gehört, daß über das Lindbergh-Gesetz gesprochen wurde, Sir. Aber worum es dabei genau ging, weiß ich nicht mehr.«

»Gut, und welche Haltung hatten Sie gerade eingenommen, als sich versehentlich dieser Schuß löste?«

»Ich befand mich in Bewegung, Sir. Ich ging um den Wagen herum.«

»Dieser Schuß, der sich versehentlich löste, traf doch sehr genau, oder nicht?«

»Ist das eine Frage? Nun, er war nicht genau, Sir, weil er auf niemanden gezielt war.«

»Haben Sie zu diesem Zeitpunkt irgend etwas zu Jimmy oder zu Hettinger gesagt? ›Mein Gott, das war ein Versehen. Das habe ich nicht gewollt.‹ Irgend etwas in der Art?«

»Nein, Sir.«

»Warum nicht?«

»Dazu hatte ich doch gar keine Gelegenheit. Ich war völlig perplex, und dann fing Officer Hettinger zu schreien an und rannte weg.«

»Haben Sie gedacht, nachdem Sie versehentlich einen Mann erschossen hatten, Sie sollten gleich weitermachen und noch jemanden töten, damit das Ganze nicht aufkam?«

»Na ja, groß nachgedacht habe ich in dem Augenblick sicher nicht, Sir. Aber da ich nun schon einige Male gesessen habe und von daher wußte, daß ich ganz schön in der Klemme steckte, da ja nun ein Polizist tot war – ja, Sir, da habe ich schon gedacht, es wäre nötig, den anderen Polizisten zu erwischen.«

»Was tat Jimmy Smith, als er an dem auf dem Lageplan eingezeichneten Kreis stand?«

»Na ja, er hat mit einer Waffe losgeschossen.«

»Wo befand sich Officer Campbells Leiche?«

»Das weiß ich nicht. Ich habe Ihnen das doch schon ein halbes dutzendmal gesagt, Sir.«

»Jetzt verlieren Sie die Beherrschung, nicht wahr?«

»Nein, Sir, das stimmt nicht.«

Pierce Brooks, der den Angeklagten vom Tisch der Staatsanwaltschaft aus beobachtete, konnte nur zustimmen, daß Powell tatsächlich nicht die Beherrschung verlor.

»Welcher Natur sind die Gefühle, die Sie heute Jimmy Smith gegenüber hegen?« fragte Schulman weiter.

»Er tut mir mehr oder weniger leid.«

»Und was glauben Sie, daß Jimmy Smith für Sie fühlt?«

»Ich kann mir vorstellen, daß er einen ziemlichen Haß auf mich hat, Sir.«

Und *das* war tatsächlich die Wahrheit. Während der nächsten Pause, als sich die Verteidigung zurückzog, trat Jimmy Smith seinen Stuhl durch den halben Raum, leistete dann jedoch keinerlei Widerstand, als sich mehrere uniformierte Wärter auf ihn stürzten, um ihn zurückzuhalten.

»Euer Ehren«, meldete sich Ray Smith zu Wort, »er möchte Sie darauf aufmerksam machen, daß ich ihn schon den gesamten Verlauf des Prozesses über völlig unangemessen vertrete.«

»Falls Sie irgendwelche Beschwerden haben, können Sie diese zum gegebenen Zeitpunkt vorbringen«, erklärte der Richter, als Jimmy Smith wieder zu seinem Sitz zurückgekehrt war.

»Ich möchte nicht, daß dieser Mann mich weiter vertritt!« brüllte Jimmy Smith. »Dieser Mann verurteilt mich nur zum Tod, auch ich habe doch nichts getan.«

»Der Fall ist abgeschlossen«, entgegnete der Richter. »Der Staatsanwalt hat sein Plädoyer an die Geschworenen begonnen. Ich werde mir alles anhören, was Sie zu sagen haben, aber erst muß dies hier zu Ende geführt werden.«

»Nachdem ich in der Gaskammer gelandet bin, werden Sie mich anhören! Wenn es zu spät ist! Danach, nicht vorher!«

Am 23. August richtete sich Marshall Schulman mit folgenden Worten an die Geschworenen: »Es handelt sich hier eindeutig um einen kaltblütigen Mord. Anhand des faktischen Beweismaterials können Sie ersehen, daß Officer Hettinger am Schauplatz des Geschehens kaltblütig ermordet...«

»Nicht Hettinger«, korrigierte Ray Smith den Staatsanwalt. »Sie haben den falschen Mann genannt.«

»Officer Campbell. Vielen Dank. Officer Campbell«, verbesserte sich Schulman. »Aber ich glaube doch, Sie alle wissen, wer gemeint war.«

Aber Karl Hettinger sollte sich fragen, ob Schulmans Versprechen nicht prophetischen Charakter hatte.

Als Ray Smith mit seinem Plädoyer an die Reihe kam, sprach er auf die Weise, die ihm am besten lag – vertraulich, persönlich, schlicht. Der alte Anwalt lächelte oft und blickte jedem Geschworenen in die Augen, wobei er alle ansprach wie alte Freunde. Dabei versuchte er, alle Schuld dem Partner seines Klienten in die Schuhe zu schieben.

»Gregory Powell ist zweifellos der größte Lügner, den Sie je in Ihrem ganzen Leben sehen oder hören werden, und das ist mein voller Ernst. Sie müßten hundert Jahre alt werden, um einen größeren Lügner als Gregory Powell kennenzulernen.«

John Moore sprach über vielerlei Dinge zu den Geschworenen, und hierbei in nicht geringem Ausmaß auch über seinen Gegenspieler.

»Wie der Staatsanwalt gesagt hat: ›Die Person, welche die Schüsse in die Brust von Officer Campbell abfeuerte, als er in

Kern County auf dem Boden lag, ist zweifellos ein erschrekkendes Exemplar der Spezies Mensch.‹ Mr. Schulman ist ein Wesenszug zu eigen, der einem Ankläger sehr zugute kommt, insofern sein einziges Interesse einer Verurteilung gilt. Er hat die Fähigkeit, durch den Tonfall seiner Stimme oder durch eine Geste alles und jeden schmutzig oder obszön erscheinen zu lassen, wenn dies in seiner Absicht steht. Er kann zum Beispiel die Worte ›Frau‹, ›Mutter‹ oder ›Kind‹ so sagen, daß sie schmutzig und obszön klingen. Er wiederholte Powells Drohungen gegen eine Reihe von Personen, die in seine Raubüberfälle verwickelt waren, in einem Tonfall, der einem die Haare zu Berge stehen ließ, wenn er die Morddrohungen aus dem Protokoll verlas. Falls Sie einen Schuldspruch wegen Entführung fällen würden, in deren Verlauf sich ein Todesfall ereignete, sähen Sie sich im weiteren versucht, einen Schuldspruch wegen Mordes *zweiten* Grades zu fällen. Mr. Schulman würde das gar nicht gefallen. Auch wenn es wahr ist, aber es würde ihm überhaupt nicht gefallen.«

Am 30. August ereignete sich ein Vorfall, der die Geschworene Nummer vier betraf und sowohl der Verteidigung wie dem Staatsanwalt höchst ungewöhnlich erschien.

»Sind Ihnen von Deputy Sheriff Margaret Decker bestimmte Informationen zugekommen, die sich auf verschiedene Kommentare von seiten eines unserer Geschworenen beziehen?« fragte der Richter an diesem Tag den Gerichtsdiener, als sich die Geschworenen zurückgezogen hatten.

»Ja, das ist richtig, Euer Ehren«, erwiderte der Gerichtsdiener.

»Miß Decker, haben Sie im Zuge Ihrer Pflichten Frauen in den Gerichtssaal zugelassen?« fragte der Richter.

»Ja, Euer Ehren.«

»Kennen Sie Mrs. Bobbick, Geschworene Nummer vier?«

»Ja.«

»Wer hat die Unterhaltung begonnen?«

»Ich fing das Gespräch an, indem ich zu Mrs. Bobbick sagte, ich hätte gehofft, der Richter würde sich mit den Geschworenen am Dienstag und nicht am Freitag beraten, da ich vorhatte, für drei Tage nach Mexiko zum Angeln zu fahren. Mrs. Bobbick erklärte darauf, daß auch ihr Mann ein auf drei Tage verlängertes Wochenende hätte und auch sie hoffte, der Beratungstermin würde auf Dienstag verschoben. Inzwischen waren wir aus dem Lift getreten, und ich wollte in mein Büro gehen. Mrs. Bobbick blieb jedoch kurz stehen, fuhr mit der Hand zu ihrem Mund und sagte: ›An dieser Geschichte ist mir schon die ganze Zeit etwas faul vorgekommen.‹ Und Anwalt Ray Smith hätte entweder etwas ›aufgedeckt‹ oder ›ans Tageslicht gebracht‹ oder ›den Nagel auf den Kopf getroffen‹. Eine dieser drei Redewendungen hat sie jedenfalls gebraucht.«

Um zehn Uhr vormittags wurde Mrs. Bobbick in das Büro des Richters gebracht.

»Mrs. Bobbick, lassen Sie sich bitte durch diese Geschichte nicht beunruhigen«, wandte sich der Richter an die zierliche Hausfrau mit den stechenden Augen. »Miß Decker, die das Amt eines Deputy Sheriff bekleidet, hat unter Eid ausgesagt...«

»Auch ich möchte unter Eid stehen, bevor ich noch etwas sage.«

»Gut, ich werde Sie unter Eid nehmen. Abgesehen davon fuhren Sie beide ja gerade im Lift. Es waren noch andere Personen im Lift. Und Sie beide haben sich doch nur die Zeit vertrieben?«

»Sie ist mir gefolgt, denke ich, denn sie hat das bis dahin noch nie getan. Aber an diesem speziellen Morgen ist mir diese Miß Decker nach draußen gefolgt, und sie hat zu mir gesagt – also, sie hat gesagt: ›Ich glaube, morgen ist es soweit. Morgen werden Sie eine Entscheidung fällen müssen.‹ Und dann hat sie gesagt: ›Ach‹, hat sie gesagt, ›ich weiß nicht, wie das werden wird‹, hat sie gesagt. ›Das Beweismaterial ist so erdrückend.‹ Das hat sie gesagt, und ich erkläre das unter Eid. Und ich fand, daß so etwas doch etwas ungewöhnlich wäre, wenn ein Deputy Sheriff so etwas zu mir sagt. Und ich weiß auch nicht, weshalb sie mir nach draußen gefolgt ist. Sie hat das vorher nie getan. Anscheinend gibt es auch andere Leute, die einem irgendwie folgen, wenn man den Gerichtssaal verläßt. Allerdings ist mir das bis dahin nie aufgefallen.

Ich verstand auch nicht, weshalb sie das getan hat. Aber es ist mir doch haften geblieben, weil sie das getan hat.«

»Und sie hat zu mir gesagt, das Beweismaterial wäre erdrückend. Das hat mich so schockiert. Und ich habe darauf gesagt: ›Na ja, ich weiß nicht.‹ Das war einfach nur eine spontane Antwort. Ich meine, für mich war das eine richtige psychologische Bombe, daß sie so etwas sagte. Jedenfalls habe ich darauf erwidert: ›Irgendwas kommt mir daran schon lange faul vor.‹ Ja, genau das habe ich darauf geantwortet. Ich weiß nicht, ob ich in diesem Zusammenhang den Namen des Verteidigers Ray Smith genannt habe.«

»Immerhin sitze ich auf der Geschworenenbank und stehe unter Eid, und ich weiß wirklich nicht, weshalb sie das getan hat. Das war doch von meiner Seite nichts weiter als eine spontane, psychologische Feststellung.«

»Mrs. Bobbick, das Gericht wird mit Sicherheit hinsichtlich dieses ungebührlichen Verhaltens von seiten Miß Deckers seine Nachforschungen anstellen.«

»Ja, Sir, und da ist noch etwas, was ich sagen möchte. Ich möchte sagen, was im Geschworenenzimmer passiert ist.«

»Ich möchte jetzt nicht darüber sprechen, was im Geschworenenzimmer war.«

»Ich möchte aber doch noch eines sagen. Ich habe das Gefühl, daß ich nun als Geschworene nicht mehr in Frage komme, nachdem das passiert ist und sie mir das angetan hat. Aber ich finde, so etwas ist Gehirnwäsche. Ich meine, zu einem Geschworenen etwas zu sagen, was man nicht sagen sollte. Ich habe es bisher absichtlich vermieden, gemeinsam mit anderen Leuten zu Mittag zu essen oder sonst etwas Unerlaubtes zu tun, und dann kommt diese Frau daher und sagt so etwas zu mir. Ich habe das Gefühl, daß ich vielleicht aufgrund dessen, was nun geschieht, ausgeschlossen werde. Ich habe das Gefühl, daß es besser wäre, mich meinen Pflichten als Geschworene zu entheben, weil das nämlich sehr wichtig ist, wenn man mein Gewissen in Betracht zieht. Es handelt sich hier um psychologische Gehirnwäsche. Das Ganze erinnert mich an einen Schneeball, der zu einer Lawine anwächst. Diese Sache zieht sich schon eine ganze Weile hin, und vielleicht bin ich...«

»Mrs. Bobbick, wir werden mit Sicherheit über diese angebliche Behauptung von seiten Miß Deckers unsere Erkundigungen anstellen«, unterbrach sie der Richter.

Mrs. Bobbick ließ sich nicht bremsen.

»Mit anderen Worten, alle diese Dinge haben eine Auswirkung auf das menschliche Gehirn. Ich bin genau wie alle anderen Leute. Mein Gehirn ist wie ein Schwamm. Wenn es mit einem Reiz konfrontiert wird, zeigt es unweigerlich eine Reaktion. Ich bin schließlich nicht tot oder sonst etwas!«

»Nein, Mrs. Bobbick, natürlich nicht.« Der Richter warf einen verstohlenen Blick zum Gerichtsstenographen hinüber, der die Zeugenaussage festhielt.

»Vielleicht war das Ganze nur eine spontane Reaktion ihrerseits. Vielleicht etwas Psychologisches. Ich bin ein lebendiges menschliches Wesen und beeinflußbar wie andere Menschen auch, aber ich gebe mir zumindest Mühe, mich von anderen Leuten fernzuhalten und für mich zu bleiben. Ich esse allein zu Mittag. Ich weiß nicht, welche Auswirkung das auf mich hat.«

»Mrs. Bobbick, wir beabsichtigen in keiner Weise, Sie als Geschworene abzusetzen.«

»Ich meine, wissen Sie, das ist wieder so ein Vorfall, und er zieht natürlich eine psychologische Reaktion meinerseits nach sich. Dafür kann ich doch nichts. Ich bin eben auch nur ein Mensch. Ich bin sehr korrekt und gewissenhaft und nehme meine Aufgabe ernst.«

»Das ist uns sehr wohl bewußt, da Sie den einzelnen Ausführungen im Zuge der Beweisführung sehr aufmerksam gefolgt sind und sich während des gesamten Prozesses umfangreiche Notizen gemacht haben.«

»Ich weiß.« Mrs. Bobbick lächelte. »Und ich hätte noch gern eine Frage an Sie gestellt. Falls ich am Ende Ihrer Erläuterungen immer noch das Gefühl habe, daß ich meiner Aufgabe als Geschworene nicht entsprechend nachkommen kann, dürfte ich dann aufstehen und sagen, ich fühle mich nicht berechtigt, ein Urteil abzugeben?«

»Nein.«

»Wenn ich also nicht aufstehe, hieße das in anderen Worten, ich hätte das Gefühl, daß die Sache bereinigt ist.«

»Sie sollten sich in diesem Punkt keine unnötigen Sorgen machen. Wir sind lediglich daran interessiert, daß unsere Geschworenen gerecht und unparteiisch urteilen.«

»Haben Sie das Gefühl, ich bin gefangen? Ich habe dieses Gefühl zumindest. Aber ich hätte doch auch gern Ihre Meinung gehört.«

»Solange Sie dieses Gefühl haben ... Schließlich kommt es auf das an, was in Ihnen vorgeht.«

»Ich bin befangen. Das war vermutlich nur wieder eines von diesen Dingen.«

»Vielen Dank«, schloß der Richter die Unterredung.

Während einer späteren gerichtsinternen Sitzung saß der Richter vor der Beamtin, die in den Vorfall verwickelt gewesen war. »Wie lange bekleiden Sie schon das Amt eines Deputy Sheriff, Miß Decker?«

»Sechzehneinhalb Jahre, Euer Ehren.«

»Da wir Sie und Ihre zu keiner Beanstandung Anlaß gebende Akte kennen, möchte das Gericht Ihr Verhalten in Zusammenhang mit dieser Angelegenheit nicht in Frage stellen. Da Mrs. Bobbick jedoch nun einmal eine unserer regulären Geschworenen ist, möchte das Gericht Ihnen anraten, daß Sie in Zukunft Ihre Aktivitäten beschränken, was Ihr Entgegenkommen den Geschworenen gegenüber betrifft.«

»Ja, Euer Ehren«, erwiderte Miß Decker.

Mit einem Seufzen fuhr sich Richter Brandler durch sein feines, helles Haar. Seine schläfrigen Lider senkten sich ein wenig. Und er fragte sich, ob dieser Prozeß je ein Ende nehmen würde, ohne daß am Protokoll etwas auszusetzen sein würde, nachdem sich nun neben den Angeklagten auch noch die Geschworenen in einer Weise verhielten, die nicht ausschloß, daß das Verfahren für fehlerhaft erklärt wurde.

Der Richter sollte wenig Anlaß zur Zuversicht sehen. Am nächsten Tag wurde dem Gericht eine handgeschriebene Notiz überreicht.

Geschworene Nummer 4 hat um eine Ablösung als Geschworene in dieser Angelegenheit ersucht. Geschworene Nummer 4 stellt diesen Antrag aufgrund dessen, was sie, die Geschworene, als unnötige Meinungsverschiedenheit bezeichnet, die möglicherweise zur Folge haben könnte, daß sie erkrankt und deshalb nicht imstande wäre, sich voll zu konzentrieren und zu einer gerechten und angemessenen Entscheidung zu gelangen.

Daraufhin beauftragte der Richter Dr. Crahan, den Gerichtspsychiater, Mrs. Bobbick zu untersuchen, um jedoch von dem Arzt wenig später mitgeteilt zu bekommen, daß die Geschworene sich einer Untersuchung widersetzt hatte. Der Arzt fand jedoch Gelegenheit, die Frau näher zu beobachten, und gelangte zu der Überzeugung, daß es sich bei der Geschworenen um eine schizoide Persönlichkeit mit Anflügen von Verfolgungswahn handelte. Er konnte jedoch innerhalb der gegebenen Möglichkeiten nichts feststellen, wodurch er das Gericht in seiner Absicht hätte unterstützen können, die Frau aufgrund ihres Gesundheitszustandes als Geschworene zu entschuldigen. Dr. Crahan riet dem Richter jedoch, daß das Gericht sich sofort an ihn wenden sollte, falls die Geschworene Anzeichen eines hysterischen Anfalls oder eines Nervenzusammenbruchs zeigen sollte, damit er neuerlich versuchen konnte, die Frau zu untersuchen, um festzustellen, ob hinsichtlich ihres Zustands eine Veränderung eingetreten war.

Der Richter entschloß sich, die Geschworene nicht zu entlassen und zu hoffen, daß sie durchhielt. Am 3. September erhielt er jedoch eine neuerliche Nachricht.

Ich, Mrs. Bobbick, Geschworene Nummer 4, möchte an das Gericht den Antrag stellen, mich meiner weiteren Pflichten zu entheben. Der Grund hierfür ist die extreme Feindseligkeit, die schon fast an Nötigung und Gewaltanwendung grenzt.

Diesmal erhielt der Arzt Gelegenheit, die Geschworene zu untersuchen, und der Richter schrieb: Das Gericht wurde durch Dr. Crahan über folgende Tatsachen in Kenntnis gesetzt. Sie basieren auf einer medizinischen Untersuchung der Geschworenen Nr 4. Sie wirkte hysterisch; ihre Augen traten hervor; sie gestikulierte mit den Händen; sie schweifte während des Gesprächs ab; sie konnte nicht still sitzen; und sie wirkte nervös und angespannt. Der Arzt äußerte dem Gericht gegenüber, daß es sich eindeutig nachteilig auf den

Gesundheitszustand der Frau auswirken könnte, falls sie ihrer Tätigkeit als Geschworene weiterhin nachginge.

Während diese Nachricht Marshall Schulman sichtlich beunruhigte, schöpfte die Verteidigung neue Hoffnung, das Verfahren für fehlerhaft erklären zu können.

Pierce Brooks zuckte müde mit den Schultern, drückte aber privat seine Überzeugung aus, Richter Brandler würde mit diesem Problem schon irgendwie fertig werden. Während seiner Jahre als Detektiv hatte er mehr als genug Geschworene gesehen, die nicht nur verrückt waren, sondern auch noch unsäglich dumm. Letztlich war es immer eine Glückssache mit den Geschworenen. Das war es, was der Detective privat von sich gab, während er jedoch in der Öffentlichkeit seinen Ärger im Zaum hielt. Er achtete die Gerichte und das Gesetz.

Die Verteidigung verlor keine Zeit, den Doktor vor Gericht zu zitieren, um sich mit seiner Empfehlung auseinanderzusetzen, die Geschworene zu entschuldigen.

»Was ist Ihr Spezialgebiet?« wollte John Moore wissen.

»Innere Medizin und psychiatrische Diagnostik. Ich praktiziere seit etwa fünfunddreißig Jahren und habe als medizinischer Leiter des Distriktsgefängnisses zwischen fünf- und zehntausend Menschen für das Obere Gericht des Los Angeles County untersucht.«

»Haben Sie je einen Geschworenen untersucht, der sich auf der Geschworenenbank in der Minderheit gefühlt hat?«

»Einspruch. Hier werden Fakten herangezogen, die in diesem Zusammenhang unerheblich sind«, unterbrach Schulman.

»Dem Einspruch wird stattgegeben.«

»Wie lauteten die Aussagen, die sie über die anderen Geschworenen gemacht hat?« fuhr Moore fort.

»Daß sie über sie schimpften und sich ihr gegenüber feindselig benahmen. Sie hatte die Aussage gemacht, sie hätte zum erstenmal seit vierzig Jahren geweint. Dem Richter hat sie in seinem Büro erzählt, sie hätte in der Nähe ihrer Wohnung eine Klapperschlange gesehen. Sie verständigte die Polizei, und die Polizei kam, und die Geschworene erzählte: ›Wissen Sie, Herr Richter, die Polizei hat diese arme Klapperschlange erschossen.‹«

»Es handelt sich hier um einen Fall, in dem ein Kapitalverbrechen abgehandelt wird«, erklärte Ray Smith. »Ich für meinen Teil sähe es deshalb gern, wenn Mrs. Bobbick in den Gerichtssaal käme und uns zu Protokoll geben würde, was es nun eigentlich war, das sie veranlaßt hat, so hysterisch zu reagieren, daß sie Euer Ehren schriftlich um Erlaubnis bitten mußte, ihrer Pflichten als Geschworene enthoben zu werden.«

»Dem Antrag der Verteidigung wird nicht stattgegeben«, erklärte der Richter. »Das Gericht wird die Entlassung von Geschworenem Nummer vier veranlassen und anordnen, daß der Name einer Ersatzperson gezogen wird, die ihren Platz einnimmt.«

»Ich stelle den Antrag, das Verfahren für fehlerhaft zu erkären!« verkündete Moore. Aber dem Antrag wurde nicht stattgegeben.

Am 4. September wurden Gregory Ulas Powell und Jimmy Lee Smith schließlich des Mordes ersten Grades für schuldig befunden, worauf Gregory Powell keine Zeit verschwendete und sofort einen Antrag stellte, sich während des darauf folgenden Prozesses zur Festsetzung des Strafmaßes selbst vertreten zu dürfen.

»Aufgrund eines totalen Zerwürfnisses mit meinen beiden Anwälten beabsichtige ich, sie auf der Stelle zu entlassen«, teilte Greg dem Gericht mit, wobei das Verblüffendste war, daß er inzwischen nach zwei Monaten intensiver Prozeßerfahrung selbst bereits wie ein Anwalt wirkte. »Ich glaube nicht, zu irgendeinem Zeitpunkt geäußert zu haben, ich würde mich nicht für befähigt halten, mich selbst zu verteidigen, wie dies der Staatsanwalt behauptet. Ich glaube, ich habe erklärt, wenn Sie vielleicht diesbezüglich das Protokoll zu Rate ziehen wollten, daß mir bewußt war, daß ich nicht über die genügende Zeit verfügte, um mich entsprechend auf meine Verteidigung vorzubereiten. Ich bin der Ansicht, daß Mr. Schulman hinsichtlich dessen, was ich weiß und was ich nicht weiß, Vermutungen angestellt hat, was ihm jedoch meiner Meinung nach nicht zusteht. Das Gericht weiß nicht über Teile der Unterredungen und Meinungsverschiedenheiten Bescheid, die sich zwischen Angeklagtem und Verteidigung zugetragen haben. Das Gericht kann deshalb nicht entscheiden, was Mr. Moore in Wahrung seiner eigenen Interessen getan hat und wozu er sich durch *mein* beharrliches Drängen genötigt sah. Das Plädoyer, mit dem sich Mr. Moore an die Geschworenen gewandt hat, habe *ich* in der Nacht zuvor verfaßt. Vieles von dem, was das Plädoyer beinhaltete, habe ich selbst geschrieben, Euer Ehren. Ich hätte ein genauso gutes Plädoyer entwerfen können, das dem von Mr. Moore sicher in nichts nachgestanden hätte.«

Pierce Brooks lauschte Gregs neu erworbenem, juristischem Jargon und seiner erstaunlichen Eloquenz und bemerkte Marshall Schulman gegenüber: »Was für ein Ego! Ja, mein Herr, der Bursche gehört mir!«

»Was geht hier eigentlich vor?« verlangte Schulman zu wissen. »Das ist nur ein weiterer Versuch, eine Berufungsverhandlung herauszuschinden, und Mr. Moore sitzt nur tatenlos da und läßt es geschehen!«

»Na, so viel weiß ich auch«, erwiderte Greg. »Mr. Moore wird sich wohl kaum meiner Kooperation versichern können, wenn ich nicht dazu bereit bin. Und ich habe klar und deutlich erklärt, daß ich das nicht tun werde. Ich habe meinen Standpunkt doch hoffentlich zur Genüge klargemacht.«

»Euer Ehren«, schaltete sich nun auch noch Jimmy Smith in das Gespräch ein, so daß Richter Brandlers blaue Augen unter den schweren Lidern zwischen den zahlreichen Sprechern hin und her wanderten. »Mr. Powell wird doch schon die ganze Zeit mit Samthandschuhen angefaßt, seit wir verhaftet worden sind. Und dabei habe ich nicht das geringste getan! Ich bin unschuldig, und ich weiß, daß ich – daß ich das beweisen könnte. Ich könnte es diesen Geschworenen eindeutig beweisen. Nach Bakersfield zu fahren, war *meine* Idee, nicht die meines Anwalts, und Sie werden auch im Protokoll vermerkt finden, daß ich als erster diesen Vorschlag gemacht habe. Und dann kommt er daher und fragt das Gericht, ob das Gericht denn nicht dem Antrag stattgeben könnte, nach Bakersfield zu fahren, und zwar im Interesse der Verteidigung. Wir sind also nach Bakersfield gefahren.

Aber mein Anwalt hat nichts unternommen, was in meinem Interesse gewesen wäre. Mein Anwalt ist nur besoffen in der Gegend herumgelaufen. Und ich habe versucht, ihn zurückzurufen und zu fragen, ob sie nicht Mr. Hettinger in den Zeugenstand rufen und ihm gewisse Fragen stellen könnten, die über jeden Zweifel hinaus den Beweis erbracht hätten, daß ich unschuldig bin. Aber er hat ihm diese Fragen nicht gestellt. Es war nämlich schlichtweg ein Ding der Unmöglichkeit, daß Hettinger den Feldweg hinuntergelaufen ist und sich dabei umgesehen hat. Und noch etwas – ich habe darum gebeten, einem Hypnosetest unterzogen zu werden. Irgend etwas in der Richtung, mit einem Psychiater, ganz gleich, was. Er hat dergleichen nicht einmal versucht. Er hat sich einfach geweigert. Ich habe dieses Verbrechen nicht begangen. Dieser ganze Prozeß ist doch nur für diesen Powell inszeniert worden. Er hat doch selbst zugegeben, daß er ein Mörder ist. Darf ich vielleicht noch eines sagen, Euer Ehren?«

»Ja«, seufzte der Richter.

»Ich kann eindeutig beweisen, daß ich, Jimmy Lee Smith, eher in der Lage bin, mich in diesem Gerichtssaal selbst zu verteidigen als Gregory Ulas Powell. Außerdem befinden sich im Besitz des Staatsanwalts gewisse Papiere, die dem Gericht diesen Umstand beweisen können.«

»Was sollen diese Papiere beweisen?«

»Sie beweisen, daß ich über die entsprechende Qualifikation verfüge und überhaupt befähigt bin, mich selbst zu verteidigen – vielleicht nicht verbal, aber wenn man mir die nötige Zeit lassen würde, alles aufzuschreiben, was ich sagen möchte. Außerdem würde ich gern die juristische Bibliothek benützen dürfen, worum ich das Gericht bereits mehrfach ersucht habe, und was mir jedoch verweigert wurde. Sergeant Brooks weiß sogar, daß ich nicht schuldig bin. Sie alle wissen es. Das ist auch der Grund, weshalb hier, in diesem Gerichtssaal, so viele Lügen vorgebracht wurden. Nur, um *mich* fertigzumachen. Ich möchte einen anderen Anwalt. Bitte.«

»Ich bin an den fälschlichen Anschuldigungen von seiten Jimmy Smith' nicht im geringsten interessiert«, erklärte

Schulman, der befürchtete, aufgrund von Jimmys Anschuldigung, sein Anwalt wäre betrunken gewesen, könnte ein Antrag auf Berufung eingereicht werden. »Ich finde, das Gericht sollte sich etwas ausführlicher mit der angeblichen Volltrunkenheit von Mr. Ray Smith befassen, in der er sich in Bakersfield befunden haben soll.«

»Ich glaube, in diesem Zusammenhang fiel das Wort ›besoffen‹«, erklärte der Richter.

»Nicht nur dort, sondern sogar hier im Gerichtssaal, Euer Ehren!« rief Jimmy Smith dazwischen.

»Dem Gericht sind keinerlei Informationen zugekommen, daß Mr. Smith im Verlauf dieses Prozesses irgendwelche alkoholischen Getränke zu sich genommen hat.«

»Sie haben mich fast in die Gaskammer gebracht!« schluchzte Jimmy Smith. »Was soll ich denn tun? Euer Ehren, bitte haben Sie Erbarmen mit mir!«

»Der Antrag, mit dem sich das Gericht augenblicklich befaßt, beinhaltet nur, daß Mr. Ray Smith seines Amtes enthoben wird und daß das Gericht auf Staatskosten einen anderen Anwalt ernennt, der Sie vertritt. Diesen Antrag lehnt das Gericht ab.«

»Also gut, Euer Ehren, irgendwie müssen Sie ihn aber entlassen«, beharrte Jimmy Smith. »Er *muß* entlassen werden, Euer Ehren. Falls Sie das nicht tun, weiß ich nicht, was ich machen soll. Aber ich muß etwas unternehmen. Oder soll ich einfach hier sitzen bleiben, nichts tun und mich weiter von diesem Mann vertreten lassen? Dieser Herr rührt keinen einzigen Finger für mich.«

»Also gut...«, begann der Richter, aber Jimmy unterbrach ihn neuerlich.

»Würden Sie der Sache weiter nachgehen, Euer Ehren, wenn ich einen Zeugen beschaffen könnte, der aussagt, daß Mr. Smith eine Alkoholfahne hatte, als er mit ihm sprach?«

»In diesem Zusammenhang kann ich Sie nur auf den Umstand aufmerksam machen, daß ein Anwalt während der Mittagspause ohne weiteres ein alkoholisches Getränk zu sich nehmen kann und daß dies noch kein ausreichender Grund dafür ist, diesem Anwalt eine Amtsvernachlässigung vorzuwerfen. Irgendwelche weiteren Punkte?«

»Ja, Euer Ehren«, meldete sich Greg wieder zu Wort. »Es besteht keine gemeinsame Basis, auf der Mr. Moore und ich uns einigen könnten, und ich glaube, daß ich heute morgen meine Wünsche und Forderungen in aller Klarheit vorgebracht habe. Daran hat sich auch in der Zwischenzeit nichts geändert. Ich wünsche und bestehe darauf – ich *fordere* –, daß ich die Genehmigung erhalte, mich für die Dauer dieses Prozesses selbst zu verteidigen, und ich bin durchaus in der Lage, unverzüglich damit zu beginnen. Zwischen uns besteht nicht die geringste Übereinstimmung. Mr. Moore hat bereits angedeutet, daß er sein Amt niederzulegen wünscht, und ich bin voll damit einverstanden und habe auch bereits darum gebeten, ihn zu entlassen.«

»Als Anwalt weiß ich«, warf Ray Smith ein, »daß die in diesem Fall vorliegenden Fakten eine Verurteilung wegen Mordes ersten Grades rechtfertigen. Ich habe mich daher nur um eines bemüht, und das war, ein Todesurteil von Jimmy abzuwenden. Meiner Verteidigungsstrategie habe ich diese Erkenntnis zugrunde gelegt, falls man in diesem Fall überhaupt noch von einer Verteidigung sprechen kann. Aus diesem Grund werde ich *nicht* beantragen, mein Amt niederlegen zu dürfen.«

»Mir reicht's. Ich habe das Ganze gründlich satt«, stöhnte Jimmy Smith, wobei er keineswegs der einzige im Gerichtssaal war, dem es so ging.

Am 6. September, während des Prozesses zur Festsetzung des Strafmaßes, zitierte Gregory Powell, der sich nun selbst vertrat, seine Mutter in den Zeugenstand.

»Treten Sie in den Zeugenstand, und setzen Sie sich, nennen Sie bitte Ihren Namen«, forderte der Gerichtsdiener die Mutter des Angeklagten auf. Greg wirkte energischer, besser gekleidet und gelassener als je zuvor im Verlauf der Verhandlung, was Schulman zu der Bemerkung veranlaßte, daß er sicher einen guten Anwalt abgegeben hätte.

»Ich frage Sie hiermit nach Ihrem Verwandtschaftsgrad zu irgendeiner der an diesem Prozeß beteiligten Personen«, begann Greg.

»Ich bin deine Mutter«, erwiderte die Zeugin.

»Welchen Beruf üben Sie aus?«

»Ich bin Hausfrau und College-Studentin.«

»Würden Sie uns bitte Ihr Alter nennen.«

»Ich bin fünfzig Jahre alt.«

»Mrs. Powell, könnten Sie uns in groben Zügen Ihren Gesundheitszustand seit dem Jahr 1941 schildern?«

»Leider muß ich dagegen Einspruch erheben, da dies unerheblich ist«, erklärte Schulman.

»Ich beabsichtige, durch diese Zeugenaussage zu beweisen, daß mir während der entscheidenden Entwicklungsphase meines Lebens die Verantwortung für die Erziehung meiner jüngeren Geschwister auferlegt wurde«, entgegnete Greg. »Sie hatte – die genauen Daten weiß ich leider nicht, Euer Ehren – zehn größere Operationen gehabt. Sie litt an der Brightschen Krankheit. Von diesen zehn Eingriffen wurde sie allein dreimal an der Schilddrüse operiert.«

»Dagegen möchte ich Einspruch erheben, Euer Ehren«, beharrte Schulman. »Ich sehe nicht ein, weshalb ich im Nachteil sein sollte, bloß weil der Angeklagte seinen Verteidiger entläßt und sich selbst vertritt.«

»Ich habe nicht das Gefühl, daß Sie in irgendeiner Weise benachteiligt sind«, konterte Greg.

»Es steht Ihnen nicht zu, bezüglich einer Sache solche oder solche Gefühle zu haben«, schloß Schulman zurück. »Und wenn Mr. Powell irgend etwas zu sagen hat, so möge er sich gefälligst an das Gericht wenden. Wenn er schon Anwalt spielen möchte, dann soll er sich auch wie einer verhalten!«

Und dann bewies Greg, daß er zumindest von einem Anwalt gelernt hatte, wie man sich vor Gericht zu verhalten hatte. Denn er antwortete: »Ich stelle den Antrag, Euer Ehren, den Staatsanwalt wegen dieser Bemerkung zu verwarnen.«

Nachdem der Richter die Ordnung wiederhergestellt hatte, fuhr Greg mit gestärkter Zuversicht fort. »Mrs. Powell, könnten Sie uns bitte kurz meinen Gesundheitszustand schildern, bevor ich in die Schule kam?«

»Im Alter von dreieinhalb Jahren hattest du Scharlach, und du hast wegen einer Ohrenoperation im Krankenhaus gelegen. Mit viereinhalb bist du aus dem Auto gefallen und hast dir eine schwere Kopfverletzung zugezogen.«

»Wenn das Gericht *bitte* . . .«, begann Schulman, gab aber schließlich auf und sank in seinem Sitz zusammen.

»Können Sie sich an Ihre damalige finanzielle Lage erinnern, Mrs. Powell?«

»Wir waren sehr arm.«

»Können Sie sich vielleicht noch an die Wintermonate in dieser Zeit erinnern?«

»Möchtest du, daß ich erzähle, wie ich einmal einen Stuhl kleingehackt habe, damit wir ein Feuer machen konnten?«

Schulman war inzwischen nicht mehr imstande, seine Augen unter Kontrolle zu halten. Sie rollten alle paar Sekunden angewidert nach oben und verliehen ihm ein schwer geplagtes Aussehen.

»Würden Sie sagen, daß Sie trotz allem ein glückliches Familienleben hatten?«

»Ja, aber sicher. Um glücklich zu sein, braucht man kein Geld.« Auf Ethel Powells Lippen breitete sich ein Lächeln aus.

»Um noch einmal auf die Zeit zurückzukommen, zu der ich in die erste Klasse kam. Wie war es damals um Ihre Gesundheit bestellt?«

»Verheerend.«

»Könnten Sie das vielleicht näher ausführen?«

»Ja, zuerst einmal – ich weiß, das steht hier nicht zur Debatte, weil es vor deiner Geburt geschah –, aber ich habe bei einem Unfall sämtliche Zähne verloren, und dabei habe ich mir im Mund eine Infektion zugezogen, die sich auf meinen ganzen Körper ausgebreitet hat, so daß mein Gesundheitszustand wirklich verheerend war.«

»Wie schwer litten Sie an der Brightschen Krankheit, Mrs. Powell?« fragte Greg weiter.

»Die Ärzte gaben mir nur mehr drei Monate.«

»Während ich mich um die drei jüngeren Geschwister kümmerte, haben Sie während dieser Zeit von seiten der Schule irgendwelche Beschwerden disziplinärer Natur bekommen?«

»Nicht eine einzige. Nur einmal hat mich der Direktor persönlich aufgesucht und gefragt, weshalb du dich von der Liste für die Schülerlotsen streichen lassen wolltest.«

»Nur einen Augenblick, bitte«, unterbrach Schulman. »Es tut mir leid, aber ich muß gegen diese Aussage Einspruch erheben, da sie auf Informationen beruht, die auf bloßem Hörensagen beruhen.«

»Das basiert nicht auf Hörensagen«, entgegnete Ethel Powell. »Das wurde direkt an mich geäußert. Ich wiederhole hier nur, was ich selbst gehört habe.«

»Mrs. Powell«, schaltete sich der Richter ein, »darf ich vielleicht vorschlagen, Mr. Schulmans Einspruch als an das Gericht gerichtet zu betrachten.«

»Habe ich viel Sport getrieben, oder bin ich sonst irgendwelchen Beschäftigungen nachgegangen?« fragte Greg weiter.

»Ja, natürlich. Mein Gott, wie viele Auszeichnungen du bekommen hast! Ich kann mich noch an das Sportfest erinnern, bei dem du so gut abgeschnitten hast.«

»Haben Sie diesem Sportfest beigewohnt?«

»Aber selbstverständlich. Wir waren alle dort, mein Mann und mein Vater und meine Mutter. Mein Gott, wie glücklich dein Vater damals war! Du hast an zwei Wettbewerben teilgenommen. Wenn du seinem Rat gefolgt wärst, hättest du in beiden ganz hervorragend abgeschnitten. *Aber das hast du natürlich nicht getan.* Einer war ein Wurfwettbewerb.«

»Softball. Ich wurde zweiter.«

»Ich dachte, du hättest ein blaues Band gekriegt.«

»Das war in der Staffel.«

Schulman stützte inzwischen den Kopf in eine Hand und tippte mit seinem Bleistift auf die Tischplatte.

Dann begann Ethel Powell ausführlich zu berichten, wie traurig Greg über den Tod seines Großvaters gewesen, wie er in schlechte Gesellschaft geraten und zusammen mit Archie von zu Hause weggelaufen war. Und wie sie nach Florida gereist war, um ihn wieder nach Hause zu holen, und später auch nach Colorado, wo man ihn verhaftet hatte. Und dann erzählte sie von ihren zahlreichen Pilgerfahrten, um ihn in den verschiedensten Gefängnissen zu besuchen.

»Zuerst fuhr ich nach Cheyenne, Wyoming, und dann nach Englewood, Colorado. Dort befand sich eine Besserungsanstalt. Bei einer anderen Gelegenheit war ich auch einmal in einer anderen Besserungsanstalt in Washington, D.C.«

»Sind Sie zurückgekommen, um mich dort ein zweitesmal aufzusuchen?«

»Ja, für drei Wochen. Ich habe dich auch in Kansas besucht, in Leavenworth. Damals war ich gerade aus dem Krankenhaus gekommen. Ich hatte einen Blinddarmdurchbruch. Du hast mir erzählt, du hättest mehr als einen Selbstmordversuch unternommen.«

»Einen Augenblick bitte, ich möchte Einspruch erheben . . .«

»Lag ich im Bett und erhielt Bluttransfusionen?«

»Ja.«

»Danach haben Sie mich in Atlanta, Georgia, besucht?«

»Aber ich erhielt keine Besuchserlaubnis. Darauf bekam ich aus dem medizinischen Zentrum in Springfield, Missouri, einen Brief von dir.«

»Später, als ich nach Los Angeles zog, Mrs. Powell, hatten Sie dann noch viel Kontakt mit mir?«

»Nein.«

»Warum nicht?«

»Du warst mit einem Farbigen zusammen. Er hieß Pinky. Wir dachten, das wäre wie bei Homosexuellen.«

»Nachdem ich im Mai 1962 aus Vacaville entlassen wurde, haben Sie dann Maxine kennengelernt?«

»Ja.«

»Mrs. Powell, Sie haben mir erzählt, Sie wären Präsidentin eines Toastdamen-Clubs gewesen?«

»Ja, das war ich.«

Schulman erhob sich, besann sich jedoch eines Besseren und setzte sich wieder.

»Mrs. Powell, wie ist es im Moment um Ihre Gesundheit bestellt?«

»Ich bin bei einem Arzt wegen meines Herzens in Behandlung. Außerdem habe ich die Genehmigung erhalten, diesen Herbst wieder das College zu besuchen. Ich hatte nämlich ein Jahr pausiert.«

Greg lächelte. Er war stolz auf seine Mutter. »Danke, das wäre alles«, schloß er die Vernehmung.«

»Ich habe keinerlei Fragen«, erklärte Schulman.

»Sie können aus dem Zeugenstand treten«, sagte der Richter.

Als nächstes lud Greg einen Beamten der kalifornischen Strafbehörde für Erwachsene vor, um zu demonstrieren, daß er, falls er nicht zum Tode verurteilt werden sollte, für den Rest seines Lebens sicher in einem Gefängnis weggesperrt sein würde. Der Zeuge wurde jedoch von Marshall Schulman ausgiebig ins Kreuzverhör genommen, und dabei stellte sich heraus, daß der Staatsanwalt auch diesmal seine Hausaufgaben nicht vernachlässigt hatte.

»Ist es angemessen zu behaupten«, sagte Schulman, »daß dreiundsechzig Prozent jener Personen, die wegen Mordes ersten Grades zu einer lebenslänglichen Haftstrafe verurteilt wurden, nach Verbüßung einer Haftstrafe zwischen sieben und neun Jahren wieder auf freien Fuß gesetzt wurden?«

»Euer Ehren, dagegen möchte ich Einspruch erheben«, meldete sich Greg zu Wort.

»Verfügen Sie über eine Liste von Personen, die einen Polizeibeamten ermordet haben und nach einem Todesurteil eingeliefert worden sind?« wollte Schulman wissen.

»Nein, Sir, eine solche Liste haben wir nicht, da es nicht genügend Fälle gibt, die in diese Kategorie fallen. Erst kürzlich haben wir uns jedoch mit einem einzelnen solchen Fall befaßt.«

»Und zu welchem Ergebnis sind Sie dabei gelangt?«

»Das Todesurteil wurde in eine lebenslängliche Haftstrafe *mit* möglicher Bewährung umgewandelt. Die betreffende Person wurde später auf Bewährung entlassen.«

Auf Marshall Schulmans Lippen breitete sich ein kaum merkliches Lächeln aus. Er hatte keine weiteren Fragen mehr.

Darauf erschien eine ganze Reihe von Zeugen aus dem Kreis der Familie im Zeugenstand – der Besitzer einer Reparaturwerkstätte in Oceanside, für den Greg einmal gearbeitet hatte – sein ehemaliger und zukünftiger Schwager, der sich gerade zwischen zwei Ehen mit Gregs Schwester wieder einmal im ledigen Zustand befand, und schließlich Robert Powell, Gregs Vater.

»Mr. Powell, welche Tätigkeit üben Sie aus?« fragte Greg.

»Ich bin Lehrer«, antwortete der müde wirkende Mann mit dem langen, muskulösen Hals und dem sympathischen, schönen Gesicht.

»Wie lange arbeiten Sie schon als Lehrer?«

»Etwa siebzehn Jahre.«

»Wie lange hat es gedauert, bis Sie Ihre Zulassung bekamen, Sir?«

»Etwa fünfzehneinhalb Jahre.«

Dann erzählte Robert Powell von seinen Nacht für Nacht wechselnden musikalischen Auftritten während der Wirtschaftskrise und von der schlechten Gesundheit seiner Frau.

»Mr. Powell, haben Sie während der Zeit, in der Sie mich als Kind kannten, viel Zeit mit mir verbracht?«

Robert Powell erwiderte: »Ich – ich habe eben die wenige Zeit, die ich zur Verfügung hatte, mit dir verbracht . . . Das heißt, was ich sagen will, ist – sie war begrenzt – meine Zeit.«

»Würden Sie sagen, ich war ein sensibles Kind?«

»Sehr sogar.«

»Neurotisch, um es gelinde auszudrücken?«

»Ja.«

»Mr. Powell, als ich letztes Jahr nach der Entlassung aus Vacaville nach Hause kam, schien ich mich in Ihren Augen sehr verändert zu haben, wenn Sie mich mit dem Kind verglichen, das ich einmal war?«

Der müde, bedrückte Mann lächelte leicht und erwiderte: »Aber ja. Du hast dich immer zurückgesetzt gefühlt, weil du kein so guter Musiker warst wie dein Vater. Aber als du aus Vacaville zurückkamst, hatten wir, dein Bruder Doug und du und ich, mehrere Jam Sessions bei uns zu Hause. Wir haben alle möglichen Trios gesungen. Wir haben ein paar wirklich schöne Stücke einstudiert, und es herrschte nichts als echte Harmonie, in der doppelten Bedeutung des Wortes, als du zuerst nach Hause gekommen warst.« Und Robert Powell senkte seinen Blick und schluckte.

»Vater, ich stelle dir diese Fragen wirklich nicht gern, aber ich kann nicht anders. Du hast vier Kinder. Zwei Jungen und zwei Mädchen. Und ich bin der Älteste?«

»Ja.«

»Um mit Sharon anzufangen. Hat sie sich scheiden lassen?«

»Ja.«

»Und Lei Lani? Ist sie auch geschieden?«

»Ja.«

»Und ist dein jüngster Sohn, Douglas, in Schwierigkeiten geraten? Wurde er deswegen unter anderem aus der Army entlassen?«

»Ja.«

»Warum hatten alle diese vier Kinder Schwierigkeiten, sich in die Gesellschaft einzufügen? Haben Sie darauf eine Antwort, Mr. Powell?«

»Nein«, erwiderte Robert Powell, und die Muskeln seines langen Halses setzten sich in Bewegung, als er schluckte.

»Mr. Powell, sind Sie persönlich davon überzeugt, daß ich gut schreiben kann?«

»Ja, davon bin ich überzeugt«, erklärte der Vater. »Du hast schon immer gute Aufsätze geschrieben.«

»Mr. Powell, ich habe diese Frage bereits Ihrer Frau gestellt und werde sie nun auch Ihnen stellen: Weshalb wollen Sie, daß ich am Leben bleibe?«

»Also, dagegen muß ich leider wegen Unerheblichkeit Einspruch erheben«, warf Schulman mit einem Kopfschütteln ein. »Dieser Zeuge scheint es sowieso schon genügend schwer zu haben . . .«

»Mr. Powell, glauben Sie, ein Übel könnte durch ein weiteres aufgehoben werden?« fragte Greg rasch.

»Einspruch . . .«

»Nein«, antwortete Robert Powell.

»Das ist alles, Euer Ehren«, erklärte Greg.

Als der Anwalt von Jimmy Smith Jimmys Nana als Zeugin für seine zu keiner Aggression fähige Persönlichkeitsstruktur in den Zeugenstand rief, bereitete sich Marshall Schulman darauf vor, den Beweis zu erbringen, daß es in Jimmy Smith' Leben durchaus einen gewalttätigen Moment gegeben hatte – als er nämlich als Halbwüchsiger gegen einen Polizisten, der ihn wegen Fernbleibens von der Schule zur Rede stellte, das Messer zog. Jimmys Nana trat in den Zeugenstand.

»Mrs. Edwards, können Sie sich erinnern, daß Jimmy am siebten März 1947 in einem Kino am South Broadway, Nummer 539, wegen Schuleschwänzens aufgegriffen wurde?«

»Ich kann mir keine Daten merken, Mr. Schulman«, erklärte die behinderte alte Frau. »Ich habe kein sehr gutes Gedächtnis, und an irgendwelche genaueren Daten kann ich mich schon gar nicht erinnern.«

Während die alte Frau ihre Aussage machte, herrschte am Tisch der Verteidigung sichtlicher Aufruhr. Jimmy Smith plapperte unzusammenhängendes Zeug vor sich hin, das an niemanden speziell gerichtet war. »Das stimmt nicht. Meine Nana hat doch nie etwas getan! Meine Nana hat doch nicht einmal geflucht. Sie hat nicht getrunken und ist in ihrem ganzen Leben kein einziges Mal tanzen gegangen!«

»Haben Sie gehört, daß Jimmy ein Messer gezogen hat?« fragte Schulman.

»Aber nur, als ihn der Polizist trat und seine Pistole gegen ihn zog«, erklärte die alte Frau leise. »Und der Herr, für den ich in Beverly Hills gearbeitet habe, hat gemeint, dieser Junge hätte genauso das Recht, ein Messer zu ziehen, wie dieser Polizist seine Pistole ziehen konnte. Das hat er zu mir gesagt, Mr. Schulman.«

»Vielen Dank. Das wäre alles«, erklärte Schulman.

Nun strömten Jimmy Smith die Tränen die Wangen hinab. »Sie lassen sie allein! Sie lassen meine Nana allein!«

Jimmy Smith war nicht in der Lage, von seiner Großtante anders zu sprechen oder zu denken als von *seiner* Nana. Sie war immer *seine* Nana – das einzige, was ihm wirklich gehörte.

»Mr. Smith, Sie werden leider in einem ruhigeren Tonfall sprechen müssen«, ermahnte ihn der Richter.

»Das ist nicht fair! Das ist nicht fair!« brüllte Jimmy.

»Die Geschworenen sind hiermit aufgefordert, jegliche Bemerkungen von seiten Mr. Smith außer acht zu lassen«, verkündete der Richter. »Er wird durch einen Anwalt vertreten, der für ihn sprechen wird.«

»Nichts weiter«, erklärte Ray Smith.

»Wird sich der Angeklagte Smith zurückziehen?«

»Ja, Euer Ehren«, antwortet Ray Smith.

Vor den Schlußplädoyers sollte noch ein letzter Zeuge für die Verteidigung aussagen – Gregory Powell.

Während Greg in den Zeugenstand trat, ließ Pierce Brooks seinen Blick über verschiedene bekannte Gesichter im Saal gleiten. Für zwei von ihnen hatte er echtes Mitleid zu verspüren gelernt. Eines gehörte einer behinderten schwarzen Frau, das andere einem Musiklehrer aus Oceanside mit traurigen Augen. »Jimmy Smith' Tante war eine unbedarfte, arme, alte Frau«, sollte Brooks später erklären. »Ich weiß nicht, was sie je getan hat, daß sie es verdient haben könnte, einen solchen miesen Feigling großziehen zu müssen. Und auch Gregory Powells Vater tat mir leid. Er war ein sympathischer Mann. Sein Problem war wohl, daß er seine Frau nie ordentlich in den Arsch getreten hat – vor vielen Jahren, als das vielleicht noch etwas genützt hätte.«

Gregs Aussage war von Anfang an sehr emotional gehalten.

»Nun gut, um zum ersten Punkt zu kommen: Ich denke, es ist ziemlich offensichtlich, daß ich ein sentimentaler Trottel bin. Wenn ich im Kino einen traurigen Film sehe, kommen mir immer sofort die Tränen. Man hat mir oft die Frage gestellt, ob ich Reue für meine Tat verspüre. Ja, ich verspüre Reue für Ian Cambells Tod. In stärkerem Maß verspüre ich jedoch wegen seiner Frau und seiner Kinder Reue. Falls das Urteil entsprechend ausfällt, werde ich ins Gefängnis gehen. Und ich werde dort bleiben und arbeiten und versuchen, für Ian Cambells Tod zu büßen.

Ich habe nach wie vor nicht das Gefühl, daß ich in Freiheit leben sollte. Ich kann beim besten Willen nicht sagen und weiß einfach nicht, ob ich mit den Anforderungen und Belastungen des Lebens dort draußen fertig werden kann. Tief in meinem Innersten spüre ich jedoch, daß man mir gestatten sollte, weiterzuleben, obwohl ich mich eines schrecklichen Verbrechens schuldig gemacht habe. Ich habe nämlich das Gefühl, daß ich noch Gutes tun könnte.

Es hat im Gefängnis viele Männer gegeben, die noch Gutes getan, die Beiträge zum Wohl der Allgemeinheit geleistet haben. Ob auch ich dazu in der Lage sein werde, kann ich jetzt noch nicht sagen. Ich kann nur versprechen, daß ich mich bemühen werde.« Und dann begann Greg zu weinen.

»Haben Sie Ihre Fassung wieder erlangt? Nehmen Sie sich zusammen«, forderte ihn Schulman auf, der mit dem Kreuzverhör an der Reihe war.

Mit einem Nicken wischte Greg sich mit einem Taschentuch über Nase und Augen.

Pierce Brooks brannte darauf, ein Dokument zu lesen, das er in seiner Hand hielt – ein Dokument, das ein Häftling namens Segal, der vor seiner Verhaftung wegen Marihuanahandles ein aufstrebender Autor und Schauspieler gewesen war, einem Gefängniswärter übergeben hatte. Es handelte sich dabei um ein einaktiges Drama, das von Segal in Zusammenarbeit mit Powell verfaßt worden war und das sich nun schon seit fünf Monaten in Brooks' Besitz befand.

Segal war der erste, der die Entführung aus Gregory Powells Sicht darstellte. Dabei handelte es sich nicht um die Version, wie sie vor Gericht von Karl Hettinger oder von Jimmy Smith vorgebracht worden war – im übrigen auch nicht von Gregory Powell. In Brooks' Augen handelte es sich dabei um die Phantasie eines Häftlings, die jedoch seiner Meinung nach den wahren Charakter von Gregory Powell enthüllte.

Das Schicksal machte ihm aber einen Strich durch die Rechnung, als Segal nach seiner Einlieferung ins Chino Prison ausbrach und Pierce Brooks das Drama nur in Zusammenhang mit Segals Zeugenaussage in den Prozeß einbringen hätte können. Dennoch verwahrte Brooks das Schriftstück weiterhin sorgsam, um sich auch ausgiebig darauf zu beziehen, was vor allem für die Partien in Gregs eigener Handschrift galt, in denen er Segals verheerende Grammatik und Rechtschreibung zu verbessern versuchte und zum Beispiel für das Wort ›Polizist‹ in der Regel ›Bulle‹ einsetzte, um dem Ganzen einen rauheren Anstrich zu verleihen.

Brooks pickte sich im Lauf der Zeit bestimmte Lieblingspassagen heraus und hoffte, eines Tages doch noch eine rechtliche Möglichkeit zu finden, sie in der Verhandlung anzubringen:

POWELL: »Nimm diesem Heini seine Knarre ab, Jimmy.«
Hettinger zögerte, seine Hand an seinem Revolver.

POWELL: Lacht. »Los, mach schon, du Heini.«

CAMPBELL: »Um Gottes willen, wir haben doch nicht die geringste Chance gegen ihn.«

POWELL: »Wissen Sie was, Mann? Eigentlich hätten Sie schon vorhin längst ein toter Mann sein sollen, wo Sie sich so komisch aufgeführt haben.« Hett beginnt zu schniefen.

POWELL: »Bevor wir diese beiden Heinis absetzen, findest du nicht, daß wir noch ans Geschäft denken sollten. Wieviel Knete habt ihr zwei denn dabei?«

CAMPBELL: »Ich habe ungefähr zehn Dollar.«

HETTINGER: »Ich etwa genausoviel.«

POWELL: »Meine Güte, das darf ja wohl nicht wahr sein. Wir haben ja allein fünfmal soviel an Kleingeld in der Hosentasche stecken.« Zu S.: »Bevor wir das Tal verlassen, nehmen wir noch einen Supermarkt aus. Was haltet ihr zwei übrigens davon? Wir fahren in einen von diesen verlassenen Canyons – ihr kriegt jeder ein paar Kugeln in eure Knarren. Und dann stecke ich euch die geladenen Kanonen in eure Holster. Ich werde mit jedem von euch einen kleinen Wettbewerb machen, wer schneller schießt. Falls mich einer von euch erwischt, wird Jimmy eure Knarren in die Büsche werfen und abhauen. Ich möchte ein bißchen Action sehen, und das wäre doch eine rasche und saubere Möglichkeit, diese unangenehme Geschichte zu bereinigen. Ich kann mir allerdings nicht vorstellen, daß ihr Heinis genügend Mumm in den Knochen habt, um euch darauf einzulassen. Na, was ist?«

CAMPBELL: »Nein, danke, Mann – nicht mit mir. Lassen Sie mich lieber laufen. Was anderes wünsche ich mir gar nicht. Um hier den Helden zu spielen, zahlen die mir eindeutig zu wenig.«

POWELL: »Und wie steht's mit Ihnen? Sie haben doch erst groß versucht, den Helden zu spielen, als wir euch vorhin einkassiert haben. Machen Sie mit?«

HETTINGER: »Nein. Selbst wenn ich Sie nämlich als erster

treffen könnte, würden Sie es vielleicht trotzdem noch schaffen, mich abzuknallen.«

POWELL: »In anderen Worten: Ihr seid also beide Hosenscheißer…«

HETTINGER: »Ja, ich schätze, ich bin an dem Punkt, wo ich mir das tatsächlich eingestehen muß. Ich hätte nie gedacht, daß ich einmal in eine Lage kommen könnte wie diese…«

POWELL: Lacht. »Na ja, jedenfalls hätte uns das Ganze eine Menge Scherereien erspart. Wenn nämlich einer von euch darauf eingestiegen wäre, hätte er sowieso dran glauben müssen. Das klingt jetzt vielleicht etwas großspurig, weil ihr Heinis nämlich sowieso keine Ahnung habt, was ein guter Schütze ist. Wenn es nämlich noch einen Einstufungsgrad über gute Schützen gäbe, dann wäre ich mindestens zwanzig Punkte darüber.«

Brooks las weiter und weiter in diesem kläglichen, kleinen Drama voller ›Heinis‹ und ›Powell lacht‹. Und dann kam der Moment, in dem sie das Zwiebelfeld erreichten.

POWELL: »Okay, Hettinger, steigen Sie schon aus.« Das tut er. P steigt auf der Beifahrerseite aus. Als ich zur Rückseite des Wagens gehe, höre ich Smith sprechen.

SMITH: »Das soll wohl ein Witz sein.. habt ihr je was vom Kleinen Lindbergh-Gesetz gehört…«

CAMPBELL: »Ja.«

POWELL: Ich hebe meine Knarre,um C in Schach zu halten; er sieht mich an, während ich hinten um den Wagen herumgehe und ihn erschieße; ich warte auf S, daß er H abknallt, schreie.

SMITH: »Er ist noch nicht tot.« Und er fängt an, *statt dessen* auf C zu feuern, der auf dem Boden liegt. Ich renn schräg hinter S, und das einzige, woran ich denken kann, war (Ich muß diesen anderen Bullen erwischen) (Es ist wie ein Schrei in meinem Kopf). Ich bin allein mit einem toten Bullen, der tot auf dem Weg liegt. Der andere versteckt sich irgendwo in der Nähe, und ich habe keine Möglichkeit, ihn aus seiner Deckung zu treiben… Ich gehe zurück zu dem anderen Beamten-Bullen, der auf dem Boden liegt...

Und nun sah der Detective Gregory Powell an, der im Zeugenstand für die Kinder von Ian Campbell Tränen vergoß, und Brooks las die letzte Zeile des Dramas, wo Segal und Greg seine Festnahme schilderten.

Mir ist ganz schummrig zumute, da ich weiß, daß ich Max nie wieder sehen würde. Ich hätte mir nie träumen lassen, daß mich die Bullen lebend aufs Revier schaffen... Würde man mir in diesem Augenblick zwei Wünsche freistellen, ich glaube, sie wären: 1) Mit einer Waffe in der Hand J gegenüberzustehen, 2) was wichtiger wäre – nämlich zu wissen, was ich jetzt weiß und einfach noch einmal zum erstenmal meine Frau zu treffen... Aber diese Wünsche sind zwecklos, da ich weiß, daß ich als Verlierer geboren wurde...

Gauner, dachte Pierce Brooks, während er beobachtete, wie sich Greg mit zitternden Schultern die Nase putzte. Gleichzeitig stand Marshall Schulman an seinem Platz und starrte auf den jungen Mann. Es war nicht der Mord, der den Detective nun aufbrachte und verärgerte. Es war die mangelnde Bereitschaft des Mörders, für seine Tat mit seinem Leben zu büßen, und vor allem war es dieses feige Schniefen von einem Mann, der als Mitverfasser dieses einaktigen Dramas zeichnete. Abschaum, dachte der Detective.

»Weswegen weinen Sie jetzt, Mr. Powell? Ihretwegen?« fragte Marschall Schulman schließlich.

»Nein, Sir.«

»Wann haben Sie sich denn doch noch dazu durchgerungen, Ian Campbells und seiner Frau und seiner Kinder wegen Tränen zu vergießen?«

»Mr. Schulman...«

»*Nachdem* Sie für schuldig befunden wurden?«

»Ich glaube, zum erstenmal habe ich Bedauern – habe ich Bedauern verspürt, als ich in jener Nacht zu Boden geblickt und gemerkt habe, was da eben Schreckliches passiert war, und ich habe dann versucht, Selbstmord zu begehen.«

»Ist das der Grund, weshalb Sie Chief Fote um eine Pause baten? Sie haben ja nichts getan: Das war ja alles Jimmy Smith gewesen. War das damals, als Sie sich so schlecht gefühlt haben?«

»Mr. Schulman, damals habe ich an die Lebenden gedacht.«

»An sich selbst?«

»An Max und das ungeborene Baby.«

»Warum haben Sie nicht geweint, als Chief Fote mit Ihnen sprach?«

»Das habe ich doch.«

»Er ist leider nicht anwesend«, bemerkte Schulman sarkastisch und warf einen kurzen Blick auf den Tisch der Verteidigung. »Aber Mr. Brooks ist anwesend. Warum haben Sie nicht geweint, als Sie in diesen zahllosen Gesprächen mit Mr. Brooks gesprochen haben?«

»Damals wollte ich nur sterben.«

»Sie haben damals also nicht geweint, nicht wahr?«

»Nein, weil ich zu sterben versuchte.«

»Wann hat Ihnen Ian Campbell und seine Familie zum erstenmal leid getan?«

»Nun, das ist eine etwas komplizierte Frage. Deshalb werde ich sie in zwei Abschnitten beantworten müssen«, erwiderte Gregory Powell.

Pierce Brooks senkte die Augen und dachte lächelnd: Wußte ich's doch, daß du mich nicht enttäuschen würdest, Greg, mein Junge. Du enttäuscht mich wirklich nie.

»Die Welt draußen war so hart zu Ihnen«, fuhr Schulman fort, »daß Sie, nachdem Sie Officer Campbell erschossen hatten, auch Officer Hettinger zu töten versucht haben, da Sie nicht wieder ins Gefängnis kommen wollten?«

»Euer Ehren, dagegen möchte ich Einspruch erheben«, sagte Greg.

»Warum, verletzt Sie die Wahrheit?«

»Einen Augenblick, bitte«, schaltete sich der Richter ein.

»Ich stelle außerdem den Antrag«, beharrte Greg, »den Staatsanwalt zu verwarnen und das Verfahren für fehlerhaft zu erklären!«

»Haben Sie Reue verspürt, als Sie das Magazin Ihres

Revolvers auf Officer Hettinger leerschossen, als dieser davonlief?« fuhr Schulman fort.

»Einspruch«, erklärte Greg. »Das überschreitet den Rahmen eines Kreuzverhörs.«

»Dem Einspruch wird nicht stattgegeben«, verkündete der Richter.

»Also gut, offensichtlich habe ich das, Sir. Ich habe ihn nämlich nicht getroffen.«

»Was verleitet Sie zu der Annahme, Sie wären ein guter Schütze? Daß Sie auf leere Büchsen geschossen haben?«

»Mr. Schulman, ich bin mein ganzes Leben lang auf die Jagd gegangen. Schon als Kind gehörte ich dem Junior Sportsman's Club an. Ich glaube nicht, daß man aus dieser Entfernung danebenschießen könnte, wenn man dies nicht unbewußt wollte.«

Pierce Brooks schüttelte den Kopf. Da hatten wir es. Darauf hatte er schon die ganze Zeit gewartet. Das Hollywood-Syndrom. Natürlich würde jeder einen laufenden Mann treffen, und das auch in schwärzester Nacht, mit pochendem Herzen und einem Toten zu seinen Füßen. In diesen Filmen war das doch immer ganz einfach – völlig problemlos. Pierce Brooks wußte, daß sogar er diesen Monat auf dem Schießstand der Polizeiakademie die Silhouettenzielscheibe verfehlen würde. Und das bei Tageslicht, stehend, aus sieben Metern Entfernung.

»Ich glaube eher, Sie haben sich damals richtig gefreut, ihn verfehlt zu haben. Sie haben sich so gefreut, daß Sie versucht haben, ihn wie ein Hund zu Tode zu hetzen.«

»Euer Ehren«, protestierte Greg, »um das Protokoll zu wahren, würden Sie bitte Mr. Schulman ermahnen, seine Äußerungen im Rahmen des Erlaubten zu halten. Ich kann nicht jedesmal Einspruch erheben, da ich nicht alle Möglichkeiten kenne.«

»Möchten Sie einen Anwalt? Das Gericht würde Ihnen jederzeit einen zur Verfügung stellen. Sie bräuchten nur darum zu bitten. Und das völlig kostenlos«, bemerkte Schulman in beißendem Ton.

»Die Geschworenen werden gebeten, Mr. Schulmans Bemerkung außer acht zu lassen«, erklärte der Richter.

»Ich glaube, ich sollte einen Antrag stellen, ihn diesmal wirklich zu verwarnen«, sagte Greg.

Das verzweifelte Schlußplädoyer von Verteidiger Ray Smith versuchte Gregory Powells Glaubwürdigkeit ins Wanken zu bringen. Dem alten Anwalt blieb keine andere Wahl:

»... Und Powell fragt, dem Sinne nach, seinen Vater: ›Was stimmt denn mit *dir* nicht, Dad? Warum bin ich so, wie ich bin? Was stimmt mit *dir* nicht?‹ Also wirklich! Ich fand, an dieser Stelle hatte er einen neuen Tiefpunkt erreicht. ›Was stimmt mit *dir* nicht, Mutter? Warum bin ich so? Warum rauche ich Marihuana? Warum bin ich homosexuell? Warum habe ich andere Menschen beraubt? Warum führe ich alle möglichen Mädchen aus und schwängere sie ohne geistlichen Segen? Warum? Warum? Warum?‹«

Und Gregs Mutter, der man gestattet hatte, ihrem Sohn während des Schlußplädoyers zur Seite zu stehen, saß am Tisch der Verteidigung und machte sich eifrig Notizen.

Im Zuge seines Schlußplädoyers an die Geschworenen sagte Marshall Schulman: »›Also gut, wir haben euch ja gesagt, wir würden euch laufen lassen. Aber jetzt wißt ihr, daß wir gelogen haben.‹ Das war doch letzten Endes der Sinn dessen, was Powell zu den beiden Polizisten gesagt hat. Er wollte sie noch ein wenig quälen, bevor er sie umbrachte. Er hob seine Waffe und schoß Officer Campbell mitten ins Gesicht.

Weshalb sitzt Powell hier und weint? Weil er hofft, daß Sie nicht so viel Mumm haben wie er. Sie können dem Mord an einem Menschen nicht seiner Mutter und seinem Vater in die Schuhe schieben. Schließlich verfügt der Angeklagte über seinen eigenen freien Willen. Er weiß in jedem Augenblick, was er tut. Vielleicht hätte ich Ian Campbells Mutter und seine Frau vor Gericht zitieren sollen – ich weiß nicht. Mir tun Mr. Powells Eltern leid. Aber wem haben sie es zu verdanken, daß sie das alles durchmachen müssen? Die Antwort sehen Sie gleich dort drüben – Mr. Reuevoll, Gregory Powell.

Was wollen Sie denn machen, sie wieder in die Schule schicken? Jimmy Smith zur Boxstaffel des Gefängnisses schicken oder zum Baseballteam? Sollen sie ihre ganzen Freunde wiedersehen? Sollen sie die großen Macker spielen? Sollen sie zu ihren Mitgefangenen sagen: ›Na, was habt ihr denn ausgefressen? Also ich habe einen kleinen Raubüberfall gemacht, und dabei habe ich einen Polizisten hops gehen lassen!‹

Wollen Sie, daß diese beiden in San Quentin die großen Macker spielen und schließlich einen Antrag auf Bewährung stellen und eines Tages entlassen werden? Wollen Sie dulden, daß sie letztlich doch noch eine Chance erhalten, in Freiheit zu leben?

Das einzige, was Jimmy Smith etwas nutzen kann, ist der Versuch, Powell schlechter aussehen zu lassen als Jimmy. Das ist nichts weiter als eine Frage von böse und böser, schrecklich und schrecklicher. Sie hatten dort draußen auf diesem Zwiebelfeld einen Prozeß. Sie befanden die beiden Beamten für schuldig, als Zeugen in Frage zu kommen, die sie identifizieren konnten.

Können Sie Jimmy Smith verstehen? Er ist ganz leicht zu durchschauen, wie er in seiner in sich zusammengesunkenen Folsom-Haltung dasitzt. Er ist ein kaltblütiger, nichtsnutziger Mörder. Der einzige Unterschied zwischen den beiden besteht darin, daß Powell den Polizisten erschoß, als er noch stand, während ihm Jimmy wie eine Hyäne den Rest gab.

Ich kann nur immer von neuem wiederholen, daß mir die Worte fehlen, wenn ich die Bösartigkeit und Gemeinheit dieses Mordes beschreiben soll. Ich kann mir das alles nur vorstellen. Ich kann mir Officer Campbell in der Einsamkeit dieses Zwiebelfelds vorstellen. Ich kann mir seine Sehnsüchte, seine Wünsche, seine Bedürfnisse vorstellen. Das kann ich mir bildlich vorstellen, und es ergibt einen Sinn für mich. Und ich kann mir auch Hettinger vorstellen – und die Angst und den Schrecken, in dem er sich befand und sich vielleicht heute noch befindet, nachdem er diese schreckliche Erfahrung gemacht hat.

Meine Damen und Herren, es gibt wirklich keine andere angemessene Strafe als den Tod für diese beiden Männer. Ich bitte Sie, stark genug zu sein und ein solches Urteil zu fällen.«

Am 12. September verurteilten die Geschworenen beide Angeklagten zum Tode.

Einer der von Greg gefeuerten Anwälte, die Pflichtverteidigerin Kathryn McDonald, befand sich im Gerichtssaal und wurde durch einen auf theatralische Weise ominösen Donnerschlag aufgeschreckt, der nach der Verkündung des Schuldspruchs ertönte.

Gregory Powell ließ sich weder durch einen Donnerschlag noch durch ein Todesurteil aus der Ruhe bringen. Er war bereits mit seinen Anträgen auf eine neue Verhandlung beschäftigt und mit seinen zahlreichen Ausbruchsplänen, die jedoch durch die umgreifenden Sicherheitsvorkehrungen der Gefängnisbehörden vereitelt wurden. Er rief einen Captain der Gefängniswache in den Zeugenstand, um sich darüber zu beschweren, daß er, an einen Rollstuhl gekettet, in die juristische Bibliothek gebracht wurde und daß seine Helfershelfer, Mitglieder der Familie, durchsucht wurden.

»Euer Ehren«, meldete sich Jimmy Smith in eigener Sache zu Wort, »ich weiß nicht, ob ich mich richtig ausdrücken kann. Ich meine, ich denke aber schon, daß Sie das verstehen werden. Ich werde in Kürze sterben müssen. Ich finde, Mr. Smith hat großartige Arbeit geleistet. Ich finde, er hat alles in seiner Macht Stehende getan. Aber gleichzeitig steht für mich außer Zweifel – und ich weiß nicht, ob dies auch auf das Gericht zutrifft –, daß er dennoch versagt hat. Denn ich bin unschuldig und wurde trotzdem für schuldig befunden und zum Tode verurteilt. Und ich hätte gern die Gelegenheit... Ich würde am liebsten nichts mehr mit Mr. Smith zu tun haben, was diesen Prozeß betrifft. Und das fordere ich, Euer Ehren.«

Richter Brandler gab einem Antrag Gregs zum Teil statt. »Der Angeklagte Gregory Ulas Powell erhält die Erlaubnis, zweimal wöchentlich für drei Stunden die Rechtsbibliothek zu benützen. Sie erhalten die Genehmigung, sich sämtlicher juristischen Fachbücher zu bedienen, die Sie in Ihre Zelle bestellen.«

»Ich erkläre hiermit, daß ich eine eidesstattliche Versicherung wegen Befangenheit des Gerichtes einreichen werde, und zwar aufgrund der umfangreichen Restriktionen, die mir in diesem Zusammenhang auferlegt wurden«, protestierte Greg wütend.

Ende September wurde Jimmy Smith' Wunsch schließlich erfüllt. Ein Anwalt war in Erscheinung getreten, der starkes Interesse daran zeigte, ein neues Verfahren einzuleiten. Dieser Anwalt, Irving Kanarek, sollte eines Tages einen noch berühmteren Mörder verteidigen – Charles Manson. Nachdem er als Mörder zu solch trauriger Berühmtheit gelangt war, konnte sich Manson praktisch jeden Anwalt aussuchen. Seine Wahl fiel schließlich auf Kanarek, nachdem er genaue Erkundigungen über die verschiedenen Arten von Anwälten eingezogen hatte. An jenem Tag sollte sich auf Mansons Lippen das selbstgefällige Lächeln eines Fanatikers ausbreiten.

»Beschaffen Sie mir diesen Kanarek«, sollte Manson an besagtem Tag fordern.

Marshall Schulman wußte kaum etwas über Irving Kanarek, als dieser als Jimmy Smith' neuer Anwalt vor Gericht erschien und einen automatischen Antrag auf ein neues Verfahren stellte.

Schulman zog seine Hose hoch und dachte an das, was er über den neuen Verteidiger gehört hatte. Kanarek war klein und stämmig und hatte schwere Backen und wulstige Lippen. In seinen Augen lag ein trauriger Zug, und er lächelte selten. Es schien ihn zu ermüden, einen Berg von juristischer Literatur und eine dicke Aktenmappe mit sich herumzuschleppen.

Marshall Schulman sollte binnen kurzem eine unverkennbare Ähnlichkeit mit einer Bulldogge feststellen, und zwar nicht nur von seiner äußeren Erscheinung her, sondern auch seiner Art entsprechend. Jimmy Smith sollte ihn einen Haurucktypen nennen. »An dem Mann ist nichts Geschmeidiges«, äußerte Jimmy einmal, »aber er langt voll hin.«

Und auch an jenem ersten Tag langte er gleich in die vollen.

»Sie wollen einen zweimonatigen Aufschub bis Dezember?« fragte der Richter ungläubig.

»Das Protokoll umfaßt immerhin fünftausendsiebenhundert Seiten, Euer Ehren«, rechtfertigte sich Kanarek.

»Dieses Gericht hat jedoch eine angemessene und gewissenhafte Handhabung der Rechtsprechung in Betracht zu ziehen«, erklärte der Richter.

Darauf formte Kanarek einen außerordentlich höflichen und ebenso beunruhigenden Satz, der Marshall Schulman am Ende dieses Tages veranlassen sollte, mit einem vehement übersäuerten Magen nach Hause zu gehen.

»Ich möchte außerdem zu diesem Zeitpunkt dem Gericht den Vorschlag unterbreiten, daß es eine Verletzung der Prozeßabwicklungsklausel der vierzehnten Ergänzung der Verfassung der Vereinigten Staaten und der verschiedenen Fälle bedeutete, die sich mit dem Recht auf juristischen Beistand befassen und über die vom Obersten Gerichtshof der Vereinigten Staaten entschieden wurde, als dieses Gericht die Auffassung vertreten hat, daß das Recht auf zivilen Rechtsbeistand – oder auch das Recht eines Angeklagten in einem Strafprozeß auf Rechtsbeistand, vor allem, wenn es sich um ein Kapitalverbrechen handelt – daß dieses Recht dem Zwecke dient, einen Angeklagten in einem Strafprozeß, der einen solchen Status einnimmt, zu schützen, indem das Gericht gewährleistet, daß alle Rechte des Angeklagten gewahrt werden.«

Richter Brandler lehnte den Antrag ab und setzte den Termin für die Neuaufnahme des Verfahrens auf den 31. Oktober fest. Gregory Powell bat darum, ihm die Pflichtverteidigerin Kathryn McDonald wieder zur Seite zu stellen. Diesem Antrag wurde stattgegeben.

Aber am 23. Oktober wurde ein Antrag auf Aufdeckung gestellt. Irving Kanarek und Kathryn McDonald wollten sämtliche Dokumente einsehen, die den Vorfall mit der entschuldigten Geschworenen Mrs. Bobbick betrafen.

»Lassen Sie mich dem Gericht mitteilen«, verkündete Schulman wütend, »daß mir zu Ohren gekommen ist, daß Mr. Kanarek Mrs. Bobbick für den 31. Oktober im Interesse der Angeklagten vorgeladen hat. Des weiteren hat er eine Reihe von Geschworenen vorgeladen, die an diesem Prozeß mitgewirkt haben!«

An jenem Tag wurde auch ein Psychiater als Zeuge der Verteidigung gebeten, seine Meinung über ein Gespräch zu äußern, das jemand mit Mrs. Bobbick geführt hatte. Die Verteidigung versuchte, dadurch den Beweis zu erbringen, daß Mrs. Bobbick emotional *nicht* stark aufgewühlt gewesen war und ohne berechtigten Grund ihres Amtes enthoben worden war. Da der Arzt die Geschworene nicht persönlich untersucht hatte, wurden seine Ausführungen durch den Richter nicht zugelassen.

Nun schlug sich Kanarek neuerlich mit der Syntax herum, um eine statthafte Frage zu stellen. »Worum war hier nun bitte, und, basierend auf diesem Protokoll, bitten wir darum, und zwar angesichts sämtlicher Begleitumstände zu den Geschehnissen und dem Mangel an Gelegenheit für eine unabhängige medizinische Untersuchung von Mrs. Bobbick, wobei wir auch hier wieder einen schwerwiegenden Typ von Fall haben, den der Oberste Gerichtshof der Vereinigten Staaten immer ...«

»Mr. Kanarek«, unterbrach ihn der Richter, »Sie haben inzwischen so oft darauf hingewiesen, daß wir es hier mit einem Kapitalverbrechen zu tun haben, daß sich das Gericht dieser Tatsache durchaus bewußt ist.«

»Tut mir leid, Euer Ehren«, entschuldigte sich Kanarek. »Aber trotzdem möchten wir, daß Euer Ehren in Betracht ziehen, was möglich, was real möglich ist. Ansonsten besteht keine Möglichkeit, Euer Ehren, ein neues Verfahren einzuleiten oder in Berufung zu gehen, obgleich ich hoffe, daß Euer Ehren diesem Antrag stattgeben wird, und ich finde, daß, wenn wir hier zu Ende sind, ich hoffe, daß Euer Ehren ... Ich finde, dem Antrag sollte stattgegeben werden. Dies schlösse nämlich jede weitere Möglichkeit aus ... Wie Euer Ehren sehr wohl bewußt ist, kann man das Protokoll nicht auf eine Berufung hin ergänzen.«

»Nächste Frage, Mr. Kanarek«, erklärte der Richter. »Der Einspruch gegen die ausstehende Frage wird aufrechterhalten.«

»Doktor, nachdem Sie die Aufzeichnungen des Reporters gelesen haben, konnten Sie sich eine Meinung hinsichtlich der Frage bilden, ob Dr. Crahan über die entsprechenden Voraussetzungen verfügte, über die psychische Verfassung von Mrs. Bobbick ein Urteil zu fällen?«

»Einspruch!« fuhr Schulman dazwischen. »Diese Frage steht in keinerlei Zusammenhang mit dem Thema dieser Sitzung.«

»Dem Einspruch wird stattgegeben«, sagte Richter Brandler.

»Doktor, Sie haben die Aufzeichnungen des Reporters gelesen...«

»Diese Frage wurde mehrmals gestellt und beantwortet! Dem Einspruch wird stattgegeben«, verkündete der Richter, noch bevor Schulman Einspruch erhob.

»Na gut«, gab Kanarek schließlich klein bei. »Dann rufen Sie Mrs. Bobbick.«

Schulman beobachtete, wie die zitternde, zerbrechliche Frau in den Zeugenstand trat. Ihre Blicke zuckten nervös über die Anwesenden hinweg. Er wußte, daß er die Frau nicht ins Kreuzverhör würde nehmen müssen.

»Mrs. Bobbick, Sie waren Geschworene Nummer vier, die...«

»Ich bin in Sorge wegen meines Mannes«, schluchzte Mrs. Bobbick.

»Möchten Sie lieber zu einem anderen Zeitpunkt aussagen?« fragte Kanarek.

»Nein, aber wissen Sie, mein Mann wurde heute operiert. Ich möchte doch lieber jetzt gleich aussagen.«

»Ich bitte darum, den offensichtlichen allgemeinen Zustand der Zeugin zu Protokoll zu geben«, beantragte Schulman.

»Euer Ehren, Mr. Schulman ist kein Arzt«, beschwerte sich Kanarek. »So weit ich das sehen kann, ist kein offensichtlicher allgemeiner Zustand der Zeugin zu erkennen.«

»Geben Sie zu Protokoll, daß die Zeugin jetzt weint. Sie scheint innerlich aufgewühlt und durcheinander zu sein«, erklärte der Richter.

»Dagegen möchte ich mit allem Respekt Einspruch erheben und zugleich vorschlagen, daß ein Arzt darüber befinden möge, ob die Zeugin innerlich aufgewühlt ist«, beantragte Kanarek.

»Ich *bin* innerlich aufgewühlt«, erklärte Mrs. Bobbick.

»Mrs. Bobbick, würden Sie dem Gericht bitte erzählen,

welche anderen Geschworenen sich im Zuge der Beratungen an Sie gewandt haben?« wandte Kanarek sich wieder an die Zeugin.

»Einspruch«, unterbrach Schulman. »Unerheblich.«

»Dem Einspruch wird stattgegeben«, erklärte der Richter.

»Euer Ehren, hier soll der Beweis erbracht werden, daß es sich nicht um einen freiwilligen Antrag von ihrer Seite handelte, ihr Amt als Geschworene niederzulegen. Sie wurde vielmehr von den anderen Geschworenen auf unzulässige Weise behandelt, und wir wollen hier den Beweis erbringen beziehungsweise wollte die Zeugin folgendes aussagen: »Sie haben mich mit *verdammt* beschimpft. Sie haben mich eine dumme Kuh genannt. Sie haben mich angebrüllt. Sie sind wie eine Horde Affen auf und ab gesprungen. Bin ich denn schizophren, weil ich nicht dasselbe tue wie sie? Die Zoten, die während der Verhandlung im Raum der Geschworenen gerissen wurden... Wenn Sie nach oben gehen, wissen Sie... Ein kleiner Raum, nein... Nichts zu tun – nirgends, wohin man gehen könnte. Das ist es, was die Zeugin zu diesem Punkt ausgesagt hätte!« donnerte Kanarek. »Das sind ihre genauen Worte, Euer Ehren. Ich kann nur das Angebot machen, einen Beweis zu erbringen, indem ich es eben mache. Mrs. Bobbick, ich zeige Ihnen nun dieses Schriftstück. Haben Sie das im Raum der Geschworenen geschrieben?«

»Mein Gedächtnis ist nicht sehr gut, weil nämlich mein Mann einer schweren Operation unterzogen worden ist, und ich habe mehrere Nächte lang nicht geschlafen und kann mich deshalb an Einzelheiten nicht erinnern«, erklärte die Zeugin unter Tränen.

»Die Stimmen auf dieser Bandaufnahme werden Euer Ehren davon überzeugen, daß zwischen der Zeugin und den beiden Vertretern der Staatsanwaltschaft nichts als freundliches Einvernehmen herrschte, als diese Aussage festgehalten wurde«, fuhr Kanarek fort. »Während der Beratungsphase, Mrs. Bobbick, haben Sie zu diesem Zeitpunkt den Geschworenenraum verlassen, um mit einer anderen Person zu sprechen?«

»Ja.«

»Können Sie sich noch erinnern, daß Sie sich für die Redewendung ›mit sich zu Rate gehen‹ interessiert haben?«

»Ja.«

»Und würden Sie dem Gericht bitte erzählen, was passierte, als Sie den Geschworenenraum verließen?«

»Nichts Ungewöhnliches, weil nämlich die englische Sprache eines meiner Hobbies ist und ich zu Hause immer irgendwelche Wörter nachschlage. Ich habe fünfzehn Wörterbücher zu Hause, und soviel ich weiß, hat das Ganze keine weitere Bedeutung. Für einen Fremden könnte es vielleicht etwas ungewöhnlich erscheinen. Das kann ich nicht sagen. Aber ich finde es ganz normal. Ich schlage ständig irgendwelche Wörter und Redewendungen nach. Ich habe Wörterbücher in den unterschiedlichsten Sprachen, und es ist nicht... Ich schlage ständig irgendwelche Wörter nach.«

»War eine dieser Redewendungen, die Sie nachgeschlagen haben, ›mit sich zu Rate gehen‹?«

»Nun ja, das ist durchaus möglich.«

»Hat der Sprecher der Geschworenen Sie beschimpft, weil Sie sich nicht seinen Vorstellungen entsprechend verhielten?«

»Das weiß ich nicht mehr. Ich habe während der Operation mehrere Nächte lang nicht geschlafen und kann mich deshalb nicht mehr erinnern.«

»Mrs. Bobbick, haben Sie Dr. Crahan gegenüber nicht geäußert, die Geschworenen hätten Sie bedroht, beschimpft und überhaupt beargwöhnt?«

»Ich weiß nicht mehr. Ich kann mich einfach nicht mehr erinnern. Ich mußte sogar wegen dieser Daten aus meinen medizinischen Untersuchungen meinen Mann fragen – und was sonst alles war. Ich kann mich beim besten Willen nicht mehr daran erinnern. Ich weiß es einfach nicht mehr.«

»Waren Sie sehr durcheinander, als Sie sich dem Arzt gegenüber diesbezüglich geäußert hatten?« fragte der Richter.

»Ja, natürlich, ich war ganz aus dem Häuschen, weil ich nämlich am 26. August schon wußte, daß sich mein Mann wegen eines doppelten Leistenbruchs operieren lassen mußte!«

»Haben Sie den Doktor auf diese Tatsache aufmerksam gemacht?« wollte Kanarek wissen.

»Nein, weil mir das damals nicht so bewußt war. Ich meine, das Ganze war doch nur eine rein oberflächliche Untersuchung.«

»Mrs. Bobbick, was führte dazu, daß sich plötzlich Ihr allgemeiner Zustand veränderte, als Sie diese Notiz schrieben?«

»Ich weiß nicht, wovon Sie reden. Ich habe nämlich sicher an die zweitausend Bücher zu Hause, und ich habe ständig in diesem Wörterbuch nachgeschlagen, und Sie sprechen immer von einem Wort, und ich weiß nicht, was mich dazu veranlaßt, ein Wort zu Hause nachzuschlagen, außer daß ich vielleicht meinen Wortschatz verbessern möchte. Aber ich weiß nicht, warum ich ständig in diesen Wörterbüchern nachgeschlagen habe.«

»Ich beziehe mich auf den Zeitpunkt, als Sie sich im Büro des Richters befanden«, half ihr Kanarek nach. »Ich bitte Sie, dem Gericht zu erzählen, weshalb Sie diesen Zettel geschrieben haben.«

»Wieso ich mein Amt als Geschworener niederlegen wollte?«

»Ja.«

»Nun ja, weil ich eine Menge über Leistenbrüche gelesen hatte, und jeder weitere Tag konnte eine Frage von Leben und Tod sein, und das war es, was mich damals beschäftigt hat. Das war meine Hauptangst.«

»Was? Die Sache mit dem Leistenbruch?«

»Ja, das war so ziemlich der ausschlaggebende Grund, würde ich sagen, und das ist doch auch etwas, weshalb man sich Sorgen machen sollte, oder nicht? Zumindest jede einigermaßen vernünftige Person.«

»Ist es nicht eine Tatsache, Mrs. Bobbick«, fuhr Kanarek fort, »daß Sie sich vor einer möglichen Behelligung von seiten des Staatsanwalts und der Behörden fürchten, falls Sie im Zeugenstand etwas aussagen sollten, das in irgendeiner Weise die Position der Anklage in diesem Fall schwächen könnte?«

»Ich habe vor nichts Angst. Ich kenne keine Angst. Wenn

ich Angst habe, dann vor Leuten wie Ihnen. Sie sind unter höchst ungewöhnlichen Umständen in mein Haus gekommen. Ich konnte mich nicht gegen Sie zur Wehr setzen...« An diesem Punkt schlug die Zeugin schluchzend die Hände vors Gesicht.

»Euer Ehren, möchten Sie bitte zu Protokoll geben, daß die Zeugin ihren Tränenfluß nach Belieben an- und abstellen kann«, erklärte Kanarek.

»So geht das nicht!« fuhr Schulman dazwischen und streckte seine Hand dem Richter entgegen.

»Das mag Ihre Meinung sein«, erwiderte der Richter aufgebracht. »Aber dem Gericht scheint dies keineswegs so. Außerdem möchte Ihnen das Gericht anraten, sich etwas mehr ganz simplen menschlichen Anstands zu befleißigen, was diese Zeugin betrifft.«

»Also gut, Mrs. Bobbick«, fuhr Kanarek unbeirrt fort, »ist es dann also so, daß Sie mich nicht mögen? Ist das richtig?«

»Ich weiß nicht, wovon Sie reden«, erwiderte die Zeugin ängstlich.

»Mögen Sie mich?«

»Das ist hier unerheblich«, erklärte der Richter.

»Aber Euer Ehren, ich würde doch sagen, daß es bezüglich der Voreingenommenheit und Befangenheit dieser Zeugin von Bedeutung ist und auch völlig korrekt, wenn ich demonstriere, daß sie dem Angeklagten gegenüber befangen ist, nachdem sie auch dessen Anwalt gegenüber befangen ist.«

»Kommen wir lieber zu einem wichtigeren Punkt! Dem Einspruch wird stattgegeben«, erklärte der Richter.

Kanarek ließ nicht locker. »Euer Ehren, diese Zeugin war nicht innerlich aufgewühlt und durcheinander. Diese Zeugin hielt allein gegen elf andere Geschworene ihre Stellung. Sie hatte einen Standpunkt. Das spiegeln sogar die Aufzeichnungen des Staatsanwalts wider. Sie hatte einen eigenen Standpunkt, den sie vertrat.«

»Langsam habe ich dieses Theater satt, Euer Ehren!« protestierte Schulman. »Diese Aussagen stecken voller Falschheiten, und sie gefallen mir ganz und gar nicht. Dieser Anwalt scheint tatsächlich imstande zu sein, alles, von dem er möchte, daß es Tatsache wäre, in seiner Phantasie so zusammenzufügen, wie es ihm gerade in den Kram paßt – ganz gleich, ob es sich dabei nun um Fakten handelt oder nicht.«

»Mr. Kanareks gewagte Behauptungen sind zwar im Protokoll enthalten, werden aber durch keinerlei faktisches Material gestützt. Kommen Sie also zu Ihrer nächsten Frage«, forderte der Richter den Verteidiger auf.

Darauf verlas Irving Kanarek Mrs. Bobbicks Aussage den Ermittlungsbeamten des Staatsanwalts gegenüber, um zu beweisen, daß Mrs. Bobbicks Standpunkt gewesen war, für »nicht schuldig« zu plädieren. »›Nun ja, sie haben mich gezwungen‹«, gab Kanarek den Wortlaut des Dokuments wieder. »›Schließlich habe ich einfach nachgegeben. Ich bin zusammengebrochen. Meine Nerven machten nicht mehr mit. Ich bin zusammengebrochen. Ich hielt es nicht mehr aus. Das ist es, was in so einem Fall einfach anders sein sollte. Man sollte sich in einem Glaskäfig befinden, wo sie – wo sie einen, äh, äh, nicht terrorisieren – genau: Terrorisieren ist das richtige Wort... Wo sie einen, äh, nicht terrorisieren können, wenn sie alle losbrüllen; wenn Sie zwölf Personen da hätten und Sie die zwölfte wären, der Außenseiter... elf brüllende Männer, und Sie wären nur eine Frau, dann wäre das doch einfach zu viel für Sie. So etwas ist ganz schrecklich, als würde man in den Ohren und Nerven und überall bombardiert, und Sie können nicht...‹ Und dann folgen drei Punkte, die den Angaben auf der ersten Seite zufolge andeuten, daß das Gesagte dem Stenografen nicht verständlich war, Euer Ehren.«

»Könnten Sie mich bitte entschuldigen, ich muß jetzt gehen«, bat Mrs. Bobbick, aber der Richter lächelte und gab ihr mit einer Handbewegung zu verstehen, auf ihrem Platz sitzen zu bleiben.

Kanarek las weiter aus den Aufzeichnungen vor: »›In anderen Worten: Ich wurde behandelt, als wäre ich leicht verrückt. Zuerst habe ich darum gebeten, wissen Sie. So fing das mit den Instruktionen an die Geschworenen an.‹ – ›Hatten Sie diese denn nicht gelesen, bevor Sie den Raum betraten?‹ – ›Oh, doch, aber ja, im Höchsttempo. Ich bin kein Anwalt, das wissen Sie. Aber ich habe sie wirklich im

Höchsttempo gelesen – wie ein Maschinengewehr, wirklich. Na ja, aber wer soll das alles behalten? Sicher, ich kann mir eine Menge merken, aber ich kann mir nicht... Ich habe schließlich kein fotografisches Gedächtnis...‹«

»Euer Ehren, ich muß meinen Mann zum Arzt bringen«, heulte Mrs. Bobbick und unterbrach Kanareks Vortrag.

»Das Gericht hat nur eine einzige Frage, zu klären – ob das Gericht die Zeugin zu Recht ihres Amtes als Geschworene enthoben hat oder nicht«, verkündete der Richter. »Und zwar aufgrund der beiden diesbezüglichen, an das Gericht gestellten Anträge und der Aussage, welche Dr. Crahan vor Gericht gemacht hat.«

Die nächste von Kanarek verlesene Aussage von Mrs. Bobbick hatte weitläufigeren Charakter. »Wenn Sie die Geschworenen aussuchen, wählen Sie ja nicht unbedingt Experten in rechtlichen Dingen aus. Sie versuchen, ganz normale Durchschnittspersonen zu nehmen. Steuerzahler, verantwortungsbewußte Bürger. Als das betrachte ich mich auch selbst. Ich mag mich in diesem Punkt täuschen, aber ich finde, daß ich vielleicht doch an die gesetzgebenden Instanzen schreiben sollte und Sie das insofern zu ändern bitten sollte, daß die Geschworenen, weil sie zwölf sind, nach dem Mehrheitsrecht entscheiden können. Ich finde, das wäre möglicherweise die beste Lösung. Davon bin ich sogar überzeugt. Ich habe mir das schon lange durch den Kopf gehen lassen, seit das alles plötzlich über mich hereingebrochen ist und ich mit einem Mal diese Außenseiterposition einnahm, wissen Sie? Meiner Ansicht nach sollte man sich mit zehn zu zwei oder neun zu drei, wie das in Zivilprozessen der Fall ist oder so... Also, das ist meine Meinung.«

»Und das«, äußerte sich Schulman dazu später, »von den Lippen dieser armen Frau, war das Vernünftigste, was ich an diesem Tag von irgend jemandem zu hören bekam.«

»Ich bin völlig erschöpft«, klagte Mrs. Bobbick, als Kanarek vorzulesen aufhörte. »Ich weiß nicht, was ich machen soll. Ich sollte mich zu meinem eigenen Schutz auf die fünfte Ergänzung oder so berufen.«

An diesem Tag wurden noch verschiedene Mitgeschworene Mrs. Bobbicks von Kanarek in den Zeugenstand gerufen.

»Sie rannte im Raum herum«, sagte ein Zeuge aus. »Dabei schlug sie mit den Armen um sich und schrie uns an, wobei sie sich ziemlich unflätiger Ausdrücke bediente. Sie ließ nicht gerade Erfreuliches über uns alle los und befand sich in einem ziemlich üblen gesundheitlichen wie psychischen Zustand, würde ich sagen.«

»Gut«, erwiderte Kanarek. »Sie war doch anderer Meinung als die restlichen elf Geschworenen, oder nicht?«

»Das wußten wir doch nicht! Sie hat sich dazu doch nie geäußert«, erklärte der Zeuge.

»Hat sie denn nicht irgendwann einmal nach den richterlichen Instruktionen verlangt, oder daß die offizielle Anklage verlesen würde?«

»Doch, das hat sie. Sie hatte vergessen, wie die Anklage lautete.«

Nach der Mittagspause wurde Mrs. Bobbick neuerlich in den Zeugenstand gerufen. »Ich berufe mich auf die fünfte Ergänzung. Ich kann nicht mehr... Mein Mann... Ich muß auf meine Gesundheit achten.«

»Sie können sich jetzt also an nichts mehr erinnern, was sich im Geschworenenzimmer zugetragen hat?« fragte Miß McDonald für Gregory Powell.

»Ich habe Migräne, und ich kann mich nicht mehr erinnern. Ich kann diese Vorgänge nicht mehr zurückrufen. Ich kann mich damit nicht mehr belasten.«

»Euer Ehren, ich möchte den Antrag stellen, die Feststellung dieser Zeugin aus dem Protokoll zu streichen«, bat Kanarek.

»Sie dürfen diesen Antrag gern stellen«, erwiderte der Richter, »aber ihm wird nicht stattgegeben!«

»Sie hat ›Migräne‹ gesagt.«

»Es steht ihr durchaus zu, darüber auszusagen, ob sie Kopfschmerzen hat oder nicht«, entgegnete der Richter und schnitt dabei ein Gesicht, als bekäme er jeden Augenblick Kopfschmerzen.

»Sie hat ›Migräne‹ gesagt.«

»Dem Antrag wird stattgegeben, was die Migräne betrifft«, erklärte der Richter seufzend, um schließlich hinzuzufügen: »Ich möchte nur gern wissen, wie es um die Einstellung der

Verteidigung bestellt wäre, falls die Geschworene weiterhin ihr Amt ausgeübt und für einen Schuldspruch wegen Mordes ersten Grades plädiert hätte, und wenn hierbei dieselben Voraussetzungen gegeben gewesen wären, wie sie jetzt anhand Dr. Crahans Aussagen und Mrs. Bobbicks Erscheinen hier vor Gericht gegeben sind. Ich finde, dies ist eine Frage, die sich die Verteidigung ruhig einmal stellen sollte. Ich bitte gar nicht darum, eine Antwort darauf zu hören. Kommen Sie zur nächsten Frage.«

Kanarek rief noch einmal den Psychiater der Verteidigung in den Zeugenstand und stellte ihm in seinem, wie Schulman es genannt hätte, unnachahmlichen Stil eine Frage.

»Um Ihre Aufmerksamkeit auf die Tatsache zu lenken, daß es während der Verhandlung vom 30. August 1963 zu einem Gespräch zwischen dem Gericht und Mrs. Bobbick kam, und auf die Tatsache, daß Dr. Crahan in seiner Aussage die Behauptung aufstellt, der Richter hätte ihm von einem Vorfall in Zusammenhang mit einer Klapperschlange erzählt, und auf die Tatsache, daß das einzige Mal, wo das Gericht mit Mrs. Bobbick gesprochen hat, im Protokoll vom 30. August 1963 vermerkt ist, wobei in diesen Aufzeichnungen kein Hinweis auf eine Klapperschlange zu finden ist. Und da wäre noch die Tatsache, daß Dr. Crahan sich dieser Information bediente, die er seiner Aussage nach vom Richter erhielt, der seinerseits bis auf die Sitzung vom 30. August 1963 keinerlei Kontakt mit der Zeugin hatte. Könnten Sie uns vielleicht hinsichtlich dieser Punkte eine Meinung äußern, was die Angemessenheit einer solchen Behauptung Dr. Crahans in Zusammenhang mit seiner Diagnose betrifft?«

»Einspruch«, protestierte Schulman. »Die Frage ist völlig unerheblich.«

»Eine richtig klassische Frage!« erklärte der Richter. »Dem Einspruch wird stattgegeben.«

Dann sagte der Vorsteher der Geschworenen aus. »Sie wollte ihre Stimme nicht abgeben«, erklärte der Mann. »Sie war sehr launisch und verlangte, daß wir alle still wären und ihr Zeit ließen, sich zu konzentrieren. Einmal sollten wir sogar für zwei, drei Stunden still sein. Wir konnten nicht sprechen und uns beratschlagen, weil sie das störte.«

»Fielen im Geschworenenzimmer irgendwelche Schimpfworte?« fragte Kanarek.

»Ja, aber ich würde sagen, im normalen Rahmen.«

»Und das wäre?«

»Worte wie ›verflucht‹, ›verdammt‹, ›gottverdammt‹.«

»Dumme Kuh?«

»Das ist nur eine Behauptung...«

»Haben Sie den Ausdruck ›dumme Kuh‹ gebraucht?« fragte Kanarek.

»Es ist möglich. Vielleicht habe ich das gesagt.«

»Und gegen wen richtete sich diese Beschimpfung?«

»Ich glaube nicht, daß das gegen eine bestimmte Person gerichtet war.«

»Haben Sie vielleicht sich selbst als ›dumme Kuh‹ bezeichnet?«

»Höchstwahrscheinlich habe ich das, weil ich mich auf so etwas überhaupt eingelassen habe«, antwortete der Zeuge.

Darauf wurde er gebeten, Näheres über Mrs. Bobbicks angebliche Hysterie auszusagen.

»Na ja, so etwas ist ziemlich schwer zu beschreiben. Wenn eine Frau plötzlich aufspringt und losschreit und anfängt, sich die Haare auszureißen, und erzählt, sie hielte es nicht mehr aus, und sich an den Kopf faßt, und das alles, ohne daß auch irgend jemand nur ein einziges Wort zu ihr gesagt hat... Dann würde ich sagen, so jemand ist doch hysterisch«, erklärte der Geschworene.

Die Bobbick-Angelegenheit füllte vier Protokollbände. Schließlich wandte sich Schulman folgendermaßen an das Gericht. »Ich habe nicht das Gefühl, als könnte irgend jemand Mr. Kanarek daran hindern, alles zu sagen, was ihm gerade in den Sinn kommt. Ich werde deshalb Euer Ehren ersuchen, diesem Verteidiger eine eindeutige Mißachtung des Gerichts anzulasten. Er hat sich wiederholte Male den direkten Anweisungen des Gerichts widersetzt.«

»Mr. Kanarek tut dies nicht absichtlich«, erklärte Richter Brandler.

»Ich bin der Ansicht, daß er dies sehr wohl absichtlich tut!« entgegnete Schulman.

»Ich bin der Überzeugung, daß er nichts absichtlich tut«,

erwiderte der Richter müde. »Es ist einfach nur, daß er nicht locker läßt, und ganz offensichtlich ist er einfach nicht in der Lage, die Entscheidung des Gerichts zu begreifen!«

»Was wollen Sie dann machen, Euer Ehren?« fragte Schulman. »Hier haben Sie diese *Bulldogge,* die ungeachtet der Einsprüche, die man ihr entgegenhält, unbeirrt weiter darauf losgeht. Er ist sich über die Regeln vor Gericht im klaren und macht trotzdem einfach weiter. Ich weiß nicht, wo Sie diesem Mann einmal Einhalt gebieten wollen!«

»Mr. Kanarek«, wandte sich der Richter geduldig an den Verteidiger, »Sie haben eben noch einmal genau die gleiche Frage gestellt, nachdem das Gericht einem Einspruch gegen sie stattgegeben hat, nur daß vielleicht der Wortlaut oder die Satzstellung etwas anders war.«

Irving Kanarek, hinter mehreren Reihen von juristischen Bänden, die er vor sich aufgereiht hatte, fast verborgen, blinzelte nur kurz, um jedoch gleich wieder in Aktion zu treten, indem er aus einem Buch in seiner Hand zitierte.

»Hier, Euer Ehren, haben wir zum Beispiel einen Fall...«

»Ich will keine weitere Diskussion mehr darüber, Mr. Kanarek! Ich kann lesen und werde ihn mir zu Gemüte führen!«

»Das weiß ich, Euer Ehren, aber wenn Sie mich noch für einen Augenblick erdulden würden, bitte. Da gibt es zum Beispiel den Fall *Das Volk gegen Chesser,* 29 Cal 2d 815.«

»Mr. Kanarek, Sie brauchen schon wieder etwas Hilfe für Ihre Folianten«, entgegnete der entnervte Richter. »Was ich Ihnen vorschlagen würde: Warum versuchen Sie nicht, sie in eine gewisse Ordnung zu bringen, daß sie nicht so chaotisch übereinanderliegen? Dann wären Sie vielleicht auch imstande, Ihre Fälle zu finden.«

»Ich möchte die Aufmerksamkeit Euer Ehren auf... Ich mache Euer Ehren auf den Fall *Moore gegen Michigan* aufmerksam, bei dem es sich um einen Fall handelt, der vom Obersten Gerichtshof der Vereinigten Staaten abgewickelt wurde. Wären Euer Ehren vielleicht bereit, sich diesen Auszug anzuhören?«

»Ja«, stimmte der Richter bedrückt zu, während Schulman an seiner Krawatte herumfummelte.

»Habe ich hier bereits den Fall Modesto erwähnt?«

»Ja, Mr. Kanarek, ja.«

Während der Tage, in denen es um die Einleitung eines neuen Verfahrens ging, brachte der Verteidiger verschiedene Anträge durch, die den Staatsanwalt nach Sitzungsschluß in seinem Büro zu einem Wutanfall veranlaßten.

»Euer Ehren, diese fünf Zeugen würden aussagen«, erklärte Kanarek, »daß sie während dieses Antrags auf ein neues Verfahren in ein Vorzimmer geführt wurden, wo ein weiblicher Deputy Sheriff die Zeuginnen aufforderte, ihre Röcke zu heben, und auch ihre Unterröcke, falls vorhanden, bis das intimste Kleidungsstück, ihre Unterhosen, für den weiblichen Deputy Sheriff sichtbar waren, und welche intimen Kleidungsstücke sonst noch vorhanden sein mochten. Diese Durchsuchung wurde durchgeführt, bevor den Zeuginnen erlaubt wurde, in Zusammenhang mit diesem angeblich öffentlichen Verfahren den Gerichtssaal zu betreten!«

Nach sieben Tagen machte Richter Brandler diesem Theater schließlich ein Ende. Bevor er sein Urteil sprach, erhielt er ein schriftliches Gnadengesuch des Angeklagten Jimmy Lee Smith.

Ich habe mich nie wirklich vor dem Tod gefürchtet, aber mein Leben auf eine so fürchterliche, grausige und ungerechtfertigte Art zu beenden, erfüllt mich mit Entsetzen. Ich kann nur hoffen, daß Ihrer Person noch ein letzter menschlicher Zug innewohnt, der es Ihnen ermöglicht, Verständnis und Mitleid für einen sterbenden Mann aufzubringen, dessen Leben zu retten, in Ihrer Hand liegt. Ich hoffe und bete, daß Sie ein Instrument Gottes immerwährenden Mitgefühls sein mögen und mein Leben retten. Verdiene ich wirklich, zu sterben? In Demut und Menschlichkeit Jimmy Smith

Am 13. November 1963 antwortete ihm Richter Brandler: »Auf sadistische Weise ließ Gregory Ulas Powell Officer Campbell in dem Glauben, sein Leben würde geschont werden, und dies bis zu dem Augenblick, als er in voller Absicht auf ihn anlegte und Officer Campbell kaltblütig exekutierte, indem er einen Schuß in den Mund des Beamten abfeuerte. Während Officer Campbell darauf, bewußtlos, aber sich auf dem Boden noch windend, in den letzten Zügen lag, feuerte Jimmy Lee Smith, der über dem Körper von Officer Campbell stand, mit abstoßender, unmenschlicher Brutalität vier Schüsse in den auf dem Boden liegenden Officer ab.

Darauf fuhren die zwei Angeklagten in ihrer barbarischen Attacke fort, indem sie den fliehenden Officer Hettinger zu stellen versuchten. Dieser entkam jedoch auf wunderbare Weise, so daß er nicht auf ähnliche Weise von den beiden Angeklagten niedergestreckt wurde.

Das in diesem Fall vorgebrachte Beweismaterial rechtfertigte mit überwältigender Deutlichkeit das Todesurteil durch die Geschworenen. Es ist Anweisung des Gerichts, daß Sie die Todesstrafe erdulden werden und daß besagte Strafe innerhalb der Mauern der Strafanstalt von San Quentin, Kalifornien, auf die Art und Weise vollzogen wird, wie sie das Gesetz vorschreibt. Der genaue Zeitpunkt wird durch dieses Gericht in der Vollstreckungsermächtigung festgelegt.«

12

Sie wurden in einem schwarz-weißen Station Wagon mit drei bewaffneten Wärtern nach San Quentin gebracht. Vor und hinter ihnen fuhr jeweils ein Wagen mit zwei bewaffneten Wärtern. Bei ihrer Ankunft erfuhren sie, daß die Gefängnisbehörde über dem Nordblock, wo die Todeszellen lagen, eine Reihe von neuen Zellen einrichtete. Über viele Jahre hinweg hatte dieser Trakt nur dreizehn Zellen enthalten, aber inzwischen reichte diese Zahl nicht mehr annähernd aus. Die Rückseite dieses Trakts beherbergte eine weitere Reihe Zellen, die als ›Regal‹ bezeichnet wurden. Hier wurden strafweise Häftlinge aus dem Haupttrakt untergebracht. Die Neuankömmlinge wurden im Rehabilitationszentrum untergebracht, das damals als Sondertrakt diente.

Jimmy und Greg trafen an einem Dienstag ein. Jimmy verbrachte die Nacht mit dem Studium juristischer Dokumente. Er sollte ein besserer Gefängnisanwalt als Gregory werden. Am Mittwoch kam es im Sondertrakt zum Aufstand.

»Gütiger, beschissener Herr Jesus«! rief Jimmy Smith an jenem Tag Gregory Powell zu. »Ganz gleich, wohin sie mich stecken, ich komme wohl von so Verrückten wie dir nie los!«

Die Häftlinge zertrümmerten die Zellen und sorgten über zwei Tage hinweg für erheblichen Aufruhr. Jimmy Smith und Gregory Powell beteiligten sich an diesen Aktivitäten nicht. Am zweiten Tag, als sich die Situation wieder beruhigt hatte und das Tränengas, das noch in den Korridoren hing, nach wie vor in den Augen stach, brüllte Jimmy: »He, Powell, das Gas ist nichts im Vergleich zu dem, wie's riechen wird, wenn sie dich in der Kammer da oben festschnallen!«

Die beiden Partner erfreuten sich im Sondertrakt enormer Popularität. Immerhin hatte ihnen der Mord an Ian Campbell einige Schlagzeilen eingetragen. Jimmy Smith sonnte sich regelrecht im Licht dieser traurigen Berühmtheit. Nur paßte ihm nicht, daß die Hälfte davon Powell zufiel. Er begann, den Mitinsassen seine Kopie von Gregory Powells erster Aussage dem Kern County-Sheriffbüro gegenüber zu zeigen.

»Kannst du dir vorstellen, daß das ein wirklicher Kerl ist?« fragte Jimmy aufgebracht jeden Mitsträfling, der sich die Mühe machte, das Ganze zu lesen. »Sieh dir doch das mal an, und was für eine winselnde Ratte dieser Kerl ist! Sieh doch mal, wie er alles mir in die Schuhe geschoben hat! Und dabei war ich sein Partner! Schau, wie er mich reingelegt hat!«

Jimmy stellte fest, daß sich Häftlinge aus dem dritten Stock um die weniger glücklichen Mitinsassen im unteren Teil kümmerten. In Jimmys Trakt bekamen sie täglich drei Mahlzeiten. Außerdem konnten sie mit Kopfhörern Radio hören, während die Häftlinge unten mit einer Matratze und einer Decke vorlieb nehmen mußten und nur halbe Rationen bekamen. Der moderne, neue Bau hatte viele kleine Fenster, welche wegen des Lichteinfalls angebracht worden waren. In seiner ersten Nacht beobachtete Jimmy einen Häftling, der am Ende eines Seils aus in Streifen gerissenen Bettüchern ein Stück Seife befestigte und es dann etwa vier Meter zu einem Fenster hochwarf und die Scheibe zerbrach. Darauf setzte sich der Häftling mit seinem Kopfkissen unter sich auf die Toilette, so daß er die Öffnung völlig abdichtete. Als er dann wieder aufstand, entstand dadurch ein Sog, der das gesamte Wasser darin nach unten zog. Nachdem auf diese Weise das Wasser aus dem Rohr gepumpt war, steckte der Häftling seinen Kopf in die Kloschüssel und rief durch dieses Klotelefon seinem Freund in der darunterliegenden Zelle zu, daß ein Päckchen für ihn unterwegs war.

Der Häftling in der Zelle unter ihm schlug auf ähnliche Weise eines der kleinen Fenster ein und konnte schließlich ein Päckchen mit Zigaretten oder Lebensmitteln in Empfang nehmen, das von oben an einem Seil herabgelassen wurde. Er mußte die herabbaumelnden Kostbarkeiten nur in seinem Seil verheddern, das er – an seinem Ende war ein Kamm befestigt – aus dem Fenster schleuderte. Dies war ein langwieriger, ermüdender Vorgang, und manchmal bedurfte es dafür nicht weniger als hundert mühsamer Versuche, bis schließlich dieser Hartnäckigkeit doch Erfolg beschieden war.

Greg hatte Schwierigkeiten, sich dem Leben im Gefängnis

anzupassen. Ein Wärter machte folgende Eintragungen in seine Aufzeichnungen:
›21. Januar 1964: Powell bewarf Jimmy Smith mit Essen, und Smith erklärte darauf, er würde Powell am liebsten halb zu Tode prügeln.
22. Januar 1964: Powell wurde für schuldig befunden, sich in Verletzung von Gefängnisvorschrift D 1202 bezüglich der Verpflichtung zum Gehorsam geweigert zu haben, sich zu rasieren. Er wurde zu Isolationshaft verurteilt, in Bevorstehung seiner Versetzung in die Todeszelle.
28. Januar 1964: Powell verträgt sich mit den anderen Häftlingen nicht sehr gut; nimmt deshalb nicht an den Übungen teil. Reagiert sehr heftig, wenn etwas nicht so verläuft, wie er sich das vorstellt.‹
Die Todeszellen! Undenkbar. Natürlich hatte sich Jimmy Smith wie alle kleinen Ganoven unzählige Male damit groß getan, indem er verkündete: »Dort werde ich vermutlich eines Tages noch enden.« Aber wie alle kleinen Ganoven hatte er das nicht wirklich gemeint. Nichts hätte ihm ferner liegen können.

Nach seinem Aufenthalt in der San-Quentin-Besserungsanstalt wurde er nun über den Hof – das grelle, schmerzende Sonnenlicht ließ ihn blinzeln – zum Bau Nummer acht geführt, in dem die Zellen der Todeskandidaten untergebracht waren.

Während seiner früheren Haftstrafe in San Quentin hatte Jimmy die Wärter bestimmte Worte rufen gehört, die sich auf andere zum Tode Verurteilte wie Caryl Chessman bezogen. Der Wärter führte ihn durch die Gruppen von neugierigen Häftlingen, und Jimmy spürte, wie ihn ein Gefühl, gemischt aus innerer Erregung und Furcht, überkam. Er war der tolle Kerl, und die anderen Häftlinge senkten ihre Blicke zu Boden, wenn er sie ansah. Zuerst war es unglaublich aufregend, aber als es der Wärter schließlich zum drittenmal sagen mußte, schnürte sich Jimmys Kehle zusammen. Das Blut schoß ihm ins Gesicht, und er begann am ganzen Körper zu zittern.

»Zurücktreten!« befahl der Wärter. »Hier kommt ein toter Mann!"

Während der Nächte im Rehabilitationszentrum hatte Jimmy Smith häufig an den Tod gedacht, und er hatte sich geschworen, daß er zum erstenmal in seinem Leben Mut beweisen würde, wenn es so weit war. Wer weiß, vielleicht war es sogar das lustvollste Erlebnis seines freudlosen Lebens. Wer hätte das Gegenteil behaupten können? Eines war gewiß, Powell würde es gefaßt wie ein Held tragen – das stand für Jimmy völlig außer Zweifel. Powell würde sein Leben ohne viel Aufhebens hingeben und damit in der Achtung der Mithäftlinge enorm steigen. Jimmy hätte gern gewußt, wie Powell während des Gangs über den Hof zu den Zellen für die Todeskandidaten zumute gewesen war. Aber eigentlich wußte er die Antwort darauf. Dies würde der Höhepunkt von Powells Leben werden.

Eines schwor sich Jimmy: Falls sie ihn als ersten töteten, falls er vor Powell an die Reihe kam, dann würde er bis zum letzten Atemzug wie ein Mann handeln. Lieber wollte er in der Hölle verschmoren, als sich von diesem Scheißkerl übertrumpfen zu lassen.

Als die beiden in ihre neuen Zellen gebracht worden waren, ließ Jimmy von seinem Wunschtraum ab, Powell zu Tode zu prügeln. Statt dessen gelangte er zu der Überzeugung, die beste Rache wäre, ihn dabei zu beobachten, wie er langsam aber sicher dem heulenden Elend verfiel.

Vier Wärter eskortierten Jimmy an jenem Tag mit einem beleibten Häftling namens Willie in den Trakt mit den Todeszellen.

»Nächster Halt, das Penthouse«, witzelte ein Wärter, während sie im Lift nach oben fuhren. Dann stand Jimmy vor einer riesigen Stahltür mit einem dicken Glasfenster. Einer der Wärter drückte auf einen Knopf und schloß die Tür von innen auf. Jimmy sollte in Erfahrung bringen, daß der Wärter auf der Innenseite nachts den Schlüssel abgab und sich mit den Häftlingen einschließen ließ.

Als nächstes kam das Ablegen sämtlicher Kleider und die unvermeidliche Aufforderung: »Los, vorbeugen und die Beine breitmachen.« Dann wurde die blaue Gefängniskleidung ausgegeben. Niemand verließ oder betrat den Trakt mit den Todeszellen, ohne die Kleidung zu wechseln. Und schließlich sah Jimmy zum erstenmal die Zellen und die Gitterstäbe und das Drahtgeflecht, das sie umgab. Es war sehr still, und er hörte nur ein gelegentliches Klicken, wenn einer der zum Tode Verurteilten per Fernbedienung auf ein anderes Fernsehprogramm umschaltete.

Dann wurde Jimmy zu einem Käfig am Ende des Korridors geführt, der zum Zellentrakt führte. Einmal in dessen Innerem, traten zwei Wärter ein, die der Sergeant einschloß, um dann einem bewaffneten Wärter zuzurufen, sie einzulassen. Der bewaffnete Wärter bewegte sich auf einem Laufgang, der entlang der Zellen verlief und durch Gitterstäbe und Drahtgeflecht abgesichert war. Der Wärter zog einen Riegel zurück, und Jimmy betrat einen Bereich, in dem er nun für den Rest seines Lebens bleiben würde.

Keiner der Verurteilten sprach ein Wort, als er den Korridor hinunterschritt, so daß Jimmy erst dachte, die Zellen wären leer. Er blinzelte in jede einzelne, bis er schließlich das Glimmen der Zigaretten ausmachte und die schattenhaften Gestalten, die auf ihren Kojen lagen und zu den Fernsehapparaten hochstarrten, die auf kleinen Regalen unter der Zellendecke standen.

Zelle Nummer neun sah um keinen Deut anders aus als die zahlreichen anderen Zellen, die Jimmy bis dahin schon bewohnt hatte. Sie enthielt ein an der Wand befestigtes Bett, einen kleinen Tisch und einen massiven Holzstuhl. Während er sein Bett machte, hörte er eine vertraute Stimme seinen Namen rufen. Es war ein hünenhafter Todeskandidat, den sie Bär nannten. Er hatte das College besucht, Fußball gespielt und war eine Art Künstler. Jimmy kannte ihn aus dem Sicherheitstrakt im Distriktsgefängnis. An seinem ersten Tag im Sicherheitstrakt, als Jimmy ins Klo urinierte, sagte der Bär zu ihm: »Wenn du mit dem Pissen fertig bist, dann nimmst du etwas Klopapier und wischt die Schüssel wirklich sauber ab. Und wenn du mal daneben triffst und auf den Boden pinkelst, dann wischst du das auch schön auf.«

Und zu dem Häftling, der ihm sein Tablett mit Essen brachte, sagte er: »Ich weiß ganz genau, was ihr Scheißkerle für Sexspielchen treibt. Geh also erst mal deine Dreckspfoten waschen, und dann bringst du mir ein neues Tablett.«

»Du kannst mich mal«, erwiderte der Mann mit dem Tablett, und das war das letzte, was er für fünf Minuten herausbrachte, bis es wieder gelungen war, ihn zum Leben zu erwecken.

»Das hat mir gerade noch gefehlt«, flüsterte Jimmy seinem Nachbarn auf der anderen Seite zu. »Ausgerechnet der Bär muß die Zelle neben mir haben. Wahrscheinlich lasse ich versehentlich mal ein Streichholz in seiner Nähe fallen, wenn er gerade Hausputz macht, und er dreht mir den Hals um. Mein Leben ist wirklich nur ein einziger Schrotthaufen aus Pech und Elend«, stöhnte Jimmy Smith.

Zelle Nummer neun im Trakt für die Todeskandidaten. Das war es also. Das war der Punkt, auf den jeder einzelne Augenblick seines Lebens unweigerlich hingeführt hat, dachte er. Er war niedergeschlagen und weinerlich, als das Frühstück gebracht wurde, aber dann lebte er etwas auf.

»He, das ist ja gar nicht mal so schlecht«, bemerkte er seinem Nachbarn gegenüber. »Das könnte sich auch in so einem schicken Café draußen sehen lassen.«

»Na, dann laß es dir schmecken, Bruder, so lange du dazu noch in der Lage bist«, erwiderte die Stimme aus der Zelle neben ihm kichernd.

Der erste Tag verlief völlig ereignislos. Am zweiten gerieten zwei Häftlinge in eine erbitterte Schlägerei, sobald die Zellentüren für die Freiübungen geöffnet wurden. Ein Schwarzer, ein Räuber und Mörder namens Taco, fiel über einen jungen Weißen her, der Junior genannt wurde und einen Polizisten getötet hatte. Er hatte versucht, eine Straßensperre der Polizei zu durchbrechen, und war dabei selbst leicht verkrüppelt worden. Junior war in diesem Kampf eindeutig der Überlegene, und während er auf den Schwarzen eindrosch, feuerte der Wärter in dem Laufsteg nach mehreren Warnungen einen Schuß ab. Der Schock fegte Jimmy im wahrsten Sinne des Wortes auf den Boden seiner Zelle zurück.

Zehn Minuten später, als er sich wieder von seinem Schreck erholt hatte, erfuhr Jimmy, daß es sich beim ersten noch um einen Warnschuß handelte und daß es erst der zweite war, dessentwegen man sich Sorgen zu machen hatte.

»Mein Gott«, flüsterte Jimmy. »Nirgends hat man seine Ruhe. Man hat doch nirgends auf dieser Scheißwelt seine Ruhe.«

»Mach dir deswegen mal keine Sorgen«, tröstete ihn ein weißer Mann mittleren Alters, der mehrere Frauen umgebracht hatte. »Niemand tut dir hier was zuleide, bevor der Staat nicht seine Chance kriegt.«

Selbst für die zum Tode Verurteilten verstrich die Zeit. Für einige vergingen die Monate sogar viel zu rasch. Eines unvergeßlichen Wintertags fand Jimmy Smith plötzlich Gregory Powell vor sich auf dem Boden.

Die Schlägerei hatte so unvermittelt begonnen, daß Jimmy sich schon nicht mehr an ihren Anlaß erinnern konnte, als sie zu Ende war. Sie hatten sich auf dem Korridor aufgehalten. Irgend jemand hatte eine bissige Bemerkung fallengelassen, was jedoch nicht weiter ungewöhnlich war. Dann hatte Greg ihm etwas ins Gesicht geworfen. Was war das gewesen, fragte sich Jimmy, als alles vorbei war und er auf seiner Koje lag und seine verschrammten Knöchel verarztete. Papier! Genau – oder nicht? Ein zusammengeknülltes Blatt Papier.

Jimmy hatte sich so plötzlich auf ihn gestürzt, daß sie beide überrascht waren. Powell ging zu Boden. O ja, dachte Jimmy triumphierend. Powell ging bereits nach einem Schlag in die Knie, wie es von so einem Schleimscheißer wie diesem Kerl gar nicht anders zu erwarten war. Es war so einfach, so irrsinnig einfach, daß Jimmy es gar nicht fassen konnte. Dieser tolle Kerl. Dieser tolle, unerschrockene Typ mit einer Knarre. Nun schwor sich Jimmy, es Powell heimzuzahlen. Vielleicht einmal pro Woche. Vielleicht auch zweimal. Ihm einfach nur mal in den Arsch treten – ganz leicht –, wenn der Wärter gerade nicht hinsah. Das war es nämlich gewesen, was Powell diesmal das Leben gerettet hatte – das Klicken, als der Wärter seine Waffe gespannt hatte. Das metallische Geräusch war wie ein Donnerschlag in Jimmy Smith' Ohren gewesen. Powell kniete vor ihm auf dem Boden und versuchte, seine Arme festzuhalten. Ja!

In der darauffolgenden Nacht konnten fast alle Insassen der Todeszellen hören, wie Jimmy ins Klotelefon brüllte, daß seine Stimme von den Wänden des Korridors widerhallte.

»Powell ist nur ein riesiger Aufschneider, ein Lügner!« kreischte Jimmy. »Powell behauptet, er hätte in Vacaville geboxt! Aber jetzt weiß ich, was er ist! Sie haben ihn in der Turnhalle immer nur fertiggemacht! Die anderen Typen haben ihn über den Barren gelegt und ihm den Arsch versohlt! Fertiggemacht haben sie ihn, diesen Hosenscheißer, nichts weiter!«

»Halt's Maul, Smith« brummte der Bär. »Ich möchte fernsehen.«

Jimmy ließ sich nicht beirren.

»Und das ist noch nicht alles! Er ist noch was viel Schlimmeres! Ja! Er hat's mit seiner Schwester getrieben!«

»Smith, wenn du nicht gleich aufhörst, reiß ich dir morgen den Kopf ab«, drohte der Bär, und Jimmy Smith hielt schließlich doch noch seinen Mund.

In seiner Gefängnisakte fand sich folgender Eintrag:

›15. Februar 1965: Wurde in Verletzung der Gefängnisvorschrift D 4515 bezüglich tätlicher Auseinandersetzungen einer Schlägerei mit Powell schuldig befunden. Wurde zu drei Tagen Zellenaufenthalt verurteilt.‹

Seine Begeisterung wurde während der nächsten Nacht sichtlich gebremst, als ihm ein Freund zuflüsterte: »Das war nicht gerade toll, was du gestern gemacht hast.«

»Wieso?«

»Dich mit deinem Partner zu prügeln.«

»Mit meinem Partner? Mit diesem Arschloch?«

»Er ist der einzige auf der ganzen Welt, der dir das Leben retten kann, mein Lieber!«

»Wieso?«

»Jetzt hör mal gut zu, Jimmy. Ihr habt doch eine Chance, daß ein neues Verfahren eingeleitet wird. Mann, diese Chance haben doch inzwischen die meisten von uns, nach dem Escobedo-Fall und nun auch noch mit diesem Dorado-Fall. Ich wette eine Million Dollar, daß ihr zwei ein neues Verfahren kriegt.«

»Na und? Das Ergebnis wird doch genau das gleiche sein.«

»Für ihn schon, klar. Er hat keine Chance. Aber für dich, Jimmy, für dich sieht das Ganze etwas anders aus.«

»Wieso? Ich hab' doch auch ordentlich Dreck am Stecken.«

»Ihr müßt nur sehen, daß ihr separate Verfahren kriegt. Sieh zu, daß dein Anwalt ihn vor den Geschworenen als einen richtigen Erzbösewicht hinstellt.«

»Was ja nicht allzu schwer sein dürfte«, meinte Jimmy.

»Laß ihn zu *deinem* Prozeß vorladen, und dann soll ihn dein Anwalt fragen, ob du den Bullen tatsächlich erschossen hast oder ob er dir tatsächlich nur die Schuld in die Schuhe schieben wollte.«

»Ich nehme an, er wird ja sagen und sich damit die letzte, winzige Chance verbauen, die er noch hat, hm?«

»Er braucht das gar nicht, Jimmy«, flüsterte die Stimme. »Er braucht nur einen recht brutalen *Eindruck* zu erwecken und die Geschworenen ordentlich einzuschüchtern – und sich auf die fünfte berufen.«

»Auf was für eine fünfte?«

»Auf diese beschissene fünfte Ergänzung! Es kann bei seinem Prozeß gegen ihn vorgebracht werden. Ihm wird es weiter nicht schaden, aber dir kann es das Leben retten. Das haben schon andere Partner probiert. Du weißt doch selbst, wie bescheuert diese Geschworenen oft sind. Das wird hinhauen, glaub' mir.«

»Mein Gott.«

»Aber es wird auf keinen Fall hinhauen, wenn du so weitermachst und ihn ständig verprügelst. Du mußt ihm schön tun – das ist es, was du tun mußt.«

»Mein Gott«, hauchte Jimmy, der in dieser Nacht keinen Schlaf finden sollte – nicht für eine Sekunde.

Drei Tage später war es ein mitgenommener, nervöser Jimmy Smith, der wußte was er zu tun hatte, und folglich seinem alten Partner während der Freiübungen eine Zigarette anbot. Außerdem lächelte er seinen alten Partner an und riß einen Witz, in dem er sich über sich selbst lustig machte. Und zum Schluß, bevor sie in ihre Zellen zurückkehren mußten, legte er seinem Partner die Hand auf den Arm, was er bis dahin nie getan hatte. Er sah ihm in die Augen und sagte ein paar freundliche Worte zu ihm. Und während der nächsten Tage saß er neben seinem Partner, schmeichelte ihm und berührte ihn gelegentlich. Er sonderte sich mit ihm von den anderen ab und unterhielt sich unter vier Augen mit ihm. Und wenn er ihm etwas zuflüsterte, sorgte er dafür, daß seine Lippen das Ohr seines Partners berührten.

Mehrere Wochen danach wurde in der Gefängnisakte folgendes vermerkt:

›20. April 1965: Jimmy L. Smith bekannte sich schuldig, in Verletzung von Gefängnisvorschrift D 1205 bezüglich Konterbande einen Krug von Selbstgebrautem zu besitzen. Wurde außerdem in Verletzung von Gefängnisvorschrift D 1206 bezüglich Immoralität der oralen Kopulation mit Gregory U. Powell für schuldig befunden. Wurde zu 10 Tagen Isolationshaft verurteilt.‹

Die Veränderungen, die mit den beiden Männern vorgingen, spiegelten sich in den Disziplinarakten des Gefängnisses wider. Gregs Verhalten besserte sich. Bis zu einem Ausbruchsversuch im Jahr 1967 sollten in Gregory Powells Akte keinerlei noch so geringfügige Verletzungen der Gefängnisvorschriften eingetragen werden. Obwohl seine Ausbruchspläne nie ein Ende nahmen, schienen doch seine anderen Probleme verschwunden zu sein. Greg hatte bis dahin in San Quentin, sowohl im Rehabilitationszentrum wie im Trakt mit den Todeszellen, mit zahlreichen Insassen sexuelle Kontakte gepflegt. Aber das sollte sich nun ändern, seit es zu der letzten und endgültigen Unterwerfung des widerspenstigen Mitglieds seiner ehemaligen ›Familie‹ gekommen war.

Jimmys Betragen dagegen ließ zunehmend zu wünschen übrig, wurde sexbestimmt und unberechenbar.

›14. September 1965: Smith versuchte, einen andern Häftling in homosexuelle Praktiken zu verwickeln, was die Verlegung besagten Mithäftlings in eine andere Zelle erforderlich machte.

18. September 1965: Smith beschuldigte den anderen Häftling der Denunziation und versuchte, andere Häftlinge dazuzubringen, sich ihm bei einer Massenvergewaltigung des besagten Häftlings anzuschließen.

12. Oktober 1965: Smith provozierte eine Schlägerei zwischen zwei anderen Insassen.

14. Oktober 1965: Während der letzten zwei Tage sprach Smith ständig von Selbstmord. Ist nicht nur ein zwanghafter

Wortverdreher, sondern auch hochgradig unfähig, die Verantwortung für seine selbstverschuldeten Schwierigkeiten zu übernehmen.‹

Jimmy Smith hatte also schließlich aufgegeben – er hatte bedingungslos kapituliert. Gregory Powell wurde das letzte, äußerste Angebot gemacht. Jimmy Smith rutschte im wahrsten Sinn des Wortes vor ihm auf den Knien – servil, erniedrigt, gedemütigt. Er wollte nicht sterben.

13

Sobald er angefangen hatte, für den Polizeichef zu fahren – die Stunden dazwischen verbrachte er damit, Telefondienst zu machen, Zeitungsausschnitte zu sammeln, die Chief Parker möglicherweise interessieren würden, und die provisorischen public relations-Aufgaben zu erfüllen, die dem Fahrer des Polizeichefs zufielen – war er sich sicher, die Träume würden aufhören. Das war jedoch nicht der Fall. Sie plagten ihn nun fast jede Nacht.

Karl Hettinger hatte keine sonderlich stark ausgeprägte Phantasie. Seine Träume waren eher direkter als symbolischer Natur. Sie hatten einen Anfang, einen Mittelteil und ein Ende. Sie begannen an der Kreuzung von Carlos und Gower Avenue in Hollywood und fuhren dann fort, wie er sich schreiend in Stacheldraht verfing und schließlich nur freireißen konnte, um in Zeitlupe über ein Zwiebelfeld zu laufen und zu guter Letzt vornübergebeugt auf dem Vordersitz eines Krankenwagens zu sitzen und sich nach Ian auf der Tragbahre umzuschauen. Als die Träume die ersten Male kamen, blickte er immer noch voller Hoffnung um, ohne die blutigen Löcher in Ians Brust sehen zu können. Er bemerkte dann nur das Blut, das aus seinem Mund seine Wangen hinunter in seine Ohren floß und sich schließlich über die frischen, weißen Laken auf der Tragbahre ergoß, wenn seine Ohren es nicht mehr faßten. Nachdem er sich an den Traum gewöhnt hatte, blickte er sich nicht mehr hoffnungsvoll nach seinem Partner um.

Die Intensität der Träume ließ nicht nach. Nach den ersten Monaten gewöhnte sich Helen daran, daß er nachts im Bett um sich schlug, Schweißausbrüche bekam und wimmerte.

»Geh doch wegen dieser Träume mal zu einem Arzt, Karl«, flehte sie ihren Mann regelrecht an.

»Ach was, Helen, das ist doch nicht weiter schlimm. Was soll ein Doktor dagegen schon ausrichten? Ich hatte eben ein schlimmes Erlebnis, aber ich werde schon darüber hinwegkommen. Es ist ja auch nicht mehr so schlimm.“

»Das ist doch gar nicht wahr, Karl. Du hast diese Träume doch inzwischen sogar öfter.«

»Ach was, das stimmt doch gar nicht. Schließlich sollte ich das am besten wissen, oder nicht?«

Und Karl schob sein Kinn leicht vor, preßte seine Lippen zusammen, und Helen wußte, daß die Sache damit erledigt war. Er ließ sich auf keine Diskussionen ein, sondern behauptete einfach steif und fest, das Ganze würde sich schon von selbst geben.

Für den Polizeichef zu arbeiten, war wirklich ein Segen, obwohl es Karl nicht gefiel, daß er viel im Polizeipräsidium herumsaß. Aber zumindest war das Ganze nicht anstrengend. Sein Körper hatte sich noch nicht daran gewöhnt, lediglich mit einer halben Nacht Schlaf auszukommen. Vor Ian Campbells Ermordung hatte er jede Nacht lang und tief geschlafen, so daß ihn in diesen Tagen oft schon nachmittags starke Müdigkeit überfiel.

Und er mochte den Polizeichef, wenn er ihn nicht sogar liebte. William H. Parker war ein Mann, wie ihn Karl bis dahin noch nicht kennengelernt hatte. Er war sehr beredt und hielt mit seiner Meinung nicht hinter dem Berg. Außerdem war er vermutlich der gebildetste und belesenste Polizeichef in der Geschichte Los Angeles. Der Polizeichef war verheiratet, ohne jedoch Kinder zu haben, und verschrieb sich somit voll seiner Aufgabe. Auch er fand seinen Fahrer offensichtlich sympathisch und zog ihn nicht selten über Angelegenheiten ins Vertrauen, über die er sonst nicht einmal mit seinen engsten Mitarbeitern gesprochen hätte. Man sprach dem Polizeichef eine gute Menschenkenntnis zu, und er schien zu spüren, daß sein ernster und schweigsamer junger Fahrer nie ein Geheimnis preisgeben würde, womit er völlig recht behalten sollte.

Der Polizeichef schien außerdem zu spüren, daß Karl Hettinger das Gefühl hatte, ihm wäre dieser Job sozusagen nur als eine Art Gnadenbrot zugeteilt worden. Daher lenkte der Polizeichef ihre Unterhaltung häufig in diese Richtung, wobei er verschiedene Bemerkungen fallen ließ, um seinen Fahrer in seinem Selbstwertgefühl zu bestätigen und ihn wissen zu lassen, was für ein hervorragender Leibwächter und Begleiter er war. Der Polizeichef wurde ausnahmslos wütend, wenn er mitbekam, daß wenig einfühlsame Polizisten Karl wegen des Campbell-Mordes und des Prozesses ausquetschten. Ihm entging keineswegs, daß es dem jungen Officer nach wie vor sichtliches Unbehagen bereitete, darüber zu sprechen.

Sein Einfühlungsvermögen sollte der Polizeichef durch bedingungslose Loyalität belohnt finden. Sein neuer Fahrer fühlte sich für die Sicherheit seines Chefs verantwortlich, und selbst wenn Parker anläßlich eines seiner zahlreichen Gänge zur City Hall seine Leute aufforderte, an ihren Schreibtischen sitzen zu bleiben, fiel ihm doch häufig eine Gestalt auf, die ihm in diskretem Abstand unauffällig folgte – eine schlanke Gestalt in einem zu großen Anzug, ein junger Mann mit kurz geschnittenem, rotblondem Haar und blauen Augen, die immer tiefer einsanken.

Helen Hettinger bedauerte in verstärktem Maße, daß sie Karl nicht früher geheiratet hatte. Sie hatte ihn vor dem Mord noch nicht genügend kennengelernt, um abschätzen zu können, wie nachhaltig ihn dieser Vorfall verändert hatte. Einige Veränderungen waren jedoch ganz offensichtlich.

»Karl, du hast eben schon wieder eine rote Ampel überfahren!« hielt sie ihm vor.

»Tatsächlich?«

»Karl, was ist mit dir? Das ist jetzt schon das zweitemal gewesen.«

»Bist du sicher, daß die Ampel rot war?«

»Sie war rot, Karl. Du warst früher doch so ein vorsichtiger Fahrer. Was ist denn in letzter Zeit mit dir nur los?«

»Bist du wirklich sicher, daß sie rot war?«

Karl wurde wie üblich einer alljährlichen ärztlichen Untersuchung unterzogen, die ihren gewohnten Ablauf nahm. Der Arzt fragte ihn, ob er irgend welche körperlichen Beschwerden hätte, worauf der Patient mit einem Nein antwortete. Dann unterzog er sich einer Blut- und Urinuntersuchung, ließ seinen Brustkorb röntgen und die Augen untersuchen und wurde dann gemessen und gewogen, um schließlich wieder nach Hause geschickt zu werden. Dabei wurde nichts Ungewöhnliches festgestellt, außer daß einer

Krankenschwester eine Eintragung in seinem Krankenbogen auffiel. Der Patient hatte fast zehn Kilo abgenommen.

»Ich sollte diesen Officer vielleicht mal nach seinem Ernährungsplan fragen«, meinte sie.

»Wieso?« wollte eine andere Schwester wissen.

»Dieser Officer hat fast zehn Kilo abgenommen.« Und dann ging sie daran, die neuen Untersuchungsergebnisse mit den alten zu vergleichen. »Das ist aber komisch. Er ist auch zwei Zentimeter kleiner geworden. Er ist nur noch knapp einszweiundsiebzig groß. Was der wohl immer ißt?«

»Na, das interessiert mich aber jetzt«, meinte die andere Schwester und blätterte den Ordner durch.

»Seine Sehschärfe. Sie ging von 20/20 und 20/30 auf 20/40 und 20/40 zurück. Was soll das denn nun wieder?«

»Wissen Sie, meine Liebe«, sagte die ältere Schwester und deutete in Richtung Untersuchungszimmer. »Wenn Sie wissen, *wer* die Untersuchungen durchführt, dann kann man nie vorhersehen, *was* dabei herauskommen wird.«

»Karl H.«, las die erste Schwester vom Aktendeckel ab und öffnete den Ordner, um nach dem Nachnamen des Patienten zu suchen. »Ich möchte nur wissen, ob dieses H nicht vielleicht für Houdini steht?«

»Wie kommen Sie darauf?«

»Er hat fast zehn Kilo abgenommen. Er sieht immer schlechter. Er ist zwei Zentimeter kleiner geworden! Er scheint sich doch vor unseren Augen in Luft auflösen zu wollen.«

Bei der nächsten Untersuchung verbesserte sich die Sehfähigkeit des Patienten wieder auf 20/20 und 20/30, wie sie früher gewesen war. Der Gewichtsverlust wurde allerdings nicht wieder rückgängig gemacht. Auch wurde er nicht wieder zwei Zentimeter größer. Von offizieller Seite schenkte dieser Veränderung niemand Beachtung, und der Patient selbst wäre der letzte gewesen, der darauf hingewiesen hätte.

Am 30. August 1964, gerade einen Tag nach dem dreißigsten Geburtstag von Gregory Powell und neun Tage nach dem Abend, an dem man Ian Campbells dreiunddreißigsten Geburtstag gefeiert hätte, wurde Karl und Helen Hettinger ein Sohn geboren. Sie gaben ihm den Namen Kurt, und Karl begann davon zu träumen, seinen Sohn auf Campingausflüge mitzunehmen und ihm Angeln und Baseball beizubringen und sich überhaupt viel mit ihm zu beschäftigen. Ohne daß ihm dies bewußt wurde, wünschte er seinem Sohn all das, was ihm in seiner Kindheit gefehlt hatte.

»Wie wär's, wenn wir mal mexikanisch essen gingen, Karl?« schlug seine Frau vor, als sie sich von den Strapazen der Entbindung erholt hatte. Sie hatte Lust, endlich wieder einmal unter Leute zu kommen.

»Ach, ich weiß nicht...«

»Es kann ja auch italienisch sein.«

»Ach was, ich kann ja auch losfahren und was nach Hause bringen.«

»Aber du mochtest doch mexikanisches und italienisches Essen immer so gern, als wir geheiratet haben.«

»Das ist auch heute noch so. Moms.«

»Aber damals hast du auch tüchtig zugeschlagen. Jetzt ißt du nur noch gerade genügend, daß du nicht verhungerst.«

»Fang bitte nicht wieder damit an, Helen, ja?«

»Ich möchte doch gar nicht ständig an dir herumnörgeln, aber ich finde einfach, daß mit dir etwas nicht stimmt, Karl.«

»Was sollte nicht mit mir stimmen? Es strengt mich eben einfach nur ein bißchen an, für den Polizeichef zu arbeiten und mir ständig diese Fragen über den Mord anzuhören. Diese ganzen Polizisten, die ständig nur hinter ihren Schreibtischen hocken, sind richtig scharf darauf, ein paar Geschichten über die richtige Polizeiarbeit zu hören, mit der sie ja nicht das geringste zu tun haben. Aber daß sie dann tatsächlich einen Job als Streifenpolizist annähmen, dazu reicht es dann auch wieder nicht. Damit würden sie sich nur ihre Aufstiegsmöglichkeiten verbauen. Schließlich könnten sie dann ja auch nicht mehr denen da oben um den Bart streichen, die darüber entscheiden, wer befördert wird und wer nicht.«

»Na, das ist ja ein Ding. Du bist eben für kurz richtig sauer geworden. Das ist ja richtig herzerfrischend. Wieso wirst du nicht ab und zu auch auf *mich* richtig sauer? Warum schimpfst du mich nicht mal ordentlich?«

»Weshalb sollte ich denn auf dich sauer werden, Moms?« Lächelnd blickte Karl in die braunen Augen seiner jungen Frau, die ihm mit ihren zweiundzwanzig Jahren wesentlich reifer und unendlich viel robuster erschien als er selbst. In diesen Tagen war er sich hinsichtlich seiner psychischen Widerstandskraft höchst unsicher.

»Wir reden nie miteinander. Wir unterhalten uns nie über irgend etwas.«

»Über was sollten wir uns denn unterhalten?«

»Das weißt du ganz genau. Über alles, was dich belastet, worüber du ständig nachdenkst, vielleicht auch über die Träume.«

»Die Träume habe ich in letzter Zeit nicht mehr so oft«, seufzte Karl. „Das habe ich dir doch schon gesagt.«

»Du brauchst mir gar nichts zu erzählen. Schließlich schlafe ich im selben Bett wie du.«

»Ich habe mir schon überlegt, ob ich mich nicht zu den Detectives versetzen lassen soll. Chief Brown hat mir persönlich vorgeschlagen, in seine Abteilung zu kommen. Ich möchte wetten, ich werde richtig ein neuer Mensch, wenn ich diesen Fahrerjob aufgebe und wieder richtige Polizeiarbeit mache.«

»Wieso willst du nicht mehr für den Polizeichef arbeiten? Du bist immerhin schon fast dreißig. In diesem Alter sollte man doch eigentlich übers Räuber-und-Gendarm-Spielen hinaus sein. Also, ich weiß wirklich nicht, was du dir davon erwartest.«

»Na ja, mach dir deswegen mal keine Gedanken, Moms«, versuchte Karl sie zu beruhigen. »Weißt du was? Wir könnten doch einen kleinen Campingausflug machen – jetzt, wo du wieder auf den Beinen bist. Das haben wir doch schon ewig nicht mehr gemacht.«

Karl ließ sich zu den Detectives versetzen, aber davon hörten seine Träume nicht auf, wie er das erhofft hatte. Die kleinen, nagenden Schmerzen wurden sogar schlimmer. Dies galt vor allem für jene, die ihn am unteren Hinterkopf plagten. Niemand sollte je erfahren, wie schlimm sie manchmal wurden.

»Jetzt sag doch endlich mal, was wirklich los ist, Karl«, drängte seine Frau eines Abends nach dem Essen. »So begeistert bist du von deinem Job im Detective-Büro ja nun auch wieder nicht, oder etwa nicht?«

»Ach, so übel finde ich das Ganze gar nicht. Nur...«

»Ja? Was, Karl?«

»Na ja, manchmal lassen die älteren Kollegen so Bemerkungen fallen, wie...«

»Ja?«

»Sie mögen mich nicht, weil ich den Chef gefahren habe und nur deswegen in ihre Abteilung gekommen bin. Und vielleicht denken sie auch...«

»Ja, was?«

»Na ja, sie denken, ich hätte mehr tun können... Weißt du – damals – damals, als Ian umgebracht wurde.«

»Das ist doch absolut lächerlich!« fuhr Helen wütend hoch.

»Na ja, sie schicken alle – sie schicken jeden zur Innendienstausbildung auf die Akademie, weißt du, und dort kriegt man das dann beigebracht. Ich meine, was man als Polizist in solchen Fällen tun sollte. Dort erzählen sie denen dann, ich hätte nie meine Waffe hergeben sollen, und überhaupt erzählen sie alles mögliche, was ich hätte tun sollen und was ich aber nicht getan habe.«

»Und weiter?«

»Na ja, das wär's schon so ziemlich. Ich weiß auch nicht. Ich glaube, die Arbeit mit den Taschendieben macht mir richtig Spaß. Mein Partner ist ein richtig alter, erfahrener Hase auf diesem Gebiet. Er kennt so ziemlich jeden Taschendieb, der in L. A. sein Unwesen treibt, und ich habe das Gefühl, daß mir diese Arbeit gefallen könnte. Weißt du, was uns jetzt guttun würde? Wir sollten einen Campingausflug machen, ein bißchen angeln.«

Während besagter Ausflüge kam es am Lagerfeuer zu geflüsterten Unterhaltungen. In der Regel unternahmen sie sie mit den Cannells und den Jameses. Gelegentlich schlossen sich auch noch die Howards an. Die einzelnen Beteiligten kannten sich recht gut. Sämtliche Männer hatten als Streifenpolizisten gearbeitet und liebten das Leben in der freien

Natur. Jim Cannell war ihr anerkannter Anführer. Er war nicht nur ein erfahrener Angler, sondern auch ein geschickter Jäger, Wanderer und Camper, der sich mit all diesen Dingen intensiver befaßte als die anderen. Er redete ununterbrochen, ohne daß sein Wortfluß durch viele Pausen unterbrochen gewesen wäre. Einer aus der Gruppe hatte diesbezüglich einmal geäußert, man würde keinen einzigen Punkt finden, wenn man Jims Erzählungen schriftlich festhielte. In der Regel bestimmte er den Gang ihrer Gespräche, wobei ihn die anderen mit einem verstohlenen Augenzwinkern gewähren ließen. Karl hörte seinem Freund gern zu.

An diesem Abend unterhielt Jim Cannell die anderen nicht mit seiner üblichen lauten Stimme. Die Unterhaltung verlief sehr still und ruhig, während Karl und Helen im Dunkel am Ufer des Lake Isabel spazierengingen und nicht hören konnten, was am Lagerfeuer geredet wurde.

»Früher konnte ich mir nichts Schöneres vorstellen, als mit Karl Hettinger fischen gehen«, flüsterte Cannell Stew James und seiner Frau Donna zu. »Ich finde, irgendwie ist das ja nicht ganz geheuer.«

»Was soll nicht ganz geheuer sein?« meinte Cannells Frau, Jo.

»Wie er sich verändert hat. Seht ihn euch doch an. Wie gebückt er geht.«

»Sonst ging er immer auffallend gerade«, meinte Stew James. James hatte schütteres blondes Haar und war bekannt dafür, daß er sich wegen der geringsten Kleinigkeit gleich Sorgen machte. Cannell spöttelte immer, Stew würde noch eine Glatze bekommen, weil er sich so viele Sorgen machte.

»Ich habe ihn schon ewig nicht mehr lachen gehört«, fiel Dick Howard ein, der dritte und jüngste Mann am Lagerfeuer.

»Ständig hatte er irgendwelche witzigen Bemerkungen auf Lager«, wandte sich Cannell an die Frauen. »Er hatte so einen richtig schön trockenen Humor, den er mindestens einmal pro Appell zum besten gab, um den Rest von uns bei Laune zu halten... Vielleicht sollte ich ihn mal zur Entenjagd einladen. Vielleicht würde es ihm guttun, mehr in der freien Natur zu sein.«

»Na ja, mit seinen Schießkünsten ist es allerdings nicht allzu weit her«, bemerkte James.

»Das allerdings – das ist noch etwas, was anders ist«, meinte Jo Cannell. »Helen hat erzählt, er könnte nicht mehr schießen. Dabei war er früher ein hervorragender Schütze, und jetzt trifft er nicht mal mehr...«

»Einen Elch in den Arsch«, sprach Cannell den Satz für seine Frau zu Ende und kippte sein Bier hinunter. Die anderen mußten grinsen, da Jo Cannell eine Zeugin Jehovas war und es nicht mochte, wenn ihr Mann Bier trank und sich so vulgärer Ausdrücke bediente.

»Helen hat erzählt, sie hätte mit Karl unten am See auf Blechbüchsen geschossen, und er hätte absolut nichts getroffen«, bestätigte Stew James.

»Er hat ja auch jeden Monat von neuem Schwierigkeiten, sich bei den Schießtests zu qualifizieren«, bemerkte Cannell.

»Ist euch übrigens auch schon mal aufgefallen, wie er immer seinen Hals dreht, als hätte er Schmerzen?« brachte Donna James vor, eine kecke Brünette, die sich in eine Decke gewickelt hatte, da ein kühler, feuchter Wind vom See heraufblies.

»Dann hat er also vielleicht Schmerzen im Hals«, meinte Dick Howard, der sich weniger Gedanken machte als die anderen.

»Du hast ihn ja auch nicht gut genug gekannt, um den Unterschied feststellen zu können«, erwiderte Cannell. »Du hast ihn ja auch nicht vor C gekannt.«

»Vor C?«

»Vor Campbell. Ich kann dir sagen, du würdest es nicht für möglich halten. Es ist wirklich beängstigend«, erklärte Cannell.

»Er verwandelt sich vor unser aller Augen in einen kleinen, alten Mann«, warf James ein und senkte seinen sorgenvollen Blick zu Boden.

»Er ist ja wirklich nur noch ein Häufchen Elend«, meinte Cannell. »Von dem alten Karl Hettinger ist einfach nicht mehr genügend übrig, als daß man noch von der gleichen Person sprechen könnte.«

»Was reden wir eigentlich die ganze Zeit groß darüber?«

schlug eine der Frauen vor. »Wieso fragt ihn nicht einmal jemand, was ihn bedrückt?«

»Wenn das nur so einfach wäre«, seufzte Cannell. »Meine Aufgabe ist es, sein Freund zu sein, und nicht, ihn auszuhorchen. Wenn Karl reden will, dann redet er nur von alleine.«

»Es gibt doch auch Leute, die einfach nicht reden *können*«, warf Jo Cannell ein.

»Na ja, ich werde ja sehen, ob er mit auf die Entenjagd kommen will.« Ihr Mann zuckte resigniert mit den Schultern. »Abgesehen davon, ist es sowieso völlig egal, ob er noch schießen kann oder nicht. Wir werden sowieso nicht jagen, sondern nur saufen.«

»Also wenn ihr mich fragt, bin ich der Meinung, daß ihn diese ganze Geschichte immer noch belastet«, erklärte Donna James.

Sie alle wußten, worum es sich bei dieser ›ganzen Geschichte‹ handelte, und unwillkürlich wandte sich eine Reihe von Köpfen nach unten zum See. Aber seine Silhouette war bereits in der Dunkelheit verschwunden. Für sie alle war es ungeschriebenes Gesetz, daß in Anwesenheit Karl Hettingers niemand *darauf* zu sprechen kam. Er hatte keinem von ihnen je diese Schreckensnacht geschildert, und er hatte keinem von ihnen auch nur mit einem einzigen Wort davon erzählt, wie sehr ihn das Ganze belastete. Fälschlicherweise gingen sie jedoch alle davon aus, daß er zumindest mit Helen darüber sprach. Mit irgend jemandem mußte er doch darüber sprechen.

Inzwischen waren die Worte nur noch ein Flüstern, zusätzlich gedämpft durch Kaffeetassen und Bierdosen.

»Wenn es ihn belastet, dann muß er doch darüber sprechen.«

»Es muß einfach der Schock gewesen sein – zu sehen, wie Ian umgebracht wurde«, meinte James. »Das muß es gewesen sein. Ian war so ein – netter, sympathischer Kerl. Wußtet ihr eigentlich, daß er für klassische Musik schwärmte?«

»Das tue ich auch«, entgegnete Jim Cannell, »aber deswegen bin ich noch lange nicht nett und sympathisch.«

»Darauf würde ich anstoßen, wenn ich trinken würde«, bemerkte Jo Cannell trocken.

»Vielleicht hätten Ian und Karl nie zusammenarbeiten sollen«, meinte Dick Howard und grinste dann Jim Cannell zu. »Sie waren einfach zu nett. Besser, sie hätten jemanden wie dich als Partner gehabt, Jim.«

»Ich würde nur gern wissen, ob Karl sich vielleicht – na ja, ob er sich vielleicht irgendwie verantwortlich für das Ganze fühlt«, sinnierte James.

»Weshalb sollte er das?« meinte Cannell. »Das Ganze war doch Campbells Fehler, nicht Karls.«

Und da war's schon. Auch in diesem Kreis wurden Vorwürfe geäußert. Alle Polizisten, selbst Karl Hettingers engste Freunde, konnten nicht umhin, den tragischen Vorfall jemandem zum Vorwurf zu machen. Schließlich waren sie Polizisten – die dynamischsten aller Männer. Kein von Menschenhand verursachter Unglücksfall ereignet sich zufällig. Nur durch höhere Gewalt verursachte Vorfälle sind unabwendbar. Das war ebenso gewiß, wie jeden Abend die Sonne unterging.

Am nächsten Tag mußte Cannell beim Angeln viel über seinen Freund nachdenken, und er begann, ihn mit voller Absicht zu testen. »Warum reparierst du eigentlich nicht endlich mal deine alte Kiste, Karl? Sie klingt ja schon schrecklich.«

»Wie stellst du dir das vor?« erwiderte Karl. »Ich habe das Ding doch schon zu reparieren versucht, aber es will einfach nicht mehr laufen.«

»Ach was, du hast doch selbst gesagt, du kennst dich mit Motoren ganz gut aus.«

»Aber ich kann doch nicht alles reparieren«, meinte Karl.

»Wo wollen wir denn heute angeln, Karl?« fragte Cannell vorsichtig.

»Mir gleich. Wo du willst.«

»Wieso? Sag doch du mal, wo du gern angeln würdest, Karl«, beharrte Cannell und sah den kleineren Mann an. »Triff du doch mal eine Entscheidung, Karl. Wir angeln heute dort, wo du gern möchtest.«

»Ach, weißt du – ich – wie – wie wär's, wenn du das entscheiden würdest, Jim? Entscheide das du doch.«

Sie schwiegen die meiste Zeit, während sie angelten. Jim

Cannell warf seinem Freund oft einen kurzen Seitenblick zu und beobachtete, wie er seinen Kopf auf dem Hals kreisen ließ und sich seinen schmerzenden Nacken massierte. Und er beobachtete, wie sich in regelmäßigen Abständen seine Fingernägel in seine Handflächen gruben.

In jener Nacht saß Karl allein und abgesondert vom Rest der Gruppe an einem Picknicktisch. Er saß da wie immer, vornüber geneigt, die Hände zwischen die Knie gepreßt, den Blick zu Boden gesenkt, die Fingernägel in die Handflächen vergraben.

Nach einer Weile fragte Helen Hettinger: »Wo steckt denn Karl?« Und als sie sich umwandte, sah sie ihren Mann im Dunkel sitzen. »Sicher ist ihm kalt«, meinte sie und ging zum Wagen, um ihm eine Decke zu holen.

»Wenn das keine keifende Kuh ist, Kumpel«, witzelte Cannell. »Was hältst du übrigens von diesem gekonnten Stabreim, meine Liebste«, fügte er mit einem amüsierten Zwinkern hinzu, das der zierlichen Zeugin Jehovas galt, die resigniert auf einen Haufen leerer Bierdosen zu Füßen ihres Mannes starrte.

Helen Hettinger war sich inzwischen über die Rolle im klaren, in der sie ihrem schweigsamen Mann am besten zur Seite stehen konnte. Sie wußte, daß er sich weder ihr noch sonst irgend jemandem anvertrauen würde. Außerdem war sie der Überzeugung, daß sie nicht klug und intelligent genug gewesen wäre, das Richtige zu sagen, wenn er sich ihr anvertraut hätte. Sie *spürte* nur, was sie zu tun hatte.

Helen ließ das Licht und die Wärme des Feuers hinter sich und setzte sich neben Karl an den Picknicktisch. Sie sagte nichts. Sie legte ihm nur eine Decke um die Schultern. Dann schlüpfte sie unter die Decke und zog seinen Kopf auf ihre Schulter herab.

»Sie war ja selbst noch ein halbes Kind«, äußerte sich Jim Cannell später dazu. »Aber sie hielt Karl wie ein Baby im Arm. Ohne ein Wort zu sagen. Der Rest von uns stand nach einer Weile auf, um sich schlafen zu legen. Aber die beiden saßen einfach weiter nur so da. Dabei hat sie ihn ganz leicht gewiegt. Das war eine Szene, die ich nie vergessen werde.«

Während der kurzen Zeit, in der er für die Abteilung Taschendiebstähle arbeitete, machte ihm seine Aufgabe auch tatsächlich Spaß. Sein Partner war für diesen Job wie geschaffen – ein ergrauender, stattlicher Polizeiveteran, der unauffällig wirkte. Oscar O'Lear war auf überfüllten Gehsteigen, an Bushaltestellen oder in Kaufhäusern – lauter Orte, an denen sich Taschendiebe mit Vorliebe aufhielten – so unsichtbar, als trüge er eine Tarnkappe. Die federfingrigen Brigaden, die in den Straßen der Innenstadt von Los Angeles das ganze Jahr über tätig waren, sahen in ihm eine Geißel Gottes.

Die Taschendiebe tendierten dazu, in clanartigen Gruppen zusammenzuhängen, ähnlich den Hoteldieben. Ganz bewußt mieden sie die Gesellschaft weniger kunstfertiger Diebe, die zur Ausübung ihres Gewerbes Schußwaffen und Knüppel und Messer benötigten. Karl machte es ungeheuren Spaß, seinen Partner dabei zu beobachten, wenn er inmitten des Gedränges in einem der großen Kaufhäuser einen Taschendieb ausmachte. In der Regel identifizierte er dabei zuerst den Dieb, um in der Folge intuitiv zu spüren, wer als Opfer in Frage kommen würde. Letzteres geschah dabei noch oft vor dem Zeitpunkt, zu dem der Dieb seine Wahl traf.

Vor allem war Karl froh darüber, den Büros den Rücken kehren und wieder auf den Straßen arbeiten zu können. Er war sich ziemlich sicher, daß viele seiner Probleme auf diese Büroarbeit zurückzuführen waren. Seiner Frau hatte er versichert, seine Schlaflosigkeit und die Träume würden aufhören und sein Appetit würde zurückkehren, sobald er nur wieder einen Job hatte, bei dem er nicht ständig in irgendwelchen Büros herumhängen mußte.

In Wirklichkeit wurde jedoch alles nur schlimmer. Er hatte solche Angst vor seinen Träumen, daß er die ganze Nacht hindurch bis in die frühen Morgenstunden vor dem Fernseher saß, ein Bier nach dem anderen trank und nicht verschreibungspflichtige Schlaftabletten schluckte, weil er sich nach wie vor weigerte, einen Arzt aufzusuchen. Dabei hoffte er immer noch jede Nacht, daß er problemlos Schlaf finden und nicht träumen würde.

Inzwischen traten jedoch zusätzliche Probleme auf, die Helen zum Teil erahnte, zum Teil auch beobachten konnte.

Er wurde von einer Flut von Symptomen heimgesucht, die ihn fast soweit brachten, einen Arzt aufzusuchen, wäre nicht jede dieser mysteriösen Beschwerden ebenso rasch verschwunden, wie sie aufgetaucht war, wobei jedoch sofort eine neue ihren Platz einnahm. Er hatte Anfälle von Durchfall und Brustschmerzen, aber vor allem machten ihm die entsetzlichen Kopfschmerzen an der Schädelbasis Sorgen.

Es gab jedoch noch verschiedene andere Dinge, die ihn in wesentlich stärkerem Ausmaß beunruhigten. Unter anderem war da die Tatsache, daß er einfach Angst hatte. Dies war eine Furcht ohne Namen, gegen die er schon allein aus dem Grund nicht ankämpfen konnte, da er nicht die geringste Ahnung hatte, woher sie kam. Manchmal saß er noch lange nach Mitternacht, wenn Helen, zum drittenmal schwanger, schon längst schlafen gegangen war, allein auf. Es war in diesen Fällen nicht einmal ausgeschlossen, daß er sich vage für irgend etwas interessierte, was gerade im Fernsehen kam. Aber dann überfiel es ihn plötzlich – ohne Vorwarnung. Etwas Körperloses, Gnadenloses, Erstickendes. Er krümmte sich auf seinem Stuhl zusammen, und seine Hände wurden dann so feucht, daß er die Bierdose nicht mehr halten konnte und sich wie ein kleines Kind bekleckerte. Dann saß er mit den Händen zwischen den Knien da und wartete darauf, daß der Ozean aus kochendem Blut sich zu einer gewaltigen Woge auftürmte, um schließlich zu brechen und mit voller Wucht durch seinen Schädel zu brausen. So erlebte er diese Anfälle nämlich in der Regel. Darauf verebbten sie langsam ...

Wenn er nur gewußt hätte, was ihn so ängstigte ... Er war sich sicher, daß er seiner Angst Herr geworden wäre, wenn er nur gewußt hätte, woher sie kam. Er zog sogar in Erwägung, einen Arzt aufzusuchen, aber was sollte ihm der schon groß raten? Natürlich waren es nur seine Nerven. Was sonst? Er war zu schwach, um den Schock zu verdauen, den der Mord an Ian Campbell für ihn bedeutet hatte. Vermutlich war es das, was ihm so zu schaffen machte. Ein wirklicher Mann wäre darüber wesentlich schneller hinweggekommen.

Aber immerhin hatte er doch in jener Nacht alles getan, was in seiner Macht stand. Er hatte sich nicht das geringste vorzuwerfen. Absolut nichts. Die Leute, die ihn kritisierten, hatten leicht reden. Die redeten in ihren Unterrichtsklassen schlau daher und mäkelten an seinem und Ians Verhalten herum und erzählten, was sie hätten tun sollen. Ja, reden ließ sich immer leicht. Aber ihm machte das nichts weiter aus. Es gab nichts, was er sonst noch hätte tun können. Er hatte sich nichts vorzuwerfen. Und er machte sich auch keine Vorwürfe. Es gab keinen Grund, sich Vorwürfe zu machen.

Und dann weinte er. Es war das erste Mal, daß er so geweint hatte. Karl Hettinger saß zusammengesunken auf seinem Stuhl, und auf seinen Wangen brach sich silbern das Licht von der Mattscheibe. Seine Schultern hoben und senkten sich, und seine Kehle würgte ein heftiges, schauderndes Schluchzen. Er verlor jede Beherrschung über sich. Er weinte, und die Scham darüber ließ seine Tränen brennend heiß aus seinen Augen schießen. Da war nichts mehr, kein Fünkchen Selbstachtung. Was war das für ein Mann, der zusammengekrümmt in der wirbelnden Finsternis kauerte und weinte.

Er saß nicht mehr länger vor dem Fernsehapparat. Er war auf seine Knie gesunken. Ihm stockte der Atem, so überwältigend war sein Schmerz. Das Schluchzen war inzwischen geräuschlos und völlig trocken. Er weinte so lange, bis er kaum mehr über genügend Kraft verfügte, um sich zu seinem Bett zu schleppen. Obwohl er kein religiöser Mensch war, dankte er Gott, daß er seine Frau nicht hatte aufwachen lassen. Der Gedanke, ein anderes menschliches Wesen hätte ihn so sehen können, war für ihn das unerträglichste an dem Vorfall. Er wimmerte im Bett leise vor sich hin, bevor er langsam seine Fassung wiedererlangte.

Karl sollte für ein Jahr nach diesem Vorfall impotent bleiben. Später war er phasenweise impotent. Eines Tages – er streifte gerade mit O'Lear auf der Suche nach Taschendieben durch ein Kaufhaus – fiel ihm ein Steinbohrer auf, den er hätte brauchen können. Er wollte ihn schon kaufen, steckte ihn dann aber einfach in die Tasche. Das war ebenso verblüffend und unerklärlich wie dieses Weinen.

14

Am 22. Juni 1964 veröffentlichte das Oberste Gericht der Vereinigten Staaten ein Urteil im Fall eines jungen Mannes namens Danny Escobedo, der seinen Schwager ermordet und dies der Polizei jedoch erst gestanden hatte, nachdem er erklärt hatte: »Sie müssen entschuldigen, aber ich möchte die Angelegenheit erst mit meinem Anwalt besprechen.«

Am 29. Januar 1965 wurde ein Schuldspruch wegen Mordes revidiert, der über einen Strafgefangenen namens Robert R. Dorado gefällt worden war, weil er einen anderen Häftling erstochen und die Tat gestanden hatte. Der kalifornische Gerichtshof nahm sich den Fall Escobedo zu Herzen und entschied, daß die Polizei verpflichtet wäre, einen Tatverdächtigen auf sein Recht aufmerksam zu machen, zu schweigen und einen Anwalt zu Rate zu ziehen.

Schließlich revidierte das Oberste Gericht der Vereinigten Staaten den Fall Ernesto Miranda: Der Angeklagte hatte eine Entführung und eine Vergewaltigung gestanden. Miranda schuf daraufhin für die gesamten Vereinigten Staaten einen Präzedenzfall, wie das zuvor Dorado bereits für Kalifornien getan hatte. Chief Justice Earl Warren bezichtigte die Polizei, dem Angeklagten das Schuldgeständnis mit unlauteren Mitteln entlockt zu haben.

Ernesto Miranda war am Tag von Ian Campbells Begräbnis verhaftet worden.

Bis zum 30. Januar 1967 war die Zahl der Todeskandidaten in der Death Row von San Quentin auf zweiundsechzig Männer angestiegen. Es handelte sich dabei um Polizistenmörder, Würger, Messerstecher und Sexualverbrecher. Einige von ihnen hatten einmal gemordet, andere mehrmals. Einige konnten nicht einmal durch Gefängnismauern davon abgehalten werden, weiter zu morden. Es waren vierunddreißig Weiße, einundzwanzig Schwarze, fünf Lateinamerikaner und zwei Indianer.

Während der letzten drei Jahre war für siebenundfünfzig dieser Männer ein neues Verfahren eingeleitet worden, wobei es sich in sechsundzwanzig Fällen bereits um die zweite Revision handelte. Ein Mann wurde schließlich nach einer dritten Verhandlung freigesprochen.

Unter den zweiundsechzig Todeskandidaten in San Quentin herrschte zu dieser Zeit eine hoffnungsvolle Stimmung. Dies galt sogar für Gregory Powell. Auch wenn er eine Neuaufnahme des Verfahrens für unumgänglich hielt, konnte er sich dennoch kaum vorstellen, daß es zu einem anderen Ergebnis führen würde als der erste Prozeß.

Vier Insassen der Todeszellen, lauter Weiße, waren an jenem Nachmittag in eine hitzige Diskussion verwickelt.

»Mann, scheiß doch drauf, sage ich euch! Wir müssen abhauen, so lange die Gelegenheit günstig ist!«

»Ja, schon, aber die neuen Verhandlungen...«

»Ach, bleib mir doch mit diesen blöden neuen Verhandlungen vom Hals!«

»Na ja, du und Powell, ihr habt ja auch ordentlich Dreck am Stecken.«

»Na, gut, dann bleib ruhig weiter hier und kratz deine paar Cents für Zigaretten zusammen und schau Glotze und würg dir den Scheißfraß rein. Ich werd's heute nacht versuchen.«

»Ich hab doch gar nicht gesagt, daß ich nicht mitmache.«

»Jedenfalls haue ich ab, und Powell auch, kapiert?«

»Genau«, bestätigte Greg.

»Na ja, ihr habt sowieso nicht viel zu verlieren.«

»Mann, hast du vergessen, daß Reagan jetzt Gouverneur ist? Hast du denn immer noch nicht kapiert? Der hat's doch richtig darauf abgesehen, uns auszuräuchern!«

»Ich hab doch gar nicht gesagt, ich würde nicht mitmachen. Was habe ich denn schließlich schon groß zu verlieren?«

Um ein Uhr früh schloß ein Sergeant der Gefängniswache seine Überprüfung der achtundsechzig Zellen des Trakts für die Todeskandidaten ab. Dabei hörte der Sergeant nichts als den tiefen Atem der schlafenden Häftlinge. Geräuschlos schlich er in seinen Tennisschuhen über den Korridor. Er trug sie, seit sich die Häftlinge beschwert hatten, daß er mit seinen Lederschuhen zuviel Lärm machte. Beim Verlassen des Mittelgangs beschlich ihn jedoch ein ungutes Gefühl. Er wandte sich noch einmal um und lugte um die Ecke in den

Korridor zurück, wo er auch tatsächlich einen Häftling sah, der lautlos in die andere Richtung lief.

Der Sergeant gab Alarm, und sofort strömte eine Gruppe von bewaffneten Wärtern in den Trakt. Außerdem wurden die Wachen auf den Gefängnistürmen verstärkt, und Gebäude Nummer acht wurde völlig umstellt. Die Wärter stellten fest, daß die zwei unteren Gitterstangen von Gregory Powells Zelle durchgesägt und entfernt worden waren. Der Insasse dieser Zelle war verschwunden. Die Gitter der Zellen von Edmund Reeves, Charlie Pike und Joshua Hill waren zum Teil durchgesägt. Die Rillen waren mit dunkel gefärbter Seife getarnt. In den Zellen von Pike und Hill lagen mit Papier ausgestopfte, schlafanzugbekleidete Strohpuppen.

In Gregory Powells Zelle fanden die Wärter eine Büchse mit den Exkrementen von etwa drei Tagen. Die Toilette war aus der Wand gerissen worden. Durch das Loch konnte man von der Zelle in den Dienstkorridor greifen. Außerdem kam ein Abflußrohr zum Vorschein, daß früher dazu benutzt worden war, Konterbande von einem Stockwerk zum anderen weiterzugeben.

Gregory Powell wurde schließlich auf einem vergitterten Querträger über Reeves' Zelle entdeckt. Mit einer Metallsäge hatte er versucht, die Gitterstäbe durchzusägen. In Reeves' Zelle wurden mehrere Sägeblätter gefunden, sowie zwei Rollen Seil, jede davon über 30 Meter lang und in Kleinarbeit aus Bettlaken geflochten, die in drei Streifen gerissen worden waren. Ein Test ergab, daß es dreieinhalb Minuten dauerte, mit einer Metallsäge einen Gitterstab durchzusägen.

Die Gefängnisbehörden konnten nicht feststellen, wie die Ausbrecher an die Metallsägen gekommen waren. Eine Theorie lautete, daß sie zur Hinterlassenschaft von zwei Brandstiftern gehörten, die in der Mecca Bar in Los Angeles sechs Menschen getötet hatten. Das Todesurteil der beiden war in eine lebenslängliche Haftstrafe umgewandelt worden, so daß sie nicht mehr im Trakt der Todeskandidaten untergebracht waren. Sie sagten jedoch gelegentlich hinsichtlich Powells Führung aus. Eine andere Theorie lautete, daß die Metallsägeblätter von einem Verwandten Powells in einer Schreibmaschine eingeschmuggelt worden waren.

Gegen die vier Häftlinge wurde keine Klage wegen versuchten Ausbruchs erhoben. Als die Mordkommission des Los Angeles Police Department die Gründe dafür wissen wollte, wurden folgende Punkte angeführt: ›1. Es kam zu Verzögerungen und Verwechslungen bei der Sicherstellung des Beweismaterials, das von den Beschuldigten bei dem Ausbruchsversuch verwendet wurde. 2. Wenn Gefängnisinsassen strafrechtlich belangt werden, neigen diese in der Regel dazu, sämtliche Mitinsassen vorladen zu lassen, was mit einem erheblichen Sicherheitsrisiko verbunden ist. 3. Die Einreichung weiterer Anklagepunkte verzögerte nur die ausstehenden Berufungsverhandlungen.‹

Die vier Häftlinge wurden zu neunundzwanzig Tagen Isolationshaft, dem Höchstmaß, verurteilt. Für diesen Zeitraum durften sie nicht fernsehen und gingen ihrer kommissarischen Vergünstigungen verlustig. Powell erhielt außerdem für die zerbrochene Kloschüssel eine Rechnung über zweiunddreißig Dollar. Joshua Hill wurde bereits zum zweitenmal zu Isolationshaft verurteilt. Das erstemal hatte er neunundzwanzig Tage bekommen, weil er einem Mitinsassen die Kehle aufgeschlitzt hatte.

Gregory Powell war noch fünf Minuten vom Dach von Gebäude Nummer acht entfernt gewesen. Mit sechzig Meter Seil und dem für San Francisco typischen Dunst war er vielleicht näher als irgend jemand sonst vor ihm, daran, aus einer Todeszelle auszubrechen.

Jimmy Smith war inzwischen neben Aaron Mitchell, dem Gamblin Man, untergebracht, der zum berühmtesten Insassen der Death Row werden sollte. Sie teilten sich ein Fernsehgerät und stritten sich kaum einmal über die Programmauswahl, da sie sich in der Regel absprachen, bevor sie über Fernbedienung einen neuen Sender einschalteten.

Jimmy und Mitchell spielten endlose Partien Bridge, wobei ihm Mitchell ausgiebig von seinen Jugendjahren im schwarzen Ghetto erzählte, von seinen kleinen Diebstählen und von seiner weißen Freundin, für die zu stehlen er sich verpflichtet gefühlt hatte. Im Zuge eines Raubüberfalls hatte er schließlich einen Polizisten getötet und wäre bei der darauf ausbrechenden Schießerei fast selbst ums Leben gekommen.

Jimmy spielte weiter mit dem Gamblin Man Karten, bis er eines Tages zum Zahnarzt mußte. Als Jimmy von den Wärtern in seine Zelle zurückgebracht wurde, stand Mitchell zu seiner Überraschung nackt in seiner Zelle.

»Jimmy, bring den Wärter dazu, daß er den Riegel zurückzieht«, sagte Mitchell in einer seltsamen Stimme, und Jimmy ging ans Ende des Blocks.

»Mir haben sie gerade einen Zahn gezogen«, erklärte Jimmy dem Wärter und deutete auf den Wattebausch in seinem Mund. »Ich möchte wieder rein.«

Als Jimmy das andere Ende des Blocks erreicht hatte, trat Aaron Mitchell, nach wie vor splitternackt, aus seiner Zelle. Mit verwirrtem Gesichtsausdruck blickte er sich um und schritt auf dem Korridor ein Stück von etwa zwölf Metern auf und ab.

Mit einem ungläubigen Blick erhob sich der bewaffnete Wärter in dem Laufgang von seinem Hocker. Sämtliche Kartenspiele und Unterhaltungen wurden plötzlich eingestellt. Die Männer in der Nähe beobachteten Aaron Mitchell, wie er sich plötzlich sein Handgelenk aufschlitzte und seinen linken Arm hob, um das Blut zu Boden strömen zu lassen. Dann ging er weiter und sagte: »Wißt ihr, daß ich genauso sterben werde wie Jesus Christus? Ich werde sterben, um euch zu erlösen.«

Darauf schossen vier Wärter in den Zellentrakt und überredeten Mitchell vorsichtig, ihnen die Rasierklinge auszuhändigen. Anschließend erschien der Gefängnisarzt in seiner Zelle, und niemand hörte auch nur noch ein einziges Wort vom Gamblin Man. Nicht an jenem Abend und auch nicht am nächsten Tag. Am nächsten Morgen richteten sie ihn hin.

An diesem Tag, dem 12. April 1967, konnte Jimmy das Gas riechen, das durch das Wasser in die Luft entwich. Jimmy konnte es noch Tage danach riechen, auch wenn ihm der gesunde Menschenverstand längst sagte, daß es verflogen sein mußte. Zwei Wochen später erließ ein Richter einen grundsätzlichen Erlaß, bis auf weiteres sämtliche Exekutionen der Männer im Todestrakt zu unterbinden. Allmählich begann Jimmys Magen sich wieder zu entkrampfen. Der

Gamblin Man war der letzte von ihnen, der den Tod finden sollte.

Der Gärtner las in seinem Laster Zeitung. Nach dieser Pause würde er die Arbeit im Garten beenden und für diesen Tag Schluß machen.

Er fand es eigenartig, in der Zeitung schon so viele Weihnachtsangebote zu finden, obwohl es noch nicht einmal Dezember war. Jedes Jahr fangen sie früher damit an, dachte der Gärtner. Das würde das größte Weihnachtsgeschäft überhaupt werden, hieß es. Um das kommende Jahr zu feiern, verkauften sie alles zu besonders niedrigen Preisen, und es würde ein wahrhaft großartiges neues Jahr werden. Die sechziger Jahre waren vorbei, und man stand am Anfang eines neuen, hoffnungsvolleren Jahrzehnts. Und um einem das Jahr 1970 noch zusätzlich schmackhaft zu machen, sollte der Kunde mit absolut günstigen Angeboten und bis dahin unerreichten Tiefstpreisen verwöhnt werden, hieß es.

Er konnte nicht umhin, an all die Dinge zu denken, die er während dieser einen Weihnachtssaison gestohlen hatte. Dann sah er die Druckerschwärze an seinen Fingern, die von der Zeitung abgefärbt hatte. Er konnte es nicht glauben, wie stark seine Hände schwitzten. Sie waren schweißnaß und schwarz von Druckerschwärze. Er war es gewohnt, daß seine Hände feucht waren, aber nicht in dem Maß.

Er wußte, daß er nicht darum herumkommen würde. Er mußte an sein letztes Verbrechen denken. Als sie ihn angehalten hatten. Als er erwischt wurde. Als sie ihn als den Dieb bloßstellten, der er war.

Sein letztes Verbrechen hatte er keineswegs in der Weihnachtszeit begangen. Nein, dies war zu einer noch heimtückischeren Jahreszeit geschehen, als die Gärten Kaliforniens förmlich barsten vor Leben, neuer Kraft und frischem Wachstum. Es war im Mai gewesen, dem Lieblingsmonat des Gärtners.

Er war in einem Supermarkt erwischt worden. Es war nicht das erstemal gewesen, daß er dort gestohlen hatte. Fast wäre er vor weniger als einem Monat schon einmal dort erwischt worden. Bei dieser Gelegenheit war er gesehen worden, wie er zwei Schachteln Zigarren gestohlen hatte. Aber er war zurückgekommen, um neuerlich in diesem Supermarkt zu stehlen.

Es bereitete ihm Sorgen, als er zum zweitenmal Zigarren stahl. Er fand es doppelt verwerflich, etwas zu stehlen, wofür er keinen

Verwendungszweck hatte. Weshalb sollte jemand etwas stehlen, was er gar nicht brauchte? Er war einfach einem spontanen Impuls gefolgt, als er nach den Zigarren gegriffen hatte. Und dann hatte er sie geraucht, damit das Ganze nicht umsonst gewesen war. Na ja, überlegte er, hatte er in den alten Zeiten im College nicht öfter mal eine billige Zigarre geraucht, wenn er mit den andren gepokert hatte? Das war damals sozusagen sein besonderes Kennzeichen gewesen.

An derlei unbedeutende Dinge konnte er sich immer problemlos erinnern. Schwierigkeiten bereiteten ihm dagegen alle Ereignisse, die sich zwischen März 1963, als Ian ermordet worden war, und Mai 1966 zugetragen hatten, als man ihn schließlich seiner Diebstähle überführen konnte und er zu stehlen aufgehört hatte und Gärtner geworden war. An bestimmte Ereignisse konnte er sich erinnern, wenn er sich anstrengte, aber das meiste war wie aus seinem Gedächtnis ausradiert, so daß ihn seine Frau an die jeweiligen Einzelheiten erinnern mußte. Wieso verblichen nicht auch die Verbrechen auf diese Weise? Warum konnte er sich an seine Verbrechen so gut erinnern?

Er war sich fast sicher, daß der Verkäufer ihn dabei beobachtete, wie er die Zigarrenkisten in seine Tasche steckte. Er hatte die Zigarren in seinen Besitz gebracht. Aber nun kam die kritische Phase. Das war es, woran er ständig denken mußte und wovor er sich vor allem fürchtete. Die kritische Phase, in der es galt, ein Geschäft zu verlassen, ohne ertappt zu werden. Es stand völlig außer Zweifel. Er wußte, *daß er beobachtet worden war. Er hatte Mühe, über seine Beine zu gebieten. Wie immer ging er langsam und bedächtig. Der Verkäufer folgte ihm.*

Es war derselbe Verkäufer, der ihn schon das andere Mal beobachtet hatte. Damals war er sich seiner Sache jedoch nicht so sicher genug gewesen, um ihn zur Rede zu stellen. Diesmal war er sich jedoch sicher. Der Verkäufer folgte ihm auf den Parkplatz und notierte sich seine Autonummer.

Er hatte Angst. Nun würden sie ihm das Handwerk legen. Sie würden ihn verhaften. Würde er weglaufen, sich einem Kampf stellen, kapitulieren? Er wußte es nicht. Er wußte nur, daß Wogen von Blut durch seinen Schädel brausten und brandeten und sich unter heftigem Getöse brachen. Er stieg in seinen Wagen. Er war noch immer nicht verhaftet worden. Er wartete, bevor er den

Anlasser drückte. Immer noch nichts. Er wußte, *daß sich der Verkäufer seine Autonummer notiert hatte. Er* mußte *sich die Autonummer aufgeschrieben haben. In der darauffolgenden Nacht drückte er kein Auge zu. Am nächsten Tag brachte er keinen Bissen hinunter. Schließlich kam er. Der Anruf. »Melden Sie sich im fünften Stock der Polizeidirektion. In der Abteilung für interne Angelegenheiten.«*

15

Sie ließen ihn in einem der Vorzimmer der Abteilung für interne Angelegenheiten lange warten, bevor sie ihn zum Verhör in eines der Büros riefen. Dies war eine Methode, die sie bei allen Verdächtigen anwandten, obwohl es sich dabei ausnahmslos um Polizeibeamte handelte, die sich hinsichtlich solcher offensichtlicher Zermürbungstaktiken eindeutig im klaren sein mußten. In der Regel brachten sie auch die altbewährte Nummer mit dem Guten und dem Bösen, wobei sich ein Detective gegen seinen wesentlich aggressiveren Kollegen auf die Seite des Beschuldigten stellte. Sie bedienten sich dabei jedes noch so alten und bekannten Tricks, wobei das Eigenartige war, daß sie damit tatsächlich Erfolg hatten. Und zwar hatten sie damit bei Polizisten, die sich über den Zweck dieser Methoden im klaren waren, mehr Erfolg als bei normalen Kriminellen, für die dies nicht so offensichtlich war. Und dieses gewisse Etwas, was diese alten Tricks bei Polizisten so erfolgreich zur Anwendung kommen ließ, war dasselbe, was letztlich auch erst die Arbeit mit Lügendetektoren möglich machte – das Gewissen des Täters. Bei so vielen gewöhnlichen Kriminellen handelt es sich um ausgesprochene Soziopathen, bei denen mit einem Lügendetektor nichts auszurichten war und bei denen man auch mit sämtlichen Verhörmethoden auf Granit biß, weil diesen Leuten jegliches Schuldgefühl fehlte, der wichtigste Ansatzpunkt für denjenigen, der das Verhör führte.

Karl wartete und wußte, wozu das gut war. Er versuchte sich eine plausible Erklärung auszudenken, aber desto gründlicher er nachdachte, desto unwahrscheinlicher erschien ihm jede Ausflucht, die ihm einfiel. Statt zu überlegen, was er ihnen erzählen sollte, dachte er an einen Vorfall, der ihm in letzter Zeit häufig durch den Kopf gegangen war. Er hatte sich nach seiner kürzlichen Versetzung zu den Highland Park-Detectives ereignet.

Im Zuge der Zerschlagung eines Rings von Drogenhändlern hatten sie ein Haus umstellt. Plötzlich kam ein Verdächtiger vom Haus her die Treppe herauf in eine Wohnung gelaufen. Karl rannte ihm hinterher und forderte ihn auf, stehen zu bleiben. Karl zog seine Magnum, während er in das Haus lief und hinter dem Mann herschrie. Dann stolperte Karl und fiel auf die Treppe, wobei Karl instinktiv seine Waffe schußbereit machte. Aber der Hahn schnellte zurück, und die Waffe feuerte keinen Schuß ab. Der Verdächtige wurde gefaßt, wobei sich herausstellte, daß er ein verängstigter Halbwüchsiger war, der mehrere Männer mit Schußwaffen gesehen und nicht das geringste mit dieser Drogenaffäre zu tun hatte. Jedesmal, wenn Karl daran dachte, was er an jenem Tag fast getan hätte, mußte er mit aller Gewalt seine Hände zu Fäusten ballen, damit sie nicht völlig haltlos zu zittern begannen.

Die Zehn-Zentimeter-Magnum hatte er vor allem deswegen gekauft, weil er glaubte, er könnte damit genauer zielen, zumal er mit seiner monatlichen Schießqualifikation erhebliche Schwierigkeiten hatte. Endlich war er zu einem Schluß hinsichtlich jener Angstanfälle gelangt, die ihn so oft überkamen. Er vermutete, daß er vor Gregory Powells Freunden Angst hatte. Während das Berufungsverfahren eingeleitet wurde, würde Powell vielleicht jemanden anstiften, es dem Kronzeugen oder seiner Familie heimzuzahlen. Vor Smith hatte er nie Angst, immer nur vor Powell. Das muß der Grund meiner Ängste sein, redete er sich ein. Und um diese unliebsamen Gefühle zu vertreiben, kaufte er sich eine bessere Waffe.

Schließlich riefen sie ihn in den Verhörraum der Abteilung für interne Angelegenheiten, wo Karl Hettinger feststellen sollte, daß sein Schicksal nicht ganz ohne Ironie war. Einer der beiden Ermittlungsbeamten war Sergeant Riddle, mit dem er früher einmal zusammengearbeitet hatte und der als Kaplan die Begräbnisfeier von Ian Campbell geleitet hatte.

»Bevor ich das Geschäft verlassen habe, habe ich einen Dollar auf den Ladentisch gelegt«, erzählte Karl nach ein paar einleitenden Fragen den beiden Beamten.

»Aber das reicht doch nicht für die Zigarren«, entgegnete Riddle. »Wir sind doch alte Partner, Karl. Willst du mir nicht genau erzählen, was wirklich war.«

»Na ja, mir ist damals eben ein Versehen unterlaufen.«

»Das war doch kein Versehen, Karl. Der Verkäufer hat doch genau gesehen, daß du die Zigarren gestohlen hast.«

»Wenn ich das wirklich getan haben soll, dann habe ich nicht gewußt, daß ich sie gestohlen habe.«

Und damit gaben sich die beiden Ermittlungsbeamten zufrieden – ein passives, stillschweigendes Schuldgeständnis. Er wurde für den Nachmittag noch einmal bestellt.

Sein Mittagessen bestand aus zwei Tassen Kaffee. Währenddessen dachte er über das Verhör nach. Nichts weiter als ein Tisch und drei Stühle. Und ein Tonbandgerät auf dem Tisch. Vier Wände, die sich um ihn schlossen. Er dachte an all die Kriminellen, die er in ähnlichen Räumen verhört hatte – so kahl und öde und unwirtlich. Seltsam, daß ihm nie in den Sinn gekommen war, wie verängstigt manche von ihnen gewesen sein mußten.

Am Nachmittag saß er dann Captain Colwell gegenüber, dem Leiter der Abteilung für interne Angelegenheiten. Der Captain war nicht gerade ein Mann, der für seinen Humor bekannt war. Und als er nun so still und ernst vor dem Beschuldigten saß und ihn anstarrte, hatte Karl das Gefühl, als krümmte er sich noch stärker in sich zusammen als sonst. Er wollte dem Captain begreiflich zu machen versuchen, daß es sich um ein Versehen gehandelt hatte. Er beabsichtigte, zu lügen und zu behaupten, er hätte so etwas noch nie zuvor getan. Er würde die gigantische Lüge auftischen, daß er kein Dieb wäre. Statt dessen geriet er jedoch unter diesem Blick ins Wanken. Der Captain wirkte so streng, so *im Recht*.

»Das hier ist ein Kündigungsantrag«, erklärte der Captian in einem Tonfall, der nicht weniger geschäftsmäßig war als sein Blick. »Möchten Sie ihn unterzeichnen?«

Der Beschuldigte blickte auf das Formular. Es war bereits ausgefüllt. Karl setzte seine Unterschrift darunter und nahm damit seinen Abschied von der Polizei.

»Wir werden Sie wegen dieses Diebstahls nicht belangen«, erklärte der Captain daraufhin. »Falls wir jedoch feststellen sollten, daß Sie in weitere Diebstähle verwickelt waren, kann ich Ihnen nichts versprechen. Wir haben unsere Leute, die das überprüfen werden. Haben Sie verstanden?«

»Ich habe verstanden«, erwiderte der ehemalige Polizist.

Bericht 66-703 der Abteilung für interne Angelegenheiten war nur sechs Seiten lang. Er umriß in groben Zügen die Umstände des Diebstahls und enthielt die Namen und Adressen der Zeugen sowie die Adresse des Supermarkts, das Datum und den genauen Zeitpunkt der Tat.

Hinsichtlich der weiteren Umstände fanden sich in dem Schreiben keinerlei Kommentare von offizieller oder inoffizieller Seite. Es wurden keine weiteren Diebstähle aufgedeckt, noch wurde auf die Diskrepanz zwischen dem Ladendiebstahl und der ansonsten absolut unbescholtenen Vergangenheit des Beschuldigten hingewiesen. Der Bericht unterschied sich in nichts von einem Protokoll, das ein Polizist nach der Festnahme eines Ladendiebs verfaßt hätte.

Selbstverständlich waren die Leute im Büro des Polizeichefs und andere Kollegen Karls schockiert. Alle hatten den schweigsamen jungen Polizisten mit den traurigen Augen gemocht. Die Vorstellung, er könnte ein Dieb sein, bereitete ihnen sichtlich Unbehagen.

Helen Hettinger hatte ihren Mann nie weinen gesehen. Sie wußte auch von den nächtlichen Vorfällen nichts, in denen er in Weinkrämpfe ausgebrochen war. Sie sollte ihn nur dieses eine Mal weinen hören, als er sie anrief, um ihr mitzuteilen, daß er seinen Abschied genommen hatte.

»Aber ich verstehe das nicht, Karl. Wegen eines Ladendiebstahls? Was haben sie denn dazu gemeint, daß du in einem Laden gestohlen hättest?«

»Das erzähle ich dir später. Jedenfalls, jetzt ist alles aus.«

»Alles aus? Einfach so? Du hast deinen Abschied eingereicht?« Die Stimme der schwangeren Frau klang ängstlich. Und Karl hörte dies und brach in Tränen aus.

»Ach, Karl!« Nun begann auch sie zu schluchzen. »Ach Karl, bitte. Komm doch heim und erzähl mir alles. Bitte.«

»Ich – ich – ich will jetzt nicht gleich nach Hause kommen, Helen. Ich – ich – würde jetzt am liebsten Angeln gehen. Ich werde... Ich fahre mit dem Auto ein bißchen raus.«

Einige Tage darauf erhielt er über die Post von der polizeilichen Kreditgesellschaft eine Rückforderung eines Sechstausenddollarkredits zugestellt. Die Rückzahlung sollte innerhalb von achtundvierzig Stunden geschehen. Bei der Beschaffung der entsprechenden Summe waren dem jungen Paar Helens Eltern behilflich.

Die Hettingers erfuhren auch, daß ihre polizeiliche Krankenversicherung zum 30. Mai auslief. Das war zwei Tage vor der Geburt ihres Babys. Zum Glück erklärte sich das Kaiser Hospital, bei dem sie versichert waren, bereit, für die Entbindung den gleichen Betrag zu berechnen, als wären sie noch versichert.

»Möchtest du nicht ein wenig darüber reden?« fragte Jim Cannell, als ihm Karl am Telefon die Neuigkeiten mitteilte.

»Ich habe einfach alles versaut, Jim«, erwiderte Karl, und das war auch schon alles, was er noch weiter zu diesem Punkt äußern sollte.

»Na gut«, ertönte Jim Cannells Brummbaß am anderen Ende der Leitung. »Wie bist du denn finanziell gestellt, bis du einen neuen Job findest?«

»Das geht schon in Ordnung, Jim.«

»Stew James wollte auch wissen, fuhr Cannell fort, »ob du nicht vielleicht ein kleines Darlehen brauchst.«

»Er hat doch selbst einen Haufen Kinder. Und dann noch mit seinen drei verschiedenen Jobs? Nein, Jim, sag ihm vielen Dank. Sag allen meinen Freunden herzlichen Dank, aber wir kommen schon so über die Runden.«

Und das war auch schon alles, was er seinen Freunden bezüglich seiner Entlassung mitteilte.

Seine Eltern kamen zu Besuch, sobald sie von der Sache gehört hatten.

»Du meinst, du wüßtest nicht, weshalb du die Sachen genommen hast?« fragte seine Mutter, als sie zu dritt im Wohnzimmer saßen – Vater, Mutter und Sohn.

»Nein, Mom, ich weiß es wirklich nicht. Ich hab's einfach getan, aber begreifen kann ich das alles selbst nicht so recht.«

»Na ja, wenigstens ist das Ganze jetzt ausgestanden«, meinte seine Mutter. »Vielleicht ist es ja sogar gut für dich, daß du nicht mehr bei der Polizei bist.« Darauf wandte sie sich Karls Vater zu, der verlegen im anderen Teil des Zimmers saß. Seine mächtigen Pranken baumelten hilflos von seinen Handgelenken. Er neigte sich hin und wieder etwas vor, um das eine oder andere Wort aufzuschnappen, aber er war halb taub.

»Deinem Vater werde ich das Ganze später genauer erklären«, fuhr Karls Mutter fort. »Und das wichtigste – mach dir wegen dieser Geschichte keine unnötigen Sorgen. Das Ganze ist nun vorbei und ausgestanden, und der Rest wird sich schon geben.«

»Danke«, erwiderte Karl, und nun sah seine Mutter zum erstenmal Tränen in den Augen.

Karl blickte zu seinem Vater hinüber. Der Zimmermann machte einen hilflosen und verwirrten Eindruck, als wollte er etwas zu seinem Sohn sagen, ohne zu wissen, was er sagen sollte oder wie er es hätte sagen sollen.

Helen Hettinger mit ihrem mächtigen Acht-Monate-Bauch trat kurz ins Wohnzimmer. Sie sah die drei an, die leidgeplagte Familie, die zum erstenmal verzweifelt versuchte, über ihre Probleme zu sprechen. Helen mußte unwillkürlich an die Geschichte denken, wie Karl sich als Junge so sehnlich einen Baseballhandschuh gewünscht hatte. Er träumte davon, ein großer Shortstop zu werden. Und als er dann endlich von seinem Vater ein Geschenk erhielt, war es ein Fängerhandschuh. Und als er älter wurde und sich seine erste Angelrute wünschte, kaufte ihm sein Vater versehentlich eine, die für die Hochseefischerei gedacht war. Der Junge hatte sich darauf die massige Angel auf den Rücken gebunden und war die weite Strecke zum Hanson-Damm geradelt, um dort winzige Sonnenfische zu angeln. Helen konnte nie mehr einen blonden Jungen allein am Ufer eines Sees angeln sehen, ohne an den jungen Karl Hettinger zu denken.

Aber jetzt war es der Zimmermann, den sie bemitleidete, wie er mit seinen mächtigen Pranken so verlegen dasaß. Er hätte eine Million Nägel eingeschlagen oder einen ganzen Wald zu Brennholz verarbeitet, nur um seinem Sohn helfen zu können. Aber da war nichts, wozu er imstande gewesen wäre. Nicht einmal sprechen konnten sie. Das war die alte, ererbte Scham zwischen Vätern und Söhnen.

Als sie ihre kurze, wortkarge Unterhaltung beendet hatten, küßte Karl, soweit er sich erinnern konnte, zum erstenmal seine Mutter. Sein Vater tätschelte ihm mit einer vernarbten, schwieligen Hand den Arm. Er nickte und versuchte etwas zu sagen. Dann gingen sie.

In jenem Sommer, nach der Geburt ihrer Tochter Christine, bestand Helen Hettinger darauf, daß ihr arbeitsloser Mann Jim Cannell auf eine Angeltour zum Crystal Lake in den High Sierras begleitete. Dieser Ausflug hatte für Karl therapeutischen Charakter. Seit seinem Ausscheiden aus der Polizei waren dies die ersten einigermaßen erträglichen Tage für Karl. Die zwei Männer angelten und tranken Bier und schwammen in dem kalten Wasser, ohne daß sie auch nur ein einziges Mal über die Arbeit bei der Polizei oder über Karls Entlassung gesprochen hätten.

Jim Cannell hätte Karl gern gesagt, wie er über die ganze Sache dachte, was sie alle von seinem Ausscheiden aus der Polizei hielten, und daß dies nicht das geringste an ihrer Einstellung zu seiner Person änderte. Und daß es einen triftigen Grund dafür gegeben haben mußte, wenn er gestohlen hatte, da er der ehrlichste Mensch war, den Jim Cannell je kennengelernt hatte. Er wollte Karl sagen, daß er ohne weiteres würde feststellen können, daß seine Freunde nach wie vor voll hinter ihm standen, wenn er sich nur die Mühe gemacht hätte, dies zu überprüfen. Aber Karl war ein so verschlossener Mensch, daß Cannell nicht wußte, wie er ihm diese Dinge hätte sagen sollen. Und Karl seinerseits sollte nie eine diesbezügliche Frage stellen, da er Angst davor hatte.

Während sie gerade in ihrem Pick-up den Donner-Paß hochfuhren, hörten sie die Nachricht im Radio. William H. Parker, der Polizeichef von Los Angeles, war einem Herzinfarkt erlegen. Diese Nachricht schockierte Cannell. Parker war ihm immer so unverletzlich erschienen. Karl berührte dieser Vorfall zutiefst, und er sollte in dieser Nacht mehr erzählen, als Jim Cannell ihn in den letzten Jahren je von sich geben gehört hatte. Er erzählte eine Geschichte nach der anderen über den Polizeichef – alles, was er über diesen wußte und in Erfahrung gebracht hatte, während er als Fahrer für ihn gearbeitet hatte. Jetzt machte es nichts mehr aus, wenn er das Schweigen brach. Er bewunderte den Polizeichef in einem Maße, das schon fast an Verehrung grenzte. Der Tod seines ehemaligen Vorgesetzten berührte Karl aufs tiefste.

Zu einem späteren Zeitpunkt sollte jemand darauf hinweisen, daß es durchaus in der Macht dieser Person, der Karls bedingungslose Bewunderung galt, gestanden wäre, seine Entlassung zu verhindern. Der Polizeichef hätte ohne weiteres anordnen können, dieser seltsamen Geschichte von einem absolut pflichtbewußten Polizisten wie Karl Hettinger, der plötzlich Zigarren stahl, auf den Grund zu gehen. Er hätte seinem loyalen Fahrer durchaus diese schmähliche Entlassung ersparen können.

Aber dies sollte jemand *anderer* geltend machen. Karl Hettinger wäre ein solcher Gedanke nie gekommen. Er hatte mehr als hundertmal gestohlen. Er hatte der Polizei Schande gemacht. Und er hatte dem Polizeichef Schande gemacht.

Irgendwann einmal war auch die Arbeit an dem Garten seines neuen Hauses erledigt. Sie hatten das Haus drei Monate vor seiner Entlassung gekauft. Und nun stürzte er sich mit all seiner Energie in die Gartenarbeit, so daß seine glückliche Hand mit Pflanzen voll zur Geltung kam. Aber schließlich war auch in diesem Garten alles getan. Er hatte sich um verschiedene Anstellungen beworben, unter anderem auch als Stauer in den Docks. Der Arbeitgeber hatte sich mit der Polizei in Verbindung gesetzt und irgendwie den Grund seines Ausscheidens dort in Erfahrung gebracht, weshalb Karl die Stelle nicht bekam.

»Du hättest die Leute sehen sollen, die dort gearbeitet haben«, erzählte Karl seiner Frau voller Bitterkeit. »Die würden dort doch *jeden* anstellen. Die Hälfte von diesen Kerlen waren vermutlich Diebe. Aber *mich* haben sie nicht nehmen wollen. Nächstesmal gebe ich einfach nicht mehr an, wo ich früher gearbeitet habe. Dann können sie auch keine Erkundigungen über mich einziehen.«

Allerdings bemühte er sich in der Folge nicht mehr wirklich ernsthaft um einen Job. Er hatte Angst, und er dachte, sie würden die Wahrheit über ihn immer irgendwie herausfinden. So oder so würden sie doch feststellen, was er getan hatte, und daß er ein Dieb war. Also blieb er zu Hause, so daß Helen ihn und die drei Kinder mit ihrem Gehalt als Buchhalterin durchbringen mußte. Er blieb zu Hause und sorgte für Laurie und Kurt und Christine, das Baby. Dabei stellte er sich fortwährend die Frage, wie sie auf diese Weise die Raten für ihr neues Haus abzahlen sollten.

Jetzt, wo unsere Lage wirklich verzweifelt ist, *kann* ich nicht stehlen, dachte er, ohne daß ihm die Ironie dieses Umstands entgangen wäre. Schon der bloße Gedanke an seine Diebstähle bereitete ihm körperliche Übelkeit und ließ heftige Scham in ihm emporsteigen. Eines Tages – die zwei Jungen hielten gerade ihr Mittagsschläfchen – begann das Baby zu weinen. Karl ging nachsehen, aber da Christine noch trocken war, wiegte er sie kurz, um sie zu beruhigen. Sie hörte jedoch trotzdem nicht auf. Er ging darauf aus dem Zimmer und versuchte, die Zeitung zu lesen, ein Bier zu trinken und einfach nicht auf das Weinen zu achten. Aber das kleine Mädchen schrie nur noch lauter.

Zumindest werden wir keinen weiteren Zuwachs mehr kriegen, sagte er sich voller Bitterkeit: Er mußte unwillkürlich an seine Impotenz und die damit verbundene Schande denken. Das Baby hörte nicht auf zu weinen.

Je länger er das Weinen zu ignorieren versuchte, desto lauter und dringender wurde es, bis Karls Kopfschmerzen ein kaum mehr erträgliches Maß annahmen.

»Sei still«, knirschte er mit zusammengebissenen Zähnen. »Sei still. Sei still. Sei still.«

Im nächsten Augenblick stürzte er ins Kinderzimmer, um dem Baby den Po zu versohlen, bis ihn die entsetzten Schreie seiner kleinen Tochter aufschreckten.

Er starrte auf das Baby und auf die roten Fingerabdrücke auf seinem Po hinab. »Mein Gott«, stöhnte er und taumelte in sein Zimmer. Aber die Magnum war nicht da. Er hatte sie verkauft, um eine Rate für das Haus abzahlen zu können. Dann fiel ihm jedoch sein Dienstrevolver ein, den er im Schrank fand. Er ließ seine Blicke über den Lauf gleiten, um schließlich in das drohende schwarze Loch an seinem Ende zu starren. Dies war die Waffe, die er Jimmy Smith ausgehändigt hatte. Das Baby schrie immer noch.

Er wollte sie zum letztenmal sehen, und deshalb ging er in den Raum, in dem die Kinder schliefen. Kurt war zwei und Laurie, sein Liebling, drei. Sie war jede Nacht aufgewacht, wenn er vom Dienst nach Hause gekommen war, und konnte nicht eher wieder einschlafen, bis er ihr einen Gutenachtkuß gegeben hatte. Laurie betete ihren Vater an. Er sah die Kinder an und begann zu weinen. Er schluchzte krampfhaft. Nicht einmal dazu war er Manns genug. Er brachte es nicht einmal fertig, sich umzubringen, um seiner Familie nicht mehr zur Last zu fallen. Das Baby hatte noch immer nicht zu schreien aufgehört. Er stürzte an sein Bettchen.

»Ach«, schluchzte er, als er in das tränenüberströmte, verängstigte Gesicht starrte. »Ach, mein Kleines.«

Dann nahm er das kleine Mädchen in den Arm und ging damit im Zimmer auf und ab.

»Ach, mein Kleines, es tut mir ja leid«, redete er auf das Baby ein. »Es tut mir ja so leid. Es tut mir wirklich leid, mein Kleines.« Schließlich hörte das Baby zu weinen auf, aber die Tränen seines Vaters versiegten noch lange nicht.

Pierce Brooks, inzwischen zum Lieutenant befördert, saß in seiner Wohnung und hielt in seiner zitternden Hand eine Entscheidung, die am 18. Juli 1967 von Friedensrichter Stanley Mosk vom Obersten Gerichtshof von Kalifornien gefällt worden war. Brooks verfügte über ein eigenes Exemplar dieses Schreibens, das mit Randbemerkungen, Hervorhebungen und Fußnoten übersät war. Der Lieutenant war außer sich, als er bis spät in die Nacht rauchend auf seiner Couch saß und den Text immer und immer wieder von neuem durchlas.

Der Haupteinwurf des Angeklagten besteht darin, daß die Aufnahme der außergerichtlichen Aussagen in das belastende Beweismaterial die verfassungsrechtlichen Bestimmungen verletzt, die anhand von *Escobedo gegen Illinois* (1964) und *Das Volk gegen Dorado* (1965) festgelegt wurden. Diese Bestimmungen haben auch in diesem Fall Gültigkeit, obwohl der Prozeß bereits 1963 stattfand; das heißt, bevor sie in Kraft traten.

Wütend kritzelte Brooks an den Rand: ›Das Verhör fand

mehr als ein Jahr vor dem *ex post facto*-Antrag von *Escobedo* und zwei Jahre vor *Dorado* statt!‹

Dann las Brooks weiter.

...läßt das Protokoll nicht eindeutig erkennbar werden, daß die Angeklagten auf ihr Recht aufmerksam gemacht wurden, jede Aussage zu verweigern und einen Anwalt zu Rate zu ziehen. Weder Chief Fotes Hinweis, daß Powells Aussage *vor Gericht gegen ihn verwendet werden könnte,* noch Officer Coopers Bemerkung, daß alles, was Powell sagte, *später gegen ihn als belastendes Beweismaterial vorgebracht werden könnte,* kann als Hinweis darauf gelten, daß der Angeklagte das Recht gehabt hätte, der Polizei jede Aussage zu verweigern.

Brooks schrieb an den Rand: ›Aber ich habe Powell doch gesagt, daß er sich einen Anwalt nehmen könnte, daß nur ein Narr versuchen würde...‹

Brooks brach beim Schreiben dieser Randbemerkung seinen Bleistift wütend entzwei und las weiter.

...in Anwendung des Chapman-Tests bei diesem Protokoll, wozu wir verpflichtet sind, sind wir zu dem Schluß gezwungen, daß zumindest eine wahrscheinliche *Möglichkeit* besteht, besagtes angefochtenes Beweismaterial könnte zu der Verurteilung beigetragen haben.

Der Lieutenant las die Vorbehalte des Gerichts gegenüber den zahlreichen Aussagen, die er von Gregory Powell und Jimmy Smith entgegengenommen hatte, und gegenüber seiner Anklageerhebung gegen die Beschuldigten, die nicht innerhalb von achtundvierzig Stunden am 12. März 1963 erfolgt war, sondern erst am 13. März. Inzwischen machte Brooks seine Notizen mit einem zerbrochenen Bleistift, den er mit einem Küchenmesser gespitzt hatte: ›Ich rief den D.A. Dienstag nachmittag an und war bereit. Aber der D.A. schlug vor, bis Mittwoch früh zu warten. Er erklärte, der dem Angeklagten zustehende Zeitraum von 48 Stunden wäre Dienstag nachmittag nach Gerichtsschluß noch nicht um. Der D.A. meinte, das Ganze wäre kein Problem.‹

Brooks Wut kannte keine Grenzen, als er schließlich den Schluß der Entscheidung des Obersten Gerichtshofs von Kalifornien las.

Die bereitwillige Hinnahme eines Ermittlungsprozesses war das beabsichtigte Resultat einer Reihe von *Methoden*, die an den Angeklagten zur Anwendung gebracht wurden. Zum Beispiel vermochte es Officer Brooks, eine Art Vertrauensposition gegenüber dem Angeklagten und seiner Schuld zu etablieren, und seinen *Unterhaltungen* mit ihm wurde oft der Anstrich verliehen, als handelte es sich lediglich um *ein paar Fragen* zu bestimmten *Details*; während es hier anfänglich um unbedeutende Einzelheiten ging, weitete sich das Gespräch im Lauf der Zeit auf entscheidende Punkte aus, durch die der Beweis erbracht wurde, daß die Tat tatsächlich von den Angeklagten begangen worden war... Und beide verfingen sich in einem Netz aus sich verändernden und unzusammenhängenden Erklärungen.

»Das soll unzulässig sein? Das soll unzulässig sein? Das ist mein Job!« schrie der Lieutenant, den sonst kaum etwas so leicht aus der Ruhe brachte, in den stillen Raum hinaus, so daß ihn der Klang seiner eigenen Stimme aufschreckte. Erregt setzte er die Lektüre fort.

Von vorrangiger Bedeutung ist in diesem Zusammenhang der Umstand, daß Officer Brooks während jener vier Tage seiner Verhöre ein vertrauensvolles und *freundschaftliches* Verhältnis zu den Angeklagten herstellte, und dies trotz der Tatsache, daß er der festen Überzeugung gewesen sein muß, daß sie einen seiner Kollegen ermordet hatten. Solche psychologischen Maßnahmen, dem Angeklagten ein Geständnis zu entlocken, ohne dabei die Grenze zu direktem Zwang zu überschreiten, wurden vom Obersten Gerichtshof der Vereinigten Staaten in *Miranda gegen Arizona* (1966) verurteilt.

»Das zeigt – das zeigt«, flüsterte Brooks mit gebrochener Stimme. »Das beweist eindeutig, wie deine Einstellung ist. Zumindest, was uns von der Polizei betrifft!«

Er wandte sich wieder den letzten Seiten zu.

›Wir revidieren diese Urteile nicht leichthin. Wir sind uns sehr wohl der Verwerflichkeit des betreffenden Verbrechens bewußt, wie auch der stichhaltigen Hinweise für die Schuld der Angeklagten.

»Stichhaltige Hinweise!« zischte Pierce Brooks erbittert und schleuderte das Schreiben halb durch den Raum.

»Ich hatte das Gefühl, daß Irving Kanarek mit dem Fall betraut werden *mußte*«, erklärte Richter Mark Brandler mehrmals, um seine Entscheidung zu rechtfertigen. »Mein Gott, ich leitete die Verhandlungen, in denen es um die Neuaufnahme des Verfahrens ging. Ich habe diese Geschichte mit Mrs. Bobbick über mich ergehen lassen. Das hat Wochen in Anspruch genommen. Aber es steht weder mir noch einem anderen Richter noch dem Staatsanwalt oder sonst jemandem zu, etwas daran auszusetzen, welchen Anwalt sich ein Angeklagter nimmt, vor allem, wenn dieser mit dem Fall hinreichend vertraut ist und erfolgreich Berufung einlegen konnte. Das war es, was schließlich für mich den Ausschlag gab – nicht nur, daß Smith ihn haben wollte. Ich durfte meine Entscheidungen nicht von meinen unerfreulichen Erfahrungen mit diesem Mann beeinflussen lassen. Dadurch hätte ich dem Obersten Gerichtshof einen weiteren Ansatzpunkt zur Kritik geboten.«

Ein Detective namens Norm Moore setzte sich mit Karl in Verbindung. Moore war Mitglied der Police Protective League, einer ziemlich einflußlosen und unbedeutenden Vereinigung der Polizisten von Los Angeles, die nur über einen Bruchteil der Macht und des Einflusses der Polizeigewerkschaften in Städten wie New York und Chicago verfügte.

Moore hatte in der Nähe der Hettingers gewohnt, als Karl noch als kleiner Junge bei seinen Eltern in Glendale gelebt hatte. Er kannte Karl seit frühester Jugend und hatte mit ihm vor seiner Entlassung bei den Highland Park-Detectives zusammengearbeitet. Moore selbst stand kurz vor seiner Pensionierung. Er war ein Mann, der sagte, was er dachte und mit seiner Meinung nicht hinter dem Berg hielt. Moore besuchte also Karl, der sich inzwischen eine kleine Nebenerwerbsquelle aufgetan hatte, indem er seinem Freund Officer Stew James half, der sich nebenbei als Landschaftsarchitekt und Gärtner versuchte.

»Mensch, Karl, sei doch nicht so dumm. Du hast eine Rente verdient«, redete ihm Moore gut zu.

»Ich weiß nicht, Norm. Schließlich habe ich gestohlen. Und du hast keine Ahnung, wieviel ich gestohlen habe.«

»Ach was, Mensch, mir ist völlig egal, wieviel du geklaut hast! Wenn du wirklich so viel gestohlen hast, dann warst nicht *du* es, der das getan hat. Verstehst du, was ich meine?«

»Es ist aber nicht nur bei diesen Zigarren geblieben, Norm. Das ist das einzige, worüber die Bescheid wissen. Ich habe alles mögliche mitgehen lassen. Zum Beispiel auch ein elektrisches Messer und eine Handsäge. Sogar eine tragbare Nähmaschine habe ich mal gestohlen. Und...«

»Jetzt hör mal gut zu, Karl. Es gibt Gründe, weshalb man so etwas tut. Manchmal ist die Person, die so etwas tut, die letzte, die das selbst begreifen könnte. Und ich bin mir ganz sicher, daß sich für dich noch eine ordentliche Pension rausschinden läßt. Und ich bin mir auch absolut sicher, daß niemand sie mehr verdient hätte als du. Du brauchst jetzt nichts weiter zu tun, als ein paar Ärzte aufzusuchen...«

»Psychiater?«

»Ja, Psychiater.«

»Du denkst also, ich bin...«

»Ach was, Blödsinn. Schau, du gehst einfach zu diesen Ärzten. Das Ganze wird dich nicht einen Cent kosten. Ich werde mich um alles kümmern. Du schenkst ihnen nur reinen Wein ein. Erzähl ihnen einfach alles.«

»Alles.«

»Ja, alles, Karl. Mensch, redest du denn nie mit jemandem?«

»Du bist der erste, dem ich von all dem Zeug erzähle – von all den Sachen, die ich gestohlen habe.«

»Also gut, dann erzähl ihnen wirklich alles, um Himmels willen. Red dir diesen ganzen Kram doch endlich mal vom Herzen.« Der ältere Mann sah seinen jungen Freund nachdenklich an. »Schau, Karl, bist du in letzter Zeit nicht immer ziemlich niedergeschlagen? Ist es nicht schlimm?«

»Doch, wirklich übel.«

»Ich glaube, es wird dir viel bessergehen, wenn du bei diesen Ärzten warst. Vielleicht gefällt dir sogar einer, den du dann vielleicht regelmäßig aufsuchen kannst. Hast du denn niemanden, dem du deine Probleme erzählen kannst?«

»Nein.«

»Erzählst du denn auch Helen nichts?«

»Nein.«

»Aber warum denn nicht?«

»Ich weiß nicht, Norm. Es ist einfach... Ich weiß es nicht. Ich bin nun mal nicht so aufgewachsen. Bei uns war es nicht üblich, über – über persönliche Dinge zu sprechen. Man belastete einfach die anderen nicht mit seinem Kram.«

»Aber irgend jemanden muß es doch geben. Was ist mit deiner Kirche? Gehst du in die Kirche?«

»Nein. Helen geht schon, aber ich nicht.«

»Du mußt unbedingt lernen, mit anderen Leuten zu sprechen.«

»Norm, jetzt, wo ich dir von all den Diebstählen erzählt habe, muß ich alles zurückgeben. Ich habe noch ein paar gestohlene Sachen in meiner Garage. Ein paar davon habe ich benutzt, aber nicht alle. Jedesmal, wenn ich sie ansehe, scheinen mich diese gestohlenen Sachen anzuklagen.«

»Ach, vergiß das doch!«

»Ich kann nicht. Vielleicht würde ich mich besserfühlen, wenn ich sie zurückgäbe.«

»In wie vielen Geschäften hast du denn gestohlen? Und wie oft?«

»Fünfzig-, vielleicht auch hundertmal. Ich weiß es nicht mehr. Ich weiß es einfach nicht mehr.«

»Genau, wie ich es mir gedacht habe. Vergiß das Ganze einfach, Karl. Es hat keinen Sinn, sich deswegen ständig weiter Vorwürfe zu machen. Karl, vertraust du mir?«

»Sicher.«

»Gut. Dann will ich dir sagen: Es ist schon gut so, behalte den ganzen Kram. Es ist doch sowieso nur ein Haufen Schrott. Und hör um Himmels willen auf, dir deswegen Sorgen zu machen. Das Ganze ist doch völlig belanglos.«

»Das kann ich nicht. Ich habe so ein schlechtes Gewissen.«

»Weswegen hast du ein schlechtes Gewissen?«

»Wegen der Diebstähle natürlich. Wegen der Diebstähle. Weswegen sollte ich denn sonst eines haben?«

Karl suchte mehrere Ärzte auf, insgesamt sieben. Er begriff das Ganze einfach nicht. Die Stadtverwaltung schickte ihn von einem Doktor zum anderen. Einige seiner Freunde meinten, daß die Polizeidirektion wohl hoffte, endlich einen Psychiater zu finden, der bestätigen würde, daß seine psychischen Probleme *nicht* auf seine Arbeit bei der Polizei zurückzuführen wären. Daß seine Diebereien *keine* unmittelbare Folge des Mordes waren, damit ihm die Stadt keine Rente hätte zahlen brauchen.

Die Gespräche mit den einzelnen Psychiatern verliefen ziemlich ähnlich. Der Patient zählte seine zahlreichen gesundheitlichen Beschwerden auf, berichtete von seinen schrecklichen Verbrechen und erklärte, welche Schuldgefühle er ihretwegen hatte.

»Es belastet mich sehr, daß ich mal Kollegen von der Polizei treffen könnte, die ich von früher kenne, Doktor. Was die von mir denken werden. Und überhaupt, die vielen Diebstähle. Daß ich ein Dieb bin.«

Und dann wurde Karl ausnahmslos gefragt, ob es noch etwas anderes gäbe, weswegen er sich schuldig fühlte.

»Nein, Doktor, was sollte da sonst noch sein? Mein Gott, wie viele Male habe ich damals gestohlen!«

»Hatten Sie je einer Sache wegen Schuldgefühle, die sich ereignete, *bevor* Sie zu stehlen begannen?«

»Nein, Doktor. Es gab doch nichts, weshalb ich mich hätte schuldig fühlen sollen. Wenn ich nur diese Geschichte mit meinen Ladendiebstählen überwinden könnte! Wenn ich nur begreifen könnte, was mich dazu gebracht hat.«

Die Diagnose lautete: ›Allem Anschein nach ist Mr. Hettinger ein intelligenter, ehrenhafter Mann, der im Verlauf seiner bisherigen Lebensgeschichte keine gute, intime, stabile Beziehung zu seinen Eltern oder sonst einem Menschen hatte. Das Trauma, das er infolge des Vorfalls in Bakersfield erlitt, leitete einen Prozeß psychischer Regression ein, die wiederum die Herausbildung behindernder psychischer Symptome zur Folge hatte. (Verlust der Selbstachtung, zwanghaftes Denken, Kleptomanie, verringerter Sexualtrieb, Rückzug von seinen Freunden.) Er leugnet jede Schuld an der Ermordung ab, entwickelt jedoch stark ausgeprägte, unbewußte Schuldgefühle, die ihn veranlassen, sich selbst herabzusetzen und zu bestrafen. Beachtlich ist seine Unfähigkeit, seine Schwierigkeiten auch nur annähernd zu begreifen. Ich bin nicht der Ansicht, daß sein zwanghaftes Bedürfnis, zu stehlen, eine grundlegende Charaktereigenschaft des Patienten ist. Eher reflektiert es seinen Wunsch, seine Umwelt dazu zu bringen, daß sie mit seiner zwanghaften Vorstellung konform geht, er wäre eine verachtenswerte Person. Er wollte sich selbst bestrafen, um die Last der unbewußten Schuld von sich abzuwälzen, und er versuchte unbewußt, seinen Kollegen bei der Polizei aus dem Weg zu gehen, von denen er glaubte, daß sie ihm insgeheim Vorwürfe machten. Hätte er bereits zu einem früheren Zeitpunkt intensive psychiatrische Behandlung erfahren, wäre vermutlich seine fortschreitende psychische Regression in einem wesentlich früheren Stadium zu unterbinden gewesen.‹

Einem anderen Arzt erzählte Karl: »Und ich habe auch größere Sachen gestohlen, Doktor. Ich habe eine Nähmaschine gestohlen! Und ich habe auch...«

»Ich verstehe, Mr. Hettinger. Aber gibt es etwas, dessentwegen Sie diese schlechten Gefühle schon hatten, *bevor* Sie zu stehlen anfingen?«

»Nein, Doktor. Ich hatte zwar schlechte Gefühle. Ich hatte Träume. Und ich hatte Schmerzen. Aber diese Gefühle waren nicht dieselben, die ich wegen der Diebstähle hatte.«

»Und wodurch unterscheiden sich für Sie die Gefühle, die Sie wegen der Diebstähle hatten, von den anderen?«

»Wegen der Diebstähle hatte ich ein schlechtes Gewissen, Doktor. Vorher hatte ich einfach nur ungute Gefühle, aber kein schlechtes Gewissen.«

Dieser Arzt schrieb:

›Mr. Hettinger ist ein gepflegter, ordentlich gekleideter, sympathischer und kooperativer Mann, der etwas älter wirkt als die angegebenen zweiunddreißig Jahre. Er äußerte sich sehr frei, bekam aber häufig feuchte Augen und weinte sogar gelegentlich, wenn er auf die Ermordung seines Partners vor vier Jahren zu sprechen kam. Er scheint nicht imstande zu sein, sich von den Zwangsvorstellungen freizumachen, die hauptsächlich mit dem Tod seines Partners in Zusammenhang stehen. Der allgemeine Eindruck läßt auf eine Person schließen, die einer ernsthaften depressiven Reaktion in Verbindung mit zwanghaften Verhaltensweisen unterworfen ist, die Ausdruck einer ständigen geistigen Auseinandersetzung mit der Ermordung ihres Partners sind, wobei dies jedoch der zwanghafte Drang zu stehlen überdeckt. Aufgrund seiner übertriebenen Selbstvorwürfe und aufgrund der ausgeprägten Herabsetzung seiner eigenen Person verhält sich der Patient auf eine Weise, die förmlich nach Hilfe schreit, wie sie auch seinen Wunsch zum Ausdruck bringt, bestraft zu werden. Selbstmörderische Absichten sind in diesem Zusammenhang keineswegs auszuschließen. Der Patient sieht sich mit einem beträchtlichen Ausmaß an unbewußten Schuldgefühlen konfrontiert, die jedoch nicht offen Ausdruck finden und die der Patient mit seinem Unvermögen in Verbindung bringt, den Mord jener Nacht zu verhindern. Aus diesem Grund sollte sein gegenwärtiger Zustand auf jeden Fall als durch seine Tätigkeit bei der Polizei bedingt betrachtet werden. Intensive psychiatrische Behandlung wäre dringend anzuraten.‹

Die einzelnen ärztlichen Befunde gelangten ausnahmslos zu ähnlichen Ergebnissen. In jedem wurde dem Patienten nachdrücklich angeraten, sich in intensive psychiatrische Behandlung zu begeben. Ein Bericht vereinigte in sich die Untersuchungsergebnisse mehrerer Ärzte der Julius Griffin Clinic. Die Ärzte befaßten sich sehr ausgiebig mit dem ungewöhnlichen Patienten und stellten neben einer fundierten psychiatrischen Diagnose auch eine ausführliche Fallstudie bereit, was die physischen Beschwerden des Patienten betraf.

Die Ärzte stellten fest, daß Karl Hettinger verschiedene Symptome schon fast lehrbuchreif aufwies. Er wurde zum Beispiel nicht nur dem Schein nach, sondern tatsächlich kleiner – ein Umstand, der nur zum Teil darauf zurückzuführen war, daß er sich angewohnt hatte, ständig seine Schultern hochzuziehen. Er war inzwischen unfähig, völlig aufrecht zu stehen. Dies war eine klassische liliputanische Reaktion, in der sich widerspiegelte, was er von sich selbst hielt.

Der Patient schüttete Dr. Griffin sein Herz aus. Er erzählte ihm von allen Diebstählen, an die er sich noch erinnern konnte, und beschrieb in aller Deutlichkeit die Schrecken, die er durchgemacht hatte, während er sie begangen hatte. Er versuchte, sich an jede Kleinigkeit in seinem ganzen Leben zu erinnern, um seinem Beichtvater, der schließlich seine Barrieren überwinden hatte können, alles zu erzählen. Er berichtete von den Radiergummis, die er mit einem anderen kleinen Jungen gestohlen hatte. Und von den Bleigewichten, die er als Jugendlicher mit einem Freund in einem Sears-Kaufhaus entwendet hatte. Von einer Aufputschtablette, die er geschluckt hatte, als er bei den Marines war. Alles kramte er hervor, alles. Jede Sünde, die er in seinem Leben je begangen hatte – alles, was einer Sünde nur irgendwie nahekam. Jedes Unvermögen. Seine Unfähigkeit, seine Familie zu ernähren – seine Impotenz, die schon in sich selbst ein Verbrechen gegen seine erste und einzige Liebe gewesen war und die ihn fast ebenso mit Scham erfüllte, wie seine Diebstähle. Und er hatte ein wehrloses Baby geschlagen. Das alles hatte er getan. Alle diese entsetzlichen, unaussprechlichen Dinge, die er allen angetan hatte, die ihm vertraut hatten. Und er sprach über die Gerüchte, denenzufolge ein neues Verfahren gegen die Mörder eingeleitet werden sollte.

›Der Patient erklärt, daß er sich im Falle einer Neuaufnahme des Verfahrens weigern möchte, neuerlich vor Gericht zu erscheinen. Er zieht in Erwägung, Kalifornien zu verlassen und sich einer Auslieferung zu widersetzen. Während er darüber sprach, brach er in Tränen aus. Mr. Hettinger gibt zu, daß er häufig weint und Phasen starker Depressivität durchmacht. Außerdem hat er beträchtliche Schuldgefühle hinsichtlich der Frage, ob er eine Rente verdient. Ihm ist bewußt, daß dies, von finanzieller Seite betrachtet, auf seine künftige materielle Absicherung beträchtliche Auswirkungen haben könnte. Er wollte schon immer eine Farm bewirtschaften und hofft, eine Anstellung im landwirtschaftlichen Bereich zu finden. Er ist extrem deprimiert, weil er nicht weiß, wohin ihn sein Leben führen wird.‹

Der Griffin-Bericht enthielt ein interessantes Kapitel mit der Überschrift ›Berufliche Interessen‹, in dem Andeutungen gemacht wurden, die sich in den übrigen Untersuchungsergebnissen nicht fanden.

›Sein Interesse gilt eindeutig der Beschäftigung mit lebenden Dingen. *Innerhalb dieses Bereichs ist jede Form von Zerstö-*

rung traumatisch – insbesondere gilt dies für Lebewesen. Sehr oft neigen Personen mit einer solchen Interessensstruktur in übertriebenem Maße dazu, sich um das Wohlergehen von Menschen und allem Lebenden zu sorgen. In interpersonalen Beziehungen sind sie häufig schüchtern und zeigen das Ausmaß ihrer Fürsorglichkeit durch Dienstleistungen oder die Herstellung nützlicher Gegenstände.

Unter der Überschrift ›Persönlichkeitsstruktur‹ wurde Karl Hettinger folgendermaßen beschrieben: ›Mr. Hettinger ist ein Mann von überdurchschnittlicher Intelligenz. Seine Schüchternheit und sein Leistungswille erwecken in seinen Mitmenschen leicht den Eindruck, als wäre er ein extrem selbständiges Individuum. Er verspürt das Bedürfnis, seine zarteren Gefühle zu verbergen. Aufgrund seiner ziemlich ungewöhnlichen Kombination von Bestimmtheit, Durchsetzungsvermögen und Schüchternheit gäbe er eine zuverlässige und von Grund auf freundliche Persönlichkeit ab, die sich aufs äußerste für das Wohl einer Gemeinschaft einsetzen würde. Er wäre ein absolut verläßlicher Ehemann und Familienvater.

Mr. Hettinger weist nun jedoch Anzeichen einer ausgeprägten und ernsthaften Depression auf, die reaktiven Charakter zu haben scheint. Das heißt, sie ist nicht so sehr einem chronischen Zustand zu vergleichen, als vielmehr die Auswirkung eines bestimmten Vorfalls oder Ereignisses. Sie entspringt seiner festen Überzeugung, seinen eigenen Ansprüchen nicht gerecht geworden zu sein. Verschiedenes deutet darauf hin, daß der Patient die Grenzen seiner psychischen Belastbarkeit erreicht hat. Im Februar dieses Jahres brachte der Patient in Erfahrung, daß die Mörder seines Partners aufgrund der jüngsten Entscheidung des Obersten Gerichtshofes Berufung eingelegt hatten. Der Patient ist extrem deprimiert, verängstigt, verwirrt, ratlos und von Zukunftsängsten geplagt. Er hat das Gefühl, daß er die Schrecken eines neuerlichen Prozesses nicht noch einmal über sich ergehen lassen möchte.

Eine in Maßen zwanghafte Gründlichkeit, was Arbeitsgewohnheiten, moralische Grundsätze und die grundsätzliche Lebenseinstellung betrifft, tendiert bei Personen mit dieser

Veranlagung dazu, hohe Ansprüche an die eigene Person zu stellen. Aufgrund dessen gelten diese Personen in der Regel als äußerst zuverlässig. Aufgrund des hohen allgemeinen Angstniveaus, das in ihrem Fall normal ist, sind sie, wenn ihre Belastbarkeitsgrenze überschritten ist, sehr anfällig für exzessives zwanghaftes Denken und Verhalten, das ein normales Maß eindeutig übersteigt. Diese Reaktion artet in der Folge zu einem Teufelskreis aus. Das neurotisch gesteuerte Verhalten bleibt für diese Personen gänzlich unverständlich und führt dazu, daß sie sich in einer Weise verhalten, die ihren extrem hohen Anforderungen an sich selbst entgegensteht, wobei sich ihr Verhalten jeglicher Einflußnahme durch den Verstand entzieht.

Weiter unten in diesem Bericht schrieben die Ärzte: ›Wir stellen extreme Angst und Depressivität fest, wobei das antisoziale Verhalten die Funktion eines verzweifelten Hilferufs einnimmt. Die Tatsache, daß sich der Zustand des Patienten in einer allgemein fördernden Umgebung, wie dies seine Tätigkeit als Fahrer des Polizeichefs darstellte, eindeutig besserte, läßt auf eine ausreichende Stabilität schließen. Die Tatsache, daß er angesichts der bevorstehenden Wiederaufnahme des Verfahrens das Gefühl hat, das Ganze könnte ihm über den Kopf wachsen, stimmt bedenklich. Dieser Mann braucht *dringend* psychologischen Beistand, und dies vermutlich über mehrere Jahre hinweg.‹

Der letzte Abschnitt lautete: ›Ohne in diesem Punkt vom Polizeipräsidium um seine Meinung gefragt worden zu sein, möchte der untersuchende Arzt doch mit dem gebührenden Respekt darauf hinweisen, daß vielleicht eine sorgfältige Prüfung jener Maßnahmen vorgenommen werden sollte, die gegenwärtig ergriffen werden, um Polizeibeamten, die im Zuge ihrer Arbeit ein schweres physisches oder emotionales Trauma erlitten haben, von ärztlicher Seite beizustehen. Bedauerlicherweise wurde diesem Mann keine Möglichkeit geboten, seine Angst und Verzweiflung, seine Schuldgefühle und sein schlechtes Gewissen – alles eine Folge besagten Vorfalls – psychologisch zu verarbeiten. Meiner Meinung nach könnte das emotionale Gleichgewicht dieses Mannes wesentlich stabiler sein, wenn man schneller auf seinen

Zustand aufmerksam geworden wäre und ihm jede nur erdenkliche ärztliche Hilfe hätte zuteil werden lassen. Vielleicht wäre alles, was er damals gebraucht hätte, nichts weiter gewesen als ein klärendes Gespräch mit kathartischem Charakter und unter Umständen auch ein gewisses Aufbauen seines Selbstbewußtseins. Davon auszugehen, daß ein Mensch nach einer so langen Phase extremer psychischer Belastung wieder zu seiner gewohnten Lebensweise zurückkehren könnte, wäre von den meisten von uns eindeutig zuviel verlangt. Ich bin nicht im Bilde, welche Maßnahmen das Polizeipräsidium bezüglich einer psychologischen Behandlung von Mr. Hettinger ergriffen hat, aber ich möchte doch in aller Dringlichkeit darauf hinweisen, daß die mögliche *Verhinderung* berufsbedingter psychischer Traumata nachhaltiger Berücksichtigung verdienen sollte.

Karl Hettinger hörte sich geduldig alles an, was ihm die Ärzte sagten. Einiges davon sah er ein, anderes dagegen nicht. Da er zu Dr. Griffin Vertrauen gewonnen hatte, beschloß er, ihn wieder aufzusuchen. Dann begann er jedoch, sich wegen der Kosten Sorgen zu machen, die aufgrund seiner psychiatrischen Behandlung seiner Familie hätten erwachsen können. Seine Familie war bereits genug mit ihm gestraft, und er konnte ihr unmöglich auch noch diese finanzielle Belastung aufbürden. Daher stellte er seine Besuche bei Dr. Griffin schon nach kurzem wieder ein. Er redete sich ein, daß es ihm insgesamt etwas besser ging, seit er bei den Ärzten gewesen war. Und das war schließlich alles, was er erwarten konnte.

Während der Pensionsberechtigungsverhandlung wartete Sergeant Norm Moore draußen auf dem Flur. Wütend legte der Detective jedem seine Argumente auseinander, der sie hören wollte.

»Er sollte eine siebzigprozentige Rente kriegen, verdammt noch mal! Wer will darüber schon befinden? Wer ist imstande, zu ermessen, wie tief jemand verletzt und getroffen worden ist? Haben Sie den psychiatrischen Befund gelesen? Na, dann will ich Ihnen mal sagen, daß diese Psychoheinis nicht das geringste von diesem verdammten Rundschreiben wußten. Die haben keine Ahnung, daß die Direktion diesen

Burschen da drinnen ganz offen kritisiert hat und ihm die ganze Schuld in die Schuhe geschoben hat. Aber hat irgendeiner von denen da oben den Mut oder das Zeug dazu gehabt, ihm direkt ins Gesicht zu sagen: ›Sie hätten ihm unter diesen Umständen Ihre Waffe auf jeden Fall aushändigen sollen. Was Sie getan haben, war völlig richtig.‹? Nein, statt dessen haben sie ein Rundschreiben verfaßt. So etwas geht doch einfach nicht. Mir ist der Gaul ganz schön durchgegangen, und ich habe damals sofort im Präsidium angerufen, als ich mitbekommen hatte, daß er bei den Appellen darüber sprechen und sich von den anderen Jungs auseinandernehmen lassen sollte. Und als er dann mit diesen Ladendiebstählen anfing. Also wirklich! Die Leute vom Präsidium schreiben diesen armen Teufel doch glatt wie einen ganz gewöhnlichen Dieb ab, damit wir unsere weiße Weste nicht schmutzig machen. Mein Gott!«

Norm Moore wußte, daß er gewonnen hatte, als er aus dem Sitzungssaal eine Stimme nach draußen dringen hörte: »Das ist mir egal. Wir geben diesem Mann siebzig Prozent.«

Es wurde nie bekannt, ob Dr. Griffins nicht angeforderte Empfehlungen an das Polizeipräsidium je bis in das Büro des Polizeichefs vordrangen. Die Abteilung für interne Angelegenheiten verfuhr nach wie vor nach demselben Prinzip wie eh und je, indem die dort angestellten Beamten es für ihre Aufgabe hielten, Polizisten, die irgendwie auf die schiefe Bahn geraten waren, so schnell wie möglich dazu zu bringen, ihren Abschied einzureichen, um jegliche Kritik von oben möglichst zu vermeiden. Und an dieser Methode sollte man dort auch weiterhin festhalten.

Das Ausbildungsprogramm, in dem angeblich der Beweis erbracht wurde, wie ein ehemaliger Polizist namens Karl Hettinger am Tod seines Partners mitschuldig geworden war, wurde nach wie vor regelmäßig angeboten. Die Dienstanweisung, nie und unter keinen Umständen eine Waffe auszuhändigen, wurde in das offizielle Polizeihandbuch aufgenommen, womit ihr von höchster Stelle der Segen erteilt war.

Ein Mann, der an den Verhandlungen hinsichtlich Karl

Hettingers Pensionsberechtigung beteiligt war, stellte, nachdem er die psychiatrischen Befunde studiert hatte, ironisch fest, daß sich die Polizeioberen in einem Punkt gar nicht so sehr von den beiden Kriminellen unterschieden, durch die das Unheil seinen Lauf genommen hatte. Er erklärte, sowohl die typische Polizeimentalität wie der Verstand eines Psychopathen wären von Grund auf unfähig, sich in diesem Fall in ihre Opfer hineinzudenken.

Einer der Ärzte, die Karl Hettinger wegen seiner Pensionsberechtigung konsultierte, schrieb einen sehr andersartigen Untersuchungsbericht.

Dieser Arzt war George N. Thompson – ein Mann, der all jenen Anwälten in und um Los Angeles wohl bekannt war, die einen Psychiater für ein Gerichtsgutachten benötigten. Sein Bericht über Karl Hettinger, der auf einem einmaligen Treffen basierte, beschrieb den Tatvorgang in der Mordnacht eindeutig ungenau.

Hettinger und sein Partner wurden in eine Schießerei mit den beiden Tätern verwickelt, in dessen Verlauf einer der Angeklagten seinen Partner erschoß.

Auch gelangte dieser Arzt zu recht unterschiedlichen Ergebnissen: ›Was die Vorgänge während seiner Zeit bei der Polizei betrifft, scheint der Patient kaum Schuldgefühle zu haben, und seine Diebeswandlungen reichen bis in seine früheste Kindheit zurück. In diesem Zusammenhang sollte jedoch darauf hingewiesen werden, daß es sich bei diesen Jugenddiebstählen um nichts Ungewöhnliches handelt. So etwas kommt bei Kindern häufig vor. Andererseits kann ich jedoch keinerlei Zusammenhänge zwischen den Ladendiebstählen und irgendwelchen Einflüssen feststellen, die auf seiner Tätigkeit basieren. Nach Ansicht des untersuchenden Arztes sind die gegenwärtigen Probleme des Patienten eine Folge von Ursachen, die in seiner Persönlichkeitsstruktur verankert sind. Dagegen scheint mir ein Zusammenhang mit berufsbedingten Faktoren nicht gegeben.‹

Angesichts der Erkenntnisse, zu denen die übrigen sechs Ärzte gelangt waren, erschien vor allem das leicht verwunderlich, was unter dem Abschnitt mit der Überschrift ›Therapie‹ vorgeschlagen wurde.

›Die Notwendigkeit einer therapeutischen Behandlung halte ich nicht für gegeben. Ich würde lediglich vorschlagen, den Patienten nach Ablauf eines Jahres einer neuerlichen Untersuchung zu unterziehen. Ich danke Ihnen für die Überweisung dieses Falles.‹

Nach seiner Unterschrift entschloß sich Dr. Thompson jedoch noch zu einem Postskriptum: ›P. S. Ich möchte noch hinzufügen, daß die Krankengeschichte des Patienten zum Teil zwar darauf schließen lassen könnte, es handle sich bei der psychischen Störung, an der er litt, um Kleptomanie. Andererseits ergaben sich aus der Untersuchung des Patienten jedoch keine stichhaltigen Anhaltspunkte, seine zwanghaften Diebstähle als Kleptomanie zu diagnostizieren.‹

Dr. Thompsons Minderheitsbefund wurde unter den übrigen Diagnosen der Vorzug gegeben. Entsprechend wurde sein Verfasser auch vor Gericht geladen, um gegen Karl Hettinger auszusagen.

In seiner Erinnerung waren die verschiedenen Ärzte, ihre Namen und Gesichter völlig ineinander verschwommen. Während der restlichen Monate besagten Jahres wurde der pensionierte Ex-Polizist in jeder Hinsicht ein Gärtner. Er verbannte jeden Gedanken an sein früheres Leben mit solchem Erfolg aus seinem Kopf, daß er sich manchmal nicht einmal dann an die Zeit bei der Polizei erinnern konnte, wenn er dies sogar wollte. An die Vorgänge im Zwiebelfeld konnte er sich allerdings noch sehr gut erinnern. In seinen Träumen durchlebte er sie ständig wieder aufs neue. Und er konnte sich auch noch an seine Verbrechen erinnern. Sie zu vergessen, war ein Ding der Unmöglichkeit. Er bezweifelte, daß er seine Verbrechen je vergessen würde können. Alles andere, was sein früheres Leben betraf, sollte er jedoch vergessen – mit Ausnahme seines Dienstrevolvers. Er fing an, mehr und mehr an ihn zu denken.

Er vergaß sogar den Doktor, der sein Vertrauen gewonnen hatte. Selbst Dr. Griffins Gesicht war in seiner Erinnerung verblaßt und schließlich ganz verschwunden. Er hatte es gehaßt, zusammen mit kranken, neurotischen Menschen in den Wartezimmern der Psychiater zu sitzen, obwohl er manchmal dachte, daß er sie eines Tages vielleicht doch wieder aufsuchen würde, falls er nicht aufhören konnte, ständig weiter an seine Verbrechen zu denken. Zumindest *träumte* er nicht mehr von seinen Verbrechen. Er träumte nur noch von der Ermordung von Ian Campbell. Allerdings wollte er den Ärzten nie glauben, wenn sie behaupteten, daß er sich unbewußt für Ians Tod verantwortlich fühlte. Sie begriffen das alles einfach nicht. Er hatte nur wegen der Diebstähle ein schlechtes Gewissen.

Es hatte ihn verwirrt, als ein Arzt ihm die Frage gestellt hatte: »Träumen Sie auch von den Diebstählen?«

»Nein, Doktor.«

»Sie träumen nur von dem Mord?«

»Ja, Doktor.«

»Sie träumen also von dem, wessentwegen Sie keine Schuldgefühle haben?«

»Ja, so ist es, Doktor.«

Sie versuchten, ihn dazu zu bringen, daß er sagte, er fühlte sich an Ians Tod mitschuldig. Aber das stimmte nicht. Das würde er nie sagen. Falls das nämlich stimmte, hätte das bedeutet, daß es einen *Grund* gab, Schuldgefühle zu haben. Daß sie recht hatten. Sie alle. Alle, die der Meinung waren, er hätte Ian in dem Augenblick *getötet*, als er seine Waffe aushändigte.

Aber das war ja verrückt. So etwas durfte er nicht denken. Wenn die Berufungsverhandlung abgeschlossen wäre, würde er sich bestimmt besser fühlen. Dann würde er endlich aufhören, an den Revolver zu denken. An den Revolver, den er Jimmy Smith ausgehändigt hatte. An den Revolver, den er in letzter Zeit so oft an seine Schläfe zu drücken wünschte.

16

Noch bevor der Oberste Gerichtshof von Kalifornien eine Revision einleitete, wurde der Staatsanwalt Phil Halpin mit dem Fall betraut. Nach der Entscheidung im Fall Dorado stand völlig außer Zweifel, daß es zu einem Berufungsverfahren kommen würde.

Halpin hatte gegen diesen kleinen Vorsprung nichts einzuwenden. Mit 7735 Seiten war das Protokoll selbst für einen Mordfall außerordentlich umfangreich. Der junge Staatsanwalt konnte damals noch nicht ahnen, daß sich das Protokoll schließlich mit 45 000 Seiten zum längsten Dokument seiner Art in der Geschichte Kaliforniens ausweiten sollte.

Halpin war begeistert, als er von Joe Busch mit dem Fall betraut wurde. Busch war der renommierteste Anwalt der Staatsanwaltschaft, und der junge, aufstrebende Staatsanwalt würde sich mit diesem Fall sicher einen Namen machen können. Und Halpin stand alles zu Gebote, was dafür notwendig war. Er verfügte über ein jugendlich gutes Aussehen, eine überzeugende Baritonstimme, Scharfsinn, klare Denkfähigkeit und die Gabe, sich verständlich auszudrücken – insgesamt also ein vielversprechender Prozeßanwalt.

Als er mit dem bedeutenden Fall betraut wurde, war Phil Halpin neunundzwanzig Jahre alt. Einunddreißig war er, als er wegen eben dieses Falles aus der Staatsanwaltschaft ausschied. Im Jahr 1967 war er jedoch noch Feuer und Flamme. Er konnte den Prozeßbeginn kaum erwarten.

Im Dezember war der Staatsanwalt geschieden worden – wenige Monate, bevor er mit dem inzwischen berüchtigten Fall betraut worden war, der ihm nach rein juristischen Gesichtspunkten inzwischen zusätzlich an Bedeutung gewonnen zu haben schien, nachdem er durch den Obersten Gerichtshof eine Revision erfahren hatte. Seiner Scheidung wegen hatte er sich immer geschämt, und er war nie ganz das Gefühl losgeworden, daß ihm dadurch ein gewisser Makel anhaftete. In der Staatsanwaltschaft wußte im übrigen niemand, wann die Scheidung schließlich durchgesetzt worden war. Halpin lebte allein in einer Wohnung in den Hügeln über Silverlake. Er führte ein ruhiges Leben, besaß keinen Fernseher und, entgegen den Anordnungen seiner Vorgesetzten, auch kein Telefon. Mit dem Fall Powell/Smith bot sich ihm eine willkommene Gelegenheit, völlig in einer Sache aufzugehen. Er hatte sehr jung ein Mädchen geheiratet, das er seit der zweiten Schulklasse gekannt hatte, und nun war er allein. Er hatte zwei Töchter und den üblichen Schuldanteil an der Scheidung. Er sehnte sich nach einer Aufgabe, die ihn das alles vergessen lassen würde. Mit dem Fall Powell/Smith hatte er diesbezüglich eine gute Wahl getroffen, und dies sogar in einem Umfang, wie er sich das nicht hätte träumen lassen.

Ähnlich wie Richter Mark Brandler war auch Richter Alfred Peracca ein geduldiger Mann, der jedoch über mehr Milde und Freundlichkeit verfügte. Er hatte ein schmales, eingefallenes Gesicht und eine lange Oberlippe, die er oft schürzte. Richter Peracca sah aus, wie man sich allgemein einen Internatsdirektor aus viktorianischer Zeit vorstellt. Er liebte es, mit seinen großen Händen häufig zu gestikulieren.

Richter Peraccas Gerichtssaal befand sich in der Hall of Records, einem heruntergekommenen Bau, in dem es roch wie in einer Kloake, und dies vor allem in der Nähe des Lifts. Und mit Sicherheit war dieses Gebäude noch schäbiger und unwirtlicher als die Hall of Justice.

Während der Vorverhandlungen saß Gregory Powell, mit Anzug und Krawatte bekleidet, am Tisch der Verteidigung und starrte den Staatsanwalt an. Neben ihm befanden sich der Pflichtverteidiger Charles Maple, dann Jimmy Smith, Irving Kanarek und schließlich Phil Halpin. Für eine Weile assistierte dem jungen Staatsanwalt der Staatsanwalt Pat McCormack, elf Jahre sein Vorgesetzter.

Richter Alfred Peracca litt unter ernsten Herzbeschwerden. Zu Beginn der Verhandlung wirkte er noch frisch und ruhte sich während der ersten Wochen auch jeden Vormittag eine Weile aus, aber bis Mittag war er sichtlich erschöpft und sah sich genötigt, seine Medizin einzunehmen. Er war ein guter und nachsichtiger Richter. Allerdings bezweifelte

Staatsanwalt Halpin, ob er selbst bei bester Gesundheit dem gewachsen gewesen wäre, was in jenen endlosen Monaten auf ihn zukommen sollte.

Nach Schätzungen des Staatsanwalts hatte es in der Geschichte von Los Angeles keinen Prozeß gegeben, in dem so viele Anträge gestellt worden waren. Es wurden Anträge gestellt, den Versammlungsort zu verlegen, das Verfahren aufzuspalten, die Geschworenen auszutauschen, das gesamte Geschworenensystem in Frage zu stellen, und schließlich sogar, die Personalakte von Karl Hettinger und Ian Campbell vorzulegen. Presseleute, welche über den Fall geschrieben hatten, wurden vor Gericht zitiert. Smith hatte einen Antrag gestellt, der sich auf Powells geistige Zurechnungsfähigkeit bezog. Charles Maple, Powells Verteidiger, stellte den in den Augen des Staatsanwalts recht gespenstisch wirkenden Antrag, nach fünfeinhalb Jahren die Leiche Ian Campbells zu exhumieren. Es wurde ein Antrag gestellt, Hettinger einen Psychiater zuzuweisen. Irving Kanarek forderte, wegen neorassistischer Einstellung sämtliche Geschworenen zu entlassen. Es wurden Anträge gestellt, Anwälte im Amt zu belassen, Anwälte ihres Amtes zu entheben, Anwälte wieder in ihr Amt einzusetzen, die Angeklagten auf Kaution freizulassen (um diese Anträge wieder zurückzuziehen), das Verfahren für fehlerhaft zu erklären, eine Darstellung des Verbrechens durch Schauspieler nachspielen zu lassen und zu filmen. Und schließlich wurden fast täglich wegen irgendwelcher Mängel und Unzulässigkeiten in der Behandlung der Gefangenen Beschwerden eingereicht.

Es kam zu Anhörungen, die sich oft über Tage hinzogen, ohne daß sie irgend etwas mit dem Prozeß zu tun hatten.

»Euer Ehren«, erklärte Kanarek eines Tages, »wie man mir sagt, hat Mr. Halpin eben die Bemerkung fallengelassen, ich sollte einen ordentlichen Tritt in den Arsch bekommen.«

»Ich bitte Sie, Mr. Kanarek!« entgegnete der Richter.

Kanarek ließ sich nicht beirren. »Also gut, Euer Ehren ...«

»Bitte«, unterbrach ihn Richter Peracca mit dem Wort, das er sicher täglich etwa hundertmal verwendete. Er flehte Kanarek regelrecht an, und wie es schien, ging es dabei um sein Leben. »Ich werde Sie der Nichtachtung des Gerichts

bezichtigen, da Sie sich ständig wiederholen. Und das gleiche gilt für Mr. Halpin. Und jetzt sehen Sie *bitte* zu, daß wir mit der Verhandlung vorankommen.«

»Ich habe zu Mr. Kanarek kein einziges Wort gesagt«, erklärte Halpin. »Und das seit fünf Tagen. Und daran wird sich auch in Zukunft nichts ändern.«

»Euer Ehren«, meldete sich Jimmy Smith zu Wort.

»Von *Ihnen* möchte ich im Augenblick nichts hören, Mr. Smith«, wies ihn der Richter zurück.

»Gut«, fuhr Halpin fort. »Ich möchte hiermit zu Protokoll geben, daß mich das Gericht eben für etwas verwarnt hat, das sich ereignet haben soll, während ich Wasser trinken gegangen bin, und woran ich nicht im geringsten beteiligt war. Ich möchte des weiteren zu Protokoll geben, daß dieser Mann aufgestanden ist und ständig Behauptungen über Dinge aufgestellt hat, die ich angeblich gesagt haben soll, damit ich nun von diesem Gericht verwarnt werde. Ich möchte das Gericht ersuchen, derartige Verhaltensweisen künftig zu unterbinden.«

»Bitte, setzen Sie sich, Mr. Kanarek. Und Sie ebenfalls, Mr. Halpin.«

»Ich mache mir Mr. Kanareks wegen Sorgen, Euer Ehren«, erklärte Jimmy Smith. »Was ist, wenn er sich mit ihm prügelt?«

»Ich würde sagen, Mr. Smith, daß Mr. Kanarek sehr gut auf sich allein aufpassen kann«, entgegnete der Richter müde.

»Und wenn er sich doch mit ihm prügelt?« Jimmy Smith ließ nicht locker, um einen neuen Streitpunkt heraufzubeschwören. »Dieser Mann verteidigt mich, und es geht hier um mein Leben. Wollen Sie damit sagen, ich hätte nicht das Recht, das Gericht darüber zu informieren.«

»Euer Ehren«, schaltete sich Halpin ein. »Soweit ich mich erinnern kann, wurde auch Mr. Smith aufgefordert, zu schweigen.«

»Soll ich hier vielleicht untätig herumsitzen?« begehrte Jimmy Smith weiter auf. »Wie irgendein verdammtes Möbelstück?«

»*Bitte,* Mr. Smith«, flehte der Richter. »Bitte.«

Einen Tag später sagte Kanarek unvermittelt: »Euer Ehren, mir ist zu Ohren gekommen, daß Mr. Halpin im Gerichtssaal eine Schußwaffe im Gürtel stecken hatte.«

Staatsanwalt McCormack hielt den jungen Staatsanwalt auf seinem Stuhl zurück, als dieser ungläubig auf Kanarek starrte, während dieser fortfuhr: »Mr. Smith möchte unter Eid aussagen, daß Mr. Halpin eine Schußwaffe in seinem Gürtel stecken hatte. Und er hat im Verlauf dieses Prozesses ja zur Genüge unter Beweis gestellt, daß er seine Wutausbrüche nicht immer unter Kontrolle zu halten vermag. Er ist vor Gericht erschienen... Ich biete hiermit eine beeidete Zeugenaussage an, daß er mit einer Schußwaffe diesen Gerichtssaal betreten hat!«

»Rufen Sie Smith in den Zeugenstand, und dann werde ich in den Zeugenstand treten, um genau das Gegenteil auszusagen!« platzte McCormack heraus, der inzwischen nicht mehr länger versuchte, seinen Kollegen zurückzuhalten, und selbst aufgesprungen war.

»Rufen Sie ihn schon in den Zeugenstand! Los, rufen Sie ihn schon!« tobte Halpin.

»Wenn hier jemand die Beherrschung verliert...«, konterte Kanarek.

»Ich habe in diesem Gerichtssaal nie die Beherrschung verloren!« stritt Halpin aufgebracht ab.

»Das Protokoll wird genaueste Auskunft über Mr. Halpins Betragen geben«, hielt Kanarek dem entgegen.

»Ich bitte Sie, Mr. Kanarek«, stöhnte der Richter. *»Bitte!«*

Den Rest dieses Tages und den ganzen nächsten Tag nahm eine langgezogene Vernehmung in Anspruch, in deren Verlauf Jimmy Smith unter Eid bezeugte, er hätte Halpin mit einer Schußwaffe gesehen. Kanarek wollte auch Gregory Powell hinzuziehen, der jedoch in Berufung auf die fünfte Ergänzung nicht in diese Angelegenheit verwickelt werden wollte. Der Fall wurde schließlich durch die Hinzuziehung eines Deputy Sheriff geklärt, der ebenfalls an diesem angeblichen Vorfall beteiligt gewesen war.

»Deputy, hatten Sie etwa vor einer Woche mit Mr. Halpin eine Unterhaltung geführt, in der es um eine Pistole ging?« fragte McCormack den Zeugen.

»Ja, das habe ich.«

»Haben Sie solch eine Waffe in den Gerichtssaal mitgebracht?«

»Ja.«

»Hat er sie an sich genommen und eine Weile angesehen?«

»Ja.«

»Hat er sie in seinen Gürtel gesteckt.«

»Ja. Dann hat er sie mir wieder zurückgegeben.«

»Haben Sie die Waffe dann wieder aus dem Gerichtssaal entfernt?«

»Ja.«

Charles Maple nahm den Zeugen ins Kreuzverhör und gelangte zu der Feststellung, daß Halpin den Kauf einer Schußwaffe vorhatte und sich besagte Waffe von dem Deputy hatte zeigen lassen, da dieser ein Waffenspezialist war. Schließlich konnte jedermann zufriedenstellend überzeugt werden, daß Halpin nicht vorhatte, irgend jemanden zu erschießen. Jimmy Smith und Gregory Powell waren jedoch enttäuscht, daß dieses Manöver keinen größeren Aufschub nach sich gezogen hatte. Andrerseits konnte man jedoch nie wissen, was zu einer Revision und Neuaufnahme eines Verfahrens führen konnte. Man durfte nichts unversucht lassen.

Nachdem mehrere Monate verstrichen waren, stützte Richter Peracca regelmäßig vor Beginn der Mittagspause seinen Kopf in seine Hände, während er noch auf der Richterbank saß. Sein Leben befand sich ernsthaft in Gefahr, und er wurde des Vorsitzes in diesem Fall enthoben, um sich schließlich einer Herzoperation zu unterziehen. Dieser Fall sollte noch einige Richter zermürben.

Ins Gefängnis gebrachte Schreibmaschinen wurden regelmäßig auf Metallsägeblätter und Fläschchen mit Flußsäure untersucht, mit der sich Stahl zersetzen ließ. Am 4. Juni 1968 erhielt ein Beamter vom Rauschgiftdezernat von einem Informanten einen Tip, daß in einer Underwood-Schreibmaschine drei Schußwaffen ins Los Angeles County Jail eingeschmuggelt würden. Wie so oft wurden Greg und Jimmy das Opfer von Informanten. Sie zogen zwar die Ermordung von Senator Robert Kennedy als Ursache für das Scheitern ihres Plans heran, aber letztlich hatte ihr Vorhaben von Anfang an keine Chance. Und wenn sie sich nicht selbst gegenseitig hinhängten, geschah dies eben durch einen Dritten.

Polizei und Staatsanwaltschaft schoben die Planung des gescheiterten Ausbruchsversuchs Gregory Powell in die Schuhe, wobei er sich in diesem Fall ausnahmsweise tatsächlich durch eine andere Person hatte anstiften lassen.

»Mensch, Greg«, hatte Jimmy sich eines Abends im Gefängnis an ihn gewandt, als dieser gerade das letzte der ihm zugeteilten Telefongespräche führte. Greg zwinkerte ihm jedoch nur grinsend zu und fuhr mit seinen geflüsterten erotischen Versprechungen an die Frau am anderen Ende der Leitung fort.

Zu diesem Zeitpunkt hatte Maxine sich längst mit einem Tellerwäscher namens Stan the Man zusammengetan und war verschwunden, ohne daß ihre Familie noch die von Greg je wieder etwas von ihr und Gregs Tochter gehört hätte.

»Großer Gott«, zischte Jimmy Smith angewidert. »Was treibt die denn? Fummelt wohl selber an sich rum, was?«

Greg unterdrückte ein Kichern und nickte, um dann in seinen gurrenden und recht unzweideutigen Liebesbeteuerungen an die schwarze Frau mittleren Alters fortzufahren.

Sie war eine einsame, unscheinbar aussehende Frau, und Greg nannte sie sein Schokoladenbonbon. Der Kontakt mit ihr war durch einen Mitgefangenen aus einer der Todeszellen zustande gekommen. Sie war in Greg verliebt und wollte ihn heiraten – egal, ob er neuerlich für schuldig befunden und zum Tode verurteilt wurde oder nicht. Greg und Jimmy sahen in ihr eine Chance zu entkommen.

Es war also Jimmy Smith und nicht Gregory Powell, von dem die Grundidee für ihren Ausbruchsversuch stammte. Er ließ dem Schokoladenbonbon durch einen Freund zwei 38er Revolver überbringen, damit die schwarze Frau dann auf weitere Anweisungen von ihrer Seite wartete. Sie beauftragten ihre Komplizin, Metallkleber und ein zwanzig Zentimeter langes Metallstück zu kaufen, das genau die gleichen Maße hatte wie die Platte an der Rückseite einer Schreibmaschine.

Zur weiteren Durchführung des Plans wurden ein Schwarzer und ein blonder Weißer hinzugezogen. Sie waren Freunde von Greg und Jimmy, die sie durch einen anderen Mitinsassen kennengelernt hatten. Sie hatten ihre persönlichen Gründe für ihr Mitwirken, worunter nicht der geringste war, daß sie an einer Sache beteiligt waren, die höchst aufregend und gefährlich, gleichzeitig mit keinerlei persönlichen Risiken verbunden war. Die Schreibmaschine wurde mit dem Geld gekauft, das Jimmy von seiner Nana und einem Vetter erbettelt hatte. Eine der Schußwaffen, die für die 38er eingetauscht wurden, war eine 25er Automatik in schlechtem Zustand. Der blonde Weiße sollte in der Waffe ein Springmagazin anbringen. Außerdem wurden ein Derringer und ein Revolver erworben, der am schwersten in der Schreibmaschine zu verstecken war. Jimmy gab den Gefängnisbehörden jeden Abend die Nummer seiner Nana, während er in Wirklichkeit Gregs Freundin anrief, um die nötigen Vorbereitungen zu treffen.

Jimmy bat Gregs Freundin, ihnen probehalber eine gemietete Schreibmaschine zu bringen, und erklärte ihr, wie man in der Walze Metallsägeblätter und Schraubenschlüssel versteckte. Da sie sich weigerte, wandte sich Jimmy Smith an einen alten Freund, der nicht wußte, was die Schreibmaschine enthielt. Die Schreibmaschine wurde oberflächlich untersucht und passierte schließlich die Kontrolle ohne Beanstandung.

Sie versteckten die Sägeblätter und die Schraubenschlüssel in alten Pappkartons, die sie aufschnitten und wieder zuklebten. Das Ganze war so einfach gewesen, daß sie es selbst kaum glauben konnten. Als nächstes kamen die Schußwaffen an die Reihe. Neuerlich erklärte sich jedoch Gregs Schokoladenbonbon nur bis zu einem gewissen Grad zur Mitarbeit bereit. Sie wollte die Sendung nicht selbst überbringen, und daran sollten auch die halbstündigen, anzüglichen Versprechungen nichts ändern, die Greg für den Fall seines Entkommens ins Telefon säuselte. Ihnen blieb nur eine Wahl. Sie mußten sich nach einem anderen ›ahnungslosen‹ Freund umsehen.

Jimmy war inzwischen über seinen Ausbruchsplänen in

solche Erregung und Anspannung verfallen, daß er sich durch richterlichen Beschluß vom Gefängnisarzt Beruhigungsmittel verschreiben lassen mußte. Die zwei Partner setzten nun gemeinsam alles und jeden in Bewegung, um ihrem Ausbruchsversuch zum Erfolg zu verhelfen. Und die beiden pflegten fast täglich sexuellen Kontakt miteinander. Jimmy Smith sagte sich, daß damit Powells Sexualtrieb unter Kontrolle gebracht wurde, so daß er sich in verstärktem Maß auf ihren Ausbruchsversuch konzentrieren konnte.

Nun galt es nur noch, einen Blöden aufzutreiben, der ihnen eine Schreibmaschine voller Knarren ins Gefängnis brachte. Greg wählte dafür einen ahnungslosen befreundeten Mitinsassen aus, der Bayer hieß, sich ebenfalls selbst verteidigte und seine Freundin als juristischen Laufburschen einspannte. Am Abend des 7. Juni 1968 brachte demnach eine Miß Grant eine Schreibmaschine für Gregory Powell ins Gefängnis. Aufgrund des Tips durch den Informanten wurde die Maschine durchsucht und die Frau verhaftet. Nicht anders erging es Sylvia, Gregs Schokoladenbonbon.

Als Jimmy in der Nacht zum 10. Juni seine Zelle aufsuchte, war er enttäuscht und deprimiert. Dennoch war das Ganze nicht völlig umsonst gewesen. Immerhin, überlegte er, steckt Powell mit den Gefängnisbehörden in jeder Menge Schwierigkeiten, und das gleiche gilt für Bayer, der sich inzwischen natürlich an den Kopf faßt. Wer weiß? Vielleicht griff sich jemand eines von diesen Metallsägeblättern und ließ ihn über die Klinge springen. Und das Beste an dem Ganzen war, daß niemand, absolut niemand auch nur ahnen konnte, welch beträchtlichen Anteil er, Jimmy Smith, an dieser Geschichte gehabt hatte. Was wieder einmal beweist, dachte er, daß ich schlauer bin als dieses Arschloch mit seinem Truthahnhals. Und als Jimmy Smith dann an diese Schlägerei von einst denken mußte, konnte er sich ein Lächeln nicht verkneifen.

»Du blödes Schwein«, drohte Bayer Gregory Powell. »Hast du mich verstanden? Du wirst denen erzählen, daß meine Freundin von dem Ganzen absolut nichts gewußt hat!«

»Laß mich in Frieden«, knurrte ihn Greg an, worauf Bayer ihn niederschlug.

Ja, dachte Jimmy, so ist es recht, versohl ihm nur ordentlich den Arsch! Und dabei war das noch ein ziemlich leichter Schlag. Und was hat er geschrien, als er zu Boden gegangen ist? Was hat dieses Arschloch geschrien, dachte Jimmy. Er hat sein großes Maul aufgerissen und »Jimmy!« gebrüllt. Ja, das hat er. Dieses Arschloch!

Da sie nichts von dem Informanten wußten, hielten Jimmy Smith und Gregory Powell beharrlich an dem Glauben fest, daß ihr Plan an den verschärften Sicherheitsvorkehrungen des 7. Juni gescheitert war. Denn an besagtem 7. Juni wimmelte es im Gefängnis nur so von Deputies, die einen Neuankömmling namens Sirhan bewachten.

»Wenn nur dieser Scheißaraber nicht Kennedy umgelegt hätte«, klagte Jimmy mitfühlenden Zuhörern sein Leid. »Wenn das kein Pech ist! Ich würde wirklich gern wissen, ob ich nicht auch zur Abwechslung mal ein bißchen Glück haben könnte.«

Das Schlimmste an dem Vorfall sollte jedoch für Jimmy Smith erst später im Gerichtssaal kommen, als er einen der öffentlichen Verteidiger die Schreibmaschine vorführen sah, um zu demonstrieren, wie geschickt der Lauf des Revolvers entfernt worden war, so daß er aussah wie ein Bestandteil der Schreibmaschine. Jimmy fielen fast die Augen aus dem Kopf, als er den Anwalt mit einem Bleistift an der Walze herumstochern sah, wobei ein weißes Pulver zum Vorschein kam, das der Anwalt jedoch erst gar nicht bemerkte. Aber Jimmys Herz blieb fast stehen. Mein Gott, dachte er. Der Schwarze hatte gesagt, er würde dort etwas Stoff verstecken, und er hatte sein Versprechen tatsächlich gehalten. Er hatte das Zeug in der Walze deponiert, und jetzt rieselte es vor aller Augen heraus. Mindestens ein Gramm, vielleicht sogar zwei! Der Überbringer der Schußwaffen hatte also sein Versprechen wahrgemacht und noch eine Kleinigkeit dazugepackt, damit Jimmy Smith für den Ausbruch seine Nerven etwas schonen konnte.

Jimmys Zunge fühlte sich geschwollen und wund an, als der Anwalt schließlich ein kleines Päckchen aus dem Innern der Walze zog. Und als er es aufriß, rieselte ein weißes Pulver zu Boden.

»Was ist das denn?« fragte der Anwalt verwundert und blies die kostbare weiße Substanz fort. »Fingerabdruckpulver?«

»Gütiger Herr Jesus«, stöhnte Jimmy Smith laut auf. »Muß ich denn in meinem Scheißleben immer nur Pech haben!«

Während einer Pause erzählte Phil Halpin seinem Partner Pat McCormack von einem anderen Fall, in dem er es mit Kanarek zu tun hatte.

»Richter Walker wurde so sauer auf Kanarek, daß er das Handtuch geworfen hat und das Verfahren für fehlerhaft erklärt hat«, berichtete Halpin. »Es war ein stinknormaler Fall, der eigentlich in einem halben Tag erledigt hätte sein sollen. Aber dann hat das Ganze doch fünf Tage gedauert.«

»Wie ist die Geschichte denn schließlich ausgegangen?« wollte McCormack wissen.

»Wir einigten uns auf eine Klage wegen eines geringfügigen Vergehens.«

»Dann hat sich seine Taktik also für seinen Mandanten ausgezahlt«, bemerkte Maple, der die Unterhaltung mitangehört hatte.

»Aber hören Sie mal!« brauste Halpin auf. »Wo kommen wir denn hin, wenn das in Zukunft jeder so macht?«

Manchmal dachte Phil Halpin, er würde jeden ersten Besten niederschlagen, der ihm sagte, er sollte sich diesen Fall nicht zu Herzen nehmen. Natürlich nahm er sich das Ganze zu Herzen. Und zwar genau deshalb, weil sich sonst kein Mensch einen Dreck darum scherte. Das Verfahren zog sich einfach schon zu lange hin. Und die Angeklagten wußten natürlich ebensogut wie die Verteidigung, daß es so weit kommen würde, zumal dies ja auch Teil ihrer Strategie gewesen war. Theoretisch hätte sich das in jedem Fall machen lassen, in dem es um ein Kapitalverbrechen ging – sah man einmal davon ab, daß sich auch ein Anwalt in der Regel seinen Lebensunterhalt verdienen muß. Charles Maple war als Pflichtverteidiger eingesetzt, und Irving Kanarek schien sich seines Auskommens wegen wenig Gedanken zu machen. Halpin mußte daran denken, wie Kanarek am ersten Verhandlungstag mit frischgeschnittenen Haaren und in einem teuren Anzug, mit einem sauberen Hemd und Krawatte vor Gericht erschienen war. Den Anzug würde er so lange tragen, bis er ihn wegwerfen mußte. Dann würde er sich wieder einen neuen kaufen.

»Wir befinden uns gerade in einer Phase des Umbruchs, was die Rechtsprechung betrifft«, beschwerte sich Halpin bei seinem Chef. »Alle Richter haben nur noch Angst, daß ihr Verfahren revidiert wird. Und alle behaupten sie, mit Leuten wie diesem Kanarek würden sie nicht fertig.«

Joe Busch, Halpins Chef, lächelte begütigend: »Aber wo ist denn Ihr Humor geblieben, Phil?«

»Ich habe mich mit diesem Kerl so lange herumgeschlagen, daß mir das Lachen vergangen ist«, erwiderte der junge Staatsanwalt.

Richter Arthur Alarcon war vielleicht nicht so gutmütig wie sein Vorgänger in diesem Fall, aber sein Ruf als Jurist war über jeden Tadel erhaben. Zudem war dieser Richter jünger, gesünder und energischer. Er stammte von einer alten Juristenfamilie und einem spanischen Adelsgeschlecht aus dem Südwesten ab. Die Bände über Strafgesetz, Beweisführung und gerichtliche Verfahrensweisen, von Fricke und Alarcon verfaßt, hatten ihm zu beachtlichem Ansehen verholfen und waren in jeder Anwaltskanzlei der Vereinigten Staaten zu finden.

Er war ein Richter, der sich sehr wohl zu behaupten wußte und sich anerkanntermaßen sowohl der Anklage wie der Verteidigung gegenüber absolut fair verhielt. Der Fall Powell/Smith sollte zum Prüfstein dafür werden, ob vor Gericht auch wieder so etwas wie Humor zum Zuge kommen sollte. Und wenn dies irgend jemand bewerkstelligen konnte, dann war dieser Mann Arthur Alarcon.

Allerdings war am 23. Januar 1968 in Saal 78 in den sonst immer lächelnden grünen Augen von Richter Alarcon nicht einmal der Anflug eines Lächelns zu sehen. Wie es seine Art war, hatte Irving Kanarek den Richter schon während seines ersten Satzes unterbrochen, wofür ihn dieser verwarnt hatte. Am nächsten Tag, nach weiteren Disputen, warnte der Richter Kanarek dreimal, er würde durch den Gerichtsdiener die Ordnung im Saal wiederherstellen lassen. Nachdem Kanarek durch den Richter aufgefordert worden war, sich zu setzen, und nachdem es hinsichtlich dieses Punkts zu einem Wortwechsel gekommen war, fragte Richter Alarcon den Verteidiger: »Haben Sie je zuvor einen Angeklagten in einem Mordprozeß verteidigt?«

»Nein, Euer Ehren«, lautete die Antwort.

Als das Gericht wieder zusammentrat, verkündete Richter Alarcon: »Ich habe mich mit dem vorsitzenden Richter beraten und einen früheren Fall, *Das Volk gegen Flanagin*, studiert, in dem Mr. Kanarek den Angeklagten verteidigt hat und in dem ein Antrag auf eine Neuaufnahme des Verfahrens gestellt wurde. Unter den von Richter Hauk für eine Neuaufnahme aufgeführten Gründen hieß es unter anderem, daß Mr. Flanagin, der des Besitzes einer Zigarette mit Marihuana angeklagt war, vor Gericht nicht in zufriedenstellendem Maße vertreten wurde. Die Dauer des Verfahrens wurde allgemein auf einen Tag geschätzt. Insgesamt nahm es dann jedoch zwei volle Wochen in Anspruch.

Mr. Kanarek hat angedeutet, daß er noch nie in einem Fall mit einem möglichen Todesurteil die Verteidigung übernommen hat. Ich habe mir nun Mr. Kanareks Betragen vor diesem Gericht sowie seine Bemühungen, für den Angeklagten Smith ein separates Verfahren durchzusetzen, durch den Kopf gehen lassen. Angesichts der Ernsthaftigkeit der Anklage in diesem Fall und angesichts der Tatsache, daß ein früheres Geschworenengericht den Angeklagten des Mordes ersten Grades für schuldig befunden und die Todesstrafe gefordert hat, halte ich es für die vornehmste Pflicht dieses Gerichts, dafür zu sorgen, daß Mr. Smith auf die bestmögliche Weise vertreten wird.

Angesichts von Mr. Kanareks Mangel an Erfahrung in Fällen mit ausstehendem Todesurteil und angesichts der Tatsache, daß Richter Hauk Mr. Kanarek nicht für befähigt erachtete, einen Angeklagten in einem Prozeß wegen Besitzes von Marihuana, der in der Regel in einem Tag abzuwickeln gewesen wäre, angemessen zu vertreten, hebt das Gericht die Entscheidung von Richter Brandler auf, Mr. Kanarek mit diesem Fall zu betrauen. Mr. Kanarek ist hiermit als Anwalt der Verteidigung entlassen. An seiner Stelle wird Mr. William A. Drake eingesetzt.«

Während der drei Monate, in denen Drake als Jimmy Smith' Verteidiger fungierte, sprach er kaum einmal bei einer gegebenen Gelegenheit mehr als ein Dutzend Worte mit seinem Mandanten, der sich gegen seinen Beistand sträubte und ein desinteressiertes, feindseliges und aggressives Verhalten an den Tag legte.

Drake sollte sogar sagen: »Gott bewahre, daß einem meiner Anträge stattgegeben wird! Smith will nämlich gar nicht, daß sie durchkommen. Genausowenig wie Powell will, daß den seinen stattgegeben wird. Wie alle Verurteilten wollen sie, daß ihre Anträge abgelehnt werden, damit sie einen Grund haben, auf eine Berufungsverhandlung zu drängen. Aber ist das letztlich so verwunderlich? Kann man denn erwarten, daß ein Mensch, der um sein Leben kämpft, mit den Mächten zusammenarbeitet, die im Grunde doch nichts anders versuchen, als ihn zu vernichten?«

Jimmy Smith gab eine schriftliche Erklärung ab, Richter Alarcon möchte nicht, daß mir in diesem Verfahren Gerechtigkeit widerfährt, sondern daß ich für schuldig befunden und hingerichtet werde. Und dies ist der wahre Grund, weshalb er absichtlich meinen Anwalt, Mr. Kanarek, abgelöst hat. Des weiteren bin ich der Überzeugung, daß Richter Alarcon meine Leiche sozusagen als Sprungbrett benutzen möchte, um Gouverneur von Kalifornien zu werden.

Im Mai nahm das Oberste Gericht von Kalifornien einen neuen Berufungsantrag von Irving Kanarek zur Kenntnis und äußerte sich hinsichtlich der Richterentscheidung Alarcons wie folgt: Die Entfernung eines Verteidigers aufgrund einer angeblichen *Inkompetenz* stellt eine ernsthaftere Bedrohung der Unabhängigkeit des Anwaltsstandes dar als der willkürliche Mißbrauch der Möglichkeit der Mißachtung des Gerichts. Wie Mr. Kanarek überzeugend erklärt: *Wenn der Advokat im Angesicht der Bedrohung seine Interessen verfechten muß, daß er, falls seine Argumente und Vorbringungen das Mißfallen des vorsitzenden Richters erregen oder von diesem nicht sofort verstanden werden, aufgrund eines subjektiven Vorwurfs der Inkompetenz durch eben den Gerichtsvorsitzenden, den er von seiner Ansicht zu überzeugen trachtet, grundsätzlich seines Amtes als Verteidiger enthoben werden kann, muß er bei der Vertretung seines Mandanten notwendigerweise mit der äußersten Vorsicht vorgehen, wodurch seinen Bemühungen ein Großteil ihres Nachdrucks und ihrer Wirkung verlustig geht.*

Folglich erklärte der Oberste Gerichtshof des Staates Kalifornien, daß über die Kompetenz eines Anwalts, eine Sache vor Gericht zu vertreten, ausschließlich seine Zugehörigkeit zum Anwaltsstand entschied und nicht die subjektive Anschauung eines Richters. Irving Kanarek wurde wieder mit dem Fall betraut. Richter Alarcon wurde abgelöst, und wieder einmal sollte der Fall Powell/Smith innerhalb des Bereichs der Rechtsprechung Geschichte machen.

Irving Kanareks Mitverteidiger war vermutlich die Person, die noch am ehesten Verständnis für den unerbittlichen und umstrittenen Anwalt aufbrachte.

»Das wäre nicht der erste Prozeß, der, was den eigentlichen Streitpunkt betrifft, bereits verloren ist«, führte Maple zu seiner und Kanareks Entschuldigung an. »Inzwischen ist das Gerichtssystem selbst zum Widersacher geworden. Nach der Alarcon-Affäre, als er für inkompetent erklärt wurde, bekam Kanarek langsam das Gefühl, das *System* hätte etwas gegen ihn persönlich. Aufgrund dessen mußte er sich auf die einzige ihm zugängliche Weise schützen – durch Mehrfacheinsprüche, und dies in allen Bereichen.«

Es waren Berufungsfragen, die Pflichtverteidiger Charles Maple interessierten, der sehr stolz darauf war, seinen Abschluß in Harvard gemacht zu haben. »An dieser Stelle kommt es zu den wirklich einschneidenden Veränderungen innerhalb der Rechtsprechung«, erklärte er seinem Mandanten Gregory Powell. »Es werden zwar nur wenige Berufungsverhandlungen gewonnen, aber die Auswirkungen sind so weitreichend, daß alle Berufungsfragen einen unwiderstehlichen Reiz ausüben. Dabei muß nämlich ein Anwalt versuchen, im Protokoll Streitpunkte zu finden und entsprechend aufrechtzuerhalten, welche verfassungsrechtliche Ausmaße annehmen.«

Aber wenn sich Phil Halpin die Frage stellen sollte, ob sich Charles Maple von seinem Klienten hinters Licht führen ließ, so wäre diese Sorge unberechtigt gewesen. Charles Maple blickte auf eine langjährige Erfahrung bei Gericht zurück und wußte genau, was sein Mandant vorhatte.

»Powell schindet nur Zeit«, erklärte er. »Das ist seine einzige Chance – eine Gesetzesänderung, irgendwelche Berufungsentscheidungen, die Abschaffung der Todesstrafe – und Flucht. Hier unten hat er eine Chance, zu entkommen, während er dort oben nicht die geringste hat.

Ich glaube, daß er genauso intelligent ist wie Chessman. Diese Ganoven sind hervorragende Anwälte. Außerdem stehen ihnen richtige Anwälte zur Seite. Und wer könnte es so einem Burschen schon verdenken, daß er auf alle ihm verfügbaren Mittel und Wege zurückgreift, sein Leben zu retten oder gar die Freiheit zu erlangen? Wer täte das an seiner Stelle nicht genauso?

Warum er sich meiner bedient? Warum er diese Anträge stellt, er möchte sich selbst vertreten? Das tun sie doch *alle*. Wenn dieser Antrag abgelehnt wird, kommen sie eben mit etwas Neuem daher. Wird ihm stattgegeben, dann sagen sie: ›Na gut, aber ich brauche Charlie Maple als Berater. Ich bin nicht in der Lage, selbst juristische Nachforschungen anzustellen. Ich bin kein ausgebildeter Anwalt.‹ In anderen Worten: ›Ich brauche Charlie Maple als meinen Lakaien und Laufburschen.‹ Powell weiß ganz genau, daß das kein Anwalt, der etwas auf sich hält, tun würde. Das Ganze ist nichts weiter als ein Trick. Er bringt einen Streitpunkt aufs Tapet, den befriedigend zu lösen unmöglich ist.

In den Todeszellen tauschen sie Schriftsätze, Anträge und Habeas-corpus-Akte aus. Und wenn sie nicht schon gute Anwälte sind, bevor sie dort eingeliefert werden, dann kennen sie sich in rechtlichen Dingen zumindest ganz gut aus, wenn sie wieder zurückkommen.

Ein Fall, in dem es um einen Polizistenmord ging, wurde dreimal revidiert. Er wurde nie bezüglich der Schuldfrage revidiert, sondern lediglich, weil sich im Lauf der Zeit im rechtlichen Bereich einiges geändert hatte.«

Auch Charles Maple begann sich schließlich über Irving

Kanarek zu beschweren, der den Pflichtverteidiger um drei Uhr früh anrief, um sich mit ihm über einen Antrag zu besprechen, den er am nächsten Tag stellen wollte. Nicht selten arbeitete Kanarek für seinen Klienten, Jimmy Smith, die ganze Nacht hindurch. Aufgrund dieser Tatsache hatte sich Maple schließlich eine neue Telefonnummer zuteilen lassen.

Wenn Charles Maple sich mit dem Staatsanwalt, sei es vor Gericht oder privat, in die Haare geriet, vertrat er eine, wie es ihm schien, unwiderlegbare Position. Er äußerte Halpin gegenüber: »Erheben Sie eine zusätzliche Klage wegen Entführung mit Körperverletzung. Darauf steht lebenslänglich ohne Bewährung. Und wir werden uns des Mordes *und* des zweiten Anklagepunktes für schuldig bekennen. Und wir werden die lebenslängliche Haftstrafe ohne die Möglichkeit einer Bewährung mit Freuden entgegennehmen. Ich habe Ihnen doch schon hundertmal erklärt, daß wir klein beigeben, wenn er nur den Rest seines Lebens im Gefängnis verbringen kann. *Wenn Sie ihn nur nicht töten wollen.* Und jetzt frage ich Sie: Ist das vielleicht zuviel verlangt?«

Der Staatsanwalt hatte dem Kronzeugen ein umfangreiches Paket mit Gerichtsprotokollen geschickt, die er durchlesen sollte, um sein Gedächtnis hinsichtlich seiner Zeugenaussage von 1963 etwas aufzufrischen. Der Zeuge sollte seinen Inhalt jedoch nie anrühren. Seine Frau packte alles wieder ein und schickte es an den Absender zurück. Das Paket war so groß, daß es vierter Klasse immer noch fünf Dollar kostete.

Eines Abends im Sommer des Jahres 1968, als Karl mit Jim Cannell angeln war, hörte Helen Hettinger im Garten Stimmen. Es war kurz vor Mitternacht. Im Dunkeln erkannte sie zwei Männer und hörte einen sagen: »Er muß zu Hause sein; die Außenbeleuchtung ist eingeschaltet.«

»Wer da?« rief sie voller Angst in das Dunkel nach draußen. In Kürze sollte der Prozeß beginnen, und sie erinnerte sich wieder an die Drohbriefe, die sie während des ersten Verfahrens erhalten hatten.

»Ich bin Anwalt und würde gern Ihren Mann sprechen, Mrs. Hettinger«, ertönte von draußen eine Stimme.

»Ich weiß doch gar nicht, wer Sie sind«, erwiderte Helen Hettinger und lugte vorsichtig durch das Fenster nach draußen. »Rufen Sie doch vorher an. Kommen Sie ein andermal wieder. Aber jetzt gehen Sie bitte fort.« Später versuchte sie, den Mann zu beschreiben. Er war ein kleiner, dicker Mann. Obwohl er sehr höflich zu ihr war, hatte sie Angst.

Als ihr Mann davon hörte, dachte er sofort an professionelle Killer, von den Angeklagten gedungen. Er wußte nicht, ob er die Polizei verständigen sollte oder nicht.

Einige Tage später kamen die beiden Männer am frühen Abend zurück. Einer der Männer entschuldigte sich bei Karl Hettinger, daß er seine Frau erschreckt hatte, und bat darum, mit ihm sprechen zu dürfen. Der Mann erklärte dem Zeugen, daß er ein Gerichtsangestellter war und daß der Zeuge mit ihm sprechen sollte.

»Lassen Sie mich in Ruhe«, forderte Karl. »Wenn Sie mit mir reden wollen, dann bitte im Büro des Staatsanwalts oder vor Gericht. Und erscheinen Sie bitte *nie wieder* hier in meinem Haus und erschrecken meine Familie.«

Der Mann ging. Der Zeuge zitterte. Bald würde er diesem Mann im Gerichtssaal gegenüberstehen. Es war Irving Kanarek.

Karl Hettinger erhielt eine Vorladung zu den Vorverhandlungen, da Charles Maple und Irving Kanarek verschiedenes über ihn in Erfahrung gebracht hatten.

Seit die Angeklagten ihn zum letztenmal gesehen hatten, waren fünf Jahre vergangen. Er war inzwischen abgemagert und nervös, während sie im Laufe der Zeit sichtlich zugenommen hatten und sich auch sonst recht entspannt, wenn nicht sogar gelangweilt gaben. Er ging und saß vornübergeneigt. Die Augen schlug er in der Regel nieder, und er befeuchtete häufig seine Lippen. Er kam seinen ehemaligen Jägern sehr verändert vor.

»Waren Sie bei irgendwelchen Ärzten in Behandlung, oder haben Sie sich irgendeiner Form von Therapie unterzogen?« fragte Maple den Zeugen.

»Einspruch«, unterbrach McCormack.

»Stattgegeben«, erklärte der neue Richter, Thomas Le Sage.

»Gibt es irgendwelche Ärzte, mit denen Sie über die Geschehnisse in Kern County gesprochen haben?«

»Einspruch«, unterbrach McCormack neuerlich.

»Stattgegeben.«

»Euer Ehren, wenn es gestattet ist«, erklärte Kanarek, »dann möchte ich ihn auf seinen Geisteszustand untersuchen lassen.«

»Stattgegeben!« platzte der Richter heraus, ohne den Einspruch abzuwarten.

»Könnte ich dann vielleicht...«, begann Kanarek.

»Stattgegeben! Ich habe bereits in aller Deutlichkeit erklärt, worüber Sie im Augenblick Ihre Nachforschungen anzustellen ermächtigt sind.«

»Euer Ehren, darf ich vor die Richterbank treten?«

»Nicht in Zusammenhang mit demselben Thema. Nein.«

»Euer Ehren, es geht diesmal um die Zurechnungsfähigkeit des Zeugen.«

»Darum geht es diesmal *nicht*.«

»Aber es wird irgendwann einmal darum gehen«, drohte Kanarak.

Richter Thomas Le Sage hatte nicht sehr viel über den Marathonfall gewußt, als er am ersten Prozeßtag die Richterbank einnahm. Er wußte jedoch, daß dieser Fall sowohl Richter Brandler wie Richter Alarcon eine Revision durch den Obersten Gerichtshof eingetragen hatte. Und er wußte, daß wegen dieses Falles Richter Peraccas Herz um ein Haar versagt hätte. Er wußte, daß niemand diesen Fall haben wollte und daß man deshalb ihn, den neu ernannten, rangniedrigsten Richter des Oberen Gerichtshofs, damit betraut hatte. Inzwischen ließ sich mit diesem Fall längst kein Aufsehen mehr erregen und keine Publizität mehr gewinnen. Das einzige, was dabei herausspringen würde, war eine frustrierende Plackerei.

Richter Le Sage war eine sehr würdevolle Person, und dies vielleicht in etwas übertriebenem Maß. An seinem ersten Tag auf der Richterbank erklärte er, ohne etwas von den Monaten zermürbender Antragstellungen zu wissen: »Nun, meine Herren, gibt es irgendwelche Vorverhandlungsanträge?«

Irving Kanarek strahlte übers ganze Gesicht. Charles Maple grinste. Phil Halpin brach mit einem Stöhnen seinen Bleistift mitten entzwei.

Staatsanwalt Halpin war zwar über Charles Maples absichtliche Verzögerungsmethoden, über seine schon fast zwanghafte Gründlichkeit und über seine Bereitschaft, sich Kanareks kleinlichen Anträgen anzuschließen, sichtlich frustriert. Aber er wußte ihn dennoch hinsichtlich seiner Qualitäten als Anwalt zu schätzen, so daß er nie wirklich ernsthaft über Powells Verteidiger in Wut geriet. Und seltsamerweise nahm im Lauf dieser zermürbenden Monate sogar sein anhaltender Ärger über Kanarek ab. Sein anfänglicher Elan stumpfte mehr und mehr ab.

»Niemand schert sich auch noch einen Dreck um den Fall«, beschwerte er sich bei seinen Vorgesetzten. »Jeder neue Richter, der uns zugeteilt wird, bringt kaum mehr als ein amüsiertes Lächeln für meine vergeblichen Bemühungen auf. Es steht gar nicht mehr zur Debatte, was eigentlich der Auslöser für diesen Prozeß war. Kein Mensch interessiert sich dafür, daß hier einmal auf brutalste Weise ein Polizist umgebracht wurde. Pat McCormack redet schon seit einiger Zeit davon, sein Amt niederzulegen und eine Stelle als Untersuchungsrichter anzutreten. Dann bin ich ganz allein. Für den gesamten Prozeß!«

»Nehmen Sie sich diesen Kanarek nicht so zu Herzen«, lautete darauf in der Regel die gängige Antwort.

»Es geht hier doch gar nicht um Kanarek, verdammt noch mal! Es ist das System, das einen Mann wie ihn gewähren läßt! Eines Tages werden Hunderte von Mördern wieder auf freien Fuß gesetzt werden, weil plötzlich alle Zeugen und Richter und Staatsanwälte entweder sterben oder sich in Luft auflösen oder einfach aufgeben!«

»Ach was, Phil, wenn alles vorüber ist . . .«

»Manchmal beschleicht mich das verrückte Gefühl, daß diese Geschichte nie ein Ende nehmen wird. Es ist doch auch schon in der Natur des Rechts angelegt, daß es keine Endgültigkeit gibt. Hier handelt es sich um einen aufreibenden Zermürbungskrieg im Niemandsland, den schließlich die Obstruktionspolitiker gewinnen werden. Richter Peracca wäre fast gestorben. Wissen Sie eigentlich, wie viele Richter in diesem Prozeß bereits den Vorsitz innehatten? Wie viele Menschen schon darin verwickelt wurden? Und über wie viele Jahre hinweg? Werden wir überhaupt in der Lage sein, diese Zivilzeugen wieder vor Gericht zu *zerren*, falls und wenn wir je mit dem Hauptverfahren anfangen?«

»Phil, Sie sind einfach ein bißchen überarbeitet. Sie sollten sich...«

»Das amerikanische Rechtssystem ist doch schon seit unerdenklichen Zeiten zum Gespött der gesamten englischsprachigen Welt geworden, während es für den Rest der Welt sowieso vollkommen unverständlich ist.«

»Spannen Sie doch dieses Wochenende mal richtig aus, Phil. Gehen Sie mit Ihrer Frau mal schön zum Essen aus. Sehen Sie sich einen netten Film oder eine Show an.«

Mein Gott, dachte Halpin, als ihm klar wurde, daß niemand von seiner Scheidung wußte und wie einsam er sich fühlte.

Als Phil Halpin schließlich das Handtuch warf, war dies eine Folge verschiedener Vorfälle. Bevor er endgültig zusammenbrach, kam es noch zu mehreren kleinen Scharmützeln.

Bei einer Gelegenheit nahm McCormack seine dicke Brille ab und forderte Kanarek auf, nach draußen zu kommen, um sich mit ihm zu prügeln. Kanarek wich nur mit einem geduldigen Blinzeln erstaunt zurück und verzog angewidert seine wulstigen Lippen, daß McCormack sich zu solch einer Unbeherrschtheit hinreißen lassen konnte. Seine Miene gab unmißverständlich zu verstehen, daß er sich nicht provozieren lassen wollte. Er würde keineswegs die Fassung verlieren.

Es gab jedoch auch spaßigere Momente. Einer jener regelmäßig im Gerichtssaal anwesenden Zuschauer, von den Anwälten mit dem Spitznamen ›Schrankengeier‹ belegt, begann an die in den Prozeß verwickelten Anwälte schriftliche Vorschläge weiterzureichen, wie sie im weiteren Verlauf des Verfahrens vorgehen sollten. Dieser Mann heftete sich nun Irving Kanarek verstärkt auf die Fersen, so daß er dem Verteidiger mehr und mehr auf die Nerven ging. Kanarek versuchte, seinen Schatten wegen unachtsamen Auf- und Abgehens vor dem Gerichtsgebäude verhaften zu lassen, aber die Polizei weigerte sich, ihn in Gewahrsam zu nehmen. Darauf ordnete das Gericht an, der Mann sollte aufhören, Kanarek nachzustellen.

Phil Halpin machte sich dagegen wegen seines psychischen Zustandes Sorgen, als er feststellte, daß er nicht mehr imstande war, mit den anderen über diesen Vorfall zu lachen. »Ich habe diesen Menschen nun schon zu lange miterlebt, um noch über ihn lachen zu können«, erklärte Halpin.

Als sich dann herausstellte, daß McCormack aus seinem Amt als Staatsanwalt ausschied, wurde die Lage für Halpin unerträglich. Nun war er endgültig allein.

Am 6. März 1969 kam es dann zu einem Routinewortgefecht bezüglich einer Geschworenen, der von der Verteidigung Befangenheit vorgeworfen wurde. Nachsichtigerweise hatte das Gericht zugelassen, daß jeder Geschworene einzeln wegen Befangenheit überprüft wurde. An diesem Tag war nur jene eine Geschworene im Gerichtssaal anwesend. Die Frau stand gerade im Zeugenstand, als Irving Kanarek plötzlich völlig unvermittelt zu Phil Halpin hinübersah und erklärte, er erhöbe gegen eine bestimmte Bemerkung Einspruch.

»Ich richte meine Bemerkungen ausschließlich an das Gericht«, verteidigte sich der junge Staatsanwalt.

»Sein Gesicht war Mr. Maple zugewandt«, erklärte Kanarek dem Richter. »Und er hat ›Fuck you‹ gesagt.«

»So etwas habe ich nie gesagt!« platzte Halpin heraus. Er wurde kreidebleich im Gesicht und sprang auf. »So etwas habe ich nie gesagt! Ich dulde nicht, daß dieser Mann so etwas von mir behauptet!«

Richter Le Sage, ein gottesfürchtiger Mann, wirkte schokkiert. Die Geschworene sah aus, als fiele sie jeden Augenblick in Ohnmacht.

Mit geballten Händen und weit hervortretenden Augen starrte Phil Halpin seinen Kontrahenten an, der lediglich blinzelnd einen Schritt zurückwich und den Richter mit demselben geduldigen Bulldoggenblick ansah, den Phil Halpin nun schon seit eineinhalb Jahren hassen gelernt hatte. Und dann stürzte Halpin auf Kanarek zu und packte ihn am Hemd.

»Ich dulde nicht, daß dieser Mann so etwas von mir sagt!« kreischte der Staatsanwalt.

»Moment mal!« schrie Jimmy Smith dazwischen und stand auf.

»Setzen Sie sich!« brüllte der Gerichtsdiener und rannte auf ihn zu.

»He!« protestierte Jimmy.

»Ich habe nie so etwas gesagt, und ich dulde das einfach nicht!« schrie Halpin und schüttelte Kanarek, der sich nicht zur Wehr setzte.

»Er hat das gesagt, bevor er mich gepackt hat!« erklärte Irving Kanarek.

»Er hat ihn geschlagen!« kreischte Jimmy Smith.

»Einen Augenblick mal«, schaltete sich der Richter ein.

»Der Gerichtsdiener! Der Richter! Mr. Maple! Alle im Saal Anwesenden haben es gesehen!« schrie Jimmy Smith.

»Ich möchte, daß dieser Mann aufgefordert wird, still zu sein!« forderte Halpin und ließ Kanarek los.

»Alle Anwälte, nehmen Sie bitte Platz!« befahl der Richter.

»Wenn Sie *mich* so behandeln, dann können Sie was erleben!« schrie Jimmy Smith weiter.

»Setzen Sie sich!« forderte ihn der Richter auf.

»Ich bin ein Mann!« tobte Jimmy. »Ein *Mann!*«

»Alle Anwälte, bitte Platz zu nehmen!« wiederholte der Richter.

»So ist es recht!« wandte sich Jimmy Smith an Halpin, der beobachtete, wie Kanarek ruhig dastand und in einer anklagenden Geste seine Hände gegen den Richter ausstreckte.

»Einen Augenblick, bitte!« wiederholte der Richter.

»Euer Ehren...«, begann Kanarek.

»Einen Augenblick, bitte, Mr. Kanarek!« fiel ihm der Richter ins Wort. »Und setzen Sie sich erst einmal!«

Kanarek ließ nicht locker. »Euer Ehren...«

»Einen Augenblick! Setzen Sie sich!«

»Dagegen müssen wir etwas unternehmen, Euer Ehren.

So geht das nicht weiter! Er hat ihn geschlagen!« schrie Jimmy Smith außer sich.

»Einen Augenblick mal«, flehte der Richter

»Was soll das eigentlich?« brüllte Jimmy Smith. »Er hat meinen Anwalt angegriffen!«

»Einen Augenblick, bitte, Mr. Smith!«

»Ich bitte um Gehör!« erklärte Halpin.

»Einen Augenblick!« donnerte der Richter los.

»Das ist doch nicht zu fassen!« protestierte ein ungläubiger Jimmy Smith.

»Das Gericht ordnet zu diesem Zeitpunkt an, eine Pause einzulegen«, verkündete der Richter. »Die Anwälte sind angehalten, die einzelnen Parteien sind angehalten, und der Gerichtsdiener ist angehalten, dem Gericht mitzuteilen, wenn...«

»Euer Ehren...«, unterbrach ihn Kanarek.

»Einen Moment, bitte, Mr. Kanarek! Sie setzen sich erst einmal hin! Außerdem haben Sie bis auf weiteres zu schweigen. Und ich untersage Ihnen, mit irgend jemandem auf irgendeine Weise, sei es durch Worte oder Gesten, Kontakt aufzunehmen!«

»Euer Ehren!« protestierte Kanarek.

»Einen Augenblick, Mr. Kanarek! Sie wurden angewiesen, zu schweigen!«

»Ja, Euer Ehren«, gab Kanarek schließlich klein bei.

»Das Gericht legt eine Pause ein«, verkündete daraufhin der Richter, »damit die Anwälte Zeit zum Nachdenken haben und emotional wieder ins Gleichgewicht kommen.«

Als das Verfahren eine Viertelstunde später wiederaufgenommen wurde, sagte der Richter: »In Verbindung mit dem letzten Vorfall, fordert das Gericht alle Anwälte auf, sich in keiner Weise an das Gericht zu wenden, während es folgende Anweisungen verkündet: Mr. Halpin und Mr. Kanarek reichen bis spätestens Donnerstag, sechzehn Uhr, eidesstattliche Erklärungen bezüglich besagten Vorfalls ein. Das Gericht wird darauf über die Frage befinden, ob einer oder beide Anwälte der Mißachtung des Gerichts schuldig sind. Die Gerichtsdiener, Sheriffs, Schreiber und Reporter erhalten hiermit Anweisung, nicht über den Vorfall zu sprechen.«

»Euer Ehren«, meldete sich Kanarek zu Wort. »Wenn es gestattet ist, möchte ich darum bitten, daß Mr. Halpin unverzüglich wegen eines Vergehens verhaftet wird, das er in Anwesenheit des Gerichts und unter Verletzung des Strafgesetzbuches des Staates Kalifornien begangen hat. In Anwesenheit von Wahrern des Friedens hat er einen tätlichen Angriff gestartet.«

Phil Halpin war am Ende. Er gab nicht nur den Fall ab, sondern schied auch aus der Staatsanwaltschaft aus und schwor sich, nie wieder einen Gerichtssaal zu betreten. Angesichts dessen war es nur ein schwacher Trost, daß Irving Kanarek der Fall entzogen wurde, kurz bevor Halpins Ausscheiden endgültig besiegelt war.

Es sollte Jimmy Smith sein, der schließlich Kanareks Entlassung herbeiführte. Noch im selben Monat reichte er eine schriftliche Erklärung ein, in der er das Gericht ersuchte, seinen Anwalt bei der Überprüfung der Geschworenen anhand rassischer Gesichtspunkte zu bremsen.

›Dieser Angeklagte gehört weder irgendwelchen schwarzen militanten Organisationen an, noch sympathisiert er mit ihnen. Anwalt Kanarek weiß nicht das geringste über den rassischen Hintergrund des Angeklagten als Mitglied der schwarzen Rasse. Hochachtungsvoll...‹

Eine weitere Erklärung von Jimmy Smith, im selben Monat verfaßt, hatte folgenden Inhalt: ›Mit allem gebührenden Respekt wird darauf hingewiesen, daß besagtem Anwalt jede Einsicht in ein angemessenes Verhalten vor Gericht und in rechtlichen Verfahrensweisen abhanden gekommen ist, falls besagter Anwalt solche Kenntnisse je sein eigen nennen konnte. Hochachtungsvoll...‹

Während einer Mittagspause im März, sechs Jahre nach der Ermordung Ian Campbells, verließ Staatsanwalt Joe Busch zusammen mit Irving Kanarek das Gerichtsgebäude und äußerte ihm gegenüber: »Irving, Sie sollten Ihre Art, mit Menschen umzugehen, mal von einem Psychiater analysieren lassen. Ihr Verhalten befremdet andere Menschen sichtlich.«

Offensichtlich kam Irving Kanarek diesem Rat nicht nach. Als sich jedoch später der Richter auf seiner Bank niederließ, wollte Kanarek zu Protokoll geben lassen, daß der Staatsanwalt gesagt hatte, er sollte einen Psychiater aufsuchen.

Gegen Ende des Monats wurde Jimmy Smith zusehends aggressiver gegen seinen Verteidiger, bis er ihn schließlich tätlich angriff.

Staatsanwalt Joe Busch sagte: »Als Jimmy Smith mit seinem Stuhl warf und Kanarek über den Haufen stieß, war das für den Richter vermutlich der ausschlaggebende Punkt.« Richter Le Sage hörte sich noch einmal einen Antrag von seiten Jimmy Smith' an, seinen Anwalt zu entlassen, um ihm schließlich stattzugeben. Darauf wurde ein Anwalt aus Pasadena namens Charles Hollopeter in den Gerichtssaal gerufen, um mit Jimmy Smith zu sprechen. Kanarek machte geltend, sein Mandant wäre innerlich zu sehr aufgerüttelt und verwirrt, als daß er eine klare und freie Entscheidung treffen könnte, ihn zu entlassen.

»Das Vorgehen des Gerichts ist durch nichts gerechtfertigt«, protestierte Kanarek mit allem Nachdruck.

»Sie werden erneut aufgerufen, sich zu setzen, Mr. Kanarek, während das Gericht Mr. Smith anhört«, wies ihn der Richter in die Schranken.

»Euer Ehren, dann muß ich anhand von *Cooper gegen den Oberen Gerichtshof* Einspruch erheben«, setzte sich Kanarek zur Wehr.

Der Richter hörte sich Kanareks Argumente an, um ihn schließlich erneut aufzufordern: »Sie erhalten hiermit noch einmal Anweisung, sich zu setzen!«

Dann brachte der Verteidiger vor, die Entscheidung des Gerichts, ihn zu entlassen, stellte eine Verletzung der Rechte seines Mandanten dar.

»Nun, wenn Euer Ehren für gegeben hält, daß man mir das Wort verbietet und daß ich durch den Sheriff geknebelt werde. Wenn Euer Ehren für gegeben hält, daß dies zu Protokoll gegeben wird, daß das Protokoll zu erkennen geben wird, daß man mir hier das Wort verbietet, als würde mich der Gerichtsdiener zurückhalten und niederziehen und mich an meinen Stuhl fesseln und mir einen Knebel in den Mund stopfen. Falls Euer Ehren für gegeben hält, daß das im Protokoll stehen soll, dann, glaube ich, hat Euer Ehren wirklich verstanden, worauf ich hinauswill. Wenn das von Euer Ehren gefälligst als gegeben zur Kenntnis genommen werden möchte?«

»Davon wird nicht das geringste im Protokoll aufgenommen werden, Mr. Kanarek!« erklärte der Richter schockiert. »Das Gericht ist jederzeit bereit, Sie in allem, was Sie zu sagen haben, anzuhören! Und als Mitglied des Anwaltsstandes fordere ich Sie erneut auf, sich zu setzen, während das Gericht fortfährt.«

Der Verteidiger brachte weitere Einwände vor, wonach der Richter nicht ermächtigt wäre, Jimmy Smith hinsichtlich der Frage anzuhören, ob er seinen Anwalt entlassen wollte. Schließlich sagte Kanarek: »Möge damit als gegeben betrachtet werden, daß ich geknebelt worden bin und daß Euer Ehren alle Macht, daß Euer Ehren alle ihm zu Gebote stehende Macht, inhärent, gesetzesgemäß, verfassungsrechtlich und tatsächlich, eingesetzt und angewendet hat, indem er mich daran gehindert hat, mich der englischen Sprache zu bedienen – indem er mich daran gehindert hat, zu sprechen. Wenn *das* bitte als gegeben zur Kenntnis genommen werden möge, Euer Ehren?«

»Das Protokoll wird dergleichen nicht wiedergeben, Mr. Kanarek!« konterte der Richter. »Das Gericht ersucht Sie lediglich, sich zu setzen. Und das Gericht versichert Ihnen neuerlich, daß Sie ausreichend Gelegenheit erhalten werden, hinsichtlich dieser Frage Ihre Meinung zu äußern.«

»Darum geht es nicht, Euer Ehren.«

»Sie werden freundlichst aufgefordert, sich zu setzen.«

»Euer Ehren, ich möchte mich hier auf keinen Fall entgegen den Anweisungen des Gerichts verhalten, aber mir scheint gegeben, daß Euer Ehren, basierend auf meiner Kenntnis des Rechts, gesetzeswidrig vorgeht... Ich will also nichts weiter sagen, als daß dieser Umstand als gegeben zur Kenntnis genommen werden möge, damit dieser Streitpunkt festgehalten ist. Und wenn er festgehalten ist, dann mögen sich klügere Köpfe als die unseren damit befassen. Das ist doch der Sinn unserer Berufungsgerichte. Ihre Aufgabe besteht darin, Fehler auszumerzen und uns zu sagen, wenn wir etwas falsch gemacht haben... Wenn das bitte als gegeben zur Kenntnis genommen werden möge, Euer Ehren?«

»Nein! Das Gericht kann eine diesbezügliche Anweisung nicht erteilen, da dieser Antrag in keiner Weise der gegebenen Situation im Gerichtssaal gerecht wird, Mr. Kanarek.«

»Euer Ehren verfügt mit Sicherheit über die Macht, mich durch den Gerichtsdiener in Gewahrsam nehmen zu lassen. Das steht eindeutig in der Macht Euer Ehren. Ich bin nicht daran interessiert, mich einer Anweisung des Gerichts entgegenzustellen. Und ich bin nicht daran interessiert, mich ihm zu widersetzen.«

»Mr. Kanarek«, erwiderte der Richter geduldig. »Das Gericht ist nicht der Anschauung, daß Sie sich ihm hier mit Ihren Argumenten offen widersetzen. Sie werden nur ein weiteres Mal aufgefordert, sich zu setzen, während das Gericht mit dieser Vernehmung fortfährt.«

»Gut, Euer Ehren, ist dem so? Wenn ich nämlich damit weitermache, wird dann irgendwann der Punkt kommen, an dem mich Euer Ehren durch den Gerichtsdiener in Gewahrsam nehmen lassen wird.«

»Sie brauchen sich nur zu setzen, Mr. Kanarek. Das Gericht beabsichtigt nicht, eine solche Anweisung zu erteilen. Sie werden nur aufgefordert, sich zu setzen.«

»Dann, Euer Ehren, möge bitte zur Kenntnis genommen werden, worum ich gebeten habe? Ich möchte nicht... ich meine, ich möchte – ich möchte natürlich allen Anweisungen des Gerichts nachkommen, die berechtigt sind. Aber mit allem gebührenden Respekt, Euer Ehren, es ist meine respektvolle Überzeugung, daß diese Anforderung nicht gesetzesgemäß ist.«

»Mr. Kanarek, das Gericht erinnert Sie von neuem daran, daß Sie nach wie vor stehen und sich gegen die ausdrücklichen Anweisungen des Gerichts an dieses wenden!«

»Aber, Euer Ehren, nachdem Euer Ehren entschlossen sind, daß Euer Ehren mich nicht verhaften lassen wollen, dann bleibt mir keine andere Wahl, Euer Ehren. Ich möchte zu Protokoll geben, daß ich meiner gegenwärtigen Situation zufolge als verhaftet gelte, daß ich für schuldig gelte, das Gericht mißachtet zu haben. Außerdem ist es eine anerkannte Tatsache, daß das Gericht mir mit aller ihm zur Verfügung stehenden Gewalt den Mund verbietet und so weiter. Und der Grund, weshalb ich diesem Punkt solche Bedeutung beimesse, Euer Ehren, ist darin zu sehen, daß das, was Mr. Smith sagt, unter Umständen vom Staatsanwalt gegen ihn verwendet werden kann, zuzüglich der Tatsache, daß er das Recht hat, daß ich ihn psychiatrisch untersuchen lasse.«

»Sie haben diesen Antrag mehrere Male gestellt, nicht wahr, Mr. Smith?« wandte sich der Richter schließlich an den Angeklagten.

»Ja, ich habe den Antrag gestellt, Mr. Kanarek zu entlassen.«

»Und Sie wünschen immer noch, daß das Gericht diesem Ihrem Wunsch nachkommt?«

»Ja, Euer Ehren, das möchte ich. Bitte.«

»Möchte das Volk zu diesem Antrag etwas äußern?«

»Euer Ehren, dagegen möchte ich Einspruch erheben!« protestierte Kanarek.

Schließlich verkündete Richter Le Sage: »Es ist zunehmend offensichtlicher geworden, daß zwischen dem Angeklagten Smith und seinem Verteidiger ein zunehmender Mangel an Vertrauen und Kommunikationsbereitschaft Bedeutung gewonnen hat. Dieser Mangel an Vertrauen hat zu tätlichen Auseinandersetzungen zwischen dem Angeklagten Smith und seinem Verteidiger im Gerichtssaal geführt... Das Gericht ist der Meinung und stellt fest, daß die in der Verfassung konstituierten Rechte...«

»Euer Ehren!« unterbrach Kanarek.

»Einen Augenblick bitte – auf Rechtsbeistand dem Angeklagten Smith abgesprochen werden, falls er weiter durch Mr. Kanarek vertreten werden sollte. Mr. Kanarek ist hiermit entlassen.«

Dieser Beschluß wurde am 1. April 1969 eingereicht. Am nächsten Tag ordnete der Richter an, das bis dahin gekoppelte Verfahren aufzusplittern.

Als Phil Halpin die Passage las, in der Richter Le Sage den Verteidiger aufforderte, sich zu setzen und zu schweigen, wand er sich auf seinem Stuhl. Der Verteidiger fühlte sich innerlich aufgewühlt, verwirrt und erregt.

Als gegeben betrachtet, daß er sich gesetzt hatte. *Als gegeben betrachtet,* daß er zum Schweigen gebracht worden war. Mit einemmal begriff der Staatsanwalt. Sie alle hatten die Grenze zum Wahnsinn überschritten. Die faktischen Tatsachen waren völlig bedeutungslos – nur noch *Worte* zählten. Ein Mann brauchte nicht mehr zu sitzen, wenn *als gegeben betrachtet wurde,* daß er saß. Er brauchte nicht mehr zu sprechen, wenn *als gegeben betrachtet wurde,* daß er sprach. Auf diese Weise konnten Anwälte alles behaupten. Sie konnten *als gegeben betrachten,* daß eine Lüge die Wahrheit, daß eine Einbildung Wirklichkeit war. Wer hätte dagegen etwas einzuwenden vermocht? Nur die Worte zählten noch.

Eines Nachts lag er allein im Dunkel in seinem Bett und ließ seine gescheiterten Träume und das ganze Wrack seines bisherigen Lebens an sich vorüberziehen, wie das vor ziemlich genau sechs Jahren ein junger Mann namens Jimmy Smith getan hatte, der damals genauso alt gewesen war.

Er hatte versagt, und zwar sowohl im Beruf wie im Privatleben. Er fragte sich, ob er seine Ehe wohl der buhlerischen Berufung geopfert hatte, deren Ruf er so zielstrebig gefolgt war. Fünfzehn Stunden am Tag, und das sieben Tage die Woche, hatte er sich durch das Jurastudium gebüffelt. Er war krank, von einem Grippevirus daniedergestreckt und von einem erbarmungslosen, die Lungen halb zerreißenden Husten gemartert. Er dachte daran, sich besinnungslos zu betrinken, bis er das Bewußtsein verlor. Aber er war zu schwach, um aus dem Bett aufzustehen.

Ich habe es ihnen zu erklären versucht, dachte Halpin in seinem Fieber. Alle Richter waren gleich gewesen. Sie wollten einfach nicht begreifen, daß kein Angeklagter mit seinen Vernichtern zusammenarbeiten würde. Man konnte einen Angeklagten nicht zum Nachgeben bringen, indem man ihm alles gestattete, wonach er verlangte. Diesen Punkt hatte er den Richtern einfach nicht begreiflich machen können. Und sie wollten auch nicht glauben, daß die Possen der Verteidigung nichts anderes waren als der eindeutige Versuch, das System als solches lahmzulegen. Wie viele Richter hatten ihm gegenüber geklagt: ›Ich bekomme den Fall einfach nicht unter Kontrolle, Mr. Halpin.‹

Er dachte an das gute Angebot, als selbständiger Anwalt zu arbeiten, das er ausgeschlagen hatte. Er hatte es wegen dieses Falles sausen lassen. Dieser Fall hatte ihn in extrem starkem Maße beschäftigt, und dies nicht nur wegen des Mordes. Sicher, er war ebenfalls in Glendale aufgewachsen wie Karl Hettinger und kannte zum Teil dieselben Leute wie er. Sicher, auch er hatte zwei Töchter wie Ian Campbell. Sicher, er verabscheute zutiefst, was Kanarek und Maple Hettinger anzutun versuchten. Aber zum Schluß war er absolut unfähig, zu unterscheiden, wer nun eigentlich die Übeltäter und wer die Dummen waren. Was ihm wirklich Angst machte, war das, was dieser Fall seiner Auffassung von seinem Beruf angetan hatte – und ihm selbst.

Über die Ereignisse in einem Gerichtssaal wurden Bücher geschrieben und Filme gedreht. Ihre Dramatik war der reine Schwindel. In einem echten Gerichtssaal herrschte keine Dramatik. Eher war das Ganze mit einem schlechten Witz zu vergleichen und mit Sicherheit keine Aufgabe, der man sein Leben hätte widmen können.

Wir sind nicht im entferntesten an einer Wahrheitsfindung interessiert, dachte er. Die Zeit steht auf seiten der Verteidigung, und die Gerichte lassen zu, daß daraus Nutzen gezogen und der Gerechtigkeit ins Gesicht gespuckt wird. Wer kann dieses System noch ernst nehmen? Mit Sicherheit nicht die Angeklagten. Auch nicht die Öffentlichkeit. Und auch *ich* nicht, weiß Gott!

Wenn Anwälten gestattet wurde, diesen kläglichen Vorgang zu behindern und sogar zum Stillstand zu bringen, dann war das nicht einmal purer Wahnsinn. Es war ein Wahnsinn, dem eine gewisse Würde innewohnte.

Mit geröteten Augen, unrasiert und vor Kälte zitternd, starrte Halpin mit offenem Mund auf sein Bild im Spiegel und stellte sich dabei das triefäugige Bulldoggengesicht von Kanarek vor, wobei er den Verteidiger nachäffte: »So ist das nicht, Euer Ehren! So ist das nicht!«

Im Dunkel, in einer Pfütze aus Schweiß, brach er in einen üblen Krampfhusten aus. Es war so schlimm, daß er schon fürchtete, seine Lungen würden dadurch in Fetzen gerissen. Er rappelte sich aus dem Bett hoch und schleppte sich ins Bad. Sogar der Richter hatte Grippe. Eine richtige Epidemie ging um. Und dann wurde ihm bewußt, wer sie als erster gehabt hatte, von wem sie stammte. Irving Kanarek!

Halpin verbummelte ein Jahr, währenddessen er von den achttausend Dollar lebte, die seine gesamten Ersparnisse darstellten. Als er dann wieder einen Job brauchte, kehrte er in die Staatsanwaltschaft zurück. Das war immer noch besser, als eine Stelle als Tankwart, und außerdem war es das einzige, wovon er etwas verstand.

Nach seiner Rückkehr sprach Phil Halpin kaum über den Fall. Wenn jemand dennoch nicht locker ließ, äußerte er höchstens: »Am Ende hätte ich mich auf jeden Kuhhandel mit Powell und Smith eingelassen, wenn das in meiner Macht gestanden wäre. Ich hätte sie sogar laufengelassen. Ich hätte sämtliche Anklagepunkte zurückgezogen. Ich hätte sie freigelassen, wenn ich nur ihre zwei Anwälte in die Gaskammer hätte schicken können.«

Irving Kanarek reichte eine zweiundfünfzig Seiten starke Erklärung zu dem Fall ein. »Im März 1963 verschied in Kern County Officer Ian Campbell...« Er führte die Jahre seiner Verwicklung in den Fall als Jimmy Smith Anwalt auf und ersuchte das Gericht für seine Dienste um die Zahlung von 200000 Dollar, zuzüglich der anfallenden Spesen. Richter Dell teilte ihm ein Honorar über 4800 Dollar zu und schrieb: »Es ist die Absicht des Gerichts, jegliche Ansprüche in vollem Umfang zu begleichen, die Sie im Zusammenhang mit Ihren Dienstleistungen in Vertretung von Mr. Smith in Übereinstimmung mit Paragraph 987a des Strafgesetzbuches geltend machen. Ungeachtet der Tatsache, daß Sie eine wesentlich höhere Summe beanspruchen, ist das Gericht der Auffassung, daß eine Annahme oder Beibehaltung besagter Zuteilung einhergeht mit der Erklärung Ihres Einverständnisses und eines Verzichts auf jegliche weitere Forderungen.

Hochachtungsvoll...

Irving Kanareks Ausscheiden war mit beträchtlichem Jubel verbunden. Pflichtverteidiger Charles Maple änderte sofort seine Taktik, und es sah ganz so aus, als würden endlich die Geschworenen eingesetzt und als könnte der Prozeß nun doch noch beginnen.

Charles Maple dagegen hatte keinen Grund zum Jubeln. Er sollte oft an seinen unüberwindlichen Kollegen denken. Ihm ging seine exzentrische Art eindeutig ab. Die zwei alten Aktenschränke, die Stapel von Kanareks Dokumenten enthielten, wurden aus dem Gericht entfernt, und von nun an gab es keine bauchigen, schäbigen alten Aktentaschen, die von juristischen Fachbüchern überquollen, zwischen denen höchstens ein Fläschchen mit Vitamintabletten und hin und wieder vielleicht auch ein Sandwich steckte. Maple dachte an die unzähligen Male, als er mit dem schlampigen Junggesellen in seinem alten roten Cabrio, das so mit Büchern vollgestopft war, daß darin kaum mehr Platz zum Sitzen war, zum Mittagessen gefahren war und sich dabei Kanareks Vorträge über Vitamintherapie angehört hatte.

Im Gericht war das Gerücht in Umlauf geraten, daß Kanarek früher Ingenieur gewesen war und einen exotischen Raketentreibstoff erfunden hatte, aus dessen Patentrechten ihm nun genügend Einkünfte erwuchsen, um davon leben zu können. Vielleicht stimmt das sogar, dachte Maple, obgleich völlig außer Zweifel stand, daß der untersetzte Anwalt ein armer Mann war. Und am meisten ärgerte Maple seine Bezahlung durch das Gericht.

»Ich habe nie behauptet, daß er ein guter Strafverteidiger wäre«, äußerte Maple zu diesem Punkt. »Ein Strafverteidiger muß mit beiden Beinen auf der Erde stehen und vor Gericht entsprechend auftreten. Und er darf auf keinen Fall zu lange auf einem Punkt herumhacken, ohne daß ihm dadurch der eigene Wind aus den Segeln genommen wird. Aber ich bin der festen Überzeugung, daß er ein guter Berufungsanwalt ist. Er hat die Gabe, strittige Punkte sofort zu erkennen und, wenn man ihm die nötige Zeit läßt, darüber auch recht passable Schriftsätze anzufertigen. Und vor allem, er engagiert sich wirklich voll, wenn er sich mit einem Fall identifizieren kann.«

»Als Pflichtverteidiger bekomme ich selbstverständlich regelmäßig meine Honorare, aber Irving ist selbständiger Anwalt. Sie werden wohl kaum einen Anwalt in diesem Land finden, der sich über achtzehn Monate hinweg Tag für Tag voll für einen Fall einsetzt, ohne auch nur einen Gedanken daran zu verschwenden, was finanziell dabei für ihn herausspringen könnte. Bill Drake hatte mit dem Fall tatsächlich nicht einmal zwei Wochen zu tun, nachdem Richter Alarcon Mr. Kanarek gefeuert hatte. Drake bekam dafür viertausendfünfhundert, Irving Kanarek viertausendachthundert. Ich würde sagen, daß er damit auf einen Stundenlohn von einem Dollar kommt, wenn man die Zeit zusammenrechnet, die er in diesen Fall investiert hat.«

»Wenn er taktlos und widersetzlich ist, kann ihm ein Richter mit etwas Mumm in den Knochen wegen Mißachtung des Gerichts gehörig einheizen. Wenn er dann immer noch nicht klein beigibt, soll er ihn meinetwegen einsperren lassen. Aber so sollte man sich nicht an ihm rächen, nicht auf diese feige, hinterfotzige Tour. Viertausendachthundert Dollar? Für eineinhalb Jahre Arbeit?«

Charles Maple war nicht zum Lachen zumute, als sein Kollege an seinem letzten Tag den Gerichtssaal verließ. Maple half ihm dabei, seine Dokumente in seine ausgebeulte Aktentasche zu packen. Bevor er alle beisammen hatte, war Kanarek mehrmals zwischen dem alten roten Cabrio und dem Gerichtssaal hin und hergegangen. Während seines letzten Gangs schwitzte er bereits erheblich, als er keuchend den Gerichtssaal verließ, mit offenem Mund und hängenden Backen. Er hatte sich unter beide Arme Bücher geklemmt, als er sich noch einmal umblickte und wie ein altgedienter Karrengaul in den Saal blinzelte. Die Bücher waren fürchterlich schwer. Er ging sehr langsam unter der drückenden Last des Gesetzes.

17

Der Kronzeuge war sich inzwischen sicher, die Lösung seiner Probleme gefunden zu haben. Er würde sich einfach aus dem Staub machen. Er würde nach Oregon fliehen und sich dort auf eine landwirtschaftliche Tätigkeit verlegen. Das hatte schon ein alter Freund vom Pierce College getan. Er war an Kinderlähmung erkrankt, hatte dann aber trotzdem noch genügend Unternehmungsgeist aufgebracht, etwas Neues zu riskieren und sich als Farmer zu versuchen, zumal er sich genau das schon immer gewünscht hatte. Wenn sein verkrüppelter Freund so etwas schaffte, warum dann nicht auch er, ein gesunder Mann?

Und was hielt ihn schließlich noch hier? Dieses ständige Warten. Das neue Verfahren war nicht, wie versprochen, im Jahr 1967 eingeleitet worden. Und auch nicht 1968, wie man ihm darauf versichert hatte. Allein die Vorverhandlungen konnten sich bis 1970 hinziehen. Oder für immer. Sie würden ihn nicht mehr zurück nach Kalifornien kriegen. Und wenn sie es trotzdem versuchten, würde er sich zur Wehr setzen.

Es war ihm unmöglich, hierzubleiben. Er hatte sich um eine Stelle als Fahrer eines Schulbus beworben. Er dachte, das könnte ihm Spaß machen. Er mochte Kinder, und alle bewunderten immer, wieviel Geduld er mit ihnen hatte.

Die Stadt Glendale antwortete jedoch nicht auf sein Bewerbungsschreiben als Busfahrer, so daß er annahm, daß sie seine Personalien überprüft und herausgefunden hatten, daß er ein Dieb war. Das war es wohl. Eine andere Erklärungsmöglichkeit hätte er nie in Erwägung gezogen. Was für ein Idiot er doch gewesen war, sich um die Stelle zu bewerben! Sobald man einmal gestohlen hatte, traute einem niemand mehr. Er konnte ihnen daraus keinen Vorwurf machen. Schließlich hatte er es nicht anders verdient. Er würde sich nicht mehr die Mühe machen, weitere Bewerbungsschreiben loszuschicken. Er würde einfach sein Haus verkaufen und nach Oregon ziehen, um dort für sie alle ein neues Leben anzufangen.

Also schrieb er sein Haus zum Verkauf aus. Die ersten Interessenten kamen.

»Karl, du hast den Preis zu hoch angesetzt«, meinte seine Frau in Übereinstimmung mit dem Makler. »Du mußt ein bißchen flexibler sein. Einige der Angebote wären wirklich nicht schlecht, wenn du nur bereit wärst, etwas von deinen Preisvorstellungen abzuweichen.«

»Nein, ich finde den Preis angemessen, und wir sollten daran festhalten:«

»Karl, ich folge dir, wohin du willst. Wenn du es in Oregon versuchen möchtest, komme ich mit nach Oregon. Aber du wirst nie unser Haus verkaufen können, wenn du nicht mit dem Preis heruntergehst.«

»Nein, ich finde, wir sollten nicht damit runtergehen.«

»Bist du auch wirklich *sicher*, daß du nach Oregon willst?«

»Natürlich bin ich fest entschlossen. Denkst du vielleicht, ich will bis ans Ende meines Lebens anderer Leute Rasen mähen? Glaubst du vielleicht, zu etwas anderem würde ich nicht mehr taugen?«

»Ich finde, du könntest alles machen, was du dir in der Kopf setzt. Du müßtest es nur versuchen. Wenn du nur wieder etwas von deinem alten Selbstvertrauen bekämst.«

»Aber ich *traue* mir doch etwas zu, Helen.«

Einmal fuhren sie tatsächlich nach Oregon. Sie machten Ferien, wollten sich aber auch ihre künftige Heimat näher ansehen. Bei dieser Gelegenheit machten sie auch einen kleinen Umweg, um Adah zu besuchen, die inzwischen wieder geheiratet hatte. Karl beschloß, daß er sie und Ians Kinder sehen wollte. Er fuhr bereits durch den Ort, in dem Adah wohnte, überlegte es sich dann aber in letzter Minute doch anders. Entgegen Helens Protesten fuhr er einfach weiter. Was sollte das Ganze denn auch? Es war von Anfang an eine dumme Idee gewesen. Wie war er überhaupt darauf gekommen? Weshalb sollten sie ein Interesse haben, ihn zu sehen? Weshalb sollten ausgerechnet *sie* ihn sehen wollen?

Als sie wieder nach Glendale zurückkehrten, schlug Helen vor: »Gehen wir auf das letzte Angebot ein. Sie zahlen einen ordentlichen Preis. Sehen wir zu, daß wir hier wegkommen. Ziehen wir an einen Ort, wo dich kein Mensch mehr in einen anderen Gerichtssaal schleppen kann. Sollen sie doch meinetwegen Powell und Smith freilassen. Wen interessiert denn das heute noch? Mich jedenfalls nicht. Sehen wir lieber zu, daß wir hier wegkommen.«

»Das möchte ich auch, Helen.«

»Dann geh doch einfach mit dem Preis herunter. Danach wird uns hier nichts mehr halten.«

»Tut mir leid, Helen. Aber ich finde – ich finde, der Preis ist völlig in Ordnung.«

Gelegentlich traf er alte Kollegen von der Polizei. Einmal sah er John Calderwood, seinen ehemaligen Partner bei der Sitte. Calderwood winkte ihm zu und sah so aus, als wollte er sich mit ihm unterhalten. Aber Calderwood lachte. Zumindest entstand dieser Eindruck. Er wußte, was der Grund dafür sein mußte. Die Rente. Das war es. Darüber lachten sie alle. Sie dachten alle, daß er der Stadt das Geld abgeluchst hatte. Wahrscheinlich erzählten sie alles mögliche. Welches Anrecht hätte denn auch ein Dieb auf eine Rente haben sollen? Welches Recht hatte denn ein – Feigling. Er war der festen Überzeugung, daß ihn einige so nannten. Ihm fiel ein, daß Calderwood ihm einmal erzählt hatte, er hätte Ian und seine Frau zum Abendessen eingeladen kurz bevor es passiert war. Es mußte doch einen Grund geben, daß er ihm das erzählt hatte. Er wäre doch nicht einfach so darauf zu sprechen gekommen. Er wollte Karl dadurch verständlich machen, daß er dachte, Karl hätte seinen Freund getötet. Das war es, was er damit hatte ausdrücken wollen.

Da waren so viele Dinge, derentwegen er sich Gedanken machte. Und derentwegen er auch Angst hatte. Zum Beispiel die Mädchen auf der Bank. Er wußte, daß sie neugierig waren, was mit ihm los war. Aus der Art, wie sie ihn immer ansahen, war das ganz klar ersichtlich. Weshalb strich ein gesunder Mann Anfang dreißig monatlich eine dicke Rente ein? Wahrscheinlich hielten sie ihn für einen Gauner oder was Schlimmeres.

Der Pastor der Lutheranischen Kirche kam in sein Haus. Er versuchte, Karl dazu zu überreden, den Gottesdienst zu besuchen. Dem Seelenhirten war Karls depressiver Zustand, inzwischen schlimmer als je zuvor, zu Ohren gekommen.

Karl schlug dieses Angebot jedoch ab. Er hatte wenig Vertrauen in die Religion und ging nur einmal zum Gottesdienst, als seine Tochter Laurie im Chor sang. Für seine Kinder wäre er überallhin gegangen.

Seine Begeisterung für die Geländerennen erregte die Besorgnis seiner Freunde und Verwandten. Sie hatten regelrecht Angst um ihn.

»Was soll denn das, Karl«? fragten seine Jugendfreunde Terry McManus und Ray Henka. »Das ist doch etwas für junge Burschen. Du bist doch mindestens zehn Jahre älter als der Rest von diesem Haufen.«

»Ich passe schon auf mich auf«, erwiderte Karl. »Schaut euch doch meinen Football-Helm an und meine Schienbeinschoner und die Schulterschützer! Habt ihr schon mal einen vorsichtigeren Fahrer als mich getroffen? Oder einen, der komischer ausgesehen hat?«

Darauf konnten sie nur grimmig lächeln und zusehen, wie er seine angeschlagene, alte 100-ccm-Hodaka über die Rennstrecke jagte. Mit dieser alten Maschine konnte er natürlich nicht im entferntesten mit den wesentlich stärkeren Motorrädern der jungen Geländefahrer konkurieren. Er hätte sogar der Vater einiger der jüngsten Teilnehmer an den Trial-Wettbewerben sein können. Auf diese Weise legte er in der Mojave-Wüste Tausende von Kilometern zurück. Es gab kaum einen Sonntag, an dem er nicht dort draußen angetreten wäre. Er nahm an dem Rennen von Twenty-nine Palms zum Parker Dam teil. Er fuhr bei jedem Geländerennen dort draußen in der Wüste mit.

Durch Karl fanden schließlich auch Henka und McManus Geschmack am Motorradsport. Seit Karl nicht mehr bei der Polizei war, hatte er wieder mehr Kontakt zu seinen alten Freunden vom College, wie zum Beispiel Bill Wittick, der ihm einen Sturzhelm mit der Aufschrift ›Eine-Runde-Hettinger‹ schenkte. Allerdings hielt es keiner seiner Freunde auf Dauer mit ihm als Rennfahrer aus. Sie waren viel zu alt und vernünftig, um die Risiken einzugehen, die diese jungen Burschen und Karl Hettinger auf sich nahmen.

In Red Rock Canyon gewann er einen Preis für Nachwuchsfahrer, was sein Selbstvertrauen ein wenig stärkte. Er nahm an jedem Rennen teil, wenn das nur irgendwie möglich war. Helen war sein Schmiermaxe. An diesen Sonntagen war er immer wie ausgewechselt, wenn er auf seiner Maschine durchs Gelände jagte, den aufgewirbelten Sand im Gesicht, den Benzingeruch in der Nase. In diesen Augenblicken ließ er sein altes Ich weit hinter sich.

Eines Tages sagte Bill Wittick zu ihm: »Karl, du bist doch ein viel zu guter Pokerspieler, um nicht zu wissen, daß man nichts mehr zu gewinnen hat, nachdem man seine beste Karte ausgespielt hat.«

»Ich sehe in diesem Fall keinen Zusammenhang mit den Motorradrennen.«

»Ich will damit nur sagen, daß du nicht versuchen solltest, völlig allein für dich durchzumachen, was du durchzumachen hast. Wieso sprichst du nicht einfach mal mit mir oder Ray oder Terry über das, was dich belastet? Können wir denn nichts für dich tun?«

»Was solltet ihr schon für mich tun können, Bill? Niemand kann irgend etwas für mich tun.«

»Geht es jetzt bald mit dem Prozeß los? Ist es denn sehr schlimm, Karl? Ich meine, das Wissen, daß diese Geschichte noch einmal von neuem aufgewärmt wird?«

»Ich hab dir doch gesagt, Bill, daß alles in bester Ordnung ist«, wimmelte Karl seinen Freund ab, während er allein bei der Erwähnung des Prozesses am ganzen Körper zu zittern begann.

»Du bist einfach zu stur und stark«, meinte Wittick darauf. »Wenn du ein wenig schwächer wärst, würdest du dir von uns helfen lassen. Auch der beste Fahrer braucht einen Schmiermaxe, mein Lieber.«

Die alten Collegefreunde hatten nicht mehr Erfolg als seine Kumpel von der Polizei. Er sprach mit keinem von ihnen. Er hätte das auch gar nicht gekonnt. Er konnte nur auf einem kleinen Motorrad durch die Wüste brausen. Für ein paar Stunden in der Woche fuhr er ihnen allen davon. All den Gespenstern. All den Teufeln. All seinen Verfolgern.

Da waren die unregelmäßigen Campingausflüge, wenn er sich unter der Woche für einen Tag seinen Freunden anschließen konnte. Die Officer Jim Cannell und Stew James hatten ihre freien Tage unter der Woche, so daß sie Lake Isabel praktisch für sich allein hatten.

Hin und wieder blitzte bei diesen Gelegenheiten wieder ein ganz schwacher Funke von dem alten Karl Hettinger auf.

»Stew, könntest du bitte Milch für das Baby bringen«, bat James' Frau.

»Ich kann nicht. Ich habe gerade zwei andere Dinge zu tun.«

»Was machst du denn gerade?«

»Und dann antwortete Karl für seinen Freund: »Ich sitze da und kaue Kaugummi.«

Das war nur ein kleiner Scherz, der jedoch anzeigte, daß etwas von dem alten Karl Hettinger wieder zurückgekehrt war.

Einmal betrank er sich sogar zusammen mit Dick Howard bis zur Besinnungslosigkeit, als sich Stew James, der Pfadfinderführer war, in den Bergen verlaufen hatte und sie ihn die ganze Nacht verzweifelt gesucht hatten. Als er dann am nächsten Morgen wieder von allein auftauchte, betranken sie sich vor Erleichterung. Dies war das erstemal, daß Karl seit dem College wieder einen Rausch hatte.

Dann waren da die Abende im Lager, wenn andere Polizisten dabei waren und Cannell pausenlos autobiographische Geschichten zum besten gab.

»Und meine Mutter trieb sich also in Hollywood herum und mußte neun- bis zehnmal heiraten, und ich landete schließlich im McKinley-Heim für Jungen, wo ich unser aller guten Freund und Kollegen Officer Stew James kennenlernte, der zu Ihrer Linken oder Rechten sitzt, je nachdem, wo sich Ihr Sitzplatz um dieses nette, kleine Feuer befindet...« Wenn er seinen Redefluß einmal kurz unterbrach, dann nur, um einen Schluck Bier zu nehmen.

»Und weil wir gerade von frühreif reden. Ich lief von zu Hause weg und trampte nach El Paso, wo ich mir einen falschen Ausweis besorgte, und dann habe ich mich in sämtlichen größeren Städten des Südens herumgetrieben. Dort unten kümmert sich ja kein Schwein um einen. Mit vierzehn war ich in St. Louis Taxifahrer, und mit fünfzehn hatte ich es zum Zuhälter gebracht. Ich bin angeschossen worden. Ich war überall und habe alles gemacht. Sogar zum Südpol bin ich mit Operation ›Tiefgefrorenes‹ – einfach nur, um mal da gewesen zu sein. Ich habe bereits alles hinter mir. Ich glaube nämlich, wenn man tot ist, dann stehen acht Leute um einen rum, und man hätte genauso gut nie existieren können. Deshalb, meine Freunde, genießt das Leben in vollen Zügen! Einige von diesen jungen Burschen bei der Polizei sind noch nirgendwo gewesen und haben noch nie irgendwas getan. Wir in Hollywood haben sogar zwei, die waren noch nicht mal mit einer Frau im Bett«!

An diesem Punkt verließ seine Frau, die Zeugin Jehovas war, die Runde und ging zu ihrem Zelt.

»Diese jungen Burschen, die sie heutzutage rekrutieren, haben ja zum Teil richtig Schiß. Ja, Schiß! Entweder sind es diese Superklugscheißer, die denken, sie erledigen alles mit links, oder sie sind genau das Gegenteil.«

Und dann wurde Cannell plötzlich bewußt, daß er auf die Arbeit bei der Polizei zu sprechen kam – ein Thema, das sonst auf ihren Campingausflügen nie angeschnitten wurde. Ohne auch nur Atem holen zu müssen, wechselte er also das Thema. »Ich habe vielleicht Platten, sage ich euch – die solltet ihr mal hören, ihr ungebildeten Dreckskerle«, verkündete er genügend laut, daß es auch die Zeugin Jehovas hören konnte, die alle Polizisten so schrecklich vulgär fand.

»Wer sagt hier was von Platten?« brachte ein Polizist eine Zwischenfrage an.

»Ich. Und das ist ein wirklich interessanter Gesprächsstoff, sage ich euch, wobei es mir völlig egal ist, was ihr von klassischer Musik haltet. Aber diese Symphonien würden euch wirklich in Begeisterung versetzen. Ich sag's euch, ihr wärt echt begeistert.«

Und so ging es weiter. Cannell zog seine Show ab, hielt die anderen bei Laune. Sie alle hörten ihm gern zu, vor allem Karl. Allerdings fühlte sich Karl mit einem Mal an etwas erinnert, an einen anderen breitschultrigen Polizisten, der ebenfalls für klassische Musik geschwärmt hatte, wenn er auch sonst etwas stiller und zurückgezogener gewesen war.

Bei Einbruch der Dämmerung verabschiedete sich Karl dann in der Regel, um den weiten Weg nach Hause zurückzufahren. Wenn seine Familie nicht dabei war, blieb er nicht gern über Nacht im Lager.

»Wie fährst du denn nach Hause zurück, Karl?« fragte ihn Cannell bei dieser Gelegenheit fast ausnahmslos.

»Ich denke, ich werde am Fluß entlang fahren, über Bakersfield«, pflegte Karl darauf ebenso unverändert zu antworten. Und Cannell deprimierte die Vorstellung immer etwas, wie sein Freund sich jedesmal entschied, über Bakersfield zu fahren, wo er in die Nähe der Stelle kam, wo es passiert war – in die Nähe dieses Orts, der nachts im Winter, und dies vor allem in der Nähe des Wheeler Ridge, so einsam und verlassen wirkte, als befände er sich auf dem Mond. Dieser Ort, inmitten von Zwiebelfeldern.

Als Karl weg war, sagte Cannell: »Helen hat mir erzählt, sie wären mal nach Bakersfield gefahren, um diesen Traktorfahrer aufzusuchen.«

»Was für einen Traktorfahrer?«

»Diesen Schwarzen. Diesen Typen, mit dem er sich in dieser Nacht dann gemeinsam zu der Ranch durchgeschlagen hat. Er wollte ihn mal besuchen, fand aber nicht heraus, wo er wohnte. Mir wäre es wirklich lieber, wenn er nicht immer diese Strecke nach Hause nehmen würde.«

Stew James, den sie alle immer aufzogen, weil er sich so viele Sorgen machte, blickte mit traurigen, nachdenklichen Augen ins Lagerfeuer und konfrontierte sie alle mit einer Frage.

»Also gut. Vor sechs Jahren haben Powell und Smith Ian Campbell umgebracht. Karl Hettinger haben sie nicht umgebracht. Aber *wer* bringt dann Karl Hettinger um? Das ist eine Frage, auf die ich keine Antwort finden kann. Aber das ist etwas, was ich gern wissen möchte.«

Und im Schein des Lagerfeuers starrten sich die gespenstisch erleuchteten Gesichter der in dieser Runde versammelten Männer betreten an, ohne daß einer von ihnen eine Antwort auf diese Frage gewußt hätte.

Es war ein anstrengender Tag gewesen, und er war froh, daß seine Familie früh zu Bett gegangen war. Er holte sich noch ein Bier aus der Küche. Heute nacht mußte er unbedingt schlafen. Morgen mußte er ausgeruht sein. Es würde der wichtigste Tag seines Lebens werden. Und dann spürte er, wie er schon von dem Gedanken daran Durchfall bekam. In der Küche sah er einen Teil der Zeitung, die er an diesem Abend noch nicht gelesen hatte. Das war ungewöhnlich. Normalerweise las er die Zeitung von Anfang bis Ende. Während er die Bierdose aufriß, begann er abwesend darin zu lesen. Es war ein Artikel über das vergangene Jahr, verfaßt von einem hoffnungsvollen Reporter, der die Auffassung vertrat, daß das kommende Jahrzehnt besser werden würde als das vergangene und ein Ende der Aufstände, Morde und Attentate mit sich bringen würde. Er fand, daß dieser Zeitungsmann ein Narr war.

Dann fiel ihm ein Artikel über Apollo 12 auf, dessen Start für die folgende Woche geplant war. Ihm war ein Foto beigefügt, das von Apollo 11 auf der Oberfläche des Monds aufgenommen worden war. Irgend etwas an diesen Bildern zog die Aufmerksamkeit des Gärtners auf sich, so daß er sie sich sehr genau ansah. Die Mondoberfläche war bleich und grau, flach und verlassen. Und es war einsam, so einsam. Dieser Ort sah aus wie eine Stelle, wo einen der aufgewirbelte Staub halb erstickte und wo einem im Dunkel der Wind um die Ohren pfiff. Er setzte sich an den Küchentisch. Er entdeckte einen Artikel über eine Vernehmung des Marinegerichts vom letzten Januar, über die Auslieferung der USS Pueblo. Seine Blicke fielen auf ein Foto von Kapitän Lloyd Bucher. Es war ein sympathisches, aber erschöpftes Gesicht. Beim Lesen des Artikels beschlich ihn ein eigenartiges Gefühl. Der Inhalt des Abschnitts befaßte sich mit einem hochgestellten Offizier der Marine, der Bucher die Auslieferung der Pueblo zum Vorwurf machte, ohne daß sich dieser auf Leben und Tod zur Wehr gesetzt hätte. Plötzlich wurde dem Gärtner kalt, und er begann zu schwitzen und zu zittern. Er mußte zu lesen aufhören. Das Lesen machte ihn schwindlig. Er warf die Zeitung in den Mülleimer und holte sich eine Decke, in die er sich einwickelte.

Morgen würde der 6. November 1969 sein. Der Staatsanwalt würde im Prozeß gegen Jimmy Smith sein Schlußplädoyer an die Geschworenen halten. Dann würde es endgültig ausgestanden sein. Dann würde alles vorbei sein. Ein für allemal. Dann konnten sie darüber entscheiden, ob sie ihn am Leben lassen wollten oder nicht, oder was sonst. Ihm war völlig egal, wie sie sich entscheiden *würden. Ihm wäre es sogar gleichgültig gewesen, wenn sie ihn freigesprochen hätten. Er wollte nur, daß alles wieder ins Lot kam, daß alles wieder gut würde. Er wollte nur, daß das Ganze endlich ein Ende fand. Mehr wollte der Gärtner gar nicht. Mehr zu erhoffen, hätte der Gärtner auch nicht gewagt.*

18

»Diesmal war das eine andere Sache«, klagte der Staatsanwalt. »Die Aussagen waren nicht mehr gültig. Ich konnte keine einzige dieser Ausflüchte gegenüber Pierce Brooks heranziehen, keine dieser absolut verheerenden Aussagen, welche deutlich machten, mit was für einer Art Mensch wir es damals zu tun hatten.«

Pierce Brooks, Captain des Los Angeles Police Department im Ruhestand, inzwischen Polizeichef von Springfield, Oregon, saß jeden Tag im Gerichtssaal, nachdem er von so weit her vorgeladen worden war, und schüttelte über das Berufungsverfahren, das der Grund für seine Rückkehr nach Los Angeles war, nur traurig den Kopf.

»Damals, 1963, hätten wir nur Karl Hettinger aussagen lassen müssen«, meinte der ehemalige Detective. »Karl und den Leichenbeschauer. In einer Woche wäre die Sache erledigt gewesen. Wenn wir nur vorher schon gewußt hätten, was der Oberste Gerichtshof tun würde.«

»Ich gab mir damals einfach nur Mühe, mit der nötigen Gründlichkeit vorzugehen. Die *ganze* Wahrheit herauszufinden. Warum geben die uns keinen Hinweis, wenn sie grundlegende Änderungen im Gesetz vorhaben? Und wenn so etwas durchgesetzt wird, wieso wirkt sich das dann automatisch *ex post facto* auf Fälle aus, die bereits abgeschlossen sind? Nur, weil die Berufung noch aussteht? Das ergibt doch keinen Sinn. Sonst gibt es doch auch in keinem anderen menschlichen Bereich so etwas wie *ex post facto.* Warum also?«

»*Mich* haben sie kritisiert, ich hätte die Wahrheit zu genau und ausführlich an den Tag legen wollen, ich hätte zu viele Geständnisse vorgelegt«, beschwerte sich Pierce Brooks. »Inzwischen sind wir doch nur noch hier, um die Rechtmäßigkeit des Protokolls zu wahren. Wir sollen immer genau das Richtige sagen, damit der Fall nicht von einer höheren Instanz revidiert werden kann. Um die Wahrheit schert sich doch niemand mehr auch nur einen Dreck.«

Als im Sommer 1969 der Kronzeuge gegen Gregory Powell in den Zeugenstand trat, hatte das Gericht einen anderen Mann vor sich als in jenem emotionsgeladenen Prozeß des Jahres 1963. Seine rauhe Stimme glich inzwischen eher einem heiseren Röcheln. Leblos starrte er an die Rückwand des Gerichtssaals. Seine Aussage war knapp und durchsetzt mit zahlreichen: »Ich kann mich nicht erinnern.« Hinsichtlich der springenden Punkte konnte er sich jedoch noch ausreichend erinnern, so daß er für den ehemaligen Detective Pierce Brooks nach wie vor ein guter Zeuge blieb. Zusammen mit den Namen, Gesichtern und anderen Ereignissen aus seiner Vergangenheit waren jedoch alle Details aus der Erinnerung des Zeugen gelöscht. Er konnte kaum glauben, daß er einmal etwas anderes gewesen war als in der Gegenwart.

»Würden Sie sagen«, fragte Verteidiger Maple, »daß die Hosen, die sie in jener Nacht trugen, dunkler waren als ihre Jacken?«

»Daran kann ich mich nicht erinnern.«

»Trugen die beiden schwarze Lederjacken?«

»Ich weiß noch, daß sie Lederjacken trugen. Ob sie allerdings braun oder schwarz waren, könnte ich nicht mehr sagen.«

»Hatten sie Krägen? Waren sie am Hals hochgeschlossen?«

»Daran kann ich mich nicht mehr erinnern.«

»Wissen Sie noch, ob sie geknöpft waren oder einen Reißverschluß hatten?«

»Daran kann ich mich nicht mehr erinnern.«

»Waren sie langärmelig?«

»Ja, soweit ich mich erinnern kann.«

»Waren sie am Hals offen?«

»Daran kann ich mich nicht mehr erinnern.«

»Wären Sie imstande, mir zu sagen, Sir, ob Mr. Powell unter seiner Jacke ein Hemd trug?«

»Daran kann ich mich nicht mehr erinnern.«

Und später: »Haben Sie Officer Brooks gegenüber ausgesagt, Jimmy Smith wäre Ihnen mit einer 38er in der Hand gegenübergestanden, aber Sie wären nicht sicher, welche 38er das war?«

»Ich kann mich nicht erinnern, das gesagt zu haben.«

»Haben Sie Brooks gesagt, Powell wäre rechts von Smith und Campbell gegenüber gestanden?«

»Daran kann ich mich nicht mehr erinnern.«

»Als Sie von Brooks verhört wurden, wußten Sie zu diesem Zeitpunkt, daß Powell gefaßt worden war?«

»Daran kann ich mich nicht mehr erinnern.«

Sein sonnengegerbtes Gesicht einem Bratapfel ähnlich, saß der Zeuge im Zeugenstand und lauschte resigniert den Ausführungen des Staatsanwalts, der den Geschworenen jene inzwischen recht abgenutzte Lageskizze erläuterte, die vorher schon anderen Geschworenen erklärt worden war.

»Der grüne Pfeil deutet auf Farmland, das als Coberly West bezeichnet wird. Der blaue Pfeil ist die Mettler Ranch. Der weiße Pfeil ist eine weitere Mettler Ranch. Der hellbaue Pfeil steht für die Opal Fry Ranch. Und der *rote Pfeil* kennzeichnet die Stelle, an der ein Polizeibeamter starb.«

Der rote Pfeil, dachte der Zeuge. Irgend etwas war doch einmal mit einem roten Pfeil gewesen. Was war das nur gewesen? Der Zeuge lockerte den Boden seiner Erinnerung und setzte einen Samen ein, aber es war nicht so, als bearbeitete er dabei fruchtbaren Boden. Die meiste Zeit trug sein Gedächtnis keine Frucht. Die Erde seines Verstandes war unwirtlich und karg wie der staubige Boden des südlichen San Joaquin Valley, wenn er nicht bewässert wird.

Und dann fiel es ihm ein! Ein roter Pfeil. Er hatte ihn einmal zum Weinen gebracht. Auf einer Reklametafel hatte er einen riesigen roten Pfeil gesehen. Zumindest dachte er, der Pfeil hätte ihn zum Weinen gebracht, aber vielleicht war es auch etwas anderes gewesen. Er war sich nie sicher, was ihn eigentlich zum Weinen brachte. Er mußte sich zwingen, an etwas anderes zu denken. Schnell, aber woran? An den Garten. Ja, an den Garten mit den stattlichen Kiefern, die er so sehr liebte. Nein, an Tomaten. Das war es. Fett. Rot. Fleischig. Feucht vom Tau und schwer von den Stielen hängend. Hektar um Hektar mit Tomaten. In der Sonne – und es wurde nie Nacht. Er liebte die Tomaten. Die Tomaten waren so still.

Charles Maple war der Überzeugung, daß Gregory Powell das Opfer eines Gehirnschadens war. Und er dachte nie an einen Gehirnschaden, ohne an Donald zu denken, den Sohn eines alten Freundes, der im Alter von sieben Jahren in der dominierenden Gehirnhälfte einen Schaden erlitten hatte. Charles Maple wickelte die rechtlichen Angelegenheiten für den Jungen ab und brachte ihn im Lauf der Jahre in einer Institution nach der anderen unter, wobei sein Mitleid mit dem aufbrausenden, leidenden Jungen so weit ging, daß er ihn schließlich sogar unter erheblichen persönlichen Risiken in sein Heim aufnahm.

Er glaubte an seinen Mandanten und war froh, daß man ihn voll mit der Pflichtverteidigung von Gregory Powell betraut hatte. Nach so vielen Monaten härtester Knochenarbeit spielte der Fall in seinem Leben eine zusehends wichtigere Rolle.

Charles Maple war es gewohnt, auf Leute mit ganz speziellen Bedürfnissen einzugehen. Sowohl seine Frau wie seine hübsche Tochter waren aufgrund einer Hüfterkrankung teilbehindert, während sein Sohn, Charles junior, ein hervorragender Ballettänzer war. Maple war im Vorstand der Presbyterianischen Kirche und bewies auch im praktischen Leben, daß er sich voll und ganz seinem Glauben verschrieben hatte. Ihm war jedoch auch sehr wohl bewußt, daß es zu einem Paradox der Ungerechtigkeit kommen konnte, wenn sich ein Advokat *zu* sehr durch den Glauben leiten ließ.

Auf einen Antrag Maples hin wurde 1969 in der Neuropsychiatrischen Abteilung der UCLA eine Videoaufnahme angefertigt. Dies war das erstemal, daß in Los Angeles ein Verhör unter Einbeziehung von Sodium-Amytal auf Video aufgenommen und später vor Gericht als Beweismittel herangezogen wurde.

Sein Gegenspieler, Staatsanwalt Joe Busch, erklärte dazu: »Aber natürlich, bei diesem Sodium-Amytal handelt es sich um einen großartigen taktischen Schachzug der Verteidigung, kein Zweifel. Auf diese Weise kann unser Freund nur den Teil der Geschichte erzählen, der ihm in den Kram paßt, und er kommt darum herum, ins Kreuzverhör genommen zu werden.«

Die Geschworenen bekamen das Verhör schließlich zu sehen. In einem Raum mit verhängten Wänden saß Gregory Powell auf einem Bett. Aus einer Flasche tropfte die Droge, die diesen speziellen gewünschten Effekt erzielen sollte, über eine Nadel in seinem Arm langsam in seine Blutbahn. Außerdem waren im Raum drei Ärzte und zwei Schwestern anwesend. Während des Verhörs richtete sich der Angeklagte in den stockenden Sätzen eines Betrunkenen an einen gewissen Dr. Suarez.

»Was ist im Wagen passiert?« fragt der Arzt den Patienten.

»Im Wagen kam es zu verschiedenen Unterhaltungen«, erwiderte Greg mit schwerer Zunge.

»Was?«

»Unterhaltungen«, wiederholte Greg, ungehalten, daß der Arzt ihn nicht verstanden hatte.

»Worüber haben Sie mit Jimmy gesprochen?«

»Über nichts. Jimmy hatte nach meiner Pfeife zu tanzen«, antwortete Greg herausfordernd. Dann fügte er mit einem betrunkenen Grinsen hinzu: »Ich habe Hettinger gesagt, er sollte sich schon mal auf den Rücksitz klemmen, sonst könnte er was erleben.«

Als er dann auf die Schüsse zu sprechen kam, schloß Greg die Augen. Er trug ein winziges Goldkreuz um den Hals. Das Kettchen, an dem es hing, war so kurz, daß das Kreuz am Ansatz seines langen Halses für jeden, der sich die Videoaufnahme ansah, deutlich zu erkennen war.

»Erklären Sie uns einfach nur, wie alles passiert ist«, half der Arzt nach, als der Redefluß des Patienten zunehmend ins Stocken geriet.

»Hettinger stieg auf meine Aufforderung hin aus und ging... Hettinger – ging an Campbell vorbei – so daß – neben Campbell, und ich hob meine Knarre und schoß auf Campbell...«

»Was?«

»Ich ging hinten um den Wagen rum und hob meine Knarre und schoß auf Campbell.«

»Wie kam es dazu?«

»Ich weiß nicht. Diese Knarre war schon vorher mal aus Versehen losgegangen... Sie hatte einen wirklich komischen

Hahn und Abzug... Man brauchte ihn nur halb zurückziehen und nach vorn schnappen lassen, und schon löste sich ein Schuß... Ich weiß nicht...«

»Und was hatten Sie für ein Gefühl, als Sie Campbell niedergeschossen hatten?«

»Mir war ganz schön übel.«

»Wie meinen Sie das?«

»Er war ein sympathischer Kerl. Er hatte mit mir Witze gerissen, über die Marines und überhaupt alles mögliche, und ich – äh – er war einfach ein richtig sympathischer Mensch.«

Später, als man ihn fragte, ob er vorgehabt hätte, Karl Hettinger ebenfalls zu erschießen, leugnete er dies ab: »Mein Gott, ich würde doch ein Kaninchen aus dreißig Metern Entfernung am Kopf treffen, wenn es plötzlich aus einem Busch geschossen käme, ohne Scheiß.«

Während des Schlußplädoyers an die Geschworenen bezog sich Staatsanwalt Raymond Byrne, der zweite Ankläger, auf den Inhalt dieser Videoaufnahme, die Charles Maple entgegen der Einsprüche seines Mandanten Gregory Powell, der mit ihrer Aussage nicht zufrieden war, in das Verfahren eingebracht hatte.

»Nachdem wir diese Videoaufnahme gesehen haben, möchte ich doch fragen«, meinte der Staatsanwalt, »was damit eigentlich bezweckt werden sollte. Ich möchte vielleicht darauf hinweisen, daß Mr. Powell seine Gründe dafür hatte, und er ist mit Sicherheit imstande, einen Psychiater hinters Licht zu führen. Außerdem hätte ich gern gewußt, weshalb Dr. Suarez *nie* auf das Lindbergh-Gesetz zu sprechen kam. Diese Videoaufnahme ist meiner Ansicht nach ein regelrechtes Kunstwerk. Ich finde, es sollte auf alle Fälle für einen Emmy Award in Betracht gezogen werden.«

»An diesem Punkt sollte ich vielleicht vorbringen, daß Mr. Maple sich im Interesse seines Mandanten mit Sicherheit mit der Frage an Sie wenden wird, ob es nun Mr. Powell war, der für diese Schüsse verantwortlich zu machen ist, oder nicht – ob dies nicht vielleicht doch seiner Mutter anzulasten sein könnte, ein Konzept, das wir ja bereits zur Genüge kennen. Oder vielleicht wurde dieser Schuß gar von den Schwestern des Angeklagten Powell abgefeuert. Oder vielleicht auch von seinem Bruder. Oder von dem Bewährungshelfer. Oder vom Gefängnis. Oder vom Staat Kalifornien. Oder von der ganzen Welt. Genausogut könnten Sie die Schuld an dem Toten, die Ermordung dieses Mannes, jemandem anderen als dem Angeklagten Gregory Ulas Powell zur Last legen, obwohl er hier doch ganz offensichtlich der einzige ist, der wegen Mordes unter Anklage steht.

»Ich möchte vorschlagen, daß Sie diesem Angeklagten, Gregory Powell, durch Ihren Schiedsspruch zu verstehen geben, die Tat jener Nacht wäre nichts anderes gewesen als ein berechnender Ausdruck angestauten Zorns, der die kaltblütige, absichtliche, überlegte Ermordung von Ian Campbell, einem Polizisten und menschlichen Wesen, zur Folge hatte. Meine Damen und Herren, ich danke Ihnen.«

Im Juni 1969 machte sich Helen Hettinger ernsthaft Sorgen, als sie ihren Mann völlig abwesend eine Nachrichtensendung im Fernsehen verfolgen sah. Gregory Powell war neuerlich für schuldig befunden worden. Der Prozeß, in dem das Strafmaß festgesetzt werden sollte, stand kurz vor dem Abschluß, und man erwartete ein baldiges Todesurteil.

»Komm, Karl. Ich mache dir einen Sandwich.«

»Danke, ich hab keinen Hunger.«

»Du hast aber heute noch gar nichts zu Abend gegessen.«

»Danke, Moms, ich mag wirklich nichts.«

»Der Powell-Prozeß ist doch nun vorbei. Du wirst deswegen nicht mehr vor Gericht erscheinen müssen.«

»Nein. Ich muß doch noch mal wegen Smith aussagen. Das hat mir der Staatsanwalt neulich schon nahegelegt, und vielleicht brauchen sie mich auch noch für den Prozeß, wenn für Smith das Strafmaß festgelegt wird. Vielleicht muß ich noch zweimal hin. Vielleicht.«

»Vielleicht legen sie ja noch mal Berufung ein«, schimpfte Helen aufgebracht, was ihr jedoch auch schon nächsten Augenblick leid tun sollte.

»Ich kann mir nicht vorstellen, daß ich diesen Affenzirkus noch einmal mitmache, Helen«, antwortete er und jagte Helen damit echte Angst ein.

Später an diesem Abend erhielten sie dann einen Anruf.

»Tut mir leid, Karl«, sagte die Stimme am Telefon. »Die Geschworenen konnten sich nicht einig werden. Es kam zu einer Stimmenthaltung. Demnach wird das Verfahren für fehlerhaft erklärt. Was die Festsetzung des Strafmaßes betrifft, geht die ganze Geschichte also noch einmal von vorn los. So eine Schweinerei! Wir werden lauter neue Geschworene auswählen müssen, und da sie natürlich nichts über den ersten Teil des Verfahrens wissen, müssen wir die ganze Geschichte noch einmal in allen Einzelheiten wiederkäuen. Das ist vielleicht eine Enttäuschung, kann ich Ihnen sagen.«

Der neue Prozeß zur Festsetzung des Strafmaßes sollte mit der Gründlichkeit eines Verfahrens zur Feststellung der Schuld durchgeführt werden. Sämtliche Zeugen wurden ein weiteres Mal vorgeladen. Das Verfahren dauerte viereinhalb Monate.

Staatsanwalt Raymond Byrne war ein hoch gewachsener Mann mit einem langen Gesicht und einer krummen Nase, die sich nach links bog. Ständig schob er darauf seine verrutschte Brille hoch. Er hatte sich angewöhnt, während der Pausen im Gerichtssaal zu bleiben oder zumindest früher zurückzukehren, um sich mit Gregory Powell zu unterhalten, dem die Gespräche und die Zigaretten, die ihm der Staatsanwalt anbot, Freude zu machen schienen.

Am 2. August 1969 erfuhr Byrne, daß Gregory Powell an diesem Tag seinen sechsunddreißigsten Geburtstag hatte. Nach dem Mittagessen brachte Byrne deshalb eine Torte mit.

Er überreichte sie dem Angeklagten mit den Worten: »Alles Gute zum Geburtstag.«

Von diesem Augenblick an erzählte der Angeklagte dem Staatsanwalt ausgiebig über das Leben im Trakt mit den Todeszellen, über die tausenderlei Dinge, die sie dort planten, und wie sie selbst Bier und Whisky brauten. Sogar in seine jüngste Erkenntnis, daß nämlich seine Homosexualität die Ursache seiner Probleme sei, weihte er Byrne ein. Auch auf seine ambivalenten Gefühle seinem Vater und vor allem seiner Mutter gegenüber kam er zu sprechen, wobei letztere in seiner Abwesenheit die Herrschaft über die gesamte Familie an sich gerissen hatte.

Eines Tages fragte Byrne den Angeklagten: »Was für Gefühle haben Sie eigentlich *tatsächlich* diesen Kindern gegenüber, Greg?«

»Was für Kinder meinen Sie?« wollte Greg wissen.

»Campbells Kinder. Und auch Campbell selbst.«

»Ehrlich gesagt, Mr. Byrne, sind sie mir völlig egal.«

»Egal?«

»Ja, sie sind mir egal. Alle. Aber ich werde ihnen selbstverständlich Geld schicken, wenn ich je zu welchem kommen sollte. Schließlich habe ich gesagt, daß ich das tun würde.«

Da haben wir es, dachte Byrne. Die soziopathische Persönlichkeitsstruktur. Greg sah den groß gewachsenen Staatsanwalt entschuldigend an. »Es war, als *wollte* er, daß er sagen könnte, er hätte bezüglich des Mordes irgend welche Gefühle«, erklärte Byrne später. »Als wünschte er sich, er könnte irgend welche Gefühle haben, da er wußte, daß das bei anderen Menschen der Fall war. Dies war das erstemal, daß ich das Wesen der Soziopathie wirklich verstand. Es fehlte ihm einfach. So etwas wie Reue gab es für ihn einfach nicht.«

Staatsanwalt Sheldon Brown wurde zusätzlich hinzugezogen, in dem neuen Prozeß zur Festsetzung des Strafmaßes Anklage gegen Gregory Powell zu erheben. Er war ein dunkler Typ, schlank, und er hatte einen Gang, als hätte er ständig wunde Füße.

Brown stellte fest, daß Greg sich bei ihm beliebt zu machen versuchte. »Guten Morgen, Mr. Brown. Hatten Sie einen schönen Abend?«

Pflichtverteidiger Charlie Maple, seit eh und je ein gründlicher Mann, der keine auch noch so geringe Chance ungenutzt verstreichen ließ, gab sich hemmungslos seiner zwanghaften Gründlichkeit hin. Als er in Erfahrung brachte, daß Karl Hettinger bei der Polizei seinen Abschied genommen hatte und eine Pension erhielt, lud er das in diesen Vorfall verwickelte Personal vor und verschaffte sich Einblick in die Pensionierungsakte. Zu seiner Überraschung stellte er fest, daß dem ehemaligen Polizisten ein Ladendiebstahl vorgeworfen worden war und er deshalb den Dienst quittiert hatte.

Bei dieser Gelegenheit führte sich der Pflichtverteidiger

auch sämtliche psychiatrischen Befunde zu Gemüte. Wie er selbst zugab, war er bisher an keinem Fall in diesem Maße ›persönlich beteiligt‹ gewesen. Er rief Dr. George N. Thompson an, dessen Diagnose so deutlich von den übrigen abwich. In diesem Bericht hieß es, Karl Hettinger hätte erwähnt, in eine ›Schießerei‹ mit zwei eines Raubüberfalls verdächtigten Männern verwickelt gewesen zu sein, bevor er zu stehlen angefangen hatte.

»Sie haben die Diagnose gestellt«, wandte sich der Richter an Dr. Thompson, »daß wir es in diesem Fall mit einem Typhus von psychischer Störung zu tun haben, die manche Leute Kleptomanie nennen würden. Sie persönlich hegen jedoch gemischte Gefühle hinsichtlich der Frage, ob es sich hierbei um Kleptomanie handelt oder nicht. Ist das richtig?«

»Nun, ich würde nicht unbedingt von gemischten Gefühlen sprechen, aber ich habe doch, im Interesse des Pensionierungsausschusses, versucht, meine Diagnose zu spezifizieren. Deshalb bin ich näher auf das Ganze eingegangen. Eher war es wohl ein Gedanke, der mir im nachhinein kam, daß man unter Umständen eine Diagnose auf Kleptomanie hätte stellen können. Allerdings fand ich, daß es sich dabei nicht unbedingt um wirkliche Kleptomanie handelte.«

»Können Sie sich erinnern«, wollte Staatsanwalt Sheldon Brown wissen, »ob Sie, als Sie diese Akten durchsahen, auf irgendwelche Unstimmigkeiten zwischen dem Inhalt besagter Akten und dem stießen, was Ihnen Mr. Hettinger in Ihrer Sprechstunde erzählte?«

»Nein.«

»Ich habe hier einen Bericht der Pensionierungsstelle der Stadt Los Angeles und möchte das Gericht bitten, ihn als Beweismittel zu kennzeichnen. Handelt es sich bei diesem Bericht um ein Schriftstück, das Sie während Ihrer Erstellung des Befundes über Mr. Hettinger studiert haben?«

»Nun, ich weiß nicht mehr«, erwiderte der Arzt, »ob es sich in der Akte befand oder nicht. Wenn ja, kann ich nur sagen, daß ich weiß, daß dieser Arzt zu den Gutachtern des Ausschusses gehörte.«

»Falls die Akte dieses Schriftstück *enthielt*, gehe ich dann recht in der Annahme, daß Sie es eingesehen hätten?«

»Ja.«

»Nun werden Sie unschwer feststellen, daß sich die klinische Fallgeschichte dieses Berichts offensichtlich auf einen Vorfall bezog, der dem Zeitpunkt, zu dem Sie Mr. Hettinger untersuchten, mehr als ein Jahr vorausging. Darin werden die Umstände dargelegt, unter denen Mr. Hettingers Partner starb.«

»Ja.«

»Befand sich in diesem anderen Bericht irgendein Hinweis, daß Mr. Hettinger und sein Partner entführt und in die Nähe von Bakersfield geschafft worden waren, wo sein Partner umgebracht wurde, während ihm selbst die Flucht gelang?«

»Ja.«

Schon seit dem Tag, da er Karl Hettinger ins Verhör genommen hatte, machte sich Charles Maple wegen dieser Unstimmigkeit Sorgen, die er in Thompsons Bericht festgestellt hatte.

»Wenn Sie über den Vorfall in Kern County gesprochen haben, bei dem Officer Campbell ermordet wurde – haben Sie in diesem Zusammenhang je geäußert, Sie wären in eine *Schießerei* mit zwei des Raubs verdächtigen Personen verwikkelt gewesen? Daß Sie und Ihr Partner sich gegen die zwei Verdächtigen gewehrt hätten, als einer der beiden Verdächtigen auf Ihren Partner schoß und Ihr Partner den Tod fand?«

»Ich kann mich nicht erinnern, diese Ausdrücke gebraucht zu haben«, antwortete der Zeuge. »Gegenüber einer Arzthelferin sind einmal Worte in der Art gefallen, als sie den Grund meines Kommens wissen wollte. Sie hat mich in etwa gefragt: ›War es eine Schießerei oder ein Raubüberfall?‹ Irgend etwas in dieser Richtung. Ich wollte ihr das Ganze nicht näher erläutern, da ich wußte, daß ich sowieso gleich mit dem Doktor sprechen würde.«

»Welcher Arzt war das, von dem Sie gerade sprechen?«

»Ich kann mich an seinen Namen nicht mehr erinnern.«

»Wissen Sie noch, wann das ungefähr war?«

»Nein.«

»Und haben Sie diesem Arzt Ihre Version der Geschehnisse in Kern County erzählt?«

»Daran kann ich mich nicht mehr erinnern.«

In Abwesenheit der Geschworenen wandte Maple sich an das Gericht: »Es hat sich herausgestellt, daß er eine Vergangenheit als Dieb hat, die von der Polizei jedoch geheimgehalten wurde. Sie wurde nicht an den Tag gelegt, als er zur Polizei ging! Und dies scheint mir auf jeden Fall ein Punkt zu sein, welcher der näheren Betrachtung bedarf.«

Seinen Vorgesetzten gegenüber erklärte Staatsanwalt Brown: »Maple ist der Auffassung, Hettinger hätte Dr. Thompson gegenüber eine großspurige Bemerkung von einer Schießerei fallen gelassen, um Thompson zu beeindrukken, damit dieser seine Pensionsansprüche nicht in Frage stellte. Und dies trotz der Tatsache, daß Thompson die früheren Berichte über Hettinger kannte und über den genauen Verlauf der Geschichte informiert war. Das Ganze ist vollkommen absurd, aber der Richter ließ ihn trotzdem Thompson als Zeugen vorladen.«

»Und nun«, wandte sich Maple an den Arzt, »hat Mr. Hettinger im Verlauf besagten Gesprächs dem Sinn nach oder tatsächlich gesagt, daß er seit dem 10. März 1963 an psychischen Störungen zu leiden begann,und hat er geäußert, daß er in eine *Schießerei* mit zwei des Raubs verdächtigen Personen verwickelt war und daß er und sein Partner sich zur Wehr setzten, als einer der Verdächtigen auf seinen Partner schoß und sein Partner den Tod fand?«

»Ja, soweit ich weiß, hat er *etwas* in diesem Sinne geäußert«, antwortete Dr. Thompson. »Wenn auch nicht unbedingt in eben demselben Wortlaut.«

»Würden Sie also behaupten, daß dies *dem Sinn nach* Mr. Hettingers Worte waren – *dem Sinn nach*, wenn auch nicht unbedingt dem genauen Wortlaut nach?«

»Ja, dem Sinn nach. Die Stenotypistin könnte das Ganze natürlich etwas abgeändert haben, aber im wesentlichen würde ich behaupten, war es das, was er gesagt hat.«

»Also gut«, sagte Sheldon Brown ungeduldig, als er an der Reihe war. »Wenn Ihre Sekretärin einen Befund tippt, überlassen Sie doch einen Großteil der genaueren Formulierung ihr. Sie faßt das, was Sie ihr gesagt haben, in eine klare schriftliche Form. Ist das richtig?«

»Ja.«

»Eine Stenotypistin tippt also einen Sachverhalt nur dem Sinn nach. Sie paraphrasiert, was Sie ihr mitteilen. Ist das richtig?«

»Das ist richtig.«

»Bestehen für Sie irgendwelche Zweifel«, fragte Maple, »daß Mr. Hettinger in Beantwortung Ihrer Fragen tatsächlich behauptet hat, was Sie, wie hier vorgebracht wurde, in Ihren Aufzeichnungen vermerkt haben?«

»Im großen und ganzen, nein«, erwiderte der Arzt. »Wenn ich auch der Überzeugung bin, daß es sich, was den genauen Wortlaut betrifft, teils sicher um die Formulierungen der Stenotypistin handelt.«

»Wenn Sie das Gefühl gehabt hätten, die Stenotypistin hätte den Sachverhalt nicht sinngemäß wiedergegeben, hätten Sie sie doch gebeten, dies zu korrigieren, oder nicht?« wollte Maple weiter wissen. Der Verteidiger geriet jedoch angesichts der offensichtlichen Gleichgültigkeit seines Zeugen zusehends in Unruhe.

»In diesem Fall nicht unbedingt. Mit den Details der Tat habe ich mich nicht im geringsten auseinandergesetzt. Mich hat nur die Tatsache als solche interessiert.«

»Dr. Thompson war einer der bekanntesten psychiatrischen Gutachter in und um Los Angeles«, erklärte Sheldon Brown später. »Wir haben ihn mehrmals bloßgestellt. Ganz offensichtlich schadete er Maples Sache mehr, als er ihr half. Die Art, in der er Thompson einzusetzen versuchte, weckte nur eine Menge Sympathien für Hettinger. Aber Maple ließ nichts ungenutzt, womit er Powells Leben retten zu können glaubte.«

»Es war eigenartig«, fuhr Brown fort. »Maple ist ein ethisch untadeliger Anwalt, aber er identifizierte sich so vollständig mit Gregory Powell, daß er einfach offensichtliche Tatsachen außer acht ließ. Die Dr. Thompson-Affäre war zum Beispiel so ein Fall. Diese absolut lächerliche Geschichte mit dieser Schießerei. Es lag doch auf der Hand, daß dieser Doktor nicht die geringste Ahnung hatte, was in diesem Zusammenhang alles gesagt worden war, und es war ihm auch völlig egal.

Maple behauptete, Thompson hätte Hettinger diese Geschichte mit diesem harmlosen Diebstahl aus seiner Jugend ›entlockt‹. Und dann hat Maple auch noch angedeutet, Hettinger wäre zeit seines Lebens ein Dieb gewesen.«

»Mein Gott, dabei hatte Hettinger schon jedem einzelnen dieser Psychiater seine kleinen Kindheitsvergehen gestanden. Und in wesentlich größerer Ausführlichkeit. Es schien, als verdrängte Maple die anderen psychiatrischen Befunde einfach, als existierten sie für ihn gar nicht. Er war sich sicher, daß Thompsons Bericht beweisen würde, daß Hettinger ein notorischer Dieb und Lügner war. Ich glaube nicht einmal, daß ihm Gregory Powell diese Theorie abgekauft hat. Und mit Sicherheit hat dies niemand auf der Geschworenenbank getan.«

»Maple war schon zu lange in den Fall verwickelt. Er gab Powell sogar Geld, beschaffte ihm Kleider und fungierte für Powell und seine gesamte Familie als Vertrauter, Beichtvater und Psychiater. Er hat sogar versucht, allerdings ohne Erfolg, Powell und seine Freundin zu verheiraten – diese arme Schwarze, die Powell dazu gebracht hatte, ihm bei seinen Ausbruchsversuchen beizustehen, und die dafür selbst in Schwierigkeiten geraten war. Was seinen Mandanten betraf, schien es für ihn plötzlich so etwas wie logisches Denken nicht mehr zu geben. Oder diese katastrophale Äußerung bezüglich des Lindbergh-Gesetzes. Er behauptete, in diesem Punkt hätten sowohl Hettinger wie Smith einfach gelogen. Er hat tatsächlich an Gregory Powell *geglaubt*. Ich bezweifle, daß je ein Angeklagter einen vertrauensvolleren Verteidiger hatte.«

Charles Maple hatte sehr helle blaue Augen und fast keine Brauen. Das Kirchenvorstandsmitglied hatte in der Iris seines rechten Auges einen schwarzen Fleck und eine mächtige Stimme, die vor der versammelten Gemeinde von Gläubigen ebenso zur Wirkung kam wie vor Gericht. Beim Sprechen gestikulierte er mit den Händen, und wenn er die Stirn runzelte, ließen seine haarlosen Brauen die hellblauen Augen sehr durchdringend erscheinen. Maple bediente sich der Rhetorik eines Evangelisten, wenn der Anwalt, der in Harvard studiert hatte, auch nicht verdammte, sondern verteidigte. Er predigte Vergebung und ließ sein Mitgefühl sich über alle Menschen ausbreiten – mit Ausnahme der einen Person, deren Aussage eine Lüge sein mußte.

Der Pflichtverteidiger war sich völlig sicher, daß Gregory Powell auf keinen Fall eines berechnenden Mordes schuldig war und daß er nur wegen eines Mannes in der Gaskammer enden sollte. Für diesen Mann hatte Charles Maple nicht einen Gedanken des Mitgefühls übrig, und seine Stimme erzitterte prophetisch, wenn er in Abwesenheit der Geschworenen auf den Kronzeugen zu sprechen kam.

»Ist es nicht seltsam«, meinte Maple, »daß Hettinger, wie Powell, sein ganzes Leben lang eine soziopathische Persönlichkeit war. Schon seit frühester Kindheit ist er ein Dieb. Und unter starkem, psychischen Streß ist er wieder zu seinem vorpubertären Verhalten zurückgekehrt. Und wie jeder Soziopath, der kein schlechtes Gewissen kennt, lügt er und verdreht hemmungslos die Wahrheit, nur um besser dazustehen. Er hat ausgesagt, da wäre eine Sekretärin in Dr. Thompsons Praxis gewesen, und von ihr soll die Geschichte mit der Schießerei stammen. Das ist eine freche Lüge. Warum hat dieser Mann gelogen? Ich weiß nicht, weshalb er gelogen hat. Ich weiß nur, daß er es getan hat.«

»Weshalb hat er gestohlen? Nun ja, warum hätte er es nicht tun sollen, so lange es so einfach war. Er war der Chauffeur von Polizeichef Parker gewesen. Seine Karriere bei der Polizei war aufgrund aller möglichen Anspielungen ruiniert. Er hat gestohlen, weil er dachte, es stünde ihm zu. Er kennt keine Schuldgefühle, nicht wegen der Diebstähle und auch nicht aufgrund der Tatsache, daß er in der Konfrontation mit Powell und Smith in seiner Funktion als Polizist versagt hat. Er ist ein echter Soziopath. Diese Geschichte mit seiner angeblichen Kleptomanie ist doch nichts weiter als Theater. Er weiß doch gar nicht, was das ist – Schuld!«

Dagegen war Gregory Powell hinsichtlich des Kronzeugen etwas anderer Meinung. »1963 war er nichts weiter als eine recht verschwommene, schattenhafte Figur für mich. Einfach ein wenig unwirklich, und zwar in vieler Hinsicht. In späteren Jahren war das aber dann ganz eigenartig. Dieser

Mann wurde plötzlich zur wichtigsten Person in meinem Leben, obwohl ich praktisch nichts über ihn wußte.«

Joshua Hill war einer der sechs Männer, die aus dem Trakt mit den Todeszellen in San Quentin vor Gericht gebracht wurden, um über Gregory Powells Charakter auszusagen. Hill war ein junger Mann, der als Baby über ein erstaunliches Vokabular verfügt und als Erwachsener trotz einer begrenzten Ausbildung einen Intelligenzquotienten von 140 hatte. Andererseits lernte er erst mit sieben Jahren, selbständig auf die Toilette zu gehen. Im Todestrakt war er unter dem Namen ›Batman‹ bekannt, da er einen selbstgefertigten Umhang trug. Wenn ihn dann seine Batmananwandlungen überkamen, forderte er oft einen oder mehrere Wärter zum Kampf heraus, so daß er nicht selten nur mit Tränengas zur Räson gebracht werden konnte. Hills Mutter hatte ausgesagt, Batmans Vater hätte den Jungen während seiner formativen Phase verprügelt, damit er kein Weichling würde. Wenn dem tatsächlich so war, dann hatte der Vater ganze Arbeit geleistet. Hill war in der Tat ein harter Bursche.

Bei zwei Gelegenheiten fiel Hill über einen Mitgefangenen her. Dem einzigen Eskimo unter den Häftlingen brachte er einen Schädelbruch bei, und einem anderen Mitinsassen schlitzte er die Kehle auf. Beide überlebten jedoch die Attakke. Hill war ein dunkler, gut aussehender Typ, der gern für einen italienischen Mafioso gehalten wurde. So lange er sich noch auf freiem Fuß befunden hatte, nannte er sich Vito Giuseppe Cellini.

Für einige der anderen Häftlinge im County Jail-Sicherheitstrakt war es eine herbe Enttäuschung, als Wärter einen Handschellenschlüssel in Joshua Hills Mund entdeckten. Seine Ausbildung bei den Green Berets und sein angeborenes Draufgängertum hatten einige von ihnen zu hohen Wetten veranlaßt, wobei sie darauf setzten, daß er auch ohne Schußwaffe aus dem Gerichtssaal entkommen würde, wenn man ihm nur die Handschellen abnahm. Möglicherweise waren die an den Wetten beteiligten Häftlinge über die Auffindung des Schlüssels sogar noch enttäuschter als Gregory Powell und Joshua Hill.

Im Frühling entdeckten die Wärter, daß Gregory Powell einen Universalschlüssel besaß, mit dem er die Stahlgitter vor den Gefängnisfenstern abschrauben wollte. Im Sommer 1969, nach der Aufdeckung sämtlicher Ausbruchspläne, war es ein entnervter Gregory Powell, der gegen Ende des Tages vom Gerichtssaal zum Gefängnislift gebracht wurde.

Dabei sah er einen alten Mann, einen der ›Schrankengeier‹, die ihre Tage als Zuschauer von Strafprozessen verbringen, durch die Korridore und Säle der Hall of Justice, der Hall of Records und des Country Court House streifen.

Besagter Mann war vornehmlich an Gregory Powell interessiert und erschien fast täglich, um ihn zu sehen. Der Schrankengeier sagte nie ein Wort, sondern grinste nur. Nach ein paar Wochen drehte sich Gregs Kopf auf seinem langen Hals sicher ein dutzendmal jeden Morgen nach dem alten Mann im hinteren Teil des Gerichtssaals um. Und der Alte grinste ihn immer an wie Schnitter Tod persönlich.

Greg beschwerte sich über den Mann, worauf man ihm versicherte, er wäre nur ein harmloser Zuschauer und hätte das Recht, im Gerichtssaal der Verhandlung beizuwohnen. Schließlich begann der alte Mann, Greg zu folgen, wenn ihn die Wärter nach Verhandlungsschluß in Ketten vom Gerichtssaal zum Gefängnislift führten. Greg lauschte bereits auf die schlurfenden Schritte hinter ihm, und er wandte seinen Kopf nach hinten, um zwischen den Wärtern nach dem Alten Ausschau zu halten. Und unweigerlich befand sich der alte Mann hinter ihm. Und er grinste ihn an. Wie die Vergänglichkeit. Wie der Tod.

Eines sehr heißen Sommertages reichten die Wärter einen schriftlichen Bericht darüber ein, daß der Gefangene Gregory U. Powell vor dem Lift plötzlich durchgedreht hatte und einen siebzigjährigen Weißen ohne ersichtlichen Grund anzufallen versucht hatte. Der Gefangene wurde zurückgehalten, fuhr aber weiter fort, den alten Mann anzuspucken und ihn anzuschreien. Schließlich wurde der Gefangene abgeführt, ohne sich jedoch für den Rest des Abends gänzlich beruhigen zu können. Am nächsten Tag saß der alte Mann wieder im Gerichtssaal. Er grinste.

»Alle diese Geständnisse waren unstatthaft«, erklärte Staatsanwalt Sheldon Brown. »Inzwischen hatten sogar die Verteidiger vergessen, was die Angeklagten einst in ihren Geständnissen ausgesagt hatten. Hettinger war ein gebrochener Mann: Das war für jedermann ganz klar ersichtlich. Und Campbell hatte man so gründlich vergessen, als hätte er nie gelebt.«

Sheldon Brown zeigte sich leicht belustigt, wie Greg sich bei den drei Schwarzen auf der Geschworenenbank lieb Kind zu machen versucht hatte, indem er davon erzählte, wie er einem Schwarzen Schreiben beigebracht hatte. Als die Geschworenen für Gregory Powell bereits nach sechs Stunden mit einem Todesurteil zurückkehrten, erzählte einer dieser Schwarzen Brown, daß sie nur deswegen so lange ausgeblieben wären, um nicht voreilig zu erscheinen.

Gleichzeitig wurde ein weiterer Ausbruchsversuch geplant. Er sollte im Tagesraum des neuen County Jail stattfinden. An dem Vorhaben sollten sich verschiedene andere Häftlinge beteiligen, denen gerade der Prozeß gemacht wurde, darunter ein weiterer Polizistenmörder und ironischerweise auch ein ehemaliger Polizeibeamter und späterer Barbesitzer, der wegen des Mordes an seiner Frau angeklagt war, deren Lebensversicherung er einstreichen wollte.

Ohne ersichtlichen Grund wurde Jimmy Smith in das alte Gefängnis eingeliefert, kurz bevor der Ausbruchsversuch aufgedeckt wurde und die Hilfsmittel dafür eingezogen wurden. Irgend jemand hatte den Gefängnisbehörden einen Tip zukommen lassen. Jimmy war außer sich vor Wut, weil durch seine Verlegung der Anschein erweckt wurde, als wäre er der Informant gewesen. In Jimmys Augen war dies jedoch ein älterer Mitinsasse gewesen, den er in jener Nacht den Raum für die Anwälte betreten hatte sehen.

Anscheinend legte ihn *immer* irgend jemand herein. Aber der alte Mann konnte es nicht gewesen sein. Die Wärter wußten einfach zu viel. Nein, es mußte jemand gewesen sein, der ihm relativ nahestand. Jimmy wurde in Sirhans ehemaliger Zelle untergebracht und blieb auf diese Weise für immer von seinem Partner getrennt. Zumindest würde er nun Powell nicht mehr zu Gesicht bekommen, dachte er. Das zumindest blieb ihm erspart. Etwas Gutes hatte das Ganze doch nach sich gezogen.

Als Jimmy Smith eine Schreibmaschine bekommen hatte, erhielt Gregory Powell eine bessere. Und nachdem Gregory Powell unter Sodium-Amytal ausgesagt hatte, sollte nun auch Jimmy Smith diesem Verfahren unterzogen werden.

Das Verhör wurde jedoch nicht auf Band aufgenommen. Es war recht belanglos und zeitweilig auch sehr konfus. Es gab nur einen interessanten Augenblick. Jimmys Aussage war unzusammenhängend und widersprüchlich, aber im entscheidenden Moment, als er auf den Punkt zu sprechen kam, als die Schüsse fielen, sagte er: »Der Körper zuckte auf, und seine rechte Hand zuckte auch. Ich werde das nie vergessen... Ich kann kein Bild von Powell sehen, wie er es tut. Ich kann kein Bild von niemandem sehen, der es tut.«

Um seine angespannten Nerven und seinen von Geschwüren geplagten Magen etwas zu beruhigen, führte Jimmy Smith während des endlosen Wartens auf die zweite Verhandlung ein Tagebuch. Bisweilen erging er sich in zornigen Deklamationen.

Hunderte von Tagen vor Gericht, und noch immer ist kein Ende abzusehen! Zehn verschiedene Richter haben ihre Fangnetze nach mir ausgeworfen, aber ich konnte ihnen doch immer wieder entkommen. Wozu freilich, könnte ich nicht sagen. Aber nie werde ich vor irgendeinem Herrn mein Haupt neigen! Noch mich irgendeiner Drohung beugen!

Ein andermal ließ der Angeklagte seiner poetischen Ader freien Lauf.

Bedauernswerter Narr, der ich bin! Nie wieder werden sanfte Augen meine streifen, nie mehr werden mich der Liebe süße Lippen küssen. Keine Hand wird in einem Ausdruck gegenseitiger Zuneigung die meine ergreifen. Ich, das Grab, habe mir dich, Jimmy, zum Geliebten genommen. Leb wohl, Jimmy! Ich bin dein ein und alles!

Im Sicherheitstrakt wurde Jimmy Smith immer auf dem laufenden gehalten, was sich in den Todeszellen tat. Natürlich war es im wesentlichen immer wieder dasselbe – der

Stand der Berufungsanträge, der Verlauf der neu eingeleiteten Verfahren, neue Techtelmechtel unter den Gefangenen – wer trieb es mit wem –, die Neueingelieferten und die Typen, vor denen man sich in acht nehmen mußte.

Ein Neuer, der mit Vorsicht zu genießen war, hieß Robles. Er war ein dünner junger Bursche, der mit einem Messer über einen Anhalter und einen Mann, der in seinem Auto geschlafen hatte, hergefallen war, um vor allem ins Gefängnis zu kommen. Keiner der beiden attackierten Personen starb, aber während seines Aufenthalts im Santa Clara County Jail war Robles in einen höchst ungewöhnlichen Ausbruchsversuch verwickelt. Er konnte einen Zellengenossen dazu überreden, so zu tun, als hätte er sich mit einem Laken erhängt. Robles würde seinen Freund hochhalten, und wenn ein Wärter in die Zelle kam, um ihn herunterzuholen, würden sie den Wärter zu zweit überwältigen. Zum Pech für den anderen Zelleninsassen erhängte ihn Robles jedoch bei einer Probe. Als Wärter schließlich den Toten losbanden, sang Robles kichernd vor sich hin: »Alles vorbei, Tom Dooley.«

In einem weiteren Gefängnismord schnitt Robles einem Mitinsassen mit einer aus einer Zahnbürste und einer Rasierklinge gefertigten Waffe die Kehle durch, was ihn endgültig in die Todeszelle brachte.

»Meine Güte«, stöhnte Jimmy Smith, als er von diesem Vorfall hörte. »Wir haben hier auch so ein paar Typen, die fast genauso schlimm sind. Einer davon denkt an nichts anderes, als sich einen runterzuholen und sich mit den Wärtern anzulegen. Aber dieser Robles erinnert mich an diesen Kerl, der jetzt als Zeuge hier unten sitzt.« Dabei dachte Jimmy an einen dunkelhäutigen Mitinsassen, der sich um die Augen und über den Lippen Schnitte angebracht und dann schwarze Farbe hineingerieben hatte, um auf Dauer einen Katzenschnurrbart zu haben. Gelegentlich trat er an andere Häftlinge heran und sagte, ›es überkäme ihn nun wieder‹. Er warnte alle, daß er töten wollte und in den Trakt mit den Todeszellen zurückversetzt werden sollte. Sie waren alle in Einheit 2500, dem Sicherheitstrakt, untergebracht.

»Seh sich das mal einer an«, meinte Jimmy Smith. »Das

geht doch nicht an, so einen verrückten Scheißkiller frei rumlaufen zu lassen, Mann.«

»Das ist echt eine Sauerei«, stimmte ihm der andere Häftling zu. »Hier ist man ja seines Lebens nicht mehr sicher. Wo soll denn das noch enden, wenn am Ende jeder mit einem Messer in der Tasche rumläuft?«

»Gütiger Herr Jesus«, stöhnte Jimmy Smith bei dem Gedanken, wieder in die Todeszellen zurück zu müssen. Dort scherte sich niemand auch nur einen Dreck darum, was für ein Verbrechen man begangen hatte, solange man die anderen Gefangenen in Ruhe ließ und sich um seinen eigenen Kram kümmerte. Aber Kerle wie dieser Irre brachten andere Gefangene ohne den geringsten Grund um.

Sie waren sich beide einig. Den anderen Verurteilten gegenüber war das einfach nicht fair. Solange sich dieser Killer unter ihnen befand, konnte keiner seines Lebens sicher sein.

Pflichtverteidiger Charles Hollopeter bezeichnete seinen Mandanten anfänglich als paranoid. Ihm schien an den Zuständen im Gefängnis mehr gelegen zu sein als daran, sein Leben zu retten. Er ließ sich nur bezüglich ganz spezieller Anträge auf ein Gespräch mit seinem Anwalt ein – etwa, daß das Essen heißer sein sollte oder daß bestimmte Lichter im Gefängnis gelöscht werden sollten, während andere brannten.

Irving Kanarek hatte Jimmy Smith zweimal angefallen. Aus irgendeinem Grund schien er jedoch mit Hollopeter keineswegs besser zurechtzukommen. Nun stand für ihn endgültig außer Zweifel: Jeder Anwalt, der ihm zugeteilt wurde, war unfähig oder Schlimmeres.

Staatsanwalt Dino Fulgoni war ein kleiner, muskulöser, kantiger Mann, der in seiner Grobschlächtigkeit in auffallendem Gegensatz zu dem wesentlich älteren, kultivierten Anwalt aus Pasadena stand, der mit seiner seltsam altbackenen Art bei den Geschworenen jedoch sehr gut ankam. Fulgoni war der Überzeugung, daß es im Raum Los Angeles kaum einen besseren Strafverteidiger gab als seinen Gegenspieler.

Nicht sonderlich begeistert war Fulgoni von seinem Kronzeugen, der nur auszusagen bereit war, was er gesehen hatte und woran er sich erinnern konnte. »Hettinger war nicht bereit«, klagte Fulgoni, »diese kleinen Anspielungen zu machen, derer wir uns alle bedienen und deren wir uns sogar bedienen müssen, ohne daß wir dabei unsicher und unentschlossen wirken würden. Seine Aussage war kalt, emotionslos und zu objektiv.«

Es war wahr. Während der Verhandlungen von 1969 zeigte der Kronzeuge keinerlei Emotionen. Er schien allen, die ihn von früher kannten, verändert – den Angeklagten, Pierce Brooks und den Dutzenden von Zeugen, welche seine Aussage von 1963 gehört hatten. Mochte jedoch der Zeuge emotionslos erscheinen, traf auf seine Frau das genaue Gegenteil zu. Zum erstenmal in ihrem Leben wurde Helen Hettinger von heftigem Nesselfieber befallen. Für die Dauer des Prozesses war ihr ganzer Körper von heftig juckenden Striemen überzogen.

Eines Tages – der Zeuge stand auf dem Korridor und wartete darauf, aufgerufen zu werden – trat ein Schwarzer an ihn heran, der ihm irgendwie bekannt vorkam.

»Na, was sagen Sie dazu, Karl?« sprach ihn der knochige Farmarbeiter mit dem zernarbten Mahagonigesicht an. »Können Sie sich noch an mich erinnern? Ich bin Emmanuel McFadden.«

»Emmanuel? Sie?«

»Ja, ich.« Der Farmarbeiter grinste. »Sie haben sich ganz schön verändert, Karl. Sie sind dünner geworden.«

»Man wird eben alt, Emmanuel.«

»Wie geht's denn so, Karl?«

»Ich kann nicht klagen, Emmanuel. Ich bin mal in Bakersfield durchgefahren, auf dem Weg zum Angeln. Ich hab' nach Ihnen gefragt.«

»Ja, ich habe gehört, daß sich ein Weißer nach mir erkundigt hat. Ich hab' mir schon gedacht, daß Sie das waren. Mir ist zu Ohren gekommen, daß Sie nicht mehr bei der Polizei sind.«

»Nein.«

»Und sonst geht's Ihnen gut, Karl?«

»Sicher, Emmanuel, sicher.«

Jimmy Smith' Anwalt war zwar der Überzeugung, daß Hettinger die Wahrheit sagte, hatte aber sonst eher nur Verachtung für ihn übrig. »Wie ein geprügelter Hund«, war der Ausdruck, mit dem er ihn außerhalb des Gerichts charakterisierte.

Was die Diebstähle des Zeugen betraf, vertrat Hollopeter zwar eine weniger tiefschürfende und psychologische Theorie als Charles Maple, wenn er auch zum gleichen Schluß gelangte. Hollopeter gab in diesem Zusammenhang einen alten psychologischen Witz zum besten: »Ihr Sohn stiehlt, Madam, weil...« – »Ja, Herr Doktor?« – »Weil er ein Dieb ist, Madam.«

Hollopeter wußte, daß Hettinger gegen eine psychologische Attacke völlig wehrlos gewesen wäre, griff aber dennoch nicht auf diese Möglichkeit zurück. Dies geschah jedoch nicht aus Mitgefühl, sondern weil er fürchtete, damit nur Sympathien für den Zeugen zu wecken. Hollopeter äußerte sich einmal bezüglich der Person Hettingers: »Ein wirklich harter Bursche hätte es schon von Anfang an nicht so weit kommen lassen. Er hätte doch Powell mit einem Wagenheber oder einer Radkappe den Schädel einschlagen können – wenn er wirklich ein Kerl gewesen wäre.«

Am Tisch der Verteidigung war dem Kronzeugen niemand freundlich gesinnt, bei keinem der beiden Prozesse.

Zu Beginn des Verfahrens wandte sich Hollopeter mit folgendem Kritikpunkt an das Gericht: »Ich habe da einen Punkt zu bemängeln, Euer Ehren, und nehme die Gelegenheit, ihn vorzubringen, hiermit wahr. Ich erhebe dagegen Einspruch, daß der Kronzeuge hier als ›Officer‹ bezeichnet wird. Meines Wissens ist dieser Mann kein Officer.«

»Das stimmt«, pflichtete ihm Fulgoni bei. »Ich werde ihn von nun an nur noch *Mister* Hettinger nennen.«

Im Oktober 1969 wurde der Zeuge von Hollopeter gefragt:

»Als Sie an den Ort zurückkehrten, an dem die Schüsse gefallen waren, haben Sie dann Mr. Campbell gesehen?«

»Ja.«

»Wo war er?«

»Er lag in einem Graben.«

»War er zu diesem Zeitpunkt noch am Leben?«

»Ich glaube nicht«, erwiderte der Zeuge in mechanischem Tonfall. Seine Augen waren bar jeden Ausdrucks.

»Als Sie mit Mr. Campbell in dem Krankenwagen fuhren, haben Sie irgendwelche Verletzungen an seinem Körper festgestellt?«

»Ich habe nur eine Menge Blut gesehen. Nur eine Menge Blut.«

»Mr. Hettinger, welcher Tätigkeit gehen Sie im Augenblick nach?«

»Ich bin Gärtner.«

»Sie sind nicht mehr bei der Polizei?«

»Nein.«

»Wann haben Sie Ihren Dienst bei der Polizei quittiert?«

»Im Mai 1966.«

»Wie oft haben Sie schon über die Ereignisse der Nacht des 9. März und des Morgens des 10. März 1963 ausgesagt?«

»Sechs- oder achtmal«, erwiderte der Zeuge. »Ich kann mich nicht mehr genau erinnern.«

»Wenn Sie darüber aussagen, führt Ihnen dies die damaligen Ereignisse wieder sehr nahe vor Augen?«

»Zwischen den Verfahren – verblaßt das Ganze etwas in meiner Erinnerung – aber dann wird mein Gedächtnis wieder aufgefrischt«, erklärte der Zeuge stockend und starrte die Rückwand des Gerichtssaals an.

»Sie haben uns gegenüber geäußert, Sie hätten über Ihre Schulter zurückgeblickt und dabei Lichtblitze gesehen, bei denen es sich um Mündungsfeuer zu handeln schien. Und die Blitze nahmen dann scheinbar eine Tropfenform an. Mr. Hettinger, haben Sie durch diesen Vorfall einen schweren Schock erlitten?«

»Ich würde sagen, daß meine Verfassung ... Ich konnte es einfach nicht fassen ... Ich konnte nicht glauben, daß es wirklich passiert war.«

»Wie alt waren Sie zu diesem Zeitpunkt?«

»Ungefähr achtundzwanzig oder so.«

»Und um Ihre allgemeine körperliche Gesundheit war es damals gut bestellt?«

»Ja, ich würde schon sagen.«

»Als Sie weggelaufen sind, hatten Sie doch vor zu entkommen, wenn das irgendwie möglich sein sollte, nicht wahr?«

»Ich wollte es«, entgegnete der Zeuge knapp.

»Dachten Sie damals, Sie würden einen Ort erreichen, an dem Sie in Sicherheit sein würden?«

»Ich weiß nicht, was ich damals gedacht habe.«

»Warum sind Sie langsamer gelaufen, um sich umzublicken?«

»Ich glaube ... Ich war immer noch ... Ich konnte es noch immer nicht fassen. Ich konnte es einfach nicht fassen, daß es wirklich passiert war. Sie können es meinetwegen auch – Neugier nennen, wenn Sie wollen. Ich habe mich umgesehen. Ich konnte es einfach nicht fassen.«

Als der Kronzeuge mit seiner Aussage fertig war, trat er während der Pause an den Staatsanwalt heran. »Das ist doch jetzt der letzte Prozeß?« fragte er, aber Fulgoni unterhielt sich gerade mit Hollopeter. »Sir«, wiederholte der Zeuge seine Frage, »ist das ...? Muß ich noch einmal kommen ...? Nimmt das Ganze jetzt doch – ein Ende?«

Aber die beiden Männer hörten ihn gar nicht. Sie stritten wegen Gregory Powell, der für Smith aussagte, und Fulgoni war ziemlich aufgebracht.

Der Zeuge war mit einemmal zu erschöpft, um noch länger so stehenzubleiben. Er kehrte den beiden Anwälten den Rücken zu und ging zu seinem Laster. Er fuhr nach Hause, aber seine Frau war arbeiten. Er wollte ihr erzählen, daß es nun wahrscheinlich endlich vorüber war. Er glaubte nicht, daß er noch einmal vor Gericht aussagen würde müssen. Nicht, wenn das Verfahren kein zweitesmal revidiert wurde.

Er zog seine Jeans und sein altes Hemd an. Es war zu spät, um sich noch an die Arbeit zu machen. Also machte er sich in seinem eigenen Garten zu schaffen und kniete zwischen den Blumen nieder. An den frisch eingesetzten gelben Gazanien klebten zwei braune Schnecken. Er trug sie durch den Garten zur Straße und ließ sie dort frei.

Dann ging er wieder zu den Gazanien zurück. Eine der Blüten war leuchtender gelb als der Rest. Sie war noch in sich zusammengefaltet und hatte sich noch nicht geöffnet. Ganz vorsichtig berührte er die Blüte. Er wollte ihr dabei helfen, aufzugehen. Dann blickte er die kleine Pflanze an. Sie erinnerte ihn an eine flammende Träne. Er bildete sich ein, hinter sich ein leises Wimmern zu hören. Als er sich jedoch umwandte, war nichts zu sehen. Dann trübten sich seine Augen, und sie begannen zu brennen, und er merkte, daß er weinte. Die Tränen kamen nun einfach so – ohne Vorwarnung. Das ängstigte ihn mehr als alles andere bis dahin – daß ein Mann einfach so, aus heiterem Himmel, zu weinen anfangen konnte.

Für Gregory Powell war der Zeitpunkt gekommen, ein lange ausstehendes Versprechen an Jimmy Smith einzulösen. Fulgoni wußte, was Powell tun würde. An diesem Punkt war es für den Staatsanwalt völlig offensichtlich. Vor einem Richter wäre er damit nie durchgekommen, aber die Geschworenen, einfache Leute, die nicht mit juristischen Spitzfindigkeiten und Winkelzügen vertraut waren, würde er damit vielleicht hinters Licht führen können.

Fulgoni schloß keineswegs aus, daß diese Strategie Erfolg haben würde, zumal sämtliche Aussagen einen Tatbestand etabliert hatten, demzufolge Smith nichts weiter als der willensschwache Gefolgsmann eines überheblichen und gefährlichen Anführers gewesen war. Dazu kam auch noch das äußere Erscheinungsbild der beiden Angeklagten. Powell wirkte immer etwas bizarr. Ohne große Anstrengung vermochte er seinem Gesicht einen brutalen und grausamen Ausdruck zu verleihen. Fulgoni bearbeitete den Richter mit allen ihm zu Gebote stehenden Mitteln.

»Er wird sich auf die Fünfte berufen, Euer Ehren. Sie wissen das ganz genau. Ich weiß es. Maple weiß es. Mr. Hollopeter weiß es!«

»Das weiß ich nicht«, protestierte Hollopeter. »Euer Ehren, ich dulde diese Behauptung nicht, ich würde in schlechtem Glauben handeln. Ich streite das ganz entschieden ab.«

»Falls wir eine Vernehmung in Abwesenheit der Geschworenen einberaumen könnten«, schlug Fulgoni vor, »dann könnte, wenn er sich auf die Fünfte beruft...«

Aber Richter Shepherd entschied schließlich, daß der

Staatsanwalt gemäß Paragraph 913 nicht ermächtigt war, aus einem im Zuge einer früheren Vernehmung genutzten Vorrecht irgendwelche Schlüsse zu ziehen. Jimmy Smith war nämlich befugt, jeden Zeugen vorladen zu lassen, ohne vorher eine Zusage eingezogen haben zu müssen, ob der Zeuge nun auszusagen bereit war oder nicht. Fulgonis Bemühungen waren zum Scheitern verurteilt. Besagter Paragraph war relativ neu, und Fulgoni konnte sich auf keinen Präzedenzfall berufen, um eine Vernehmung zu erwirken und den Zeugen daran zu hindern, das zu tun, was er nach Ansicht des Staatsanwaltes vorhatte.

Also erfüllte Gregory Powell doch noch das Versprechen, das er seinem Partner gegeben hatte. In den Augen der anderen Insassen des Todestraktes wurde er dadurch zu einer Art Held. Und sechseinhalb Jahre langwieriger Gerichtsverhandlungen spitzten sich schließlich auf nichts weiteres als diese drei Fragen zu, hinsichtlich deren Antworten sich mit Ausnahme der ahnungslosen Geschworenen fast jeder schon seit langem im klaren war.

Die erste Frage Hollopeters lautete: »Mr. Powell, wie oft haben Sie auf Officer Campbell geschossen?«

»Ich erhebe gegen diese Frage Einspruch, als sie an diesem Punkt in schlechtem Glauben gestellt wird!« protestierte Fulgoni außer sich vor Wut.

»Abgelehnt«, verkündete der Richter.

Der Zeuge der Verteidigung beriet sich mit seinem Anwalt Charles Maple, bevor er antwortete.

Die zweite Frage lautete: »Hatten Sie sich am Abend des 9. März 1963 dazu entschlossen, in der Nähe von Carlos und Gower zwei Polizeibeamte zu entführen?«

Vor seiner Antwort beriet sich der Zeuge neuerlich mit seinem Anwalt.

Die dritte Frage lautete: »Behielten Sie Officer Campbells Waffe bis nach dem Zeitpunkt, zu dem die Schüsse fielen, in Ihrem Besitz?«

Die Antwort lautete in allen drei Punkten gleich.

Gregory Powells blaue Augen wurden starr und eisig, als er jeden Geschworenen einzeln ansah. Seine Lippen spannten sich, und Jimmy Smith erklärte später, Greg hätte genauso ausgesehen wie früher, wenn er eine Waffe in der Hand hatte und sie spannte. Diesmal machte dieser Blick Jimmy jedoch keine Angst, im Gegenteil. Am liebsten hätte er seinen Partner geküßt. Dies war der einzige Moment in seinem Leben, in dem Jimmy Smith seinen Partner Gregory Powell *liebte*. Denn seine Antwort lautete: »Auf den Rat meines Anwalts und in Berufung auf die fünfte und vierzehnte Ergänzung der Verfassung der Vereinigten Staaten verweigere ich die Antwort auf diese Frage, da eine solche mich inkriminieren könnte.«

»Ich habe keine weiteren Fragen«, erklärte Hollopeter.

Die Verteidigung zumindest konnte sich nun zur Ruhe begeben, und sie tat das auch. Fulgoni beobachtete die Geschworenen, von denen einige leicht zurückzuckten, als Gregory Powell sie beim Verlassen des Zeugenstands anstarrte.

»Oh, verdammt!« fluchte Fulgoni. »Verdammter Mist!« Und er hieb sich mit einer kräftigen Faust in die Handfläche.

In Wirklichkeit war jedoch Dino Fulgoni durch etwas mehr als diesen Trick geschlagen worden. Ian Campbell war fast sieben Jahre vor diesem 6. November 1969 ermordet worden, an dem sich die Geschworenen im Falle von Jimmy Smith für eine lebenslängliche Haftstrafe aussprachen. Es war in der Tat gar nicht so einfach, für ein Verbrechen, das so weit in der Vergangenheit zurücklag, ein Todesurteil zu erwirken. Die Zeit, welche bis dahin Jimmy Smith' unerbittlicher Feind gewesen war, wurde nun plötzlich zu seinem Verbündeten.

Es gab noch einen Moment in der Endphase des Verfahrens zur Festsetzung des Strafmaßes, die nach Ansicht verschiedener Beobachter für den Angeklagten Jimmy Smith von ebensolcher Bedeutung war wie Gregory Powell und Zeit an sich. Es war Jimmy Smith' Schlußplädoyer an die Geschworenen.

»Falls man Ihnen gestattet, weiter am Leben zu bleiben, was haben Sie für die Zukunft vor?« fragte Hollopeter den Angeklagten.

»Ich weiß nicht. Jedenfalls will ich etwas Konstruktives tun, wenn mir das möglich sein sollte.«

»Ich verstehe Sie nicht recht«, wandte Hollopeter sich an seinen Mandanten.

»Nun ja, ich will hier keine Versprechungen machen, die ich nicht halten kann. Oder auch nicht einfach sagen, daß ich etwas tun, beziehungsweise nicht tun werde. So etwas ist immer leicht gesagt... Ich weiß auch nicht, ob ich überhaupt leben will.«

»Gut, dann schreiten Sie zum Kreuzverhör«, forderte Hollopeter Staatsanwalt Fulgoni auf.

»Da ist noch etwas, was ich sagen wollte, das ich vergessen habe«, unterbrach Jimmy Smith.

»Bitte, sagen Sie, was Sie uns noch mitteilen wollten«, nickte ihm Hollopeter zu.

»Ich weiß wirklich nicht, ob ich überhaupt leben will oder nicht. Ich hatte ja nicht einmal genügend Mut, um diesen Kerl daran zu hindern, diesen Mann umzubringen. Ich hätte ihn aufhalten können. Aber ich hatte nicht das Zeug dazu. Es tut mir leid, daß er tot ist. Ich kann ihn nicht wieder zurückbringen. Was kann ich also schon groß tun? Sehen Sie sich doch mein Leben an. Ich habe im Grund nie gelebt. Ich bin doch ein Nichts...« Und dann fing der Angeklagte zu weinen an. Er senkte den Kopf und dachte an seinen Partner und an all das, was sie füreinander getan und sich auch gegenseitig angetan hatten. Und auch daran dachte er, wie jeder sich in dem anderen wiedererkannte. Jimmy Smith wußte, daß er von Gregory Powell nie ganz loskommen würde. »Tot wäre ich doch besser dran«, schluchzte er. »Was hätte es denn für einen Sinn für mich, zu leben. Ich bin doch nicht einmal ein Mann.«

»Euer Ehren, dürfte ich vielleicht um eine kurze Pause bitten?« wandte Hollopeter sich an das Gericht.

»Auch ich bitte darum, Euer Ehren«, schloß sich Fulgoni dem Antrag mit leiser Stimme an.

Im November 1969 schrieb der Angeklagte Gregory Powell folgendes: ›Euer Ehren, mit ungewöhnlichem Zögern wage ich mich an die Aufgabe heran, dies niederzuschreiben. In Übereinstimmung mit meiner ausdrücklichen Philosophie – das heißt, einer lebensorientierten – habe ich keine andere

Wahl, als dieses Gericht zu überzeugen zu versuchen, daß ich der Auffassung bin, es handelt sich in meinem Fall um eine Sache, in Zusammenhang mit der es durchaus gerechtfertigt wäre, auf eine große gerichtliche Tradition zurückgreifen, nämlich Gerechtigkeit, gepaart mit Nachsicht, walten zu lassen.

Im Verlauf dieser Verfahren haben zahlreiche Psychiater – alles ebenso gelehrte wie ehrenhafte Männer, wie ich überzeugt bin – dahingehend ausgesagt, daß ich in ihren Augen ein Soziopath war. Diese entmenschlichende Charakterisierung klang sehr wissenschaftlich und präzis, ja, und versetzte mich in Angst und Schrecken, als ich diese Bezeichnung zum erstenmal aus dem Zeugenstand auf mich angewandt fand. Nachdem mir nun ausreichend Zeit zur Verfügung stand, nachzudenken und mich in dem Versuch, das Wesen des Begriffs Soziopathie zu definieren, ausgiebig mit diesem zu befassen, gelangte ich an den Punkt, an dem ich die Gültigkeit und Rechtmäßigkeit dieser Charakterisierung in Frage zu stellen begann. Ich nehme hiermit nicht in Anspruch, ein Soziopath zu sein, obgleich tatsächlich viele Symptome, die Soziopathen zugeschrieben werden, darauf hindeuten, daß es sich hierbei, zumindest im allgemeinen, um eine zutreffende Typisierung handelt.

Dies ist kein Gesuch, in einer Gesellschaft leben zu dürfen, in der es selbst die alltäglichen Anforderungen unerläßlich erscheinen lassen, daß eine Durchschnittsperson in der Lage ist, zumindest ein ausreichendes Urteilsvermögen an den Tag zu legen. Dies ist eine Bitte und, wenn Sie wollen, ein Gesuch, die mir noch verbleibende Lebensspanne in einem Gefängnis verbringen zu dürfen. In einer Umgebung leben zu dürfen, in der ein Individuum nicht ständig freie Entscheidungen zu fällen hat, sondern in einer total kontrollierten Umgebung.

Während des Prozesses las ich die FBI-Akte, in der sämtliche Vergehen aufgeführt waren, derentwegen ich eine Haftstrafe verbüßt hatte. Diese Lektüre war gezwungenermaßen eine etwas unvollständige Zusammenfassung meines Lebens seit dem Jahr 1949 bis in die Gegenwart, da es mir nicht gelungen ist, in meiner Aussage die Auswirkungen darzulegen, die meine zahlreichen Gefängnisaufenthalte auf mich hatten. Die fast ununterbrochene Einkerkerung meiner Person von dem Zeitpunkt an, als ich fünfzehn wurde, bis zum heutigen Tag hat mich zu dem gemacht, was man in der Regel ein Individuum nennt, das nur innerhalb einer Institution zu leben imstande ist. Demgemäß ist das Entsetzen, das in einem normalen Menschen die Aussicht auf eine lebenslängliche Haftstrafe hervorrufen würde, in meinem Fall nicht gegeben, wenn ich mir vorstelle, daß ich mein ganzes künftiges Leben hinter den Mauern eines Gefängnisses verbringen werde. Im Gegenteil würde mich dieses Entsetzen nur befallen, wenn ich einem Leben außerhalb einer Haftanstalt entgegenzusehen hätte.‹

»Diese Leute, die nur noch innerhalb der Mauern einer Strafanstalt lebensfähig sind«, äußerte sich ein Leser besagten Dokuments hinsichtlich der Definition, die der Angeklagte von jenem am häufigsten mißverstandenen Phänomen aus dem Bereich des Strafvollzugs gab. »Wie viele von diesen Individuen gibt es innerhalb und außerhalb unserer Gefängnisse, die unter keinen Umständen zurechtkommen werden, es sei denn in einer der totalen Kontrolle unterworfenen Umgebung? Und wer würde es schon wagen, dies offen zuzugeben? Und welche Institutionen stehen diesen Menschen offen?«

»Sie warfen mich ständig wieder raus«, äußerte sich Gregory Powell dazu, als er neunzehn Jahre alt war. »Ich habe weiter Autos geknackt und bin wieder eingeliefert worden. Aber irgendwann haben sie mich dann doch wieder hinausgeworfen.«

Das Jahr 1970 war noch vier Wochen entfernt, als der zwölfte Richter des Oberen Gerichtshofs, der in diesem Fall den Vorsitz führte, den Angeklagten Gregory Powell offiziell zum Tode verurteilte. Dieser Richterspruch wurde in den letzten der 159 Bände eines 45000 Seiten umfassenden Protokolls eingetragen, dem längsten in der Geschichte Kaliforniens. Selbstverständlich würde automatisch ein Antrag auf Berufung gestellt werden, obgleich die meisten Beobachter diesmal einer Revision kaum mehr eine Chance gaben.

1970, wieder in einer der Todeszellen in San Quentin, bestellte Gregory Powell in der Bibliothek ein Buch mit dem Titel *Was geschieht, wenn man stirbt?* Allerdings gab es zu diesem Zeitpunkt einen anderen zum Tode verurteilten Mann namens Robert P. Anderson, der etwas damit zu tun haben sollte, ob Gregory Powell in der Gaskammer sterben würde.

19

Das neue Jahrzehnt meinte es nicht unbedingt schlecht mit Gregory Powell, der inzwischen seinen Mittelnamen angenommen hatte und darauf bestand, daß alle, auch seine Familie, ihn von nun an nur noch Ulas Powell nannten.

»Sein anderes Ich hat sich Gehör verschafft«, bemerkte dazu sein Verteidiger Charles Maple. Obwohl Maple kaum eine Chance gegeben sah, daß der Fall eine neuerliche Revision erfahren könnte, behielt er seine Fühler ausgestreckt.

Der Verurteilte erhielt von Freunden und Verwandten etwas Geld – hier ein paar Dollar, da ein paar Dollar. Einmal bekam er von einer Vereinigung in Italien, die sich für die Abschaffung der Todesstrafe einsetzte, eine größere Summe. Er hatte sich inzwischen selbst ausgiebig davon überzeugt, daß die unterdrückte Homosexualität sein ganzes Leben lang die Wurzel allen Übels gewesen und daß er zum Homosexuellen geschaffen worden war. Seine Gewichtszunahme, sein dunkleres Haar und seine Brille verliehen ihm ein wesentlich gefälligeres Aussehen. Er gab zahlreiche Interviews und zeichnete für verschiedene Homosexuellenzeitschriften Cartoons. Unter anderem äußerte er angeblich, er hätte eine ausgesprochene Abneigung gegen Gas und würde nie hingerichtet werden.

Er schloß sich einer religiösen Vereinigung von Häftlingen an und fungierte als Redakteur ihrer politischen Schriften. Währenddessen wartete er auf eine Entscheidung in *Das Volk gegen Anderson*. Im März 1972 befand der Oberste Gerichtshof von Kalifornien, daß die Todesstrafe grausam und übertrieben wäre. Damit konnte Gregory Powell den Todeszellen endgültig den Rücken kehren. Er wurde untergebracht wie gewöhnliche Häftlinge.

Nun stand dem nichts mehr entgegen, daß er die Art von Leben in einer nicht bedrohlichen, kontrollierten Umgebung lebte, von dem er behauptet hatte, daß es schon immer die ihm angemessene Lebensform war. Er war nicht unglücklich. Mit seinen vielen Briefen war er ausreichend beschäftigt. Schließlich brauchte ihn nun seine Familie mehr denn je, und manchmal lieh sogar *er ihnen* Geld. Douglas hatte sich gebessert. Er nahm keine harten Drogen mehr und geriet auch sonst nicht mehr in Konflikt mit dem Gesetz. Offensichtlich hatte er am Beispiel seines Bruders gelernt. Lei Lani dagegen war es nicht sonderlich gut ergangen, und auch zwischen Sharon und seinen Eltern herrschte nicht unbedingt ein ungetrübtes Verhältnis. Sie alle erhielten Briefe von Greg – Schwestern, Bruder, Mutter und Vater. Er erteilte ihnen Ratschläge, was geschäftliche Fragen, persönliche Probleme und die Organisation des Haushalts betraf. Er befahl, machte Vorschläge, tadelte. Wenn er einen Wunsch hatte, dann den, daß sie in geringerer Entfernung vom Gefängnis gelebt hätten, um ihn öfter besuchen zu können. Ausschließlich brieflich die Geschicke einer ganzen Familie zu leiten, war einfach doch ein zu schwieriges Unterfangen. Dennoch entschied er mit einem Seufzen, daß ihm wohl keine andere Wahl blieb, als zumindest sein Bestes zu versuchen. Wie hätten sie es auch ohne ihn schaffen sollen? Er war, und würde das auch immer sein, das rechtmäßige Oberhaupt der Familie.

20

Als Jimmy Smith schließlich zu einer lebenslänglichen Haftstrafe verurteilt wurde, dachte er, er hätte gewonnen. An dem Tag, als sie ihn dann zum Folsom Prison brachten, war er sich dessen jedoch nicht mehr so sicher. Nicht, als er das Zuchthaus vor sich auftauchen sah, das ihm in der Realität nun noch schrecklicher erschien als in seiner Erinnerung. Und als sich dann diese verhaßten Eisentore gähnend öffneten und die grauen, kalten, schleimigen Granitmauern ihn verschluckten.

Angesichts all dessen blieb ihm nur ein bitterer Trost – Gregory Powell stand nach wie vor der Tod bevor, und eines Tages würde er vergast werden. Nach der Veröffentlichung der Entscheidung in *Das Volk gegen Anderson* wurde ihm jedoch bewußt, daß er wieder einmal den kürzeren gezogen hatte. Powell würde in San Quentin eine einigermaßen menschliche Existenz führen, während er in der Hölle von Folsom dahinvegetieren würde.

Ohne die geringste Hoffnung auf eine weitere erfolgreiche Berufung ließ Jimmy Smith neuerlich einen Mann seine Interessen vertreten, der schon die erste Revision erkämpft hatte. Er nahm ein zweitesmal die Dienste von Irving Kanarek in Anspruch. Anfang 1973 reichte der hartnäckige Anwalt im Fall des Berufungsklägers Jimmy Lee Smith einen eröffnenden Schriftsatz ein. Einer der dahin aufgeführten Argumentationspunkte lautete: Während der Vorvernehmungen zum zweiten Verfahren wurden auffällige Hinweise auf Hettingers psychische Labilität deutlich. Angesichts dessen und der Umstände des Mordes (das extreme Widerstreben von seiten des Berufungsklägers, seine Erinnerungen an die Ereignisse zum Zeitpunkt des Mordes anders als nur sehr unzusammenhängend wiederzugeben; die Tatsache, daß es Nacht war und die Sicht sehr schlecht; die Tatsache, daß die Waffen ständig weitergereicht wurden) ist es wahrscheinlich, daß Hettinger selbst für das Abfeuern der vier Schüsse auf Campbell verantwortlich war, obzwar er Officer Campbell dabei vermutlich mit einem der Angeklagten verwechselt haben dürfte.

Eines Tages sagte einer der alten Wärter auf dem Gefängnishof zu Jimmy: »Weißt du, Jimmy, als du hier dreiundsechzig entlassen worden bist, dachte ich mir schon, daß du wieder hier auftauchen würdest. Schließlich tun das die meisten. Aber nicht wegen des Mordes an einem Polizisten. Daß du für immer zu uns zurückkommen würdest, hätte ich nicht gedacht.«

Mit einem grimmigen Lächeln hörte Jimmy dem Wärter zu und blickte dann über den Gefängnishof, wo er den ›Flea‹ sah – älter inzwischen, noch verrückter und widerwärtiger denn je. Er tappte linkisch nach Staubkörnchen und Fusseln, die im schräg einfallenden Licht der Dämmerung silbern schimmerten, und dabei schlurfte er, einen unangenehmen Geruch ausströmend, durch den Gefängnishof, auf der Suche nach einem Mann, irgendeinem Mann, in der Hoffnung, daß dieser Mann irgend etwas mit ihm anstellen würde, um wenigstens irgendeine Form menschlicher Nähe zu spüren.

»Sir«, antwortete Jimmy Smith dem Wärter, »ich bin regelrecht für Folsom geschaffen worden.«

21

Anfänglich schien sich das neue Jahrzehnt in nichts vom alten zu unterscheiden. Zumindest nicht für Karl Hettinger. 1970 war sogar eines seiner schlechtesten Jahre. Jeden Tag wartete er darauf, daß das Telefon klingelte und man ihm mitteilte, die Berufung wäre akzeptiert und der Fall revidiert worden. Eine Weile dachte er, dies wäre unvermeidlich. Während dieses Jahres setzte die Stadt Los Angeles auch seine Pension auf sechzig Prozent herunter. Seltsamerweise fühlte er sich über diese Herabstufung sichtlich erleichtert, obwohl er niemandem davon erzählte.

Im Verlauf des zweiten Verfahrens hatte die Anklage oder die Verteidigung – er wußte nicht mehr, wer nun genau – seinen Dienstrevolver als Beweisstück eingezogen, obwohl er nicht zu den Mordwaffen zählte und im Prozeß von 1963 nicht als Beweismittel herangezogen worden war. Er versuchte, die Waffe zurückzubekommen, aber in der Staatsanwaltschaft teilte man ihm mit, er müßte warten, bis das Urteil durch eine höhere Instanz bestätigt wurde – und das konnte noch zwei, drei Jahre dauern, gab man ihm zu verstehen. Nun hatten sie ihm also auch das weggenommen. Sogar das haben sie mir geraubt, dachte er.

Das erste Jahr verstrich, und es war nicht gerade ein sehr hoffnungsvolles Jahr. Weder für die Welt im allgemeinen noch für Karl Hettinger. Aber wie sich auch die Welt an das neue Jahrzehnt gewöhnte, so stellte auch er fest, daß ihm seine Psyche nicht mehr in dem Maße zu schaffen machte. Sein Gedächtnis wies nicht mehr so viele blanke Stellen auf. Eines Tages entdeckte er in der Zeitung eine Anzeige, worauf er etwas Ungewöhnliches tat. Er unterzog sich an der UCLA einigen Tests und begann davon zu reden, wieder aufs College zu gehen. Und das erstaunlichste war, daß er dies im Herbst 1971 dann auch wirklich wahrmachte.

Er schrieb sich für drei Kurse ein: Pflanzenidentifikation, Landschaftsgärtnerei und landschaftsgestalterische Verfahrensweisen.

Allerdings waren dies nicht mehr dieselben Studenten wie vor zwanzig Jahren. Viele seiner Kommilitonen sahen sich als künftige Ökologen und beschäftigten sich mit wesentlich weitreichenderen und tiefschürfenderen Problemen.

»Ich weiß nicht, ob ich mit diesen jungen Studenten Schritt halten kann, Helen«, äußerte er seiner Frau gegenüber. Offensichtlich bereute er seinen Entschluß bereits wieder.

»Aber sicher kannst du das, Karl. Hör doch nicht gleich wieder auf. Bitte, tu's nicht. Das ist das erstemal... Karl, es ist nun wirklich einige Jahre her, daß du dich wieder so in die Welt hinauswagst.«

»Na ja, vielleicht halte ich ja durch. Mal sehen, ob ich es nicht doch schaffe. Zumindest die Abschlußprüfungen werde ich wohl schaffen, denke ich.«

»Und ob, Karl. Das wirst du ganz sicher.«

Er hatte sich für die Abendkurse eingeschrieben. Nachdem er den ganzen Tag über als Gärtner gearbeitet hatte, saß er still in sich zusammengesunken an seinem Platz im Hörsaal, die Fingernägel fein säuberlich gereinigt und vermutlich der ordentlichste unter all den Studenten. Mit Sicherheit hatte er jedenfalls den kürzesten Haarschnitt und das braunste Gesicht. Mit siebenunddreißig Jahren war er auf dem Campus ein alter Mann.

»Sie haben bei der Schlußprüfung gespickt«, erzählte er seiner Frau eines Tages völlig aufgebracht.

»Wer?«

»So viele von ihnen, von den Studenten. Sie haben gemogelt!«

»Na ja, nimm dir das doch nicht gleich so zu Herzen!«

»Ich weiß nicht, irgendwie war das schon ein ganz schöner Schock für mich. Erst war ich wirklich ziemlich sauer. Danach bin ich zu der Dozentin gegangen, um mich zu beschweren. Ich habe ihr erzählt, daß fast alle gespickt haben. Und dann hat sie gesagt, ich sollte mir keine Sorgen machen, wenn ich aus irgendeinem Grund eine gute Note bräuchte. Darum würde sie sich schon *kümmern!*«

»Nimm dir das Ganze doch nicht so zu Herzen, Karl«, versuchte seine Frau ihn zu beruhigen. »Laß dir dadurch doch dein Selbstvertrauen nicht anknacksen.«

»Ich kann mir nicht helfen, Helen. Aber das ist ja, als würde ich mir eine gute Note *stehlen.*«

Nach Beendigung des Semesters wartete er gespannt jeden Morgen auf den Postboten. Er war sich sicher, daß er eine unterdurchschnittliche Note bekommen würde. Voller Verbitterung fühlte er sich ein weiteres Mal betrogen. Er war ehrlich gewesen, und sie hatten sich ihre Noten erschwindelt. Schließlich gelangte er zu der Überzeugung, es wäre nicht einmal ausgeschlossen, daß er nicht bestanden hatte. Als dann die sehnlichst erwartete Post schließlich kam, sollte er feststellen, daß er zwei Einser und eine Zwei hatte.

Seit neun Jahren war dies zum erstenmal wieder so etwas wie ein Erfolgserlebnis. Für Karl war dieses Ergebnis ein echter Triumph.

Und es gingen weitere Veränderungen in ihm vor, während die Monate verstrichen und die Schrecken des letzten Prozesses zusehends in seiner Erinnerung verblaßten. Auch die Träume kamen nun weniger häufig. Seine Potenz kehrte allmählich wieder zurück. Zwar ging er immer noch mit eingesunkenen Schultern, aber er grub seine Fingernägel nicht mehr in seine Handflächen und preßte auch beim Sitzen seine Hände nicht mehr zwischen seine Knie.

Karl Hettinger sprach allmählich wieder davon, sich verstärkt den Herausforderungen des Lebens zu stellen. Natürlich sollte das in Zusammenhang mit seinen Plänen stehen, sich aufs Land zurückzuziehen. Er liebte die Sonne und die Erde und alles Lebendige einfach zu sehr, um je davon lassen zu können. 1972 hörte er schließlich von einem alten Collegefreund, der vor vielen Jahren gemeinsam mit ihm das Pierce College besucht hatte. Er bot ihm einen Job an, einen richtigen Job. Einen harten Sechzigstundenjob. Karl sollte die Arbeiter in einer großen Baumschule beaufsichtigen. Er sollen andere Arbeiter beaufsichtigen!

Fast hätte Karl das Angebot seines Freundes abgeschlagen. Er führte beängstigende Auseinandersetzungen mit sich selbst. Nachts schlief er unruhig. Allerdings handelte es sich dabei nicht mehr um diese lähmende Angst, sondern eher um eine ängstlich besorgte Erregung, eine durchaus erträgliche Art von Anspannung. Es galt, so vieles zu überdenken.

Er fing sogar an, mit Helen zu sprechen.

»Also, wenn du denkst, das wäre etwas für dich, dann tu's, Karl. Unternimm etwas. Mach einen ersten Schritt. Wir stehen voll hinter dir. Wir sind ganz auf deiner Seite – ganz gleich, wie du dich entscheidest.«

Eines Abends spielte er mit seinem Sohn beim Abendessen Wünschelrute. »Ich habe ein Rätsel für dich«, verkündete Karl.

»Na, dann schieß los, Daddy.«

»Also gut, dann sag mir, wie sich dein Dad was wünschen kann, das es unmöglich macht, daß einer von den zwei Leuten, die sich etwas wünschen, verliert.«

Alle drei seiner strohblonden Kinder kicherten aufgeregt und äußerten verschiedene Vorschläge. Schließlich schloß sich sogar Helen den Überlegungen hinsichtlich Vaters Rätsel an.

»Gebt ihr nun endlich zu, daß ihr's nicht wißt?«

»Ja, Dad, sag es uns endlich.«

»Ich würde mir wünschen«, sagte er langsam, »daß jeder von euch«, und dabei sah er seine Frau an, „seinen Wunsch erfüllt bekommt. Und da ich gewonnen habe, heißt das, daß für jeden von euch sein Wunsch in Erfüllung geht. Wir haben alle gewonnen.«

Der abgeschiedene, kleine See war fast zu klar zum Angeln, selbst wenn die Sonnenfische groß genug gewesen wären, was jedoch nicht der Fall war. Sie waren ausnahmslos sehr klein, da es in dem See zu viele Fische gab, obwohl aufgrund des klaren Wassers das Futter sehr knapp war.

Der See lag in den High Sierras in der Nähe des Donner Pass, nicht weit von der Stelle, wo ein Jahrhundert zuvor George Donner und seine Leute ihr grausiges Geschick ereilt hatte. Die Donners waren damals nicht in der Lage gewesen, sich durch den Blizzard zum See vorzukämpfen. Aber nun war es Sommer. Die Fichtennadeln waren sehr lang und geschmeidig, und das Moos war feucht vom Tau.

Von Tag zu Tag verspürte Karl neue Zuversicht, und hier, wo die Luft in ihrer Klarheit in den Lungen schmerzte und das Sonnenlicht die Tautropfen im Moos aufblitzen ließ, hatte er das Gefühl, als wäre fast alles im Bereich des Möglichen. Er zog seine leichte Jacke aus und warf ein paar Steine in den Teich.

»Was hast du denn vor?« wollte Helen wissen, als Karl nun auch noch sein T-Shirt abstreifte und zu den Fichten emporlächelte, während er sich Arme und Brust rieb. Als nächstes öffnete er seinen Gürtel, und wenige Augenblicke später hatte er Hose, Schuhe und Socken abgelegt. Dann stürzte er sich mit einem Hechtsprung in den See, so daß sich auf der glatten Wasseroberfläche weite Kreise zogen. Er tauchte unter und erschien mit einem glücklichen, fast seligen Lächeln wieder an der Oberfläche, um zu beobachten, wie sich Helen, vor Freude und zugleich vor Schreck vor der Kälte laut kreischend, splitternackt in das klare Wasser stürzte.

Karl schwamm auf sie zu und bespritzte sie mit eisigem Wasser, und dann rieb er ihr im Uferschlamm Arme und Rücken ab. »Das fühlt sich an, als würden uns die Fische küssen«, meinte sie.

»Was?«

»Die Sonnenfische. Schau doch.«

Sie waren umgeben von winzigen Sonnenfischen, deren winzige Mäuler, zu klein, um einen Haken zu verschlucken, sich gegen ihre Hüften, Rücken, Arme und Beine preßten.

»Sie naschen an uns«, sagte Karl. »Sie haben Hunger. Sie stürzen sich auf alles, was im Wasser ist.«

»Und ich sage, daß sie uns küssen, verdammt noch mal«, beharrte Helen und strich ihm mit der Hand ganz sanft über die perlenden Tropfen klaren Wassers auf seinen Wangen. Und in seinen Augen vermochte sie keine Angst zu entdecken.

»Also gut, Helen, sie *küssen* uns«, stimmte Karl zu.

Sie preßten sich in dem klaren Wasser fest aneinander. Inzwischen hatten die Strahlen der Sonne auch die High Sierras erreicht und das letzte Fleckchen Schnee weggeschmolzen.

Karl trat die Stelle an, die sein Freund ihm angeboten hatte. Für ihn stellte dies einen wichtigen Schritt dar, ähnlich der Entscheidung, sein Haus zu verkaufen. Aber er entschloß sich doch dazu. Immerhin bedeutete dies, seiner Familie die

Heimat zu rauben und an einen anderen, fremden Ort zu ziehen. Aber sie taten es trotzdem. Und vor allem bedeutete es, daß sie nun unweit von einem Ort leben würden, dem er zehn Jahre lang zu entfliehen versucht hatte.

Es war Karl Hettinger bestimmt, seinen Teufeln und Dämonen ins Gesicht zu blicken. Wie immer, sollte sein Schicksal auch diesmal nicht ohne eine gewisse Ironie sein. Die Ländereien seines Freundes befanden sich in der Nähe von Bakersfield, nur wenige Kilometer von einer Stelle entfernt, wo die Zwiebeln so üppig gediehen, daß man sie vom Mairicopa-Highway aus riechen konnte. Und nur wenige Kilometer von der Stelle entfernt, wo einst in einer bitterkalten Nacht ein Polizist unter einem späten und einsamen Mond zusammen mit einem Farmarbeiter durch die Felder gehastet war, nicht weit von einer Hügelkette der Tehachapi Mountains, die sich Wheeler Ridge nannte, nicht weit von einer Stelle, die sie mit einem blutroten Pfeil gekennzeichnet hatten.

22

Während desselben Jahres brachte ein anderer Mann, ein schlanker Mann mit tief sitzenden, eng stehenden Augen eine Armbanduhr zum Reparieren und Säubern zu einem Uhrmacher. Es war eine Fünfzehndollar-Uhr aus rostfreiem Stahl, die es nicht mehr wert war, repariert zu werden. Sie hatte sich ehedem am Handgelenk eines toten Mannes befunden. Der schlanke Mann dachte an verschiedene erfreuliche Dinge, als er die Uhr betrachtete – an einen jungen Dudelsackbläser auf dem Bugspriet einer alten Ketsch namens *Jolly Roger,* an Jungenspiele im Hancock Park, an Radtouren zum Griffith Park und an die gemeinsamen Wanderungen als Jungen hinauf zum Observatorium.

»Das ist eine ganz billige Uhr«, meinte der Uhrmacher. »Wieso wollen Sie für diese billige Uhr Ihr Geld zum Fenster hinauswerfen?«

»Ich trage diese Uhr nun schon zehn Jahre, seit 1963. Ich hänge sehr daran.«

»Na ja, wenn Sie meinen – schließlich ist es Ihr Geld", brummte der Uhrmacher und füllte einen Reparaturschein aus. „Wirklich die reinste Geldverschwendung. Von mir könnten Sie für das Geld eine Uhr haben, die doppelt so gut ist, und würden noch Geld herausbekommen.«

»Ich möchte aber *diese* Uhr. Und jetzt geben Sie mir meinen Abschnitt, damit ich gehen kann.«

Während jenes Jahres wuchsen im kalifornischen San Fernando Valley verschiedene junge Burschen auf – ganz normale Jungen, die nichts voneinander wußten, aber alle den gleichen schottischen Namen trugen.

Im San Fernando Valley gab es nämlich einen armenischen Arzt für Geburtshilfe, der seinen Dudelsack nur noch selten spielte und der, wenn ihn erwartungsvolle Eltern um einen Namensvorschlag baten, ausnahmslos folgendes antwortete: »Ja, wenn es ein Junge wird, hätte ich einen Vorschlag. Ein wirklich schöner Name. Mein Lieblingsname, würde ich sagen. Und er ist auch ganz kurz. Drei Buchstaben. Er kommt aus dem Gälischen und bedeutet John...«

Und da waren zwei Mädchen aus Nordkalifornien, die in den Ferien ihre Großmutter in Hollywood besuchen gekommen waren. Die Besuche bei ihrer Großmutter waren immer richtig aufregend. Sie hatte immer einige Überraschungen für sie parat. So besuchten sie zum Beispiel ein Konzert im Music Center. Oder ein Ballett. Die Großmutter glaubte immer noch an die Bedeutung, die Kultur *und* Disziplin für Kinder hatten, obwohl sie natürlich nicht imstande war, ihren Enkeltöchtern Disziplin beizubringen.

Die Großmutter war über siebzig und lebte allein. Sie war eine gut aussehende, aktive Frau mit einem kehligen Kichern, die wesentlich jünger wirkte, als sie tatsächlich war. Sie verdiente sich nach wie vor als selbständige Wirtschaftsprüferin und Buchhalterin ihren Lebensunterhalt und besaß in der autoreichsten Stadt der Welt keinen eigenen Wagen. Es machte ihr nichts aus, mit dem Bus zu fahren. Sie vertrieb sich die Zeit dabei, indem sie sich einfach entspannte oder las.

Die heranwachsenden Mädchen waren wie ihre Eltern sehr groß und langbeinig. Die jüngere, Lori, hatte ein energisches Kinn, und auch ihre Mundhaltung erschien ihrer Großmutter irgendwie vertraut. Und sie wies auch gewisse Eigenarten auf, die ihr bekannt vorkamen – eine Art zu antworten, ein Achselzucken. Ihre Schwester Valerie, die dunklere der beiden, hatte nicht diesen Mund und dieses Kinn. Aber sie hatte blaugraue Augen und einen nach innen gerichteten Blick, wenn sie nachdachte oder Sorgen hatte. Doch die Großmutter wußte in diesen Fällen immer etwas zu sagen, das diesen Ausdruck verfliegen ließ, so daß sich das Gesicht des Mädchens wie durch Zauberei mit einem Schlag wieder erhellte. Und auch dieser Wesenszug war der Großmutter nicht unbekannt.

An einem ruhigen Tag – sie hielt sich gerade im Schlafzimmer ihrer Großmutter auf – fiel Valeries Blick auf ein altes, gerahmtes Porträt des Mannes, von dem sie wußte, daß er ihr Großvater war. Er trug den Doktorandentalar mit der Goldschärpe der Manitoba Medical School.

An der anderen Wand hing ein Bild eines lächelnden jungen Mannes, vielleicht nicht gerade eines seiner treffendsten Porträts, aber eines der wenigen, das in seinen letzten Jahren von ihm aufgenommen worden war.

Sie betrachtete das Bild, aber es war schwer, sich an ihn zu erinnern. Ihr Gedächtnis vermochte nur mit schwachen, verschwommenen Erinnerungsfetzen aufzuwarten. Vielleicht ein flüchtiger, kurzer Eindruck von einem bestimmten Augenblick, einem kurzen Ereignis. Das erinnerte sie an etwas, das sie der Großmutter hatte sagen wollen, so daß sie in die Küche rannte.

»Weißt du was, Oma Chrissie? Ich habe ganz vergessen, dir zu erzählen, daß ich Klarinettenunterricht nehmen werde.«

»Das ist ja großartig, Valerie«, erwiderte die Großmutter. Sie stellte einen Topf auf den Herd und wandte sich zu ihrer Enkelin um. »Aber wieso willst du ausgerechnet Klarinette lernen? Ich dachte, du würdest vielleicht Klavierunterricht nehmen.«

»Ich habe mich für Klarinette entschieden, weil ich glaube, daß mir das später von Nutzen sein wird, wenn ich lerne, Dudelsack zu spielen.«

»Den was?«

»Den Dudelsack. Findest du nicht, daß es schön wäre, wenn ich Dudelsack lernen würde?«

»Nun ja, Valerie«, entgegnete Chrissie und stockte plötzlich. Ihre Brust schnürte sich mit einemmal zusammen. Ganz unvermittelt. Ohne Vorwarnung. Und ihr Atem stockte. Chrissie blickte in die taubengrauen Augen ihrer Enkelin, und dann war es, als könnte sie sich nicht mehr auf die Bemerkung des Mädchens konzentrieren. Ihre Gedanken schweiften einfach dahin, und dann glaubte sie, es zu hören – durchdringend, schrill, erst klagend, dann triumphierend –, das Sirren des Dudelsacks. Fast konnte sie das Gras im Hancock Park riechen und den Teer aus den großen Gruben. Sie wollte ans Fenster stürzen, um einen Blick auf einen groß gewachsenen Jungen zu erhaschen, der dahinmarschierte und...

»Was hast du denn, Oma Chrissie?«

»Ach, weißt du, Valerie – ich...«

Chrissie Campbell wandte ihrer Enkelin den Rücken zu und fuhr mit ihren Fingern unter ihre Brille, wie sie es gewohnt war, und dann rieb sie sich die Augen und seufzte leise, bis es vorbei war. Niemand hatte sie je weinen gesehen. Nie.

»Findest du nicht, es wäre schön, wenn ich Dudelsack spielen könnte, Oma Chrissie? Findest du nicht, daß das eine gute Idee ist?«

»Doch, ich finde das eine großartige Idee, Valerie«, sagte Chrissie Campbell schließlich, während sie in regelmäßigen Zügen Atem schöpfte, bis alles vorüber war. Wieder völlig gefaßt, nur etwas bleich, drehte sie sich um und nahm mit einem Lächeln das Gesicht ihrer Enkelin zwischen ihre Hände. Und ähnlich wie bei einem anderen Kind aus vergangener Zeit verschwand auch diesmal der nachdenkliche Ausdruck aus der Miene des Mädchens, und statt dessen erhellte sich sein Gesicht, und die Augen wirkten mit einemmal wieder blauer.

»Ja, mein Schatz«, sagte Chrissie. »Ich finde, das ist eine großartige Idee.«

NACHWORT

VON THOMAS WÖRTCHE

Lange Zeit galt Truman Capotes IN COLD BLOOD als *das* Meisterwerk, als *das* Paradigma eines semi-dokumentarischen Romanstils oder romanhaften Dokumentarstils, um über einen Kriminalfall zu schreiben. TRUE CRIME, so der angelsächsische Terminus Technicus, galt, trotz Norman Mailer, als das Genre, dessen Hauptwerk Trumen Capote vorgelegt hatte. Aber als 1975 Joseph Wambaughs THE ONION FIELD (Tod im Zwiebelfeld) erschien, überschlug sich die Kritik vor Begeisterung, und auch Capote selbst war voller Lob und Enthusiasmus. Er hatte ernsthafte Konkurrenz bekommen.

Übrigens ein Anlaß, das Bild des mißgünstigen, kleinen boshaften Giftzwerges Trumen Capote zu korrigieren (d. h. wer je dran geglaubt hat, ist selber schuld): Wambaugh hatte Capote anläßlich einer Talk-Show in New York kennengelernt, zu einer Zeit, als Wambaugh als »der Cop, der Bücher schreibt«, gerade im Mittelpunkt des Medieninteresses stand, aber noch bei der Polizei war. Man kam schnell ins Gespräch, schloß Freundschaft, und Capote nahm den jungen Cop unter seine Fittiche. Mit seiner Frau Dee verbrachte Wambaugh ein Wochenende mit Capote in dessen Haus in Palm Springs (Wambaugh heute, nicht ohne Stolz: »Jetzt haben wir selbst eines dort«) und erzählte dem Meister den Plot zu THE ONION FIELD. Capote war fasziniert und wünschte sich, das Buch selbst schreiben zu können. Aber er nahm Wambaugh den Stoff nicht weg, arbeitete mit ihm daran, brachte ihm einiges bei und half nach dem Erscheinen dem Buch, wo und wie er nur konnte. Auch heute noch gibt Wambaugh unumwunden zu, daß er Capote wirklich eine Menge verdanke. Er habe ihm beigebracht, wie man Non-Fiction mit den Mitteln der Fiction schreibe. Und verständlicherweise hält Wambaugh IN COLD BLOOD immer noch für das gültige Buch des Genres.

Ohne freilich den historischen Rang und die literarische Qualität von IN COLD BLOOD schmälern zu wollen – es ist und bleibt eines der ganz großen Bücher des 20. Jahrhunderts –, möchte ich dennoch zu bedenken geben, daß Wambaugh mit THE ONION FIELD ein paar Schritte weitergegangen ist als Capote. Wambaugh lotet die Biographien der vier Hauptpersonen, der beiden Polizisten und der beiden kleinen schäbigen Gauner, die unversehens zu Polizistenmördern werden, noch genauer aus, er bohrt noch tiefer als Capote dies vorexerziert hatte, und er umfaßt weitere Kontexte. Wambaugh interessiert sich nicht nur für die Vorgeschichte des Verbrechens, für den Hergang und für das juristische Nachspiel, er interessiert sich speziell für die Konsequenzen eines Verbrechens für die Opfer und für deren persönliches Umfeld, für ihre Familien, für ihre Verwandten und Angehörigen. THE ONION FIELD ist ein Versuch, sich dem Phänomen »Verbrechen« auf möglichst vielen, möglichst komplexen Ebenen anzunähern. Ein Versuch, dem sich Wambaugh erst mit ECHOES IN THE DARKNESS (1987) wieder stellen sollte, das Non-Fiction-Buch LINES AND SHADOWS (1984) hat ein anderes Thema. Für THE ONION FIELD bleibt Wambaugh zunächst in der von Truman Capote vorgegebenen Richtung des protokollarischen Schreibens, des Rekonstruierens von Vorgängen, des Erforschens von Wahrheit. Aber die Wahrheit, vor allem die »Wahrheit« psychischer Vorgänge, ist ein merkwürdiges Ding. Der psychische Verfall des Opfers Karl Hettinger ist etwas, dessen äußere Symptome man protokollieren, aber nicht plausibel nachvollziehen kann.

Deswegen nähert sich Joseph Wambaugh seinem Thema sehr vorsichtig. Seine persönlichen Wertungen, seine bissigen Kommentare, die seine Romane auszeichnen, sind auf ein Minimum beschränkt, der Autor nimmt sich spürbar zurück. Umso wirkungsvoller wird dadurch der große, zweite Teil, die Beschreibung der juristischen Aufarbeitung des Zwiebelfeldmordes, der zu einer wütenden Anklage gegen das US-amerikanische Rechtssystem gerät, das sich wehrlos mit Verfahrenstricks unterhöhlen läßt. Wambaugh legt penibel und mit eisiger Wut Schicht für Schicht dieses

Mechanismus frei, politische Implikationen, menschliche Schwächen, sinnvolle Rechte der Angeklagten gegen weniger sinnvolle Winkelzüge absetzend – auch für uns, die mit dem amerikanischen Rechtssystem nur sehr bruchstückhaft vertraut sind (oder alles, was wir davon wissen, bei Perry Mason gelernt haben), ist das faszinierend und ungeheuer spannend zu lesen. Anders als Capote, der kälter in seiner Prosa, aber auch »neutraler« in der Gesamtsicht der Dinge ist, gerät Wambaughs Report zu einem Stück engagierter Literatur, das nicht auf emotionale Aufgeregtheit setzt, sondern auf die Überzeugungskraft konkreter, bis ins letzte Detail belegter Rekonstruktion faktischer Vorgänge, die eben dadruch und vor allem durch die Art des Arrangements eine gewaltige Durchschlagskraft entwickeln.

Anders liegt der Fall bei LINES AND SHADOWS (Die San-Diego-Mission). Hier benutzt Wambaugh die Form des TRUE CRIME, um sein großes Thema der Romane faktisch zu untermauern. LINES AND SHADOWS ist das Proträt einer Gruppe von Polizisten, die sich im Einsatz an der mexikanischen Grenze zerreiben. LINES AND SHADOWS liest sich passagenweise wie ein Roman. Wambaugh reizt die Möglichkeiten der Verwendung fiktionaler Elemente im nicht-fiktionalen Kontext bis zum Äußersten, um die Hochspannung herauszuarbeiten, unter der seine Grenzpolizisten täglich und stündlich stehen. Jede Begegnung in der unwegsamen Wüste kann ihre letzte sein – der Tod ist überall. Bewußt nimmt Wambaugh die Extremsituation der Wüstencops zum Vorwand, um an ihnen den allgemeinen Verschleiß zu demonstrieren, und damit erreicht er einen Grad von Allgemeingültigkeit, die deutlich werden läßt, welches Ausmaß von Destruktion und psychischer Gnadenlosigkeit moderne Arbeitsprozesse auf einzelne Menschen haben können. Dabei nützt Wambaugh clever den Umstand, daß die Konfrontation zweier Gesellschaften (hier der mexikanischen und der US-amerikanischen) eben nicht nur auf der Ebene der großen Politik funktioniert, sondern für Menschen beider Seiten konkreter Alltag ist, unter dem sie leiden. LINES AND SHADOWS ist ein scharfsichtiges Buch über das politische Problem, das sich in Leitartikeln immer so nett als Nord-Süd-Gefälle präsentiert, das aber tatsächlich die Realität von Menschen bestimmt.

Das abenteuerliche Szenario des Wüstenpanoramas dementiert gleichzeitig auch die Unverbindlichkeit populärer Western-Mythen, die Frontier-Mentalität, den Mythos vom »Sterben in Mexiko« – denn das ist nicht heroisch, es führt vielmehr zu Magenkrämpfen und hysterischen Anfällen und kaputten Psychen, weil es nicht edel und schnell den Menschen antritt, sondern als Drohung, die jeden Tag über den Männern hängt, zu einer ungeheuren psychischen Belastung wird.

Wambaugh selbst sagt zu LINES AND SHADOWS, er habe bei diesem Projekt am unbelastetsten mit fiktionalen Mitteln arbeiten können, weil er am wenigsten Distanz zu dem Stoff gebraucht habe. Alle Beteiligten hätten ihm gerne und unverhohlen ihr Innerstes offenbart, ihm, nachdem sie einmal Vertrauen zu ihm gefaßt hatten, ihre geheimsten Gefühle und Wünsche, ihre verborgensten und noch so privaten Gedanken und Emotionen zugänglich gemacht, so daß er dieses Material souverän in fiktionaler Manier hätte arrangieren können. Leichter jedenfalls (und auch beruhigter, weil er sich seines Materials ganz sicher war) als in den anderen Non-Fiction-Büchern, in denen er sich erst einmal mühsam an die Tatbestände, an die Seelen der Personen habe vortasten müssen, um schließlich in ihre Haut schlüpfen zu können.

LINES AND SHADOWS ist Wambaughs politischstes Buch, wenn man die Offenheit zum Maßstab macht, mit der dort politische Fragen angesprochen werden (und wahrscheinlich hat Jochen Schmidt LINES AND SHADOWS deswegen nicht in den Wambaugh gewidmeten Abschnitt in seiner »Typengeschichte des Kriminalromans« aufgenommen – die Behandlung, die Wambaugh dort erfährt, ist eine der gröbsten Fehleinschätzungen, die mir in den letzten Jahren begegnet sind –, weil gerade dort auch bei der gewaltätigsten Textbeugung der »Spießbürger im Autor« nicht festzumachen wäre, den Jochen Schmidt immer so gerne entlarvt oder »decouvriert«, wie man sich vor zwanzig Jahren aufzuplustern pflegte).

ECHOES IN THE DARKNESS (Der Susan Reinert-Fall) ist der Anfang der Auseinandersetzung Wambaughs mit einem Typus, der nicht nur auf Grund der Kriminalstatistik, in der er immer häufiger auftritt, zu einer der beunruhigendsten Erscheinungen gehört, mit der es die verschiedensten Gesellschaften zu tun bekommen: mit dem Soziopathen. In King of Prussia, einem kleinen Städtchen, das aparterweise gleich neben Harrisburg liegt, wird die Lehrerin Susan Reinert ermordet. Ihre beiden Kinder verschwinden spurlos. Der Verdacht fällt bald auf zwei absolut rätselhafte Typen: William Bradfield und Dr. Jay Smith. Wambaugh versucht nun, die Abläufe dieses Falles zu rekonstruieren und kommt an einen Punkt, wo sich die Methode der dokumentarischen Rekonstruktion eines Verbrechens als relativ hilflos erweist. Es ginge nämlich dringend darum, das herauszufinden, was nur die beiden Verdächtigen (und de facto auch Verurteilten) wissen können: was in ihren Gehirnen vorgeht. Und da muß Wambaughs Methode kapitulieren. Besonders vor der Figur des Jay Smith, den Wambaugh mit dem denkwürdigen Satz einführt: »Manche fanden, Jay Smith ähnle einem obszönen Telefonanruf.« An Jay Smith erweist sich, daß die merkwürdigen Gedankengänge eines Soziopathen nicht dokumentarliterarisch darzustellen sind. Deswegen ähnelt auch ECHOES IN THE DARKNESS eher einem Roman als einem dokumentarischen Stück TRUE CRIME. Der tote Winkel liegt hier in der Motivation des oder der Täter. Denn die Soziopathen richten nicht, wie Wambaughs Scheusale in den Straßen von L. A., Terror und Schrecken durch ihre Gewalttaten an, sie ergreifen Besitz vom Denken anderer Menschen, indem sie sie manipulieren. Das Wüten der Soziopathen in den Gehirnen der verstörten Kleinstadtintellektuellen von King of Prussia hat etwas beklemmend Gespenstisches, dem mit den Kategorien des Grotesken nicht mehr beizukommen ist, sondern schon weit in die Gefilde des Absurden hineinspielt.

Thomas Harris, der ebenfalls zwei wegweisende Thriller über Soziopathen geschrieben hat (RED DRAGON und THE SILENCE OF THE LAMBS) hat mit dem Psychiater Dr.

Hannibal Lecter (Hannibal the Cannibal) eine dämonische Verkörperung eines gefährlichen Irren von höchster Intelligenz (auch ein legitimer Ansatz, der allerdings nur gutgeht, weil Harris ein brillanter Autor ist) geschaffen, aber Wambaugh mißtraut solchen Fiktionalisierungen, weil er gleichzeitig Mythisierung befürchtet. Jay Smith und William Bradfield sind zwei nachgerade abwegig normale Typen, obschon Jay Smith ein wenig ins Unheimliche, ins Dämonische spielt, weshalb Wambaugh gerade starke Züge des schlicht Lächerlichen unterstreicht (und die hat Hannibal the Cannibal nun ganz entschieden nicht). Es ging Wambaugh aber darum, einen Soziopathen, dessen Krankheitsbild sonst nur in klinischer Terminologie zu zeichnen gewesen wäre, sozusagen »at work« zu zeigen, mit all den Verheerungen, die er in seiner Umwelt anrichtet.

Wambaugh meint inzwischen, er habe soviel Zeit mit Soziopathen verbracht, daß er einen erkennen könnte, wenn er mit ihm zu tun habe (eine Erkenntnis, die ihm, hätte er sie schon früher gehabt, als Polizist sehr viel Wut und Zorn erspart hätte), aber er verlängert diesen Gedanken gleich noch. Der erfolgreichste Soziopath sei der, der eben nicht durch Morde und ähnlich asoziales Verhalten auffalle und somit erkannt werden könne, sondern der, der die Potenzen der Soziopathie ausnütze und Macht akkumuliere. Deswegen, so Wambaughs polemische Folgerung, seien die einzigen Soziopathen, die er kenne und die nicht hinter Schloß und Riegel säßen, die Bosse von Filmgesellschaften und Fernsehstudios. Hinter dieser eher boshaften Bemerkung verbirgt sich eine äußerst bittere Prognose Wambaughs für die Entwicklung einer Gesellschaft, deren Elite sich möglicherweise über einen Ausleseprozeß rekrutiert, der die meiste soziopathische Energie belohnt und befördert. Die Implikationen möge sich jeder bitte selbst vor Augen führen.

In ECHOES OF THE DARKNESS ist deswegen auch wieder ganz deutlich der Wambaugh-Ton zu spüren. Die sarkastischen und bösen Kommentare zu den Ereignissen und Personen, die ansonsten Wambaughs fiktionaler Prosa vorbehalten bleiben.

Ganz auf Distanz zu seinem Gegenstand hingegen geht Joseph Wambaugh in seinem bisher letzten Buch, THE BLOODING. Denn dort mußte er alles, was er sonst in Interviews aus den beteiligten Personen herausholen konnte – für ECHOES IN THE DARKNESS konnte er auch lange mit den beiden Verurteilten sprechen –, mühsam, Schritt für Schritt rekonstruieren. Die Engländer, so beklagte er sich in einem Gespräch mit mir, seien sehr zurückhaltende und verschlossene Menschen. Alles müsse man ihnen aus der Nase ziehen, nirgends hätte er auch nur annähernd so wenig Kooperationsbereitschaft gefunden, wie für seine Recherchen zu THE BLOODING, das zwei Morde an Teenies in einem kleinen, verschlafenen englischen Nest zum Thema hat. Der Aufhänger dafür war zunächst die neue polizeitechnische Methode des »genetischen Fingerabdrucks«, der nur eine winzige Blut- oder Spermamenge braucht, um einen Täter eindeutig identifizieren zu können. Aber das war nur das sensationelle Verkaufsargument. Auch THE BLOODING ist ein Buch über ein Verbrechen und seine Opfer mit allen Konsequenzen und vor allem auch eine erneute Studie über einen Soziopathen, diesmal allerdings einen, dessen Symptome lehrbuchartig klar zutage treten.

Dennoch unterscheidet sich THE BLOODING erheblich von ECHOES IN THE DARKNESS. Das hat mit Wambaughs Theorie darüber zu tun, wie sich fiktionales von nicht-fiktionalem Schreiben unterscheidet und warum der Anteil fiktionaler Elemente und Techniken in seinen Non-Fiction-Büchern so erheblich variiert. Wambaugh geht zunächst davon aus, daß fiktionale und nichtfiktionale Literatur (so wie er sie betreibt) grundsätzlich zwei Aspekte von Verbrechen in einer hochindustrialisierten Gegenwartsgesellschaft beleuchten. Seine Romane erfinden sich ihre Welten, sie sehen sie mit den Augen der Cops, derer also, die direkt vom Verbrechen als »Lebensform« betroffen sind. Die anderen, die Schurken, Unholde und Verbrecher, sind nur insofern interessant, als sie die Gegenspieler der Polizisten abgegeben. Aber auch Unholde sind Menschen. Was für welche, das will Wambaugh mit seinen Non-Fiction-Büchern herausbekommen. Dafür muß er aber die Fakten genau kennen, weil er sich nicht auf literarische Klischees einlassen will. Er kann seine Schurken (die gar keine sind, sondern sehr differenzierte Individuen) nicht erfinden, er muß sie »recreate«, erschaffen. (Ich behalte hier den englischen Ausdruck bei, weil eine Übersetzung unangemessen wäre.) Darauf muß äußerste Sorgfalt angewendet werden, um möglichst große Authentizität zu erzielen. Das wiederum ist entweder nur durch nüchternen Dokumentarstil möglich (THE ONION FIELD und THE BLOODING) oder durch effektvolle Fiktionalisierung (wobei freilich nur der erzähltechnische Aspekt gemeint sein kann) eines felsenfest sicher recherchierten Materials (LINES AND SHADOWS und ECHOES IN THE DARKNESS).

Fiktion und Fakten sind also nur verschiedene Aspekte der Annäherung an ein äußerst komplexes Phänomen, das wir alle als Kriminalität entweder als Zeitungsmeldung oder aber als thematischen Vorwurf im Kriminalroman kennen. Dieser Komplexität des Phänomens gerecht zu werden, ist auch der Grund, warum Wambaughs Bücher grundsätzlich keine Genre-Literatur sind, wie man's auch drehen und wenden mag. Sie sind, liest man sie alle zusammen (was man dringend tun sollte), zwar kein »Gesamtkunstwerk« – diesen Ausdruck könnte man höchstens metaphorisch gebrauchen –, aber sie gehören alle in einen großen Zusammenhang, der Wambaughs Qualität als Schriftsteller bestimmt. Es sind keine Bestseller, die nach Strickmustern heruntergeschrieben werden (auch eine der unsinnigen Unterstellungen Jochen Schmidts), sondern es sind verschiedene Versuche zu einem Thema, dessen Relevanz nur von dem geleugnet werden kann, der mit ganz fest geschlossenen Augen durch diese Welt läuft. Daß dabei auch großartige Bücher entstanden sind, spricht nicht gegen Joseph Wambaugh.

Übrigens wird wohl THE BLOODING für absehbare Zeit Wambaughs letztes Non-Fiction-Buch bleiben, weil findige Anwälte sämtliche in allen seinen Büchern auftretende Personen, angestachelt durch das amerikanische Schadensersatzrecht, überredet haben, Wambaugh auf Unsummen zu verklagen. Er fühle sich demotiviert, je wieder Non-Fiction zu schreiben, meint Wambaugh, weil er keine Lust und Zeit habe, dauernd Rechtsverfahren auf dem Hals zu haben. Die Frage, welche Textsorte er zu welchen Zwecken benutze und warum, könnte also ganz plötzlich eine schrecklich banale Erklärung finden.